기독교문서선교회(Christian Literature Center: 약칭 CLC)는 1941년 영국 콜체스터에서 켄 아담스에 의해 시작되었으며 국제 본부는 미국 필라델피아에 있습니다. 국제 CLC는 59개 나라에서 180개의 본부를 두고, 약 650여 명의 선교사들이 이동 도서차량 40대를 이용하여 문서 보급에 힘쓰고 있으며 이메일 주문을 통해 130여 국으로 책을 공급하고 있습니다. 한국 CLC는 청교도적 복음주의 신학과 신앙 서적을 출판하는 문서선교기관으로서, 한 영혼이라도 구원되길 소망하면서 주님이 오시는 그날까지 최선을 다할 것입니다.

최 홍 석 박사
총신대학교 신학대학원 명예교수

마이클 호튼(Michael S. Horton)은 이미 한국 교계에 알려진 전통적 개혁신학의 옹호자다. 저자는 구원의 본질을 규명함에 있어 '구원'을 원자론적 관점에서 접근하지 않고, 창조로부터 종말로 이어지는 '언약'의 구원사적 통전성에 비춰 해석함으로써 편향된 시각들을 극복하고, 전통적인 개혁신학의 입장이 지닌 정당성을 변호한다.

저자는 칭의와 참여(=그리스도와의 연합)를 구원 서정적으로 다루되, '언약'과 '종말'이라는 구원 역사적 배경 아래 논의하고 있다. '언약신학'과 '종말론'을 논의의 배경으로 삼은 것은 저자 자신이 지닌 신학적 소신에 근거한 변증적 차원의 동기가 작용하고 있음을 시사한다. 전자의 경우, 소위 '바울에 관한 새 관점'이란 도전에 응수하기 위함이며, 후자의 경우, 신플라톤주의적인 신인합일 사상에 대항해 개혁신학 입장(=언약적 참여)을 변증하기 위함이다. 이런 목적으로 '언약'과 '그리스도와의 연합'을 칭의와 성화를 다루는 넓은 망으로 사용한 것이다.

이로써 성경이 말하는 '칭의'는 그리스도의 의의 전가에 기초한 법정적 선언이며, '참여'는 언약적 참여, 곧 삼위일체론적인 참여로서의 신비적 연합임을 밝힌다. 저자의 확신은 구원에 관한 언약론적 해석을 통해서만 칭의와 그리스도와의 연합이 지니는 법정적인 면과 실효적인 면을 비롯한 다양한 국면들, 곧 법적 측면과 관계적 측면, 개인적 측면과 집단적 측면이 올바로 이해될 수 있다는 것이다.

저자는 이 일을 위해 고대로부터 현대에 이르기까지 구원과 관련된 다양한 경향들을 소개하고 평가하면서도 시종 자신의 신학적 입장을 견지하며 좌우로 치우치지 않으려는 신앙적 열정과 신학적 균형감을 드러낸다.

누구든지 성경을 준거로 삼아 저자의 수작,『언약과 구원론: 그리스도와의 연합』을 읽는다면 많은 유익을 얻으리라 확신한다.

이 승 구 박사
합동신학대학원대학교 조직신학 교수

  마이클 호튼은 이제 한국교회에 매우 친숙한 학자이지만, 그의 4부작인 『언약과 종말론: 하나님의 드라마』(2002)로부터 시작해서 『언약과 기독론: 주와 종』(2005), 이번에 소개되는 『언약과 구원론: 그리스도와의 연합』(2007), 그리고 『언약과 교회론: 백성과 장소』(2008)는 그리 많이 알려지지도 않고 읽혀지지 않은 것 같다.
  어떤 의미에서 학자로서의 호튼의 큰 기여는 이 4부작에 있고, 그의 나머지 책들은 이 4부작에서 자세히 논하고 있는 내용을 좀 더 일반적으로 풀어 쓴 것이라고 할 수 있다. 그러므로 본서를 통해서 우리는 호튼과 좀 더 깊이 대화하는 데로 갈 수 있게 됐다고 할 수 있다.
  본서를 읽으면서 '바울에 대한 새 관점'(NPP)으로 사유하는 것이 얼마나 주해적으로 잘못된 것인지를 절감하게 되기를 바란다. 또한, 성경을 참으로 믿으면서 신학하는 것의 참된 의미를 더 발견하게 되기를 바란다.
  모세 율법을 주신 하나님의 의도를 이해하는 데 있어서 호튼이 자기의 스승인 메리데스 클라인(Meredith G. Kline)으로부터 어떠한 영향을 받았는지에 대해 본서의 역자 중 한 명인 김찬영 박사의 『마이클 호튼의 언약신학』(서울: CLC, 2018)에서 잘 분석했으니 참조하기를 바란다.
  언약신학적 구원론에 관심을 가진 진지한 독자들에게 마이클 호튼의 『언약과 구원론: 그리스도와의 연합』을 적극 추천드린다.

박 재 은 박사
총신대학교 신학대학원 조직신학 외래교수

언제나 양자택일(兩者擇一)의 건조한 논리는 숱한 신학적 위험들을 창출해 낸다. 칭의에 대한 이해 역시 마찬가지다. 만약 칭의를 날카로운 대조의 맥락 가운데 법정적 칭의 vs. 관계적 칭의, 개인적 구원 vs. 교회적 구원, 구속사(historia salutis) vs. 구속의 적용(ordo salutis) 식으로 건조하게 이해하면 칭의 자체가 함의하고 있는 다각도의 풍성한 측면들이 쉽게 간과될 수 있다.

마이클 호튼은 본서에서 날카롭게 날이 서 있는 논지를 통해 양자택일 논리 속에 잔뜩 서려 있는 신학적 부당함과 무의미함을 설득력 있게 제시한 후, 종교개혁 신학이 함의하고 있는 칭의 이해의 유용성에 대해 적실히 논증하고 있다.

특별히 호튼은 본서 전반에 걸쳐 '언약'이라는 위대한 신적 드라마와 '그리스도와의 연합'이라는 신비적 개념을 통해 양자택일 논리를 효과적으로 허물고 있다. 호튼은 종교개혁 신학에 철저히 기대어 서서 바울에 대한 새 관점, 급진적 정통주의, 핀란드 학파와의 적극적인 대화도 전혀 꺼려하지 않는다. 오히려 호튼은 이런 대안적 관점들과 건설적으로 대화하면서 언약과 그리스도와의 연합 교리의 신학적 적실성을 더욱더 탄탄히 증명해 내고 있다.

만약 보다 더 역동적인 언약 이해 속에서 칭의를 포괄적으로 조망하고자 한다면 본서는 반드시 옆에 두고 탐독해야 할 소중한 필독서다. 물론 본서는 선행 지식이 충분하지 않을 경우 쉽게 읽히는 책은 아니다. 하지만 호튼이 주장하듯이 만약 그리스도와의 신비적 연합을 통해 삼위일체 하나님과의 '언약적 참여' 가운데 거한 신자라면 본서를 통해 반드시 칭의 교리를 제대로 이해하고자 힘써 보자. 그리고 그 지식 가운데 하나님께 감사하며 예배를 올리는 삶을 살자. 힘을 주어 이 소중한 책의 일독을 권한다.

마이클 호튼의 언약신학 4부작

제1권 『언약과 종말론: 하나님의 드라마』(*Covenant and Eschatology*)
제2권 『언약과 기독론: 주와 종』(*Lord and Servant: A Covenant Christology*)
제3권 『언약과 구원론: 그리스도와의 연합』(*Covenant and Salvation: Union with Christ*)
제4권 『언약과 교회론: 백성과 장소』(*People and Place: A Covenant Ecclesiology*)

언약과 구원론

그리스도와의 연합

Covenant and Salvation: Union with Christ
Edited by Michael S. Horton
Translated by Kim Chan Young & Ulysses K. Jung
Copyright ⓒ 2007 by Michael S. Horton
Westminster John Knox Press

No part of this book may be reproduced or transmitted in any form or by any means, electronic or mechanical, including photocopying, recording, or by any information storage or retrieval system, without permission in writing from the publisher.
For information, address Westminster John Knox Press, 100 Witherspoon Street, Louisville, Kentucky 40202-1396.
All rights reserved.

Translated and printed by Westminster John Knox Press
Korean Edition Copyright ⓒ 2020 by Christian Literature Center, Seoul, Korea

언약과 구원론: 그리스도와의 연합

2020년 5월 30일 초판 발행

지은이	|	마이클 호튼
옮긴이	|	김찬영, 정성국
편집	|	곽진수
디자인	|	박나라
펴낸곳	|	(사)기독교문서선교회
등록	|	제16-25호(1980.1.18.)
주소	|	서울특별시 서초구 방배로 68
전화	|	02-586-8761~3(본사) 031-942-8761(영업부)
팩스	|	02-523-0131(본사) 031-942-8763(영업부)
이메일	|	clckor@gmail.com
홈페이지	|	www.clcbook.com
송금계좌	|	기업은행 073-000308-04-020 (사)기독교문서선교회

ISBN 978-89-341-2140-4(93230)

이 도서의 국립중앙도서관 출판예정도서목록(CIP)은 서지정보유통지원시스템 홈페이지 (http://seoji.nl.go.kr)와 국가자료공동목록시스템(http://www.nl.go.kr/kolisnet)에서 이용하실 수 있습니다.(CIP제어번호: CIP2020017220)

이 한국어판 저작권은 Westminster John Knox Press과 독점 계약한 (사)기독교문서선교회가 소유합니다. 신저작권법에 의하여 한국 내에서 보호를 받는 저작물이므로 무단 전재와 무단 복제를 금합니다.

마이클 호튼의 언약신학 시리즈 ❸

언약과 구원론

그리스도와의 연합

마이클 호튼 지음
김찬영, 정성국 옮김

Covenant and Salvation

UNION WITH CHRIST

CLC

목차

추천사   최 홍 석 박사(총신대학교 신학대학원 명예교수)   1
          이 승 구 박사(합동신학대학원대학교 조직신학 교수)
          박 재 은 박사(총신대학교 신학대학원 조직신학 외래교수)

저자 서문   10
역자 서문   11
약어표   13

제1장 언약과 구원   14

제1부 언약과 칭의   28

제2장 시내산과 시온산: 두 언약에 대한 이야기   29
제3장 팔레스타인 유대교의 언약적 신율주의: 들어가기와 머물기   81
제4장 "율법의 행위"에 대한 바울의 논박: 그릇된 양자택일을 넘어서   111
제5장 율법과 복음: 대조인가, 연속인가?   164
제6장 언약과 전가: 불경건한 자들의 칭의   208

제2부 언약과 참여　　　　　　　　　　　　　　　　256

제7장 개혁파 구원론의 신비한 연합　　　　　　　　　　257
제8장 신플라톤주의적 참여(*Metathexis*): "소외 극복하기"　　303
제9장 언약적 참여(*Koinōnia*): "낯선 자 만나기"　　　　　357
제10장 언약적 존재론과 유효한 소명　　　　　　　　　　422
제11장 "보라 내가 만물을 새롭게 하노라": 판결이 말하는 바를 이루는 판결　472
제12장 영광의 무게: 칭의와 신화(*Theōsis*)　　　　　　　519

결론　　　　　　　　　　　　　　　　　　　　　　　598

저자 서문

마이클 호튼 박사
웨스트민스터신학교(캘리포니아) 조직신학 교수

필자는 본서를 쓰는 데 많은 사람에게 감사의 빚을 졌지만, 특히 다음 이들에게 감사의 빚을 졌습니다.

먼저, 필자의 조교 브래넌 엘리스(Brannan Ellis), 캘리포니아 웨스트민스터신학교 동료들(클라크[R. S. Clark], 데이비드 반드루넨[David VanDrunen], 킴 리들바거[Kim Riddlebarger]), 그리고 다른 곳의 동료들(토드 빌링스[J. Todd Billings]와 앨런 스펜스[Alan Spence])은 이 원고에 값을 헤아릴 수 없을 만큼 귀한 도움을 주었다.

WJK 출판사, 특히, 돈 매킴(Don McKim)과 댄 브래든(Dan Braden)에게 감사한다. 아내 리사의 격려와 분석과 배려에 매우 감사한다.

역자 서문

김 찬 영 박사
대신대학교 조직신학 교수

본서 『언약과 구원론: 그리스도와의 연합』은 개혁신학의 현대적인 대변자 가운데 한 사람으로서 우리나라에도 널리 알려져 있는 마이클 호튼의 *Covenant and Salvation: Union with Christ* (Louisville, KY: Westminster John Knox Press, 2007)의 번역서다. 학문적인 폭과 깊이, 그리고 대중적인 쓰기와 언어 소통력을 아울러 갖춘 호튼은 현대 교회와 관련 문화를 개혁파적 시각에서 진단한 책에서부터, 개혁교회의 믿음과 실천을 다룬 경건 서적, 그리고 전문적인 신학 연구들과 두꺼운 조직신학 교과서에 이르기까지, 다양한 성격의 책들을 매번 뛰어난 수준으로 선보여 왔다.

『언약과 구원론: 그리스도와의 연합』은 호튼의 저서 중에서 구원론에 대한 그의 논의의 깊이에 있어서 첫째가는 책이라고 말할 수 있다. 호튼의 Michael S. Horton, *The Christian Faith: A Systematic Theology for Pilgrims on the Way* (Grand Rapids, MI: Zondervan, 2011)(『언약적 관점에서 본 개혁주의 조직신학』, 부흥과개혁사, 2012)가 기독교의 주요 교리들을 종합적이고 체계적으로 요약한 것이라고 한다면, 『언약과 구원론: 그리스도와의 연합』은 개혁파 구원론의 핵심 주제들에 대해 더 깊이 분석한 교의학 연구서다.

본서에서 호튼은 언약적 구원론에 대한 아주 상세한 주해적인 논거와 역사신학적인 뒷받침을 제시한다. 그리고 이 과정에서 그는 폭넓게 개혁신학의 테두리 안의 다른 견해들뿐만 아니라, 개신교와 기독교 테두리 안의 다양한 입장(예. 동방 정교회)들과 건설적으로 대화하고, 때로는 개혁신학의 전통적인 개념과 용어에 합리적 의심을 품고 의문을 제기하기도 한다. 성경의 가르침과 역사적 개혁주의에 가능한 한 일치하는 언약신학과 구원론을 개진하기 위한 호튼의 학문적 노력의 진수를 본서를 통해서 확인할 수 있게 되기를 바란다.

해 아래 모든 수고가 그렇듯이 본서는 여러 사람의 협력으로 빛을 보게 됐다. 본서의 제1-6장은 내가 번역했고, 제7-12장은 정성국 목사님이 번역했다. 내가 건강상의 문제로 중단했던 번역에 참여해 훌륭하게 마무리해 주신 정성국 목사님께 감사드린다.

그리고 추천의 글을 써 주신 존경하는 최홍석 박사님, 이승구 박사님, 박재은 박사님께도 감사드린다. 끝으로, 본서의 출판을 위해 인내하며 힘써 주신 CLC(기독교문서선교회)의 박영호 목사님과 직원분들께 진심으로 감사드린다.

약어표

CD	Karl Barth. *Church Dogmatics*. Edited by G. W. Bromiley and T. F. Torrance. Translated by G. T. Thomson. 5 vols. in 14. Edinburgh: T&T Clark, 1936–77.
CO	John Calvin. *Calvini opera*. 59 vols. In CR, vols. 29–87. Brunsvigae (Braunschweig): Schwetschke, 1863–1900.
CR	Corpus reformatorum. Edited by C. G. Bretschneider, H. E. Bindseil, et al. 101 vols. Halis Saxonum (Hall): Schwetschke; et al., 1834–1963. Reprinted, New York: Johnson, 1964.
Institutes	John Calvin. *Institutes of the Christian Religion*. Edited by J. T. McNeill. Translated by F. L. Battles. 2 vols. Philadelphia: Westminster, 1960.
KD	Karl Barth. *Kirchliche Dogmatik*. 5 vols. in 14. Zollikon, Zurich: Evangelischer Verlag, 1932–70.
KJV	King James Version. 1611.
LW	Martin Luther. *Luther's Works*. Edited by J. Pelikan and H. T. Lehmann. 55 vols. St. Louis: Concordia; Philadelphia: Fortress, 1955–86.
LXX	Septuagint version of the Old Testament in Greek
NASB	*New American Standard Bible*. 1960, 1995.
NJKV	*New King James Version*. 1982.
NRSV	New Revised Standard Version. 1989.
NPP	New Perspective(s) on Paul
PG	Patrologia graeca [= Patrologiae cursus completus: Series graeca]. Edited by J.-P. Migne. 162 vols. Paris: J.-P. Migne, 1857–66.
RO	Radical Orthodoxy
RSV	Revised Standard Version. 1946, 1952.
Sent.	Peter Lombard. *Libri quatuor sententiarum* (*Four Books of Sentences*). Ca. 1150. http://www.franciscan-archive.org/lombardus/index.html.
ST	Thomas Aquinas. *Summa theologiae*. 1265–74. Blackfriars edition. New York: McGraw Hill, 1964. www.newadvent.org/summa/.
WA	Weimarer Ausgabe. The definitive German edition of *Luthers Werke*. 127 vols. Weimar: Hermann Böhlau, 1883–.

제1장

언약과 구원

필자의 언약 시리즈를 총 4부작으로 된 드라마라고 할 때, 본서 『언약과 구원론』(*Covenant and Salvation*)은 세 번째 이야기로서, 교의학에서 구원론이라는 표제 아래 일반적으로 다루어지는 주제들을 묶어 다룬다. 이 작업은 이 시리즈의 첫 두 권[1]과 마찬가지로, 조직신학 자체가 아니라, 전통적인 문제 또는 주제들을 언약적 주제에 비춰 탐구한 것이다.

이 작업이 산출하는 것은 다른 무엇보다도 (전에도 필자가 주장한 대로) 종말론적이고 역사적인 드라마의 전개다. 필자는 시리즈의 제1권, 『언약과 종말론』(*Covenant and Eschatology*)에서부터 계속 언약신학이 흔히 상반되는 주제들을 통합하는 데 유망하다는 것을 지적해 왔다. 그리고 이 점은 교의학의 다른 어떤 부문보다 구원론에서, 즉 구원에 대한 교리에서 더 명백할 것이다.

본서의 대부분은 칭의 교리에 관한 것이고, 칭의 교리를 그리스도와의 연합이라는 포괄적 주제 아래 포함된 여러 주제와 연결 짓는 것과 관계가 있다. 개혁파 정통주의자 알스테드(J. H. Alsted)의 표현처럼, 신앙고백주의 개신교(confessional Protestantism)가 "교회가 서거나 넘어지는 조항"[2]으로 간

---

[1] 호튼이 언급한 이 시리즈의 첫 번째 책은 Michael S. Horton, *Covenant and Eschatology: The Divine Drama* (Louisville, KY: Westminster John Knox Press, 2002)이다. 두 번째 책은 *Lord and Servant: A Covenant Christology* (Louisville, KY: Westminster John Knox Press, 2005)이다. -역주

[2] J. H. Alsted, *Theologia scholastica didactica* (Hanover, 1618), 211, 다음의 책에서 재인용

주하는 칭의는 그리스도의 의(Christ's righteousness)의 전가에 기초한 법정적 선언으로서, 종종 다른 주제들로 인해 경시되거나 거부되고 있는데, 그 다른 주제들에는 존재론적 참여와 신비한 연합, 여러 유형의 변화주의(transformationalism, 보다 개인주의적 변화주의이든 문화적 변화주의이든), 그리고 구원론을 교회론에 포함하는 점증적 경향이 해당된다.

필자의 바람은 종교개혁의 고전적 진술이 성경주해적으로 그리고 신학적으로 여전히 타당하다는 것을 증명할 뿐만 아니라 언약적 해석이 칭의와 연합의 법정적 측면과 유효적 측면, 법적 측면과 관계적 측면, 개인적 측면과 집단적 측면을 볼 수 있게 해 준다는 것도 증명하는 것이다.

그러므로 제1부에서 필자는 이 시리즈가 줄곧 채택하고 의존해 온 특정한 유형의 언약신학을 아주 직접적이면서도 지속적으로 다룰 것이다. 필자는 바울신학에 대한 근래 논쟁을 특별히 염두에 두면서, 언약적 주제에 대한 관심이 다시 높아감에도 불구하고 언약적으로 상당히 다른 궤적들과 차이들을 단일한 유형의 언약 아래 포함하는 경향은 바울의 칭의 교리에 환원주의적인 이해를 초래해 왔다는 것을 논증할 것이다.

제1부는 율법 언약(종주권 조약[suzerainty treaties])과 약속 언약(왕적 하사[royal grants])을 구별하고, 최근의 성경 연구를 활용해 칭의를 언약적으로 설명할 것이다.

필자는 이것에 기초해 제2부에서 칭의를 그리스도에 참여함 또는 그리스도와의 연합에 연결할 것이다. 제2부에서는 대안적인 체계들(특히, 급진적 정통주의[Radical Orthodoxy])과 줄곧 대화하면서, 익숙한(사실 그렇게 익숙하지는 않은) 교리들을 우리가 제대로 해석하는 데 언약적 이해가 유망하다는 것을 강조할 것이다.

한 것이다. A. E. McGrath, *Iustitia Dei* (Cambridge: Cambridge University Press, 1986), 2:193n3.

1. 칭의와 연합은 왜 "언약적으로" 설명되어야 하는가?

그리스도와의 연합을, 그리고 이와 관련된 선택, 칭의, 양자, 중생, 성화, 영화 교리를 "언약적" 관점으로 보는 것이 우리에게 정말 필요한가?

라이트(N. T. Wright)는 자신의 『언약의 절정: 바울신학에서의 그리스도와 율법』(*The Climax of the Covenant: Christ and the Law in Pauline Theology*)을 소개하면서 다음과 같이 설명한다.

> 나는 바울을 이해하는 데 언약신학이 주된 실마리들 가운데 하나임에도 종종 무시됐다고 확신한다. 이 책의 전체 제목은 이러한 나의 확신을 반영한다.[3]

필자는 여기에 동의하고, 이런 초점이 아주 중요한 이유 몇 가지를 제안하고자 한다.

첫째, 이런 언약적 기반은 추상적 사변보다는 역사 가운데 하나님의 행동과 인간의 응답에 대한 구체적인 문제에 우리 주의를 더 집중시킨다. 물론 근래 이야기 신학(narrative theology)에 대한 논의가 많지만, 하나님의 언약적 목적이 있는 역사(history)는 성경의 줄거리(plot)에 더 고유한 특이성을 부여한다. 게다가 그 역사는 이야기(story)일 뿐만 아니라, 하나님이 극작가(성부)이시고, 줄거리(성자)이시며, 연출가(성령)이면서도 주인공이시기도 한, 대본(정경)이 있는 드라마이기도 하다.[4]

---

[3] N. T. Wright, *The Climax of the Covenant: Christ and the Law in Pauline Theology* (Edinburgh: T&T Clark, 1991), xi, 1.

[4] 이 점에 있어서, 필자 작업은 Kevin J. Vanhoozer의 *The Drama of Doctrine: A Canonical Approach* (Louisville, KY: Westminster John Knox, 2006)와 유사하다. 비록 필자와 Vanhoozer가 연구 과제를 처음 시작할 때 독립적으로 시작했을지라도, 우리의 연구 계획의

또한, 언약의 성격상 이 드라마는 인간 연기자들을 조연으로 포함하고, 심지어 인간이 아닌 피조물에게도 배역을 맡긴다. (예. 이 드라마에서 바위, 나무, 무지개, 야생 동물들에게 얼마나 자주 배역이 맡겨지는지를 보는 것은 아주 흥미롭다.) 존 레벤슨(Jon Levenson)은 다음과 같이 제안한다.

> 만약 토라 전체를 언약 문서로 읽기 원한다면, 역사는 처음부터 세상 창조와 첫 인류 이야기를 시작한다(창 1-11장).

> [이스라엘의] 정체성은 우주적이거나 근원적이지 않고, 현대 사람들이 역사적이라는 용어에 부여하는 의미와 거의 같은 의미로 역사적이다. … 언약이 역사의 의미를 밝힌다.

또한, 역사는 삼위일체의 드라마이기 때문에, 언약은 역사의 의미를 밝힐 뿐만 아니라 역사의 과정 자체를 바꾸는 수직적 침입(즉, 종말론)의 터전이기도 하다. 그래서 우리는 언약적 접근이 형이상학적 사변을 막는다는 것을 이미 인정했다. 언약적 역사는 근본적인 것처럼 보이는 영원한 진리에 대한 알레고리가 아니다. 언약적 역사 자체는 실재를 구성하는 요소다.

언약은 어떤 다른 원천에서 나온 형이상학이나 존재론에 첨가된 어떤 것이 아니다. 언약은 그 자체의 세계관을 만든다. 언약은 하나의 주제에 불과한 것이 아니라, 자기 나름의 권리를 갖는 존재론적 패러다임이다. 필자는 본서에서 이 주장에 대해 정의를 내리고 변호할 것이다.

성격에 겹치는 부분이 상당히 많은 것을 알고 놀랐다. 부분적으로 이것은 둘 다 웨스트민스터신학교에서 교육을 받은 것에, 특히 웨스트민스터신학교의 성경적-신학적 강조점을 공유한 것에 기인하는 것일지 모른다. 그러나 필자가 본 시리즈를 진행해 가면서, 유효적 부르심 같은 주제를 다룸에 있어서 드라마 모델을 적용하는 Vanhoozer에게 크게 의존했다는 것을 독자들이 Vanhoozer의 이 책, 제11장을 볼 때 알게 될 것이다.

둘째, 종합적인 중심 교의를 찾느라 종종 멋대로 떠돌도록 남겨지거나 대립하게 된 요소들의 통일성을 강조하기 위해서, 언약적 구조를 이 시점에 다시 제시하는 것은 가치 있는 작업이다.

이 시리즈의 제1권은 그 주장을 확립했고, 제2권은[5] 신론, 창조론, 기독론과 관련해 그 주장을 시험했다. 본서(제3권)에서는 고전적 언약신학의 범주들이 그리스도와 우리의 연합의 개인적 측면과 우주적 측면, 역사적 측면과 종말론적 측면, 유기적 측면과 연대적(federal) 측면, 유효적 측면과 법정적(forensic) 측면을 통합하면서도, 보다 높은 종합을 찾으려고 이것들을 혼합하거나 상대화하지는 않음을 논증할 것이다.

"구원"이라는 말은 종종 환원주의적으로 이해됐다. 어떤 이들에게 구원은 우주적 승리를 의미한다. 다른 어떤 이들에게 구원은 새로운 인식이나 능력, 즉 세상에서의 새로운 존재 방식을 의미한다.

또 다른 이들은 중생의 경험에만 초점을 맞춰 구원을 "예수와의 개인적인 관계"로 이해한다. 반면, 이런 강조에 대한 반작용이 커져서 구원을 교회의 회원이 되거나 사회 구조를 변화시키는 것으로 보는 경향도 나타난다.

필자는 언약적 구원론이 이러한 그릇된 대안들을 극복하는 데 도움 줄 수 있다는 것을 논증할 것이다.

일반적으로 말해서, 현재 바울에 대한 새 관점(들)(NPP)은 처음에는 바울에게서 유대교를 구해 내려는 시도에서 시작했지만, 점차 루터에게서 바울을 구해 내려는 방향으로 나아갔다. 우리가 보게 되겠지만, 몇몇 개혁신학자들이 칼빈을 칼빈주의에서 떼 놓으려고 애써 온 것처럼 새로운 핀란드 해석(New Finnish interpretation)은 루터를 루터주의에서 구해 내려고 시도한다.[6]

---

5 Michael S. Horton, *Lord and Servant: A Covenant Christology* (Louisville, KY: Westminster John Knox Press, 2005). - 역주

6 예를 들어, Torrance의 "존재-관계적 참여" 패러다임은 큰 영향력을 행사하는데, Tor-

"칼빈주의에 반대하는 칼빈"이라는 논지는 수명을 다한 것 같고, 적어도 전문가들 사이에서는 논지가 깨져 끝나는 과정에 있다.⁷ 필자는 제8장에서 새로운 핀란드 학파와 직접적으로 대화할 것이다.

그러나 필자가 보기에, 신앙고백주의 개신교에 대한 이런 희화화(caricatures)는 종교개혁 전통에 관한 논쟁적 가치와 다른 전통들에 관한 교회 연합적 가치로 인해 전문적인 역사학계 밖에서는 여전히 계속되고 있다. 예수를 바울에게서 구해 내려는 시도든지, 바울을 종교개혁가들에게서 구해

---

rance는, 존재-관계적 참여 패러다임이 그리스도의 인격과 사역에 대한 스콜라적인 설명을, 중세든, 종교개혁 시대든, 종교개혁 이후 정통주의 시대든, 현대든 상관없이 뒤엎는다고 생각한다. T. F. Torrance, *The Mediation of Christ* (Exeter: Paternoster, 1983), 57-58를 보라. James B. Torrance는 유사한 방향으로 Calvin과 칼빈주의자들을 대조하는 길에 앞장섰다. 예를 들어, James B. Torrance, "The Concept of Federal Theology," in *Calvinus Sacrae Scripturae Professor*, ed. William H. Neuser (Grand Rapids: Eerdmans, 1994); James B. Torrance, "Covenant or Contract," *Scottish Journal of Theology* 23/1 (February 1970): 특히, 53; 참조. Basil Hall, "Calvin against the Calvinists," in *John Calvin*, ed. G. E. Duffield, Courtenay Studies in Reformation Theology (Appleford: Sutton Gourtenay, 1966); Holmes Rolston III, "Responsible Man in Reformed Theology: Calvin vs. The Westminster Confession," *Scottish Journal of Theology* 23/2 (May 1970): 특히, 129; R. T. Kendall, *Calvin and English Calvinism* (Oxford: Oxford University Press, 1979); B. A. Armstrong, *Calvinism and the Amyraut Heresy: Protestant Scholasticism and Humanism in Seventeenth-Century France* (Madison: University of Wisconsin Press, 1969); Charles Bell, *Calvin and Scottish Theology: The Doctrine of Assurance* (Edinburgh: Handsel, 1985)를 보라.

7 Richard Muller가 Heiko Oberman, David Steinmetz, 그리고 다른 이들의 방법론적 접근에 기초해 Calvin과 칼빈주의에 대한 Torrance 학파의 주장을 결정적으로 논박했고, 이 논박에 가세하는 역사신학자들이 증가하고 있다. 예를 들어, Richard Muller, *After Calvin* (New York: Oxford University Press, 2004)을 보라. 여기서 Muller는 Calvin과 칼빈주의의 관계에 대한 자신의 여러 연구를 요약한다. 참조. Carl Trueman and R. S. Clark, eds., *Protestant Scholasticism: Essays in Reassessment* (Carlisle: Paternoster, 1998); Paul Helm, *Calvin and the Calvinists* (Edinburgh: Banner of Truth Trust, 1982); W. J. Van Asselt and E. Dekker, eds., *Reformation and Scholasticism: An Ecumenical Enterprise* (Grand Rapids: Baker Academic); J. Beeke, *Assurance of Faith: Calvin, English Puritanism and the Dutch Second Reformation* (New York: Peter Lang, 1991); L. D. Bierma, "Federal Theology in the Sixteenth Century: Two Traditions?" in *the Westminster Theological Journal* 45 (1983): 304-21; "The Role of Covenant Theology in Early Reformed Orthodoxy," *The Sixteenth Century Journal* 21 (1990): 453-62를 보라.

내려는 시도든지, 종교개혁가들을 "스콜라적" 후계자들에게서 구해 내려는 시도든지 이 모든 움직임의 주된 동기는 관계적 존재론에 표면상으로는 반대하는 법정적/사법적 존재론에 대한 반작용인 것 같다.

급진적 정통주의(Radical Orthodoxy)도 "법정주의"(forensicism)[8]와 "외재주의"(extrinsicism)[9]에 반대한다. 급진적 정통주의는 법정주의나 외재주의를 중세 후기의 퇴조한 스콜라주의의 산물로 생각한다.

물론 이런 운동들(급진적 정통주의, NPP, 새로운 핀란드 학파 -역주) 간에는 상당한 차이가 있다. 급진적 정통주의는 대부분의 경우, 참여적인 특정 형이상학(비의적[秘儀的, theurgic] 신플라톤주의)에 대한 관심을 증진시키는 철학적 신학인 반면, NPP가 지향하는 것은 분명 성경 연구 분야이고, 새로운 핀란드 관점은 교회 연합적이며 역사신학적인 작업에 가깝다.

그럼에도 이 "학파들"은 적어도 칭의와 연합에 대한 중심 주제들에 있어서는, 일련의 공통된 가정들과 목표들을 공유한다. 이 학파들의 견해에 따르면, 신앙고백주의 개신교의 특징은 다음과 같다.

① 바울과 종교개혁가들, 둘 다 어느 한 쪽을 잘못 이해한다.
② 구속의 우주적, 종말론적, 형이상학적, 존재론적, 교회론적 측면들을 외적인 의(義)의 전가로 인한 개인의 법정적 칭의로 환원한다.
③ 그리스도와의 연합이나 그리스도에 참여함보다도 칭의를 복음의 중심으로 삼을 뿐만 아니라 칭의 자체를 종말론적 개념이 아닌 법적(legal) 개념으로 축소한다.

---

8 '법정(法定)주의'란 칭의(稱義, justification)를 신자의 내적 자질 변화가 아닌 신자에 대한 하나님의 법정적 선언으로 이해하는 것이다. -역주

9 '외재(外在)주의'란 철학이나 신학에 있어서 주된 강조를 내적인 실재가 아닌 외적인 것에 두는 경향으로서 사물의 원인, 이유, 기준 따위가 외부에 있다고 본다. 구체적으로 신학의 예를 들면, 칭의를 신자의 내적 자질의 고양으로 이해하지 않고, 그리스도의 의를 하나님으로부터 전가받음으로 이해하는 것이 이에 해당한다. -역주

④ 결과적으로, 신앙고백주의 개신교는 신앙과 행위를, 율법과 복음을, 그리고 우리를 위한(*extra nos*, '우리 밖의') 그리스도의 사역과 우리 안의(*in nobis*) 그리스도의 인격을 너무 날카롭게 구별한다.

이 학파들은 각기 서로 독립적으로 발전해 왔지만, 각 학파의 여러 대표자가 서로를 인정하는 경우가 분명히 증가하고 있다. 존 밀뱅크(John Milbank)는 말하기를, 법정적 칭의는 "샌더스(E. P. Sanders)가 영원히 부숴 버린, 바울에 대한 해석"이라고 한다.[10]

다른 각도에서 볼 때, 이런 학파들은 종교개혁신학에 가공할 만한 도전을 제기하는 일에 힘을 모은다. 그러나 필자는 언약신학에 대한 이런 영향력 있는 학자들의 재평가가 반동적이기보다 건설적인 제안을 제시할 가능성이 아주 크다고 확신한다.

2. 구속의 수사(修辭)를 재통합하기

본서의 또 하나의 목표는 『언약과 종말론』에서 필자가 주장했던 바, 즉 이 언약적 접근이 성경 연구와 윤리학을 재통합하는 데만 아니라 성경 연구와 교의학을 재통합하는 데도 풍부한 자산을 제공해 준다는 것을 증명하는 것이다.

프란시스 왓슨(Francis Watson)이 지적한 것처럼, 신조나 신앙고백들을 의심하는 복음주의 전통에서 성장한 많은 성경학자가 "교회의 신학"(church

---

[10] John Milbank, *Being Reconciled: Ontology and Pardon* (London and New York: Routledge, 2003), 103. 동시에 Milbank는 다음과 같이 결론 내린다. "하지만 Sanders는 바울이 어떤 의미에서 반(反)율법주의적이라고 할 수 있는 경향이 있다는 점을 반박하는 데 실패"했을 뿐만 아니라 그리스도에 참여함이 "옛 언약을 대체"하고, 그럼으로써 "새로운 집단에 속함," 즉 교회에 속함을 수반한다는 점을 단호하게 주장하지도 못했다(223n5).

theology)에 상당히 무지하거나 무관심한 것 같다.[11]

라이트 자신이 이런 현상을 거의 인지하고 있다. 심지어 그의 책 안에서도 이런 류의 경향을 발견될 수도 있다.[12] 라이트는 신앙고백서들이나 교리문답들을 위해 바울이 인용될 수 있다고 생각하는 사람들에 맞서 선언하기를, 바울은 조직신학자가 아니라 성경신학자라고 한다.[13] 라이트는 그런 조직화하려는 시도들이 바울의 풍부한 종말론적 지평을 바르게 평가하는 데 실패했다고 여기면서도, 정작 라이트 자신은 바울신학의 체계적 일관성을 보여 주려고 한다.

한편으로, 현대 조직신학은 성경주해가 중심 사상, 즉 "[ ]의 신학"([ ]을 채워 보라)보다 부차적이라는 인상을 조장해 왔다. 다른 한편으로, 현대 성경신학은 자신들도 모든 성경주해를 도출하는 중심 교의를 제시할 수 있는 것처럼 자주 주장했다. NPP에서는 언약적 신율주의(covenantal nomism), 이스라엘의 포로 됨과 회복, 이방인의 포함이 이런 중심 논지일 수 있다.

따라서 문제는 조직신학과 순전한 성경주해 간의 양자택일이 아니라 성경에서 발견되는, 일관성 있는 주제들에 대한 다양한 설명들을 정당하게 평가하는 것이다.

약 1세기 전에 게할더스 보스(Geerhardus Vos)가 한 다음 지적은 유익하다.

---

[11] 유사한 분석으로는, Francis Watson, *Text and Truth: Redefining Biblical Theology* (Grand Rapids: Eerdmans; Edinburgh: T&T Clark, 1997), 111을 보라.

[12] N. T. Wright, *Climax of the Covenant*, 21. "(오늘날의 성경 연구의 대부분이 이루어지고 있는) 많은 북미 기관에서 유독 신학과 성경 연구의 분리가 흔한데, 이러한 현상은 철학적인 교육이나 신학적인 교육을 받지 않은, 그리고 이런 교육이 필요하다는 생각을 실제로 못마땅히 여기는 사람들 위주로 바울이 연구됐음을 의미한다. 많은 신약학자이 고압적이고 무능력한 보수주의를 벗어나는 방법으로 상세한 성경주해를 사용한다. 이들은 포괄적인 바울신학을 명확하게 진술하려는 모든 시도를, 자신들이 기쁘게 벗어났던 체계와 같은 것을 재건하려는 시도로 본다."

[13] Wright, *Climax of the Covenant*, 263-64.

성경신학은 발전하는 선을 그린다. 조직신학은 원을 그린다.[14]

성경신학과 조직신학은 다르지만, 둘 다 교회의 건강과 활력과 건전함에 필수적이다. 필자는 『언약과 종말론』에서 입체감이 있는 지도와 평면적인 시가지 지도의 유비를 언급했다.[15] 만약 우리가 봉우리 및 골짜기에 대한 지형 조사와 논리적 교차로 중에서 양자택일해야 한다면, 우리의 이론뿐만 아니라 실제 삶도 아주 빈약해질 것이다. 보스는 다음과 같이 말한다.

성경은 교리 안내서가 아니라, 극적(dramatic) 재미로 가득한 역사책이다.

그럼에도 성경신학은 성경의 고유한 신학적 유익과 일관성을 보여 줌으로써 "현재의 반(反)-교리적 경향에 반대하는" 작업일 수 있다.[16] 실제로 리처드 개핀(Richard Gaffin Jr.)은 언약적 주제가 성경을, 성경신학적 방식과 조직신학적 방식으로 요약될 수 있는 줄거리로 구성하는 데 도움을 준다고 말한다.

이를테면, 성경은 그 자신이 유기체임을 알고 있다. 우리는 현재 우리의 몸 속의 상태를 알 수 없지만, 성경은 자신의 내부 구조를 다 감지한다. 연속되는 베리트(Berith, 언약) 체결의 원리는 새로운 시기(periods)를 도입하는 특징으로서 이 구조에 커다란 역할을 하므로 언약 체결의 원리에 큰 주의가 기

---

[14] Geerhardus Vos, *Biblical Theology: Old and New Testaments* (Grand Rapids: Eerdmans, 159), 16.
[15] Michael Horton, *Covenant and Eschatology* (Louisville, KY: Westminster John Knox, 2002), 241.
[16] Geerhardus Vos, *Redemptive History and Biblical Interpretation: The Shorter Writings of Geerhardus Vos*, ed. Richard Gaffin Jr. (Phillipsburg, NJ: P&R Publishing, 1980), 62.

울여져야 한다.[17]

로마서 1:1-6에서 알 수 있듯이, 바울은 복음을 구속사의 관점에서 정의할 수 있고, 로마서 8:29-30에서처럼 개인이 이 구속사에 참여하는 논리적 사슬의 견지에서 복음을 정의할 수 있다. 여기서 우리는, 구속사의 드라마와 '개인적 선택 - 부르심 - 칭의 - 영화'의 논리적 질서 간에 양자택일해야 하는 이유를 전혀 발견하지 못한다.

필자가 **"하나님의 드라마"**(The Divine Drama)라는 부제를 붙인 제1권(『언약과 종말론』-역주)에서부터 주장해 온 것처럼, 본질상 언약신학은 역동성과 극적 재미로 가득한 구속사적 해석학을 낳는다.

본 시리즈의 제4권[18]은 교회론과 구원론의 통합에 더 초점을 맞추겠지만, 구속사(historia salutis)와 신자 개인에 대한 구속의 적용(ordo salutis, '구원 서정') 간의 통합은 본서(제3권)에서도 어느 정도 상세히 설명될 것이다. 만약 이것이 전통적인 조직신학이었다면, 필자는 구원론과 교회론을 한 권으로 통합하려고 했을 것이다. 이 시리즈의 마지막 책(제4권)이 교회론에 집중함에도 불구하고, 필자는 독자들이 제3권과 마지막 책을 함께 읽길 바란다.

필자는 바울의 가르침을 "칭의신학"으로 환원하는 것이, 또는 바울의 가르침을 칭의로 축소함으로써 "언약신학"으로 환원하는 것이 바울의 메시지를 왜곡하는 것이라고 생각하는 사람들에게 동의한다. 성경신학은 조직신학 못지않게, 중심 교리에서 모든 것을 도출하려는 연역주의에 함몰될 수 있다.

---

17 Richard Gaffin Jr., *Resurrection and Redemption: A Study in Paul's Soteriology* (Phillipsburg, NJ: P&R Publishing, 1978), 26.
18 호튼은 본서를 출간한 다음 해에 제4권을 이어서 출간한다. *People and Place: A Covenant Ecclesiology* (Louisville, KY: Westminster John Knox Press, 2008). -역주

그 대신 필자가 주장해 온 것은, 성경이 드러난 하나님의 드라마이고, 비록 언약 자체가 하나님의 드라마의 중심은 아닐지라도 하나님의 드라마의 줄거리를 위한 배경과 무대를 제공하는 주제라는 것이다. 하나님의 드라마의 가장 중요한 자리는 그리스도의 자리다. 그럼에도 이 드라마에서 그리스도의 정체는 그리스도가 중보자 되시는 그 언약으로 말미암아 규정된다.

마치 칭의가 역사와 종말론과 참여와 교회와는 거의 무관한, 예수와 신자 개인 간의 관계에 대한 "무시간적 진리"인 것마냥 구원이 개인 구원의 문제로 환원되는 경우가 종종 있었다는 것은 부인할 수 없다. 이런 배경에서 NPP, 급진적 정통주의, 그리고 이와 유사한 주장들은 짜릿한 해방과 매력적인 대안을 제안한다. 샌더스의 다음 경고에 진리가 있음을 부정할 사람은 거의 없을 것이다.

> 우리가 바울을 조직신학 분야로 연구하면서 종말론을 논의의 마지막 자리로 보내는 한, 바울에 대한 이해가 완전히 불투명해지지는 않겠지만 방해를 받을 것이다. 게다가 우리가 바울 복음의 중심 주제를 "오직 믿음으로 말미암는 의"로 간주하는 한, 바울이 그리스도 몸의 일원이 되는 것에 대해 생각할 때 고려했던 실재성의 중요성을 놓치게 되고, 따라서 바울신학의 핵심을 놓치게 된다.[19]

그러나 NPP가 등장하기 오래전에, 많은 그리스도인이 고전적 언약신학을 따라서 계시의 구속사적이고 종말론적 성격을 인정해 왔다.

바르트(Barth), 판넨베르크(Pannenberg), 몰트만(Moltmann) 모두 다 개혁파 정통주의가 신학을 종말론적으로 구성하는 데 관심을 가졌다고 지적해 왔

---

[19] E. P. Sanders, *Paul and Palestinian Judaism* (Philadelphia: Fortress, 1977), 434.

다.[20] 또한, 이 신학자들은 개혁파 정통주의 전통이 연이은 언약들의 전개에 기초한 구속의 역사를 강조한다는 사실에 주목한다.

사실, 개혁파 정통주의의 언약신학에 대한 바르트의 비판은, 라이트의 주장과 달리, 이 언약신학이 구속사(*historia salutis*)를 "무시간적인 진리"로 환원했다는 것이 아니라 오히려 정반대였다. 즉, 개혁파 정통주의의 언약신학이 "신학적 역사주의"를 주장했다는 비판이었다.

우리는 하나님의 행위와 계시를 역사화할 수 있는가?
언약신학자들은 이것을 원리적으로 시도한 사실상 최초의 사람들이었다.[21]

칭의를 언약적, 종말론적, 역사적 맥락 안에 두는 것은 바울뿐만 아니라 옛 언약신학자들에게도 전혀 문제가 되지 않았다. 고전적 언약신학과 그 새로운 경쟁자들 간의 진짜 차이는 지평의 범위가 아닌 실제 내용에 있다.

종교개혁에는 "중심 교의"가 없지만, 종교개혁가들은 확실히 조직신학적이었다.[22] 브루스 맥코맥(Bruce McCormack)이 제안하는 것처럼, 종교개혁의 칭의 교리를 끊임없이 위협하는 존재론 속에 종교개혁 칭의 교리의 누룩을 집어넣어야 한다.

---

20 Jürgen Moltmann, *Theology of Hope*, trans. James W. Leitch (Minneapolis: Fortress, 1993), 69-70; Wolfhart Pannenberg, *Systematic Theology* (Grand Rapids: Eerdmans, 1998), 3:530. Karl Barth는 언약신학이 "에를랑겐의 '구속사' 학파"의 초기 형태로 있던 루터교 신학을 특히, "성경에서 정적이지 않고 역동적으로 증언된 하나님의 말씀과 사역을 객관적인 체계나 자충족적인 진리로서가 아니라 사건으로서 이해하려는" 이 학파의 시도를 통해 어떤 형태들로 형성하는 데 중요한 영향을 미쳤다고 지적한다(*Church Dogmatics*, trans. G. W. Bromiley [Edinburgh: T&T Clark, 1956], 4/1:57-66).

21 Karl Barth, *Church Dogmatics*, trans. G. W. Bromiley (Edinburgh: T&T Clark, 1956), 4/1:57-66.

22 Bruce L. McCormack, "What's at Stake in Current Dabate over Justification? The Crisis of Protestantism in the West," in *Justification: What's at Stake in the Current Dabate*, ed. Mark Husbands and Daniel J. Treier (Downer Grove, II: InterVarsity Press, 2004), 81.

오늘날 위기에는 여러 원인이 있는데, 그 원인들의 대부분은 전혀 신학적이지 않다(점점 더 세속화되는 문화가 교회에 지속적으로 영향을 미치는 것과 관계가 있다). 그래서 설령 개신교의 칭의 교리가 갑자기 전교회적으로 믿어지고, 가르쳐지며, 고백될 수 있다고 할지라도, 사태의 이런 전환이 개신교를 구할 것이라는 보장이 없다.

하지만 분명한 것은, 칭의 교리에 대한 선명함의 결여와, 칭의 교리에 대한 오늘날의 도전에 적절히 응답하지 못하는, 칭의 교리 변호 지망자의 무능이 종교개혁 교회들에 팽배한 신학적 혼란을 크게 조장하고, 서구 개신교의 종언을 필히 가속화할 것이라는 점이다.[23]

우리는 종교개혁을 넘어설 필요가 있다. 하지만 그 일은 종교개혁을 **통과해서**(through) 이루어져야 할 일이지, "오늘날 종교개혁적이지 않은 개신교를 너무나 원하는 사람들이 하는 것처럼 종교개혁을 교묘히 피해서 이루어질 일은 아니다." 필자는 맥코맥의 다음 결론을 필자의 결론으로 내놓는다.

한편 내가 바라는 바는, 종교개혁 전통의 활용되지 않은 잠재력에 대한 자신들의 무지만을 힘입어 결론을 내리는 자들에 의해서 종교개혁이 성급하게 결론 내려지지 않는 것이다.[24]

---

[23] McCormack, "What's at Stake in Current Dabate over Justification? The Crisis of Protestantism in the West," 83.
[24] McCormack, "What's at Stake in Current Dabate over Justification? The Crisis of Protestantism in the West," 117.

제1부

언약과 칭의

제2장 시내산과 시온산: 두 언약에 대한 이야기
제3장 팔레스타인 유대교의 언약적 신율주의: 들어가기와 머물기
제4장 "율법의 행위"에 대한 바울의 논박: 그릇된 양자택일을 넘어서
제5장 율법과 복음: 대조인가, 연속인가?
제6장 언약과 전가: 불경건한 자들의 칭의

제2장

시내산과 시온산:
두 언약에 대한 이야기

언약신학이 성경신학과 조직신학을 통합하는 기반을 제공한다고 할 때, 이것의 타당성은 선택과 칭의에 대한 고찰에서 가장 분명히 드러날 수 있다. 대부분의 근대 교의학과 성경 연구가 유대교나 구약 배경과의 대비(對比) 가운데 규정되어 왔다. 제2차 세계 대전 이후 몇 십 년 동안 이 경향이 바뀌어 왔고, 언약적인 준거 틀이 더욱 인정받게 됐다.

하지만 언약적 주제의 중요성을 단지 시인하거나 언약신학을 옹호하는 것 자체가 반드시 언약신학의 구체적인 내용을 규정하는 것은 아니다. 예를 들어, 라이트(N. T. Wright)는 "언약신학"을 옹호하지만, 언약에 대한 자신의 설명과 16-17세기의 설명 사이를 날카롭게 구별한다.[1] 그런데 라이트는 다른 곳에서 다음과 같이 시인한다.

> 많은 신약학자와 마찬가지로, 나는 소수의 교부와 종교개혁가를 제외한 나머지 모든 교부와 종교개혁가의 바울에 대한 해석을 거의 알지 못한다. 중세 시대나 17-18세기가 바울에 대해 말한 것이 많지만, 나는 그것을 읽어 본 적이 없다.[2]

1　N. T. Wright, *What Saint Paul Really Said: Was Paul of Tarsus the Real Founder of Christianity?* (Grand Rapids: Eerdmans, 1997), 117.
2　N. T. Wright, *Paul: In Fresh Perspective* (Minneapolis: Fortress, 2006), 13. 이 책에서 Wright는 더욱 일반적인 의미에서 새 관점과 거리를 둔다. Wright는, NPP가 그리스도의 주권 아래 사회를 변화시키는 바울의 명백한 관심사보다 구원의 신학에 지나친 관심

따라서 필자의 판단에 의하면, 고전적 언약신학은 직접 읽혀지며 진지하게 평가되지 못한 상태로, 너무 가벼이 일축되어 왔다.

제1부에서 필자의 주된 목표는 종교개혁 전통이 받는 혐의를 벗겨 주는 것이 아니라, 그 전통 안에서 NPP와 대화하는 것이다. 본 장에서 할 일은, 율법과 복음의 구별을 보증하는 기본 사상과, 그리고 신앙고백주의적 개혁신학에서 옹호되는 언약의 특정 유형들이 성경주해를 근거로 하여 확증될 수 있음을 증명한다.

이후 여러 장에 걸친 필자의 논지의 중심은, 오늘날 많은 개신교 학자가 "언약"을 어느 정도 단일하게 다루는 반면, 개혁신학은 성경에서 발견되는 서로 다른 언약 유형들, 구체적으로 말해, 율법-언약들(종주권 조약들)과 약속-언약들(왕적 하사 언약들) 간의 결정적 차이를 제대로 인정한다는 것이다.

필자는 『언약과 기독론: 주와 종』(*Lord and Servant: A Covenant Christology*) 및 다른 곳에서, 서로 구별된 이 언약 유형들의 광범위한 윤곽을 살펴보았다.[3] 그럼에도 이 언약 유형들은, 필자가 본서에서 지지하고 있는 특정한 언약신학에 핵심적이기 때문에, 이 구별을 더 분명히 펼쳐 보이는 것이 필요하다. 그래서 본 장에서는 그 다음 장들에서 세부 내용이 채워질 전체 그림을 제시할 것이다.

을 가져 왔다고 지적한다.

[3] Michael Horton, *Lord and Servant: A Covenant Christology* (Louisville, KY: Westminster John Knox, 2005); Horton, *God of Promise: Introducing Covenant Theology* (Grand Rapids: Baker, 2006), 특히, 23-110.

1. 두 언약에 대한 이야기

지난 50년의 연구는 성경에 있는 언약의 두 유형 간의 차이에 더욱더 선명하게 빛을 비춰 주었다. 이런 언약들 서로 간의 정확한 관계에 대해 여전히 상당한 논쟁이 있지만, 언약들 간에 차이가 존재한다는 것과 각 언약들을 규정하는 내용에 대해, 놀랄 만한 합의가 존재한다.

역설적이게도, 아주 많은 개신교 성경학자가 율법 언약들과 약속 언약들 간의 선명한 구별에 도전하고 있는 바로 이 순간, 유대교와 로마 가톨릭 전통 출신의 고대 근동 학자들은 이 중요한 구별이 옳다는 것을 증명해 오고 있다.[4]

1970년에 나온 모셰 웨인펠드(Moshe Weinfeld)의 중요한 논문에서 지적된 것처럼, 이스라엘 역사는 "왕적 하사" 유형과 "종주권 조약" 유형의 언약적 전통에 의해서 좌우됐는데, 이 두 유형은 고대 근동의 외교에서 모두 입증된 것이다.[5]

종주권 조약(또는 언약 조문)은 더 높은 통치자와 더 낮은 통치자, 즉 종주와 봉신 간의 계약과 유사하다. 고대 히타이트의 이런 조약들에는 다음과 같은 특징적 요소들이 포함됐다.

---

4   필자가 여기서 오늘날 (개혁파가 아닌) 신학자들의 연구를 활용해서 제공하는 설명의 주된 요점(즉, 은혜 언약의 서로 다른 "시행들," 그리고 율법 언약과 약속 언약 간의 구별)은, Francis Turretin의 *Institutes of Elenctic Theology*, ed. J. T. Dennison Jr., trans. G. M. Giger, vol. 2 (Phillipsburg, NJ: P&R Publishing, 1994), Twelfth Topic, 특히, QQ. 4, 6, 7에서 이미 상세히 진술되어 있다.
5   Moshe Weinfeld, "The Covenant of Grant in the Old Testament and the Ancient Near East," *Journal of the American Oriental Society* 90 (1970): 185-86; 참조. 보다 최근의 더 자세한 논의로는, Suzanne Boorer, *The Promise of the Land as an Oath* (Berlin: W. de Gruyter, 1992)를 보라.

① 조약을 부과하는 종주의 정체를 밝히는 전문(前文).
② (봉신의 지역에 대한 종주의 통치권을 정당화하는) 역사적 서언.
③ 조항(또는 명령).
④ (조항 위반에 대한 저주와 순종에 대한 복을 정하는) 상벌 규정.

그리고 전형적으로 이런 조약들에는 새로운 관계가 공식적으로 승인되고, 조약이 적힌 판들이 양편 당사자들의 종교적 성지에 보관되며, 각 편의 신적 증인들이 소환되는 공적 의식들이 수반했다.

그러나 왕적 하사는 일반적으로 종주를 위한 봉신의 과거 행적을 고려해 종주가 봉신에게 주는 선물이었고, 이것은 군주에 의해 수여되는 작위와 유사했다. 왕적 하사는 "왕이 신하에게 준 전적인 선물"이었다.[6]

1) 율법 언약

성경에 있는 언약들의 형식과 내용 둘 다에서 이런 국제 외교의 두 유형의 영향이 쉽게 발견된다. 민수기 11:4(참조. 출 12:38)에 따르면, "섞여 사는 다른 인종들"이 포함된 출애굽 한 사람들은 혈연이 아니라, 집단적인 선택과 언약으로 묶여 있었다. 멘덴홀(G. E. Mendenhall)은 "이스라엘"이 하나님의 구출에 대한 응답으로서 "십계명의 조항에 순종할 의무가 있다"고 말한다. 이것에 "정확히 상응하는 진술이 아마르나(Amarna) 서한에 발견된다"라고 멘덴홀은 덧붙인다.[7]

---

[6] Delbert R. Hillers, *Covenant: The History of a Biblical Idea* (Baltimore: Johns Hopkins University Press, 1969), 105. "간략한 전형적인 사례는 다음과 같다. 'Ugarit의 Ammistamru 왕의 아들 Niqmaddu는 Ullami에 있는 […] Pabeya의 집을 취해서, 이제부터 Nuriyana 와 그의 자손들에게 영원히 주노라. Nuriyana나 그의 자손들의 손에서 그 집을 아무도 영원히 빼앗지 못하리라. 왕의 인(印).'"

[7] G. E. Mendenhall, *Law and Covenant in Israel and the Ancient Near East* (Pittsburgh: The

언약을 발효하는 엄숙한 이중적 의식은 다음과 같다.

한 의식은 제단과 백성에게 피를 뿌리는 것이고, 또 하나의 의식은 여호와 앞에서의 만찬이다.

언약궤에 율법을 보관하는 전통은, 모세 이전 시대의 언약적 관습과 관계가 있음에 분명하다.[8]

히타이트 조약에서 험담이나 불신하는 말과 행동이 언약 조항의 위반에 해당된다는 사실을 고려할 때, "광야 '불평'의 전승도 언약에 비춰 볼 때 새로운 의미를 갖는 주제다."[9]

시내산에서 맺은 언약은 종주권 조약의 특징들을 분명히 지닌다. 실제로, 신명기 5장만 아니라, 출애굽기 19-20장에도 다음과 같은 종주권 조약의 정확한 형식이 발견된다. 여호와가 자신을, 애굽에서 백성을 구출한 종주라고 밝히시고(전문과 역사적 서언), 여기에 십계명(조항)이 뒤따르며, 백성이 충성을 맹세한 언약을 위반할 경우에 대한 분명한 경고(상벌 규정)가 이어진다.

이것은, 때때로 사용된 결혼 유비에 기초해, 이스라엘이 단지 계약적으로만 고려됐다는 것을 의미하지 않는다. 결국, 하나님이 아브라함을 택하셨고, 족장인 아브라함 자신의 노력과 상관없이(이 점에 대해 밑에서 다시 언급할 것이다) 아브라함의 자손들에게 가나안 땅을 약속하셨다. 게다가 하나님은 아브라함에게 한 자신의 맹세를 지키시기 위해, 그리고 해방을 부르짖는 노예들에게 자비롭게 응답하시기 위해 약속의 자녀들을 애굽에서 단

Biblical Colloquium, 1955), 37-38.
8 Mendenhall, *Law and Covenant*, 38.
9 Mendenhall, *Law and Covenant*, 39.

독적으로 구출하셨다.

이스라엘 백성이 가나안 땅에 들어가서도 인정해야 할 사실은 그들이 여호와 하나님의 성민이고 하나님 여호와께서 지상 만민 중에서 그들을 자기 기업의 백성으로 택하셨다는 점이다(신 7:6). 그리하여 하나님의 은혜로운 주도권에 대한 선언이 덧붙여진다.

> 여호와께서 너희를 기뻐하시고 너희를 택하심은 너희가 다른 민족보다 수효가 많기 때문이 아니니라 너희는 오히려 모든 민족 중에 가장 적으니라 여호와께서 다만 너희를 사랑하심으로 말미암아 또는 너희의 조상들에게 하신 맹세를 지키려 하심으로 말미암아 자기의 권능의 손으로 너희를 인도하여 내시되 너희를 그 종 되었던 집에서 애굽 왕 바로의 손에서 속량하셨나니(신 7:7-8).

하나님의 선택과 구출이 하나님의 은혜에 전적으로 의존했을지라도, 시내산에서 맹세한 이스라엘 백성은 언약 조항에 대해, 그리고 언약을 지키지 못할 시 당할 형벌에 대해 책임진다. 은혜로 선택하시고 구출하신 하나님이 이제는 이스라엘 백성에게 하나님의 계명을 지킬 책임을 지우고, 지키지 못하면 멸망당할 것이라고 경고하신다(9-11절).

샌더스(E. P. Sanders)의 유명한 표현인 "은혜로써 들어가고, 순종으로 머무름"과, 이런 언약 유형을 묘사하기 위해 샌더스가 만든 용어인 "언약적 신율주의"(covenantal nomism)는 이 종주권 조약의 형식과 내용으로 볼 때 전적으로 정당한 것처럼 보인다.[10]

여호와와 이스라엘의 관계는 혼인 관계다. 즉, 여호와와 이스라엘의 관

---

[10] "은혜로써 들어가고, 순종으로 머무름"에 대해 E. P. Sanders, *Paul and Palestinian Judaism* (Minneapolis: Fortress, 1977), 93, 178, 371을 보라. 그리고 "언약적 신율주의"에 대한 Sanders의 정의에 대해 75, 543-56을 보라.

계는 법적이면서 동시에 심히 인격적이지만, 간음으로 혼인 관계가 깨지는 경우 이혼은 늘 가능한 현실이다.

하나님이 이스라엘을 부르신 것은 타락 이후의 일이기 때문에, 이스라엘의 부르심은 하나님의 선하심과 사랑의 결과일 뿐만 아니라 하나님의 자비와 은혜의 결과이기도 하다. 이스라엘에게 하나님의 선택은 정말 과분한 것이다. 오히려 이스라엘에게 마땅한 것은 하나님의 선택과 정반대되는 것이다.

그러나 인류에 대한 원(原)소명에서와 마찬가지로, 이스라엘은 소명을 성취하기 위해 선택받았고, 하나님 땅에서의 하나님 언약의 종이라는 이스라엘의 지위는 이스라엘 자신의 언약적 신실함에 의존한다. 시내산에서 모세가 하나님께 받은 율법의 말씀을 낭독하니, 이스라엘 백성은 다음과 같이 말했다.

> 한 소리로 응답하여 이르되 여호와께서 말씀하신 모든 것을 우리가 준행하리이다(출 24:3).

그리고 모세는 모든 말씀을 기록하고, 제단(봉신의 기록 보관소)을 쌓으며 이스라엘 열두 지파에 따라 열두 기둥을 세웠다. 그 후 이스라엘 백성은 다음과 같이 맹세했다.

> 여호와의 모든 말씀을 우리가 준행하리이다(출 24:7).

그러자 모세는 피를 백성에게 뿌리며 다음과 같이 말했다.

> 이는 여호와께서 이 모든 말씀에 대하여 너희와 세우신 언약의 피니라(출 24:8).

이스라엘 백성은 언약 준수를 맹세했고, 이 맹세는 모세가 이스라엘 백성에게 피를 뿌리는 행위와 이 행위에 내포된 엄한 경고로 인(印)쳐졌는데, 시내산 언약의 성격은 이보다 더 생생하게 표현될 수 없었다. **따라서 시내산 언약 자체는 율법 언약이다.** 가나안 땅이 이스라엘에게 **주어졌지만**(given), 그것은 이스라엘의 언약적 소명의 성취를 위해서 주어졌다. 그러므로 가나안 땅에 머무르는 것은, 시내산에서 이스라엘 백성이 준행하기로 맹세한 조항의 개인적인 이행에 좌우된다.

이것은 이스라엘 개개인과 하나님의 관계가 약속에 의해서가 아닌 오직 율법에 의해서만 규정됐다는 것을 의미하지 않고, 오히려 이스라엘이 하나님과 맺은 **국가적** 언약은 한 국가로서 이스라엘 백성이 협정에 대한 자신들의 책임을 수용하며 맺은 맹세라는 의미다. 시내산 언약의 조건적 언어는 토라 전체에서 명백하다.

> 너희는 내 규례와 법도를 지키라 사람이 이를 행하면 그로 말미암아 살리라(레 18:5; 신 4:1; 5:33; 6:24-25; 8:1; 30:15-18; 느 9:29; 겔 18:19; 20:11-21 등).

이 형식과 내용은 종주권 조약의 형식과 내용이고, 하나님과 아담 사이의 언약에서도 이 형식과 내용을 분명히 볼 수 있다(창 2:16-17). 아담처럼 이스라엘은 맡은 사명이 있었고, 수행할 과제가 있었으며, 이스라엘 자신을 위해서만 아니라 온 세상을 위해 실현할 목표가 있었다. 그리고 이 소명은, 이스라엘이 계속 이행하지 않으면 상실하는 소명이었다.

2) 약속 언약

십계명과 여호수아 24장은 이 종주권 조약 유형에 꼭 맞다. 그러나 멘덴홀이 말하는 것처럼, "아브라함(그리고 노아)과 맺은 언약은 완전히 다른 형식이라는 것을 쉽게 알 수 있다."

창세기 15장과 17장의 이야기 둘 다에서, 그리고 이 언약에 대한 이후 언급에서 장래에 성취될 확실한 약속을 맹세하는 이는 여호와 자신이라는 것이 분명히 진술되거나 암시되어 있다. 아브라함에게 의무가 부과되지 않는다는 사실에 대한 충분한 주의가 자주 기울어지지 않는다. 원래 할례는 의무가 아니라, 창세기 9장에 있는 무지개처럼 언약의 표다. 할례는 언약이 있다는 것을 구체적으로 표시할 뿐만 아니라, 이 언약을 받은 사람(들)을 확인하는 역할도 한다. 아마도, 할례는 창세기 4장에 나오는 가인의 표처럼, 약속을 보호하기 위한 것이다.

반면, 모세 언약은 거의 정반대다. 비록 언약 관계 자체가 이스라엘에 대한 여호와의 보호와 지원을 전제한다는 것은 말할 필요가 없는 것일지라도, 모세 언약은 여호와께 구체적인 의무를 지우지 않고 지파나 무리에게 구체적인 의무를 부과한다.[11]

창세기 15장에서 약속하는 이는 여호와지 아브람이 아니다.

나는 네 방패요 너의 지극히 큰 상급이니라 … 그 사람[다메섹 사람 엘리에셀]이 네 상속자가 아니라 네 몸에서 날 자가 네 상속자가 되리라 … 하늘을 우러러 뭇별을 셀 수 있나 보라 … 네 자손이 이와 같으리라(창 15:1-5).

아브라함은 믿고, 즉시 의롭다 함을 받는다(창 15:1-6). 생략된 구절에는 아브람 편에서의 반대 증언이 있지만, 여호와는 순수한 약속으로 계속 응답하시고 족장 아브라함의 계속된 의심에 대해 마침내 약속을 표로 보증

---

[11] Mendenhall, *Law and Covenant*, 36.

하신다. 이 이야기는 바벨탑에서 특이하게 연합된 동맹의 프로메테우스적 자랑과 날카롭게 대조된다.

> 우리 이름을 내고(창 11:4).

그러나 여호와는 아브람("아버지")에게 새 이름(아브라함, "많은 사람의 아버지," 창 17:5)을 주시는데, 새 이름을 주는 것은 마지막까지 약속 언약에 전형적인 것이 된다(창 35:10; 사 45:4; 62:6; 계 2:17).

이 약속 언약의 표를 이해하기 위해서는 이것의 고대 근동적인 배경에 대해 이해해야 한다. 언약 체결과 관련된 의식들은 여러 가지다. 그러나 일반적으로 종주권 조약은 봉신(낮은 군주)이 둘로 쪼개진 동물들 사이를 통과하는 공개적인 의식을 통해 인쳐졌다. 이 의식은 봉신이 조약을 파기할 경우, 동물이 쪼개진 것처럼 동일한 저주의 벌을 종주에게 받을 것임을 맹세하는 것이다.[12]

(시내산에서 체결된) 국가적 언약이 종주권 조약의 이런 조건적 성격에 일치한다는 것은, 모세가 ("여호와께서 말씀하신 모든 것을 우리가 준행하리이다"라고) 맹세한 자들에게 피를 뿌림으로써 "이 언약의 말씀"을 비준하는 사실에서 매우 분명히 드러난다. 또한, 이 언약의 이후 역사에서, 선지자들이 언약 위반에 대해 저주를 선포하는 데서도 분명히 드러난다. 여호와는 다음과 같이 선언하셨다.

> 송아지를 둘로 쪼개고 그 두 조각 사이로 지나매 **[그들이]** 내 앞에 언약을 **맺었으나**, 그 말을 실행하지 아니하여 내 계약을 어긴 그들을 곧 송아지 두 조각 사이로 지난 유다 고관들과 예루살렘 고관들과 내시들과 제사장

---

[12] Hillers, *Covenant*, 40-41.

들과 이 땅 모든 백성을 내가 그들의 원수의 손과 그들의 생명을 찾는 자의 손에 넘기리니 그들의 시체가 공중의 새와 땅의 짐승의 먹이가 될 것이며(렘 34:18-20, 강조는 첨가된 것).

이 의식에서, 언약 체결에 대한 히브리어 표현, 카라트 베리트(karat berit), 즉 "언약을 자르다"가 나온다.

호메로스도 동일한 관용어, 호르키아 탐네인(horkia tamnein), 즉 "맹세를 자르다"를 사용했다.[13] 데니스 매카시(Dennis J. McCarthy, S. J.)는 "언약을 자르다"는 히브리어 문서에만 아니라, 일찍이 BC 14세기 아람어와 페니키아어 문서에서도 사용됐다고 지적한다.[14]

그러나 창세기 15장에서 수립되고 "잘려진" 언약의 경우, 유별난 것이 보인다. 즉, 창세기 15장에서 아브람은 자다가 타는 횃불이 쪼갠 동물들 사이를 지나가는 환상을 받는다. 여기서는 **하나님만이 둘로 쪼개진 동물 사이를 지나가심**으로써, 만약 언약이 성취되지 못할 시 임할 언약의 저주를 하나님 자신이 떠맡으신다. 따라서 일방적인 약속이 일방적인 조약 의식으로 나타내지고 인쳐진다.

시내산 언약에서는 언약 중보자가 언약 준행을 맹세하는 이스라엘 백성에게 피를 뿌리지만, 하나님 자신이 중보자이신 이 아브라함 언약에서 아브라함은 그의 상속자들과 함께 수혜자일 뿐이다. 언약의 종 대신에 하나님만이 홀로 피투성이의 동물 조각 사이를 지나가셨다. 아브라함은 바로 그 자리에서 "의롭다"고, "여러 민족의 아버지"라고 선언된다. 비록 아브라함이 보는 모든 현실은 하나님의 선언과는 다른 것 같았을지라도 말이

---

[13] Hillers, *Covenant*, 41.
[14] Dennis J. McCarthy, S.J., *Treaty and Covenant: A Study in the Ancient Oriental Documents and in the Old Testament* (Rome: Biblical Institute Press, 1963), 52-55.

다. 아브라함 언약의 말씀과 성례 둘 다에서 여호와는 언약의 조건을 역사 가운데 성취하는 짐을 떠맡으시는 약속자로 나타나신다.

노아 언약도 아무 조건이 첨부되지 않은, 하나님 편에서의 일방적인 약속이었다(창 9장). 이런 언약 유형은 다윗과 다윗의 자손에 대한 하나님의 약속에서도 볼 수 있다. 왕정 시대에 왕이 기름 부음 받을 때 여호와는 **증인**(witness)이셨다.[15] 그러나,

> 아브라함 언약의 전통이, 여호와와 다윗 사이에 맺은 언약의 전형이 되었다. 이 언약을 통해 **여호와는** 다윗 혈통의 왕위를 보존하시겠다고 **약속하셨다**(삼하 23:5).

다윗과 그 자손들이 시내산 언약을 준행하든 준행하지 못하든 관계없이, 하나님은 다윗 자손의 왕위를 일방적이고 무조건적으로 보존하실 것이다.

> 여호와는 아브라함 언약이나 노아 언약에서와 똑같이, 스스로를 의무로 묶으셨다. 그러므로 여호와는 왕으로서의 책임을 지실 수밖에 없었다. 아브라함 언약은 "예언"이었고, 다윗 언약은 "성취"였다.

> [사실상] 모세의 율법적 전통은, 바울에게와 마찬가지로 솔로몬에게도 매력적인 것일 수 없었다.[16]

---

15 Mendenhall, *Law and Covenant*, 45를 보라.
16 Mendenhall, *Law and Covenant*, 46. 아마 여기서 Mendenhall이 증거를 넘어서 추측할지라도, 이것은, 비록 두 언약(율법 언약과 약속 언약 -역주)이 본질적으로 반대되는 언약들은 아니었지만(하나는 이스라엘 국가의 지위와 관계있고, 다른 하나는 다윗 후손의 왕위와 관계가 있다), 두 언약이 동일하지 않고, 역사적으로 두 언약 사이에 긴장이 발생할 수 있었다. 그리고 이스라엘 역사에서 실제로 긴장이 발생했다는 것에 우리 주

비로소 BC 8세기 선지자들과 함께, 히타이트 조약에 상응하는 모세 언약이 아주 주목받는 위치로 복귀했다. 이것은 "동맹(federation)으로의 복귀"였다. "율법 책"의 재발견은 "철저한 대청소"로 이어졌다.

> [요시아] 왕이 백성과 함께, 여호와의 계명을 지키기 위해 언약을 (여호와 앞에서, 즉 여호와를 언약 상대자[party]가 아니라, 증인으로 삼아) 맺었다. … 이로 말미암아 요시아와 종교 지도자들은 여호와가 이스라엘 나라를 보존해 주시기로 다윗-아브라함 언약으로 돌이킬 수 없게 확약하셨다고 스스로 가정하는 가짜 행복 속에 자신들이 살아왔음을 깨닫게 됐다. 약 350년 동안 잠자고 있던 모세가 재발견됐다.[17]

요시아와 종교 지도자들은, 언약이 "복뿐만 아니라 저주도 주었다"(왕하 22:13)는 것을 깨닫고 크게 놀랐다.[18] 다시 말해, 국가적 언약이 무조건적인 선물이 아니라 이스라엘의 순종에 따라 조건적이었다는 것을 깨닫고 크게 놀랐다.

요점은 이렇다. **성경에 있는 가장 근본적인 구별은 구약과 신약의 구별이 아니라, 구약과 신약 둘 다를 관통해 흐르는 율법 언약과 약속 언약의 구별이다.** 율법 언약의 전통과 약속 언약의 전통은 형식과 내용 둘 다에서 구별된다.

율법 언약(시내산 언약뿐만 아니라, 아담 안에서 인류가 맺은 타락 이전 언약)이 존재한다. 율법 언약에 따르면, 각 사람 모두가 언약 조항을 개인적으로 이행하기로 맹세한다. 약속 언약(타락 이후 아담과 하와에게 주어진 약속, 아브

의를 환기시켜 준다. 율법에 대한 사랑은 두 언약 모두의 목표다(시 119편은 렘 31장과 일치한다). 두 언약의 차이는, 율법에 대한 사랑과 순종이 조건적인 근거 역할을 하느냐 아니면 목표 역할을 하느냐에 있다.

17 Mendenhall, *Law and Covenant*, 47.
18 Mendenhall, *Law and Covenant*, 48.

라함과 사라에게 주어진 약속, 노아에게 주어진 약속, 다윗에게 주어진 약속, 새 언약을 포함하는)도 존재한다. 약속 언약에 따르면, 하나님은 약속된 자손(씨)을 통해 구원을 주시기로 맹세하신다.

이 두 언약적 전통은 여러 끈으로 연결되지만, 항상 구별된다. 우리가 보게 될 테지만, 이 두 언약적 전통은 경건하지 않은 자의 칭의에 대해 문제가 제기될 때만 날카롭게 대립한다.

3) 언약 유형의 차이에 대한 평가

필자가 이 주제를 연구하면서 발견한 아주 흥미로운 것 가운데 하나는 개신교 이외의 종교적 전통들(예. 유대교와 로마 가톨릭)의 성경학자들이 언약 유형들의 구별을 증명할 뿐만 아니라, 고전적 언약신학의 해석과 많은 점에서 동일한 해석을 제안한다는 점이다.

스티븐 매켄지(Steven L. McKenzie)는 시내산 언약과 다윗 언약의 분명한 차이를, 조건적 성격과 약속적 성격의 견지에서 더욱 조명해 준다. 사무엘하 7장에서, 하나님의 순전히 자발적인 내려오심(약속 언약)이 강조된다(특히, 강조적인 "네가"가 사용됨).

다윗이 하나님을 위해 집을 건축하기 원하지만, 다윗 언약은 하나님이 다윗을 위해 집을 지으시겠다는 일방적인 약속이다. 본문의 이야기는 여호와께서 자기 종의 선의의 열심을 받아들이길 꺼리시고 엄격하신 것처럼 묘사하는데, 여호와께서 그렇게 하시는 이유는 분명하다. 즉, 하나님은 다윗이 어떤 사람인지와 다윗의 후계자들도 어떤 사람일지를 아시기 때문이다.

만약 아브라함 언약이 죄인인 사람들의 열심에 조금이라도 의존한다면, 아브라함 언약은 역사 가운데 실현되지 못할 것이다. 약속이 실현되려면, 바로 여호와 자신이 약속을 이루셔야 할 것이다. 매켄지는 다음과 같이 말한다.

다윗 언약의 본질을 구성하는 것은 영원히 왕위를 계승할 혈통에 대한 이 약속이다.[19]

다윗의 아들은 봉신으로서 충성스럽지 않지만 그 조약은 변경되지 않는다(왕상 11:33). 이스라엘은 그 조약을 사실상 깨뜨려 버렸고, 그래서 여호와의 임재는 오직 "나의 종 다윗을 위하여"만 지속될 수 있었다(왕하 8:19; 19:34; 20:6). 그리고 "나의 종 다윗을 위하여"라는 표현은 "조상/아브라함을 위하여"와 똑같은 의미고, 회고적으로(즉, 신약에서 되돌아볼 때) "그리스도를 위하여," "아브라함과 다윗의 약속된 씨를 위하여"와 궁극적으로 똑같은 의미다(롬 1:3; 갈 3:16).

이것은 마태복음에 있는 계보(마 1:1-17)의 의의와, 천사가 마리아에게 선포한, "주 하나님께서 그 조상 다윗의 왕위를 그에게 주시리니"(눅 1:32)라는 말씀에 밝은 빛을 비춰 준다. 멘덴홀은 다음과 같이 말했다.

> 언약의 두 전통 간의 조화는 하나님의 용서가 크게 강조되어야 했음을 의미했다. 그래서 하나님의 용서는 예레미야가 예언한 새 언약의 토대가 된다.

> 기독교의 새 언약은 다윗의 아들인 메시아를 강조하는, 아브라함-다윗 언약적 전통의 계속이었다는 것이 분명하다. 바울은 모세 언약의 타당성이 일시적임을 보이기 위해 아브라함 언약을 사용한다. 그럼에도 사실상 신약 종교의 기본 구조는, 초대교회가 한결같이 주장했던 것처럼, 모세 종교의 연속이다.[20]

---

19 Steven L. McKenzie, *Covenant* (St. Louis: Chalice Press, 2000), 66. 다윗 언약의 주요 구절들로는, 삼하 7장; 23:5; 왕상 8:15-26; 9:1-9; 15:4-5; 왕하 8:19; 대상 17장; 22:10-13; 28:7-10; 대하 6:4-17; 7:12-22; 21:7; 시 89, 132편; 사 55:3; 렘 33:14-26을 보라.
20 Mendenhall, *Law and Covenant*, 49.

여기 있는 미묘한 차이는 핵심적이다. 모세와 이스라엘이 (하나님의 맹세에 대한 개인적인 믿음을 통해서만 아니라, 모형과 그림자임을 통해서) 약속에 기여하는 한, 신약은 모세나 이스라엘과 연속성을 갖는 것으로 간주된다. 하지만 모세/옛 언약 자체에 근거해서가 아니라, 아브라함/새 언약에 근거해서 연속성을 갖는 것으로 간주된다.

그래서 모세도 아브라함과 마찬가지로, 믿음의 사람의 전형으로 간주될 수 있다(히 11:23-28). 그러나 특히 주목할 만한 것은 이 구절들에서 시내산(모세) 언약 자체에 대한 언급이 전혀 없다는 것이다.

> [모세는] 그리스도를 위하여 받는 수모를 애굽의 모든 보화보다 더 큰 재물로 여겼으니 이는 상 주심을 바라봄이라 … 믿음으로 유월절과 피 뿌리는 예식을 정하였으니 이는 장자를 멸하는 자로 그들을 건드리지 않게 하려 한 것이며(히 11:26-28).

아브라함이 믿음으로 지상의 땅에 대한 약속 너머 하늘의 본향을 바라본 것처럼, 모세는 바로 율법의 그림자를 통해, 믿음으로 그리스도를 붙들었다.

4) 시내산과 시온산의 관계

몇몇 성경학자들은 시내산 언약을 율법 언약 유형에, 아브라함, 다윗, 새 언약을 약속 언약 유형에 연결하면서 율법 언약 유형과 약속 언약 유형의 날카로운 대조를 인정하지만, 결국 최종 결론 내리기를, 이 대조를 다루는 방법은 복음을 율법에 동화시키는 것뿐이라고 한다. 여기서 필자는 두 명의 실례, 즉 존 레벤슨(Jon D. Levenson)과 교황 베네딕토 16세(Pope Benedict XVI)의 주장을 언급할 것이다.

존 레벤슨은 유대교의 시각에서 이 두 언약적 전통을 아주 흥미롭게 다뤘다. 우선 레벤슨은 시내산 언약과 아브라함/다윗/새 언약을 분명하게 대조한다.

> [시내산에서] 여호와와 이스라엘은 쌍방적인 관계를 맺는다. 이스라엘이 여호와에게 순종할 때만, 여호와는 이스라엘에게 다른 백성 누구도 공유하지 못하는, 특별한 지위를 주실 것이다. 이스라엘은 이렇게 하기로 동의하되, 이 새로운 관계의 중보자인 모세를 통해, 시내산 위에 계신 하나님께 동의했다.[21]

출애굽기 19:6에서 여호와께서 주신, "너희가 내게 대하여 제사장 나라가 되며 거룩한 백성이 되리라"라는 약속은 "여호와께서 명령하신 대로 우리가 다 행하리이다!"(8절)라는 이스라엘의 맹세에 의존하는 "언약에 대한 충성의 보상"이다.[22] 그리고 출애굽기 20장의 십계명에서, "신적 은혜에 대한 인식은 언약 조항을 위한 장(場)을 마련한다."[23] 그리고 여호수아 24장에도 같은 유형의 언약이 존재한다.

> 27절에서 큰 돌이 언약의 증인으로서 신들의 역할을 맡는다.
> "이는 여호와께서 우리에게 하신 모든 말씀을 이 돌이 들었음이니라."
> 여호수아 24장에서 언약 공식의 마지막 항목인, 저주와 축복에 대한 유일한 암시는 20절에 나타난다. 지금껏 여호와가 이스라엘을 번창하게 하셨

---

21 Jon D. Levenson, *Sinai and Zion: An Entry into the Jewish Bible* (San Francisco: HarperSanFrancisco, 1985), 24-25. Levenson은 출 19:3b-8이 신명기 자료보다 이른 자료에 속하고, "이스라엘 종교의 상대적으로 이른 국면"을 반영한다는 것에 대한 타당한 논거를 제시한다(25).
22 Levenson, *Sinai and Zion*, 31.
23 Levenson, *Sinai and Zion*, 33.

지만, 만약 이스라엘이 하나님을 버리고 다른 종주를 섬기면, 하나님이 이번에는 태도를 뒤바꾸어 이스라엘을 멸하실 것이다.[24]

그러나 레벤슨은 시내산 언약과 아브라함 언약의 대조가 그대로 유지되는 것을 허용하지 못한다. 유대교에 따르면, 아브라함 언약은 시내산 언약에 동화되어야 한다. 그래서 레벤슨은 다른 모든 언약보다 종주권 조약 형식을 우선함으로써 역사보다 율법에 우선권을 둔다.

"구원사"(Heilsgeschichte) 같은 용어는 그러한 본질적 차이들을 불명료하게 만들기 쉽다. 게다가, 언약이 고대 근동의 배경에서 이해될 때, 종속적인 것은 율법이 아니라, 역사에 대한 설명이라는 점이 명백해진다. ⋯ **조항들이 없는 언약, 즉 창세기 15장과 17장의 아브라함 언약은 시내산 언약의 준비일 뿐이고, 아브라함 언약은 시내산 언약에 흡수된다**(강조는 첨가된 것).[25]

만약 레벤슨의 해석이 초기 유대교의 견해를 정확히 반영하는 것이라고 한다면, 이 해석(특히, 마지막 문장)은 유대교에 대한 신약의 비판이 정확하다는 것을, 특히 바울의 비판, 즉 유대교(그리고 교회 안의 "유대교화 시키는" 무리)가 아브라함의 약속 언약을 시내산의 율법 언약에 동화시킨 것에 대한 바울의 비판이 정확하다는 것을 강화한다(특히, 갈 3:15-18을 보라). 복음이 율법에 흡수됐다.

아래서 레벤슨이 지적하는 것처럼, 바로 이러한 점에서 유대교와 신약 간의 히브리 성경(구약성경 -역주)에 대한 해석의 방식이 달라진다.

---

[24] Levenson, *Sinai and Zion*, 34. Dennis McCarthy, G. E. Mendenhall, Delbert Hillers와 함께 Levenson이 사실상 이 자료를 오경 이전의 "아주 이른" 자료로 간주한다는 것은 주목할 만하다.

[25] Levenson, *Sinai and Zion*, 45.

분명히 율법과 약속은 이론적으로 볼 때 반대되는 것이 아니다. 실제로, (아브라함-다윗 언약을 따라서) 새 언약은 하나님의 법을 그저 돌판 위에가 아니라 하나님의 백성 가운데, 그리고 하나님 백성의 마음에 기록해 주겠다는 하나님의 일방적인 약속을 포함했다(렘 31:33). 요점은 어떤 특정 언약에서 **기업을 얻는 원리**(principle of inheritance)가 종주권 조약에서처럼 (언약적 종의 개인적인 공적에 근거하는) **율법**(law)이냐 아니면, 왕적 하사에서처럼 **약속**(promise)이냐는 점이다.

왕적 하사도 누군가의 개인적인 행적에 기초하는 것이 분명하지만, 이야기가 전개되면서 이삭보다 위대한 약속의 아들인, 아브라함과 사라의 위대한 상속자로 말미암아 전 세계적인 복과 속량(redemption)이 올 것이라는 것이 더욱더 분명해진다. 아브라함은 오직 믿음으로 기업을 받는 데 있어서 다른 사람들과 동등하고 단지 그 가운데서 으뜸이었을 뿐이다. 조상 아브라함이 자기 후손의 상속자가 되는 것은 속량의 신비다. 약속에 대한 믿음으로 연합된, 아브라함 및 사라와 여타 모든 사람은 장차 올 후손이 행한 공적에 기초해, 대대로 그들의 "지위"를 영원한 기업으로 받는다.

만약 땅과 성전과 왕국에 대한 국가적 약속이 유지되는 원리(백성의 순종으로 말미암아)와, 이런 모형들이 가리킨 하늘의 실재를 기업으로 받는 원리(순전한 약속, 다시 말해, 언약적 머리[대표자―역자]의 순종으로 말미암아)가 혼동된다면, 구원(집단적으로든 개인적으로든 관계없이)이 "아브라함의 믿음"이 아니라, (시내산) "율법의 행위"로 말미암는 사태가 벌어질 것이다.

기독교 설교를 할 때, 가나안 땅에서 일시적인 복을 누리는 조건들을 강조하는 구절들을 개인적인 구원과 하나님 앞에 의롭게 서는 문제에 직접적으로 적용하기 위해 그 구절들을 문자적으로나 비유적으로 설명하려 한다면, 이런 혼동이 흔히 나타난다. 우리가 이런 언약 유형들을 올바르게 구별한다면, 어떻게 집단적인 복이 율법에 대한 이스라엘의 순종을 조건으로 약속되면서 개인의 구원은 언제나 오직 은혜로 말미암았는지를 구제적인 구절들에서 더 잘 인식할 수 있다.

레벤슨은 이스라엘의 국가적 언약이 종주권 조약이었다는 것을 인정한다.

> 우리는 이스라엘과 하나님의 관계가, 국가 간의 계약과 유사한 유형의 언약신학으로 이해됐고, 이런 계약의 유일한 조항은 언약의 주를 사랑하라는 요구였다는 것을 보았다.[26]

비록 이스라엘의 국가적 언약이 원리상 율법 언약일지라도, 여호와와 이스라엘의 이 관계는 "율법주의적"이지 않았다. (율법주의[Legalism]는 사람 자신의 순종으로 영원한 기업을 얻으려는 시도다.) 선지자들에 의해서(특히, 호세아서에서, 또한 말 2:14에서도) 결혼에 비교된 국가적인 율법 언약은 조건적이었고, 영적 간음으로 말미암아 이 언약은 파기될 수 있었다.

레벤슨이 강조하는 것처럼, 율법은 사랑의 의미를 구체적인 관계에서 요약한 것이기 때문에, 사랑과 율법은 대립될 수 없다.[27] 레벤슨은 다음과 같이 덧붙인다.

> 하나님과 이스라엘의 연애는 적법함으로 단련되고, 에로스로 활기를 얻는다. 즉, 율법으로 다듬어진 사랑이고, 사랑으로 추진된 율법이다.[28]

하지만 레벤슨도 선지자들이 "새 언약"에 대해 말할 때 다른 기조가 울려 퍼진다는 것을 인정한다.

---

[26] Levenson, *Sinai and Zion*, 75.
[27] Levenson, *Sinai and Zion*, 77.
[28] Levenson, *Sinai and Zion*, 78.

호세아 2:20[한글 성경에는 18절 -역주]에서, 여호와는 새 언약을 체결하되, 여호와 자신과 이스라엘 사이가 아니라, 이스라엘과 들짐승, 새, 벌레 사이에 언약을 체결한다. 다시 말해, 하나님은 언약적 평화와 안전을 하나님과 사람의 대화 범위 너머까지 적용하기 위해, 모세처럼 언약의 중보자 역할을 맡으신다. 이제 자연도 언약적 평화와 안전에 참여할 것이다. 자연이나 전쟁에서 오는 모든 위협이 사라질 것이다. 이런 큰 약속 배후에는 언약 공식의 복이 있다.

그러나 우리는 저주에 대해 아무것도 듣지 못한다. 왜냐하면, 이 이상(vision)은 언약으로 말미암는 속량에 대한 이상이기 때문이다. 그리고 하나님이 언약의 중보자가 되고, 따라서 언약을 보증하는 경우, 언약의 조항들이 으레 성취될 것으로 가정되는 것 같다(강조는 첨가된 것).²⁹

호세아 2:16-25[한글 성경에서는 14-23절 -역주]에서 언약 체결은 그것의 기원인 사법적 기능의 범위를 넘어서, 우주적 갱신에 대한 이상(vision)의 내용과 골자가 된다.³⁰

그러나 레벤슨은 재빨리 이렇게 덧붙인다.

속량은 율법으로부터 "해방"이 아니다. 호세아가 보기에, 율법으로부터의 해방은 방탕함으로 되돌아감이었을 것이다. 오히려, 속량은 이스라엘에게 하나님과의 법적/연애적 관계로 다시 들어가라는 은혜로운 제안과, 기꺼이 그렇게 하려는 이스라엘의 갱신된 의지를 포함한다.³¹

---

29 Levenson, *Sinai and Zion*, 78.
30 Levenson, *Sinai and Zion*, 79.
31 Levenson, *Sinai and Zion*, 79.

이런 진술들에서 아주 놀라운 것은 레벤슨이 하나님에 의해 보장된 무조건적인 약속으로서의 새 언약의 구별된 성격을 인정함에도 불구하고, 결국에는 새 언약을 시내산 언약의 갱신, 즉 율법으로 기업을 되찾기 위한 새 출발이라고 결론 내린다는 것이다. 이스라엘이 "은혜로써 들어갔다"고 할지라도, 어쨌든 이스라엘이 쫓겨났다. 그리고 가나안 땅에 다시 돌아오는 길은 시내산의 율법 언약에 다시 헌신하는 것을 통해서뿐이라는 것이다.

레벤슨에 따르면, 이스라엘이 포로로 잡혀가고 나서 여러 언약을 갱신하는 목적은 다음과 같다.

> 이스라엘로 하여금 시내산 세대의 자리에 들어가도록 이끄는 것, 다시 말해서 이 새로운 세대가 고전적 언약 관계의 이스라엘이 되도록 과거를 되살리는 것이다(참조. 신 30:19-20).[32]

사실상 레벤슨의 논지는 다음 진술로 요약될 수 있다.

> 그러므로 시내산에서 들린 음성보다 유대교에 더 중심적인 음성은 없다.[33]

시편(특히, 시 97편)과 선지자들의 강조점이 시내산(지상의 산)에서 시온산(천상의 영원한 성소)으로 바뀔 때조차, "시내산은 잊혔기보다는 (시온산에) 흡수됐다."[34] 레벤슨은 말하기를 다윗 언약은 "시내산 언약에서는 생각하기조차 힘든 일"인 "인간 왕조 지탱에 대한 하나님의 맹세"인데, 이러한

---

[32] Levenson, *Sinai and Zion*, 81.
[33] Levenson, *Sinai and Zion*, 86.
[34] Levenson, *Sinai and Zion*, 91.

다윗 언약은 시내산이 아니라 시온산에 속한다고 한다.[35] 필자가 인용했던 다른 학자들과 마찬가지로, 레벤슨도 다음을 인정한다.

> 다윗 언약은 시내산 언약을 다루는 아주 많은 본문의 모델이 됐던 종주권 조약의 공식적 특징을 심지어 느슨하게도 따르지 않는다.[36]

하지만 곧이어 레벤슨은 시내산 언약의 명령이 포함된 것으로 이해된다고 진술한다.

> 히브리 성경 어디에도 다윗 언약이 시내산 언약을 대체한다고 주장하는 본문이 없다. 시내산의 국가적 언약 안에, 하나의 가문에, 다윗 왕가에, 한정된 또 하나의 언약이 있는 것이다.[37]

한편으로, 레벤슨은 시내산 언약과 다윗 언약의 선명한 구별을 긍정한다. 다윗 언약은 다윗 후손들의 영원한 왕조를 보장한다.

> 다윗 후손들의 도덕적 성과는 다윗 언약의 유효함에 결코 본질적이지 않다.

이어서 레벤슨은 모셰 웨인펠드에 호소해 종주권 조약과 "하사 언약"의 차이를 지적하면서 다윗 언약은 하나님이 노아나 아브라함과 맺은 일방적 언약과 형식 및 내용 모두 유사하다고 언급한다. 그리고 이렇게 결론 맺는다.

---

[35] Levenson, *Sinai and Zion*, 92.
[36] Levenson, *Sinai and Zion*, 99.
[37] Levenson, *Sinai and Zion*, 99.

따라서 다윗 언약은 시내산 언약과 종류가 다르다.[38]

두 언약의 차이는 아주 깊어서, 실제로 각 언약은 다른 존재론적인 준거 틀을 만들어 낸다. 역사의 우연성과 도덕성이 천상에 확보된 다윗 왕조의 결과를 더 이상 결정하지 못한다.

> 시내산의 역학(力學)은 조약적 역학으로서, 역사를 도덕으로, 랍비적 언어를 사용하자면, 하가다(haggadah)를 할라카(halakhah)로, 또는 전승적 이야기를 율법으로 탈바꿈한다.
> 반면, 다윗 언약의 경우 역사와 도덕이 더 이상 초점이 아니다. 왜냐하면, 하나님이 다윗 집안에 특별히 요구하는 바가 다윗 집안을 세운 자로 말미암아 이미 모두 만족됐기 때문이다.
> 하사 언약인 다윗 언약은 역사의 변천 너머를 본다. 다윗 언약에서는 역사의 변천이 결정적인 것이 되길 그친다. 다윗 언약은 역사의 끝없는 변화 가운데(아마도, 역사의 끝없는 변화를 초월해서)의 변함없는 것에 초점을 고정한다. … 그리고 다윗 언약은 사람의 가변성이 아닌 하나님의 불변성에 초점을 맞추기에, 안전하고 깨트려질 수 없는 것을 드러낸다.
> 반면, 시내산 언약적 본문은 삶의 불안정함과, 지속적으로 새롭게 고무된 순종의 필요성을 강조하는 경향이 있다.[39]

그래서 하나님은 나쁜 왕들의 통치에도 불구하고, "다윗을 위하여" 다윗 왕가가 유지하신다(왕상 15:4; 왕하 8:19). 영원한 약속이 다윗 후손들의 부도덕적 행위를 이긴다.

---

[38] Levenson, *Sinai and Zion*, 100.
[39] Levenson, *Sinai and Zion*, 101.

예루살렘은 … 특히, 시온산은 우리가 역사라고 일컫는 고통과 혼돈의 영역 아래 또는 너머에, 하나님의 좌절될 수 없는 약속에 의해 유지되는 또 다른 영역이 있다는 표다. 왕조와 성전, 즉 다윗의 집과 하나님의 집은 역사의 질서 안에서 작용하지만, 그 뿌리는 다른 질서에 있다.[40]

선지자들(사 29:1-8; 렘 7:1-15을 보라)에게 있어서, 지상의 시온은 깨질 수 있지만, 천상의 시온은 깨질 수 없다.[41]

성전은 하나님의 은혜로만 영적 우주에 존재하고 작용한다.[42]

예레미야(7장)는 "우주적인 산에서 우주적인 차원을 빼버리"고 "한낱 부동산의 문제로" 취급하는 자들을 나무랐다.

그들은 기쁨과 경외로 그 산을 열망하지 않는다.

그들이 왜 그렇게 하겠는가?
그들은 그 산에 이미 서 있는데 말이다. 시온산 위의 건물이 하늘의 문에 상응하는 역할을 하는 것이 아니라, 그 건물이 하늘의 문이다. 다시 말해, 그들은 위 예루살렘과 아래 예루살렘 사이의 미묘한 관계에 대한 감각을 잃어버렸고, 아래 예루살렘이 위 예루살렘을 항상 완전하게 반영한다고 여겼다.[43]

---

[40] Levenson, *Sinai and Zion*, 101.
[41] Levenson, *Sinai and Zion*, 165.
[42] Levenson, *Sinai and Zion*, 166.
[43] Levenson, *Sinai and Zion*, 169.

레벤슨은 한편으로 선지자가 지상의 예루살렘과 천상의 예루살렘을, 시내산과 시온산을 합치는 것을 비판했다고 말하면서도, 다른 한편으로 천상의 예루살렘과 시온산을 지상의 예루살렘과 시내산에 결국 동화시키는 것 같다.

레벤슨의 이런 주장들을 염두에 둘 때, 바울이 갈라디아서 4장에서 "두 언약"(율법과 약속)을 두 산(지상의 예루살렘은 시내산과, 천상의 예루살렘은 시온산과 같다)과 두 어머니(하갈과 사라)의 견지에서 대조하는 것이 더욱 중요해진다. 또한, 히브리서가 "옛 언약"과 "더 좋은 언약"을 대조하는 것도 더욱 중요하다. "더 좋은 언약"의 중보자는 하나님 자신이시고, 그 언약은 천상적이고 파기될 수 없으며, 시내산이 아닌 시온산이다(특히, 히 12:18-29).

그런데 유대교가 AD 70년의 성전 파괴뿐만 아니라 바벨론에 포로로 끌려간 일을 두고 국가적 언약의 파기 불능을 어떻게 계속 주장할 수 있는가?

레벤슨은 말하기를, 이스라엘의 종교를 완전히 재정의 함으로써만 땅과 성전과 왕국이 없는 가운데서 이것을 주장할 수 있다고 한다.

> 현대 이스라엘에서 신봉되는 유대교조차 히브리 성경의 유대교가 아니다. 그것은 성전, 유대인들의 주권, 고국 없이도 세상을 상대할 수 있는 전통을 만들어 낸 랍비 계승자 유대교의 연장이다. ⋯ 예를 들어, 기도가 제사를 대신하는 것으로 간주된다. ⋯ 기도가 제사를 대신하는 것처럼, 회당이 성전을 대신하고, 랍비가 제사장의 권한을 이어받으며, 가족 식탁이 제단을 대신한다. 탈무드에는 이렇게 씌어 있다.
>
> "랍비 요하난과 랍비 엘르아살 둘 다 말하기를, '성전이 서 있는 동안은, 제단이 이스라엘을 속죄했다. 이제는 사람의 식탁으로 그 사람을 속죄한다'라고 했다."[44]

---

[44] Levenson, *Sinai and Zion*, 180-81.

유대인의 과제는, 시편 15편과 24편에 이미 있는 문제였다.

> 어떻게 그 산에 오르는가?
> 세속적인 장소에서 거룩한 장소로, 이 세상에서 장차 올 세상으로 옮겨 가기 위해 사람은 무엇을 해야 하는가?
> 이 물음은 랍비신학에서 중대한 물음이다.[45]

따라서 제2성전 시대 유대교에서도, "내가 어떻게 하여야 구원을 받으리이까?"라는 물음은, 현대 개인주의적인 내향적 양심에서 비롯된 것이 아니라, 역사적 사실(포로 됨) 앞에서의 위기감과, 포로 됨을 넘어서 개인의 임박한 최종 심판(종말론)에 대한 의식의 증가에서 비롯된 것이다.

레벤슨도 "사실, 다윗신학이 유대교의 메시아 사상과 교회 기독론의 기원이다"라고 인정할 정도로, "모세/시내산 입장과 다윗/시온산 입장"을 대조적인 범주로 사용한다.[46]

바로 여기가 유대교와 기독교가 결별하는 지점이다. 레벤슨에 따르면, 시내산 전통은 우리를 그리스도에게 이끄는 "초등교사"가 아니고 메시아가 "시내산 조항들에 대한 이스라엘의 준행"과 함께 오실 것이라는 점에서, 시내산 전통은 시온산 전통에 통합된다.[47]

여기서 우리는, 개혁파 언약신학에서 이 두 언약 또는 이 두 산이 그리스도에게서 만나는 것으로 이해됐음을 기억하는 것이 좋을 것이다. 개혁파 언약신학에서, 그리스도는 언약의 **머리**로서 (아담 언약에 이미 예견된) 시내산 율법을 성취하고, 언약의 **중보자**로서 자기 수고의 열매를 자신의 상

---

[45] Levenson, *Sinai and Zion*, 183.
[46] Levenson, *Sinai and Zion*, 194.
[47] Levenson, *Sinai and Zion*, 209.

속자들에게 은혜 언약을 통해 제공한다.[48]

기업이 오직 은혜로(즉, 왕적 하사로서) 주어지는 것이 정당할(즉, 적법할) 수 있도록, 그리스도는 율법 언약을 제쳐 놓지 않고, (적극적으로는[positively]) 율법 언약을 이행하고, (소극적으로는[negatively]) 율법 언약의 저주를 담당하신다.

레벤슨도 자신이 변호한 유대교의 전통적 견해, 곧 메시아 나라가 이스라엘이 순종한 결과로서 올 것이라는 견해가, 이사야 9:6-7에 있는 것 같은 "새로운 왕의 도래라는 예기치 못한 차원"에 비춰 볼 때, 해석적 어려움이 있음을 인정한다.

> 이런 예언에서, 메시아의 통치가 받아 마땅한 어떤 것으로서, 즉 인간의 의(義, righteousness)에 대한 하나님의 응답으로서 온다고 이해되기 어렵다. 반대로, 메시아에 대한 약속을 전달하는 바로 그 선지자들이 이스라엘의 악함을 맹렬하게 비판한다.
>
> 다윗 약속의 언약적 맥락에 대한 클라우스 세이볼드(Klaus Seybold)의 의견도 설득력이 떨어진다. 왜냐하면, 우리가 제2부에서 본 것처럼 시내산 언약과 다윗 언약은, 적어도 사무엘하 7장과 시편 89편에 나타나는 다윗 언약은 철저히 다른 유형의 언약이기 때문이다. 시내산 언약은 **조약**이지만, 다윗 언약은 **하사**다. 고대 이스라엘에서 언약이 단일한 개념이 아니었기 때문에, 언약이라는 말의 사용이 두 유형의 융합적 움직임을 나타내는 것으로 간주되지 말아야 한다.[49]

---

[48] 17세기 언약신학자들이 견지한 이 입장에 대한 대표적인 요약으로는, Herman Witsius, *Economy of the Covenants* (Escondido, CA: den Dulk Christian Foundation, 1990), 제2권, 제2장을 보라.

[49] Levenson, *Sinai and Zion*, 210.

시내산 언약과 대조적으로, 다윗 언약은 "여호와와 다윗 간의 맹약(alliance)이지, 이스라엘 자체와의 맹약이 아니다."[50] (약속 언약들인 아브라함 언약과 다윗 언약 간의 밀접한 연관성은 바울이 갈 3:16에서 하나님이 약속을 아브라함의 **자손들**[seeds]에게가 아니라, 그리스도를 의미하는 아브라함의 **자손**[seed]에게 하셨다고 지적한 점에 의해서도 긍정된다.) NPP의 주장과 충돌하는 레벤슨의 다음 지적은 주목할 만한 통찰력이 있다.

> 비록 히브리 성경에서는 다윗 언약이 시내산 언약을 대체한 적이 없었을지라도, 신약성경에서 다윗 언약은 어떤 의미에서 시내산 언약을 대체했다.[51]

여기서 필자가 덧붙이고 싶은 것은 신약성경에서 시내산 언약이 대체되는 것이 아니라 성취된다는 점이다. 시내산 언약이 낡은 것이 되는 이유는, 시내산 언약이 잘못된 것이었기 때문이 아니라, 시내산 언약은 일시적인 질서였고 이스라엘의 실패에도 불구하고 그 목적이 달성됐기 때문이다.

이스라엘을 대표하는 종이 자기 아버지(Father)의 말씀에 순종했다는 그 이유 때문에, 바로 이런 깊은 의미(단지 모형론적으로만 아니라 법적으로)에서 율법 언약이 성취됐다.

물론, 이 두 언약적 전통 간의 관계에 대해 아주 다양한 해석이 존재한다. 예를 들어, 데이비드 노엘 프리드먼(David Noel Freedman)은 땅의 하사와 종주권 조약의 관계를 (땅의 하사가 종주권 조약에 포함된다고 보기보다) 더욱 변증법적으로 본다.[52] 그럼에도 이 모든 학자가 히브리 성경에 있어서

---

[50] Levenson, *Sinai and Zion*, 210.
[51] Levenson, *Sinai and Zion*, 216.
[52] David Noel Freedman, "Divine Commitment and Human Obligation," *Interpretation* 18 (1964): 419-31.

는 이런 구별을 인정한다. 교황 베네딕토 16세도 동일한 많은 자료를 이용해 이런 구별을 긍정한다.

베네딕토 교황이 구약과 신약의 통일성을 강조하는 것은 옳다. 율법과 복음은 마르키온주의가 대립시켜 이해하는 식의 구약과 신약에 대응하는 짝이 아니다.[53]

> "언약"이라는 말 자체가 "기독교의 본질"을 하나의 요약적 표현으로 말하려는 시도다.

이 말 자체가 마지막 만찬(the Last Supper)이라는 "이 근본적인 원천에서 나온다."

> 옛 라틴어 역본에는 '테스타멘툼'(*testamentum*)으로 되어 있지만, 히에로니무스는 '포이두스'(*foedus*)나 '팍툼'(*Pactum*)이라는 라틴어를 선택했다.[54]

베네딕토 16세도 말하기를, '베리트'(*berit*, 언약)에 대한 단일한 정의는 없고, '베리트'의 의미는 "오직 성경의 구체적인 문맥에서만 헤아려질 수 있다"고 한다.[55]

베네딕토 16세는 우리가 은혜 언약이라고 일컫는 것에 대해, 히브리 성경을 헬라어로 번역한 (칠십인역) 번역자들이 '베리트'(*berit*)를 '디아테케'(*diathēkē*)라는 헬라어로 번역한 의의를 지적한다.

---

[53] Joseph Cardinal Ratzinger, *Many Religions—One Covenant: Israel, the Church and the World* (San Francisco: Ignatius Press, 1999), 36-47.
[54] Ratzinger, *Many Religions—One Covenant*, 48.
[55] Ratzinger, *Many Religions—One Covenant*, 48.

본문에 대한 그들의 신학적 통찰이 성경의 언약을 '쉰-테케'(*syn-thēkē*)의 언약, 즉 상호 합의가 아니라 '디아-테케'(*dia-thēkē*)의 언약이었다는 이해로 이끈 것이 분명하다. 즉, 성경의 언약은 양쪽 의지들이 함께 합의하는 것이 아니라, 한(one) 의지가 규정을 세우는 것이다. 내가 아는 한, 주석학자들은 칠십인역 번역자들이 성경 본문을 이렇게 이해한 것이 옳았다고 확신하고 있다.

성경에서 "언약"이라고 일컬어지는 것은 상호적인 의무 및 처벌과 관련된 계약을 합의하는 두 당사자의 대칭적 관계가 아니다. 이런 대등한 동반자 관계 개념은 하나님에 대한 성경적 개념과 조화될 수 없다. 하나님에 대한 성경적 개념에 따르면, 사람은 하나님께 뭔가를 주고 그 대가로 뭔가를 받는 것은 고사하고, 하나님과의 관계를 설정할 위치에 결코 있지 않다. 사람이 자신의 책임을 떠맡는 대가로 하나님께 의무를 부과하는 것은 불가능하다.[56]

베네딕토 16세는 언약에 대한 이런 정의에 내포된 의미를 다음과 같이 설명한다.

만약 하나님과 사람 사이에 맺어진 관계가 존재한다면, 그 관계는 하나님의 주권을 조금도 손상시키지 않는, 하나님의 자유로운 규정에 의해서만 생길 수 있다. 따라서 그 관계는 완전히 비대칭적이다. 왜냐하면, 하나님은 피조물에게 "전적 타자"이시고, 계속 "전적 타자"로 남아 있으시기 때문이다. "언약"은 양편의 계약이 아니라 선물이고, 신적 사랑의 창조행위다.

… 비록 언약이 종주가 봉신에게 자신의 법을 부과하는, 히타이트나 아시

---

[56] Ratzinger, *Many Religions—One Covenant*, 50-51.

리아의 국가적 계약들을 모델로 할지라도, 하나님이 이스라엘과 맺은 언약은 그런 조약을 훨씬 넘어선다. 이 언약에서는 왕이신 하나님이 사람에게 아무것도 받지 않으시고, 사람에게 자신의 율법을 주심으로써 생명의 길을 주신다.[57]

동시에 베네딕토 16세는 "이것이 의문을 일으킨다"는 것을 인정한다.

구약의 언약 유형은 비대칭적 구조와 더불어 형식에 있어서, 종주-봉신 조약(vassal contract)의 유형과 엄격히 일치한다.

만약 이 언약을 더 이상 국가적 계약의 견지에서 보지 않고, (선지서들 있는 것처럼, 특히 겔 16장에 가장 감동적으로 나타나는 것처럼) 사랑의 결혼 이미지로 보아야 한다면, 그리고 만약 이 언약적 행위가 하나님과 선택된 백성 간의 사랑 이야기라면, 이 언약의 본질적인 비대칭성은 대체 어떻게 되는가?[58]

[신약성경은] 아브라함과 맺어진 언약을 근본적이고 영구적이며 진정한 언약으로 간주한다. 바울에 따르면, 모세와 맺어진 언약은 아브라함 언약이 맺어지고 나서 430년 후에(갈 3:17) 삽입된(롬 5:20) 것이었다. 모세 언약은 아브라함 언약을 폐지할 수 없었고, 하나님의 섭리적인 계획 가운데 중간 단계를 차지할 뿐이었다.[59]

한편으로, 베네딕토 교황은 자신의 성경주해에서 다음과 같은 결론을 도출한다.

---

[57] Ratzinger, *Many Religions—One Covenant*, 50-51.
[58] Ratzinger, *Many Religions—One Covenant*, 50-51.
[59] Ratzinger, *Many Religions—One Covenant*, 55.

제1부 제2장 시내산과 시온산: 두 언약에 대한 이야기　61

바울은 구약에서 발견되는 언약의 두 종류를 아주 날카롭게 구별한다.

즉,

율법적 명령들로 이루어진 언약 그리고 본질상 조건 없이 주어진, 친교적 선물이며 약속인 언약이다.

의무를 부과하는 언약은 종주-봉신 조약이 모델인 반면, 약속 언약은 왕적 하사를 모델로 삼는다. 바울이 아브라함 언약과 모세 언약의 대조를 통해, 성경 본문을 해석한 것은 옳았다(강조는 첨가된 것).[60]

그러나 다른 한편으로, 베네딕토 교황은 다음과 같은 결론을 내린다.

모세 언약이 아브라함 언약에 통합되고, 율법은 약속의 중보자가 된다.[61]

따라서 레벤슨과 베네딕토 교황 둘 다 '아브라함-다윗-새 언약'과 시내산 언약의 명백한 대조를 인정하면서도, 이 언약적 차이를 그대로 유지하는 것에는 반대한다.

레벤슨은 약속을 율법에 동화시키고, 베네딕토 교황은 율법을 약속에 동화시킨다. 하지만 결과적으로 둘 다 언약적 기업을 얻는 이 두 원리의 근본적 차이를 없앤다. 단일한 역사적 언약을 지향함으로써, 조건성은 무조건성에 의해 상대화되고, 무조건성은 조건성에 의해 상대화된다. 베네딕토 교황은 다음과 같이 말한다.

60　Ratzinger, *Many Religions—One Covenant*, 56-57.
61　Ratzinger, *Many Religions—One Covenant*, 56-57.

단일한 언약이 다수의 언약들로 실현된다.[62]

마지막 만찬에서 비준된 새 언약이 "**시내산 언약의 연장이고, 시내산 언약은 폐지되는 것이 아니라 갱신된다**"(강조는 첨가된 것)는 것이다.[63]

그러나 이런 주장은, 새 언약이 이스라엘이 깨뜨린 시내산 언약 "과 같지 아니할 것"이라는 예레미야 31:31-32의 요지를 뒤엎는 것일 뿐만 아니라, 앞서 다른 곳에서 베네딕토 교황 자신이 견지한 세심한 구별도 뒤엎는 것 같다.

또한, 이런 주장은 시내산에서 이스라엘의 맹세("이 모든 것을 우리가 준행하리이다")에 대한 확증으로 이스라엘에게 뿌려진 "언약의 피"와 새 언약을 개시하는 **예수의**(his) 피("이 모든 것을 내[예수]가 준행하리이다"라고 맹세하는 것과 같은)의 차이를 인식하지 못한 것이기도 하다.

그런데 베네딕토 교황은 이 문제를 단지 율법과 복음의 종합에 맡겨 버리기를 주저하는 것 같다. 겨우 두어 쪽 지나자마자, 베네딕토 교황은 이렇게 말한다.

> 사람의 신실한 율법 준수에 달린 조건적인 언약이, 하나님이 취소할 수 없도록 자기 자신을 묶으신 무조건적인 언약으로 대체된다. 여기서 우리는 두 언약의 대조와 관련해, 앞서 고린도후서에서 발견한 것과 동일한 개념적 틀 안에 있음에 틀림없다.[64]

베네딕토 교황의 다음 말은, 다락방에서 개시된 새 언약이 시내산 언약의 갱신이라는 그의 이전 진술과 모순되는 것 같다.

---

[62] Ratzinger, *Many Religions—One Covenant*, 56-57.
[63] Ratzinger, *Many Religions—One Covenant*, 62.
[64] Ratzinger, *Many Religions—One Covenant*, 64.

옛 언약은 조건적이다. 왜냐하면, 옛 언약은 율법 준수, 즉 사람의 행위에 의존하기 때문이다. 옛 언약은 깨질 수 있고, 깨졌다. 옛 언약의 본질적 내용은 율법이기 때문에, "만약 네가 이 모든 것을 행하면 …"과 같은 공식으로 표현된다. 이 "만약"은 사람의 가변적 의지를 언약 자체의 본질에 끌어들여 조건적인 언약으로 만든다.

반대로, 마지막 만찬에서 인쳐진 언약은 내적 본질상, 예언적 약속이라는 의미에서 "새로운" 언약으로 여겨진다. 이 언약은 조건이 있는 계약이 아니라, 철회될 수 없게 주어진 교제의 선물이다. 우리는 율법 대신 은혜를 소유한다.[65]

주목할 만한 것은, 심지어 베네딕토 교황도 자신의 이런 해석이 종교개혁의 시각과 멀지 않음을 인정한다는 점이다.

종교개혁에서 바울신학의 재발견은 이 점을, 즉 행위가 아니라 믿음, 사람의 업적이 아니라 신적 선하심의 자유로운 수여를 특별히 강조했다. 따라서 이것과 관련된 것은 "언약"이 아니라 "유언"(testament), 즉 하나님 편에서의 순수한 결정 및 행위라는 것이 특히 강조했다. 이러한 맥락에서, 모든 것을 행하시는 분은 오직 하나님이시라는 가르침이 이해되어야 한다. (모든 "오직"[solus], 즉 오직 하나님[solus Deus]과 오직 그리스도[solus Christus]는 이 맥락에서 이해되어야 한다.)[66]

---

65 Ratzinger, *Many Religions—One Covenant*, 66.
66 Ratzinger, *Many Religions—One Covenant*, 67. 그러나 종교개혁가들(특히, 개혁파 전통에서 발생한 언약신학)은 베네딕토 교황이 말과는 다르게 **언약**(covenant)과 **유언**(testament)을 대조하지 않았다. 이들은, '아브라함-다윗-새 언약'으로 구현된 특정 유형의 '베리트'(*berit*)가 상호 계약이 아니라 약속된 상속(유언)이었고, 따라서 이 유형의 언약에는 헬라어 '쉰테케'(*synthēkē*)가 아니라 '디아테케'(*diathēkē*)만이 적절할 수 있었다는 것을 인정했다. 이 점에 대해, Richard B. Gaffin Jr., ed., *Redemptive History and Biblical Interpretation: The Shorter Writings of Geerhardus Vos* (Phillipsburg, NJ: P&R Publishing,

그래서 베네딕토 교황이 레벤슨과 마찬가지로 구약에 있는 두 언약 유형의 본래 구별로 되돌아올 때, 새 언약과 아브라함 언약(시내산 언약이 아니라)의 연결을 발견한다.

> 시내산 언약과 관련해서는 다시 구별을 사용해야 한다. 시내산 언약은 이스라엘 백성에게 엄격히 한정된다. 시내산 언약은 이스라엘 국가에 법적 질서와 종교적 질서를(둘은 분리될 수 없다) 부여하는 것이고, 시내산 언약 자체는 만국으로 확장될 수 없다. 율법적 질서가 시내산 언약의 구성 요소이기에, 율법의 "만약"이 시내산 언약의 본질적 부분이다.
> 이것이 사실인 한, 시내산 언약은 조건적이고, 다시 말해, 일시적이다. 시내산 언약은 하나님의 섭리적인 다스림 가운데, 그 나름의 정해진 기간이 있는 한 단계다. 바울은 이것을 아주 분명히 진술하고, 따라서 어떤 그리스도인도 시내산 언약을 다시 불러들일 수 없다. 역사 자체가 이 견해를 확증한다.[67]

그러나 베네딕토 교황은 오늘날 이스라엘의 상태에 대한 질문을 고려할 때, 새 언약과 시내산 언약의 연속성을 강조한다. 율법이 그야말로 복음의 형식이 되고, "율법 자체가 은혜의 구체적인 형식이다. 왜냐하면, 하나님의 뜻을 아는 것이 은혜이기 때문이다."[68]

베네딕토 교황은 레벤슨처럼 창세기 15장의 아브라함 언약 비준에서 하나님이 쪼갠 동물 사이로 지나가는 것과 시내산 언약의 조건성이 대조된다는 것을 인정하지만, 동시에 레벤슨과 마찬가지로, 아브라함 언약과 시

1980), 161-233에 있는, Geerhardus Vos, "Hebrews: The Epistle of the Diathēkē," *Princeton Theological Review* 13 (1915): 587-632와 14 (1916): 1-61을 보라.
67 Ratzinger, *Many Religions—One Covenant*, 67-68.
68 Ratzinger, *Many Religions—One Covenant*, 68-71.

내산 언약을 더 높은 종합 안에서 융합한다.[69]

필자가 이 둘을 대화 상대자로 삼아 대화하는 목적은 두 가지다.

첫째, 율법과 복음의 구별이 교의학적 범주들의 끼어듦에 기초하지 않고, 언약들의 역사(history)에, 달리 말해, 성경신학에 기초한다는 것을 보이기 위함이다.

유대교 학자와 로마 가톨릭 학자가 다름 아닌 성경주해적인 이유로 율법 언약과 약속 언약의 구별을 인정하고, 심지어 베네딕토 교황은 이 구별이 종교개혁의 주된 주장들에 다소의 신뢰성을 더해 준다는 것을 시인하기조차 한다는 사실을 고려할 때, 오늘날 아주 많은 개신교 성경학자가 율법 언약과 약속 언약의 이런 구별을 종교개혁 논쟁으로 말미암아 부과된 것으로서 일축하고 있다는 것은 더욱더 놀랄 만한 일이다.

둘째, 아주 설득력 있는 이런 주해적인 고찰에도 불구하고, 신학적 결론을 내리는 이유는 어찌하여 율법 언약과 약속 언약의 대조가 그대로 유지되지 못했는지 보이기 위해서다.

필자의 표적이 되는 견해는, 예를 들어, 월터 브루거만(Walter Brueggemann)이 언약의 조건적인 측면과 무조건적인 측면을 구별하려는 시도를 펠라기우스 논쟁으로 말미암아 난입된 것으로 거부할 때 나타낸 견해다. 오히려 우리는 "언약을" 일의적 개념으로 다루어야 한다고 주장한다.

따라서 나는 샌더스의 언약적 신율주의라는 용어가 거의 옳다고 제안하는 바다. 왜냐하면, 언약에 율법(*nomos*)을 포함시키기 때문이다. 나는 추론해

---

[69] Ratzinger, *Many Religions—One Covenant*, 73.

볼 때, 은혜도 언약에 포함되어야 한다고 제안하는 바다.[70]

다음의 물음은 칭의 논쟁의 핵심이다.
약속 언약이 율법 언약에 포함(또는 동화)되어 언약적 신율주의를 낳는가? 아니면 이 두 언약은 항상 구별되고, 칭의와 관련해서 영생을 얻는 데 있어서 사실상 상반된 수단으로서 다루어져야 하는가?

2. 옛 언약에 대한 신약성경의 이해

레벤슨과 마찬가지로 우리에게는 기독교의 선포가 시온산을 지지하고 시내산과 결정적으로 단절한다고 주장할 타당한 주해적 근거가 있는 것 같다. 제2성전 유대교의 다양한 언약 갱신 운동들은 새 언약(즉, 메시아 왕국)이 율법에 대한 새로운 헌신으로 인한 옛 언약의 복귀일 것이라는 믿음으로 한데 묶인다. 반면, 힐러스는 다음과 같이 말한다.

> 초기 그리스도인들, 심지어 유대교 출신의 그리스도인들조차도 자신을 옛 이스라엘의 단절 없는 연장으로 여기지 않았고, 에세네파와 같이 옛 신앙 방식으로 되돌아가려고 시도하는 무리로도 여기지 않았다. 대신 초기 그리스도인들은 "옛" 시대와 대조되는 "마지막 때"에 살고 있는 자들이었다.

히브리서 1장은, 새 언약이 아들을 중심으로 하는, "더 좋은 약속으로 제정된," "더 좋은 언약"이라는 점이 바로 이 "새로움"을 구성한다고 말

---

[70] Walter Brueggemann, *Theology of the Old Testament* (Minneapolis: Fortress, 1997), 419.

한다.[71] 히브리서 저자는 예레미야의 예언을 언급한다.

> 새 언약이라 말씀하셨으매 첫 것은 낡아지게 하신 것이니 낡아지고 쇠하는 것은 없어져 가는 것이니라(히 8:13; 참조. 9:11-23).

히브리서 10:28-29는 이 낡은 언약적 이해와 새로운 언약적 이해를 직접적으로 대조한다.[72] 그리스도 안에 있는 것이 모세 안에 있는 것보다 더 복된 것처럼, 저주도 모세 안에서보다 그리스도 안에서 더 크다. 지상의 안식을 빼앗기는 것은 비극이지만, 약속을 믿지 않아서 천상의 안식을 잃는 것은 훨씬 더 큰 비극이다(히 4:1-11).

모세는 하나님의 집에서 신실했지만, 예수는 "모세보다 더욱 영광을 받을 만한 것이 마치 집 지은 자가 그 집보다 더욱 존귀"한 것과 같다(히 3:3). 모세는 종으로서 신실했지만, 예수는 아들로서 신실했다. 사실, 여태까지 **하나님**의 집으로 인증된 "집" 자체가 여기서 "**그의**[그리스도의] 집"으로 일컬어진다(히 3:6).

히브리서 저자는 성전 제사에 대한 철저한 지식을 사용해 아주 상세하고 광범위하며 인상적인 모형론적 해석을 펼친다. 그리스도의 제사 직분은 영원하고, 레위 계통의 제사 직분은 일시적이다(히 7장). 그리스도는 더 좋은 약속이 있는, 더 좋은 언약의 더 좋은 중보자시다(히 8장).

그리스도의 제사는 반복적으로 드려지지 않고, 단번에 드려져 죄를 영원히 제거하고, 그리스도는 "영원한 언약의 피"를 갖고 사람의 손으로 짓지 않은 하늘 성소, 즉 지상의 모형이 아닌 참 성전에 들어가셨으며, 우리를 위해 중보하신다(히 9-10장).

---

71 Hillers, *Covenant*, 179.
72 Hillers, *Covenant*, 182.

히브리서 저자에게 있어서, 옛 언약 **자체**에는 범죄에 대한 충분한 대책이 없었다. 옛 언약 자체는 신자들이 믿음으로 참여한 새 언약을 모형론적으로 지시할 수 있었을 뿐이다.

율법과 약속, 시내산과 아브라함, 모세와 그리스도 간의 대조를 도입한 이는 바울이 아니다.

예수가 선지자들을 따라 자신의 가르침과 활동으로 하나님의 백성을 모세를 중심으로가 아니라 자신을 중심으로 재정의 하셨다. 베드로는 꿈을 통해 "깨끗함/깨끗하지 않음"의 구별이 없어졌음을 극적으로 깨달았다. 새 언약이 시내산에서 "맺은 것[언약]과 같지 아니할 것"이라고 말한 사람은 바로 예레미야였다(렘 31:31-32).

율법의 시내산 언약과 약속의 아브라함/새 언약 사이의 대조는 단지 종교개혁가들과 바울만 한 것이 아니라, 히브리 선지자들과 예수도 한 것이다.

하나님은 아브라함에게 약속하셨고 선지자들을 통해 예고하신(사 9, 49, 60, 66장; 렘 4:2; 겔 39장), 아브라함과 아브라함의 자손으로 땅의 모든 민족이 복을 받을 것이라는 약속을, 율법의 행위 말고 믿음으로 죄인을 의롭게 하심으로써 마침내 실현하실 수 있다.

이런 시각은 우리가 어떻게 구원받느냐에 대한 메시지로서의 복음(구원론)과 이방인의 포함에 대한 메시지(교회론) 사이의 양자택일을 강요하는 대신, 이스라엘의 재정의와 이스라엘의 경계 자체가 죄인이 행위와 상관없이 오직 믿음으로 의롭다 함 받는 칭의에 의존한다는 것을 상기시켜 준다.

필자는 이후 장들에서 예수의 사역을 언급하면서, 예수와 바울이, 또는 복음서와 서신서가 강조점과 구속사적 맥락의 차이(전자가 예수 사역의 의의에 대한 해석보다는 예수 사역을 통한 하나님 나라의 펼쳐짐에 대해 이야기하는)가 있음에도 불구하고, 두 언약에 대해 같은 이야기를 말한다는 것을 보이기 위해 노력할 것이다.

비록 바울이 기독교의 창시자는 아닐지라도, 바울은 예수의 사역과 승귀에서 도출된, 시내산과 시온산의 대조, 율법과 복음의 대조를 아주 분명하게 설명한다.

우리는 고린도후서 3장에서 돌판에 기록된, 죽이고 정죄하는 옛(시내산) 언약과 성령으로 말미암아 인간 마음에 기록된, 생명의 칭의를 제공하는 새 언약을 대조하는 예레미야 31장에 대한 일종의 주해를 발견한다. 옛(시내산) 언약은 모세 얼굴의 광채같이 수건으로 가려진 영광처럼 없어질 것이지만, 새 언약에서는 그리스도의 얼굴에 있는 하나님의 영광을 목격한다. 바울은 갈라디아서에서 아브라함의 약속을 유언에 비교한 후에 다음과 같이 말한다.

> 이 약속들은 아브라함과 그 자손에게 말씀하신 것인데 여럿을 가리켜 그 자손들이라 하지 아니하시고 오직 한 사람을 가리켜 네 자손이라 하셨으니 곧 그리스도라 내가 이것을 말하노니 하나님께서 미리 정하신 언약을 사백삼십 년 후에 생긴 율법이 폐기하지 못하고 그 약속을 헛되게 하지 못하리라 만일 그 기업이 율법에서 난 것이면 약속에서 난 것이 아니리라 그러나 하나님이 약속으로 말미암아 아브라함에게 주신 것이라(갈 3:16-18).

이와 같이 바울에 따르면, 신적 기업(inheritance)을 얻는 두 길이 있다. 즉, 율법과 약속이다. 율법과 약속은, 영원한 기업인 하늘의 예루살렘을 어떻게 얻느냐는 물음이 제기될 때는 서로를 배척하거나 폐기한다. "이것은 비유니 이 여자들은 두 언약," 즉 "율법" 언약과 "약속" 언약인데, 율법 언약은 "그 자녀들과 더불어 종 노릇 하"는 "지금 있는 예루살렘"이고, 약속 언약은 "위에 있는 예루살렘"이고, "자유자니 곧 우리 어머니"다(갈 4:21-27).

따라서 바울 선교의 중요한 관심사인, 하나님의 모든 택자가 하나 됨, 즉 유대인과 이방인이 한 몸이 됨을 방해하는 것은 민족적 경계를 한정하는 의식법과 율법 언약 자체다. 구약의 도덕법을 그냥 제쳐둘 수 없지만,

기업을 얻는 방법에 있어서, 율법은 하나님이 그리스도 안에서 모든 것을 이미 행하셨다는 약속을 믿는 믿음의 원리와 철저히 반대된다. 사실 기업을 얻는 방법에 있어서는 언제나 그러했다.

> 아브라함이 하나님을 믿으매 그것을 그에게 의로 정하셨다 함과 같으니라 그런즉 믿음으로 말미암은 자들은 아브라함의 자손인 줄 알지어다 또 하나님이 이방을 믿음으로 말미암아 의로 정하실 것을 성경이 미리 알고 먼저 아브라함에게 복음을 전하되 모든 이방인이 너로 말미암아 복을 받으리라 하였느니라 그러므로 믿음으로 말미암은 자는 믿음이 있는 아브라함과 함께 복을 받느니라(갈 3:6-9).

신약에서 바울과 히브리서 저자뿐만 아니라 베드로도 옛 언약 이야기와 새 언약 이야기를 율법과 약속의 대립이라는 관점에서만 아니라 약속과 성취, 모형과 원형, 그림자와 실재의 관계를 갖는 하나의 이야기로 읽는 경향을 보인다.

이방인 선교를 처음에는 마지못해 받아들였던 바로 그 베드로가 베드로전서 수신자들을 하나님의 택하심을 받은 자들로 일컬어 환영하면서 하나님 자비의 광대함을 인정한다. 베드로는 예루살렘 공회의에서 다음과 같이 말했다.

> 형제들아 너희도 알거니와 하나님이 이방인들로 내 입에서 복음의 말씀을 들어 믿게 하시려고 오래 전부터 너희 가운데서 나를 택하시고 또 마음을 아시는 하나님이 우리에게와 같이 그들에게도 성령을 주어 증언하시고 믿음으로 그들의 마음을 깨끗이 하사 그들이나 우리나 차별하지 아니하셨느니라 그런데 지금 너희가 어찌하여 하나님을 시험하여 우리 조상과 우리도 능히 메지 못하던 멍에를 제자들의 목에 두려느냐 그러나 우리는 그들이 우

리와 동일하게 주 예수의 은혜로 구원 받는 줄을 믿노라 하니라(행 15:7-11).

베드로가 "하나님 아버지의 미리 아심을 따라 성령이 거룩하게 하심으로 순종함과 예수 그리스도의 피 뿌림을 얻기 위하여 택하심을 받은 자들"(벧전 1:2)이라고 일컫는 자들은 디아스포라 유대인 개종자들이다.

비록 여기서 언급되는 것은 더 좋은 언약과 더 좋은 중보자의 더 좋은 피지만, 베드로는 시내산 언약의 피를 백성에게 뿌리는 모세의 언약 의식 행위에 빗대어 말하고 있음이 분명하다. 신자들에게 뿌려진 그리스도의 피가 비준하는 것은, "이 모든 것을 우리가 준행하리이다"라는 신자들의 맹세가 아니라 그리스도의 다음 기도에서 발견되는, 성부께 드려지는 그리스도의 맹세다.

> 아버지께서 내게 하라고 주신 일을 내가 이루어 … 또 그들을 위하여 내가 나를 거룩하게 하오니 이는 그들도 진리로 거룩함을 얻게 하려 함이니이다(요 17:4, 19).

베드로는 이런 신자들이 "산 돌"들로서 "신령한 집으로 세워지고 예수 그리스도로 말미암아 하나님이 기쁘게 받으실 신령한 제사를 드릴 거룩한 제사장이 될" 자들이라고 말한다.

> 그러나 너희는 택하신 족속이요 왕 같은 제사장들이요 거룩한 나라요 그의 소유가 된 백성이니 이는 너희를 어두운 데서 불러내어 그의 기이한 빛에 들어가게 하신 이의 아름다운 덕을 선포하게 하려 하심이라 너희가 전에는 백성이 아니더니 이제는 하나님의 백성이요 전에는 긍휼을 얻지 못하였더니 이제는 긍휼을 얻은 자니라(벧전 2:5, 9-10).

"내가 그들의 조상들의 손을 잡고 애굽 땅에서 인도하여 내던 날에 맺은 것과 같지 아니할"(렘 31:32) 이 새 언약에 대한 예언은 다름 아닌 그리스도 안에서 성령으로 말미암아 성취된다.

(이방인과 마찬가지로) "허물과 죄로 죽었던" 이스라엘은 약속 언약과 왕적 하사를 통해서만, 새로운 백성으로 되살아날 수 있을 뿐만 아니라, 새로운 피조물로서 다시 태어날 수 있다.

또한, 보편적인 복에 대해 아브라함에게 주어진 약속이 아브라함의 씨를 통해 실현되는 것도 오직 이런 "새로운 산(living) 길"을 통해서다. 그리고 바로 이 일이 고대하던 올 세상의 첫 열매와 중보자이신 그리스도의 삶과 죽음과 부활과 승천에서 일어났다는 고백은 초대교회의 고백이었다.

3. 복음과 하나님의 통치

라이트는 복음이 오늘날 많은 이에게 "구원 서정"(*ordo salutis*), 즉 "사람들이 구원받는 방식에 대한 설명"을 의미한다고 불평한다. 라이트가 일단 문제 삼는 것은 이런 것들 자체가 아니다.

> 정말 나는 이런 것들을 뜻하는 말로 "복음"을 사용하고 싶지 않다.

왜냐하면, 진정한 의미에서 복음은 **"포로 된 이스라엘의 귀환"**이기 때문이다(강조는 라이트의 것).[73]

필자가 보기에, 라이트의 주장에도 일리가 있다. 많은 이(다른 전통의 그리스도인들도 포함하지만, 특히 복음주의자)에게 "복음"은 회심의 형태론이

---

[73] Wright, *What Saint Paul Really Said*, 36, 43.

나 그리스도인이 되는 방법을 지칭한다. 필자는 이것이 복음이 아니라는 데 라이트에게 동의하고, 종교개혁가들도 이것이 복음이 아니라는 데 동의할 것이다. 우리 안에서 일어나는 것은 복음이 아니라 복음의 효과다.

복음은 언약의 절정에 대한 공적인 선언인데, **어떤** 언약의 절정에 대한 공적인 선언인가?

게다가 복음이 "포로 된 이스라엘의 귀환"으로 한정될 수 있는가? 이것은 선지자들의 예언에서 발견되는 중요한 다음 요소들을 마찬가지로 경시하지 않는가?

죄 사함, 새 마음, 영생은 개인의 구원과 이스라엘을 회복하는 하나님 약속의 성취 둘 다와 관계된 문제다.

라이트에 따르면, "살아 계신 하나님이 어떤 사람의 삶과 죽음과 부활을 통해 세상의 왕이 되시는데," 복음은 그 사람의 삶과 죽음과 부활에 대한 이야기다.

> 따라서 복음은 사람들이 구원받는 방법의 체계가 아니다. 몇 절 뒤에 바울이 말하는 것처럼, 복음의 선언은 사람이 구원받는 결과를 초래한다. 그러나 엄밀히 말해, "복음" 자체는 **왕 예수에 대한 이야기식 선포다**(강조는 첨가된 것).[74]

하지만 이것은 지독한 반쪽 진리인 것 같다. 비록 복음이 "사람들이 구원받는 방법"은 아닐지라도, 복음은 **하나님이** 사람들을 **구원하신** 방법에 대한 소식임에 틀림없다.

성경에서 복음은 범위가 우주적이고 역사적인 장대한 드라마의 맥락 안에서 선언된다. 이 드라마에 따르면, 창조자는 속량된 피조물에게 "새 노

---

[74] Wright, *What Saint Paul Really Said*, 45.

래"를 자아내는(시 98편), 자신의 의롭고 위대한 행위로 말미암아 피조물에 대한 자신의 언약적 권리를 다시 주장하신다.

만약 복음의 핵심에 불경건한 자들의 칭의에 대한 선언이 반드시 포함된다면, 복음은 하나님과 개별 신자의 개인적인 거래로 축소될 수 없다. 복음은 예수 그리스도의 삶과 죽음과 부활을 중심으로 하는 역사적 사건들에 대한 선언이지, 우리 자신의 자서전이 아니다. 개인적인 심리에 대한 것은 더욱 아니다.

종교개혁의 중요한 강조점에 속하는 "우리 밖에서"(*extra nos*)는 신앙고백주의 루터파나 개혁신학을 경건주의와 뭉뚱그려 취급하는 라이트의 경향에 이의를 제기한다.

그런데 만약 "이스라엘의 포로 생활이 끝났다!"는 선언이 이방인에게도 타당하다는 것이 명백하지 않다면, 마찬가지로 "하나님은 왕이시다"는 선언 자체도 유대인과 이방인에게 똑같이 유효하다는 것이 의심스러워질 것이다.

"여호와가 왕이시다"라는 기치 아래 하나님의 적들이 가나안 땅에서 축출됐고, 이것은 하나님의 진노로 이방인뿐만 아니라 신실하지 않은 이스라엘인들도 쓸어 낼 마지막 심판의 예고편이었다. 사실 이런 주장은 제2성전 시대 회복주의자들에 의해서도 끈질기게 고수됐다. 만약 이스라엘 백성이 언약을 지키지 못한다면, 이스라엘에게도 "하나님이 왕이시다!"라는 선언은 심판을 의미한다. 선지자들에 따르면, 여호와의 보편적 주권에 대한 이런 선언은 양날의 검이다.

> 화 있을진저 여호와의 날을 사모하는 자여 너희가 어찌하여 여호와의 날을 사모하느냐 …(암 5:18).

열방의 손에 포로로 사로잡혀 가는 것은 여호와의 마지막 심판에 비교하면 아무것도 아니다.

> … 그 날은 어둠이요 빛이 아니라 마치 사람이 사자를 피하다가 곰을 만나거나 혹은 집에 들어가서 손을 벽에 대었다가 뱀에게 물림 같도다 여호와의 날이 빛 없는 어둠이 아니며 빛남 없는 캄캄함이 아니냐(암 5:18-20).

이를테면, 복음서의 무화과나무 비유나 요한계시록에 나타나는 "왕 예수"의 이미지는 바위에게 자신들을 덮어 가려 달라고 소리치는 사람들에게는 복된 소식이 아닐 것임에 분명하다.

하나님이 왕이시라는 선언 자체가 복음을 **구성하지** 않는다. 하나님이 왕이시라는 선언이 복된 소식이 되기 위해서는 이 선언 자체가 복음으로 말미암아 **한정되는** 것이 필요하다. 불경건한 자를 의롭다 하는 하나님의 칭의에 대한 계시가 없다면, 하나님의 왕권에 대한 소식은 합법적으로 두려움 또는 절망을 불러일으킬 수 있다. 사도행전에 있는 설교들이 죄 사함과 영생을 위한 약속의 성취인 그리스도에게 반복해서 초점을 맞춘다는 사실은 의미심장하다. 초대교회의 복음 선포에서는 이런 진술들이, "하나님이 왕이시다"는 선언보다 분명 두드러진다.

사도행전의 설교들은, 비록 얼마 전에 예수가 예루살렘 성문 밖에서 십자가에 못 박혔지만, 예언을 성취하시기 위해 죽은 자들 가운데서 부활하셨다는 선언으로 요약될 수 있다(행 2:14-38). 이것에 대한 유일하게 합당한 반응은 다음과 같다.

> 회개하여 각각 예수 그리스도의 이름으로 세례를 받고 죄 사함을 받으라 그리하면 성령의 선물을 받으리니(행 2:38).

"다른 이로써는 구원을 받을 수 없"다(행 4:12). 하나님이 "이스라엘에게 회개함과 죄 사함을 주시려고, 그[예수]를 오른손으로 높이사 임금과 구주로 삼으셨"다(행 5:31). 빌립은 이사야 53장의 고난 받는 종에 대해 읽고 있는 에디오피아 내시에게 예수에 대한 "복음"을 설명했다(행 8:32-35). 베드로는 다음과 같이 말했다.

> 그에 대하여 모든 선지자도 증언하되 그를 믿는 사람들이 다 그의 이름을 힘입어 죄 사함을 받는다 …(행 10:43).

다른 사도들의 설교와 마찬가지로, 바울도 그리스도를 이스라엘 역사의 성취로 보고 이스라엘 역사를 진술하면서 다음과 같이 선언한다.

> 그러므로 형제들아 너희가 알 것은 이 사람을 힘입어 죄 사함을 너희에게 전하는 이것이며 또 모세의 율법으로 너희가 의롭다 하심을 얻지 못하던 모든 일에도 이 사람을 힘입어 믿는 자마다 의롭다 하심을 얻는 이것이라 (행 13:38-39).

초창기 기독교 설교들이 죄 사함의 선언에 초점을 주로 맞추었다는 것을 밝히는 데는 이 예들로 분명 충분할 것이다. 모든 죄책에서 우리를 해방해 주시는 예수가 다름 아닌 만유의 주시다. 바로 이것이 왕국의 복음이다.

바울서신에서 복음은 "예수 우리 주를 죽은 자 가운데서 살리신 이를 믿는" 우리가 "의로 여기심을 받을" 것이라는 소식이다. 왜냐하면, "예수는 우리가 범죄한 것 때문에 내줌이 되고 또한 우리를 의롭다 하시기 위하여 살아나셨"기 때문이다(롬 4:24-25). 복음은 죽은 자들 가운데서 다시 살아나신 그리스도의 부활을 선언한다. 이 예수가 "장래의 노하심에서 우리를 건지"신다(살전 1:10).

복음은 선언이나 선포다. 그런데 라이트에 따르면, 복음은 본질적으로 율법의 선포라고 한다.

> [이] 선포는 순종에로의 권위 있는 부름, 바울의 경우에는, "믿음의 순종"이라고 일컫는 것에로의 권위 있는 부름이다.[75]

여기서 라이트는 복음과 개인 구원의 긴밀한 연관성을 긍정하는 것 같다. 그러나 라이트는 복음을 조건이 성취된 것을 신뢰하라는 부름으로서가 아니라, 조건을 성취하라는 부름으로서 긍정할 따름이다.

칭의를 "구원 서정"(ordo salutis)이 아니라 "구속사"(historia salutis)로 이해하는 라이트의 칭의 이해의 귀결로서 에른스트 케제만(Ernst Käsemann), 크리스티안 베커(J. Christiaan Beker), 그리고 여타 사람들의 영향을 반영하는 라이트의 속죄 교리(doctrine of the atonement)는 법정적 모델보다는 "승리자 그리스도"(Christus Victor) 모델, 즉 우주적 승리 모델과 더 일치한다. 십자가가 주로 표현하는 것이 권세들에 대한 그리스도의 승리라는 것이다.[76]

라이트는 "이스라엘의 특징이어야 했으나 실제로는 그렇지 못했던 순종과 신실함을 예수가 하나님께 드렸다"는 사실을 이 승리의 선언에 포함시

---

[75] Wright, *What Saint Paul Really Said*, 45. 필자는 바울이 말하는 "믿음의 순종"이 신실함이 아니라, 복음을 영접하는 것과 같다고 이해한다. 바울은 갈 5:7에서, "누가 너희를 막아 진리를 순종하지 못하게 하더냐?"라고 묻는데, 여기서 진리를 순종하는 것은 문맥상 바울이 전했던 복음을 믿는 것을 가리킨다. 마찬가지로 살후 3:14에서 비록 바울의 이 편지 전체가 성격상 교리적인데, 바울은 "누가 이 편지에 한 우리 말을 순종하지 아니하거든 그 사람을 지목하여 사귀지 말"라고 데살로니가교회에 경고한다. 바울서신에서 "믿음의 순종"이라는 표현이 달리 등장하는 유일한 구절은 롬 1:5이다. "그[그리스도]로 말미암아 우리가 은혜와 사도의 직분을 받아 그의 이름을 위해 모든 이방인 중에서 믿어 순종(the obedience of faith)하게 하나니." 이 믿음의 순종은 일반적인 순종이 아니라, 역설적이게도 우리의 순종으로 대체되는 것을 거부하는 특정한 순종임에 분명하다. 왜냐하면, 바울은 믿음 자체를 하나님의 선물로 간주하기 때문이다(엡 2:8).

[76] Wright, *What Saint Paul Really Said*, 47.

킨다.[77] 그러나 라이트에게는 그리스도의 순종과 신실함이 신자들에게 전가된다는 개념이 없고, 전가(imputation) 대신 악한 권세들에 대한 그리스도의 대표적인 정복이 있다.

> [갈라디아서] 4:1-11에 따르면, 바울 복음의 메시지는 다음과 같다. 참 하나님이 자기 백성을 거짓 신들, "세상의 초등학문"(갈 4:3, 9)에 종 노릇하는 데서 속량하기 위해 성경 예언의 성취로서 자기 아들을 보내셨다.[78]

첫째, 하지만 갈라디아서에서 율법의 저주에서와 율법에 종 노릇 하는 데서 속량되는 것이 상대적으로 더 많이 언급된다는 사실을 고려할 때, 여기에 두 번(갈 4:3, 9) 언급된 "세상의 초등학문"은 (특히, 롬 1-3장의 논증을 고려할 때) 단순히 보편적인 창조의 법을 지칭하는 것으로 이해되어야 한다.

둘째, '스토이케이아'(*stoicheia*)를 마귀적인 영들(거짓 신들)이 아니라 이 시대의 기본 규칙과 규정들로 간주하는 것이 타당하다는 성경 해석상의 이유가 있다(참조. 골 2:8, 20-23). 다시 말해, "세상의 초등학문"은 모든 사람, 즉 유대인과 이방인의 양심에 새겨진 도덕법을 가리킨다(롬 1-2장).

그러나 라이트는 이 점을 별문제로 여기면서, 다소 부차적이지만 중요한 것을 중심적인 것으로 삼을 뿐만 아니라, 다른 모든 것을 그것에 동화시킨다.

> 내[라이트]가 제안해 온 것은, 바울에게 "복음"이란 개인적이고 비역사적인 의미에서 "어떻게 사람이 구원 얻느냐"에 대한 메시지가 아니라는 것

---

[77] Wright, *What Saint Paul Really Said*, 54.
[78] Wright, *What Saint Paul Really Said*, 59.

이다. 복음은 예수에 대한 4중의 선언이다.

즉, 복음은 "죄와 죽음을 포함하는 악한 권세들"에 대한 예수의 승리, 예언의 성취로서 새 시대의 시작, 대표적인 메시아로서의 예수, 따라서 만유를 다스리는 주로서의 예수를 포함한다.[79] 복음에 대한 라이트의 정의에는 광범위한 우주적 갱신의 **일부로서의 개개인**이 하나님과 화해되고, 용서받고, 부르심 받고, 새로워지는 것에 대한 언급이 없다.

반면, 필자가 변호하는 것은 이런 개인적 지평과 우주적 지평 간의 양자택일을 거부하는 언약신학이다.

삼위일체 하나님은 특정한 사람들을 선택하시고, 부르시고, 의롭다 하시고, 거룩하게 하시고, 영화롭게 하심으로써, 자아에 빠져 있는 개인들을 우주적 범위의 역사적 드라마에 참여하게 하신다. 개인들이 부르심 받고, 의롭다 함 받고, 새롭게 될 때, 그들은 갱신된 이스라엘로서만 아니라 구속된 인류로서도 새로운 피조물의 일부가 된다.

또한, 이것은 역으로 다음과 같이 진술할 수 있다. "이 마지막 날"의 우주적, 종말론적, 구속사적 지평(*historia salutis*)은 개인적 구원을 특징짓는, 칭의 및 그리스도와의 연합으로 말미암는 복들(*ordo salutis*)의 원천이다.

하나님이 왕이시다는 이 선언을 복음적인 것으로 만드는 것은, 바로 **이 종주가 언약의 종이 되어**, 언약의 종주로서 자신이 요구했고 우리가 언약의 종으로서 의무를 진, 언약 조항에 대한 순종을 완수하셨다는 사실이다. 이 종주가 십자가에서 우릴 위해 저주를 담당하기까지 이 소명을 다 행함으로 자신의 의(義)를 우리에게 전가하시고, 이로써 만물의 내적 갱신과 외적 갱신의 법정적 근거를 제공해 주셨다.

이 분이 자신의 부활로 인해 주와 왕으로 선언됐다는 오직 그 이유 때

---

[79] Wright, *What Saint Paul Really Said*, 60.

문에, 하나님의 통치가 우리에게 "율법의 저주"로부터의 구원을 의미하게 된다. 그리고 율법의 저주로부터 구원받는 것은 죄, 죽음, 사탄, 악한 권세들의 폭정에서 해방되는 것을 포함한다. 이를테면, 하이델베르크 교리문답의 첫째 문답은 그리스도를 "자신의 보혈로 내 모든 죗값을 완전히 지불하시고, 마귀의 권세에서 나를 해방시킨" 분이라고 고백한다.[80]

승리자 그리스도 모델("하나님이 왕이시다")이 목적으로 삼는 모든 것이 용서와 칭의의 복음으로 말미암아 구현된다. 권세들이 무장 해제를 당하고, 공개적으로 부끄러움을 당하게 되는 것은 하나님이 "우리의 모든 죄를 사하시고 우리를 거스르고 불리하게 하는 법조문으로 쓴 증서를 지우시고 제하여 버리사 십자가에 못 박으"신 바로 그 사실에 근거한다(골 2:13-15).

온 우주의 갱신이 화목제사, 칭의, 그리고 "하나님의 아들들이 나타나는"(롬 8:19) 데서 절정에 이르는 양자 삼음에 기초한다. 죽음에 종 노릇 하는 데서 해방되는 것도 더 근본적인 해방의 결과일 뿐이다. 왜냐하면, 죽음 자체가 자연적인 위험이 아니라 언약적 처벌이기 때문이다.

사망이 쏘는 것은 죄요 죄의 권능은 율법이라 우리 주 예수 그리스도로 말미암아 우리에게 승리를 주시는 하나님께 감사하노니(고전 15:56-57).

---

[80] 하이델베르크 교리문답, 첫째 주일, 제1문답, *Ecumenical Creeds and Reformed Confessions* (Grand Rapids: CRC Publications, 1988)에서 재인용함.

제3장

팔레스타인 유대교의 언약적 신율주의: 들어가기와 머물기

앞서 필자는 본서 전체에 걸쳐 상술될 언약신학의 주요 윤곽을 제시했다. 이제부터, 언약적 주제의 중요성을 마찬가지로 강조해 온 바울에 대한 새 관점(New Perspective[s] on Paul, NPP)과의 긴 대화를 시작해 볼 것이다.

유사한 주장들의 전례가 없지 않지만, NPP는 1970년대에 E. P. 샌더스의 『바울과 팔레스타인 유대교』(*Paul and Palestinian Judaism*, 1977)의 등장과 함께 "공식적으로" 시작됐다. 샌더스는 바울이 종교개혁의 시각에서 읽혀 왔다는 불평을 확장했다. 예수 당시 바리새인들이 행위-의의 엄격한 율법주의를 선포하는 중세 추기경들과 종교 지도자들처럼 여겨져 왔다는 것이다.

이전 장에서 언급된 것처럼, 샌더스는 제2성전 (1세기) 유대교를 "언약적 신율주의"(covenantal nomism[nomism은 '노모스'<*nomos*, 율법>에서 유래됐다])로 규정한다. 언약적 신율주의에 따르면, 사람은 은혜로써 들어가서 순종으로 머무른다.

바로 이전 장에서 지나가는 말로 언급한 것처럼, 필자는 샌더스의 구호를 수용한다. 언약적 신율주의에 대한 샌더스의 범주는 그 심한 정형화가 일단 완화된다면, 어떤 점에서 상당히 상이한 제2성전 유대교 무리들을 한데 묶는 언약신학 유형을 묘사하기 좋은 방식으로 보인다.[1]

---

[1] Sanders의 "종교 유형" 찾기 방법론이 판단을 체계화하기보다는 결론을 부과한다고 지적한 학자들이 있었다. 이런 비판은 처음부터 없지 않았고, 예를 들어, Anthony J. Saldarini는, *Journal of Biblical Literature* 98:2 (June 1979), 299-303에 있는, *Paul and Pales-*

필자는 바로 이런 종교 유형이 예루살렘 공동체 및 다른 곳(특히, 갈라디아교회)에서 갈등을 유발한 종교 유형이었다고 주장할 것이다. 또한, 언약적 신율주의는 가나안 땅에서 이스라엘의 국가적 지위의 유지가 달려 있었던 시내산 언약을 묘사하기에 일반적으로 적절한 방식이기도하다.

그러나 율법 언약과 약속 언약이 **언약적 신율주의**라는 하나의 유형으로 종합되면, 문제가 발생한다. 요컨대, 필자는 본 장에서, 제2성전 유대교 자료에 대한 샌더스 자신의 상세한 연구가 20세기의 학문적 희화화(caricatures)에 대해 유익한 이의 제기를 함에도 불구하고, 중세신학의 "언약적인 신율주의적" 특징과 1세기 유대교의 언약적인 신율주의적 특징의 유사성을 오히려 뒷받침해 준다는 것을 논증할 것이다.

유대교를 은혜 없는 행위-의의 종교 유형으로 성급하게 일반화하는 것에 대해 샌더스가 경고할 때, 샌더스는 자신이 19-20세기 (주로 독일) 학계(특히, 페르디난트 베버[F. Weber], 슈렝크[Schrenk], 태커래이[Thackeray], 불트만[Bultmann])의 견해라고 밝힌 입장을 반박한다. 하지만 샌더스는 이런 학자들이 종교개혁가들의 견해를 대변한다고 거듭 주장하거나 가정한다.[2]

---

tinian Judaism에 대한 서평에서 다음과 같이 비판했다.
"Sanders는 랍비 문헌이 체계적이지 않다고 인정하지만, 그 토대가 되는 통일된 주장과 관점이 있다고 주장한다(pp. 69-70, 180). 비록 랍비 문헌의 개별적인 진술들이 서로 충돌할 수 있을지라도, 개별적인 진술들을 질서 있게 정리되고 개별적인 진술들의 의미가 문맥 안에서 이해된다면, 대체로 일관된 관점이 우세하다는 것이다(pp. 133-41에서 Sanders가 선행과 악행의 저울질과 관련된 랍비 진술에 대해 논의한 것을 보라). 비록 이 방법론이 흔히 사용되어 왔고 Sanders가 잘 사용할지라도, 이 방법론이 낳는 결과가 필자에게는 몹시 의심스럽다. 이런 개별 진술들은 여러 다른 장르에 속하고, 수세기에 걸쳐서 다른 역사를 가진, 유대교의 여러 유형을 나타낸다(302). Sanders의 방법론은 바울이 한 말의 의미를 파악하려고 할 때도 바울을 얽어맨다(302).
2 E. P. Sanders, *Paul and Palestinian Judaism* (Minneapolis: Fortress, 1977), 6-7; 참조. F. Weber, *System der altsynagogalen palästinischen Theologie aus Targum, Midrasch und Talmud*, ed. Franz Delitzsch and Georg Schnedermann (1880); revised as *Jüdische Theologie auf Grund des Talmud und verwandter Schriften* (Leipzig: Dörffling & Franke, 1897; repr., Hildesheim: Olms, 1975).

NPP는 아우구스티누스와 펠라기우스 간의 논쟁, 또는 로마교와 종교개혁가들 간의 논쟁을 제2성전 유대교를 이해하는 데 집어넣지 말라고 경고한다.

그런데 NPP 저자 자신들이 종교개혁과 관련해 시대 오판을 자주 범한다. 바울 시대의 언약적 신율주의가 "펠라기우스주의적"이지 않았다는 것이 기꺼이 인정될 수 있다면, 루터주의에 대한 불트만의 신칸트주의적이고 실존주의적인 재진술이 사실상 루터주의적이지 않고, 적어도 그것이 루터주의 전통이 신앙고백적으로 스스로를 규정한 대로의 루터주의는 아니었다는 것도 인정되어야 한다.

더구나 종교개혁가들은 논쟁이 고조될 때를 제외하고, 유대교와 로마교(Rome) 둘 다에서 은혜가 긍정되고 속죄와 용서를 위한 대책이 있었음을 통상적으로 인정했다. 사실, 샌더스가 유대교에 대해 말하는 것 대부분은 종교개혁가들도 그들 자신의 맥락에서 인정할 수 있던 것들이었다. 차이점은 샌더스, 유대교, 로마교가 구원에 은혜가 필요하다고 생각한 곳에서, 종교개혁가들은 은혜가 구원의 충분하고 유일한 기초라고 생각했다는 점이다.

16세기 성경 주석자들과 신학자들이 이 차이를 과장했는지 안 했는지가 실제로 중요한가? NPP의 논지는 종교개혁가들이 바울을 마치 루터인 것처럼, 그리고 유대교를 마치 로마교인 것처럼 이해해 둘 다를 오해했다는 주장에 의존하기에 이 문제는 중요하다. NPP의 다른 강령들은 제4장과 제5장에서 평가하고, 여기서는 제2성전 유대교(언약적 신율주의)가 본질에 있어서 은혜의 종교였다는 NPP의 근본 주장에 초점을 맞출 것이다.

1. 제2성전 유대교는 "율법주의적"이었는가?

샌더스는 무어(G. F. Moore)와 몬티피오리(C. G. Montefiore)를 따라, 샌더스는 언약에 대한 유대교의 이해에 용서와 회개 개념이 항상 있었다는 데 주로 기초해서 유대교를 행위-의의 종교로 희화화하는 것에 반대한다.

샌더스는 체계적으로 자신이 "은혜로운"과 같은 의미로 취급하는 "언약적"이라는 형용사로 "신율주의"를 한정한다. 서로 구별된 언약 유형들을 은혜로운 율법을 갖고 있는 단일한 "종교 유형"으로 이렇게 융합하는 것은 샌더스(그리고 NPP 전반의) 논지의 근본 전제다.

(몬티피오리를 따라서) 샌더스는 유대교가 율법주의라는 비판을 일축함에도 불구하고, 이런 오해가 "타당한 증거에 기초한 것처럼" 보이기도 한다는 것을 인정한다.

> 성취와 위반에 대한 저울질이 랍비(또는 바리새파 또는 유대교) 구원론을 구성한다는 견해가 이 저울질에 대한 실제 랍비 문헌에 의해 뒷받침될 수 있는 것처럼 보인다. 심판 때에 전이될 수 있는(또는 그럴 수 없는) 공로의 보고 (the treasury of merits)에 대한 교리를 뒷받침하기 위해, '체쿠트 아보트'(zekut 'abot), 즉 "조상들의 공로"라는 어구가 들어 있는 진술들을 인용할 수 있다.[3]

샌더스는 (풍부한 인용을 곁들여) 말하기를, 랍비들은 하나님의 선택을 설명함에 있어서 "'하나님이 유대인을 선택하신 것은 이상한' 것이 아니었다고 설명하기 원했다"고 한다. 이 문제에 대해 랍비들은 다양한 답을 제시했고, 샌더스 본인의 분석에 기초할 때, 선택이 사람의 공로에 의존하지

---

3   Sanders, *Paul and Palestinian Judaism*, 58.

않았다는 일반적인 합의가 유대교에 있었다고 주장될 수 없다.[4] 랍비적 해석에 따르면, 이것은 이스라엘이 은혜로 말미암아 "들어갔다"는 입장에 의문을 제기하는 것 같다.

샌더스가 바울이 가르친 것 같은 그런 무조건적 선택은 자의적이라는 비판을 결코 피할 수 없을 것이라고 말하면서 자신의 전략을 변호할 때, 거기에는 샌더스의 신학적 전제가 반영되어 있다. 그는 선택이 어쨌든 선택된 사람들의 공과(功過)에 대한 분석적 판단에 기초해야 된다고 봤다.[5]

"들어감"(또는 선택)이 무조건적인 은혜에 기초했든지 그렇지 않든지, 적어도 언약적 지위가 계속된 순종에 의존한다는 것에 대해 모든 랍비 자료가 일치한다.[6] 샌더스는 언약적 지위 유지의 철저한 조건성을 긍정하는 여러 인용문을 제시하고 나서, 조건성을 다음과 같이 완화한다.

> 순종하려는 의향이 언약에 머무는 조건이다. … 따라서 "~를 조건으로"라는 어구는 얼핏 편협한 율법주의로 보일 수 있지만 알고 보면 그렇지 않다.[7]

그런데 이 판단은 종교개혁가들의 해석 못지않게 신학적인 판단이다. 개신교 종교개혁가들은 중세 로마교가 "편협하게 율법주의적"이라고 비판한 것이 아니라, 중세 로마교가 그리스도 이외의 다른 사람의 공로도 칭의의 근거에 포함시키고, 믿음 이외의 다른 것도 칭의의 수단에 포함시킨다고 비판했다.

---

[4] Sanders, *Paul and Palestinian Judaism*, 88.
[5] Sanders, *Paul and Palestinian Judaism*, 97-98.
[6] 필자의 논의가 전개되면서 더 선명해지겠지만, 필자는 이스라엘의 지위가 국가적(시내산) 언약에 대한 순종에 따라 가변적이고, 이 점에서 시내산 언약은 아브라함 언약과 구별된다고 단언할 수 있다.
[7] Sanders, *Paul and Palestinian Judaism*, 94.

또한, 중세신학은 "순종하려는 **의향**(intention)"(암묵적 신앙[*fides implicita*]으로 알려진)도 공로로 여겨 공로적인 순종을 완화했다. 게다가 중세신학은 모종의 조건(특히, 보속[補贖, penance])이 달성될 때 성자들에게서 신자에게로 전이될 수 있는 "공로의 보고"도 인정했다. 샌더스는 "조상들의 공로"(체쿠트 아보트, *zekut 'abot*)와 회개(원리에 있어서 중세의 보속과 구별하는 것이 거의 불가능하다)가 속죄하는 수단이라는 것을 주장하는 데 많은 지면을 할애한다.[8]

종교개혁의 시각에서 볼 때, 유대교가 펠라기우스주의가 아님을 증명하는 것만으로는, 유대교가 행위-의(義)의 종교라는 혐의를 벗기려는 시도는 성공하지 못한다. 중세신학도 펠라기우스주의가 분명히 아니었다. 결국, 은혜로만 들어가고 머무느냐 아니면, 사람 자신의 순종(설령 은혜의 도움을 받는다고 할지라도)으로 말미암아 들어가고 머무느냐는 역사적인 문제일 뿐만 아니라 신학적인 문제이기도 하다.

그러나 샌더스는 다음과 같이 말한다.

> 랍비들에게는 바울/루터파의 "행위-의" 문제가 없었고, 포로 귀환(exodus)이 획득됐다고 말하는 데 조금도 난처해하지 않았다. 그럼에도 포로 귀환이 획득됐다는 것은 랍비의 교리가 아님에 틀림없다. 그것은 설명 장치일 뿐이다.[9]

그런데 랍비 전통이 교리와 설명 장치 간의 이런 구별을 지지했었는지 여부와 상관없이, 샌더스 자신도 긍정하는 요점은 랍비 전통이 포로 귀환이 어떤 의미에서는 획득됐다고 가르쳤다는 것이다.

---

8 Sanders, *Paul and Palestinian Judaism*, 특히, 97-176.
9 Sanders, *Paul and Palestinian Judaism*, 100. 샌더스가 "교리"와 "설명 장치"를 구별하는 근거가 바로 드러나지 않는다.

샌더스의 다음 주장은 그가 비판한 것들 못지않게 명백히 신학적인 가정들이다.

> 랍비들은 **하나님이 계명의 실행(實行)을 보상하신다는** 성경의 증거 때문에 공로에 대한 보상 개념을 포기할 수 없었다. 또한, 랍비들은 **정당한 이유가 없는** 선택 교리가 함의하는 것처럼 보이는 하나님 편에서의 **변덕**을 인정할 수 없었다. … 랍비들은 선택의 이유를 제시하고자 할 때, 하나님의 자유로운 은혜에, 그리고 때때로 공로 개념에 호소했다(강조는 첨가된 것).[10]

그래서 샌더스는 바울이 가말리엘 2세에게 배웠음에도 불구하고, 히브리 성경과 제2성전 유대교 둘 다를 오해했고, "정당한 이유 없는" 선택에 대한 바울의 견해는 자의적이고 변덕스럽다고 판단한다(다시 말하지만, 이것은 신학적 판단이다). (신 7:7-8과 같은 성경 구절에도 불구하고) 모종의 공로가 하나님의 선택과 이스라엘의 포로 귀환/해방을 정당화하는 유일한 길이**어야 한다**는 것이다.

이것은, 샌더스가 "[야콥] 누스너(Neusner)가 말한 대로" 근래 "루터파"의 해석이 "신학적 진술을 마치 역사인 것처럼 허용한다"라고 불평했을 때,[11] 자신이 비판한 적들의 경향과 유사한 경향을 여기서도 나타내지 않는가?

샌더스는 어떤 점에서는 보상과 형벌이 공로의 원리에 따라 작용한다는 랍비적 합의를 그대로 받아들인다.[12]

> 이런 진술들에 작용하는 원리는 "보응"의 원리다.[13]

---

10 Sanders, *Paul and Palestinian Judaism*, 101, 106.
11 Sanders, *Paul and Palestinian Judaism*, 57.
12 Sanders, *Paul and Palestinian Judaism*, 116-18; 특히 118에 인용된 것들을 보라.
13 Sanders, *Paul and Palestinian Judaism*, 119.

우리는 샌더스의 주해가 다른 이들의 주해와 마찬가지로 신학적 동기의 영향을 받는다는 것을 다음과 같이 또 다시 발견한다.

> 하나님의 공의가 이생에서 충족된다는 것은 성경적인 견해이고, 유대교에서 계속 유력한 견해였다.[14]

게다가, 이 보상과 형벌의 심판은 "공과에 대한 저울질," 다시 말해, 선행이 악행보다 많은지 또는 적은지에 따른 것으로 생각됐다.[15] 그런데 이 심판은 은혜와 섞여 있기 때문에, "행위의 의"를 성립시키지 않는다고 한다.

> 이 견해를 뒷받침하는 데 핑켈슈타인(Finkelstein)을 인용할 수 있어 기쁘다. "때때로 [아키바는] 하나님의 자비가 단 하나의 공로적 행위로 내세에 들어감을 획득할 수 있게 하는 그런 것이라고 주장했다."[16]

따라서 "자비"는 정반대되는 것을 받아 마땅한 사람에게 주어지는 값없는 선물이 아니라, 공의의 기준을 내리는 것에 불과하다.

율법의 요구에 대한 개인적인 순종을 조건으로 하는 "공과에 대한 저울질"에 선택과 칭의가 의존한다면, 어떻게 구원이 수고해 얻는 것이라는

---

14 Sanders, *Paul and Palestinian Judaism*, 125. 여기는, "사후"(afterlife)에 대한 포로기 이전의 이해나 제2성전 유대교 문헌에 있는 "내세"(age to come)의 성격에 대해 논의하는 자리가 아니다. 그럼에도 Sanders의 가정은 논란의 여지가 크다. 예를 들어, Jon Levenson의 최근 책, *Resurrection and the Restoration of Israel: The Ultimate Victory of the God of Life* (New Haven, CT: Yale University Press, 2006)를 보라.
15 Sanders, *Paul and Palestinian Judaism*, 130, 132.
16 Sanders, *Paul and Palestinian Judaism*, 138-39. "내세(the future world)에 들어감"을 획득하는 것에 대한 Akiba의 주장과 같은 이런 인용문들도 유대교의 개인적 구원(내가 어떻게 하여야 구원을 받으리이까?)에 대한 Sanders(Dunn과 Wright뿐만 아니라)의 일축을 제한하는 것 같다.

결론을 내리지 않을 수 있는지 묻는 것은 타당하다.

샌더스는 주장하기를, 하나님의 자비 덕분에 사람의 회개나, 적어도 사람의 순종하려는 의향이, 있는 그대로의 가치보다 더 가치 있게 헤아려지는 것이 허용된다면, 은혜가 충분히 긍정되는 것이라고 한다. 샌더스는 자비와 공로가 조화를 이룬다고 말한다.

> 그런데 랍비 종교에 구원에 대한 "교리"가 있다고 한다면, 그것은 선택과 회개다. 율법을 이행하면 내세에 그 몫이 주어진다는 진술들은 멸망이 율법 위반의 결과라고 말하는 진술들에 의해 균형이 맞춰진다. 참으로, 이 세 유형의 진술(하나의 위반으로 멸망 받음, 하나의 율법 이행으로 구원받음, 이행과 위반 중에 무엇이 더 많으냐에 따른 심판)에는 공통된 이유와 목적이 있다. … 이 모든 유형의 진술들은 사람들이 그들 자신이 할 수 있는 최대한, 계명들에 순종하도록 촉구하는, 그리고 그렇게 순종하는 것의 중요성을 주장하는 효과적인 방법이다.[17]

샌더스가 묘사한 입장은, "그들 자신 안에 있는 것을 행하는 자들에게 하나님은 은혜를 베풀기를 거절하지 않으실 것이다"(*facientibus quod in se est Deus non denigat gratiam*)라는 구호를 내건 중세 후기 유명론(루터는 이것을 교육받았지만, 후에 강력하게 거부했다)의 입장과 놀랄 만큼 유사하다.

이러한 신학에 따르면, 엄밀히 말해 아무에게도 구원이 마땅치 않지만, 하나님은 (은혜의 도움을 받아) 최선을 다하는 자들이 최종적인 칭의를 마치 그들의 공로로 얻는 것처럼 얻게 된다는 언약을 작정하셨다. 하나님이 이들의 불완전한 의를 **합당한**(condign, 엄격한) 의미에서가 아니라, **재량적**(congruent, 충분하다고 쳐 주는) 의미에서 공로적인 것으로서 받아 주실 것이다.[18]

---

17 Sanders, *Paul and Palestinian Judaism*, 138-39.
18 중세 후기 신학의 재량적 공로 개념을 아는 사람이라면 누구나, Sanders, *Paul and Pales-*

루터가 자신의 하이델베르크 논쟁의 열여섯째 논제에서 맹렬히 비판한 것이 바로 이런 언약적 신율주의였다.

> 자기 안에 있는 것을 행함으로써 은혜를 얻을 수 있다고 믿는 사람은 죄에 죄를 더해 두 배로 죄인이 된다.

이 사람은 하나님의 율법을 이렇게 만족시키려는 시도가 죄악 된 자기 정당화임을 인정하지 않는 잘못에, 하나님의 지고한 거룩하심과 은혜를 모독하는 잘못을 더한다.[19]

"은혜로써 들어가고 순종으로 머문다"는 문구는 중세신학의 언약적 신율주의를 잘 요약해 주는데, 이것은 특히 유명론에서 발전하고 트렌트 회의에서 공식적으로 승인됐다. 세례, 곧 최초의 칭의는 오직 은혜로 말미암고(주입된 은혜가 세례 받은 자에게서 원죄를 제거하고 변화된 성향으로 채운다), 내세의 최종적 칭의로 이끌 (것으로 기대할 수 있는) 협력하는 은혜를 위해 필요한 여러 성례가 뒤따른다.[20]

적어도 샌더스의 자료에 따르면, 반(半)펠라기우스주의와 유사한 선택에 대한 이해뿐만 아니라 "공로의 보고"(*zekut 'abot*, 조상들의 공로) 개념, 범죄를 속하는 회개(보속), "공과 저울질" 등에는 중세의 연옥 개념과 상당히 유사한 점이 존재한다.[21] 폴 짤(Paul F. M. Zahl)의 다음 논평은 아주 정확하다.

---

tinian Judaism, 176에 있는 랍비 문헌 인용문들과의 개념적 유사성을 인정할 것이다.

19 Gerhard O. Forde, *On Being a Theologian of the Cross: Reflections on Luther's Heidelberg Disputation, 1518* (Grand Rapids: Eerdmans, 1997), 59를 보라.
20 이 입장의 현대적인 진술로는, *Catechism of the Catholic Church* (Libreria Editrice Vaticana; distributed by Liguori, MO: Liguori Publications, 1994), 363-73, 481-89를 보라.
21 Sanders, *Paul and Palestinian Judaism*, 142.

샌더스는 제2성전 유대교의 "반(半)펠라기우스주의"를 "펠라기우스주의"로 오해해서 바울에 대한 루터의 이해도, 로마 가톨릭 교회에 대한 루터의 비판도 오해한다.[22]

샌더스와 그의 유대교 자료에 따르면, **복음**이란 다음과 같다.

> 사람의 범죄가 아무리 많을지라도, 회개하고 여타 적절한 속죄 행위를 함으로써 자신이 언약에 머물려고 한다는 의향을 보이는 한, 하나님은 죄 사함을 제공해 주셨다.[23]

누군가의 신학적 판단과 관계없이, 이러한 입장은 종교개혁가들이 후기 중세신학에서 이미 알고 있던 것이다. 제2성전 유대교의 회개도 전통적인 로마 가톨릭의 보속 교리와 유사하게 규정된다.

> 회개와 속죄일(the Day of Atonement) 양자가 합쳐 절반을 속죄하고, 징벌이 절반을 속죄한다. … 하지만 만약 사람이 하나님의 이름을 모독했다면, 그 사람의 회개가 사태를 유예시킬 수 없고, 속죄일도 속죄할 수 없고, 고통도 죄를 씻을 수 없다.[24]

> 율법이 명하는 제사는 율법이 명하는 다른 것으로 대체함으로써 "달성"될 수 있다는 것이 랍비적 견해다.[25]

---

22 Paul F. M. Zahl, "Mistakes of the New Perspective on Paul," *Themelios* 27, no. 1 (2001): 7.
23 Sanders, *Paul and Palestinian Judaism*, 157.
24 Sanders, *Paul and Palestinian Judaism*, 158-59.
25 Sanders, *Paul and Palestinian Judaism*, 164.

이런 계산적 사고는 중세(특히, 후기) 스콜라주의에도 가득하다. 제2성전 유대교의 회개에 "적절한 것"으로는 "제사 드리기, 배상하기, 여타 분명한 참회 행위들이 포함될 수 있다."[26] 적어도 넓게 볼 때, 이것은 죄를 처리하는 로마교의 방식이기도 하다. 샌더스는 다음과 같이 말한다.

> [회개는] 언약에 머물고자 하는 의향을 나타내는 "지위를 유지하는" 또는 "지위를 회복하는" 태도다. … 이것 없이는 하나님의 자비가 소용이 없다.[27]

아마도 샌더스는 실수로 다음과 같이 쓴 것 같다.

> 그들의 **율법주의**(legalism)는 은혜로운 선택과 보증된 구원이라는 더 큰 맥락 안에 있다(강조는 첨가된 것).[28]

여기서 "은혜로운"과 "보증된"이 어떤 의미든지, 이것들은 "율법주의"에 의해 한정된다.

제2성전 유대교와 중세 로마교 사이에 중요한 차이가 있다는 것은 의심할 여지가 없지만, 샌더스가 요약한 다음의 논리는 중세 로마교의 논리와 같다.

> 만약 하나님이 공의로우시고 사람이 죄를 짓는다면, 죗값 지불이 요구되지 않기란 불가능하다. 제물로 속죄할 수 있고 돈으로 지불된 속전도 속죄할 수 있지만, 고통이 속죄에 가장 유효하고, 더 심각한 죄를 속죄할 수 있다. 왜냐하면, 고통이 더 값비싸기 때문이다. 그래서 의인들은 중단 없는

---

26 Sanders, *Paul and Palestinian Judaism*, 177.
27 Sanders, *Paul and Palestinian Judaism*, 178.
28 Sanders, *Paul and Palestinian Judaism*, 181.

복을 내세에 누리기 위해서, 자기 죄에 대한 벌을 지상에서 받는다.[29]

샌더스는 다음과 같이 말한다.

> 마이어(R. Meir)가 유사한 견해를 제시한다. 즉, 만약 두 사람이 같은 병에 걸리고 한 사람만 생존한다면, 그가 생존한 이유는 회개했기 때문이다.[30]

샌더스는 이런 견해에 대한 비판에서 한낱 루터(그리고 심지어 바울!)의 망령만을 발견한다.

> 수 세기 동안 루터주의로 말미암아 이 문제에 예민해진 마음은 회개조차 하나님의 자비를 얻기 위한 율법주의적 행위로 볼지 모른다. 랍비들은 사실상 회개에 대한 사람의 주도권이 하나님의 자비가 베풀어지는 절대적 조건이라는 식으로 진술할 때가 있다. 즉, 종종 랍비의 개별적인 진술에서는 마치 "회개하라"는 명령법이 "그러면 하나님은 자비로우실 것이다"라는 직설법을 선행하는 것처럼 보일 것이다.
> ⋯ 어떤 의미에서 이런 느낌은 정당하다. 회개는 하나님이 용서하시는 근거가 되는 조건으로 간주됐다. ⋯ 랍비 종교에서 회개가 "자비"를 얻는 행위라는 견해가 갖는 문제점은 랍비 종교의 근본적인 기초, 즉 이스라엘에 대한 하나님의 선택을 무시한다는 점이다. ⋯ 이 견해는 하나님의 은혜에 대한 이해로 말미암았음에 틀림없다.[31]

---

29 Sanders, *Paul and Palestinian Judaism*, 170.
30 Sanders, *Paul and Palestinian Judaism*, 176.
31 Sanders, *Paul and Palestinian Judaism*, 177.

하지만 샌더스는 적어도 자신이 제시한 많은 랍비 자료만큼은 (하나님의) 선택이 모종의 공로에 기초했다고 생각했음을 실제로 보여 주었다. 게다가 샌더스는 자신의 생각을 뒷받침하는 진술을 대(하고, 인용)할 때마다, (모종의 공로에 기초한다는 것을 자신이 이미 보여 준) 선택과 (범죄를 실제로 "보상"하려는 인간적 시도로서의) 제사나 회개에 호소한다.

요컨대, 다음과 같이 샌디스는 자신이 논박하려고 시도해 온 주장을 긍정한다.

> 틀림없이 랍비들은 순종이 공로적이고 하나님에 의해 보상받는다고 믿었다.

그리고 샌더스는 이 말('체쿠트'[zekut]: 전치사적인 '비체쿠트'[bizekut] = '~ 때문에'; 명사적인 '치쿠트'[zikut] = 공로)이 "공로"로 번역되는 것은 부당하지 않다고 말한다.[32] 비록 샌더스 자신은 이 번역의 적절성에 대해 모호한 태도를 취함에도 불구하고, 팔레스타인 유대교에서 공로가 정당하게 용인됐음을 언급하는 인용문을 지면 가득히 제시한다.[33]

본서의 제2장에서 설명한 것과 마찬가지로, 샌더스는 말하기를, 미드라시(Midrash)에 따르면 하나님이 이스라엘에게 조건적으로 주신 것(땅과 성전 같은 것들)이 있고, 무조건적으로 주신 것(토라 같은 것)도 있다고 한다. 그럼에도 랍비 자료들은 주장하기를, 땅, 성전, 왕국이 이스라엘에게 무조건적으로 주어졌고 불순종으로 인해 상실될 수 없었다고 한다.[34]

필자는 이 두 입장 모두가 중요한 점에서 성경적인 근거가 있다고 주장하는 바다.

---

32 Sanders, *Paul and Palestinian Judaism*, 183.
33 Sanders, *Paul and Palestinian Judaism*, 185, 189.
34 Sanders, *Paul and Palestinian Judaism*, 94-95.

① 모형론적인 차원에서, 다가오는 메시아 왕국을 보여 주는 증인으로서 이스라엘의 역할은 상실될 수 있었다(그런고로 포로로 끌려가는 사건이 발생했다).
② 그럼에도 이 그림자가 가리키는 더 큰 실재는 역사 가운데 예수 그리스도로 말미암아 성취됐다.

①의 근거는 시내산 언약에 의해 제공되고, ②의 근거는 아브라함 언약에 의해 제공된다. 한 세기 전에 헤르만 바빙크(Herman Bavinck)는 다음과 같이 지적했다.

> 그러나 포로 생활 이후에, 이런 예언적인 요소들이 이스라엘 종교에서 희미해졌다. 이것은 이스라엘 종교를 일방적으로 신율주의적인 방향으로 나아가게 하는 과정이었다.[35]

이를테면, 미카엘 와이스코그로드(Michael Wyschogrod)가 분석한 것처럼, 우리는 유대교 자료에서도 비슷한 설명을 발견할 수 있다. 제2성전 시기에는 회개가 죄를 만회하고 남는다고 생각됐다.

> 회개하는 죄인은 쌓여진 거대한 공로를 갖고 있다. 그의 죄가 아주 무겁거나 많으면 특히 그러하다. … 성전이 파괴되면서, 제사 드리는 것이 더 이상 불가능해졌고, 따라서 강조점이 회개로 옮겨졌다.[36]

---

[35] Herman Bavinck, *Reformed Dogmatics*, ed. John Bolt, trans. John Vriend, vol. 3 (Grand Rapids: Baker Academic, 2006), 495.
[36] Michael Wyschogrod, *Abraham's Promise: Judaism and Jewish-Christian Relations*, ed. R. Kendall Soulen (Grand Rapids: Eerdmans, 2004), 70.

2. 바울과 언약적 신율주의

그렇다면 이상의 모든 것은 바울에 대해 어떤 결론에 이르는가? 샌더스는 다음과 같이 판단한다.

> 바울의 "종교 유형"은 "언약적 신율주의"로 묘사될 수 없으므로 바울이 팔레스타인 유대교 문헌에서 발견되는 것과 본질상 다른 유형의 의를 제시한다고 봐야 한다.
>
> 하지만 이 틈은 우리가 보통 생각하는 곳(은혜 대[對] 행위)에 있지 않다.[37]
>
> 그러나 큰 변경도 있다. 유대교 문헌에서 의롭다는 것은 토라에 순종하고 범죄를 회개한다는 것을 의미하지만, 바울에게 있어서 의롭다는 것은 그리스도로 말미암아 구원받는다는 것을 의미한다. 아주 간단히 말해, 유대교에서 의는 선택된 자의 무리에 속하는 신분을 유지한다는 의미의 용어이고, 바울에게 있어서 의는 신분 전환의 용어다.
>
> 다시 말해, 유대교에서 언약에 대한 서약으로 말미암아 선택된 자의 무리 "안에" 들어가는 반면, 그 뒤에 순종(의)으로 말미암아 그 안에 머무르게 된다. 바울의 용법에서 "의롭게 되다"("의롭다 함 받다")는 구원받는 자의 무리에 들어감을 가리키는 용어이지 구원받는 자의 무리 안에 머무름을 가리키는 용어가 아니다. 따라서 사람이 율법의 행위로 의롭게 될 수 없다는 바울의 말이 의미하는 바는 사람이 "구원받는 자의 무리로 옮겨지는 것"이 율법의 행위로는 불가능하다는 것이다.[38]

---

[37] Sanders, *Paul and Palestinian Judaism*, 543.
[38] Sanders, *Paul and Palestinian Judaism*, 544. 이 점은 NPP 학자들 사이에서도 해석에 상당한 차이가 나타나는 부분이다. 우리가 앞으로 볼 것이지만, N. T. Wright는 칭의를 사

따라서 우리는 유대교에 대한 오해가 궁극적으로 종교개혁가들에게 기인하는 것이 아니라, 교회론에서 구원론으로 초점을 옮긴 바울에게 기인하는 것이라고 말할 수 있다.

> 유대교가 율법을 순종하는 사람이 의롭다고 말했을 때, 이 말이 의미하는 바는 사람이 율법을 순종함으로써 언약 안에 머문다는 것이다. 따라서 믿음으로 의롭게 되느냐, 율법의 행위로 의롭게 되느냐에 대한 논쟁은 "의롭다"는 용어군(群)에 대한 서로 다른 용법에 기인한 것으로 결국 드러난다. 그 용법의 차이점은 올바른 행위를 언약 "안에" 머무는 조건으로 본다는 공통점을 주목함으로써 부분적으로 이해될 수 있다.
> 대개 유대교에서 올바르게 행하는 사람을 지칭하는 주된 용어는 "의로운"이다. … 반면, 바울은 지속적인 의로운 행위를 지칭하는 데 이 용어를 사용한 적이 없다. 바울은 언약 "안에" 머무르게 하는 올바른 행위를 지칭할 때, "책망할 것이 없는," "잘못이 없는," "변함없는," "건전한," "허물이 없는" 등으로 말하지 의롭다고 지칭한 적이 없다.[39]

샌더스는 행위와 믿음에 대한, 즉 율법과 약속에 대한 바울의 철저히 다른 이해가 바울이 칭의를 다루는 데 나타난다고 지적한다. 히브리 문헌 중에는 하나님이 "의롭다고 선언하신다"(이츠다크, *yiṣdaq*)라는 표현이 있을지라도, 하나님이 **악인들을** 의롭다고 선언하실 수 있다고 말해진 적이 결코 없다(사실 하나님은 악인이 불의하다고 선언하신다).

그러나 바울은 하나님이 악인들을 의롭다 하신다고 주장할 뿐만 아니라, '디카이오오'(*dikaioō*), 즉 "의롭다 하다"라는 동사(그리고 이것의 수동

람이 언약 백성 안에 들어가는 방법에 대한 물음에 답하는, 신분 전환의 용어로 생각하지 않고, **누가** 언약 백성 "안에" 있는지 밝히는 정체성 규정의 용어로 생각한다.
[39] Sanders, *Paul and Palestinian Judaism*, 544.

형태들)에 초점을 맞춘다. 반면 히브리 성경은 "의로운"을 실제로 그리고 본질적으로 의로운 사람들(의인들, 차디킴 [ṣaddiqim])을 묘사하는 형용사로서 일반적으로 사용한다고 한다.[40]

> 범죄 또는 죄에서 "의롭다 하심을 받는"다(고전 6:9-11; 롬 6:7). 다시 말해, 구원받지 못함에서 구원받음으로 **옮긴다**. 이런 용례는 의와 관련된 용어군이 그 관행적 의미를 벗지 않을 수 없게 하고, 이런 전환은 바울 사상의 독특함을 보여 준다.[41]

또한, 샌더스는 바울이 회개에 대해 유대 문헌, 특히 쿰란 문헌이 갖는 관심만큼 관심을 갖지 않는다고 말한다.

---

[40] 다시 말하지만, 언약신학에 따르면, 이것에 대한 구약성경 및 바울의 해석을 포함해서, 구약성경과 바울서신 사이에 불일치는 존재하지 않는다. 하나님이 공의를 희생하면서까지 악인들을 사면하고 용납하실 수 없다는 것은 참이다. 그러나 바울은 그리스도에 대한 하나님의 심판이 그리스도를 믿는 모든 자에 대한 하나님의 심판이고, 율법은 대리적으로 성취됐으며, 율법의 성취가 전가된다고 가르친다.

[41] Sanders, *Paul and Palestinian Judaism*, 544-45. 그러나 죄인은 의롭다 함 받을 수 없다고 언급되는 성경 구절들은 사람의 재판을 배경으로 하는 곳들(출 23:7; 신 25:1; 잠 17:15; 24:24; 사 5:23), 특히, 시내산 언약 법규나 그 설명과 관련된 곳들뿐이다. 분명 아브라함은 죄인이면서 동시에 믿음으로 의롭다 함 받았다(창 15:6). 다윗은 자신의 죄악을 고백했고 용서받았다("여호와여 나의 죄악이 크오니 주의 이름으로 말미암아 사하소서," 시 25:11; 참조. 시 51편). Sanders가 주장하는 것처럼, 심지어 시내산 언약도 죄 사함의 수단을 제공했다(그럼에도 필자는 시내산 언약이 죄 사함의 수단을 제사가 가리킨 실재에 대한 믿음의 행위로서 잠정적으로만 제공했다는 것을 부언하고 싶다). 바울은 오경 못지않게 하나님의 공의를 유지하는 데 관심을 쏟았다. 바울과 제2성전 유대교(및 바울의 반대자들) 사이에 있는 근본적 차이가 무엇이든, 바울은 자신의 칭의 교리에서 율법 자체는 긍정했다. (위에 언급한 구절들이 책망한 것처럼) 칭의는 범법자에게 그냥 무죄를 선언하는 것이 아니라, 죗값 지불에 기초해 죄를 용서하고 그리스도의 언약적 순종을 전가한다. 그러므로 하나님은 "의로우시며 또한" 예수 믿는 자를 "의롭다 하"시는 분이시다(롬 3:26).

회개는 바울 사상의 한 부분이 아닌 이유는 바울이 [에스라 4서와 같이] 염세적이기 때문이 아니라, 차별된 사상을 가졌기 때문이다.**42**

그래서 바울의 가르침에 따르면, 회개는 새 세상(age)을 열지 못한다. 새 언약은 옛 언약의 갱신일 수 없고, 사람은 "이 세상"(이 시대는 옛 언약의 예배와 율법 언약을 포함한다)에서 "오는 세상"으로(즉, 성령의 통치 가운데 그리스도 안으로) 옮겨야 한다. 바울에게 이것은 전적인 옮김, 즉 죄의 권세에서 그리스도의 주권으로 이전하는 것이다.**43**

필자는 이 점에 동의하면서 다만 덧붙이고 싶은 것은, 이것이 신약성경의 일반적인 가르침이고(이를테면, 마 3:11-12와 병행 구절들; 요 3:3; 히브리서 전체; 벧전 2:9 등), 이 가르침 자체가 새 언약에 대한 구약의 증언에 기초한다는 것이다. 바울은 안디옥에 있는 회당에서 다음과 같이 선포했다.

> 그러므로 형제들아 너희가 알 것은, 이 사람[예수]을 힘입어 죄 사함을 너희에게 전하는 이것이며, 또 **모세의 율법으로 너희가 의롭다 하심을 얻지 못하던 모든 일에도** 이 사람을 힘입어 믿는 자마다 의롭다 하심을 얻는 이것이라(행 13:38-39).

샌더스는 바울과 유대교가 죄의 성격에 대해 서로 다르게 이해했기에 죽음의 성격에 대한 이해도 서로 다르다고 인정한다.

> 랍비들의 진술은 **범죄를 속죄하는** 죽음과 관계가 있지 또 다른 **권세**에 속하기 위해 어떤 권세에 대해 죽는 것과 관계가 있지 않다(강조는 본래의 것).**44**

---

42 Sanders, *Paul and Palestinian Judaism*, 546.
43 Sanders, *Paul and Palestinian Judaism*, 547.
44 Sanders, *Paul and Palestinian Judaism*, 547.

구원받는 자들 가운데 있음에 대한 진술이 서로 다르다는 것은 아마 두말할 필요가 없을 것이다. 물론 중요한 유사성도 존재한다. **유대교와 바울 둘 다 개인과 집단을 충분히 고려한다.** 유대교에서 하나님의 언약은 이스라엘을 대상으로 하지만, 이것이 하나님과 개인의 인격적 관계를 결코 제거하지 않는다. 개인은 하나님 앞에서 경건해야 하고, 바른 관계를 유지해야 하며, 그리하여 구원받는 무리의 일원이라는 자격을 유지한다. 바울의 경우, 사람은 **그리스도에** 참여하는 결과를 낳는, 믿음의 행위로 말미암아 구원받는 자들 가운데 있게 된다(강조는 본래의 것).[45]

여기서 주목할 것은, 샌더스는 집단과 개인 사이의 그릇된 양자택일을 제임스 던(James D.G. Dunn)과 N. T. 라이트(다음 장에서 살펴보겠지만)만큼은 요구하지 않는다는 점이다.

게다가 "**그리스도에** 참여하는 결과를 낳는 믿음의 행위"를 강조한 바울과 대조적으로 유대교에서는 개인과 하나님 간의 관계 지속이 사람 자신의 경건과 순종에 의해 좌우된다는 샌더스의 주장은, 필자가 보기에, 바울을 제2성전 유대교의 자료와 더 유사하게 만들려는 던과 라이트의 시도(필자가 다음 장에서 다룰)보다 더 정확하다.

샌더스는 말하기를, "그리스도 안에"와 맞먹는 언어가 유대교에 없고, "너희 안의 그리스도"("너희 안의 이스라엘"?)라는 표현은 말할 것도 없다고 한다.

집단 정체성의 성격이 다르다. 그리스도의 몸은 이스라엘과 유사하지 않고, 그리스도 안에 있음은 하나님과 이스라엘이 맺은 언약 안에 있음과 형식상 동일한 것이 아니다.[46]

---

[45] Sanders, *Paul and Palestinian Judaism*, 547.
[46] Sanders, *Paul and Palestinian Judaism*, 547.

그러나 불연속성에 대한 이런 판단은 샌더스가 아브라함 언약과 시내산 언약을 구별하지 못한 데 기인한다. 바울은 그리스도가 하나님의 모든 약속이 성취되는 참 이스라엘이기 때문에, 하나님의 새 언약 백성을 이스라엘로 생각한다.

그럼에도 필자는 언약적 신율주의(시내산 언약)와 새 언약 간의 관계 문제와 관련해서는 샌더스의 대조에 동의한다. 이를테면, 쿰란 문헌에서는 "회심"이 회개와 율법으로 돌아옴과 같지만, 바울에게는 그리스도의 몸에 참여함과 같다.[47] 주목할 만한 것은, 적어도 이 점에 있어서 샌더스의 바울 해석은 고전적인 종교개혁신학과 일치한다는 것이다.

> 따라서 이런 본질적인 요점들("의"[righteousness]의 의미, 회개의 역할, 죄의 성격, 구원받은 "무리"의 성격, 그리고 가장 중요하게는, 정죄된 자들에서 구원받은 자들로 옮겨질 필요성)에서 바울의 사상은 팔레스타인 유대교에서 발견되는 것과 날카롭게 구별될 수 있다. … 일치하는 점들이 있을지라도 근본적인 차이가 존재한다.[48]

앞서 우리가 의혹을 제기한 것처럼, 샌더스는 바울의 구원론(특히, 선택)에 대해 자신이 느낀 신학적 불편에 의해 자극을 받은 것 같다. 샌더스는 다음과 같이 말한다.

> 율법에 대한, 그리고 결과적으로, 율법을 행하는 데 대한 바울 논박의 기초는 바울의 배타적 구원론이었다.

---

[47] Sanders, *Paul and Palestinian Judaism*, 548.
[48] Sanders, *Paul and Palestinian Judaism*, 548.

구원은 오직 그리스도로 말미암기 때문에, 다른 **어떤** 길을 따르는 것은 잘못이다. … 그 다른 길이 잘못된 이유는 그 길이 시시콜콜한 순종과 중요한 문제에 대한 경시를 수반하기 때문이 아니고, 하나님 앞에서 공로 득점표를 만들기 때문도 아니라, **그리스도 안에 있음과 비교하면 그것이 아무 가치가 없기** 때문이다. … 요컨대, 율법의 행함이 잘못된 이유는 단지 그것이 믿음이 아니기 때문이다. … 유대교의 잘못된 점은 유대인들이 그들 자신을 구원하려고 하고, 스스로 의롭게 되려고 추구한다는 점이 아니라, 그들의 추구가 올바른 목표를 지향하고 있지 않다는 점이다.[49]

비록 바울의 대안이 유대교 없이는 생각할 수 없는 것일지라도, 바울의 체계는 단지 유대교 체계를 수선하는 데 그치는 것이 아니다.

율법은 선하고 율법의 **행함**도 선하지만, 구원은 오직 그리스도로 말미암는다. 그러므로 율법으로 대표되는 체계 전체가 구원에 쓸모없다. **바울이 회개에 대해서나, 언약을 주시는 데 나타난 하나님의 은혜에 대해 언급할 필요가 없게 만드는 이유는 "체계 전체"의 변화 때문이다.** 이것들은 새 시대의 더 뛰어난 영광 때문에 배후로 사라진다(고후 3:9ff)(강조는 본래의 것).[50]

비록 샌더스의 분석이 유대교와 바울에 대한 몇몇 고정 관념에 이의를 제기하고 우리의 이해를 풍부하게 해 줄지라도, 결국 샌더스 자신의 신학적 가정과 판단으로 인해 바울이 반대한 상대를 오해하는 데 이르는 것 같다.

더 근본적으로 말해서, 샌더스는 복음에 대한 바울의 진술을 거부하는 데 이른다. 그럼에도 패러다임 자체를 대조한다는 점에서는 샌더스가

---

49 Sanders, *Paul and Palestinian Judaism*, 550.
50 Sanders, *Paul and Palestinian Judaism*, 551-52.

NPP의 다른 여러 학자보다 바울을 잘 이해한다고 필자는 생각한다.

> 바울은 유대교(또는 유대화)에 대한 자신의 비판이 의를 얻는 **수단**, 즉 "율법의 행위가 아니라 믿음으로 말미암아"와 관계된다고 자주 진술했고, 바울의 이 진술은 정확한 것으로서 간주되어 왔다. 즉, 바울은 **목표**에 대해, 즉 의에 대해 유대교와 일치했지만, 동일한 의가 행위로 말미암아 획득되는 것이 아니라, 믿음을 통해 은혜로 말미암아 받아야 되는 것으로 보았다는 것이다.
> 비록 이 진술이 바울 자신의 진술일지라도, 실제로 이 진술은 근본적 차이점을 잘못 진술한다. 율법과 관련해 잘못된 점은 율법이 그리스도가 아니라는 점인 것처럼, "율법에 기초한 의"(빌 3:9)와 관련해 잘못된 점은 그 의가 믿음에 의존하는, 하나님에게서 오는 **그** 의(義), 즉 사람이 "그리스도 안에서 발견되"고, 그리스도의 고난에 참여하며, 그리스도의 부활에 참여할 자들 가운데 속할 때, 받는 **그** 의(義)가 아니라는 데 있다(강조는 본래의 것).

바울은 유대교가 추구하는 의가 오직 그리스도 안에서만 얻어질 수 있다고 단순하게 생각한 것이 아니라 그리스도 자신이 바로 그 의(義) **자체**라고 생각했다.

> 다시 말해, "의(義)" 자체가 다르다. … 이와 같이 바울은 의를 얻는 수단에 대해서만 달리 생각하는 것이 아니다. 수단과 목적은 상응한다. **진짜** 의는 그리스도로 말미암아 구원받음이고, 따라서 진짜 의는 믿음을 통해서만 온다.
> 또한, 이것은 율법을 행하는 활동이 그 자체로는 잘못이 없음을 의미한다. 율법의 행함은 수단으로서 잘못된 목적(율법에 기초한 의)으로 이끈다. 이 목적은 그리스도 안의 구원이 아니기 때문에, 목적 자체가 잘못됐다. … **실**

> **제로 바울은 유대교적 언약이 구원을 가져올 수 있다는 것을 명백히 부정함으로써, 유대교의 기초를 의도적으로 부정한다.** 완벽한 순종이 없는 할례는 무가치하거나 해롭다(롬 2:25-3:3; 갈 3:10). 더 중요한 것은, **아브라함에게 주어진 언약적 약속은 아브라함의 자손들이 아니라 그리스도인들에게 적용된다**는 점이다(롬 4:13-25; 갈 3:15-29)(강조는 본래의 것).[51]

바울의 메시지는 "선택, 언약, 율법" 같은 유대교의 근본 요소들에 대한 기본적인 비판이다.

> 이런 잘못 때문에, "율법에 따른 의"를 얻는 수단들(토라 준수와 회개)은 잘못된 것으로 간주되거나 언급되지 않는다.

샌더스는 다음과 같은 유명한 결론을 내린다.

> 요컨대, **바울이 발견하는, 유대교의 문제는 이것이다. 즉, 유대교는 기독교가 아니라는 것이다.**[52]

결과적으로 바울은 "언약적 신율주의"를 "참여주의적(participationist) 종말론"으로 대체하지만, 샌더스는 "하나가 다른 하나보다 우월하다고 생각할 이유가 없는 것 같다"고 판단한다. 결국 이 논쟁은 실제로 중요하지 않다. 샌더스는 기독교에 대한 해석의 역사 전체를 과감하게 일반화하면서 다음과 같이 결론짓는다.

---

51 Sanders, *Paul and Palestinian Judaism*, 551.
52 Sanders, *Paul and Palestinian Judaism*, 552.

바울의 견해가 유지되기란 거의 불가능했고, 실제로 유지되지 않았다. 기독교는 새로운 언약적 신율주의로 빠르게 변해 갔지만, 이러한 사실은 바울의 견해가 [언약적 신율주의보다] 열등하거나 우월하다는 것을 증명하지 않는다. 내가 참여주의적 종말론이 언약적 신율주의와 다르다고 말할 때 내가 의도한 것은 이 차이가 유대교 방식의 오류를 알게 하는 데 기여한다는 것이 아니라, 그야말로 다르다는 것뿐이다.[53]

여러 유형의 NPP 논객들은 유대교와 중세 로마교가 언약적 신율주의를 실행하는 방식에 차이가 있음을 인정하지만, 결국 기독교를 신인협력주의에 넘겨주는 식으로만 유대교와 기독교를 화해시켜 온 것 같다.

성경학자들의 경우에도 "완전 중립적 관점"이란 존재하지 않고, NPP가 바울과 팔레스타인 유대교의 지평을 분석하는 시각은 언약적 신율주의로 잘 정의된다. 유대교와 트렌트 회의에서 규정된 중세신학은 온갖 중요한 차이에도 불구하고 신인협력주의적 관점인 언약적 신율주의 아래 묶이고, 여기에는 근대부터 현재까지 무수한 개신교의 언약적 신율주의적 시도도 포함된다.

3. 한 가지 언약인가, 두 가지 언약인가?

물론 이론적 설명으로 들어갈수록, 초기 유대교와 중세 로마교 간의 비교는 깨져 간다. 예를 들어, 아무도, 랍비가 주입된 성향에 관한 정교한 이론을 가르쳤다고 생각하지 않는다. 그러나 두 경우 모두에서 언약적 신율주의를 낳은 논리는 놀랄 만큼 유사한 것 같다. 이것이 어떻게 일컬어지든

---

[53] Sanders, *Paul and Palestinian Judaism*, 552.

지 간에, 이것은 무조건적이고 일방적인 은혜의 선물이 아니라, 조건적이고 신인협력적인 종교 유형이다.

결국 이 두 유형에 대한 선택에 직면할 때, 사람은 성경이 가르치는 것에 대한 기본적인 신학적 확신을 갖기 원한다. 선택, 은혜, 칭의, 공로, 회개에 대한 신학적 가정이 종교개혁부터 현재까지 바울에 대한 모든 연구에 작용되어 왔다.

비록 샌더스가 제2성전 유대교를 언약적 신율주의로 묘사하는 유익한 설명을 제공해 줄지라도, 히브리 성경 자체가 성경적 언약신학을 단일한 "종교 유형"으로 만드는 것을 지지하느냐는 다른 문제다. 만약 필자가 이전 장에 제시한 언약 이야기가 옳다면, 구약성경에는 (은혜 언약의 옛 언약적 표현인) 은혜와 용서에 대한 명백한 요소와 동등하게 (율법 언약의 표현인) 명령과 조건적인 수용에 대한 명백한 요소가 있다고 말할 수 있다.

우리가 구약성경을 정경적으로 (신약의 해석에 비춰) 읽으면, 아브라함 은혜 언약(the Abrahamic covenant of grace)과 시내산 율법 언약(the law-covenant of Sinai) 둘 다 그리스도를 가리킨다고 긍정할 수 있다. 그리스도의 인격과 사역이 아브라함 은혜 언약에서는 무조건적으로 약속되고, 시내산 율법 언약은 그리스도가 오시면 낡은 것이 되도록 정해진, 일시적이고 조건적이고 모형론적인 언약이었다. 그리스도는 아브라함의 자손으로서, 자신의 독특한 인격으로 약속을 성취하셨다. 그리고 그리스도는 둘째 아담과 참 이스라엘로서, 우리 대신 율법을 성취하셨다.

이와 같이 우리는 은혜 언약과 율법 언약 둘 중 어느 하나도 **부정하지** 않고, 또한 하나를 다른 하나에 **동화시키지도** 않으며, 성경에서 줄곧 서로 나란히 가는, **서로 다른 두 언약**으로 인정한다. 따라서 시내산 조약을 위반하는 이스라엘에 대한 하나님의 심판 유예와, 장래 회복에 대한 하나님의 약속은 아브라함, 이삭, 야곱에게 하신 하나님의 무조건적 맹세에 기초한다.

샌더스는 말하기를, 랍비들이 자신들의 순종뿐만 아니라 조상들의 공로에도 의존해 하나님의 심판 유예에 대해 달리 생각했다고 한다.[54] 그런데 샌더스는 자신의 신학적 전제들에서, 필자가 보기에 자의적인 구별을 거듭 도출하는 것처럼 보인다. 그는 다음과 같이 말한다.

> 율법을 힘닿는 데까지 순종하고 범죄를 회개하며 죗값을 갚는 것은 언약 안에 자기 자리를 **유지하는** 것(이것은 반역의 정반대다)이지 언약 안에서 자기 자리를 **얻는** 것이 아니다.[55]

이런 구별은 로마 가톨릭과 개신교 간의 대화의 역사 전체에 걸쳐 제안되어 왔다. 문제는 다음과 같다. 즉, 모든 희화화가 벗겨진 이후라고 할지라도, 이런 구별이 성경주해를 근거로 한 어떠한 형태로써 신인협력주의를 정당화하기에 충분하느냐는 점이다.[56]

사람 자신의 내적 의(곧, 언약적 신실함)로 말미암아 하나님 앞에서 자신의 지위를 유지하는 것인지 아니면 획득되는 것인지는 "내가 어떻게 하여

---

54 Sanders, *Paul and Palestinian Judaism*, 196에서 재인용함. 어떤 랍비 자료는, 레 26:42(여기서는 야곱, 이삭, 아브라함의 순서로 언급된다)에 대해 다음과 같이 해설한다. "조상들의 이름이 왜 역순으로 언급되는가? 그 이유는 다음과 같다. 만약 아브라함의 행위들(히브리어로는 단수, 마아세[ma'ăseh])이 충분치 못하다면, 이삭의 행위들이 [충분하다]. 그리고 만약 이삭의 행위들이 충분치 못하다면, 야곱의 행위들이 [충분하다]. 그들 중 누군가[의 행위들]이 충분하기에 [하나님은] 그로 인해(*begino*), 세상에 대한 [심판을] 유예하실 것이다."
55 Sanders, *Paul and Palestinian Judaism*, 205.
56 율법주의 문제에 대해 "애매하게 말하는" Sanders의 경향은 에스라 4서에 대한 다음 진술에서 또 다시 분명히 나타난다. "유대교가 개인적인 자기 의(義)의 종교가 실제로 되면, 유대교가 어떻게 작동하는지 나타난다. 요컨대, 우리는 에스라 4서에서, 언약적 신율주의가 무너져 버린 실례를 본다. 남은 것은 율법주의적 완전주의뿐이다"(409). 거듭 말하지만, 샌더스의 주장(언약적 신율주의는 율법주의가 전혀 아니다!)은 샌더스가 제시하는 증거가 허용하는 것(언약적 신율주의는 **단지** 율법주의에 불과한 것이 아니다)보다 무차별적이다. 어쨌든 "율법주의"는 신학적 비판을 늘 함의하는 경멸적인 용어다. 따라서 타인의 견해를 표준적인 용어보다 그저 묘사적인 용어로써 지칭하는 것의 안정성은 의심스럽다.

야 구원을 받으리이까?"를 묻는 사람에게는 별로 중요하지 않다. 그리고 언약 백성 안에 "들어가는 것"에 대해서도 샌더스가 제시하는 자료들의 입장이 애매하다는 것을 우리는 이미 보았다.

필자는 언약적 신율주의를 이스라엘 국가적 언약에 적합한 체계로 이해하는 것은 옛 언약 역사를 적절하게 해석하는 것이라고 주장해 왔다. 그러나 언약적 신율주의를, 개인이 어떻게 하나님과 올바른 관계를 맺는지를 답하는 데 적합한 체계로 수용하는 것은, 늘 그런 것처럼, 아브라함과 모세를 혼합하는 것이다.

바울은 이 혼합을 사라와 하갈의 혼합, 자유와 노예 상태의 혼합, 시온산과 시내산의 혼합, 복음과 율법의 혼합으로 말한다. 달리 표현하자면, 지상적 약속들(땅, 성전, 왕국)을 율법에 대한 언약 백성의 개인적 순종에 따라 조건적인 것으로서 간주하는 것은 적절하다.

하지만 바울은 천상의 약속들(새 창조, 그리스도, 그리스도의 다윗 왕적인 영원한 통치)을 그리스도 이외의 다른 누구의 순종에 달린 것으로서 간주하는 것은 치명적이라고 생각했다.

힐러스의 표현을 빌리자면, 서로 다른 유형의 언약들을 단일한 유형으로 융합하는 것은 "여섯 맹인이 코끼리를 만지는 경우가 아니라, 고생물학자들의 무리가 서로 다른 여섯 종(種)의 생물 화석들에서 전혀 다른 괴물을 지어내는 것"과 같다."[57]

유대교를 단지 율법주의에 불과한 것으로 규정하는 것은 분명 잘못이고, 구약을 행위-의의 종교로 규정하는 것이 잘못이라는 것은 말할 것도 없다.

그러나 아브라함의 기업이 행위가 아니라 믿음으로, 율법이 아니라 약속으로 말미암아 온다는 것은 히브리 성경에 대한 신약의 해석뿐만 아니

---

[57] Delbert R. Hillers, *Covenant: The History of a Biblical Idea* (Baltimore: Johns Hopkins University Press, 1969), 7.

라 히브리 성경 진술 자체에서도 명백하기 때문에, 신인협력주의(또는 언약적 신율주의)를 은혜 언약에 대한 정당한 묘사로 규정하는 것은 기독교적 관점에서 잘못된 것이다.

그런 언약적 신율주의는, 아브라함 언약 및 다윗 언약의 왕적 약속이 성취됨으로써 새 언약에서 기대되는 것과 크게 다르다.

> 너희는 만질 수 있고 불이 붙는 산과 침침함과 흑암과 폭풍과 나팔 소리와 말하는 소리가 있는 곳에 이른 것이 아니라 그 소리를 듣는 자들은 더 말씀하지 아니하시기를 구하였으니 이는 짐승이라도 그 산에 들어가면 돌로 침을 당하리라 하신 명령을 그들이 견디지 못함이라 그 보이는 바가 이렇듯 무섭기로 모세도 이르되 내가 심히 두렵고 떨린다 하였느니라 그러나 너희가 이른 곳은 시온산과 살아 계신 하나님의 도성인 하늘의 예루살렘과 천만 천사와 하늘에 기록된 장자들의 모임과 교회와 만민의 심판자이신 하나님과 및 온전하게 된 의인의 영들과 새 언약의 중보자이신 예수와 및 아벨의 피보다 더 나은 것을 말하는 뿌린 피니라(히 12:18-24).

그래서 뭇 민족들이 시내산이나 지상의 예루살렘이 아니라, 하늘에서 내려오는 시온산으로 몰려든다. 그들은 예루살렘, 유대, 사마리아, 땅 끝으로부터 와서, 새 창조에서 배역을 맡고, 영원한 안식일에 그들의 종주-아버지 앞에서, 자녀로 입양된 봉신들의 끝이 보이지 않는 대행진에 참여한다.

4. 지금까지의 요약

중세 로마교는 제2성전 유대교의 단순한 복원이 아님에 분명하지만, 둘 다 샌더스가 묘사하는 언약적 신율주의와 유사한 성격을 나타낸다. **언약**

적 신율주의가 실패를 참작하도록 아무리 조정될지라도, 언약적 신율주의는 종교개혁가들로부터만 아니라 바울로부터도 신랄한 비판을 불러온 신율주의적인 칭의의 원리다.

종교개혁가들은 사람이 **오직** 은혜로 언약 백성 안에 들어가며 머문다고 주장함으로써, 이 신율주의적인 패러다임 전체에 이의를 제기했다. 선택과 칭의뿐만 아니라, 구원론에 속한다고 통상적으로 여겨지는 모든 복이 "그리스도 안에서" 발견되지, 신자 자신들 안에서나 공동체(이스라엘 국가든 교회든) 안에서나 율법 안에서 발견되는 것이 아니다. "율법으로 말미암는 의"와 "믿음으로 말미암는 의"(롬 10:5-6; 여러 곳)에 대한 바울의 대조는 종교개혁가들의 대조이기도 하다.

종교개혁가들은 바울이 "골육"(롬 9:3)에 대해 지적했던 다음 내용을 자신들의 반대자들에게 말하는 것이 정당하다고 느꼈다.

> 하나님의 의를 모르고 자기 의를 세우려고 힘써 하나님의 의에 복종하지 아니하였느니라 그리스도는 모든 믿는 자에게 의를 이루기 위하여 율법의 마침이 되시니라(롬 10:3-4).

비록 반대자들의 주해에 대한 종교개혁가들의 응수에서, "율법의 행위"가 단지 의식법과 음식 규정만 지칭한다는 주장을 종교개혁가들이 모르지 않았다는 사실이 드러날지라도, 바울서신과 다른 신약성경들에 대한 종교개혁가들의 이해에 따르면, "율법의 행위"는 칭의의 문제에서 은혜 및 믿음의 원리와 대립되는 율법의 **원리**였다. 즉, 율법의 행위는 들은 것을 믿는 **믿음**(believing)과 대조되는 율법의 **행함**(doing)이다(갈 3:2; 롬 10:17).

물론 바울에 근거해 이것을 밝히는 것은 더 상세한 설명이 필요하다. 그래서 이 중대한 주제는 다음 장에서 다룰 것이다.

제4장

"율법의 행위"에 대한 바울의 논박: 그릇된 양자택일을 넘어서

하나의 학파보다는 학술회에 가까운 NPP는 손쉬운 일반화에 저항한다. 그럼에도 라이트(N. T. Wright)는 샌더스(E. P. Sanders)의 혁명적인 책의 중심 논지에 대해 다음과 같은 판단을 내린다.

> 나는 [이것에 대해] 논박이 제시될 수 있다거나 제시될 것이라고 생각지 않는다. 수정을 가하는 것이 필요할지라도, 나는 샌더스의 근본 주장을 확립된 것으로 본다.[1]

제임스 던(James D. G. Dunn)은 다음과 같이 결론짓는다.

> 샌더스가 "언약적 신율주의"라고 이름 붙인 그런 유대교는 다음과 같은 좋은 개신교 교리를 전한다고 이제 볼 수 있다. 즉, 은혜가 항상 선행하고, 사람의 노력은 언제나 하나님의 시작하심에 대한 반응이며, 선행은 구원의 뿌리가 아니라 열매다.[2]

---

[1] N. T. Wright, *What Saint Paul Really Said: Was Paul of Tarsus the Real Founder of Christianity?* (Grand Rapids: Eerdmans, 1997), 20.

[2] James D. G. Dunn, "The Justice of God: A Renewed Perspective on Justification by Faith," *Journal of Theological Studies* 43 (1992): 7. 여기서 Dunn이 묘사하는 "좋은 개신교 교리"는 전통적인 로마교 가르침과 차이가 없다. 분명 로마교에서도 은혜는 모든 공로에 선행한다. 언약적 신율주의(어떤 유형이든)와 종교개혁 구원론의 결정적 차이는 간단하

그러나 제2성전 유대교 자료에 대한 샌더스 자신의 분석에 따르면 던의 결론은 유지될 수 없다고 필자는 주장해 왔다. 물론 유대교 입장에서는 유대교가 "좋은 개신교 교리"를 전하느냐는 별 문제가 안 된다. 그러나 이런 다른 신학적 패러다임을 융합하려는 시도는 둘 중 어느 하나에 대한 이해에도 기여하지 못한다고 필자는 생각한다.

NPP를 돋보이게 하는 배경은, 슈바이처의 시각으로 읽혀지고 불트만의 실존주의적 해석학을 따라 해석된, 루터의 "괴로워하는 주관성"이다. 윌리엄 브레데(William Wrede)는 『바울』(*Paul*)에서, 기본적으로 사도 바울을 반(反)율법주의자이며 예수와 반대되게 가르치는 자로 묘사한다.[3] 그런데 이런 경향은 슈바이처 이후로 내내, 바울의 가르침에서 칭의의 중요성을 줄여 왔다.[4]

그리고 NPP는 크리스터 스탕달(Krister Stendahl)의 논지를 채택했는데, 그 논지의 내용은 마치 루터의 체험이 바울의 체험과 근본적으로 동일한 것인 양, 루터 자신의 심리적이고 영적인 갈등이 바울에 대한 개신교의 해석을 왜곡시켰다는 것이다.

요컨대, 바울은 자신의 회심 이전의 삶을 "흠이 없는" 것으로 여긴 반면, 루터 자신이 시인하는 바에 따르면, 루터는 죄와 의심 덩어리였고, 루터의 개인주의적인 관심이 개신교에 남긴 유산은 우주적인 승리와 교회에 가입되는 것보다 개인적인 구원에 대한 집착이라고 한다.

그러나 필자는 루터와 바울 둘 다에 대해 다른 해석이 가능하다고 주장하는 바다. 빌립보서 3장에서, 바울은 "흠이 없"다고 일컬은 "의"(義)를

지만 철저히 배타적인 한정사인 "오직"(*sola*)에 있다. 이를 테면, "오직 은혜로"(*sola gratia*), "오직 그리스도로"(*solo Christo*), "오직 믿음으로"(*sola fide*).

[3] William Wrede, *Paul* (Lexington, MA: America Library Association Committee on Reprinting, 1962).

[4] Albert Schweitzer, *The Mysticism of Paul the Apostle*, trans. William Montgomery (New York: Seabury, 1968).

"배설물"이라고도 일컫는다. 바울의 표현을 사용한다면, 루터도 수도 서원의 의(義)에 있어서는 자신에게 "흠이 없는" 것으로 여겼다고 말할 수 있을 것이다. 루터와 루터 지인들의 증언에 따르면, 루터는 종교 훈련으로 자신뿐만 아니라, 운 나쁘게도 루터의 고해를 들어 주던 사제들까지 녹초로 만든, 아주 열심 있고 양심적인 수도사였다.

두 경우 모두에서 그리스도의 십자가(solus Christus, 오직 그리스도)가 새로운 실재를 제공했는데, 그 새로운 실재에 의해서 "의"가 판단 받고, 부족함을 발견하게 만들었다.

종교개혁이 루터의 괴로워하는 주관성(죄인이 은혜로운 하나님을 어떻게 발견할 수 있느냐에 대한 개인적인 몰두)으로 실제로 설명될 수 있는가?[5]

아니면, 종교개혁가들이 오랜 세월의 오해로 인해 왜곡되어 왔던 혁명적인 통찰을 바울에게서만 아니라 정경인 성경 전체에서 발견했다고 생각했을 때, 실제로 종교개혁가들은 중요한 것을 알아차린 것인가?[6]

필자는 이 물음에 답하기 위해 주장의 전반적인 윤곽을 먼저 제시하고 나서 주장의 구체적인 주해적 논거들을 다룰 것이다. 다음 몇 장에서 필자는 그릇된 대립을 극복했다고 주장하는 NPP에 이의를 제기하고, 환원주의에 종종 빠지곤 하는 다음의 관계들을 환원주의 없이 통합하는 데 보다

---

[5] Krister Stendahl의 중요한 논문인 "The Apostle Paul and the Introspective Conscience of the West," *Harvard Theological Review* 56 (1963): 199-215; reprinted in *Paul among Jews and Gentiles* (London: SCM, 1977), 78-96을 보라.

[6] Moisés Silva는 Thomas Aquinas가 갈 3장에 대한 주석에서 다음과 같이 주장했음을 잘 지적한다. "바울은 '율법의 행위를 신뢰하며 자신들이 율법의 행위로 의롭게 된다고 믿는' 자들에 반대하고 있다. 율법의 행위에 속한다는 것은 율법의 행위를 신뢰하고 율법의 행위에 소망을 두는 것이다." Moisés Silva, "Faith versus Works of Law in Galatians," in D. A. Carson et al., eds., *Justification and Variegated Nomism*, vol. 2, *The Paradoxes of Paul* (Grand Rapids: Baker Academic, 2004), 244, from Thomas Aquinas, *Commentary on Saint Paul's Epistle to the Galatians*, trans. F. R. Larcher, Aquinas Scripture Series 1 (Albany: Magi, 1966), 79. 따라서 만약 이런 해석이 "내성적인(introspective) 양심"으로 말미암은 것이라면, 종교개혁가들만이 내성적인 양심의 피해자였던 것은 아니다.

성공적인 언약신학을 변호할 것이다.

① 개인과 공동체.
② 회원 증표(badges)와 행위의 의(義).
③ 율법과 복음.

본 장에서는 첫 두 가지 관계를 다룬다. 본 장에서 필자의 논지는 "율법의 행위"에 대한 바울 논박의 대상이 NPP가 제안하는 대상보다 포괄적이라는 것이다.

1. 개인 대 공동체, 또는 구원론 대 교회론

NPP에 따르면, 적어도 제2성전 유대교를 이해하기 원하거나(샌더스의 경우) 바울을 이해하기 원하는 경우에(던과 라이트의 경우) "나는 어떻게 구원받을 수 있는가?"라는 물음은 애초에 잘못된 질문이다. 샌더스는 "율법의 행위"가 적어도 팔레스타인 유대교에서는 개인 구원의 문제와 관계없었고 경계 표지와 관계있었다는 NPP 주장의 기초를 놓았다.

그러나 적어도 샌더스는 사람이 언약 "안에" 있는지, "밖에" 있는지의 문제가 참으로 "'구원론적' 관심사"라는 것을 인정함으로써 언약 회원 자격의 문제를 "구원론"에 포함시켰다. 샌더스가 "유대교와 바울 둘 다 개인과 집단을 충분히 고려한다"고 말할 때, 그는 몇몇 NPP 지지자들보다 균형적이다.[7]

이미 우리는 공로에 대한 저울질, 죗값을 치르는 행위, 개인적인 순종을

---

7 E. P. Sanders, *Paul and Palestinian Judaism* (Minneapolis: Fortress, 1977), 547.

통해 개인이 어떻게 구원받을 수 있는지 말하는, 제2성전 유대교 자료에 대한 샌더스의 여러 언급을 보았다. 하나님의 최종 심판은 집단만 대상으로 하는 것이 아니라 개인적이기도 하다.

그럼에도 샌더스는 타나임 자료(Tannaitic sources)에서 "'구원받기 위해 내가 할 수 있는 것이 무엇인가?'라는 물음은 문헌에서 중요하지 않는 물음"이라고 말한다.[8] 비록 샌더스가 초기 유대교 구원론에 집단적 차원뿐만 아니라 개인적 차원도 포함되어 있었다고 주장할지라도, 샌더스는 타나임 자료에 대한 그 진술에서 이후 NPP의 집단적 차원과 개인적 차원 간의 대립에 계기를 제공한다.

NPP는 유대교와의 불연속성보다 연속성을 강조함으로써, 교회론(*historia salutis*, 구속사)을 위해 구원론(*ordo salutis*, 구원 서정)을 점점 더 경시했다.

개신교인들이 종종 개인 구원의 문제를 구원의 집단적(교회적) 차원과 우주적(종말론적) 차원으로부터 분리시켰다는 것은 매우 분명한 사실이다. 그러나 각종 언약신학은 정의상(by definition) 본래 공동체적이다. 언약신학은 "하나님과 나의 개인적인 관계나 나 자신에" 한정되는 것, 다시 말해 "내가 어떻게 하여야 구원을 받으리이까?"는 물음에 한정되는 것에 저항한다.

개혁파 신앙고백서들이나 교리문답들 가운데, 어떻게 우리가 구원받느냐의 문제를, 누가 또는 무엇이 언약 공동체를 구성하느냐의 문제와 연결시키는 데 실패하는 것은 단 하나도 없다.[9]

동시에 종교개혁신학은 언약 구성원 자격 문제로의 정반대 방향 환원에도 저항한다. 요컨대, 구약의 초점이 집단적 **이스라엘로 말미암은** 세상에 대한 하나님의 목적에 있다는 것이 명백하고 신약에서도 언약적, 집단적

---

8 Sanders, *Paul and Palestinian Judaism*, 75.
9 본 시리즈의 네 번째, 즉 마지막 책에서 여러 교회론을 비교하고 대조하는 작업을 할 것이다. 여기서는 종교개혁 교회들이 개신교 복음주의가 흔히 취하는 더 개인주의적인 접근과는 뚜렷이 다른 교회론을 보여 준다고 말하는 것으로 충분할 것이다.

강조점이 분명히 나타나지만, NPP 옹호자들이 신약에서 제기되지 않는다고 흔히 주장하는 물음, 즉 "내가 어떻게 하여야 구원을 받으리이까?"는 신약의 언약적, 집단적 강조점에 위협이 되지 않는다.

"내가 어떻게 하여야 구원을 받으리이까?"라는 물음은 내적 주관성으로 움츠려 들기 때문에 생기는 것이 아니라, 포로 상태와 메시아 왕 및 왕국의 묵시적인 도래의 배경에서 생긴 것이다.

1) 묵시 문학과 은혜로운 하나님에 대한 추구

앞서 샌더스의 요점에서 본 것처럼, 이스라엘 개인들은 하나님 백성에서 "잘리고," 포로로 잡혀갈 수 있었다. 이것은 언약적 신율주의에서 "안에 머무름"의 요소에 관한 것이다. 1세기 유대인들은 그들 자신이 여전히 포로 상태에 있다고 생각하는 상황에서, 언약 공동체에서 개인으로서 그들 자신의 지위에 대해 의문을 가질 충분한 이유가 있다.

설령 보통 유대인들은 이런 의문을 통감(痛感)하지 않았다고 할지라도, 배제의 벼랑에 있는 "세리와 죄인들"은 비록 혼돈과 공허(토후 와보후, *tōhû wābōhû*, 참조. 창 1:2)에 떨어지진 않았지만, 분명 통감했을 것이다. 그리고 바로 이런 자들에게 복음이 선포됐다.

특히 묵시 운동들에서는 언약 왕국에 "속한다"는 것은 당연시될 수 없었다. 왜냐하면, 메시아는 "화평이 아니요 검을 주러" 오시고, 심지어 이스라엘 집안의 식구들도 나누시기 때문이다(마 10:34-39). 세례 요한이 자신들을 아브라함의 자손으로 전제하는 자들에게 도전한 메시지가 이런 메시지였다. 각 사람이 세례 받아 새 언약 공동체로 들어갈 때, "쭉정이"는 불에 던져질 것이다(마 3:9-12).

이것에 대해 어떤 이는 신명기 공동체(또는 국가적, 신정적[theocratic] 이스라엘)가 오직 그리스도에 대한 믿음으로만 보편적인 아브라함 공동체의 일부가 되도록 시내산에서 불러내지고 있다고 말할 수 있을 것이다. 보다 앞선 시원적인 약속 언약이 그리스도의 제사장 사역을 통해 비로소 그 언약의 목표에 도달됐다.

유대교 자료들 자체는 개인 구원의 문제를 집단적, 언약 회원 자격의 문제로 단순히 융합하지 않는다. 롤랜드 데인즈(Roland Deines)는 다음과 같이 결론짓는다.

> 이 점에서 바리새파 운동은 역사에 대한 신명기적 관점의 전통을 나타낸다. 즉, 하나님의 계시된 뜻에 순종하는 것은 구원과 복을 가져오는 반면, 불순종은 포로 상태와 땅의 상실을 초래한다.[10]

토라에 있는 것들 이외의 엄격한 법들이 토라의 필요한 확장으로 간주된 이유가 여기에 있다. 특히나 이방 권력에 굴복된 사태를 고려할 때, 이스라엘 **각 사람들**이 토라에 개인적으로 헌신해야 한다.[11] 민족이 구원받기 위해서는 **모든 개인**이 일상의 모든 데서 토라를 준수해야 한다.[12]

만약 이것이 맞다면, 아브라함 언약이 이스라엘 사람들(즉, 아브라함의 자손들)의 개인적 성취에 기초하지 않고 아브라함의 한 자손(즉, 그리스도)과 관계된다는 갈라디아서 3:16에 있는 바울 논증의 타당성이 또 다시 증명된다. 바리새파 종교에서는 민족주의와 개인주의가 결합됐다. 데인즈는 바리새파 유대교의 "민족주의자"적 측면이 열심당원으로 나타났다고 말한다.[13]

---

10 Roland Deines, "The Pharisees between 'Judaisms' and 'Common Judaism,'" in D. A. Carson et al., eds., *Justification and Variegated Nomism*, vol. 1, *The Complexities of Second Temple Judaism* (Tübingen: Mohr Siebeck/Grand Rapids: Baker Academic, 2001), 495.
11 Roland Deines, "The Pharisees between 'Judaisms' and 'Common Judaism,'" 497.
12 Roland Deines, "The Pharisees between 'Judaisms' and 'Common Judaism,'" 497.
13 Roland Deines, "The Pharisees between 'Judaisms' and 'Common Judaism,'" 499.

이 [바리새파 유대교] 체계에서는 메시아가 토라에 종속적이었다.[14]

샌더스가 바리새인들을 상대적으로 덜 중요한 무리에 넣고, "일반 유대교"의 견지에서 생각하길 선호하는 반면, 데인즈는 바리새주의를 "BC 150년에서 AD 70년 사이의 팔레스타인 유대교에서 가장 영향력 있고 근본적인 종교 운동"이었던 것으로 판단한다.[15]

"아브라함의 씨가 다 그의 자녀가 아니라"(롬 9:7)는 선언에서 다음 물음은 특히 긴급해진다.

만약 아브라함의 참된 자손이라는 것이 "그리스도 안에" 있는 것으로 정의된다면, 사람은 처음에 어떻게 "그리스도 안에" 있게 되는가?

그러므로 개인 구원의 문제는 복음에 중대한 것이다. "예수"라는 이름 자체("이는 그가 자기 백성을 그들의 죄에서 구원할 자이심이라," 마 1:11)에서 개인 구원에 대한 관심이 나타난다. 개인 구원의 문제는 예수의 종말론적 심판 메시지에서도 매우 강조된다. 세례 요한은 다음과 같이 경고했다.

> 속으로 아브라함이 우리 조상이라고 생각하지 말라. 내가 너희에게 이르노니 하나님이 능히 이 돌들로도 아브라함의 자손이 되게 하시리라 이미 도끼가 나무뿌리에 놓였으니 좋은 열매를 맺지 아니하는 **나무마다** 찍혀 불에 던져지리라(마 3:9-10, 강조는 첨가된 것).

예수는 이런 묵시적 메시지를 이어 계속하시고 강화하셨다.

> 누구든지 제 목숨을 구원하고자 하면 잃을 것이요(마 16:25).

---

14 Roland Deines, "The Pharisees between 'Judaisms' and 'Common Judaism,'" 500.
15 Roland Deines, "The Pharisees between 'Judaisms' and 'Common Judaism,'" 503.

비록 부자 청년은 그의 진술("이 모든 것을 내가 지키었사온대")로 미루어 보건대 제2성전 유대교에 깊이 젖어 있었음에도 불구하고, 예수께 개인적인 구원에 대해 물었다.

선생님이여, 내가 무슨 선한 일을 하여야 영생을 얻으리이까?(마 19:16)

예수는 "선한 일"의 의미를 놓고 부자 청년을 추궁하고, 부자 청년의 주장과는 달리 그가 어릴 때부터 율법을 지켜 온 것이 아닌 이유를 드러내신다. 어떤 의미에서(적어도 NPP의 정의에 따르면) 부자 청년은 율법을 지켜왔을 것이다(그리고 필자는 부자 청년이 국가를 위한 규정으로서의 모세 법이라는 측면에서는 율법을 지켰다고 주장하는 바다). 이 사람은 경건한 관리로서 할례를 받았고, 해마다 제사를 드렸을 뿐만 아니라 절기, 정결예식, 음식법, 여타 민족적 표지들을 준수했다.

그렇다면 예수는 대체 무슨 근거로, 이 질문한 부자 청년이 천국에 들어가는 데 절망하게 만들 수 있었는가?

이 청년이 자신의 모든 소유를 팔아 가난한 자들에게 주길 꺼렸다는 단지 그 이유 때문인가?(마 19:17-22)

율법이 이런 극단적 요구를 지시하는가?

이런 물음에 답하기 위해서는 예수가 단지 또 하나의 선지자나 입법자에 불과한 것이 아니라 자신의 인격으로 천국을 개시하는 분이라는 것이 인정되어야 한다. 하나님이 에덴에서 아담에게 주신 법에 종말론적 목표가 있었던 것처럼 시내산 율법에도 목표가 있고, 그 목표는 각 사람이 하나님과 자신의 관계, 그리고 이웃과 자신의 관계에서 단지 율법의 문자만이 아니라 정신도 이루는 "제사장 나라"다.

예수는 부자 청년의 위선을 밝히기 위해 단지 과장하고 있는 것이 아니라, 종말론적 왕국의 심오한 성격을 드러내고 계시는 것이다. 대중의 인식은 모세를 율법 대(對) 사랑이라는 견지에서 예수와 대조하는데, 이러한 대조는 옳지 않다. 율법의 요약이 사랑이라는 예수의 유명한 말씀은 구속사의 새 시대(즉, 신권 정치[theocracy] 및 가나안 땅에서 여호와의 원수에 대한 거룩한 전쟁의 중지)가 아무리 다르고, 랍비의 해석과 예수의 요약이 아무리 차이가 날지라도, 다름 아닌 신명기 6:5의 반복이다(참조. 10:12; 30:6).

의는 단지 외적 행동으로만 이루어지는 것이 아니라 마음의 깨끗함도 요구된다는 이 반복된 주제를 우리에게 소개한 자는 바울이 아니라 선지자들과 예수다. 율법은 사랑을 규정하고 사랑은 율법에 생명을 불어넣는 율법의 정신이다.

사람이 마음의 할례 없이 그리고 참된 약속의 자녀 됨 없이 외적으로 할례를 받고 인종적으로 아브라함의 자손일 수 있는 것처럼, 마음을 다하고 목숨을 다하고 뜻을 다하고 힘을 다해 하나님을 사랑하는 데 실패하고 이웃을 자기 자신같이 사랑하는 데 완전히 실패함에도 불구하고, 율법에 대한 눈에 보이는 위반의 차원에서는 "율법을 지키는 자"로 일컬어질 수 있다(마 22:40).

그래서 산상설교에서 예수는 율법에 대한 랍비적 해석에 도전했다. 이웃을 미워하는 것은 살인과 마찬가지고, 음욕을 품는 것은 간음하는 것과 마찬가지다(마 5:21-30). 이혼은 간음 이외의 다른 이유로는 불가능하다(31-33절). 사랑의 대상이 친구뿐만 아니라 원수까지 확대되어야 한다(38-47절). 율법의 요구는 다음과 같다.

> 그러므로 하늘에 계신 너희 아버지의 온전하심과 같이 너희도 온전하라 (마 5:48).

웨스트민스터 신앙고백서(Westminster Confession)는 언약적 신실함에 대한 이런 엄격한 정의를 염두에 두고, 죄를 "하나님의 율법을 범하는 모든 위반 **또는 하나님의 율법에 일치하지 못하는 모든 미흡**"으로 정의한다. 그리고 공동기도서(Book of Common Prayer)는 "내가 범한" 죄뿐만 아니라, "자신의 의무를 다하지 않은" 죄에 대한 고백을 언급한다. 외적인 율법 위반을 삼가는 것과 율법의 의도를 적극적으로 이행하는 것은 다른 것이다.

부자 청년 이야기로 돌아오면, 예수는 이 일을 부자가 구원받기 얼마나 어려운지 제자들에게 경고하는 기회로 삼으신다. 예수의 충고는 마태복음 19:25-26에서 절정에 이른다.

> 제자들이 듣고 몹시 놀라 이르되 그렇다면 누가 구원을 얻을 수 있으리이까 예수께서 그들을 보시며 이르시되 사람으로는 할 수 없으나 하나님으로서는 다 하실 수 있느니라(마 19:25-26).

부자가 구원받는 것은 단지 어렵기만 한 것이 아니라, 불가능하다. 사실, 율법을 따라서는 **누구도 구원받는 것이 불가능하다**.

예수와 대화하는 청년의 잘못은 자신이 어떻게 구원을 얻을 수 있는지 물었다는 데 있지 않았다. 부자 청년의 잘못은 자신이 율법을 잘 지켜 왔지만 혹시 자신이 행하지 않고 지나쳤을지 모를 선행으로 지금까지 자신의 신실함을 단지 보충하는 것이 필요하다고 생각했다는 것이다. 예수는 부자 청년의 율법 준수 주장이 사실이 아님을 드러내심으로써 부자 청년을 절망에 빠트리셨다.

결국 아무도 구원을 얻을 수 없고, 제자들도 구원을 얻을 수 없지만, "하나님으로서는 다 하실 수 있"다.

> 이에 베드로가 대답하여 이르되 보소서 우리가 모든 것을 버리고 주를 따랐사온대 그런즉 우리가 무엇을 얻으리이까(마 19:27).

베드로가 예수의 요점을 놓친 것은 이번이 처음도 아니고 마지막도 아닙니다. 예수는 베드로와 제자들에게 천국의 복을 약속하시면서 다음과 같이 경고하셨다.

> 그러나 먼저 된 자로서 나중 되고 나중 된 자로서 먼저 될 자가 많으니라 (마 19:30).

의와 구원에 대한 사람의 잠재성에 초점을 맞추면, 상황은 위태로워진다. 아니 절망적이 된다. 천국은 통상적인 방식을 뒤집는다. 예수는 천국을 설교하실 때, 듣는 사람들의 개인적 절박함을 고조시키신다. 이를테면, 예수는 구원을 받는 자가 적다고 말씀하셨다(눅 13:23-24).

또한, 바리새인과 세리에 대한 예수의 유명한 비유도, "자기를 의롭다고 믿고 다른 사람을 멸시하는 자들에게" 하신 말씀이다(눅 18:9). 여기 바리새인에 대한 묘사의 초점은 민족적 우월함이 아니라, 자기 의(자신은 의롭다는 가정)라는 것이 명백하다.

흥미로운 것은 자신의 모범적인 도덕성을 열거하는 이 바리새인의 기도에는 자신의 의에 대해 하나님께 감사하는 것이 포함되는데, 이것은 NPP가 제2성전 유대교의 신적 은혜의 실례로서 인용할 수 있을 만한 것이라는 점이다. 이와 대조적으로, 세리는 "멀리 서서 감히 눈을 들어 하늘을 쳐다보지도 못하고 다만 가슴을 치며 이르되 하나님이여 불쌍히 여기소서 나는 죄인이로소이다"라고 한다. 예수의 판결은 분명했다.

> 내가 너희에게 이르노니 이에 저 바리새인이 아니고 이 사람이 의롭다 하심을 받고 그의 집으로 내려갔느니라 무릇 자기를 높이는 자는 낮아지고 자기를 낮추는 자는 높아지리라(마 19:13-14).

세례 요한의 사역에서도 내부자가 외부자로 전락할 지경에 이르기도 한다. 그리고 예수는 감람산 강화에서(마 25장), 마지막 날에 양과 염소를 가르고, 천사가 택자들을 모으는 것에 대해 아주 극적인 표현을 사용해 말씀하셨다. "염소"에는 믿지 않는 이방인뿐만 아니라, 주의 이름으로 큰일을 행했다고 주장하는 자들도 포함된다.

이 모든 종말론적이고 묵시적인 말씀은 개인 구원의 문제와 대립하기는커녕, 개인 구원의 문제를 오히려 유발한다. 따라서 예수의 사역과 가르침의 목표가 "너희로 구원을 받게 하려 함"이라는 사실은 전혀 놀라운 것이 아니다(요 5:34).

사도행전의 설교들은 우주적 차원과 개인적 차원을 통합한다. 사도행전 설교에서 우리는 "내가 어떻게 하여야 구원을 받으리이까?"라는 물음을 발견한다(예. 행 2:37-41). 베드로는 예루살렘교회에 보고할 때, 다음과 같이 말한다.

> 하나님이 우리가 주 예수 그리스도를 믿을 때에 주신 것과 같은 선물을 그들[이방인들]에게도 주셨으니 …(행 11:17).

바울도 구속의 이야기(*historia salutis*, 구속사)를 요약하다가, 회당에서 자신의 설교를 듣고 있는 개인들에게 구원의 문제를 제기하고, 모세의 율법 아래서는 용서받을 수 없었던 죄에 대한 용서를 선포했다(행 13:38-39). 그 다음 안식일에 "온 시민이 거의 다 하나님의 말씀을 듣고자 하여 모"였고, 많은 이방인이 "듣고 기뻐하여 하나님의 말씀을 찬송하며, 영생을 주시기로 작정된 자는 다 믿"었다(44, 48절).

간수가 바울과 실라에게, "내가 어떻게 하여야 구원을 받으리이까?"라고 물었을 때(행 16:30), 바울과 실라는 이런 질문이 이교도적인(아니면, 개신교적인) 질문에 불과한 것처럼 멍하니 쳐다만 보고 있지 않았다. 바울과 실라는 다음과 같이 대답했다.

> 주 예수를 믿으라 그리하면 너와 네 집이 구원을 받으리라(행 16:31).

사도행전 전체에 걸쳐, 개인이 세례를 통해 그리스도 몸의 가시적인 일원이 되는 바로 그때, 믿음으로 응답해 구원받는 실례들이 많이 있다. 복음의 선포와 응답 둘 다에서, 구속사적 지평과 개인의 구원, 그리고 공동체적 정체성과 개인적 신앙이 하나로 엮여 있다.

사도적 편지들에서도 이런 상호 보완적인 관심이 나타나고(롬 5:9; 8:24; 9:27; 11:26; 고전 1:18; 7:16; 9:22; 딤전 2:4; 딤후 1:9; 딛 3:5; 히 7:25; 약 5:20; 벧전 3:20; 유 23절), 심지어 다음과 같은 초기 신조적 문구로 요약되기도 한다.

> 미쁘다 모든 사람이 받을 만한 이 말이여 그리스도 예수께서 죄인을 구원하시려고 세상에 임하셨다 하였도다 죄인 중에 내가 괴수니라(딤전 1:15).

심지어 바울은 자신이 율법에 대해 죽었고 그리스도와 함께 십자가에 못 박혔기에 이제 그리스도와 함께 살아나 하나님에 대해 산다고 1인칭적인 자전적 진술로 말할 수 있었다.

> 내가 그리스도와 함께 십자가에 못 박혔나니 그런즉 이제는 내가 사는 것이 아니요 오직 내 안에 그리스도께서 사시는 것이라 이제 내가 육체 가운데 사는 것은 나를 사랑하사 나를 위하여 자기 자신을 버리신 하나님의 아들을 믿는 믿음 안에서 사는 것이라 내가 하나님의 은혜를 폐하지 아니하노니 만일 의롭게 되는 것이 율법으로 말미암으면 그리스도께서 헛되이 죽으셨느니라(갈 2:18-21).[16]

---

[16] 이 구절들은 롬 7장을 그리스도인으로서 바울 자신의 개인적인 경험으로 보는 고전적

만약 개별 유대인이 참된 토라 공동체에 속하기 위해 타협된 예루살렘의 예배(*cultus*)와 국가(*polis*)에서 자신을 분리하도록 자극하는 근본적인 관심, 즉 언약 백성 "안에" 있느냐, 아니면 "밖에" 있느냐에 대한 근본적인 관심이 존재한다면, 묵시에 대한 감수성은 메시아가 오셨다는 선언과 함께 분명 증대됐을 것이다.

예수의 제자가 됨(복음서의 경우)과 그리스도에게 연합됨(서신서들의 경우)으로 미루어 자신이 아브라함의 참된 자녀라고 생각한다.

공동체적 정체성과 개인 구원의 문제를 서로 날카롭게 대조하는 것에는 추가적인 문제점들이 있다. 헤이키 레이제넨(Heikki Räisänen)이 지적하는 것처럼, 특히 엘리엇(M. A. Elliot)의 『이스라엘의 생존자들: 기독교 이전 유대교에 대한 재고』(*The Survivors of Israel: A Reconsideration of Pre-Christian Judaism* [Grand Rapids: Eerdmans, 2000])의 등장과 함께, 이 논지(공동체적 정체성과 개인 구원의 대조-역주) 자체가 무너지고 있다.

레이제넨은, 기독교 이전 유대교 문헌에 대한 새로운 연구들을 인용하면서, 이 새로운 연구들로 말미암아, "'언약에 대한 아주 개인주의적이고 조건적인 견해'(Elliot, p. 639)"가 입증된다고 말한다.

> 이와 같이 그 책[엘리엇의 책]은 유대교에 대한 새 관점 학파의 토대를 제거하고, 따라서 바울 연구에서 소위 새 관점 학파의 혁명을 무산시킨다.[17]

레이제넨은 엘리엇의 업적을 과장한다. 하지만 우리의 접근법은 율법 언약을, 구약과 신약을 통합하는 은혜 언약과 혼합하지 않고도 민족적 선택의 신학과 그 귀결로서의 언약적 신율주의에 대한 NPP의 강조점을 수

인 해석에 타당성을 더해 주는 것이 될 수 있다.
[17] Heikki Räisänen, *Paul and the Law*, 2nd ed. (Philadelphia: Fortress, 1986), 147.

용할 수 있다. 사실 필자의 논지는 바울의 반대자들이 내세운 그릇된 견해를 낳은 것이 바로 율법 언약과 은혜 언약의 혼합이었다는 것이다.

2) "언약적인" 것과 "구원론적인" 것은 대립되는가?

라이트에 따르면, 칭의는 "사람이 어떻게 구원받느냐"에 대한 용어가 아니라 "언약"적 용어다. 이미 여기서, 샌더스조차 거부한 구원론과 언약 간의 날카로운 대립이 두드러진다. 라이트는 다음과 같이 덧붙인다.

> 우선, 칭의는 **언약적** 용어로서, 16-17세기의 논의로 말미암아 널리 알려진 의미가 아닌 1세기 유대교에서 뜻하는 의미로 언약적 용어다.[18]

라이트는 참된 언약신학을 NPP에 의해서 규정된, "1세기 유대교의" 언약신학(즉, 언약적 신율주의)으로 그냥 가정한다. 복음은 "사람들이 어떻게 구원받느냐에 대한 묘사"가 아니라 "포로 된 이스라엘의 귀환"이라고 한다.[19]

라이트의 책은 우리에게 "포로 된 이스라엘의 귀환"의 의미에 대한 이해를 풍부하게 해 주었지만, 라이트에게 있어서 포로 된 이스라엘의 귀환은 복음의 한 주제나 함의에 그치는 것이 아니라, 그것 자체가 복음**이다**.

---

18 Wright, *What Saint Paul Really Said*, 117.
19 Wright, *What Saint Paul Really Said*, 43. 또 다시 역사신학과 조직신학에 대한 반감이 다른 곳에서와 마찬가지로 여기서도 환원주의를 부채질한다. "16-17세기의 논의로 말미암아 널리 알려진" "언약"이 모든 것의 해법일 수 없다(개혁파 언약신학자들 사이에도 상당한 차이가 없지 않았다). 그럼에도 16-17세기 언약신학자들은 '베리트'(*berit*)와 '디아떼케'(*diathēkē*)라는 용어에 철저한 주해적인 주의를 기울였고, 이런 주해적인 논의를 성경신학적이고 조직신학적인 방식으로 아주 정교하게 엮어 냈다. Wright는 신학적 성찰에서 아주 유익한 이 시기를 각주로 언급조차 하지 않고 단박에 과감히 일축한다. 필자가 서론에서 지적한 것처럼, Wright는 자신이 이 시기의 신학자들에 대해 읽어 본 적이 없다는 사실을 인정한다. 이 사실이 전통적 언약신학에 대한 Wright의 아주 많은 비판이 희화화로 전락하는 이유에 대한 설명이 될지도 모른다.

따라서 라이트 자신이 환원주의적 교의를 비판함에도 불구하고, "포로 된 이스라엘의 귀환"은 다른 모든 것이 종속하는 중심 교의가 된다.

앞서 필자는 포로 된 이스라엘의 귀환이 사도행전에 있는 설교의 주된 주장이라는 데 이의를 제기했다. 사도행전 설교들에는 이 주제에 대한 명백한 언급이 없다.

그뿐만 아니라, 설교 메시지를 받은 사람들의 전형적인 **반응**에 비춰 볼 때, 이 주제가 회심, 세례, 박해의 가장 중요한 이유였으리라는 것이 명확한가?

더구나 이방인들이 이스라엘 포로 상태의 종결을 선언하는 복음의 직접적인 타당성을 인정했고, 이스라엘 포로 상태가 끝났다는 주장을 위해 그들 자신의 삶을 내던질 준비가 되어 있었다는 것은 훨씬 더 받아들이기 힘들다.

만약 복음이 단지 포로 된 이스라엘의 귀환을 선언하는 것일 뿐이었다면 이방 선교가 말이 안 되는 것처럼, 언약 백성에 들어가는 조건을 완화한 명령으로 바뀐 복음으로는 유대 선교가 조금도 성공하지 못했을 것이다. 게다가, "음식 규정이나 할례는 더는 불필요하다!"는 것은 "이스라엘이 포로 상태에서 돌아왔다!"는 것과 같지 않다.

바울이 복음을 그리스도의 화해시키는 죽음과 의롭게 하는 부활의 견지에서 분명하게 진술하는 모든 부분(이를테면, 롬 3:25; 4:25; 5:6-11, 16-21; 8:34; 고전 2:2; 15:1-5; 갈 1:4; 3:1; 살전 1:10; 5:9-10)은 어떻게 되는가?

라이트는 국가 이스라엘의 이야기(또는 시내산 언약)를 본 줄거리로, 보편적인 인류 이야기를 부차적 줄거리로 간주하지만, 바울은 정반대로 생각하는 것 같다(롬 1-3, 5장; 그리고 특히 고전 15장). 온 세상이 이스라엘 안에 있는 것이 아니라, 이스라엘조차 "아담 안에" 있다. 여기서 인간의 죄가 타락 자체보다 훨씬 더 깊은 비극임이 드러난다. 비록 이스라엘에게 약속이 맡겨졌지만, 더 이상 이스라엘은 세상을 대표할 수 없고 세상에 맞서는 것은 더더욱 불가능하다. 이스라엘은 세상과 함께 그리고 세상 안에서 만인을 위한 복된 소식의 선언을 듣고 받아들여야 한다.

개혁신학은 NPP 지지자들이 강조하기 원하는, 중요한 종말론적-묵시적 차원을 공유한다. 이 차원 덕분에 옛 언약신학은 성경신학 분야의 모판이 됐다.[20] 하나님은 단지 개개인을 구원하기 위해서만 아니라, 구속된 공동체를 일으키기 위해서 역사 가운데 일하시는 것이다. 그런데 위에 언급된 구절들은 구원 서정(ordo salutis)를 단박에 그렇게 무시하는 것을 허락하지 않는다. 라이트는 다음과 같이 말한다.

> 언약의 의미에 그야말로 초점을 맞춘 이스라엘과 아담의 연결은, 우리가 보는 모든 데서 이런저런 형태로 실제로 나타날 만큼 아주 빈틈없이 유대교 사상과 저술에 스며들어 있었던 것 같다.[21]

개혁(언약)신학도 이 입장을, 아담 언약과 시내산 언약의 연결을 부정한 사람들에 맞서 일관되게 옹호해 왔다. 그러나 개혁파 언약신학이 이 (율법) 언약 유형을 은혜 언약과 구별한 데서 라이트는 단지 "그 언약"만을 말한다.

NPP는 불트만의 개인주의적이고 실존주의적인 해석과 자신을 대조하되, 마치 제3의 안은 존재하지 않는 것처럼, 그리고 불트만의 개인주의적이고 실존주의적인 입장이 종교개혁가들과 개신교 신앙고백서들의 견해를 정확히 반영하는 것처럼 대조한다.

그러나 마크 세이프리드(Mark Seifrid)는 "율법의 행위"에 대한 바울의 논

---

[20] 예를 들어, "The Doctrine of the Covenant in Reformed Theology," in Richard B. Gaffin Jr., ed., *Redemptive History and Biblical Interpretation: The Shorter Writings of Geerhardus Vos* (Phillipsburg, NJ: P&R Publishing, 1980), 243에 있는, 행위 언약과 은혜 언약 둘 다 종말론적 목표를 본래 지향한다는 것에 대한 Geerhardus Vos의 설명을 보라.

[21] N. T. Wright, *The New Testament and the People of God* (Minneapolis: Fortress, 1992), 266.

박이 민족적 부족주의로의 어떤 환원과도 거리가 먼 것처럼, 불트만의 "결단주의"(decisionism)와도 거리가 멀다고 말한다. 바울이 율법의 행위로 의롭다 함 받는 것을 거부한 것은, "의에 대한 그릇된 주장을 나타냈기 때문이다."[22]

세이프리드는, "루터파" 견해가 내성적 죄책감에서 비롯됐다고 비판하면서, 동시에 이스라엘의 민족적 자만심에 재갈을 물리려는 동기가 바울을 움직였다고 주장하는 아이러니를 지적했다. 세이프리드는 다음과 같이 응수했다.

> 개인적인 죄책감의 부담을 말하는 데서 민족의 죄책감을 말하는 데로 옮긴다고 심리주의에서 사실 조금도 벗어나지 못한다.[23]

갈라디아서 4장에서 바울은 알레고리를 사용해, "지상의 예루살렘이 '그 자녀들과 더불어 종 노릇' 하는 것은, 로마의 점령(에 대해 바울의 회심자들은 이미 알고 있었을 것이다) 때문이 아니라, 복음을 믿는 데 실패했기 때문(갈 4:25)이라고 선언한다."[24]

3) 구원론과 교회론은 대립되는가?

유대교, 트렌트 회의, 그리고 근래의 개신교 성경학자 및 신학자 사이에 중요한 차이가 있지만, 유대교, 트렌트 회의, 근래 개신교 학자들의 언약적 신율주의는 공통적으로 구원론을 교회론과 연결할 뿐만 아니라, 구원

---

[22] Mark A. Seifrid, *Christ, Our Righteousness: Paul's Theology of Justification* (Downers Grove, IL: InterVarsity Press, 2000), 21.
[23] Seifrid, *Paul's Theology of Justification*, 22.
[24] Seifrid, *Paul's Theology of Justification*, 22.

을 교회론에 종속시키기까지 한다.

유대교에서는 민족적 연대가 가장 중요하고, 전통적인 로마 가톨릭 신학에서 가장 중요한 것은 로마 교황을 머리로 하는 가시적인 몸에 속하는 것이며, 개신교의 [언약적] 신율주의에서 가장 중요한 것은 언약 공동체에 속하는 것이다.

우리는 몇몇 개신교 신학에 나타나는, 개인적 구원을 교회론과 분리하는 경향에 반대해야 한다. 그러나 '디카이오오'(dikaioō)에 대한 바울의 용법이 질적이라기보다 전이적(transitive)이라는 샌더스의 제안은 기본적으로 옳다. 물론 바울의 용법은 (이후에 논의되겠지만) 우선적으로 법정적이다. 다시 말해, 이 용어는 공동체**나** 신자 **안의** 실제 상태를 묘사하는 것이 아니라, 그 자체로는 죄악 된 자들에게 내려진 의롭다는 선언을 묘사한다.

바울의 반대자들이 이 메시지에 아주 강하게 반대했다는 사실은, 이 메시지가 적어도 바울 반대자들의 언약적 신율주의와는 근본적으로 불연속적이라는 것을 밝혀 준다. 샌더스를 따르는 자들이 바울 사도의 입장과 제2성전 유대교의 입장을 조화시킬 수 있는 충분한 증거를 바울에게서 대체 어떻게 발견할 수 있는지 필자는 모르겠다.

이와 관련해 던과 라이트는 종교개혁가들의 해석과만 충돌하는 것이 아니라, 샌더스가 해석한 유대교에 입각해 바울을 이해하는 것과도 충돌한다. 어떤 언약적 시각에서도, "들어가서 머무름"에 대한 물음이 "내가 어떻게 하여야 구원을 받으리이까?"는 물음과 실제로는 그리 다르지 않다. 이를테면, 에베소서 1:1-13은 하나님의 백성(교회론)을 이스라엘의 민족적 선택과 시내산 언약의 조건으로 규정하지 않고, "창세 전에 그리스도 안에서" 유대인과 이방인을 선택하신 하나님의 무조건적인 선택에 기초해 규정한다. 선택된 유대인과 이방인은 그리스도로 말미암아 속량되고, 구원의 날을 위해 그리스도와 함께 인치심을 받았다.

NPP 지지자들은 말하기를, 복음은 사람이 하나님과 바른 관계를 맺는 방법에 **불과한** 것이 아니라고 한다. 그럼에도 결국 그들은 복음이 그 방법에 대한 관심을 **포함할** 수 있다는 것을 허락하지 않는 것 같다. 모든 것을 개인적인 구원 경험으로 환원하는 해석들이 있는 반면, 던, 라이트, 다른 이들은 그러한 관심(어쨌든 신약에서 분명하게 등장하는)을 잘못된 것으로 여겨, "불과한 것이 아니다"라는 한정어를 "전혀 그렇지 않다"로 간주하는 것 같다.

앞에서 언급한 것처럼, NPP는 유대교 신학과 기독교 신학의 언약적 틀을 강조하길 몹시 원한다. 그러나 우리가 또 본 것처럼, 이 둘은 작동하는 언약신학이 서로 다르다. 만약 우리가 단일언약주의(monocovenantalism)를 받아들인다면, 우리는 "신율주의"를 표면상 더 은혜로운 방향으로 수정하는 언약을 통해, 이스라엘 역사를 모종의 언약적 신율주의로 환원하게 될 것이다.

필자가 지적해 온 것처럼, 이것은 바울의 논증들의 현저한 차이점들뿐만 아니라 이 두 언약에 대한 구약성경 자체의 증거도 통합하는 해석적 여지를 제한함으로써 모든 측면에서 환원주의를 낳는다.

이 논쟁에 참여하는 모든 이는 차별된 발화 의도(illocutionary stances)를 가진 명령(명령법)과 약속(직설법) 사이에 형식적이며 구문론적인 차이점들이 있다는 것을 인정한다. 게다가 그중 대부분의 사람들은 바울이 종종 명령과 약속을 대립시킨다는 것을 인정한다. 그러나 던은 다음과 같이 말한다.

> 바울이 자신의 저술에서 그 대립을 (명시적으로 또는 암시적으로) 내세울 때면, 언제나 하나님의 백성을 재정의 하는 맥락에서 그리고 그러한 일환으로서 그렇게 한다.[25]

---

[25] Seifrid, *Paul's Theology of Justification*, 99.

다시 말해, 바울이 명령과 약속을 대립시킨 것은 항상 교회론적이지, 구원론적이지 않다는 것이다.

하지만 실상은, 하나님 백성에 대한 재정의와 관계있는 대부분의 경우 하나님 백성의 재정의가 아브라함의 기업을 어떻게 얻느냐는 물음을 대신하는 것이 아니라 그 물음의 결과이지 않는가?

따라서 개인 구원의 문제가 국가적 언약에서는 두드러지지 않는다고 할지라도, 새 언약에서는 아주 뚜렷하다. "내가 어떻게 하여야 구원을 받으리이까?"라는 물음은 바울신학에서 중심적이다.

이 물음에 바울은 아브라함과 다윗의 사례에 호소해, 일한 것 없이, 즉 **사람의 그 어떤 결정이나 노력으로 말미암지 않고**(롬 9:16), 오직 그리스도를 믿음으로 구원받는다고 답한다(롬 4:6). 사람이 하나님과 바른 관계가 되고, **그래서** 거룩한 공동체의 일원이 되는 것은 명령을 행함으로가 아니라 약속을 들음으로다.

NPP가 구원론보다 교회론을 바울 사상의 지평으로 선택하는 주해적 근거는, 바로 "율법의 행위"에 대한 NPP의 정의에 있는데, NPP는 "율법의 행위"가 유대인을 이방인과 구별시키는 경계 표지를 구체적으로 지칭하는 것으로 본다.

이것은 칭의를 재정의 하는 혁신적인 패러다임인가, 아니면 추가적인 환원주의의 증거인가?

2. 회원 증표 대(對) 행위의 의

개혁파 언약신학에서 경계 표지의 문제(교회론)는 칭의의 문제(구원론)에 대한 바울의 관심에 포함되고 분명히 다루어진다. 그러나 NPP에게 있어서 칭의의 문제는 경계 표지의 문제에서 상실된다.

NPP는 브레데(Wrede)와 스탕달(Stendahl)의 획기적 작업에 기초해, 바울 신학 전반에서, 그리고 특히 바울의 칭의 교리에서 다루어지는 주된 문제가 이방인이 하나님의 계획에 포함됨에 관한 것이라고 주장한다.[26]

이 점에 있어서 마치 종교개혁가들의 주해가 바울의 이방인 선교의 넓은 구속사적인 맥락을 놓치기라도 했던 것처럼, 우리가 칭의 교리를 "추상화한다"는 비판이 종종 제기된다. 또한, NPP는 종교개혁의 칭의 이해에 도전하기 위해, "의"에 대한 히브리적 접근과 헬라적 접근을 흔히 대조한다.

1) 히브리 성경 및 바울의 "의"

샌더스가 지적하는 것처럼, 어원이 같은 헬라어들('디카이오오'[dikaioō]와 '디카이오쉬네'[dikaiosynē])을 번역하기 위해 영어에서는 다른 단어들인 "justify"와 "righteousness"를 사용한 데서 문제가 일부 비롯된다.[27]

하지만 샌더스도 인정하는 것처럼, 새 언약으로 말미암아 개시된 새로운 종말론적 실재에 비춰 볼 때, 바울에게는 의에 대해 다른(필자는 "보다 충만하게 실현된"이라고 표현하고 싶다) 종말론적 시각이 있다. 필자가 주장하고 싶은 것은, (제2성전 유대교가 아브라함 언약과 시내산 언약을 융합시켰기 때문에) 바울은 제2성전 유대교와 결코 조화될 수 없었음에 틀림없고, 바울의 체계는 선지자들이 예기한 새 언약과 일치한다는 점이다.

시내산 언약과 그 율법(경계 표지뿐만 아니라 율법 전체)은 의로운 자들의 공동체를 규정하고 불의한 자들을 배제하는 반면, 바울은 선지자들이 예기(豫期)할 수 있었을 뿐인 것, 즉 하나님이 마침내 **불경건한 자들**을 의롭

---

26 이런 방향에 대한 개관으로는, James D. G. Dunn, "Paul and Justification by Faith," in Richard N. Longenecker, ed., *The Road from Damascus: The Impact of Paul's Conversion on His Life, Thought, and Ministry* (Grand Rapids: Eerdmans, 1997), 86을 보라.
27 Sanders, *Paul and Palestinian Judaism*, 44-47.

다 하셨다는 것을 현 실재로서 선언한다.

이에 반해, 제임스 던은 알브레히트 리츨(Albrecht Ritschl)이 열어젖힌 길을[28] 따라서 바울과 제2성전 유대교 둘 다를 법리(jurisprudence)에 대한 표면상 헬라적인 개념과 대립시킴으로써 바울과 제2성전 유대교를 조화시키려고 한다. 던은 다음과 같이 설명한다.

> 전형적인 헬라 세계관에서 "의"는 개인과 개인의 행위가 비춰 평가될 수 있는 이데아나 이상이다. "정의가 만족되어야(satisfied) 한다" 같은 표현을 계속 사용하는 오늘날 영어 용법에는 이런 옛 사고방식이 반영되어 있다. 그러나 이와 대조적으로, 히브리 사상에서 "의"는 보다 관계적인 개념이다. 즉, 히브리적 사고에서 "의"는 개인이 맺고 있는 관계로 말미암아 그 개인에게 부과된 의무의 충족과 관계가 있다.[29]

그러나 "의"에 대한 히브리 개념과 헬라 개념의 이런 대조가 랍비들이 강조하는 공로 저울질에 대한 샌더스의 분석과 일치하는가?

유대교에서 사람이 얼마나 순종해야 하고 구체적인 죄들을 어떻게 속죄할 수 있는지에 대한 샌더스의 논의 전체가 중세신학에서 발견되는 어떤 것 못지않게 사법적이다(개신교 신학에서 발견되는 것과 비교하면 말할 것도 없다).

적어도 리츨 이후 현대 조직신학과 성경신학은 율법과 사랑, 법적인 것과 관계적인 것을 대조하는 경향을 보인다. 이런 대조는 아주 역설적이게도 히브리 성경과 유대교에 현대 개신교 윤리를 강요하는 것이다.

바울은 회심 이전에도 이후에도 이런 대조를 알지 못했다. 바울에게 사

---

[28] Albrecht Ritschl, *The Christian Doctrine of Justification and Reconciliation* (Edinburgh: T&T Clark, 1900).

[29] Dunn, "Paul and Justification by Faith," 88; 참조. Gerhard von Rad, *Old Testament Theology*, trans. D. M. G. Stalker (San Francisco: HarperSanFrancisco, 1962), 1:370-76.

랑은 율법의 성취이고, 여기서 바울은 예수의 가르침뿐만 아니라, 구약의 가르침도 따르고 있다. 바울이 다메섹 도상에서 예수를 만난 후에 인정한 진정한 대립은 율법과 사랑의 대립이 아니라, 칭의에 있어서 그리고 아브라함과 아브라함의 자손에게 약속된 모든 혜택을 받는 데 있어서 율법과 복음 간의 대립이고, 행위의 원리와 오직 은혜의 원리 간의 대립이다.

우리가 이미 본 것처럼, 던은 "법적인" 것을 "언약"과 대립하는 것으로 간주한다. 던의 문제점 가운데 하나는 "언약"이 언약적 신율주의와 특히 민족적 구별성을 가리키는 암호처럼 늘 사용된다는 것이다. 그래서 구체적인 언약들의 모든 신학적 구별이 상실된다.

던은 이 점에 있어서 NPP가 도전에 직면한다는 것을 인정한다.

> 우리가 칭의에 대한 바울의 가르침과 바울의 유대교적 유산 사이의 연속성을 강조하면 할수록, 다음 물음은 더욱 긴급해진다.
> 즉, 그렇다면 어째서 바울의 가르침이 갈라디아서 2:16과 로마서 3:20에서처럼, 그토록 논쟁적인 방식으로 진술되는가?
> … 간단히 말해, 바울이 반대하는 것은 유대교의 율법주의이기보다는 유대교의 **제한성**이었다는 것이 이 물음의 일차적인 답인 것 같다.[30]

던은 이것을 뒷받침하기 위해, 유대인뿐만 아니라 이방인도 포함하는 모두를 위해서 모두에게 복음이 왔다는 바울의 선언이 행위와 믿음에 대한 바울의 날카로운 대조의 맥락이었다고 역설한다. 이를테면, 던은 로마서 10:4을 다음과 같이 인용한다.

30　Dunn, "Paul and Justification by Faith," 90.

그리스도는 모든 믿는 자를 위해서 의를 위한 수단으로서의 율법(the law as a means to righteousness)의 마침이 되시니라(롬 10:4).

따라서 "모든 믿는 자를 위해서"라는 표현이 의도하는 바는 바울이 언급한 "의를 위한 수단으로서의 율법"을 규정하는 것이다.[31]

그런데 이것이 환원주의를 가져오는가?

여기서 바울의 논증은 정반대 아닌가?

바울은 율법이 의를 위한 수단이라는 것을 부정함으로써 이방인에게 문을 열 뿐만 아니라 토라의 의를 집요하게 붙잡음에도 불구하고(아니 더 정확히 말하면, 토라의 의를 붙잡기 때문에) 하나님과의 바른 관계를 사실상 스스로 차단해 온 유대인들에게도 문을 열고 있다.

결국, 로마서 첫 세 장에서 바울의 고발 내용은 유대인들이 자신들의 율법적 정결함에 대한 염려 때문에 배타적이 됐다는 것이 아니라, 비록 유대인들이 의식법과 음식 규정을 **지킴에도** 불구하고 **율법에는 순종하지 않아 왔다**는 것이다. 바울은 유대인들이 하나님의 백성에 이방인을 포함시키지 않는다고 비판한 것이 아니라, 할례 받음으로써 지워진, 율법을 행할 책임을 다하지 않는다고 비판한다.

필자가 보기에, 던이 "[로마서] 3:27-30에서, '율법의 행위'와 '믿음의 법'(롬 3:27) 사이의 논쟁적 대립은 '다만 유대인의 하나님이시냐'와 '이방인의 하나님도 되시느니라'(롬 3:29)의 대립으로 더 자세히 진술된다"고[32] 말할 때의 잘못은 여기서 던이 포함시키는 것에 있지 않고, 배제하지 말아야 할 것을 배제하는 데 있다. 로마서 3장과 10장 둘 다에서 그것과 정반대의 것이 주장된다. 즉, 거저 주어지는 칭의의 복음으로 말미암아 유대인과 이방인의 대립이 해소된다.

---

[31] Dunn, "Paul and Justification by Faith," 91.
[32] Dunn, "Paul and Justification by Faith," 91.

라이트는 단일 주제를 자세히 연구한 자신의 책에서, 바울이 "**믿음**으로 말미암는 칭의, 곧 믿는 바에 의해서 경계가 정해지는 언약 회원 자격"을 주장하고 있다고 조심스럽게 강조한다. 라이트는 결국 이것이 "'칭의'의 실제 **의미**에 대한 나[라이트]의 재정의"임을 인정한다.[33] 라이트는 다음과 같이 덧붙인다.

> 비록 나는 이 구절에 대한 던의 주해에는 동의하지 않지만, 바울의 "율법의 행위"에 대한 던의 일반적인 논지에 대해 대체로 동의한다는 것을 말하는 것이 중요할 것 같다.[34]

라이트가 갈라디아서 3장이 "창세기 15장의 확장된 논의로 여겨져야 한다"고 생각한 것은 옳다.[35] 그러나 라이트는 갈라디아서 4장에서 구별된 "두 언약"을 단일한 언약, 곧 "갱신된 [시내산] 언약"으로 만든다. 결과적으로, 율법(*nomos*)의 주된 용법(언약적 기초로서의 율법)이 내러티브적 또는 구속사적 용법으로 바뀐다.

던과 라이트의 성경주해에서 두드러진 추가적인 난점은 바울이 이방인들에게 경계 표지적인 율법을 부과한 적이 없었다는 사실에 있다. 세이프리드는 다음과 같은 의문을 제기한다.

> [던이 정의한 대로의] "율법의 행위"가 애초에 그들에게 부과되지 않았다고 할 때, 대체 어떻게 칭의가 율법의 행위로부터 또는 율법으로부터의 해방일 수 있었는가?

---

33 N. T. Wright, *The Climax of the Covenant: Christ and the Law in Pauline Theology* (Edinburgh: T&T Clark, 1991), 2-3.
34 Wright, *The Climax of the Covenant*, 138 n. 10.
35 Wright, *The Climax of the Covenant*, 140.

바울의 복음에 따르면, 갈라디아의 그리스도인들은 "유대인의 율법과 기능적으로 유사한, 그들 자신의 종교법에 해당하는 '세상의 초등학문'(갈 4:3, 9)"에서 해방됐다.

> 게다가 로마서 8:2(참조. 갈 5:1, 13)에 있는 해방의 외침은 이스라엘의 언약적 구별로부터의 해방이 아니라 율법이 밀어 넣은, 사람의 절망적 처지로부터의 해방이 불러일으킨 외침이다. 다시 말해, 율법의 당위(*Sollen*)("탐내지 말라")에 직면한 육적인 사람은 율법을 지키고 선을 행하기 원하지만 할 수 없는 딜레마에 불가피하게 빠지고, 결과적으로 죄와 죽음에 빠진다(롬 7:7-25). 이 해방은 율법을 준수하지 못한 데 대한 정죄로부터의 해방이다(롬 8:1).[36]

만약 율법 자체가 충분한 속죄를 실제로 제공해 주었다면, 어떻게 바울이 로마서 8:15에서 두려움과 노예 상태에 대해 말할 수 있었겠는가?[37]

던은 갈라디아서 3장에서 바울이 염두에 둔 율법의 저주가 "율법을 **잘못된 이해한 것에 대한** 저주"이지, 율법 자체의 저주가 아니라고 분명히 주장한다(강조는 첨가된 것).[38]

그러나 이 주장은 신명기 27장에 대한 바울의 해설(갈 3:10-14)을 무리 없이 다루지 못할 뿐만 아니라, 신명기의 언어와도 조화되기 어렵다.

> 누구든지 율법 책에 기록된 대로 **모든 일을 항상 행하지** 아니하는 자는 저주 아래에 있는 자라(갈 3:10; 참조. 신 27:26).

---

36 Seyoon Kim, *Paul and the New Perspective: Second Thoughts on the Origin of Paul's Gospel* (Grand Rapids: Eerdmans, 2002), 73.
37 Kim, *Paul and the New Perspective*, 73.
38 James D. G. Dunn, "Works of the Law," in *Jesus, Paul and the Law: Studies in Mark and Galatians* (Louisville, KY: Westminster/John Knox, 1990), 229.

이 견해는 율법의 조항과 처벌의 엄함을 약화시킴으로써 그리스도의 성취를 약화시키는 결과로 나아간다.

그리스도가 "율법의 저주에서 우리를 속량하셨다"(갈 3:13)는 것이 율법에 대한 새로운 이해를 주신 것에 불과할 수 있겠는가?

더구나 바울은 말씀하기를, 그리스도가 담당한 것은 율법의 저주에 대한 오해가 아니라 저주 자체였다고 한다. 또한, 바울의 반대자들은 스스로 민족적 구별을 표시하는 율법들을 지켰을 뿐만 아니라 이방인 신자들에게도 그것들을 강하게 요구했기 때문에, 이 저주는 민족적 구별을 표시하는 율법들을 위반하는 것에 대한 처벌일 수 없었을 것이다.

바울이 대조하는 것은 **이런 명령들 대(對) 저런 명령들**이 아니라, **약속 대(對) 명령**임에 틀림없다.

> 무릇 율법 행위에 속한 자들은 저주 아래에 있나니 기록된 바 누구든지 **율법 책에 기록된 대로 모든 일을 항상 행하지** 아니하는 자는 저주 아래에 있는 자라 하였음이라 또 하나님 앞에서 아무도 율법으로 말미암아 의롭게 되지 못할 것이 분명하니 이는 의인은 믿음으로 살리라 하였음이라 율법은 믿음에서 난 것이 아니니 율법을 행하는 자는 그 가운데서 살리라 하였느니라 그리스도께서 우리를 위하여 저주를 받은 바 되사 율법의 저주에서 우리를 속량하셨으니(갈 3:10-13, 강조는 첨가된 것, 참조. 3:2-3).

사도는 이 날카로운 대조를 갈라디아서 2:1에서 5:12에 이르기까지 상세히 진술하고 나서, 성령으로 사는 삶의 윤리적 함의로 눈을 돌린다. 바울은 성령의 일을, 경계를 표시하는 특정 율법들과 관련해서만 아니라 "사랑과 희락과 화평과 오래 참음과 자비와 양선과 충성과 온유와 절제"의 관점에서도 해석한다(갈 5:22-23).

예수가 율법 전체를 하나님과 이웃에 대한 사랑으로 요약하신 것처럼 (마 22:37-40), 바울도 율법을 하나님의 도덕적인 뜻을 계시하는 체계로 생각하고 예수의 말씀을 다음과 같이 되풀이했다.

> 남을 사랑하는 자는 율법을 다 이루었느니라(롬 13:8).

비록 시내산 언약이 도덕법(십계명으로 요약된)을 포함했다고 할지라도, 도덕법은 시내산 언약을 넘어선다. 신권 정치의 의식법과 시민법은 그 의식법과 시민법이 쓰이는 지상 신권 정치 국가의 명운에 따라 폐지되지만 사랑의 법, 즉 도덕법은 시내산이 아니라 창조에 기초한다.

바울은 신약의 다른 저자들과 더불어(게다가 노아 언약이 요구하는 규범[Noachian laws]에 관한 유대교의 해석과 마찬가지로), 도덕법이 영원하고 불변하다는 것을 인정했다. 시내산 이전, 즉 창조 자체에서 비롯된 이 사랑의 법은 새 언약 공동체의 의무로 여전히 존재한다(롬 13:8-10; 갈 5:14; 참조. 히 8:10).[39]

바울이 율법을 이렇게 포괄적으로 말한다는 사실은 율법에 대한 바울의 언급을 의식법과 음식 규정에 대한 것으로 임의로 제한하지 말라는 경고가 된다.

바울은 **율법**만 포괄적으로 말하는 것이 아니라, **행위**도 일반적인 채무의 원리로서 언급해 단지 언약적 정체성의 증표로서의 특정한 행위들만을 언급하지 않는다.

> 일하는 자에게는 그 삯이 은혜로 여겨지지 아니하고 보수로 여겨지거니와 (롬 4:4).

---

[39] 노아 언약이 요구하는 규범을 "자연법"과 같은 것으로 이해하는 유대교의 해석에 대해서는, David Novak, *Covenantal Rights: A Study in Jewish Political Theory* (Princeton: Princeton University Press, 2000), 특히 36-77을 보라.

바울이 '선물로서의 칭의'의 원리와 대조하는 것은 '삯으로서의 행위'의 **원리**다. 김세윤은 다음과 같이 지적한다.

> 로마서 9:11b에 있는 "행위"가 하나님의 은혜로운 선택과 대조되어, 바로 앞부분(11a절)에 있는 "선이나 악을 행함"(프락산톤 티 아가톤 헤 파우론, *praxantōn ti agathon he phaulon*)을 지칭하는 것이 분명한데, 대체 어떻게 [제임스] 던은 로마서 9:11b에 있는 "행위"가 유대인을 구별하는 언약적 특징들을 지칭하는 것으로 볼 수 있는지 수수께끼다.[40]

로마서 4장에서 바울이 거부한 것은 특정한 율법들과 행위들이 아니라 복음을 믿는 것과 대조되는, ([하나님에게] 채무를 지우는) 모든 행위라는 것이 명백한 것 같다(4절).

> **일을 아니할지라도 경건하지 아니한** 자를 의롭다 하시는 이를 믿는 자에게는 그의 믿음을 의로 여기시나니(롬 4:5, 강조는 첨가된 것).

언약적 신율주의에 은혜(와 율법)을 약하게 정의할 여지가 있을지라도, 신자가 협력해 향상시켜야 하는 것은 (성화시키는 은혜를) 완성하는 것뿐이다. 바울은 사람의 행위가 은혜와 성령 없이는 불충분하다고 말할 뿐만 아니라, 사람의 행위는 **은혜와 성령 가운데 있을지라도** 의롭다 하시는 하나님의 선언에 일조할 수 없다고 말한다.

> 일을 아니할지라도 경건하지 아니한 자를 의롭다 하시는 이를 믿는 자에게는 그의 믿음을 의로 여기시나니, 일한 것이 없이 하나님께 의로 여기심

---

40 Seyoon Kim, *Paul and the New Perspective: Second Thoughts on the Origin of Paul's Gospel* (Grand Rapids: Eerdmans, 2002), 59.

을 받는 사람의 복에 대하여 다윗이 말한 바(롬 4:5-6).

따라서 바울은 율법에 대한 엄격한 순종이 은혜 없이는 불충분하다거나 경계 표지를 할례와 음식 규정으로 정의하려는 사람들이 "저주 아래" 있다고 단순하게 말하지 않았다. 요컨대, 바울이 염두에 두었던 유대인들은 할례를 받았고 음식 규정을 지켰음에 분명하다. 만약 그렇지 않았다면, 유대인들이 바울에게 이방인을 느슨하게 허용한다고 이의를 제기할 이유가 없었을 것이다.

> [그러나] 율법 행위에 속한 [모든] 자들은 저주 아래에 있나니 기록된 바 누구든지 율법 책에 기록된 대로 **모든** 일을 항상 행하지 아니하는 자는 저주 아래에 있는 자라 하였음이라(갈 3:10, 강조는 첨가된 것).

스데반이 설교에서 한 마지막 말은 요한복음 7:19에 있는 예수의 비판을 반복함으로써 동일한 요점을 분명히 한다.

> 너희는 천사가 전한 율법을 받고도 지키지 아니하였도다(행 7:53).

빌립보서에서 사도 바울은 바리새인 중의 바리새인으로 살았던 이전 삶을 자신의 장점과 단점 중에서 단점으로 여긴다.

> 그러나 무엇이든지 내게 유익하던 것을 내가 그리스도를 위하여 다 해로 여길뿐더러, 또한 모든 것을 해로 여김은 내 주 그리스도 예수를 아는 지식이 가장 고상하기 때문이라 내가 … 모든 것을 … 배설물로 여김은 그리스도를 얻고 그 안에서 발견되려 함이니 내가 가진 의는 율법에서 난 것이 아니요 오직 그리스도를 믿음으로 말미암은 것이니 곧 믿음으로 하나님께

로부터 난 의라(빌 3:5-9).⁴¹

결과적으로, 율법으로 말미암아 의롭다 함 받으려는 자들은 (믿음의 조상인) 아브라함의 자녀가 아니다. 그런 자들은 아들이 아니라 종이며, 자유 있는 여자인 사라의 자녀가 아니라 종인 하갈의 자녀다. 또 바울은 다른 은유를 사용해, 아래 있는 예루살렘은 노예 상태지만 위에 있는 예루살렘은 자유롭다고 말한다. 한 언약이 아니라 두 언약, 곧 율법(시내산) 언약과 약속(아브라함 및 아브라함의 씨) 언약이 있다(갈 4:21-31).

우리가 이미 본 것처럼 이 모두가 선지자들의 진술, 특히 예레미야 31장과 일치한다. 예레미야 31장에서 하나님은 다음과 같은 일방적인 약속을 다시 알리신다. 새 언약은 "내가 그들의 조상들"과 시내산에서 "맺은 것," 곧 내가 "그들의 남편이 됐어도" 그들이 깨뜨린 언약과 같지 아니할 것이다(32절). 바울이 복음을 새로 만든 것이 아니다. 바울은 (아브라함의) 약속 언약이 나중의 시내산 언약에 의해 폐기될 수 없다는 것을 상기시키고 있을 뿐이다(갈 3:15-18).

다소의 사울이 회심 전에는 자신의 상태에 대해 몹시 염려하진 않았으나 회심 후에는 자신을 "죄인의 괴수"로 여겼다는 사실은 제2성전 유대교가 바울이 한 말의 의미를 판단하는 기준이 될 수 없음을 우리에게 상기시켜 준다. 바울은 서기관들이 히브리 성경을 잘못 해석했다고 생각했는데, 바울의 이러한 점은 예수와 일치했다.

---

41 Wright는 *What Saint Paul Really Said*, 124에서 이 구절을 달리 해석한다. "[바울은] 사실 다음과 같이 말하는 것이다. 내가 비록 육체로는 언약 회원 자격을 소유하고 있을지라도, 이 언약 회원 자격을 이기적으로 사용할 것으로 생각지 않고 나 자신을 비우고 메시아의 죽음을 공유한다. 그렇기 때문에 하나님은 실제로 가치 있는 회원 자격을 내게 주셨고, 이것을 통해 나는 그리스도의 영광도 공유할 것이다. … 바울이 빌 3:9의 전반부에서 거부하고 있는 것은 도덕주의적이거나 자구적인 의(self-help righteousness)가 아니라 정통 유대인의 언약 회원의 지위다."

예수의 제자들조차 예루살렘에 가까워질수록 뚜렷해지는 자기 스승에 대한 하나님의 계획을 이해하지 못했고, 부활 이후에도 실망에 빠져 있는 제자들은 천사에게서, 그리스도에 대해 성경이 약속한 모든 것을 깨닫지 못한다고 꾸지람을 들었으며, 이후에 예수도 친히 그들과 함께 길을 가시다가 동일하게 나무라셨다(눅 24:6-7, 21-27, 44-49). 제자들은 성경이 그리스도에 대해 약속했던 모든 것이 이해되기 시작할 때, 회고적으로 깨달아졌다.

바울의 경우도 유사하다. 저주받은 자(십자가에 달리신 예수 -역주)가 실상은 높임받은 자임을 깨닫는 혼란스러운 경험은 바울로 하여금 이스라엘 역사 전체를, 아니 인류 역사 전체를 그리스도 중심으로 읽게 만들었다. 비로소 바울은 자신이 저주받은 자이지만 그리스도 안에서 흠 없는 자로 발견될 수 있음을 깨닫는다.

또 이제 바울은 율법 전체의 요구를 되돌아볼 때, 자신(과 다른 사람들)이 이행해 왔다고 생각한 율법의 요구를 이행하지 못했음을 깨닫는다. 비록 바울이 할례를 받고 음식 규정을 늘 지켜 왔을지라도(빌 3:5-6), "율법 아래서"는 바울도 정죄받았다.

따라서 "율법의 행위"는 민족을 구별하는 그러한 규범들(할례와 음식 규정 등 -역주)에 한정될 수 없다는 것이 명백하다. 심지어 바울이 "율법의 행위"는 단지 경계 표지만 의미할 뿐이라는 반대자들의 그릇된 가정을 비판하고 있다고 말할 수 있다. 아마도 이런 가정에 근거해 바울의 반대자들은 자신을 율법 준수자로 확신했을 것이다. 그러나 정작 **할례와 음식 규정은 그들이 실제로는 지키지 못했던 전체 율법에 대한 책임을 더 가중시켰을 뿐이었다.**

설령 제2성전 유대교에 대한 NPP의 묘사가 옳았다고 할지라도, 우리는 율법에 대한 바울의 가르침을 제2성전 유대교에 대한 NPP의 묘사에 근거해 결론을 내릴 수 없다. 제2성전 유대교로부터 알 수 있는 것이 무엇이든지 간에, 바울은 다음과 같이 선언한다.

내가 전한 복음은 사람의 뜻을 따라 된 것이 아니니라 이는 내가 사람에게서 받은 것도 아니요 배운 것도 아니요 오직 예수 그리스도의 계시로 말미암은 것이라(갈 1:11-12).

만약 우리가 초기 유대교와 바울의 가르침에 연속성이 있다는 편견에 빠진다면, 바울서신의 날카로운 대립과 논쟁을 설명하지 못할 것이 분명하다.

2) 포로 됨의 지속

포로 됨의 지속(continuing exile)이라는 주제(특히, 라이트에게 중심적인 주제)에 대해 의문을 제기하는 학자들이 있다.[42] 하지만 '포로 됨-회복'(exile-restoration)이라는 주제를 다른 모든 것을 도출하는 중심 교의로 삼지 않으면서도 '포로 됨-회복' 주제를 긍정하는 것이 가능하다. 갈라디아서 3장에 따르면, 아무도 율법을 준수하지 못하기 때문에 유대인뿐만 아니라 모두(파신, *pasin*, 신 27:26[칠십인역]; 갈 3:10)가 "저주 아래" 있다. 여기서 신명기 27장을 이해할 필요가 있는데, 라이트는 다음과 같이 주장한다.

> 복과 저주는 양자택일의 문제가 아니다. 신명기는 이스라엘이 끝내 잘못된 선택을 내리고, 그 결과 모든 저주 중의 저주, 즉 포로가 될 것이라고 선언한다(신 28:15-29:29).
> 하지만 포로 됨이 이야기의 끝, 또는 언약의 끝이 아니다. 그래서 신명기

---

[42] 예를 들어, Bruce W. Longenecker, *The Triumph of Abraham's God: The Transformation of Identity in Galatians* (Nashville: Abingdon, 1998), 137-39; 참조. Douglas Moo, "Israel and the Law in Romans 5-11: Interaction with the NewPerspective," in D. A. Carson et al., eds., *Justification and Variegated Nomism*, vol. 2, *The Paradoxes of Paul* (Grand Rapids: Baker Academic, 2004), 200-205를 보라.

30장은 언약적 실패의 반대편에 있는 소망을 제시한다. 즉, 언약의 갱신, 포로 된 백성을 다시 모음, 마음의 할례, 그리고 말씀이 "네게 매우 가까워서 네 입에 있으며 네 마음에 있"게 되는 소망을 제시한다(신 30:1-14). 다시 말해, 신명기 27-30장 전부가 **언약적 심판과 언약적 갱신으로 이해되는** 포로 됨과 회복에 대한 것이다.[43]

라이트의 문제는 단일한 언약을 전제하며 신학 작업을 한다는 점에 있다. 그래서 부차적인 줄거리(옛 언약의 모형론적 신권 정치)가 본 줄거리(이스라엘의 포로 됨과 회복)가 된다. 하지만 선지자들은 이스라엘에 대한 언약적 처벌(포로 됨)을 시내산 언약에 기초해 선언하지만, 이스라엘과 열방의 회복에 대해 새 언약에서 성취될 아브라함과 다윗의 언약에 기초해 소망한다.

이스라엘이 시내산 언약을 결국 이행하지 못하리라는 것이 신명기에서 이미 예고됐다고 라이트가 지적하는데, 이 지적이 옳을지라도 시내산 언약 규정 자체는 그 언약적 처벌에서 벗어나는 기초를 제공해 주지 않았다.

적어도 이 점에 있어서 라이트는 제2성전 유대교와 마찬가지로 구원을 언약 갱신, 즉 시내산 언약의 갱신과 같게 여기는 반면, 선지자들과 신약성경은 구원을 "더 좋은 언약," 즉 파기될 수 없는 언약에 기초시킨다(히 8:1-13). "더 좋은 언약"의 기원은 그리스도의 도래가 아니라, 타락 이후 아담과 하와에게, 그리고 아브라함에게 주어진 약속에서 이미 시작됐고, 두 경우 모두 속량자-씨(redeemer-seed)를 언급한다.

갈라디아서 3:10이 (신 27:26에 호소해) "**누구든지 율법 책에 기록된 대로 모든 일을 항상 행하지 아니하는 자는 저주 아래에**" 있다고 말함에도 불구하고, 라이트는 다음과 같이 주장한다.

---

[43] Wright, *Climax of the Covenant*, 140.

이것은 개별적인 범죄들을 일일이 세는 문제가 아니고, 이스라엘 모든 개인이 실제로 죄인임을 증명하는 문제도 아니다. 이것은 전체로서 국가적 삶의 문제다.[44]

그러나 시내산 언약은 모든 이스라엘 사람(적어도 이스라엘의 모든 가정)과 맺어진 것이다. "여호와의 모든 말씀을 우리가 준행하리이다!"라는 맹세는 추상적인 집단이 아닌 한 백성으로서 이스라엘 각 구성원 모두가 행한 것이다. 그럼에도 시내산에서 맺어진 언약이 전체 이스라엘 국가의 지위와 주로 관계된다는 사실은 쉽게 인정될 수 있다. 이에 반해 새 언약의 복(옛 언약 아래서 믿음의 이스라엘 사람들이 모형과 그림자를 통해서 공유했던)은 시내산 언약과 전적으로 다른 질서로 말미암는다.

또 다시, "이것은 거룩한 법에 의해 정죄된 죄인의 곤경 **이상**의 것이고, 또한 민족주의의 덫에 걸린 이스라엘의 곤경 **이상**의 것이다"(강조는 첨가된 것)라는 라이트의 말은 결국 이런 측면을 포함하지 않는다는 말이 되고 마는 것 같다.[45] 라이트는 "아브라함 가문"의 중심성을 인정하지 않는 모든 해석은 "실패하게 마련이다"라고 말한다.[46] 이 설명으로 율법 아래 이스라엘의 정죄는 설명될지라도, 이스라엘 이외의 세상은 설명되지 않는다. 어째서 이방인들이 이스라엘의 그 율법과 그 저주 아래 있을 수 있는가?(롬 1:18-3:20; 5:12-21)

라이트는 하나님의 약속이 좌절된 것처럼 보이는(그러나 이스라엘은 정말 실패했다) 문제를 이스라엘의 메시아와 관련해 다뤘다.[47] 이것은 로마서 9-11장의 논증을 이해하는 데 도움을 주지만, 라이트는 로마서가 마치

---

[44] Wright, *Climax of the Covenant*, 142.
[45] Wright, *Climax of the Covenant*, 142.
[46] Wright, *Climax of the Covenant*, 143.
[47] Wright, *Climax of the Covenant*, 143.

9-11장부터 시작하는 것처럼 로마서를 해석하는 경향이 있는 것 같다. 하지만 바울의 종말론은 '포로 됨-회복' 주제가 제안하는 것보다 훨씬 더 광범위하다. 라이트는 다음과 같이 응수한다.

> 그러나 바울의 실제 요지가 일반적이고 추상적인 것이라고, 즉 이스라엘의 이야기를 언급하지 않고 원리로 표현할 수 있는 구원이나 칭의에 대한 진리라고 생각하는 것은 전적인 실수일 것이다.

라이트는 말하기를, "웨스트민스터 신앙고백서 작성자들이 자신들이 가정한 일반적인 또는 무시간적인 진리를 '증명'하기 위해 성경 구절을 각주로 첨가했"을 때 이런 접근 방식이 취했다고 한다.

> 바울과 그의 반대자들 간에 다투는 **모든 문제**는 명백하다.
> **누구에게 약속이 실제로 속하는가?**
> 누가 아브라함의 자녀인가?(강조는 첨가된 것)[48]

필자는 웨스트민스터 신앙고백서에 대한 라이트의 반박은 다루지 않고 치워둘 것이다.[49] 필자가 라이트를 비판하는 이유는 라이트가 무시간적인

---

[48] Wright, *Climax of the Covenant*, 144.
[49] 여기서 Wright는 신앙고백서와 주석 간의 장르, 목적, 방법론의 차이를 인정하지 않는다. 그런데 신앙고백서들도 "무시간적인 진리"를 제시하지 않고, 은혜 언약의 역사(歷史)에 나타나는 차이와 연속성을 언급한다(웨스트민스터 신앙고백서는 특히 그러하다). 데카르트의 합리주의적 인식론을 개혁파 스콜라주의의 탓으로 돌리는 것은 역사 착오의 전형적인 실례다. 웨스트민스터 신앙고백서에 담긴 언약신학은 16세기에 발전됐고, 데카르트의 주요 철학 저서들은 웨스트민스터 회의와 같은 시기(와 그 이후)에 출판됐다. 데카르트의 저서들은 출판됐을 때, 개혁신학자들의 강한 비판을 받았다. 고전적 언약신학이 이 주제들을 성경적이고 신학적으로 다룬 예를 하나만 보려면, Herman Witsius, *The Economy of the Covenants between God and Man* (1677), trans. William Crookshank, 2 vols. (London: R. Baynes, 1822; repr., Phillipsburg, NJ: P&R Publishing, 1990)

진리를 숙고하는 대신 이야기를 말하기 때문이 아니라, 라이트가 말하는 이야기가 바울의 포괄적인 주장을 설명하기에는 폭과 깊이가 충분치 못하기 때문이다.

"누가 아브라함의 자녀인가?"와 "누구에게 약속이 실제로 속하는가?"라는 교회론적 물음이 바울의 논증에서 중요하다는 것은 의심할 여지가 없지만, 이런 물음이 "바울과 그의 반대자들이 다투는 **모든 문제**"인가?

바울은 최소한 다음의 질문에도 관심을 가진 것 같다.

사람이 이 신분을 **어떻게** 가질 수 있는가?

그 신분을 율법의 행위로 갖는가, 아니면 일방적인 선물로 갖는가?

이 "**어떻게**"에 관한 물음(구원론)은 "**누구냐**"에 관한 물음(교회론)으로 반드시 이어지고, 그 반대 방향도 마찬가지다. 그러나 라이트의 다음 전제는 NPP의 중심 교의다.

> 나는 성경의 의(디카이, δικαι-)에 관한 용어들이 "언약 회원 자격"의 견지에서 가장 잘 번역된다는 논쟁점을 여기서 가정하고 있다.[50]

라이트는 "행함"에 대한 바울의 논쟁이 "'이스라엘을 구별 짓는 것들을 행함'이라는 의미로 가장 잘 이해된다"라고 말한다.[51]

> 여기서 바울은 실존주의적 신학자들이 씨름해 온 문제들, "성취," "달성" 따위에 대해 말하고 있지 않고, 또한 개신교의 전통적인 문제들, "율법주

을 보라. Witsius는 자신의 멘토인 Gisbert Voetius와 마찬가지로 데카르트 철학을 맹렬히 반대했다. 참조. R. Scott Clark, *Caspar Olevian and the Substance of the Covenant: The Double Benefit of Christ*, ed. David F. Wright, Rutherford Studies in Historical Theology (Edinburgh: Rutherford House, 2005). 이런 예들은 많은 일이차 문헌 가운데 대표적인 것에 불과하다.

50　Wright, *Climax of the Covenant*, 148.
51　Wright, *Climax of the Covenant*, 150.

의"(또는 "신율주의"), "자기-의" 등에 대해서도 말하고 있지 않다. 게다가 바울은 "사람이 어떻게 구원받느냐"에 대한 추상적인 설명도 제공하고 있지 않다.[52]

실제로 라이트는 물음의 그러한 경향들 자체를 "난센스"로 일축한다.[53]
그러나 고전적 언약신학은, 바울의 대조에서 핵심적인 다음의 근본 요소를 무시하거나 제거하지 않고도, "이스라엘을 구별 짓는 것들"(즉, 민족 구별의 표지들)에 대해 언급할 수 있었다.

즉, 하나는 **명령된** 것을 **행하는** 방법이고, 다른 하나는, 하나님에 의해서 그리스도 안에서 **행해진** 것을 **신뢰하는** 것이다. 민족적 표지들은 율법에서 빙산의 일각에 불과하다. 그리고 할례 받은 자들은 율법 **전체**가 요구하는 모든 것을 행할 법적 의무를 가진다.

라이트는 바울이 갈라디아서 3장에서 유대교의 선택 교리를 **수정한다**고 주장한다.[54] 필자는 바울이 두 가지 선택과 두 가지 언약을 염두에 두고 있다고 본다. 이 두 언약은 구약 및 신약과 각각 연결될 수 있는 잇따른 두 언약이 아니라 나란히 함께 존재한다. 한 언약은 지상적(또는 현 시대에 본질상 매여 있고 모형론적)이고 다른 한 언약은 천상적(또는 오는 시대의 실재)이다.

바울의 반대자들이 갖고 있는 문제는 그들이 단일 언약주의자(언약적 신율주의자)로서, 아브라함 언약의 복과 신명기 27-30장에 묘사된 모세 언약을 혼동했고, 그래서 자신들이 이런 식으로는 언약의 복이 아닌 저주만 받는다는 것을 알지 못한다는 것이었다.

히브리서의 추가적인 증거에 따르면, 많은 유대 그리스도인은 "완전한"

---

[52] Wright, *Climax of the Covenant*, 150.
[53] Wright, *Climax of the Covenant*, 150.
[54] Wright, *Climax of the Covenant*, 171.

것이 왔음에도 불구하고 시내산 언약의 그림자로 되돌아가고 있었다. 히브리서 저자는 구약 시대에도 지금처럼 복음이 전해졌고(히 4:2), 아벨과 에녹과 아브라함과 모세와 다른 이스라엘 영웅들은 동일한 약속을 오직 믿음으로 받았다는 것을 이스라엘의 역사 전체를 활용해서 증명한다(히 11:1-39). 이들은 지상의 시내산과 예루살렘 너머를, 즉 그리스도가 우리의 선구자로서 앞서 들어가신 하늘의 시온산을 바라보았다(히 11:13-16; 12:18-29).

심지어 라이트도 갈라디아서 3:23-29와 관련해서 다음과 같이 말한다.

> 토라의 일시적인 지위가 그리스도 안에서 믿음으로 특징지워지는 전 세계적 백성을 영구적으로 창조하는 데 길을 내준다.
>
> 이 백성은 아브라함에게 약속된 단일 가문이다. 이것은 다음의 로마서 8:3f.에 비견될 수 있다. 율법이 인간의 악함 때문에 약해져 할 수 없던 것을 하나님은 그리스도 안에서 성령으로 말미암아 행하셨다.[55]

하지만 라이트는 그릇된 딜레마로 되돌아가는데, 이는 회원 자격과 정체성에 대한 던(Dunn)의 논지를 변함없이 헌신하기 때문인 것 같다.

> 이를테면, 그것[내 견해]은 (비록 반대가 없지 않지만, 단단한 기초를 획득하고 있는 것 같은) 다음 견해를 지지한다. 진짜 문제는 전통적인 개신교 신학에서 통상적으로 문제로 간주한 "율법주의"가 아니라, 사람이 하나님의 백성에 속하기 위해서 반드시 유대인이 되어야 하느냐는 문제다.[56]

---

55 Wright, *Climax of the Covenant*, 172.
56 Wright, *Climax of the Covenant*, 173. 이 점에 대한 비판으로는, Bruce W. Longenecker, "Defining the Faithful Character of the Covenant Community: Galatians 2.15-21 and Beyond," in *Paul and the Mosaic Law: The Third Durham-Tübingen Research Symposium on Earliest Christianity and Judaism*, ed. James D. G. Dunn (Grand Rapids: Eerdmans, 2001),

그러나 바울의 반대자들이 그를 비난한 이유는 단지 그가 민족적 정체성을 약화시켰다고 봤기 때문이 아니라, 그가 반율법주의(antinomianism)를 주장한다고 봤기 때문이다(롬 3:8; 5:20-6:1). 바울은 오해를 말끔히 풀기 위해 더 포괄적인 논지를 설명하는 대신, 자신의 논박을 회원 정체성에 국한해 설명할 기회가 얼마든지 많았을 것이다.

라이트는 말하기를, 고린도후서 3:18에서도 "토라와 복음은 동일하진 않지만, 여기서도 대립되지 않는다"라고 한다.[57]

이와 관련해 칼빈의 절묘한 표현은 주목할 만하다. 바울은 율법이 본래 형이상학적으로 은혜에 대립하는 범주가 아니어서 본질적으로 은혜에 반대되는 것은 아니라고 여긴다. 이러한 바울이 주장하는 바는 다음과 같다.

> "율법이 죽게 하는 직분인 것"은(고후 3:7) … **우유적으로**(accidentally), 즉 우리 본성의 부패로 말미암는다(강조는 첨가된 것).[58]

바울이 토라/노모스를 언급하는 여러 방식에 대한 우리의 이전 논의를 고려할 때, 정작 NPP 자신의 방식이 불트만과 베츠(Betz)의 환원주의적 경향을 나타내는 것 아니냐는 의문이 이번 부분에서 계속 제기될 수 있다. 불트만과 베츠의 경우에 율법이 본질상 사망의 직분이라면, NPP의 경우에 율법은 민족을 구별하는 특징에 불과하다(물론 어떻게 민족적 경계 표지가 **죽음**을 제공하는지도 의문이지만 말이다).

그러나 고전적 개혁신학의 경우, 전체 체계로서의 율법이 죽음을 가져

88을 보라.

57 Wright, *Climax of the Covenant*, 182.
58 John Calvin, *Commentary on Genesis*, trans. John King (repr., Grand Rapids: Baker, 1996), 126-27; 참조. Calvin의 *The Second Epistle of Paul the Apostle to the Corinthians* … , ed. D. W. Torrance and T. F. Torrance (Grand Rapids: Eerdmans; Carlisle: Paternoster, 1996), 고후 3:12.

오는 이유는 하나님 안에 있는 **율법** 자체의 성격 때문이 아니라, 아담 안에 있는 **우리** 자신의 존재 때문이다.

비록 라이트가 빌립보서 3장에서 바울이 이 지위를 "선물"로서 말한다고 지나가며 언급할지라도, "선물"이 "민족 증표"와 반대된다는 라이트의 이해에 대체 어떤 대조가 있을 수 있는지 의아하다.

특히 할례는 의무였을 뿐만 아니라 선물이기도 했는데, 이 대조가 실제로 적절한가?

라이트의 견해(샌더스와 던의 견해와 마찬가지로)에 따르면, 이미 1세기 유대교는 "들어감"이 은혜에 기초했다고 아주 확신했다.

그래서 만약 바울과 그의 반대자들이 "은혜로" 들어간다는 데는 일치했고, 단지 민족적 배타성 문제에서만 불일치했다고 한다면, 바울은 허공을 치고 있었단 말인가?

바울의 반대자들은 무엇을 "선물"에 대립하는 역할을 하는 것으로서 말하는가?

이미 일종의 선물로 주어진 민족적 지위는 아님에 분명할 것이다.

마지막으로, 라이트에게 칭의는 마지막 심판, 즉 행위에 따른 판단을 가리킨다(물론 라이트는 바울도 마찬가지라고 주장한다).

> 로마서에서 칭의에 대한 최초 언급이, 행위로 말미암는 칭의에 대한 언급(바울의 명백한 인정[롬 2:13: "하나님 앞에서는 율법을 듣는 자가 의인이 아니요 오직 율법을 행하는 자라야 의롭다 하심을 얻으리니"]과 함께)이라는 것이 낯설다. 내 생각에는, 이것을 이해하는 바른 방법은 바울이 최종적 칭의에 대해 말하고 있다고 보는 것이다.[59]

---

[59] Wright, *What Saint Paul Really Said*, 126

그래서 "들어감"(최초 칭의)이 아무리 은혜로 결정될지라도, "머무름"(최종적 칭의)은 행위로 말미암는다는 것이다.

만약 그렇다면, 로마서 2:25("네가 율법을 행하면 할례가 유익하나")은 바울의 위 주장(롬 2:13)과 어떻게 조화되는가?

우선, 바울의 주장은 민족적 경계 표지가 아니라 순종에 대한 것이다. 할례는 순종의 삶을 개시하는 출발일 뿐만 아니라, 할례 받은 자들에게 율법을 위반하면 당할 저주를 알리고 인 친다. 바울은 행위로 말미암아 의롭다 함을 받는 데 있어서 그 기준이 얼마나 높은지를 우리에게 보여 준다. 즉, 율법은 율법에 담긴 모든 것을 행하는 사람을 의롭다고 선언하지, 할례 받음으로써 유업을 요구하는 자들을 의롭다고 선언하지 않는다.

미카엘 와이스코그로드(Michael Wyschogrod)가 설명하는 것처럼, 랍비 전통(그리고 오늘날 정통 유대교)은 유대교로 개종하려는 이방인 지망자들로 하여금 태형을 받게 한다. 왜냐하면, 할례는 율법 전체를 지킬 의무를 부과하지만, 이방 나라들은 덜 엄격한 보편적인 법에 따라 심판 받을 것이기 때문이다.[60]

따라서 로마서 2:13에 있는 바울의 지적은 3:19-20에서 정점에 도달하는 주장의 일부다. 로마서 3:19-20에서 바울은 "온 세상"이 "율법 아래" 있다고 가정한다.

> 우리가 알거니와 무릇 율법이 말하는 바는 율법 아래에 있는 자들에게 말하는 것이니 이는 모든 입을 막고 온 세상으로 하나님의 심판 아래에 있게 하려 함이라 그러므로 율법의 행위로 그의 앞에 의롭다 하심을 얻을 육체가 없나니 율법으로는 죄를 깨달음이니라(롬 3:19-20).

---

[60] Michael Wyschogrod, *Abraham's Promise: Judaism and Jewish-Christian Relations*, ed. R. Kendall Soulen (Grand Rapids: Eerdmans, 2004), 188-201.

현재 칭의든 장래 칭의든 율법에 대한 우리의 순종으로 말미암을 수 없다. 사람의 부패를 고려할 때, 율법은 죄를 죄로 드러내는 데만 성공할 수 있다. 또한, 민족을 구별하는 특징들만으로 어떻게 유대인이 죄를 깨닫게 될 수 있었는지 알기 어렵다. 하물며 민족을 구별하는 특징들만으로 어떻게 온 세상의 입이 막힐 수 있었는지 알기 어렵다는 것은 말할 것도 없다.

로마서 2:25("네가 율법을 행하면 할례가 유익하나 만일 율법을 범하면 네 할례는 무할례가 되느니라")은 갈라디아서 3:10("무릇 율법 행위에 속한 자들은 저주 아래에 있나니 기록된 바 누구든지 율법 책에 기록된 대로 모든 일을 항상 행하지 아니하는 자는 저주 아래에 있는 자라 하였음이라") 및 5:2-4와 함께 읽고 이해되어야 한다.

> 보라 나 바울은 너희에게 말하노니 너희가 만일 할례를 받으면 그리스도께서 너희에게 아무 유익이 없으리라 내가 할례를 받는 각 사람에게 다시 증언하노니 그는 율법 전체를 행할 의무를 가진 자라 율법 안에서 의롭다 함을 얻으려 하는 너희는 그리스도에게서 끊어지고 은혜에서 떨어진 자로다(갈 5:2-4).

갈라디아서 5:11-13에서는 다음과 같이 가장 강하게 표현된다.

> 형제들아 내가 지금까지 할례를 전한다면 어찌하여 지금까지 박해를 받으리요 그리하였으면 십자가의 걸림돌이 제거되었으리니 너희를 어지럽게 하는 자들은 스스로 베어 버리기를 원하노라 형제들아 너희가 자유를 위하여 부르심을 입었으나 그러나 그 자유로 육체의 기회를 삼지 말고 오직 사랑으로 서로 종 노릇 하라(갈 5:11-13).

하지만 다른 곳에서는 할례 자체는 아무래도 좋거나(고전 7:19; 갈 5:6)

구속사적 견지에서는 심지어 이점이 있는 것으로도 진술된다(롬 3:1). 또한, 우상에게 제물로 바쳐졌던 고기를 먹는 것은 아무래도 좋은 문제였다(롬 14장).

3) 율법에 대한 자랑

아무래도 좋은 문제에 배타적인 경계 표지로서의 지위(할례가 분명 그러할지라도)뿐만 아니라, 하나님 앞에서 의롭다 함 받는 방법과 관련된 역할도 주어짐으로써, 아무래도 좋은 문제가 달라졌다. **할례 자체가 문제가 아니라, 누가 참된 언약 당사자인지(교회론)와 어떻게 사람이 구원받는지(구원론)를 함께 결정하는 율법 언약의 일부로서 할례를 의지한다는 것이 문제다.**

라이트(던과 마찬가지로)는 로마서 2장을 결정적인 부분으로 간주한다. 실제로 다른 곳에서 라이트는 다음과 같이 말했다.

> 로마서 2장은 카드 한 벌 안에 있는 조커다.[61]

라이트는 로마서 2:23에 있는 표현, 곧 '호스 엔 노모 카우카사이'(*hos en nomō kauchasai*)의 문법적 의미에도 불구하고 다음과 같이 주장한다.

> 이 구절에서 바울이 비판하는 "유대인"의 죄는 율법을 "자랑함"이 아닌 것이 분명하다.

또한, 바울의 비판은 "율법을 지켜서 지위, 또는 '의'를 얻으려는 시도나 율법을 통해 다른 어떤 것을 얻으려는 시도"도 겨냥하고 있지 않다.

---

[61] N. T. Wright, "Law in Romans 2," in Dunn, *Paul and the Mosaic Law*, 131.

바울이 비판하는 "유대인"의 죄는 율법을 **범함**이다(강조는 라이트의 것).[62]

하지만 이 유대인들은 민족적 경계를 표시하는 율법들을 어떻게 범해 왔는가?

사실 바울의 비판은 유대인들이 할례 받지 않거나 음식 규정을 지키지 않아 왔다는 것이 아니라, 이런 정체성 구별 표지들이 요구하는 모든 율법을 행하는 데 실패해 왔다는 것이다. 게다가 다음의 주장은 자의적인 의견인 것 같다.

> [로마서 3:27에서] 거부되는 "자랑"은 성공적인 도덕주의자의 자랑이 아니라, 2:17-24에 있는 것과 같은, 유대인의 민족주의적 자랑이다.[63]

만약 라이트 스스로가 인정하는 것처럼, 바울이 "도덕적 성취의 결여가 자랑을 무력하게 만든다(롬 2:23)"고 주장한다면,[64] 이 "자랑"이 어떻게 "성공적인 도덕주의자"의 자랑이 아닌 다른 것일 수 있겠는가?

갈라디아서의 언약적인 틀이 로마서의 언약적인 틀과 기본적으로 같다고 가정하는 것이 훨씬 더 잘 이해되는(그리고 일관성이 있는) 것 같다. 시내산 언약은 이스라엘 민족 국가에 한정되는 반면, 아브라함 언약은 모든 민족을 위한 복을 약속했다.

시내산 언약과 아브라함 언약은 그것들의 민족적 경계에 있어서만 다른 것이 아니라, 각각의 기업의 원리와 기초에 있어서도 각기 다르다. 즉, 율법과 약속이다. 아브라함의 약속이 이방인은 말할 나위 없고, 유대 민족에게만 이루어질 수 있는 이유는 아브라함의 약속이 율법 언약이 아니라 다

---

62 Wright, "Law in Romans 2," 133.
63 Wright, *What Saint Paul Really Said*, 129.
64 Wright, *What Saint Paul Really Said*, 139.

름 아닌 무조건적인 신적 맹세이기 때문이다.

그러므로 유대인이 자랑하는 기초는 민족주의가 아니라, 토라에 대한 열심인데, 이 열심은 이방인이 고유하지 못하는 것이 분명하다. 비록 이 열심이, 오직 믿음을 통해 그리스도 안에 있는 하나님의 의를 선물로 받는 것을 모른다고 할지라도(롬 10:1-4), 이것은 민족적 우월성을 주장하는 것과 다르다.

NPP는 바울의 주장을 이런 민족적 우월성의 문제로 축소함으로써, 바울의 더 깊고 더 넓은 주장을 설명하는 데 실패한다. 즉, 이것이 구원론의 문제가 아니라 교회론의 문제라는 것이다. 하지만 그렇다고 NPP에 구원론적 가정과 결론이 결여되어 있다는 의미는 아니다. 결국 NPP는 오직 언약적 신율주의의 영역 안에 머무른다.

그러나 김세윤이 주장한 것처럼, 바울과 언약적 신율주의 간의 연속성에 대한 강조는 바울이 교회의 박해자에서 이방인의 사도로 근본적으로 바뀐 것을 설명하지 못한다.

> 바울이 그리스도의 죽음과 부활을, 우리가 오직 은혜로(sola gratia) 그리고 오직 믿음으로(sola fide) 의롭다 함 받기 위한 하나님의 구속 행위로 보았다는 바로 그 이유 때문에, 바울은 아주 자유롭게 이방인에게 가서 하나님 은혜의 복음을 선포할 수 있었다.
>
> 하지만 오직 믿음(sola fide)의 원리를 바울만큼 명확히 보지 못한 유대 그리스도인들은 바울같이 행하기를 주저했고, 오히려 바울이 율법에 얽매이지 않고 자유롭게 이방인에게 선교하는 것을 비판했다.[65]

---

[65] Kim, *Paul and the New Perspective*, 2-3. 이것은 Kim의 *The Origin of Paul's Gospel* (Tübingen: J. C. B. Mohr, 1981; Grand Rapids: Eerdmans, 1982), 310-11에 있는 주장을 되풀이하고 있다. 참조. C. E. B. Cranfield, "'The Works of the Law' in the Epistle to the Romans," *Journal for the Study of the New Testament* 43 (1991): 89-101.

김세윤은 다음과 같이 덧붙인다.

> 갈라디아서 1:13-17에 있는 바울 자신의 진술은 복음에 대한 바울의 새 확신과 새 사명을 결합한다. 그럼에도 던이 복음에 대한 바울의 새 확신에서 바울의 새 사명을 분리하려는 하니 나는 도무지 이해할 수 없다.

갈라디아서 1-2장의 강조점은 단지 사도가 이방인들에게 보냄을 받는다는 데 있지 않고, **복음**에 있다.[66] 던에 따르면, 십자가에 못 박힌 그리스도가 이스라엘의 메시아라는 주장조차 1세기의 훌륭한 유대인들이 받아들일 수 있던 범위 안에 있었다.

그렇다면, 고린도전서 1장은 어떻게 되는가?

어째서 바울은 복음이 걸림돌이라고 말하는가?[67]

로마서 5-8장은 유대인-이방인의 관계를 다루는 것이 아니라, 중간에 모세를 세우지 않고 아담-그리스도의 관계를 다룬다.[68]

던과 라이트는 법정적 차원에 타당성을 다시 부여하려고 시도하다가도, 어떻게 사람이 하나님께 받아들여지는지에 대한 논쟁적 진술이 아니라 민족적 경계에 대한 논쟁적 진술로 법정적 차원을 제거한다고 김세윤은 거듭 지적한다.[69]

빌립보서 3장에 대한 개신교의 전통적 해석에 반대하고자 하는 "던은 '사람이 자신의 의를 얻을 필요가 있다는 것은 전통적인 유대교의 가르침에 속하지 않았다'는 자신의 교의를 충실히 인용하는 것으로 시작한다. 이 교의는 던으로 하여금, 9절에 있는 '내가 가진 의'의 자연스런 문법적

---

66 Kim, *Paul and the New Perspective*, 10-11.
67 Kim, *Paul and the New Perspective*, 15.
68 Kim, *Paul and the New Perspective*, 55.
69 Kim, *Paul and the New Perspective*, 66.

의미인 바울의 개인적 의, 즉 바울이 율법을 충실히 지켜 얻은 의로 이해하지 못하게 한다."[70]

만약 이것이 바울의 "개인적 성취"가 아니라면, 대체 누구의 것이냐고 김세윤은 의문을 제기한다.

> 만약 이것을 바울이 자신의 개인적 성취로 주장할 수 없었다면, 바울이 그를 반대한 유대인들보다 **더** "육체를 신뢰"할 수 있었던 근거는 대체 무엇인가?(4b절)[71]

만약 이 의가 단지 민족적 의였다면, 바울은 이 의를 "우리의 의"라고 말했을 것이다.[72] 로마서 7장에 대한 NPP의 주해에 대해서도 우리는 동일한 비판을 가할 수 있을 것이다. 바울 복음의 핵심은 복음이 이방인들에게 복된 소식일 뿐 아니라, 유대인들에게도 복된 소식이라는 것이다. 즉, 하나님이 **악인을 의롭다 하신다**는 것이다.

바로 이것이 다른 모든 논쟁을 불러일으키는 걸림돌이다. 민족성의 문제는 그다음에 휩쓸려 들어가는 것이다. 우리 모두는 아담 안에서 이 궁지에 함께 빠져 있고, 그리스도 안에서 우리는 이 궁지에서 함께 빠져 나온다. 곤경과 해결 둘 다, 바울의 반대자들이 생각한 것보다 깊다.

"율법의 행위"에 대한 바울의 반박은 유대인의 정체성을 부각시키는 일부 율법들로 한정될 수 없다. 여전히 레이제넨처럼(그리고 샌더스도), 이 점에 있어서 바울이 유대교에 대해 그야말로 잘못 생각했다고 주장하는 사람이 있을지 모른다.[73]

---

[70] Kim, *Paul and the New Perspective*, 76.
[71] Kim, *Paul and the New Perspective*, 76.
[72] Kim, *Paul and the New Perspective*, 77.
[73] Räisänen, *Paul and the Law*; 참조. Räisänen의 "Legalism and Salvation by the Law," in *Die paulinische Literatur und Theologie*, ed. S. Pedersen (Aarhus: Aros, 1980), 72-73. "바울에

하지만 아직까지 NPP는 바울이 유대교를 율법주의적인 것으로 간주하지 않았다는 것을 증명하는 데 성공하지 못했다. 반면에 한스 디터 베츠(Hans Dieter Betz)는 반대 극단으로 치우친다. 즉, 율법과 저주는 존재론적으로 일치한다는 것이다.[74]

그러나 바울은 사람이 율법을 지켰기 때문에, 또는 율법을 지키려고 하기 때문에 정죄받는다고 말한 적이 없고, 율법을 지키지 **않았기** 때문에 정죄받는다고 말한다.

율법의 본질은 정죄하는 것이라기보다, "이 모든 것을 우리가 준행하리이다"라고 맹세한 사람들에게 공정한 판결을 선언하는 것이다. 그래서 칼빈은 앞서 인용한 대로, 율법의 정죄하는 기능은 율법의 존재에 부수적인 것으로서, 인간의 죄로 인한 것이라고 말했다. 만약 아담이 인류의 언약적 머리로서 자신에게 맡겨진 사명을 성취했었다면, 율법은 의롭다고 선언했을 것이다.

던은 바울이 염두에 둔 저주가 "율법에 대한 잘못된 이해의 저주"라고 분명히 말한다. 그러나 김세윤은 이렇게 응수한다.

> 유대인들의 "율법에 대한 잘못된 이해"를 고치는 데 그치는 것은 그들이 "율법 책에 기록된 대로 모든 일을 항상 행하지" 않는([갈 3:]10b; 신 27:26)

---

[74] 게 유대교는 율법주의였다. … 율법이 구원의 길이었던(또는 구원의 길로 생각된) 적이 없었다는 간단한 이유로 인해, '구원의 길로서의 율법'을 폐지하는 것은 불가능했음에 틀림없다. … 바울이 틀렸다." 그러나 이 주장은 구약 자체에 위배된다. 율법은 **상벌 규정**과 함께 주어졌다. 율법은 자신의 능력이 미치는 한 준수되어야 하는 것에 불과한 것이 아니라, 성취되어야 하는 언약이었다. 율법 조항을 개인적으로 이행하면 살 것이고, 이행하지 못하면 죽을 것이라는 것이 구체적인 법규들의 법적 맥락이었다(레 18:5; 신 4:1; 5:33; 6:24-25; 8:1; 30:15-18; 느 9:29; 겔 18:19; 참조. 18:9, 21; 20:11, 13, 21). Räisänen은 가나안 땅에서 백성의 지위가 순종으로 말미암아 결정되는 국가적 (시내산) 언약과 개인의 구원이 결정되는 (아브라함) 약속의 구별을 놓치고 있다. 필자의 판단으로는 이 구별의 실패가 바울이 다루지 않을 수 없었던 혼동의 그야말로 핵심이었다. Hans Dieter Betz, *Galatians* (Minneapolis: Fortress, 1979), 145-46.

것에 대해 율법이 선언하는 저주로부터 구속받는 것이라고 도저히 말할 수 없다.[75]

던은 이것을 새 관점 해석의 "시험 사례"로 지정하기에, 이 구절에 대한 NPP의 주해가 반박을 받으면 NPP가 그 반박을 극복할 것이라고 전망하기 어렵다.[76]

브루스 롱게네커(Bruce Longenecker)는 바울의 논쟁이 민족적 제한성을 겨냥하고 있는 것이 맞다고 말한다. 그러나 비록 율법에 대한 순종 자체가 "율법주의"로 규정될 수 없을지라도, "율법적 준수가 율법주의일 수 있다고 바울이 말하는 것 같은 다른 구절들이 존재한다."

> [바울은] 로마서 3:29-30에서 쉐마의 의미를 고쳐 쓰고 몇 절 지나지 못해, 하나님보다 자신의 행위를 신뢰하고 자기가 일한 대로 보상받기 기대한 일꾼의 비유를 제시한다(4:4-5).[77]

던을 포함해 비슷한 경향의 저자들은, "바울이 '행위'에 대한 유대교의 관심과 하나님의 '은혜'를 대조하는" 이 구절이나, 로마서 9:11-12, 32, 11:5-6에서 율법주의를 바울의 비판 대상에서 제외시킬 수 없다.[78] 그럼에도 롱게네커에 따르면, 바울이 싸우고 있는 것은 율법주의 자체가 아니라고 한다. 바울에게는, 그리스도 없는 모든 것이 율법주의적인 것으로

---

75 Kim, *Paul and the New Perspective*, 133. 여기서 재인용되는 것은, Dunn, "Works of the Law," in *Jesus, Paul, and the Law*, 229이다.
76 Kim, *Paul and the New Perspective*, 133. 여기서 재인용되는 것은, Dunn, "Works of the Law," in *Jesus, Paul, and the Law*, 225이다.
77 Bruce W. Longenecker, "Contours of Covenant Theology in the Post-Conversion Paul," in Longenecker, *The Road from Damascus*, 140.
78 Longenecker, "Contours of Covenant Theology in the Post-Conversion Paul," 140.

서, 또는 일종의 율법주의로서 간주될 수 있다고 한다.

> 비록 유대인들 자신이 생각하기에는, 그들 자신의 율법 준수가 이스라엘에 대한 하나님의 은혜로운 선택에 대한 반응으로서 수행되고 있을지라도, 바울이 생각하기에, 유대인들은 그들 자신의 노력으로 하나님에게 보상을 얻기 위해 행동하는 죄를 범하고 있다.[79]

우리가 이미 본 것처럼, 샌더스는 이것을 바울 주장의 요지로 이해했지만, 샌더스는 신인협력주의(즉, 언약적 신율주의)가 참 종교에 가깝다는 그 자신의 신학적 확신에 근거해, 바울이 틀렸다고 결론 내렸다.

율법의 행위에 대한 바울의 정의와 비판의 깊이와 폭을 더 충분히 알기 위해서, 바울의 논증에서 발견되는, 구별된 언약적 원리로서 율법과 약속의 관계를 검토하는 것이 필요하다. 이제부터 우리는 이 문제를 다룰 것이다.

---

[79] Longenecker, "Contours of Covenant Theology in the Post-Conversion Paul," 141.

제5장

율법과 복음:
대조인가, 연속인가?

지금까지 필자는, 구원론이냐 교회론이냐, 구원 서정(*ordo salutis*)이냐 구속사(*historia salutis*)냐, 그래서 회원 증표로서 이해된 (교회론적) "율법의 행위"이냐 하나님과의 화해를 얻는 길로서 이해된 (구원론적) "율법의 행위"이냐의 그릇된 양자택일을 우리가 극복할 수 있다고 주장해 왔다.

만약 이런 문제에 환원주의가 많다고 한다면, 율법과 복음의 관계에서는 환원주의가 정말 대유행이다. 한편으로는, 율법 개념 자체가 속박과 죽음을 내포한 것처럼, 율법과 복음을 추상적으로 대조하는 경향이 있다. 다른 한편으로는, 복음이 단지 완화된 율법에 불과한 것이 될 만큼 율법과 복음의 연속성이 아주 강조될 수 있다.

필자가 판단하기에, 한스 디터 베츠(Hans Dieter Betz)와 루돌프 불트만(Rudolf Bultmann)은 전자의 경향을 대표적으로 나타내는 반면, NPP는 후자를 대표적으로 나타낸다—NPP의 이 경향은 어느 정도 율법과 복음의 추상적 대조에 대한 반작용이다.

16-17세기 개혁교회 신앙고백서들과 대표적 신학자들은 루터주의 못지않게 율법과 복음의 구별을 강하게 주장했다. 그런데 언약신학이 성공적으로 꽃피면서, 개혁신학자들은 율법과 복음의 구별을 다양한 역사적 언약들의 영역에 들여 왔다. 그래서 예를 들어, 이스라엘 신권 정치 체제가 창조 언약(엄밀히 말해, 행위 언약)의 어느 정도의 재판(再版)인지, 그리고 시내산 언약과 대조되는 아브라함 언약에서 율법이 어떤 기능을 하는지와 같은 특

정한 문제들로 말미암아 더 세밀한 의미의 차이에 주목하게 됐다.

이 언약적 접근은 율법과 복음의 관계를 결정할 때, 특정 구절들의 구제적인 문맥과 상황에 더 민감했다. 본 장에서는 이전의 논증에 기초해서, 율법과 복음의 추상적인 대조 아니면 마찬가지로 일방적인 연속성이라는 막다른 길을 넘어갈 수 있는, 율법과 복음의 관계에 대한 언약적 설명을 제시할 것이다.

1. 율법과 복음: 대조인가, 연속인가?

이미 우리는 두 가지 언약 전통에 대한 기본적인 이야기를 제시했기 때문에, 바울과 유대교의 관계에 우리의 초점을 맞출 것이다. 비록 유대교와 바울의 근접성에 대한 NPP의 견해가 다양할지라도, NPP는 율법과 복음의 철저한 불연속성(베버[F.Weber], 불트만, 베츠 등)에 맞서, 철저한 연속성을 제안한다. 던은, 바울뿐만 아니라 복음서(특히, 마태와 요한)도 바리새인들이 진짜로 믿은 바를 다소 잘못 전하고 있다는 "합의"(자신이 "합의"로 간주하는 것)에 호소한다.[1]

여기서 필자는, 언약적 신율주의로 알려진 단일한 "종교 유형"을 이중적 언약 패러다임으로 대체할 때, 그릇된 양자택일이 해결된다고 또다시 제안하는 바다.

1914년에 몬티피오리는 AD 50년의 유대교를 랍비, 묵시적 유대교와 헬라적 유대교를 구별했다.[2] 하지만 모든 분파가, "**제대로 된** 모든 이스라

---

[1] James D. G. Dunn, *Jesus, Paul, and the Law: Studies in Mark and Galatians* (Louisville, KY: Westminster/John Knox, 1990), 61.

[2] C. G. Montefiore, *Judaism and St. Paul* (London: Max Goschen, 1914), 35.

엘 사람의 경우 내세에 자리가 있다"(강조는 첨가된 것)는 데는 일치했다.[3] 그런데 여기에 내포된 명령법이 개인적 구원에 대한 염려를 불러일으키지 않았을 것이라고 생각하기 어렵다. 또한, "제대로 된"이 할례 받고 음식 규정을 지키는 것과 똑같다는 것도 명백하지 않다.

아주 주목할 만한 것은, 몬티피오리에 따르면, 랍비 유대교에 중심적인 그런 회개와 용서가 바울에게서 전혀 발견되지 않는다고 한다.[4] 그래서 유대교의 입장에서는, 바울이 죄와, 죄를 극복할 수 없는 인간의 무능에 너무 열중했다는 것이다. 아이러니하게도 이것을 스탕달과 NPP는 "루터주의" 견해가 바울에게 부과한 것("내성적인 양심")이라고 비판했다.

또한, 유대교의 입장에서는, 사람은 "낯설고 놀라운 방책 없이도 (하나님은 항상 도와주시고 용서하시기에) 구원받고 죄를 이길 수" 있기 때문에, 십자가도, 새로 "거듭남"(요 3:3, 5-8)도 불필요하다고 몬티피오리는 덧붙였다.[5] 그래서 몬티피오리와 숩스(Schoeps)는 바울이 유대교를 행위-의의 종교로 잘못 전했다고 결론짓는다.

또다시 우리는, "행위-의"를 성립시키는 것에 대한 어떤 사람의 판단이, 복음과 은혜의 내용과 인간의 조건에 대한 그 사람의 신학적 헌신에 크게 의존한다는 것을 확인하게 된다. 몬티피오리(와 숩스)의 논지가 샌더스에게는 깊이 영향을 미친 반면, 던과 라이트는 종교개혁의 전통적 해석과 바울의 차이를 강조함으로써 바울과 유대교를 더욱 화해시키고자 했다.

---

[3] Montefiore, *Judaism and St. Paul*, 44.
[4] Montefiore, *Judaism and St. Paul*, 38.
[5] Montefiore, *Judaism and St. Paul*, 78.

2. 단일 언약주의: 은혜로 완화된 율법

던은 샌더스와 마찬가지로, 유대교의 언약 이해가 기본적으로 은혜에 기초했다고 주장한다. 하나님이 이스라엘의 선택을 결정하시고 선택에 계속 신실하시는 것은 은혜다. 이스라엘 보존의 근거를 제공해 준 것은 이스라엘의 행위가 아니라 하나님의 은혜였다(신 4장).

그러나 샌더스와 달리, 던은 바울이 언약과 칭의를 이해할 때 자신의 유산에서 떠나지 않았다고 주장한다. 다메섹 도상에서 예수를 만난 일은 바울의 사명을 바꿨지만(이방인을 포함시키도록), 바울의 신학을 근본적으로 바꾸지 않았다는 것이다.[6] 던은 이 견해를, 이냐시오(Ignatius)로부터 종교개혁까지 계속되어 온, 기독교와 유대교를 대립시키는 변증의 역사적인 전통과 대조한다.

> 그래서 다음이 분명히 말해질 필요가 있다. 즉, 믿음을 통한 칭의는 유대교 교리에 핵심적이다. 신적 은혜에 대한 의존은 유대교 사상 내내, 적어도 바울 시대까지는, 한결같은 강조점이었다. … 바울 이전의 유대교 문헌에, 하나님의 인정이 획득되어야 한다는 명백한 가르침이 존재하지 않는다(샌더스, 『바울과 팔레스타인 유대교』[Paul and Palestinian Judaism]; 던, '바울에 대한 새 관점'[New Perspective on Paul]).[7]

게다가 던은, NPP가 일반적으로 그런 것처럼, 단일한 언약만 허용한다. 언약은 원래 은혜로워야 하기 때문에, 다른 종류의 언약(즉, 조건적인 율

---

[6] James D. G. Dunn, "Paul and Justification by Faith," in Richard N. Longenecker, ed., *The Road from Damascus: The Impact of Paul's Conversion on His Life, Thought, and Ministry* (Grand Rapids: Eerdmans, 1997), 89.

[7] Dunn, "Paul and Justification by Faith," 89.

법 언약)을 암시하는 것 같은 요소들은 동화되지 않을 수 없다. 필자는 이것이 제2성전 유대교에 일반적으로 적합한 접근이라고 의심하지 않는다. 이런 두 언약의 융합(따라서, 율법과 복음의 융합)이 다름 아닌 바울이 비판한 초점이다. 그레이엄 스탠턴(Graham Stanton)은 이런 결론을 추가로 뒷받침한다.

> 바렛(C. K. Barrett)이 말하는 것처럼, "그들은 아브라함 언약이 시내산 언약으로 말미암아 재정의 됐다는 견해를 가졌다." 바울은 이 견해를 용인하지 않을 것이다. 아브라함과 맺어진 하나님의 언약은 믿음에 기초했다. 아브라함 언약은, 430년 후에 주어진 율법에 의해 파기되거나, 보완되거나, 재해석되지도 않았다. … 아브라함의 두 아들에 대한 전통을 재해석하는 바울의 해석에서, 그리스도에게 속하는 자들의 계보는 시내산과 율법을 완전히 지나쳐, 직접적으로 아브라함까지 거슬러 올라간다.[8]

바울이 말하는 새 언약을 갱신된 시내산 언약으로 보는 것은 바울 사도가 주장하는 가장 중심적인 요점을 놓치는 것이다. 사실, 이것은 예레미야 31장의 명백한 요점을 놓치는 것이다. 예레미야 31장에서 여호와는 새 언약이, 그들의 조상이 깨뜨렸던, "내가 그들의 조상들의 손을 잡고 애굽 땅에서 인도하여 내던 날에 맺은 것과 같지 아니할 것"이라고 맹세하셨다(32절).

라이트는, 비록 바울의 주적(主敵)은 율법주의가 아니었을지라도, 한때 바울이 보다 관대한 힐렐파(派)가 아니라 샴마이파로서 엄격주의(rigorism)를 견지했었다고 제안한다.

---

8   Graham Stanton, "The Law of Moses and the Law of Christ: Galatians 3:1-6:2," in *Paul and the Mosaic Law: The Third Durham-Tübingen Research Symposium on Earliest Christianity and Judaism*, ed. James D. G. Dunn (Grand Rapids: Eerdmans, 2001), 108-9.

이것은 1세기 유대교에서, "하나님께 대한 열심"(행 22:3) 또는 "조상의 전통에 대한 열심"(갈 1:14)이 있다는 의미였다.[9]

이와 대조적으로, 라이트는 다음과 같이 말한다.

사도행전 5장의 가말리엘은 스데반을 돌로 치는 것에 찬성하지 않았을 것이다.[10]

유대교를 펠라기우스주의로 간주하는 것은 오판이라는 샌더스의 주장은 옳지만, "유대교"에 대한 샌더스의 견해는, 미쉬나에 나타나는 힐렐파의 덜 엄격한 입장과 아주 일치한다.[11] 회심 이전의 바울(즉, 사울)은 "구원에 대한 무시간적 체계"(라이트가 개신교 정통주의의 탓으로 돌리는 견해)에도, "들어옴이나 머무름"의 체계(샌더스)에도 관심이 없었다.

바울은 하나님이 이스라엘을 속량하시길 바랐다.[12]

비록 세부적인 차이에도 불구하고, 라이트는 샌더스의 기본 패러다임을 공유한다. 특히 다루어지는 것이 단일한 언약—"갱신된 언약"—이라

---

[9] N. T. Wright, *What Saint Paul Really Said: Was Paul of Tarsus the Real Founder of Christianity?* (Grand Rapids: Eerdmans, 1997), 27.

[10] Wright, *What Saint Paul Really Said?*, 29.

[11] Wright, *What Saint Paul Really Said?*, 32. NPP는 중세신학을 "펠라기우스주의적"이라고 잘못 판단할 뿐만 아니라, 펠라기우스 본인조차 정당하게 대우하지 않는다. 아우구스티누스가 인용한 (다소 편파적이었다고 인정되는) 인용문들, 그리고 교회의 정죄들뿐만 아니라, 펠라기우스의 로마서 주석, 펠라기우스 제자들의 저술에서 우리가 실제로 아는 바에 따르면, 적어도 펠라기우스주의는 세례가 회개와 속죄를 위해 제공된 은혜의 선물이라고 주장했다.

[12] Wright, *What Saint Paul Really Said?*, 32.

가정에 있어서 그러하다.[13] 단일 언약주의는 라이트를 다음의 추가적인 환원주의로 이끈다.

따라서 갈라디아서 3:15-18에서, 바울은 "율법"과 "약속"을 서로 양립할 수 없는 종교 유형으로서 오로지 대조만 하고 있는 것이 아니다.[14] 좋은 점은 여기서 바울이 "오로지" 그것만 하지 않는다는 것이다.

하지만 그것이 바울이 하고 있는 것의 **일부**가 아닌가?

> 독립적으로 취해진 토라가 약속을 약화시키는 것은(18절) "행위"와 "믿음"의 차이 때문이 아닐 것이다.[15]

라이트에 따르면, 이 구절에서 바울의 요지는 다음과 같다.

> 모세는 그를 통해서 이 약속된 "한 자손"이 나타나게 되는 그런 중보자가 아니다. 모세는 이스라엘에게만 주어진 계시의, 즉 '호이 에크 노무'(οἱ ἐκ νόμου)의 중보자이기 때문에 그런 중보자일 수 없다.[16]

따라서 라이트는 **중보자들**이 다르다는 것은 인정하지만, 이 중보자의 차이가 다른 **언약**을 요구한다는 것은 인정하지 않고, 있을 수 있는 모든 차이를 라이트는 칭의의 기초(구원론)가 아니라 회원 자격의 문제(교회론)로 국한한다. 다음의 순환 논법이 분명히 나타난다. 바울은 유대인으로서 "구원받는 방법"에 관심이 없었고, 언약을 이방인에게 개방하는 데 관심이 있었다. 그러므로 "율법의 행위"는 율법-준행 전반이 아니라 경계 표

---

[13] N. T. Wright, *Climax of the Covenant: Christ and the Law in Pauline Theology* (Edinburgh: T&T Clark, 1991), 156.
[14] Wright, *Climax of the Covenant*, 166.
[15] Wright, *Climax of the Covenant*, 166.
[16] Wright, *Climax of the Covenant*, 169.

지를 가리킴에 틀림없다. 이런 가정이 구체적인 모든 구절에 대한 라이트의 주해를 좌우한다.

반면에 필자가 주장하고자 하는 것은, 바울(뿐만 아니라 히브리서도)에 따르면, 모세가 세상에 약속된 복의 중보자가 될 수 없는 더 근본적인 이유가 있다는 것이다. 모세가 세상에 약속된 복의 중보자가 될 수 없는 것은, 시내산 언약이 배타적으로 이스라엘과 관계있는 언약이기 때문만이 아니라, 그리스도가 더 좋은 약속에 기초한 더 좋은 언약의 중보자이기 때문이다.

바울이 비판하는 대상은, 샌더스, 던, 라이트가 서로 간의 차이에도 불구하고, 크게 긍정하는 것 같은 단일 언약주의(즉, 언약적 신율주의)다. 여기서는 단일한 언약이 교회론적 재정의(이방인을 포함함)를 겪음으로써 선택 교리의 수정은 있을 수 있지만, 기초들(율법과 약속)이 다른 두 언약은 존재하지 않는다.

그러나 우리의 구별에서, 아브라함/새 언약의 약속이 더 좋은 언약으로 간주되는 것은, 아브라함/새 언약의 약속이 단지 이방인을 포함하기 때문만이 아니라, 하나님 자신이 맹세한, 더 좋은 사역(하늘의 성소에서 실행되는), 더 좋은 대제사장과 제사가 있는, 무조건적인 약속이기 때문이다(갈라디아서뿐만 아니라, 히브리서, 특히 7-10장을 보라). 선지자들이 약속한 것처럼, 그리스도와 함께 나타난 것은 시내산 언약의 갱신과 이스라엘의 회복보다 더 근본적인 것이다. 요한복음은 바울이 상술하는 사건의 결정적 성격을 다음과 같이 표현한다.

> 우리가 다 그[그리스도]의 충만한 데서 받으니 은혜 위에 은혜러라 율법은 모세로 말미암아 주어진 것이요 은혜와 진리는 예수 그리스도로 말미암아 온 것이라(요 1:16-17).

모세는 종말론적 선물을 받는 사람이며 그 선물의 증인이었지만, 다름 아닌 성육신한 하나님인 예수는 종말론적 선물의 중보자시다. 모세는 종이었지만 예수는 아들이시다. 모세는 자신의 불순종 때문에 가나안이라는 모형적인 땅에 들어가지 못하게 됐을지라도, 모세는 그리스도를 믿는 믿음으로 하늘의 시온성에는 들어갔다(히 11:23-29).

심지어 NPP에 호의적인 자들 가운데도 과격한 연속성을 추구하는 편향성에 이의를 제기하는 학자들이 있다. 헤르만 리히텐버거(Hermann Lichtenberger)에 따르면, 쿰란문헌에는 "토라와 더불어, '숨겨진 은밀한 것들'이, 준수하는 자들에게 생명을 주는 신적 명령의 핵심을 구성한다(CD 3, 15f)"라고 한다.[17]

> 시내산 언약도 공동체의 정체성을 규정한다.[18]

이런 남은 자 공동체(즉, 언약)에 들어가는 근거는 토라에 자발적으로 순종하는 데 있다. "토라를 따라서 사는 것이 하나님의 길을 완벽히 따르는 것으로서 묘사될 수 있다(1 QS 2, 2)"고, 거기에 따라서 복과 저주가 임한다.

> 토라가, 사람들이 하나님을 기쁘시게 하는 삶을 영위하고 구원의 약속을 받을 수 있는 공동체 내부의 틀을 제공한다.[19]

시내산 언약 이전에 죄를 지은 자들도 토라에 따라 심판받는데, 왜냐하면, 율법을 주신 하나님이 바로 창조자 하나님이시기 때문이다(CD II,

---

[17] Hermann Lichtenberger, "The Understanding of the Torah in the Judaism of Paul's Day," in Dunn, *Paul and the Mosaic Law*, 12.
[18] Lichtenberger, "The Understanding of the Torah in the Judaism of Paul's Day," 12.
[19] Lichtenberger, "The Understanding of the Torah in the Judaism of Paul's Day," 13.

17ff).²⁰ 쿰란문헌에는 "우리가 한 말이 참임을 알고, 말세에 기쁨을 발견할 수 있도록" 죄에 빠지지 않게 해 달라고 하나님께 기도하는 기도가 있다. 거기에 따르면,

> 만약 너희가 **너희 자신과 이스라엘의** 구원을 위해 하나님 앞에서 참되고 선한 것을 **행하면**, 이것이 너희에게 의(義)로 계산될 것이다(C 25-32, 강조는 첨가된 것).²¹

여기서 어떻게 구원받을 수 있느냐는 것은 결정적인 문제임에 분명하고, 그 답도 마찬가지로 명백했다. 쿰란은 "더 좋은 약속"과 "더 좋은 중보자"에 의존한 공동체가 아니라, 모세 언약 갱신의 공동체, 즉 모세 경륜의 복원이었다. 비록 리히텐버거가 이런 제2성전 유대교 그룹들이 철저히 율법주의적인 구원론을 신봉하지 않았다는 익숙한 평가를 되풀이할지라도, 리히텐버거는 제2성전 유대교 자료로부터 다음과 같이 결론 내린다.

> 영생의 획득은 인간의 행위에 대한 심판에 달린 것으로 틀림없이 생각될 수 있었다.²²

던은 바울이 유대교와 대립적이지 않고 연속성이 있는 견해를 점차 갖게 됐다고 생각하지만, 마르틴 헹엘(Martin Hengel)은 갈라디아서가 바울의 첫 번째 서신이고, 따라서 안디옥교회와 예루살렘교회 간에 논쟁이 있기 전에도 칭의 교리가 바울에게 중심적인 것이었다는 설득력 있는 증거를 제시한다. 이 증거는, 슈바이처와 종교사학파가 처음 제안한, 바울에게 있

---

20 Lichtenberger, "The Understanding of the Torah in the Judaism of Paul's Day," 14.
21 Lichtenberger, "The Understanding of the Torah in the Judaism of Paul's Day," 16.
22 Lichtenberger, "The Understanding of the Torah in the Judaism of Paul's Day," 22.

어서 칭의가 논쟁적 갈등에서 생겨난 "부수적인 분화구"라는 생각에 이의를 제기한다.[23] 헹엘은 다음과 같이 덧붙인다.

> 바리새파 유대교에서 내려온, 상대적으로 부주의한 실천적인 "신인협력주의"가 지배한 것 같다. 그리고 이것이 이후 교회의 경건을 규정했다. … 당시 유대교에서 율법은 구원의 축도(縮圖)였다. 율법은 "생명"과 기본적으로 동일시될 수 있었다.[24]

그러나 바울의 경우,

> 이제 신자들에게는 부활한 주님이 **생명**이시다(고후 4:11ff.; 2:16). 율법 안에 또는 아래에 있음이 그리스도 안에 있음에 의해서 대체된다.[25]

헹엘은 또 이렇게 말한다.

> 내가 알기는, 바울이 회심한 날부터 또는 사도로서 선교 사역을 시작할 때부터 바울의 중심 메시지에는 근본적인 변화가 없었다.[26]

---

23 Martin Hengel, "The Attitude of Paul to the Law in the Unknown Years between Damascus and Antioch," in Dunn, *Paul and the Mosaic Law*, 25.
24 Hengel, "The Attitude of Paul to the Law in the Unknown Years between Damascus and Antioch," 33.
25 Hengel, "The Attitude of Paul to the Law in the Unknown Years between Damascus and Antioch," 33.
26 Hengel, "The Attitude of Paul to the Law in the Unknown Years between Damascus and Antioch," 34.

바울 기독론의 구성 요소들(그리스도, 하나님의 아들, 주)은 바울이 한때 반대했던 예수에 대한 초기 전통에서 모두 비롯된 것이었다.[27]

우리는 바울이 헬라 혼합주의, 신비 종교들이나 영지주의의 영향을 받았다는 생각을 전혀 역사적이지 않은 것으로 거부해야 한다.

이런 생각은 다름 아닌 연대 상으로 불가능하다.[28] 스탠턴은 바울의 율법과 복음의 관계에 대한 대부분의 논쟁들이 나무를 보려다 숲을 놓친 데 기인한 것 같다는 의혹을 제기하면서, 갈라디아서는 구두로 작성된 본문이기 때문에, "우리는 이 편지의 '소리 지도'(sound map)에 주의할 필요가 있다"고 제안했다.[29]

만약 우리가 이 장들의 "소리 지도"에 주의한다면, 바울의 요점은 명명백백하다. 즉, 믿음과 율법은 서로 충돌한다.[30]

"율법의 행위"라는 어구는 11개 절에서 5회(2:16에서 3회; 3:2, 5) 사용된다. 날카로운 대립을 구성하는 한 부분으로서 이 어구가 반복되는 것은 원래 청중들에게 강한 충격을 주기 위해 의도된 것이었다. 즉, 원래 청중들은 바울이 그리고 있는, 하나님 앞에서 사람의 신분을 확립하는 두 가지 다른 방법 간의 대조를 놓치기가 거의 불가능했었을 것이다. … 내가 확신하건

---

27 Hengel, "The Attitude of Paul to the Law in the Unknown Years between Damascus and Antioch," 34.
28 Hengel, "The Attitude of Paul to the Law in the Unknown Years between Damascus and Antioch," 40-41.
29 Stanton, "The Law of Moses and the Law of Christ: Galatians 3:1-6:2," in Dunn, *Paul and the Mosaic Law*, 100.
30 Stanton, "The Law of Moses and the Law of Christ: Galatians 3:1-6:2," 100-101.

대, 바울은 하나님 앞에서 사람의 신분이 모세 율법의 요구를 실행하는 데 달려 있었다고 하는 반대자들의 주장을 반박하고 있다.[31]

들어가고 머무는 데 필요한 것은 믿음뿐이다(갈 3:5).[32]
비록 레이제넨이 바울이 틀렸다는 결론을 결국 내릴지라도, 레이제넨의 다음 판단은 정당해 보인다.

> 나는, 내가 바울의 "율법의 행위"에 대한 샌더스의 입장을 비판하는 자들을 용인해 말했던 것을 되풀이하는 바다.
> "인간중심적 율법주의의 개념적 함의를 모두 제외하는 것은 너무 지나치다."[33]

앤드류 다스(Andrew Das)는 다음과 같이 말한다.

> 샌더스가 유대교에서 하나님의 은혜와 자비를 강조한 것은 옳았지만, 샌더스가 하나님이 율법에 대한 엄격한 순종을 명령하신다는 것을 부정했을 때, 그의 진술은 너무 지나쳤다.[34]

우리가 이미 본 것처럼, 사실상 샌더스는 이 점에 있어서 오락가락한다.

---

31 Stanton, "The Law of Moses and the Law of Christ: Galatians 3:1-6:2," 103.
32 Stanton, "The Law of Moses and the Law of Christ: Galatians 3:1-6:2," 104.
33 Heikki Räisänen, "Faith, Works and Election in Romans 9," in Dunn, *Paul and the Mosaic Law*, 242, 여기서 Räisänen은 자신의 "Paul's Call Experience and His Later View of the Law," in *Jesus, Paul and Torah*, JSNTSup 43 (Sheffield: JSOT Press, 1992), 37(참조. 46)을 인용하고 있다.
34 Andrew Das, *Paul, the Law, and the Covenant* (Peabody, MA: Hendrickson, 2001), 44.

더군다나 샌더스는 "언약"을 규정하는 데 실패한다.

시내산 언약에서처럼, 단지 언약이 "율법"(토라)이라는 동전의 다른 면과 동일시된다.[35] 다스는 갈라디아서 3:15-17에 비춰 다음과 같이 결론 내린다.

> 만약 언약과 율법이, 언약적 신율주의에서처럼, 같은 동전의 양면이라는 샌더스의 주장이 옳다면, 여기 바울의 주장에 문제가 생길 것이다. 먼저 바울은 약속과 언약(διαθήκη)이 정해지고 430년 후에 율법이 왔다고 주장한다. 언약적 신율주의에 따르면, 율법에 대한 순종이 아브라함에게서 시작된 언약 관계에 기초하지만, 바울은 이 관계를 절단한다. … 바울은 언약 및 약속과 시내산 율법 사이를 절단함으로써 유대교 신학과 유대주의 기독교를 부순다.[36]

갈라디아서 4장의 비유에서,

> 바울은 모세 율법과 아브라함 언약 사이의 관계를 제시한다. 유감스럽게도 언약적 신율주의자들에게 있는 것은 잘못된 것, 바로 종의 언약이다.[37]

비록 루이스 마틴(J. Louis Martyn)은 언약을 두 가지 유형으로 보지 않고, (본질적으로 은혜로운) 언약을 율법과 대조할지라도, 동일한 점을 지적한다.

---

[35] Das, *Paul, the Law, and the Covenant*, 71.
[36] Das, *Paul, the Law, and the Covenant*, 75.
[37] Das, *Paul, the Law, and the Covenant*, 76.

바울은 언약과 율법을 이런 식으로 철저하게 분리함으로써, 언약적 신율주의와 동일시되는 것이 적합한 기준틀 안에서 움직이는 사고를 따르는 법은 거의 없다. 도리어 언약을 율법에서 분리시키는 이혼 증서에 의해 이 기준틀을 폭파한다.[38]

여기서 마틴은 율법과 복음의 날카로운 대조를 인정하지만, "언약"을 단일한 유형(오로지 은혜로운 유형만)으로 환원하는 경향을 내내 보인다. 언약과 율법 사이가 아니라 율법 언약과 약속 언약 사이를 구별하는 것이 옳다.

3. 역사로서의 율법과 언약적 원리로서의 율법의 구별

근래 스티븐 웨스터홀름(Stephen Westerholm)과 근래 몇몇 학자들이, 헤이키 레이제넨과 마찬가지로, '노모스'(nomos)가 "원리"로 번역될 수 있다고 주장해 왔다(몇몇 번역 성경에서 실제로 그렇게 번역됐다).[39] 언약의 본질이 바로 이것이다. 즉, 개인과 공동체를 규정하는 원리, 즉 어떤 공동체를 바로 그런 공동체로 만드는 법규 또는 규약이다. 만약 그렇다면, 바울은 흔히 인정되는 것보다 더 체계적이고 신학적인 범주를 갖고 작업하고 있었던 것 같다.

---

[38] J. Louis Martyn, "Events in Galatia: Modified Covenantal Nomism versus God's Invasion of the Cosmos in the Singular Gospel," in *Thessalonians, Philippians, Galatians, Philemon*, ed. Jouette M. Bassler, vol. 1 of *Pauline Theology* (Minneapolis: Fortress, 1991), 171.

[39] Stephen Westerholm, *Israel's Law and the Church's Faith: Paul and His Recent Interpreters* (Grand Rapids: Eerdmans, 1988), 147.

특히 바울이 갈라디아서 4장에서 율법과 약속을 "두 언약"을 나타내는 것으로서 말할 때, 바울에게 있어서 이런 율법과 약속이 행위(또는 율법) 언약과 은혜 언약과 같은 것이라고 결론 내릴 수 있지 않은가?

1) 언약적 원리로서의 율법

율법이 존재한다는 사실만으로 율법 언약이 발생하지 않는다. 왜냐하면, 율법이 마음에 기록되는 것은 은혜 언약에 약속된 것에 포함되기 때문이다. 문제는 율법이 어떤 기능을 하느냐다. 즉, 처벌과 보상의 원리나 기초 역할을 하느냐(율법 언약의 경우), 아니면 더 이상 정죄할 수 없는 규범적인 안내자 역할을 하느냐(약속 언약의 경우)다.

이를테면, 율법의 행위로 말미암는 칭의에서는 율법이 따라야 할 길잡이로만 아니라, 의를 얻는 기초나, 적어도 수단으로서 나타날 것이다. 율법 언약의 성립은, 해당 경륜에서 율법이 어떤 기능을 하느냐에 달려 있다.

그래서 보다 넓은 **구속-역사적**(redemptive-historical) 의미(즉, 구약의 약속과 신약의 성취의 차원)의 율법과, 기업을 얻는 특정한 조건과 기초를 밝히는, 보다 엄밀하고 **전문적인**(technical) 의미(즉, 원리의 차원, 다시 말해, 약속 언약과 대조되는 율법 언약이라는 의미에서)의 율법을 구별하는 것이 본 장에서 결정적으로 중요하다. 전자는 연속성을 설명해 주는 반면, 후자는 불연속성을 강조한다.

우리는 바울과 신약의 다른 책들에서 "율법"이 이런 다른 의미들을 갖는다는 것을 염두에 둠으로써, 두 의미 가운데 하나를 강제하는 주해적 환원주의를 피할 수 있다.

타락 이후로 내내 율법은 율법 아래 있는 자들을 정죄할 수 있을 뿐이고, "율법 아래" 있다는 것은, 복을 받거나 저주의 처벌을 피하는 조건으로서 율법의 조항 아래 있다는 것이다. 율법에 대한 순종이 가나안 땅에서 "장수"하는 조건이었지만, 율법에 대한 순종은 종말론적 생명은 가져다 줄 수 없었다—지금도 없다(갈 3:21).

그러나 바울은 이 점을 처음 내세운 혁신가가 아니다. 신명기 자체는 이스라엘에게 그들 자신의 마음에 할례를 행하라는 명령(신 10:16)으로부터, 하나님이 이후 펼쳐질 일을 아시고 이스라엘이 하지 못한 마음의 할례를 하나님 자신이 성취하실 것이라는 약속(신 30:6)으로 옮겨 간다. 이미 살펴본 제2성전 유대교 문헌과 달리, 신명기(그 자체가 시내산 언약의 보관소다)에서는 이런 언약적 차이에 대한 분명한 인식이 나타나고, 심지어 신명기에서 인간의 죄로 인한 율법의 연약함도 추론될 수 있다.

선지자들은 시내산 언약에 찬성할 뿐만 아니라, 시내산 언약으로 고소했다. 그러나 선지자들도 미래에 대한 소망은, 아브라함 약속의 실현인 새 언약에 기초해서만 내놓는다. 나쁜 소식은 시내산에 기초해서 선포되고, 복된 소식은 시온산에 기초해서 선포된다.

바울의 반대자들은 두 가지 언약을 동화시킴으로써 시내산에서 복음을 기대했고, 이것이 바울 반대자들의 결정적인 잘못이었다. 따라서 바울의 반대자들은 십자가와 부활 이전으로 가서, "모든 것을 우리가 준행하리이다"(출 24:3)라는 시내산 언약의 서약을 다시 맹세한다. 예수가 유대교에 추가하시는 것이 무엇이든, 시내산 언약을 갱신하는 그들(제2성전 유대교의 다른 무리들도)의 시도를 근본적으로 고치지 않으신다는 것이다.

2) 언약적 역사로서의 율법

이런 성경주해적 통찰을 신학적 진술로 종합하는 데는, 종교개혁가들, 특히 칼빈에게서 발견되는 구별이 필요한 것 같다고 필자는 제안하는 바다. 비록 칼빈은 이 구별을 이론화한 적이 없지만 말이다.

바울과 마찬가지로 칼빈도, 필자가 다른 곳에서 두 가지 해석학적 기어 (gears)—"율법"의 구속-역사적 의미와 "율법"의 더 전문적인 의미—라고 말한 것[40] 사이를 왔다 갔다 한다. **율법**은 구약과 뜻이 일치되고, 더 좁게는, (구체적으로 시내산 경륜과 동일시되는) 옛 언약과 일치된다. 그리고 둘 다 구속-역사적으로, 즉 약속과 성취의 차원에서는 연속성을 나타낸다. 이를테면, 희생 제사들은 그리스도를 가리킨다. 그리고 율법에서 **요구된** 의(義)는 새 언약에서 **주어진** 의와 동일한 의다.

이런 측면에서 율법(옛 언약)과 복음(새 언약)은 완전히 일치한다. 칼빈 이후 개혁파 언약신학은 이런 구속-역사적 측면을 특히 강조했다. 라이트가 이 전통의 탓으로 돌리는 "무시간적인 구원의 원리"는 언약신학과 무관하다.[41]

라이트가 무시간적 원리와 동일하다고 여기는 것은 필자가 율법(노모스, *nomos*)의 전문적 용법이라고 일컬어 온 것이다. 이것은 무시간적이진 않지만, 유대교 신학도 증언하는 것처럼, 하나님의 변함없는 도덕적 성품을 반영하고, 창조 때 인간 양심에 새겨진 것이다.[42]

그러나 그리스도에게로 이어지는 옛 언약적 역사로서 율법의 구속-역사적 용법도 존재한다. 이런 구속사적 의미의 율법은 약속과 전적으로 일치한다. 여기서 그리스도는 율법의 성취라는 의미에서 율법의 마침(*telos*)이시다.

---

40 Michael Horton, "Calvin and the Law-Gospel Hermeneutic," *Pro ecclesia* 6 (1997): 27-42를 보라.
41 사실, 17세기에 Cocceius와 Voetius 사이의 벌어진 논쟁의 중심에 연속성 문제가 있었다. 초기 언약신학 안의 가장 열띤 논쟁에서 어느 편도 구속-역사적 패러다임과 대조되는 "무시간적 원리"를 옹호하지 않았다. 초기 언약신학자들의 전형적인 접근법의 좋은 실례로는, Herman Witsius, *The Economy of the Covenants between God and Man* (1677), trans. William Crookshank, 2 vols. (London: R. Baynes, 1822; repr., Phillipsburg, NJ: P&R Publishing, 1990)를 보라. 특히, 구약과 신약에 시행된 은혜 언약의 통일성과 다양성에 대해서는, 제3권, 2-3장을 보라.
42 Witsius, *The Economy of the Covenants between God and Man*, 제4장, n. 4를 보라.

이것은, 특히 칼빈이 구약과 신약에서 은혜 언약의 통일성에 이의를 제기한 재세례파의 도전에 응답하면서 강조한 주된 강조점이었다. 시대적으로는 정확하지 않은 표현일지 몰라도, 이것은 칼빈의 구속사적(*historia salutis*) 접근이라고 일컬어질 수 있을 것이다.

반면, 죄인이 구원을 얻을 수 있는 방법, 곧 칭의의 문제에 있어서, 다시 말해, 구원 서정(*ordo salutis*)에 있어서는, 율법이 약속이나 복음에 대립되는 구원의 원리나 방법으로서 간주됐다. 이런 기어 전환은 자의적인 것이 전혀 아니고, 다른 본문이나 맥락에 있는 같은 말(율법)을 해석하는 당연한 방식일 뿐이다.

율법이 개인적으로 이행되어야 할 언약으로서, 상벌이 부과되어 사람들 앞에 제시될 때(수 8:34; 신 30:15-20), 그것은 명령으로서의 율법(즉, 율법의 원리), 구체적으로 말해, 시내산에서 모세가 전달해 준 언약임에 분명하다. 여기서 우리가 마주하는 것은, 자유롭게 유동적인 법들이 아니라, 특정한 언약의 일부로 속하는 조항들이다.

하지만 "율법"은 구약 문서 전체, 특히 오경을 가리킬 수 있고, 물론 여기에는, "율법"과 구별되는 복음의 약속도 포함된다(시 19, 119편). 마찬가지로 신약에서도, "율법은 모세로 말미암아 주어진 것이요 은혜와 진리는 예수 그리스도로 말미암아 온 것이라"(요 1:17), 또는 율법 자체는 "아무 것도 온전하게 못"하고(히 7:19), "율법은 장차 올 좋은 일의 그림자일 뿐이요"(히 10:1)라고 할 때, 비록 모세/시내산의 율법(즉, 옛 언약)이 고려되고 있지만, 약속과 성취의 구속사적(*historia salutis*) 관계 안에서 그것[옛 언약]이 고려되고 있음에 분명하다.

옛 언약은 영광스럽지만 새 언약은 훨씬 더 영광스럽다. 날카로운 대립보다는 연속성이 여기에 존재한다. 이런 의미에서 본질적 긴장이 아니라, 밝은 것과 더 밝은 것 간의 대비가 있다.

제1부 제5장 율법과 복음: 대조인가, 연속인가? 183

그러나 어떻게 사람이 약속을 얻는지(즉, 구원 서정[ordo salutis])가 문제가 될 때는, 율법/명령과 복음/약속이 엄격히 대립된다. 칼빈은 갈라디아서 3:10-12에 대해 주석하면서 다음과 같이 말한다.

> 그 주장은 두 체계의 모순적 성격에서 도출된다. … 율법은 율법의 모든 명령을 이행하는 자를 의롭다 하는 반면, 믿음은 행위의 공로가 없고, 그리스도만 의지하는 자들을 의롭다한다. … 율법은 믿음과 모순되지 않음에 분명하다. 만약 모순된다면, 하나님은 하나님 자신일 수 없을 것이다. 하지만 우리는, 바울의 언어가 경우에 따라 조정된다는, 이미 언급된 원리로 돌아가야 한다. 율법과 믿음의 모순은 칭의의 문제에서 존재한다. 사람이 믿음으로 의롭다 함 받는다는 진술과 사람이 율법으로 의롭다 함 받는다는 진술 둘을 화해시키는 것보다 불과 물을 결합하는 것이 더 쉬울 것이다. "율법은 믿음에서 난 것이 아니"다. 다시 말해, 율법에 있는 의롭다 하는 방법은 믿음과 완전히 모순된다.[43]

우리가 전에 본 것처럼, 바울은 로마서 3:21-22에서 심지어 같은 문장 안에서도 해석학적 기어를 전환할 수 있었다. 즉, 율법과 선지자들(곧, 구약)이 (언약의 원리로서의) 율법과 상관없는 칭의를 증언한다. 우리는 신명기 자체 안에 해석학적 기어의 이런 전환의 실례가 있음을 이미 보았다. 신명기 자체 안에서, 사람들은 해 내지 못하겠지만, 하나님이 이루실 장래 어느 때 값없이 주어질 것이라고 성경으로서의 율법이 말하는 마음의 할례를, 언약으로서의 율법이 명령한다.

투박한 비유를 사용해 본다면, 율법과 복음의 구속-역사적 의미는 (밝은

---

[43] John Calvin, *Commentary on Galatians*, trans. John King (repr., Grand Rapids: Baker, 1996), 갈 3:10-12.

것에서 더 밝은 것으로 바꾸는) 조광 스위치라면, 원리적인 의미는 이원적인 점멸 스위치와 같다. 구약(즉, "율법과 선지자들")과 신약의 차이는 양적인 반면, 우리가 기업을 얻는 수단으로서 율법 언약과 약속 언약의 차이는 질적이고 대립적이다.

하가다(haggadah, 즉 이야기)와 할라카(halakhah, 즉 명령)의 구별이 유대교에 익숙한 구별인 것처럼, 이런 해석학적 구별은 바울의 유대교 배경에 이미 존재했다고도 할 수 있을지 모른다. 레벤슨에 따르면, 시내산 언약은 "역사를 도덕으로, 랍비적 언어를 사용하자면, 하가다(haggadah)를 할라카(halakhah)로, 또는 전승적 이야기를 율법으로 탈바꿈한다."

> 다윗 언약의 경우, 역사와 도덕이 더 이상 초점이 아니다. 왜냐하면, 하나님이 다윗 집안에 특별히 요구하는 요구가, 다윗 집안을 세운 자로 말미암아 이미 모두 만족됐기 때문이다. 하사 언약인 다윗 언약은 역사의 변천 너머를 본다. 다윗 언약에서는 역사의 변천이 결정적인 것이 되길 그친다.

"사람의 가변성이 아닌 하나님의 불변성에" "초점을 고정하는" 다윗 언약은 "안전하고 깨트려질 수 없는 것을 드러낸다. 반면, 시내산 언약적 본문은 삶의 불안정함과, 지속적으로 새로 고무된 순종의 필요성을 강조하는 경향이 있다."[44]

바울뿐만 아니라 히브리서 저자도 시내산과 시온산의 대조를 특별히 강조한다. 전자는 지상적이고 일시적이고 예기적이고 조건적이고, 후자는 천상적이고 영원하고 완성적이고 무조건적이다. 왜냐하면, 시내산 언약은 역사 안에서 모세를 중보자로 해서 주어진 반면, 은혜 언약은 하나님의 영

---

[44] Jon Levenson, *Sinai and Zion: An Entry into the Jewish Bible* (San Francisco: HarperSanFrancisco, 1985), 101.

원한 작정, 곧 구속 언약에 근거하기 때문이다(갈 3:20).**45**

하나님이 예수 그리스도 안에서 행하신 것에 대한 이야기 전체가 다름 아닌 복음이다. 언제나 복음이란 펼쳐지는 구속 이야기의 선포다. 복음은 좋은 **소식**으로서, 우리가 알릴 수 있을 뿐, 우리에 의해 행해질 수는 없다. 비록 은혜 언약에도 여전히 율법이 있을지라도(하나님의 무조건적인 약속이 일시적인 징계의 가능성을 없애지 않는 다윗 언약의 경우처럼), 그 율법은 칭의와 생명을 얻는 언약적 원리가 아니다.

기업의 원리(율법의 원리적인 의미)에 있어서, 시내산과 시온산의 관계는 연속적이지 않고 대조적이다(갈 4장; 히 13장 등). 그럼에도 이야기(또는 하가다)는 율법과 도덕에 결코 흡수되지 않는다. 즉, 구약성경으로서의 율법(구속사적 의미의 율법)은 복음을 증언한다. 모형론적으로 그리스도를 미리 가리키는 역할을 하는 율법은 죽음과 정죄의 이야기일 뿐만 아니라, 우리를 위해 율법을 성취하고 율법의 형벌을 담당한 참 이스라엘인 분으로 인한 생명의 이야기이기도 하다.

그러나 아브라함의 약속을 획득하는 원리로서의 율법은 아담의 이야기를 되풀이하는 것으로 끝나게 된다. 바울은 율법의 원리(에르곤 노무[*ergon nomou*])와 구속-역사적 드라마(파이다고고스[*paidagōgos*], 또는 롬 3:21의 경우처럼, "율법과 선지자들에게 증거를 받은 것"[*martyroumenē hypo tou nomou kai tōn prophētōn*])에 호소한다.

불트만과 베츠에게는 미안한 말이지만, 전자의 의미에서도 (기업의 원리로서) 율법과 복음은 본질적으로는 반대되지 않는다. 실제로 로마서 5장에 있는 두 아담의 비교와 대조는, 두 아담이 대표하는 사람들이 종말론적인 복을 얻기 위한 조건으로서 율법의 성취를 요구한다. 이런 의미에서 신자

---

45 이 관계에 대한 탁월한 주해적 논의로는, S. M. Baugh, "Galatians 3:20 and the Covenant of Redemption," *Westminster Theological Journal* 66 (2004): 49-70을 보라.

들은 율법의 행위로 의롭다 함 받되, 그들 자신의 개인적인 행위가 아니라 그리스도의 행위로 의롭다 함 받는다.

아담 안에서 언약 파기자로 드러난 우리가 어떻게 하나님과 화해되고 영원한 복을 받느냐는 문제가 제기될 때만 율법과 복음은 날카롭게 대립된다.

3) 바울이 말하는 율법(nomos)의 의미 범위

이런 범주들 자체는 율법에 대한 바울 용법의 배경만 분명히 해 줄 수 있을 뿐이기 때문에, 어떤 해당 경우에 바울이 율법을 어떤 의미로 사용하는지를 문맥에 맞게 결정하는 일이 우리에게 남아 있다. 사도 바울이 "율법"을, 언약의 복을 얻는 조건으로서의 시내산 언약의 구체적 조항("준행할" 필요가 있는 것)들로만 아니라, 이스라엘의 역사로서도 언급한다는 것이 설득력 있게 증명됐다.

바울은 일차적인 (또는 원리적인) 의미에 있어서 "'율법'과 '복음'이 서로 대립적인" 것으로서만 본다.[46] 웨스터홀름도 종교개혁신학이 폭넓게 사용한 범주, 곧 넓은 의미의 율법과 좁은 의미의 율법이라는 범주를 사용한다.[47] 율법은 오경 전체를 가리키기도 하고, "'지켜지고,' '행해지고,' '성취되거나,' '범해'질 수 있는 율법," 곧, "오경의 명백한 '법적인 부분'"으로서 율법도 있다.[48]

> 시내산 율법에는 상벌 규정이 동반됐고, 바울은 율법에 대해 말할 때, 상벌 규정을 율법에 포함시킨다. 그래서 율법은 율법의 명령을 행하는 자들

---

[46] Westerholm, *Israel's Law and the Church's Faith*, 106.
[47] Westerholm, *Israel's Law and the Church's Faith*, 107-9.
[48] Westerholm, *Israel's Law and the Church's Faith*, 109.

에게 생명을 약속한다(롬 10:5; 갈 3:12; 참조. 롬 2:13, 25; 7:10).[49]

따라서 "율법 아래" 있다는 것은 "모세 율법의 요구에 매이고 모세 율법의 처벌을 받는다"는 의미다.[50] 바울에게 있어서 율법과 약속은 기업을 획득하는 두 가지 다른 방법이라는 것이 명백한 것 같다. 더글러스 무(Douglas Moo)는 다음과 같이 말한다.

> 바울이 '노모스'(nomos)라는 말을 119번 사용하는 중에 복수형은 한 번도 등장하지 않는다.

이 사실은 바울이 인용하는 칠십인역에서의 빈도로 어느 정도 설명되지만, "바울이 율법을 일련의 계명들로서보다 단일한 전체로서 논의한다"는 것을 시사한다.[51] 게다가,

> 노모스는 "규정된, 명령된, 또는 지정된 어떤 것," 그래서 의무와 일의 공평하고 공정한 분배를 좌우하는 관습이나 규칙의 체계라는 어원적 의미를 갖는 것 같다. 따라서 형식적으로 노모스는 "질서," "체계," 심지어 "권위"를 지칭하는 말로 일반적으로 사용될 수 있는 용어다.[52]

이런 의미에서 율법은 단지 구체적인 법들에 그치는 것이 아니라, 약속과 처벌 모두가 조건에 대한 우리의 개인적인 이행에 달려 있는 언약이나 체계를 의미한다.

---

49 Westerholm, *Israel's Law and the Church's Faith*, 109.
50 Westerholm, *Israel's Law and the Church's Faith*, 109.
51 Douglas Moo, "'Law,' 'Works of the Law,' and Legalism in Paul," *Westminster Theological Journal* 45 (1983): 75.
52 Douglas Moo, "'Law,' 'Works of the Law,' and Legalism in Paul," 77.

더글러스 무에 따르면, 로마서 7:21은 필자가 원리적 의미의 율법이라고 일컫는 것의 실례다.

> 나는 바울이 약속과 율법의 구별을 **당연시**한다고 주장하는 바다(갈 3:15-25와 롬 4:14-16을 보라). 그래서 칭의가 율법으로 말미암을 수 있다는 것을 부정하는 것(예. 갈 3:11)은 "율법 아래에 있는" 자들이 의롭다 함 받을 수 있었다는 것 자체를 부정하는 것이 아니다. 그[칭의가 율법으로 말미암을 수 있음을 부정하는]것은, 사람이 율법**에 의해서** 의롭다 함 받을 수 있었다는 것을 부정한다는 것과 **같다**(갈 2:21; 3:21).[53]
>
> 다시 말해서 바울이 "율법의 행위"를 비판하는 것은, 그것이 '노무'(*nomou*), 즉 "**율법의**" 행위이기 때문이 아니라, '에르가'(*erga*), 즉 율법의 "**행위**"이기 때문인 것으로 보인다.[54]

사람에게 필요한 것은 "바울에 따르면, 율법의 의미와 사용에 대한 더 좋은 가르침이 아니라, '율법의 저주'에서 속량되는 것이다(갈 3:13)."[55]

선지자들이 불의, 억압, 부도덕, 우상 숭배에 대한 언약적 처벌을 바라고 구하는 전형적인 방식은 주목할 만하다. 거기에는 육체의 할례나 음식 규정을 준수하지 못했다는 언급이 명백히 빠져 있다. 도리어 선지자들은, 이스라엘이 성전과 외적 의식(儀式)은 신뢰하지만, 여전히 마음의 할례가 이루어지지 않은 채라는 것을 질책하는 일이 다반사였다.

---

[53] Douglas Moo, "'Law,' 'Works of the Law,' and Legalism in Paul," 88.
[54] Douglas Moo, "'Law,' 'Works of the Law,' and Legalism in Paul," 100.
[55] Douglas Moo, "'Law,' 'Works of the Law,' and Legalism in Paul," 100.

소위 바울의 비관주의라는 것은, 이스라엘의 멸망과 포로 됨이 예언되고 확정된, 신명기와 선지자들에게서 이미 나타난다.[56] 제4에스라서(제2에스드라서) 9:36에서도 이것이 발견된다.

> 우리는 율법을 받았음에도 불구하고 우리의 죄 때문에 틀림없이 멸망할 것이다.[57]

바로 이 틈 속으로 바울은 불경건한 자들이 율법과 상관없이 의롭다 함 받는다고 외쳤다.

이런 해석을 떠나서는 로마서 1:18-3:20에 있는 바울 주장의 논리를 이해하기 어렵다. 요컨대 모든 입이 틀어 막히고 유죄로 드러나는 것은 (노아 규정에 대한 유대교 교리에서도 가르쳐지는 것처럼) 시내산 율법의 핵심적인 도덕법이 바로 모든 사람의 양심에 새겨져 있기 때문이다(노아 규정에 대한 유대교 교리에서도 가르쳐지는 것이다).[58] 따라서 이방인들은 율법 언약이기도 한, 창조 언약으로 말미암아 간접적으로 율법 아래 있고, 물론 유대인들도 시내산 언약 안에서 아주 더 선명한 의미에서 율법 아래 있다.

웨스터홀름의 다음 주장은, 바울의 경우 "법" 또는 "율법"의 용법이 명령의 체계 말고 다른 것을 의미한다는 NPP의 주장을 더 분명하고 직접적으로 겨냥한다.

---

56 여기서 필자는 신명기의 최종 편집 시기가 언제든 간에, 신명기의 이런 후반 장들도 포로기 이전이라고 가정하고 있다.
57 F. Loofs, *Leitfaden zum Studium der Dogmengeschichte*, 4th ed. (Halle a. S.: M. Niemeyer, 1906), 59, Herman Bavinck, *Reformed Dogmatics*, ed. John Bolt, trans. John Vriend, vol. 3 (Grand Rapids: Baker Academic, 2006), 497에서 재인용함.
58 David Novak, *Covenantal Rights: A Study in Jewish Political Theory* (Princeton, NJ: Princeton University Press, 2000), 20-25. 또한, Novak, *Jewish-Christian Dialogue: A Jewish Justification* (New York: Oxford University Press, 1989), 특히, 27을 보라.

그러나 우리가 본 것처럼, 바울의 경우 "법"은 시내산 법 체제를 의미하는 경우가 가장 흔하다. 그리고 **바울이 성경 전반에 대해 말하는 것을 제한 없이 그냥 시내산 율법에 적용하는 것은 부당하다**(강조는 본래의 것).[59]

그러므로 바울의 주장은, "율법이 '행함'을 요구하기 때문에, 율법은 '믿음에 기초하지 않는다'는 것이다."[60] 율법과 복음, 행위와 믿음에 대한 바울의 논쟁적 대조에서 바울이 겨냥하는 것은 특정한 율법이나 일련의 특정한 율법이 아니라, **믿음**과 반대되는 **행함**이다.

율법이 요구하는 것은, 율법 아래 있는 자들이 율법의 명령을 준수하는 것이다. 그러나 하나님이 아브라함에게 주신 약속은, 사람이 행하는 것에 의존하는 조건적인 것이 될 수 없다. 그러므로 만약 아브라함의 자손에게 율법 준수가 요구된다면, "믿음은 헛것이" 된다(롬 4:14). 갈라디아서 3:18에서도 같은 점이 지적된다.
"만일 그 유업이 율법에서 난 것이면, 약속에서 난 것이 아니리라."[61]

바울에 따르면(빌 3장을 보라), 1세기 유대교나 심지어 시내산 언약 방식의 견지에서는 의로우면서도 율법의 진정한 요구에 있어서는 여전히 불의할 수 있다. 그리고 율법의 진정한 요구는 언약적 피조물로서 인간 존재 자체의 법으로서, 이방인들의 양심에도 메아리친다.

---

59 Westerholm, *Israel's Law and the Church's Faith*, 109. 그는 111에서 이렇게 덧붙인다. "다시 말해 본다면, '노모스'(*nomos*)라는 용어에 대한 바울의 가장 흔한 용법에 따르면, 이 용어는 모세를 통해 주어진 구체적인 신적 요구들의 총화를 지칭한다. 이 신적 요구들은 '행해'(*poiein, prassein*)지거나, '지켜'(*phylassein, telein*)지도록 의도된 것이지만, 구체적인 요구가 정해짐으로써 율법의 '위반'(*parabasis*)도 물론 있을 수 있다."

60 Westerholm, *Israel's Law and the Church's Faith*, 109.

61 Westerholm, *Israel's Law and the Church's Faith*, 114.

설령 십계명을 외적으로는 지킬 수 있었다고 할지라도, 이것은 율법 정신(하나님과 이웃에 대한 전적인 사랑)의 성취를 의미하지 않는다. 빌립보서에서 바울이 자신을 "흠이 없는" 자로 간주한 의미는, 너희 의가 "서기관과 바리새인의 의"보다 나아야 천국에 들어갈 수 있다고(마 5:20) 예수가 말씀한, 율법에 대한 외적인 준수를 가리키는 것으로 생각할 수 있다. 바울은 부자 청년과 마찬가지로, "이 모든 것을 내가 지키었사온대, 아직도 무엇이 부족하니이까?"(마 19:20)라고 말할 수 있었지만, 부자 청년과 바울 둘 다, 어떤 경우에도 율법의 가장 깊은 의도를 성취하는 데 실패함으로써 전체 율법을 범하는 죄인으로 드러난다.

> 율법이 탐내지 말라 하지 아니하였더라면 내가 탐심을 알지 못하였으리라 그러나 죄가 기회를 타서 계명으로 말미암아 내 속에서 온갖 탐심을 이루었나니 이는 율법이 없으면 죄가 죽은 것임이라(롬 7:7-8).

예수 못지않게 바울도 유대교 배타주의를 배경에 두고 이런 진술을 하고 있음에 아주 분명하다. 하지만 웨스터홀름이 말하는 것처럼, "바울이 '율법의 행위'를 거부할 때, 바울의 논의는 또 다른 차원으로 옮겨 간다."[62] 웨스터홀름의 다음 지적은 NPP에 결정적인 공격을 가한다.

> 의롭게 하지 못하는 "율법의 행위"는, 유대인들이 잘못된 이유로 준수한 율법의 요구들을 가리키는 것이 아니라, 충족되지 않은 율법의 요구들을 가리킨다.[63]

---

[62] Westerholm, *Israel's Law and the Church's Faith*, 117.
[63] Westerholm, *Israel's Law and the Church's Faith*, 118.

만약 로마서 2장에서 유대인들이 율법의 행위를 완수하지 못해서 정죄 받는 것이라면, 율법의 행위는, 유대인들이 실제로 꼼꼼하게 지킨 할례와 음식 규정일 리 없다.

> 바울이 로마서 3:20, 28에서의 "율법의 행위"에 대한 자신의 거부를, 아브라함이 행위가 아니라 믿음으로 의롭다 함 받았음을 보임으로써 뒷받침한다(4:1-5)는 사실은, 개스턴(Gaston)의 제안에 치명적이었던 것처럼 던의 제안에도 분명 치명적이다. 왜냐하면, 행위로 말미암아 아브라함이 의롭다 함 받을 수 있었다면 자랑할 수 있었을 것이라고 가정되는 그 "행위"는(4:2), 모세 율법에서 유대 민족에게 고유한 특정한 부분의 준수를 가리키는 것이 아님에 틀림없기 때문이다.
> 여기서 바울은 행위의 하위 범주인 "율법의 행위"에 여지를 조금도 주지 않기 위해서, "행위"라는 넓은 범주가 구원의 요인일 수 없다는 것을 실증하는 것이다. 바울이 의미하는 것은, 유대인을 구별하는 특정한 행위들이 아니라 행위 일반—보상(미쏘스, *misthos*)을 받을 만한, "행해진" 모든 것(4:4)이나, 자랑(카우케마, *kauchēma*)이 정당한 모든 것(4:2)—이고, "일을 아니하지"만 개인적인 공로에 대한 고려 없이 하나님의 은혜로 복을 받는 자의 "믿음"과 대조되는 것이다.[64]

그래서 웨스터홀름은 다음과 같이 결론 내린다.

> [루터의] "율법"과 "복음"의 대조가 비록 바울서신에 결코 명백하지는 않을지라도, 바울이 주장하는 요점의 왜곡은 아니다.[65]

---

[64] Westerholm, *Israel's Law and the Church's Faith*, 119.
[65] Westerholm, *Israel's Law and the Church's Faith*, 122.

그러나 만약 "복음"이 "약속"과 같은 뜻을 갖는다면—실제로 종교개혁가들은 복음과 약속을 상호 교환적으로 사용했다—우리는 한 걸음 더 나아가서, 루터의 대조가 바울에게서(롬 4:14-16; 갈 3:18; 참조. 히 4:1-9) 명백히 발견된다고 인정할 수 있다.

필자가 주장하고 있는 해석은 로마서 4장에 대한 리처드 헤이스(Richard Hays)의 결론과도 유사하다.

만약 바울이 말하는 대로, 복음이 율법을 굳게 세운다면, 어떤 의미에서 그러한가?

> 로마서 4장에서 아브라함에 대한 바울의 논의는, "믿음의 법"(노모스 피스테오스, νόμος πίστεως, 3:27)가 율법—그러나 모세 언약을 의미하는 것으로 이해된 율법이 아니라, 이야기 전체로서의 성경을 의미하는 것으로 이해된 율법—과 일치한다는 것을 보이려는 시도다. 이것은 바울로 하여금 율법과 복음의 연속성을 주장할 수 있게 만드는 해석학적 변환이다.[66]

헤이스는 다음과 같이 덧붙인다.

> 어느 쪽이든, 진노 및 정죄와 관련된 율법은 아브라함에게 주어진 믿음 및 약속과 나란히 세워져 있다. 이런 배치의 도발적인 수사적 효과가 간과되지 말아야 한다. 율법이 선택된 공동체의 생명과 소망의 원천이고 안전한 토대라는 유대교의 일반적인 견해에 맞서, 바울은 율법의 부정적 기능, 곧 저주하고 정죄하는 율법의 힘을 강조한다.

---

66 Richard B. Hays, "Three Dramatic Roles: The Law in Romans 3-4," in Dunn, *Paul and the Mosaic Law*, 155.

로마서에서 바울은, "율법 자신이 산출할 수 없는 의를 요구함으로써 심판을 선언하고 정죄를 가져오는 율법의 무시무시한 힘에 초점을 맞추었다(참조. 롬 8:3-4)."[67]

이로 보건대, 언약적 신율주의에 호의적인 해석자들이 요약한 바로 그런 언약적 신율주의를 바울이 실제로 논박하고 있었던 것 같지 않는가?

"바울이 우리가 믿음으로 말미암아 '율법을 굳게 세우느니라'고 주장할 때(롬 3:31)"—그리고 율법과 선지자들이 이 복음을 증언한다고 주장할 때(롬 3:21), "그리고 나서 아브라함 이야기에 호소함으로써, (믿음으로 율법이 굳게 세워진다는 -역주) 이 주장을 뒷받침할 때, 바울이 말하는 굳게 세워지는 '율법'은 쉐마(3:30a)뿐만 아니라, 복음의 미리 나타남으로 이해된 오경의 내러티브도 의미하는 것 같다."[68]

그래서 헤이스는 적어도 로마서 3:21에 대해, 여기서 바울이 토라를 할라카로서 말고 하가다로서 읽는다는 J. A. 샌더스(Sanders)의 주장이 사실에 가깝다고 생각한다. 필자는 헤이스의 이 생각이 옳다고 본다. 바로 이것은 바울이, 나름의 역사적 서언과 중보자(여호와와 이스라엘 사이에만 배타적으로 맺어진 언약) 그리고 토대(약속이 아니라 율법)가 있는 언약으로서 구별되는 율법과 복음의 **원리적인** 대립에도 불구하고, **내러티브적** 통일성을 말하는 기초다.

그러므로 레이제넨이나 다른 학자들이 제안하는 것처럼, 바울은 모순적이지 않고, 또한 우리는 언약적 신율주의에 의지해서 율법과 복음의 통일성을 강요하지 말아야 한다. 하가다로서의 율법—구속의 역사(history)—은 그야말로 그리스도에 대한 구약의 예기(anticipation)다. 헤이스는 다른 책에서 다음과 같이 말한다.

---

67 Hays, "Three Dramatic Roles: The Law in Romans 3-4," 157.
68 Hays, "Three Dramatic Roles: The Law in Romans 3-4," 158.

모세와 시내산의 율법은 하나님의 구속 드라마에서 주역이 아니라, 일시적인 조역을 맡는다. 따라서 토라는 대체되지도 파기되지도 않고, 복음의 증인으로 바뀐다.[69]

다른 의미에서(구원의 근거로서의 율법: 바울의 반대자들에게서 분명히 드러난 율법과 복음의 혼동에 있어서) 바울은 율법과 복음 사이의 대립을 최대한 강조했다. 이것은 할라카로서의 율법, 즉 약속을 얻는 원리적 수단으로서 율법에 관한 것이라고 말해도 좋을 것이다.

그리고 헤이스가 상기시켜 주는 것처럼, "우리는 로마서 안에서 바울의 해석학적 시각이 하나에서 다른 하나로 이동하는 것을 본다." 계명으로서의 율법은 정죄할 수 있었을 뿐이고, 역사적 이야기(즉, 구약성경)로서의 율법은 그리스도에게로 이어지고, 따라서 율법과 무관한 구속으로 이어진다.[70]

어떤 의미로는 바울은 율법이 **전문적 의미**(즉, 복이나 저주의 기초 역할을 하는 언약의 조건)**에 있어서도** 복음과 대립되지 않는다고 생각한다. 그리스도는 구속사의 목표로서만 아니라, 율법의 정죄 판결의 폐지로서도, 율법의 마침이시다.

왜냐하면, 그리스도는 성령을 통해서 율법에 대한 내적으로, 외적으로 완전한 준행을 우리를 대신해서 성부께 바치셨기 때문이다. 따라서 율법은 파기되지 않고 굳게 세워지고 성취된다. 율법 언약에 대한 그리스도의 성취가 우리 자신의 것으로 여겨지는 바로 그 이유 때문에, 우리는 우리의 개인적인 성취와 상관없이 의롭다 함 받는다.

이와 같이, 구약 자체 안에 있는 두 언약 사이를 구별하는 것은, 그렇게

---

[69] Richard B. Hays, *Echoes of Scripture in the Letters of Paul* (New Haven: Yale University Press, 1989), 157.
[70] Hays, "Three Dramatic Roles: The Law in Romans 3-4," 164.

하지 않는 한, 그릇된 양자택일에 아주 취약한 많은 구절을 통합하기 위한 결정적인 전제 조건이다. 메리데스 클라인(M. G. Kline)은 다음과 같이 상기시켜 준다.

> 바울은 구약의 두 언약 사이에 있는 차이가 아주 근본적이라는 것을 알아서, 한 언약이 다른 한 언약을 폐하지 않았다(갈 3:15ff.)는 것을 변호하지 않으면 안 된다고 느꼈다.[71]

모세 실바(Moisés Silva)는 이렇게 덧붙인다.

> 이를테면, 유대주의자들은 아브라함 언약과 시내산 언약이 서로 양립할 수 있음을 강조했다고 우리가 주장해야 할지라도, 사변에 빠지고 있다는 비난을 우리는 받을 필요가 없다. 아브라함 언약과 시내산 언약이 양립할 수 있다는 이 명백한 요점은, 정당한 방식으로 갈라디아서 3장을 해석하는 우리의 해석에 거의 영향을 미치지 않는다.

바울의 반대자들은 이스라엘과 맺어진 하나님의 언약을 바울이 폐하고 있다고 말한 것 같다. 그래서 갈라디아서 3장에서 "바울은 방어적인 태도를 취한다." 바울의 반대자들은 "율법 준수가 차지하도록 결코 의도된 적이 없는 차원까지" 격상시키고 있었다.[72]

따라서 율법과 약속을 대립시키고 있는 (약속 **위에** 율법, 아브라함 언약 **위에** 시내산 언약, 민족들 **위에** 이스라엘 민족을 놓음으로써) 것은 다름 아닌 바울의

---

[71] M. G. Kline, *By Oath Consigned* (Grand Rapids: Eerdmans, 1968), 22.
[72] Moisés Silva, "Is the Law Against the Promises? The Significance of Galatians 3:21 for Covenant Continuity," in *Theonomy: A Reformed Critique*, ed. William S. Barker and W. Robert Godfrey (Phillipsburg, NJ: Presbyterian & Reformed, 1990), 153-54.

반대자들이다. 이 일이 벌어졌을 때, 바울은 반대 결론(율법 위에 약속, 시내산 언약 위에 아브라함 언약 -역주)을 강조함으로써 반대자들의 도전에 응하지 않을 수 없었다.

"율법의 행위"를 민족적 구별성에 한정하는 것은 주해적으로 새로운 제안이 아니다. 사실, 종교개혁가들도 이런 제안에 거듭 직면했다. 칼빈은, 바울이 민족적 경계 표지를 염두에 두고 율법의 행위를 말할 때가 있음을 인정하지만, 그럼에도 더 넓은 의미가 있음을 확증하는 예들을 제시한다.

> 그러므로 어떤 트집쟁이들도, 우리가 이 배타적인 표현("일한 것이 없이")을 일반적인 원리로서 견지하는 것을 막지 못한다.

로마서 4:5에서 바울은 단지 어떤 행위들과 다른 어떤 행위들을 대조하는 것이 아니라, 보수와 선물을 대조한다고 칼빈은 말한다.[73] 바울이 율법이 폐지됨으로써 유대인과 이방인을 나누는 벽이 허물어졌다고 말하는 것(골 2:13-14; 엡 2:14-15)과 관련해, 칼빈은 다음과 같이 말한다.

> 이것이 의식들에 대한 진술이라는 것은 의심할 여지가 없다. 왜냐하면, 바울은 유대인을 이방인과 나누는 담으로서 말하기 때문이다. 따라서 나는 해석자들 가운데 첫째 그룹에 대한 둘째 그룹의 비판이 옳다는 것을 인정하는 바다. 그러나 여전히 둘째 그룹도 사도가 말하는 의미를 제대로 설명하지 못하는 것 같다. 두 구절의 세부적인 모든 내용을 서로 맞추려는 것은 전혀 바람직해 보이지 않기 때문이다. 바울은 이스라엘이 누린 교제 안으로 에베소 성도들이 받아들여졌다는 확신을 주고자, 이전에 그들을 막던 장애물이 이제 제거됐다고 가르친다. 장애물은 의식들에 있었다. …

---

[73] Calvin, *Institutes* 3.11.20 (1:750).

그런데 골로새서에서는 보다 높은 신비가 언급된다는 것이 명백하지 않는가?

골로새서의 문제는 거짓 사도들이 그리스도인들을 몰아 가려고 시도하고 있었던, 모세의 규례에 대한 것이다. 그러나 바울은 갈라디아서에서 논의를 더 깊게 진전시키는 것처럼, 말하자면, 논의의 출발점으로 되돌아가는 것처럼, 이 구절(골 2:13-14)에서도 그렇게 한다.

만약 의식들에 대한 논의에서 의식들을 행할 필요성만 고려되는 것이라면, 의식들을 "우리를 거스르고 불리하게 하는 법조문으로 쓴 증서"(골 2:14)라고 일컫는 것이 대체 무슨 의미가 있는가?

게다가, 대체 왜 우리의 속량이, 그 법조문으로 쓴 증서가 지워진 사실에 거의 전부 달려 있는가?[74]

김세윤은 빌립보서 3장과 관련해 유사한 점을 변호하고 나서 다음과 같이 말한다.

> 던은 이 해석에 반대하기 위해서, "사람이 자신의 의를 얻을 필요가 있다는 것은 전통적인 유대교의 가르침에 속하지 않았다"는 자신의 교의를 충실히 인용하는 것으로 시작한다. 이 교의는 던으로 하여금, 9절에 있는 "내가 가진 의"의 자연스런 문법적 의미인, 바울의 개인적 의, 즉 바울이 율법을 충실히 지켜 얻은 의로서 이해하지 못하게 한다.[75]

던은 바울의 "내가 가진 의"가 바울의 "개인적 성취"가 아니라고 주장한다. 그렇다면, 대체 누구의 성취냐고 김세윤은 의문을 제기한다.

---

74 Calvin, *Institutes* 2.7.17.
75 Seyoon Kim, *Paul and the New Perspective: Second Thoughts on the Origin of Paul's Gospel* (Grand Rapids: Eerdmans, 2002), 76.

만약 이것을 바울이 자신의 개인적 성취로 주장할 수 없었다면, 바울이 그를 반대한 유대인들보다 **더** "육체를 신뢰"할 수 있었던 근거는 대체 무엇인가?(4b절)[76]

만약 이 의가 단지 민족적 의였다면, 바울은 "우리의 의"라고 말했을 것이다.[77]

NPP는 율법과 복음의 질적인 모든 구별에 이의를 제기한다(행위 언약과 은혜 언약의 질적인 구별에 대해 두말할 것도 없다). 던 같은 새 관점의 개척자도 다음을 인정한다.

> 바울은 율법과 복음의 긴장(예수 자신의 사역에 이미 존재한—막 7:1-23//마 15:1-20)을 가장 첨예화하고 실제로 대립적으로 표현했다는 사실 때문에, 바울이 (유대교의 주된 이단자로) 기억됐다고 하는 것이 추론상 더 명백하다.[78]

그러나 우리가 이미 본 대로, 던은 율법과 복음의 대립을 사람이 의롭다 함 받는 방법이 아니라 집단적 정체성의 문제("하나님 백성의 재정의")에 한정한다.[79] 이리하여 던은, 바울의 논쟁에 결정적이라고 던 자신이 인정한 율법과 복음의 긴장을 완화한다.

라이트도 명령과 약속을 구별한다.[80] 비록 라이트는 자신이 신앙고백의 교리 체계를 돕거나 지원하는 것으로 비치지 않길, 특히 『언약의 절정』

---

76 Kim, *Paul and the New Perspective*, 76.
77 Kim, *Paul and the New Perspective*, 77. 참조. Reginald Fuller, "Here We Stand," in *By Faith Alone: Essays on Justification in Honor of Gerhard O. Forde*, ed. Joseph A. Burgess and Marc Kolden (Grand Rapids: Eerdmans, 2004), 89.
78 Dunn, "Paul and Justification by Faith," 93.
79 Dunn, "Paul and Justification by Faith," 95.
80 Wright, *Climax of the Covenant*, 23.

(*Climax of the Covenant*)에서는 내내, 원했을지라도, 모세적 신권 정치가 아브라함의 약속 언약과 구별되는 율법 언약이라는 것에 대한 주해적인 논거를 거듭해서 강화한다.[81] 하지만 라이트는 바로 여기서 다시 그릇된 양자택일을 요구한다.

> 따라서 [갈라디아서 3장]15-18절에서, 바울은 "율법"과 "약속"을 서로 양립할 수 없는 종교 유형으로 단지 대조만하는 것이 아니다.[82]

다시 한번, "단지 대조만하는 것이 아니다"가 실제로는 "전혀 대조하지 않는다"를 의미하는 것 같다. 라이트가 "단지" 대조만하는 것이 아니라고 주장할 때 염두에 둔 대상이 누구인지 분명하지 않다. 그러나 개혁파 언약신학의 지배적인 견해는 옛 언약이 행위 언약의 **단순한** 재판(再版)이었다고 본 적이 결코 없고, 옛 언약이 아브라함 언약의 약속의 원리와 나란히 행위의 원리(시내산 언약)를 포함했다는 보았다.[83]

클라인은 이 견해에 대해 통찰력 있는 요약을 제시했다.[84] 클라인은 "로마서 5:12 끝부분의 파격 구문을 뒤따르는 5:13-14에 등장하는 아리송한 삽입 어구"에 초점을 맞춘다.[85]

---

[81] Wright, *Climax of the Covenant*, 146. 예를 들어, 바울의 요지는, 국가로서의 이스라엘이 토라를 지키는 데 실패했고, 그러므로 국가로서의 이스라엘이 토라의 저주 아래 있다는 것이다. 따라서 토라는 이스라엘이 포로 상태에서 귀환하고, 언약 회원 자격을 회복하며, 세상에 복이 되는 수단일 수 없다. 이 일은 이스라엘이 "아브라함에게 주어진 약속을 따라서, 세상에 복이 베풀어지는 수단"이 될 때만(갈 3:10-14) 비로소 이루어질 수 있다. 참조. Wright, *Climax of the Covenant*, 197.
[82] Wright, *Climax of the Covenant*, 166.
[83] 이 견해는, 예를 들어, Herman Witsius의 *The Economy of the Covenants* 전체에 분명히 표현되어 있고, 초기 언약신학자들(이를테면, Olevianus)부터 Charles Hodge와 Louis Berkhof까지 내내 분명히 표현되어 왔다.
[84] Meredith G. Kline, "Gospel until the Law: Rom 5:13-14 and the Old Covenant," *Journal of the Evangelical Theological Society* 34/4 (December 1991): 433-46.
[85] Kline, "Gospel until the Law: Rom 5:13-14 and the Old Covenant," 433.

고전적 언약신학은, 옛 모세 질서(그것의 토대적인 차원, 즉 그리스도로 말미암는 개인 구원의 프로그램으로서는)가 전체를 가로지르는 은혜 언약의 그(모세 질서) 이전과 이후의 시행들과 연속성이 있었음을 인정한다. 그러나 동시에 고전적 언약신학은, 공로적인 행위의 원리(a principle of meritorious works)가 영원한 구원의 방법으로서 말고, 이스라엘의 잠정적이고 모형론적인 기업의 보유를 좌우하는 원리로서 작용한다는 점에서, 독특한 불연속성이 옛 언약에 있다는, 성경의 엄청난 증거를 액면 그대로 보고 받아들인다.[86]

클라인은 이렇게 덧붙인다.

바울은 율법에 대한 유대주의자의 그릇된 해석에 거듭 반대하지만, 유대주의자들의 오류는, 옛 언약 안에 행위의 원리가 작용하고 있었다고 주장한 데 있지 않았다. 그들의 오류는 행위의 원리를 국가적 이스라엘 역사의 모형론적 차원 대신에 영원한 구원에 적용한 데 있었다.[87]

"언약"을 원리상 늘 은혜로운, 일의적인 개념으로 간주하는 자들은 행위의 원리에 대한 성경이 명백한 언급들을 단지 가설적인 것으로 취급해, 어떻게든 환원하고, 상대화하고, 설명해 치워 버리지 않을 수 없다. 그러나 클라인은 다음과 같이 결론 내린다.

율법적 행위의 원리는 단지 가설적인 것이 아니었다. 율법적 행위의 원리는 실제로 적용되되, 보응과 더불어 적용됐다. 율법적 행위의 원리는 민족적 선택을 받은 이스라엘의 집단적 삶을 좌우한, 그리고 이스라엘이 가나

---

[86] Kline, "Gospel until the Law: Rom 5:13-14 and the Old Covenant," 434.
[87] Kline, "Gospel until the Law: Rom 5:13-14 and the Old Covenant," 434 n. 5.

안 땅의 모형론적 왕국을 보유하는 것을 결정한 사법적 원리였다. 토라 조약에 경고된 그대로, 바벨론 포로에서, 그리고 AD 70년에 다시, 신적으로 집행된 언약적 저주로 인한 모형론적 질서의 종결과 이스라엘의 민족적 선택의 상실은 율법의 조항들과 상벌 규정이 단지 가설적인 진술에 불과하다는 생각과 완전히 모순된다. … 고전적 언약신학의 이해에 다르면, 430년 뒤에 온 율법이 약속을 폐기하지 않은 것은(갈 3:17), 옛 언약이 행위의 원리를 실제로 도입하지 않았기 때문이 아니라, 모세 경륜에서 행위와 믿음이 다른 차원에 작용하고 있었기 때문이다.[88]

일시적인 신권 정치를 좌우하는 율법 언약의 상벌 규정이 실제로 집행됐을 때 무엇이 벌어졌는지에 대한 구체적인 역사적 사례가 우리에게 있다.

그런데 아브라함에게 약속된 영원한 복이 비슷한 조건에 기초해 성취될지 모른다고 생각하는 사람이 있는 것은 왜인가?

라이트는 갈라디아서 3장에서 바울이 선택과 관련해 유대교의 언약 교리를 **다듬는다**고 말한다.[89] 그런데 신약성경은 예수를, 선택, 언약, 칭의에 대한 유대교의 교리를 다듬는 분으로 여기지 않는다. 신약성경은 택자들 모두(유대인뿐만 아니라 이방인도)가 창세 전에 예수 안에서 선택됐고, 은혜 언약 안에서 의롭다 함 받을 수 있기 위해서 예수로 말미암아 율법 언약이 성취됐다고 말한다.

히브리서 기자가 주장한 것처럼, 시내산 언약은 "낡아"졌다(히 8:13). 비록 국가적인 종은 시내산 언약을 완전히 위반했을지라도, 시내산 언약의 의식, 제도, 경계 표지의 법들이 가리키는 참 이스라엘로 말미암아 시내산

---

[88] Kline, "Gospel until the Law: Rom 5:13-14 and the Old Covenant," 435.
[89] Wright, *Climax of the Covenant*, 171.

언약이 성취됐다.

라이트가 (고후 3:18을 해석할 때), "토라와 복음은 동일하지 않지만, 여기서 대립적이지도 않다"라고 결론 내릴 수 있는 것은[90] 율법의 구속사적 의미를 배타적으로 고집하는 데 다소 기인한다.

"언약," "율법," "율법의 행위"에 대한 일의적 개념 안에서, 그리고 NPP의 좁은 범위의 전제들 안에서 작업하는 라이트가 내리는 결론은 오늘날 많은 바울 연구자의 결론과 마찬가지로, 종교개혁가들과 고전적 언약신학자들이 내린 결론보다 덜 정교하다.[91]

칼빈은 재세례파들과 논쟁할 때, 은혜 언약의 통일성을 강조했으며, 따라서 약속과 성취의 구속사적 연속성을 강조했다. 하지만 칼빈은 어떻게 사람이 하나님과 바른 관계가 되느냐는 문제(기업을 얻는 원리로서의 율법과 복음의 대립)에 있어서, 루터와 완전히 일치했다.

> 따라서 칭의가 논의되고 있을 때는, 율법에 대한 언급을 치우고 행위에 대한 모든 고려를 제쳐 놓고, 하나님의 자비만 받아들이고, 우리 자신으로부터 관심을 돌려 그리스도만 바라보아야 한다. ⋯ 만약 칭의의 문제에서 양심이 어떤 확신을 얻길 원한다면, 율법에 자리를 조금도 내주지 말아야 한다.[92]

---

90 Wright, *Climax of the Covenant*, 182.
91 Wright, *Climax of the Covenant*, 182. Luther도 주해적 문맥에 따라서, 그리고 개신교 반(反)율법주의자나 로마교와 자신이 벌인 논쟁에 따라서, 율법에 대해 현저히 다른 태도를 보였다. 비록 과장된 수사학적 진술의 사례들이 있지만, Luther의 *How Christians Should Regard Moses*는 모세와 그리스도의 불연속성뿐만 아니라 연속성도 말한다(in LW, 35:161-74). Luther는 자신의 *Preface to the Old Testament*의 개정판(in LW, 35:235-51)에서는 연속성에 훨씬 더 긍정적이다. Melanchthon과 Agricola의 논쟁과 관련해서는, Timothy Wengert, *Law and Gospel: Philip Melanchthon's Debate with John Agricola of Eisleben over Poenitentia* (Grand Rapids: Baker, 1997)를 보라. 그럼에도 여전히 필자는 Calvin이 이런 연속성과 불연속성 문제에 대한 해석학적 접근을 주석에 진술하는 데 있어, 그리고 『기독교 강요』(3.17)에 연속성과 불연속성에 대한 간단하지만 잘 설명하는 요약을 제시하는 데 있어, Luther나 Melanchthon보다 더 정교했다고 생각한다.
92 Calvin, *Institutes* 3.19.2.

라이트는 율법과 복음의 어떤 원리적인 대립도 반대함에도 불구하고, 다음과 같이 인정한다.

> 루터파는 율법과 복음의 날카로운 대립을 유지하기 원한다. 바울도 그렇다. 하지만 하나님의 단일한 계획이라는 맥락에서, 토라 자체가 나쁜 것이라는 암시가 전혀 없다.[93]

더구나 "루터파의 견해에 장점이 없지 않다. 그 견해에 필요한 것은 보다 넓은 맥락에 놓이는 것뿐이다." 즉, 필요한 것은 율법과 복음의 관계가 "절정, 곧 '목표' 안에 포함된 것으로 보는 것이다. 내가 목표에 도달하면, 나는 여행을 그친다. 여행을 그치는 것은 내 여행이 어리석은 생각이었기 때문이 아니라, 내 여행이 좋은 생각인데, 이제 완전히 성취됐기 때문이다."[94]

여기에는 아무 인용문이 없고, 루터도 다른 종교개혁가들도 율법이 어리석은 생각이었다고 말한 적이 없기 때문에, 라이트가 이런 견해를 주장할 때 염두에 둔 대상이 누구인지 또 다시 불분명하다. 하지만 적어도 개혁파 전통 안에 나타난 언약신학의 경우, 복음에 반대되는 기업의 원리로서 율법에 대해 이야기하는 것을 제거하거나 경시하지 않고도 언약의 절정이라는 구속사적 의미에서 율법에 대해 이야기하는 "보다 넓은 맥락"이 제공됐다.

불트만, 베츠, 다른 학자들이 생각한 것(즉, 율법 자체가 "저주"와 동일시된다)[95]과 달리, 바울도 종교개혁가들도 율법 자체가 문제라고 생각하지 않았다. 김세윤은 다음과 같이 말한다.

---

[93] Wright, *The Climax of the Covenant*, 241.
[94] Wright, *The Climax of the Covenant*, 244.
[95] Hans Dieter Betz, *Galatians* (Minneapolis: Fortress, 1979), 145-46.

신명기 27:26은 율법을 신실하게 지키려는 자들을 정죄하는 것이 아니라, 반대로 그렇게 하지 않는 자들을 정죄한다.[96]

우리가 이전에 본 것처럼, 예수, 스데반, 바울도 그들의 청중이 율법을 지키는 자들이기 때문에 비판한 것이 아니라, 율법을 범하는 자들이기 때문에 비판했다. 율법이 그 자체로 고려될 때는, 생명의 언약으로서도 구약으로서도 어리석은 것이 아니고 나쁜 것은 더더욱 아니다. 다름 아닌 타락한 인류와 개인으로서 우리의 윤리적 조건 때문에, 우리는 율법과 적대적인 관계에 있고, 율법이 죽음과 정죄를 초래한다.

라이트뿐만 아니라 스콧 하프만(Scott Hafemann)도 바울이 문제 삼은 것은 율법이 아니라 **성령이 없는** 율법이라고 제안한다.[97] 그러나 레이제넨은 다음과 같이 말한다.

> 성령이 율법 안에 부재함, 또는 이스라엘의 마음을 변화시킬 수 없는 율법의 무능은 율법 자체의 본질적 약함이 아니었는가?(참조. 갈 3:21)[98]

레이제넨은 이것이 바울의 주장인 것 같다고 말한다. 하지만 레이제넨은 이것을, 바울이 유대교를 "행위-의(義)"의 종교로서 오해한 결과로 판단한다.[99]

더 중요한 것은, 하프만의 제안이 "율법 아래 있는" 상황의 심각함과 새 언약에서 실현된 복 둘 다 약화한다는 것이다. 문제의 원인은 같다. 하프만은 단지 개선만(하프만의 경우, **성령이 있는** 율법)이 요구되는 단일 언약

---

96 Kim, *Paul and the New Perspective*, 130.
97 Scott Hafemann, *Paul, Moses, and the History of Israel* (Tübingen: Mohr-Siebeck, 1995), 438-51.
98 Räisänen, "Faith, Works and Election in Romans 9," 158 n. 112.
99 Räisänen, "Faith, Works and Election in Romans 9," 158 n. 112.

을 갖고 작업하기에, 율법과 복음의 원리적인 대립을 인정하지 않는다. 아브라함 언약이 순전히 약속적인 언약인 반면, 시내산 언약은 이스라엘의 국가적 자격에 율법 준행이라는 조건을 붙이는 것으로 분명히 묘사된다 (예. 레 18:5; 신 4:1; 5:33; 6:24-25; 8:1; 30:15-18; 느 9:29; 겔 18:19; 참조. 18:9, 21; 20:11, 13, 21). 웨스터홀름은 다음과 같이 말한다.

> 만약 바울이 율법을 구원에 이르는 길로 고려하는 잘못을 범할진대, 그 잘못은 레위기, 신명기, 에스겔과 공유하는 잘못이다.[100]

게다가 만약 율법이 신자에게 율법의 모든 조항을 준수하길 요구한다면, **성령과 함께라 할지라도** 여전히 율법의 저주 아래 있을 것이다. 만약 우리가, 바울이 어떤 특정 언약의 전체 질서 안에서 율법을 다룬다는 것을 보지 못한다면, 우리는 '율법+성령'이라는 추상적 원리로 인해 결정적인 차이를 놓치게 될 것이다.

선지자들이 선언한 것처럼(렘 31장에서와 같이), 새 언약은 시내산 언약과 대조적으로, 사람들 자신의 언약적 신실함과 상관없는 죄 사함과 죄인의 칭의를 전제로 하는 성령의 은사를 포함한다.

4. 요약

만약 바울의 복음이 다루는 주된 조건이 윤리적인 것이 아니라 민족적인 것이고, 구원론적인 것이 아니라 교회론적이라면, 바울이 모든 사람—유대인과 헬라인 둘 다—이 아담 안에 있고, 행위 언약 또는 행위의 원리를 따

---

[100] Westerholm, *Israel's Law and the Church's Faith*, 147.

라 심판 아래 있다는 주장을 펼치는 데 로마서 처음 세 장(그리고 롬 5장)을 쓴다는 것은 이치에 맞지 않는 일이 될 것이다.

모든 사람이 아담 안에 있기에, 율법—어떤 명령법도—이 생명을 가져다 줄 수 없다. 칭의와 새 생명은 신적인 직설법에 의존하되, 신적인 아무 직설법이든 의존하는 것이 아니라, 은혜 언약으로 제공된, 그리스도 안에서의 신적 행위에 의존한다.

미카엘 와이스코그로드는, 기독론이 바울의 모든 것을 바꾸고, 율법과 복음의 대조와 칭의에 대한 바울의 고전적인 강조를 초래한 방식을 현대 유대교의 시각에서 흥미롭게 검토한다. 와이스코그로드는, 유대교에서 공로는 여전히 살아 있는 유효한 범주이고, 구원을 받을 만한 자들이 구원받게 될 것이라는 기대가 있다고 말한다. "오직 하나님이 의롭다고 선언하시되, 선행으로 얻어진 보상에 기초하기보다 자비에 기초해서 의롭다고 선언하시는" 것이 아니라면,

> 그것은 사실이 아니다. 어째서 바울은 사실을 그토록 오해할 수 있었는가? 그 답의 일부는 바울의 눈이 예수에게 고정된 데 있다. 예수 사건은 바울의 신학적 관심을 완전히 빼앗아서, 대부분의 유대인들이 전적으로 충성한 토라를 포함해 어떤 것도 예수의 경쟁자가 되는 것이 허용될 수 없었다. 토라에 대한 존경이 너무 커서, 예수를 제대로 판단하는 데 위협이 됐다고 바울은 생각했다.[101]

바울이 다메섹 도상에서 깨달은 것이 무엇이든 간에, 그리스도를 만난 사건은 바울이 전통적으로 물려받은 신앙을 단지 보충한 것이 아니라, 모든 것을 새롭게 하는 패러다임 전환의 시작이었다.

---

[101] Westerholm, *Abraham's Promise: Judaism and Jewish-Christian Relations*, ed. R. Kendall Soulen (Grand Rapids: Eerdmans, 2004), 232.

제6장

언약과 전가:
불경건한 자들의 칭의

바울이 말하는 칭의의 의미에 대한 우리의 이해는, 우리가 바울의 인간론(인간의 보편적인 부패)을 받아들일 수 있느냐에 달려 있고,[1] 그래서 페터 슈튈마허(Peter Stuhlmacher)가 표현하는 것처럼, "유대인과 이방인이 하나님의 심판석 앞에서 살아남을 것인지 말 것인지"에 대한 바울의 불가피한 관심을 받아들일 수 있느냐에 달려 있다.[2]

복음은 예수가 십자가에 죽고 부활하셨다는 것 자체나, 이 사건들이 단지 예수의 주권을 증명한다는 것이 아니라, 예수가 "우리의 죄 때문에 십자가에 못 박히셨고, 우리의 칭의를 위해 살아나셨다"(롬 4:25, 저자의 번역). 복음적인 칭의 교리에 대한 가장 선명한 요약들 가운데 하나가 웨스트민스터 신앙고백서 11장에 있다.

> 하나님은 자신이 유효하게 부르시는 자들을 또한 값없이 의롭다고 해 주신다. 칭의는 그들에게 의를 주입하심으로써가 아니라, 그들의 죄를 용서하시고 그들을 의롭게 여기고 받아들이심으로써 되며, 그들 안에 이루어진, 또는 그들에 의해 행해진 어떤 것 때문이 아니라, 오직 그리스도 때문

---

[1] Timo Laato, *Paul and Judaism: An Anthropological Approach* (Atlanta: Scholars Press, 1995)를 보라.
[2] Peter Stuhlmacher, *Revisiting Paul's Doctrine of Justification: A Challenge to the New Perspective* (Downers Grove, IL: InterVarsity Press, 2001), 43.

에만 된다. 믿음 자체, 믿는 행위, 또는 다른 어떤 복음적 순종을 그들의 의로 돌림으로써가 아니라, 그들이 그리스도와 그리스도의 의를 믿음으로 받아들이고 의지할 때, 그리스도의 순종과 속죄를 그들에게 돌림으로써 의롭다고 해 주신다. 이 믿음도 그들 자신에게서 나오는 것이 아니라 하나님의 선물이다. 그리스도와 그리스도의 의를 이렇게 받아들이고 의지하는 믿음이 칭의의 유일한 수단이다. 하지만 이 믿음은 의롭다 함 받은 사람 안에 홀로 있지 않고, 다른 모든 구원의 은혜와 언제나 함께 있고, 죽은 믿음이 아니라, 사랑으로 역사하는 믿음이다.

의롭다 함 받은 사람들도 심각한 죄에 빠질 수 있고, "아버지로서의 하나님의 진노 아래 떨어"질 수 있지만, "칭의의 상태에서 결단코 떨어질 수 없다."[3]

하이델베르크 교리문답도 신적 판결의 기초가 우리 의가 아니라 그리스도의 의임을 강조한다. 우리는 "하나님의 모든 계명을 심각하게 어기고 그 가운데 하나도 지키지 않았지만," 오직 믿음을 통해서 마치 우리가 죄를 지은 적이 없고 계명을 완벽하게 지킨 것처럼 여겨진다. 믿음 자체도 칭의의 근거로 간주될 수 없고, 칭의를 받는 텅 빈 손에 불과하다. 그러나 이 가르침은 도덕적 부주의를 정당화하는 데 사용될 수 없다.

> 참된 믿음으로 그리스도에게 접붙여진 자들은 감사의 열매를 맺지 않을 수 없기 때문이다.[4]

유사한 내용의 요약을 루터파 일치 신조(Book of Concord), 성공회 39개

---

[3] *The Book of Confessions* (Louisville, KY: General Assembly of the PC[USA], 1991)에 있는 웨스트민스터 신앙고백서 제11장.

[4] *The Book of Confessions* (PC[USA], 1991)에 있는 하이델베르크 교리문답 제60-64문답.

신조(Thirty-Nine Articles), 런던/필라델피아 (침례교) 신앙고백서에서도 물론 발견할 수 있다.

그러나 NPP는 앞의 다섯 장에서 이미 언급된 자기네 대조에 기초해서, 칭의 교리와 아주 직접적으로 관계있는 두 가지 더 그릇된 양자택일을 제안한다. 곧, 전가(구원 서정 [ordo salutis])와 하나님의 언약적 신실함(구속사 [historia salutis]) 사이의 그릇된 양자택일을, 그리고 여기에 기초해 추가적으로, 구원에 대한 법정적 견해와 효과적인 또는 변형적인(transformative) 견해 사이의 그릇된 양자택일을 제안한다.

1. "하나님의 의"와 언약신학

성경신학과 조직신학 사이, 구속사와 구원 서정 사이, 그리고 교회론과 구원론 사이의 그릇된 대립을 가정하는 NPP 지지자들은, 하나님의 언약적 신실함에 대한 자기 입증을 칭의의 주된 내용으로 결론짓는다.

1) 하나님의 의(義)

라이트는 다음과 같이 말한다.

> 칠십인역을 읽는 독자들에게, "하나님의 의"는 명백한 한 가지 의미를 가질 것이다. 하나님의 약속, 즉 언약에 대한 하나님 자신의 신실함이다.[5]

---

5   N. T. Wright, *What Saint Paul Really Said: Was Paul of Tarsus the Real Founder of Christianity?* (Grand Rapids: Eerdmans, 1997), 96.

라이트는 의가 법정적 용어라는 것을 부정하지 않고, 고전적 언약신학과 마찬가지로, 다름 아닌 언약적 재판이라는 더 넓은 맥락 안에 "의"를 위치시킨다.

> "의"는 법정적 용어, 즉 법정에서 유래된 용어다. … 이 용어가 재판장에게 적용될 때, 이 용어는 (구약성경에 분명히 드러나는 것처럼) 재판장이 사건을 법대로 재판해야 한다는 것, 재판장이 공정해야 한다는 것, 재판장이 죄를 죗값대로 처벌해야 한다는 것, 변호할 줄 모르고, 재판장 말고는 대신 변호해 줄 사람이 아무도 없는 자들을 재판장이 도와주고 옹호해야 한다는 것을 의미한다. … 그러나 원고나 피고가 "의롭다"는 것에는 이런 의미 가운데 어떤 것도 내포되어 있지 않다. 어쨌든 원고나 피고는 사건을 재판하지 않는다. 우리 언어에서 "의로운"이라는 말이 현재 갖는 도덕적 함축 때문에, 우리에게 덜 명백할지라도, "의로운"이라는 말은, 재판이 시작되기 이전에, 원고나 피고가 도덕적으로 옳고, 그래서 자기네가 바라는 판결을 받을 만하다는 의미도 아니다. 왜냐하면, 원고나 피고가 성경적인 의미로, **법정의 배경에서**, "의롭다"는 것은 **법정의 판결의 결과로서** 해당 신분을 갖는 것이기 때문이다.[6]

하지만 라이트는 법정의 이 판결은 피고에 대한 의의 전가를 포함할 수 없다고 덧붙인다.

> 만약 우리가 법정 언어를 사용한다면, 재판장이 자신의 의(義)를 원고에게든 피고에게든 전가, 분배, 양도, 전달, 아니 다른 식으로도 옮긴다고 말하는 것은 완전히 터무니없다. … 피고가 재판장의 의(義)를 어떤 식으로든

---

6 Wright, *What Saint Paul Really Said*, 97-98.

받는다고 생각하는 것은 그야말로 범주적인 오류(a category mistake)다. 이것은 법정 언어의 사용 방식이 아니다.[7]

하나님의 백성은 "의롭다 함" 받을 것이다.

그러나 그들이 갖는 의는 하나님 자신의 의가 아닐 것이다. 그들이 갖는 의가 하나님 자신의 의라는 것은 말도 안 된다. 하나님 자신의 의는 하나님의 언약적 신실함이다(강조는 본래의 것).[8]

하나님은 자신의 신실함을 다른 누군가에게 돌릴 수 없다.

또 다시 라이트는, 신앙고백적 루터파 전통과 개혁파 전통이 실제로 신봉하지 않는 입장을 반박하고 있다. 비록 종으로서 율법 언약의 조건을 성취한 사람이 신적인 주님일지라도, 종교개혁가 가운데 아무도 **하나님의 의**가 전가된다고 가르치지 않았다. 라이트가 그리는 법정에는 대변인인 제3자가 빠져 있고, 판사/원고(하나님)와 피고(이스라엘)만 있다. 그러나 그리스도는 둘 다이고, 이것 때문에 그림이 복잡해진다.

종교개혁의 원숙한 칭의 교리는, 칭의를 의로운 성격의 주입으로서 이해하는 로마교의 이해와 하나님의 본질적 의에 신자가 참여하는 것으로 생각하는 안드레아스 오시안더(Andreas Osiander)의 개념에 맞서 분명히 표현됐다.

종교개혁가들과 그 후계자들은, 그리스도가 언약적 대표자로서 시험을 성공적으로 수행한 것이 믿는 모든 자에게 전가되거나 돌려진다는 것을 반복해서 상세히 설명했다. 하나님 자신의 본질적 의가 아니라, 그리스도

---

7 Wright, *What Saint Paul Really Said*, 98.
8 Wright, *What Saint Paul Really Said*, 99.

의 공로적인 성취가 전가된다. 언약에 대한 하나님의 신실함과 언약에 대한 사람의 신실한 순종이, 주시면서 종이신 그리스도에게서 최종적으로 그리고 완전히 하나로 모인다.

하지만 전가되는 내용은, 그리스도가 지상의 시련을 통해 "성취하신" 언약적 순종이다. 칭의는 법적인 허구나 추상적인 것이 되지 않다. 왜냐하면, 의롭다 함 받은 자들이 모든 의를 완전히 이룬 자들의 지위를 "그리스도 안에서" 실제로 소유하기 때문이다.

바울의 금융업 유비에 따르면, 다른 누군가에게서 자금이 이체되어 자신의 빚이 청산될 뿐만 아니라 계좌가 가득 찬다고 해서, 그 부는 자기 자신의 노력의 산물이었을 때와 마찬가지로 허구가 되지 않는다. 바울이 빌립보서 3장에서 자신의 원장부(元帳簿)를 살필 때, 자신의 모든 의는 부채 칸에, 그리스도의 모든 의는 자신의 자산 칸에 놓았다.

지금까지 라이트의 설명에 따르면, 특별히 누구에게든 기업이 실제로 주어지는 것은 불가한 일인 것 같다. 칭의가 법정적(즉, 법적 판결)일 수 있지만, 신실한 대표자에게서 불경건한 자들에게로, 이를테면, 의의 자산의 이체는 있을 수 없다는 것이다.

유대교 자료에서 두드러진 주제인 공로에 대한 샌더스 자신의 논의에서 우리가 이미 본 것처럼, 공로 개념은 중세신학의 전유물이 아니다.

만약 그렇게 많은 제2성전 유대교 문헌이 "조상의 공로"가 이스라엘 죄인들에게 돌려진다는 것을 긍정한다면, 그리스도의 공로에 있어서 같은 것을 제안하는 것이 이치에 반하는(또는 헬라주의적인) 것인가?

물론 이것에 의해서는, 바울이 가르치고 있는 것이 무엇인지가 아직 결정되지 않는다. 단지 이것은, 백성의 대표자적 무리나 한 대표자가 행하는 순종을 다른 사람들에게 전가한다는 개념이 유대교적인 사고에 낯설지 않다는 것에 대한 인정일 뿐이다. 게다가 라이트 자신도 죄가 한데 모여 그리스도에게 지워진다는 것을 강조한다는 것을 우리는 이미 보았다. 그렇다면 라이트의 견해에 적어도 **부정적인** 전가에 대한 이해는 내포되어 있는 것이다.

만약 죄책이 한 사람에게서 다른 사람에게 전가될 수 있다면, 의는 왜 전가될 수 없는가?

아담의 죄가 연대적인 언약적 실재인 인류에게 전가된 것은, 아담의 죄가 각 사람에게 전가됐기 때문이다(롬 5:12). 아간의 도둑질(수 7:10-26)의 경우처럼, 한 사람의 죄가 이스라엘 모든 사람—그래서 이스라엘 국가 전체—에게 전가된다는 개념은 다른 곳에서도 발견된다. 전가(죄책의 전가든지 의의 전가든지)가 전체(즉, 교회론)에 적용되는 것은 전가가 부분(즉, 구원론)에 적용되기 때문이다.

만약 칭의가 의의 전가와 상관없는 문제라면, 마지막 날 의롭다고 밝혀질 사람이 누군지를 현재 알 수 있는가?

바울 시대 유대인들은 알 수 있다고 말하고, 게다가 라이트에 따르면, 민족을 구별하는 특징들로 당연히 이해된 "율법의 행위"로 알 수 있다는 것이다.[9] "하나님의 의"를 해석할 때,

> 기본적인 구별은 "하나님의 의"가 하나님 자신의 의를 지칭하는 것(소유적 속격 또는 주어적 속격)으로 보는 자들과 사람이 하나님 앞에서 갖는 의로운 신분을 지칭하는 것(기원적 속격 또는 목적어적 속격)으로 보는 자들의 구별이다.[10]

라이트는 전자를 채택해서 로마서 1:17을 다음과 이 바꿔 표현한다.

---

9   Wright, *What Saint Paul Really Said*, 99.
10 Wright, *What Saint Paul Really Said*, 100.

바울은 말하기를, 복음은 하나님 자신의 의, 즉 하나님의 언약적 신실함을 계시하거나 드러낸다. 하나님 자신의 의는, 결과적으로 신실한("믿음으로 믿음에 이르는") 모든 사람의 유익을 위해서 예수 그리스도의 신실함을 통해 역사한다.**11**

또다시 우리는 그릇된 양자택일을 만난다. 마치 바울이 하나님의 의(즉, 하나님의 본질적인 의와 하나님의 언약적 신실함)와 예수 그리스도의 순종으로 말미암아 하나님이 주시는 의 둘 다를 언급할 수 없었던 것처럼 말이다.**12** 이 둘 사이의 변증법은 특히 로마서 1-3장에 있는 바울 논증의 핵심을 이루는 것 같다. 곧, (율법에 계시된 대로의) 하나님의 **존재적인** 의는 모든 사람, 유대인과 이방인을 똑같이 정죄한다.

이제는 율법 외에 하나님의 한 의가 나타났으니 율법과 선지자들에게 증거를 받은 것이라 곧 예수 그리스도를 믿음으로 말미암아 모든 믿는 자에게 미치는 하나님의 의니(롬 3:21-22).

---

11 Wright, *What Saint Paul Really Said*, 109.
12 하나님의 의에 대한 이 논쟁은, "그리스도에 대한 믿음"에 주어적 속격의 의미(즉, "그리스도의 믿음")도 주어져야 되는지에 대한 문제와 관계가 없지 않다. 그러나 주어적 속격으로는 바울이 믿음과 칭의의 관계를 묘사하는 일반적인 방식이 설명되기 어려운 것 같다. 예를 들어, 바울은 "예수 그리스도를 믿음으로 말미암아 모든 믿는 자에게 미치는 하나님의 의"(롬 3:22)를 말하는데, "믿는 자"의 "믿는"은 그 앞의 것(디아 피스테오스 이에수 크리스투, *dia pisteōs Iēsou Christou*)과 같은 개념을 되풀이하고, 또한 25절에서, 그리스도의 화목적 죽음이 "믿음으로 받아들여"져야 한다(RSV)고 덧붙인다. 그리스도에 대한 믿음이 주어적 속격의 의미를 갖느냐는 논쟁은 여기서 우리의 범위를 넘어가는 것이지만, 주어적 속격에 대한 변호로는, Bruce W. Longenecker, "Contours of Covenant Theology in the Post-Conversion Paul," in *The Road from Damascus: The Impact of Paul's Conversion on His Life, Thought, and Ministry*, ed. Richard N. Longenecker (Grand Rapids: Eerdmans, 1997), 133; 참조. Richard Hays, *The Faith of Jesus Christ: An Investigation of the Narrative Substructure of Galatians 3:1-4:11* (Chico, CA: Scholars Press, 1983); "Justification," in *The Anchor Bible Dictionary*, ed. D. N. Freedman et al. (New York: Doubleday, 1992), 268-90을 보라.

하나님의 언약적 신실함이 그리스도를 믿는 우리의 믿음을 통해 드러난다고 말하는 것이 타당한가?

아니면, 복음이 하나님의 **존재적인** 의(즉, 하나님의 심판하는 본질적인 의)를 계시하기보다는, 그리스도의 순종에 근거해 하나님이 내리시는 의의 판단(즉, 칭의의 판결), 믿음으로 받아들여지는 의의 판단을 계시한다고 말하는 것이 더 타당한가?

"모든 입을 막고 온 세상으로 하나님의 심판 아래에 있게 하"기 위해서(롬 3:19), 율법으로 계시된 하나님의 의에 대한 계시는, "율법 외에," 그리스도를 믿는 믿음을 통한 복음으로 계시된 하나님의 의에 대한 계시와 다르다(롬 3:21). 율법은 하나님이 의로우시다(그래서 모든 죄인을 정죄하셔야 한다)는 것을 계시하지만, 복음은 하나님이 의로우실 뿐만 아니라 의롭다 하시는 분이라는 것을 계시한다(롬 3:26).

2) 우리의 의(義)

라이트에게는, 칭의에 대한 정당한 종말론적 해석이 하나뿐인 것처럼, 칭의에 대한 정당한 언약적 해석도 하나뿐인 것 같다.

> 이것(칭의)을 그 기저에 놓인 언약적 주제의 견지에서 헤아려 볼 때, 칭의란, 그들이 미래에 하나님의 참된 백성으로 밝혀지게 될 자들이라고 현재 선언되는 것을 의미한다. 현재적 칭의는, 미래적 칭의가 (롬 2:14-16과 8:9-11에 따르면) **전 생애에 기초해** 공개적으로 확인할 것을, 믿음에 기초해 선언하는 것이다(강조는 첨가된 것).[13]

---

[13] Wright, *What Saint Paul Really Said*, 129.

그러나 종말론적인 칭의 판결이 그리스도의 전 생애가 아니라 신자의 "전 생애"에 달려 있다는 것보다 바울의 복음적 논의를 더 심각하게 훼손하는 것을 상상하기 어렵다. 라이트에 따르면, 믿음은 언약에 들어가는 방법이 아니라(그러면, 개인 구원에 대한 문제가 될 것이기 때문이다), "죄 사함받는 가족의 증표다."

> 그러므로 이 장(롬 4장)의 강조점은, 언약 구성원 자격이 할례로도 말고 (4:9-12), 민족적 특성으로도 말고, 믿음으로 정의된다는 것이다.[14]

그런데 이제 이 믿음도 신실함, 곧 우리 자신의 언약적 순종으로서 재정의 된다. 우리 자신의 언약적 순종이 최종적 칭의의 근거라는 것이다. 그러나 바울은, 이 칭의가 "일을 아니할지라도 경건하지 아니한 자를 의롭다 하시는 이를 믿는" 자에게 임한다고 분명히 말한다(4:5). 바울이 대조하는 것은 행함과 믿음이지, 할례와 성령의 인도를 받는 우리의 순종 간의 대조가 아니다.

근본적으로 라이트의 주장은, 우리가 어떤 행위(민족적 순수성)말고, 다른 어떤 행위(언약에 대한 우리의 신실함)로 의롭다 함 받는다고 말하는 것과 매한가지다. 라이트가 이런 주장을 펼치게 되는 것은, 라이트가 언약적 이해를 채택하기 때문이 아니라, 라이트가 전제하는 특정한 언약적 견해가 언약적 신율주의이기 때문이다.

---

14 Wright, *What Saint Paul Really Said*, 129.

3) 유대 묵시 문학의 뒷받침

구원 서정과 개인적 구원에 대한 관심에 맞서 라이트가 종말론적, 우주적, 구속사적 측면을 강조하는 데 결정적인 영향을 미친 것으로 생각되는 크리스티안 베커(J. Christiaan Beker)조차 라이트만큼 일방적이지 않다는 것은 주목할 만하다.

비록 바울 구원론의 묵시적 성격을 강조하려는 베커의 시도에 우리가 앞서 지적한 그릇된 대립(구속사[*historia salutis*]와 우주적 구속 대[對] 구원 서정[*ordo salutis*]과 개인적 구원)이 자주 나타난다 할지라도, 베커의 통찰은 구속사와 우주적 구속에 대한 일방적인 강조를 바로잡는 데 도움이 될 수 있다. 베커는 다음과 같이 주장한다.

유대 묵시 문학이 바울 사상의 기초를 형성한다.[15]

그리스도의 죽음과 부활에 대한 묵시적 해석이 복음의 실제적 통일성을 낳는다.

모세와 그리스도, 시내산과 시온산 사이에는 대립이 존재하지만, 아브라함과 그리스도 사이에는 연속성이 존재한다.[16] 베커의 발언은, 필자가 두 가지 언약에 기초해, 연속성과 불연속성에 대해 제시했던 설명과 잘 맞다. 게다가 베커는 "아담 안에서" 대(對) "그리스도 안에서"는 아브라함과 그리스도의 관계와 일치하지 않는다고 지적한다.[17] 갈라디아서에서 "바울

---

[15] J. Christiaan Beker, *The Triumph of God: The Essence of Paul's Thought*, trans. Loren T. Stuckenbruck (Minneapolis: Fortress, 1990), 19.
[16] Beker, *The Triumph of God*, 52.
[17] Beker, *The Triumph of God*, 52.

은 율법과 복음의 유대교적 혼합에 맞서 자기 복음의 '오직 그리스도'(*solus Christus*)와 '오직 믿음으로'(*sola fide*)를 보호함에 틀림없다."[18]

필자가 『언약과 기독론: 주와 종』에서 속죄 교리를 다룰 때 주장했던 것처럼, 환원주의는 환원주의를 낳는다. 그리고 그리스도의 사역과 칭의가, 더 넓은 성경적이고 신학적인 지평을 무시하는 상업적 거래로 환원되는 것은 흔히 목격되는 일이었다.

그런데 브레데와 슈바이처 이후로 추세가 이전의 "법적" 모델과 대조되는 "종말론적"(또는 "신비적") 이해의 방향으로 반대로 바뀌었다.[19] 슈바이처에 따르면, 율법과 종말론은 본질적으로 충돌하는데, 왜냐하면 율법은 항구적인(또는 수평적인) 것과 관계있는 반면, 종말론은 영원의 "직접적이고 절대적인" 사건이 끼어듦으로써 시간이 정지되는 것이기 때문이다.[20]

칸트(그리고 특히 리츨) 이후로 계속 근대신학은 속죄와 칭의에 대한 "법적" 해석의 대체—윤리적 해석이든, 유기적 해석이든, 신비적 해석이든, 실존적 해석이든, 종말론적 해석이든—를 추구해 왔다. 그런데 이 대체물의 계보에 **언약적** 해석을 포함시키는 것은 하나님-인간 관계의 법적이고 객관적인 성격을 심각하게 오해하는 것이다.

가설의 가능성 자체는 차치하더라도(물론 율법 자체가 구속사의 조건이라는 것을 고려할 때 그럴듯해 보이지 않지만), 바울에 대한 이런 "신비주의"적 이해

---

18 Beker, *The Triumph of God*, 53.
19 Michael S. Horton, *Lord and Servant: A Covenant Christology* (Louisville, KY: Westminster John Knox Press, 2005), 제7장. 또한, Stephen Westerholm이 *Israel's Law and the Church's Faith: Paul and His Recent Interpreters* (Grand Rapids: Eerdmans, 1988), 26에서 지적하는 것처럼, "특히 Ernst Käsemann이 역시 묵시 문학을 초기 기독교 신학의 '어머니'로 간주했다"(참조. 예를 들어, Käsemann, *New Testament Questions of Today*, trans. W. J. Montague [London: SCM, 1969], 236-37). Albert Schweitzer는 *The Mysticism of Paul the Apostle*, trans. W. Montgomery (London: Black, 1931), 192에서 다음과 같이 말했다. "바울은 유대교가 결국 택한 방향과 사실상 반대 방향을 택했다. 바울은 종말론을 위해 율법을 희생했고, 유대교는 종말론을 버리고 율법을 유지했다."
20 Schweitzer, *Mysticism*, 189.

는 역사 가운데, 특히 십자가에서 하나님의 언약적 처분에 대해 바울이 실제로 말하는 방식(골 2:11-15)과 거리가 멀다.

하나님과 하나님 나라를 반대하는 세력에 대한 그리스도의 승리는 십자가를 통해 달성된다. 왜냐하면, 십자가에서, 아니 십자가에서만 새 언약에 약속된 죄 사함과 참된 할례가(렘 31장) 있고, 아브라함에게 약속된 기업이(창 15장) 발견될 수 있기 때문이다. 십자가가 이 우주적인 승리를 성취하는 것은 십자가가 "우리를 거스르고 불리하게 하는 법조문으로 쓴 증서"를 지워 버린다는 바로 그 이유 때문이다(골 2:14).

우리는 이 본문(골 2장)에서 구원의 구속사적인 차원(*historia salutis*, 구속사)과 개인적인 차원(*ordo salutis*, 구원 서정)의 통합적 관계의 고전적 본보기를 발견한다. 다시 말해, 역사 가운데 구속의 성취와 "범죄"로 죽은(13절) 개인들에 대한 구속의 적용의 통합이다. 게다가 우리는 구속의 법적 차원과 변형적 차원이 동시에 긍정되는 것을 본다. 이 본문에서도 다른 곳과 마찬가지로 율법은 파기되거나 거부되거나 무시되거나 폄하되지 않고, 다름 아닌 십자가에서의 그리스도의 종말론적 승리로 말미암아 성취된다.

율법의 저주가 제거될 때, 기업의 모든 보물이 퍼부어진다. 즉, 새로운 출생(the new birth), 성화, 몸의 부활, 피조물의 삶이 갱신될 뿐만 아니라 창조 상태를 넘어 극치에 들어가는 것도 이 승리로 말미암아 획득된다.

여기서 얻을 수 있는 교훈은 죄와 구원의 근본적인 법적 성격이 인정되면, 우주적 승리, 이스라엘과 열방의 회복, 성화, 교회론을 덤으로 얻게 된다는 것이다. 구원의 법적 측면 없이는 구원의 다른 모든 측면은 근거를 상실하고 공중에 매달리게 된다.

4) 칭의와 언약적 신실함:
묵시적인 주제(*Christus Victor*, 승리자 그리스도)와 법정적 주제의 통합

그러면 우리는, 하나님의 의 개념에 대한 구약적 배경을 고려할 때, 언제나 하나님의 의는 다른 사람에게 주어지거나 전가될 수 없고, 판결을 내리는 재판장의 성격이라는 주장에 어떻게 응수해야 하는가?

비록 필자가 나중에 마크 세이프리드(Mark Seifrid)가 제시하는 설명의 몇몇 측면에 이의를 제기하겠지만, 세이프리드는 "언약적 신실함"을 "하나님의 의"와 동의어처럼 다루는 것에 대해 설득력 있는 반론을 제기했다(특히, 시 72, 98편 같은 본문에 비춰). 하나님의 의로운 행위는 자비뿐만 아니라 심판도 포함하고, 이스라엘뿐만 아니라 온 세상과 관계가 있다.[21]

> "칭의"는 (렘 22:3에서) 특정한 다툼에서 잘못을 바로잡는, 명확한 행위로 여겨진다. … 그러므로 "의"는 근래의 해석에서 흔한 것처럼, "적절한 관계" 개념으로 환원될 수 없다.[22]

칭의는 허물을 눈감아 주고 관계를 재수립하는 것에 불과한 것이 아니라 잘못되어 온 것을 "바로잡는" 것이다.[23] 세이프리드는 "의"라는 말이

---

21 Mark A. Seifrid, *Christ, Our Righteousness: Paul's Theology of Justification* (Downers Grove, IL: InterVarsity, 2000), 39-41.
22 Seifrid, *Christ, Our Righteousness*, 41.
23 Mark A. Seifrid, "Righteousness Language in the Hebrew Scriptures and Early Judaism," in *Justification and Variegated Nomism*, vol. 1, *The Complexities of Second Temple Judaism*, ed. D. A. Carson, Peter T. O'Brien, Mark A. Seifrid (Tübingen: Mohr Siebeck; Grand Rapids: Baker Academic, 2001), 417: Ritschl은 "의"를 법적으로 정의하는 것을 헬라화와 같은 것으로 보고, 속죄와 칭의의 모든 법적(특히, 보응적) 측면을 제거한다. 그러나 Hermann Cremer는 구약에서 "악인을 처벌하는 것은 의인의 구원에 본질적인 요소로 나타났다"라고 주장했다. "다시 말해, Ritschl이 (Grotius의 사고방식을 따라서) 하나님은 구원 행위에서 재판관이 아니라 통치자로서 행하신다고 주장한 반면, Cremer는, 성경적

"언약적 신실함"보다 넓은 의미로 사용된다는 자신의 상세한 논의에서 다음과 같이 결론 내릴 설득력 있는 근거를 제시한다.

> [NPP는] 리츨의 관념론적 개념과 놀랄 만큼 가깝다. 그리고 [NPP는] 하나님의 "다스림과 심판"에 암시되고 내포된 처벌 행위에 대한 크리머의 통찰을 무시하고, 하나님의 의가 보응과 관계있는 사례들도 물론 무시한다.[24]

요컨대 의를 하나님의 언약적 신실함이나 이스라엘의 언약적 지위와 동일시하는 것은 부적절하다.

> 바울이 "하나님의 의에 대한 계시"(롬 1:17)를 말할 때 환기시키는 시편과 이사야는 창조 사상과 관계가 있다.[25]

여기서 염두에 두고 있는 것은 하나님의 다스림과 심판이지, 반드시 하나님의 구원만이 아니고, 하나님의 다스림과 심판 행위의 범위는 이스라엘만이 아니라 온 세상이다. 칭의는 구원이나 언약적 신실함과만 아니라, 하나님의 보응적 정의와도 관계가 있다.[26]

이것은 적어도 리츨 이후로, 칭의뿐만 아니라 속죄(화목과 희생)에 대한 법적 언어에 대한 오늘날 문제점의 핵심을 찌르는 것 같다. 조지 린드백(George Lindbeck)이 최근 주장한 것처럼, 속죄론과 칭의론은 서로 불가분하게 연결되어 있다.[27] 만약 둘 중 어느 하나에서 법적 주제와 관련된 어려

사고에서 '다스림과 심판'의 역할은 결합되어 있고, 성경은 하나님의 구체적인 심판 행위에 대해 주기적으로 말한다고 주장했다."

[24] Seifrid, "Righteousness Language in the Hebrew Scriptures and Early Judaism," 425.
[25] Seifrid, "Righteousness Language in the Hebrew Scriptures and Early Judaism," 441.
[26] Seifrid, "Righteousness Language in the Hebrew Scriptures and Early Judaism," 441-42.
[27] George Lindbeck, "Justification and Atonement: An Ecumenical Trajectory," in *By Faith*

움을 겪는다면, 다른 하나에서도 동일한 문제와 마주하게 될 것이다.
세이프리드는 다음과 같이 지적한다. 시편 143:1-3에서,

> 시편 기자는 시편 기자 **자신을 위해** 자신의 원수들과는 하나님이 싸워 주시기를 탄원하면서 동시에 **자기와는** 다투지 마시길 요청한다. 만약 하나님이 자신의 권리를 그대로 밀어붙이신다면, 탄원자 자신도 멸망될 것이다. 직접적인 설명 없이, 하나님의 구원하시는 의가 하나님의 보응적인 공의와 나란히 놓여 있다.[28]

세이프리드는 이런 구절들의 문맥뿐만 아니라 의(義)의 명사형이나 동사형과 형용사형의 어휘적 차이에 대한 유익한 논의도 제공한다.[29]
의에 대한 구약적 이해를 고려할 때, 바울의 용법은 어떠한가?
세이프리드는 이렇게 말한다. 로마서 1장에서 "하나님의 의"라는 표현이 사용될 때, "여기서 바울은 하나님의 속성이 아니라 하나님의 행위에 대해 말한다."

> 바울은 "하나님의 의"에 대해 말할 때, 구원을 위해 하나님이 만든 세상에 "공의와 의"를 가져오실 "통치자와 재판장"으로서 하나님의 역할을 염두에 두고 있다.[30]

이 모두가 부활에서 하나로 합쳐진다. 부활에서 하나님, 죄인들, 언약의

Alone: Essays on Justification in Honor of Gerhard O. Forde, ed. Joseph A. Burgess and Marc Kolden (Grand Rapids: Eerdmans, 2004), 205.
[28] Seifrid, *Christ, Our Righteousness*, 42.
[29] Seifrid, *Christ, Our Righteousness*, 44.
[30] Seifrid, *Christ, Our Righteousness*, 46.

종과 함께 그와 동일시되는 모든 사람의 혐의가 벗겨지고 의롭다는 것이 증명된다.

> 구원은 멸망을 통해서, 칭의는 정죄를 통해서 온다.[31]

또한, 세이프리드는 다음과 같이 말한다.

> 로마서 1:18-3:26에서 바울의 논증을 이끄는 것은 죄인과 하나님의 동시적인 칭의다.[32]

이 주장은 로마서 3:26을 고려할 때, 아주 타당해 보인다.

> 이 때에 자기의 의로우심을 나타내사 자기도 의로우시며 또한 예수 믿는 자를 의롭다 하려 하심이라(롬 3:26).

그리고 세이프리드는 성경적인 의미의 "법정"과 우리 자신의 법정 사이에 중요한 차이가 있음을 상기시킨다. 전자에서는 하나님은 단지 공평한 재판관에 그치지 않고, 하나님 자신이 소송의 당사자이시다.

> 바울에게 있어서, 사람의 칭의는 하나님의 승리와 사람의 패배를 통해서만 이루어진다.[33]

이와 같이 우리는 언약 소송을 법적 영역으로만 축소할 수 없다. 법정과

---

[31] Seifrid, *Christ, Our Righteousness*, 47.
[32] Seifrid, *Christ, Our Righteousness*, 48.
[33] Seifrid, *Christ, Our Righteousness*, 59.

전장, 법적 칭의와 승리자 그리스도(*Christus Victor*)라는 주제가 언약 소송에서 한데 모이고, 이것의 전형적인 본보기가 이사야 59장에서 발견된다.

바울은 에베소서 6:10-17에서 이사야 59장의 구절을 설명할 때 승리자 그리스도라는 주제를 놓치지 않는다. 그럼에도 이사야 59장에서와 마찬가지로 여기서도 전쟁의 승리는 칭의의 법정적 성격에 근거하고 있다. 그리스도의 의를 흉갑으로 입고, 진리의 허리띠를 허리에 동이고, 평화의 복음을 전할 채비로서 신을 신고, "악한 자의 모든 불화살을 소멸"할 수 있는 "믿음의 방패를 가지고," "구원의 투구와 성령의 검 곧 하나님의 말씀"을 가질 때만, 신적 법정에서 사탄에 맞서 굳건히 설 수 있다.

또한, 여기서 우리는, 더러운 옷을 입은 대제사장 여호수아, 기소하는 검사 사탄, 그리고 새 옷을 확보한 변호사인 "여호와의 천사"에 대한 환상이 나오는 스가랴 3장의 메아리도 발견할 수 있다. 이 환상은 "내가 내 종 싹을 나게 하[고] … 이 땅의 죄악을 하루에 제거하리라"는 "예표"다(슥 3:1-9).

칭의는 신적 심판 자체를 제거하는 것이 아니라, 신자가 그리스도와 함께 신적 심판을 반드시 통과하게, 즉 십자가에서 부활로 건너가게 보장하는 것이다. 한편으로 죄인들은 그리스도와 함께 세례 받을 때 정죄된다. 그런데 죄인들 자신이 다름 아닌 그리스도와의 동일시로 인해, 옛 자아를 절단하는 할례를 받는 반면, 그리스도 자신은 신약에서만 아니라 구약에서도 하나님의 의와 불가분한 하나님의 진노를 겪음으로써, 죽음의 "절단"을 경험하셨다.

이로써 신자들은 그들의 정죄를 요구한 바로 그 율법 앞에서 의롭다 함을 받는다—만약 그들이 하나님의 의를 그리스도 안에서 소유하지 못한다면 어떻게 이것이 가능한가?

칭의는 하나님의 "본질"이나 "속성"이 전가되거나 주입되는 것이 아니라, 요구된 의가 그들 자신의 언약적 신실함으로 얻어지지 않았음에도 불구하고, 다른 누군가의 의로운 행위가 그들에게 돌려지기 때문에 그들 자신의 것처럼 간주되는 것이다.

은유를 바꾸어 본다면(여전히 이 은유도 바울에게서 발견된다), 막대한 빚을 지고 있는 언약 파기자가 그리스도에게만 마땅히 속하는 재산 전체를 오직 믿음으로만 상속받는다는 것이다. 이것은 법적 허구가 아니다. 왜냐하면, 재산이 참으로 넘겨지기 때문이다. 즉, 언약의 중보자로 말미암아 의가 실제로 성취된다.

하나님의 의에 대해 이런 보다 넓은 이해를 갖고 있는 우리는 로마서 2장에 있는 바울의 주장을 이해하는 데 더 좋은 위치에 있다.

> 이런 일[우상 숭배와 성적 부도덕]을 행하는 자에게 하나님의 심판이 진리대로 되는 줄 우리가 아노라[고 너는 말한다] … 이런 일을 행하는 자를 판단하고도 같은 일을 행하는 사람아 네가 하나님의 심판을 피할 줄로 생각하느냐 … 다만 네 고집과 회개하지 아니한 마음을 따라 진노의 날 곧 하나님의 의로우신 심판이 나타나는 그 날에 임할 진노를 네게 쌓는 도다 하나님께서 각 사람에게 그 행한 대로 보응하시되 … 무릇 율법 없이 범죄한 자는 또한 율법 없이 망하고 무릇 율법이 있고 범죄한 자는 율법으로 말미암아 심판을 받으리라(롬 2:2, 3, 5-6, 12).

"율법을 듣는 자가 의인이 아니요 오직 율법을 행하는 자라야 의롭다 하심을 얻으리니"라는 말씀은 그때서야 나온다(13절). 복음은 기쁨으로 듣고 받아들여져야 하는 선포이지만, 율법은 뭔가를 행해야 하는 명령이다. 하나님은 율법을 듣고 받아들이기만 하는 사람들은 정당하게 의롭다 하실 수 없지만, 복음을 그저 듣고 받아들이기만 하는 사람들은 정당하게 의롭다 하실 수 있다. 만약 율법으로 말미암아 의롭다 함 받는다고 주장하려면, 율법이 명하는 모든 것을 행할 각오는 적어도 되어 있어야 할 것이다.

바울은 유대인을 포함해서 우리 가운데 율법이 명하는 모든 것을 행해 온 사람이 아무도 없다고 지적한다. 의(義)는 하나님의 언약적 신실함으로 한정될 수 없다. 왜냐하면, 바울은 바로 이 의(義)에 따라서 모든 사람, 즉 유대인과 이방인 둘 다 정죄받는다고 말하기 때문이다(롬 3:19-20). 의를 하나님의 언약적 신실함으로 한정하지 않는 더 넓은 이해를 통해서만 바울의 다음 나머지 논증이 이해될 수 있다.

> 이제는 율법 외에 하나님의 한 의가 나타났으니 율법과 선지자들에게 증거를 받은 것이라 곧 예수 그리스도를 믿음으로 말미암아 모든 믿는 자에게 미치는 하나님의 의니 차별이 없느니라 모든 사람이 죄를 범하였으매 하나님의 영광에 이르지 못하더니[단지 의식법만을 지키는데 실패했기 때문이 아니라], 그리스도 예수 안에 있는 속량으로 말미암아 하나님의 은혜로 값없이 의롭다 하심을 얻은 자 되었느니라 이 예수를 하나님이 그의 피로써 믿음으로 말미암는 화목제물로 세우셨으니 … 그러므로 사람이 의롭다 하심을 얻는 것은 율법의 행위에 있지 않고 믿음으로 되는 줄 우리가 인정하노라(롬 3:21-25a, 28).

특히나 율법이 하나님의 언약적 신실함으로서의 의를 나타낸다면, **하나님의** 언약적 신실함을 "율법 외에," 율법과 별개인 의로 말하는 것이 타당한가?

게다가 만약 의가 하나님 자신의 언약적 신실함으로만 이해된다면, 어째서 "하나님의 의"가 "그리스도/하나님의 신실함으로"가 아니라, "예수 그리스도를 믿음으로" 말미암아 미친다고 말씀됐는가?

떠들썩했던 루터의 돌파구가 하나님**의** 정죄하는 의로부터, 믿음을 통해 의롭다 하는, 하나님이 **주시는** 의로 전환되는 루터의 주해와 관계있던 것은 놀라운 일이 아니다. 만약 우리가 율법의 행위를 민족적 경계 표지들로 축소하고, 칭의를 하나님의 언약적 신실함으로 축소한다면(하물며 칭의를 우리 자신의 언약적 신실함으로 축소하는 경우는 말할 필요도 없다), 양자의 놀랍고 결정적인 대조가 상실되고 만다.

하나님이 죄인을 의롭다 하시는 의는 하나님이 죄인을 정죄하시는 바로 그 의이고, 두 경우 모두 판단의 기준은 율법이다. 차이는 사람이 "율법 아래"(따라서 저주 아래) 머무르느냐, 아니면 "일한 것이 없이 하나님께 의로 여기심을 받는 사람"(롬 4:6)으로서, "그리스도 안에"(따라서 은혜 아래) 있느냐다. 사람이 율법 언약의 회원이냐 아니면 약속 언약의 합법적 회원이냐가 이 모든 차이를 만든다.

신자에게 이전된 것은 하나님 또는 그리스도의 고유한 품격이 아니라, 우리를 위해 영위됐고, 바쳐졌고, 받아들여졌고, 다시 살려진, 하나님이 완전히 받으실 만한 삶의 기록이다. 언약에 대한 그리스도의 신실함 덕분에 선고된 판결이 라이트의 삼단 논법에는 빠져 있는 중개념(中槪念)이다. 칭의에 대한 이런 대리적인 견해는 율법주의적인 이해가 결코 아니고, 이런 견해는 처음부터 끝까지 **언약적인** 이해다.

바울은, 그리스도인들이 단지 믿음으로, 예수의 언약적 신실함에 참여하는 것으로 보았다고 브루스 롱게네커는 생각한다.

> 그래서 바울은 (갈라디아서) 2:16b에서 다음과 같이 말한다.
> "우리도 그리스도 예수를 믿나니, 이는 그리스도의 언약적 신실함이 우리에게 유효하게 하려 함이라."

> 그리고 3:22의 경우도 마찬가지다.

> 이런 구절에서 바울의 "믿음"은 근본적으로 참여적인 용어다.[34]

---

[34] Longenecker, "Contours of Covenant Theology in the Post-Conversion Paul," 135.

따라서 바울에게 있어서 칭의(즉, 언약 회원 자격)는 율법에 기초한 것이 아니라, 바울이 믿음으로 받아들인 예수의 언약적 신실함에 기초한다. 바울 자신의 신실함은 "쓰레기"고, "오직 그리스도의 신실함만[이] … 하나님 앞에서 바울의 언약 회원 자격의 표다."[35]

언약적 신율주의는 법적인 것과 참여적인 것 간의 양자택일을 요구하지만, 참된 언약신학은 언약적 신율주의와는 다른 근거 위에서 가능하다.

롱게네커는 다른 곳에서 다음과 같은 중요한 주장을 펼친다.

> 만약 언약신학이 하나님 백성의 회원 자격을 규정하는 문제일 뿐이라면, "언약"이라는 수식어는 바울의 신학적 세계관의 깊이를 정당하게 다루는 것이 못된다. … 다른 무엇보다도 하나님의 임재―하나님의 백성으로서 이스라엘과의 관계에 있어서 그리고 하나님의 피조물로서 세상과의 관계에 있어서 하나님의 임재―에 대한 것이 언약신학의 핵심이다.[36]

칭의는 언약신학이 바울의 틀이라는 인식 안에서만 제대로 이해될 수 있다고 롱게네커는 주장한다.[37] "의"로 간주되는 것은 우리 자신의 순종이 아니라 그리스도의 순종이라는 점에서, 의는 "언약"에 기초한다.[38] 바울에게(빌 3장에서) "흠 없는 율법의 의는 배설물로 치부된다."[39]

---

35 Longenecker, "Contours of Covenant Theology in the Post-Conversion Paul," 135. 그리고 이런 시각에서, 갈 3:13-14; 4:4-5; 롬 15:8-9도 보라.
36 Bruce W. Longenecker, "Defining the Faithful Character of the Covenant Community: Galatians 2.15-21 and Beyond," in *Paul and the Mosaic Law: The Third Durham-Tübingen Research Symposium on Earliest Christianity and Judaism*, ed. James D. G. Dunn (Grand Rapids: Eerdmans, 2001), 76.
37 Longenecker, "Defining the Faithful Character of the Covenant Community: Galatians 2.15-21 and Beyond," 78.
38 Longenecker, "Defining the Faithful Character of the Covenant Community: Galatians 2.15-21 and Beyond," 81.
39 Longenecker, "Defining the Faithful Character of the Covenant Community: Galatians 2.15-21 and Beyond," 83.

그러므로 바울의 비판은 NPP가 인정하는 것보다 훨씬 포괄적인 것 같다. "율법으로 말미암는 의"의 문제점은, 율법으로 말미암는 의가 유대인과 이방인을 분리한다는 데만 있는 것이 아니라, 그런 의(물론 율법 자체는 그렇지 않을지라도)는 하나님 앞에서 실제로는 **적자**(deficit)라는 데 있다.

> 그리스도 안에 있다는 것은 **그리스도의** 신실함을, 아니 그리스도의 신실함만을 자신의 언약적 신실함의 표로서 갖는다는 것이다.[40]

롱게네커가 특별히 갈라디아서 2장과 관련해서 내린 다음 결론은 바울의 가르침 전체에 적용될 수 있을 것이다.

> 만약 이 구절에 있는 바울의 진술이 언약 관계에 대한 신학에 힘입은 것이라면, 이 신학은, 하나님의 뜻과 은혜가 '노모스'(νόμος, 율법)와 불가분한 관계를 갖는, 대부분의 초기 유대교에 전형적인 언약신학의 "경향"과 단절된 신학이다. … 따라서 바울은 언약의 경계를 변경함으로써, 갈라디아서 2:17에서 "죄인"이라는 말을 재정의 하는 결과를 가져왔다.[41]

(예레미야와 마찬가지로) 바울이 분명히 대조하는 두 언약을 설명할 수 있는 "언약신학"이 채택될 때, 칭의에 대한 사도의 핵심 가르침이 가리지 않고 명료해질 수 있을 것이다.

마지막으로, NPP를 지지하는 자들 가운데도, 신약에서 발견되는 대로, 구원(특히, 칭의)에 집단적 성격뿐만 아니라 개인적 성격이 있음을 인정하

---

[40] Longenecker, "Defining the Faithful Character of the Covenant Community: Galatians 2.15-21 and Beyond," 83.

[41] Longenecker, "Defining the Faithful Character of the Covenant Community: Galatians 2.15-21 and Beyond," 84.

는 자들이 있다. 샌더스는 다름 아닌 제2성전 유대교와 관련해서, 하나님이 이스라엘과 맺은 언약을 저버리시지 않지만, "그러나 만약 개인들이 언약 자체를 물리치는 그런 식으로 죄를 범하면, 개인은 이스라엘에서 제외될 수 있다"라고 말한다.[42]

사도행전 22:16에서 아나니아는 새로 회심한 바울에게 죄 사함을 위해 주의 이름을 부르라고 말하는데, 권세자들 위에 뛰어난 주로서, 포로 상태의 속량자로서, 그리고 이방인들에 바울을 보내는 파송자로서 예수의 이름을 부르기에 앞서, 다른 무엇보다 바울 자신의 죄 사함을 위해 예수의 이름을 부르라고 말한다.

사도행전의 많은 구절에서 "내가 어떻게 하여야 구원을 받으리이까?"는 물음이 내용 전체는 아닐지라도, 필수적인 것이라는 점이 강조된다(예. 마 14:30; 19:25; 27:42; 눅 7:50; 13:23; 요 5:34; 행 11:14, 특히 16:30뿐만 아니라 다음과 같은 바울서신에서도, 롬 5:9; 8:24; 고전 1:18; 9:22; 딤전 1:15; 2:4; 딤후 1:9; 딛 3:5, 그리고 히 7:25; 약 5:20; 벧전 3:20; 유 23절).

우리는 칭의에 대한 언약적 설명을 변호하는 논의를 마무리하면서, NPP와의 대화, NPP에 대한 추가적인 주해적 비판을 거쳐, 이제 마지막으로, NPP보다 신앙고백주의적인 진영 안에서도 나타나는 오늘날의 이탈을 분석하고 거기 응수할 것이다.

만약 칭의가 법정적이라면, 즉 칭의가 그들 자신으로는 불경건한 사람들에게 그리스도의 의에 기초해 선언된 법적 판결이라면, 이 그리스도의 의는 불경건한 우리에게 어떻게 전달되는가?

---

[42] E. P. Sanders, *Paul and Palestinian Judaism* (Minneapolis: Fortress, 1977), 370-71.

2. 전가된 의?

전가를 비판하는 사람들은 NPP 지지자들로 한정되지 않는다. 마크 세이프리드는 라이트와 NPP를 비판하지만, 전통적인 개신교 신앙고백들과 신학이 구원 서정(*ordo salutis*)을 위해서 구속사(*historia salutis*)를 희생시켰다는 의혹제기 동참하면서, "전가"가 필수적이라는 것에 동의하지 않는다. 세이프리드는 우리가 칭의 교리를 견지하는 데 전가라는 추가적인 범주가 필요하지 않다고 주장한다. 칭의는 죄 사함일 뿐이라는 것이다. 그는 다음과 같이 주장한다.

> 또한, 개신교 몇몇 학자들이 추가적으로 그리스도의 (율법을 성취하는) 능동적인 의의 전가와 그리스도의 (십자가에 죽으시는) 수동적인 순종을 구별한 것은 불필요하고 오해를 불러일으킨다.[43]

우리에게 필요한 것은 그리스도의 "수동적 순종"—십자가에서의 희생—뿐이지, "능동적 순종"의 전가는 불필요하다는 식이다.

> 그리스도의 "수동적 순종"이 우리를 정죄한 율법의 성취였다!
> 그리스도 안에서 그리고 소망 가운데, 죄와 죽음에 대한 승리가 지금 그리고 여기서 우리의 것이 된다. 그럼에도 그리스도의 수동적 순종은 우리의 순종이 아니고, 우리는 오직 믿음으로만 그것을 소유한다. 이런 식으로, 아니 이런 식으로만 하나님의 은혜와 순종에 대한 요구가 일치된다. 개신교 신학자들이 "칭의"를 "그리스도의 전가된 의"의 현재적 소유로 환원했을 때, 그들은 칭의와 순종 사이의 신경(nerve)을 의도치 않게 손상시켰다.

---

[43] Seifrid, *Christ, Our Righteousness*, 175.

"그리스도의 전가된 의"라는 표현을 사용하는 것은 **틀린** 것이라기보다는 **모자란** 것이다.[44]

그러나 개혁파의 해석은 환원적이지도 모자라지도 않고, 세이프리드가 인정하는 **그 이상을** 사실 말한다.[45] 세이프리드의 주장과 관련해 더 중대한 것은 어떻게 용서만으로 의가 세워질 수 있느냐는 문제가 제기된다는 점이다. **용서**(죄책의 제거)가 아니라, **의**(적극적으로 의로운 지위)가 마지막 심판을 견딘다. 의 없이는 언약의 조건뿐만 아니라 언약의 목표도 이루어지지 못한다.

세이프리드는, "칭의"는 "구원 서정"(ordo salutis) 안에 있는, "개별 그리스도인 삶의 시작에 발생하는 사건으로 환원"될 수 없다고 결론 내린다.[46] 하지만 실제로 바울은 로마서 8:30에서 칭의를 구원 서정 안에 두는 것 같다. 세이프리드는 다음과 같이 응수한다.

> 그러나 여기서 우리가 발견하는 것은, 개인 안의 작용들이 아니라, 신적 행위들의 순서다.

바울이 말하는 "구원 서정"은 개신교의 통상적인 순서에 빠져 있는 믿음과 소망으로의 부르심을 포함한다. 왜냐하면, 바울의 구원 서정은 하나님과 하나님의 역사에 기인하기 때문이다. 바울의 경우, 하나님의 (우리 밖에서, 그리

---

[44] Seifrid, *Christ, Our Righteousness*, 175.
[45] Herman Bavinck의 다음 판단은 아주 흥미롭다. "[율법주의 안의] 합리주의 유파(school)는 기본적으로 그 뿌리가 Piscator의 가르침에 있다. Piscator의 가르침에 따르면, 우리에게 필요한 의는 그리스도의 능동적 순종으로 말고, 오직 그리스도의 수동적 순종으로만 성취된다고 한다!"(*Reformed Dogmatics*, ed. John Bolt, trans. John Vriend, vol. 3 [Grand Rapids: Baker Academic, 2006], 531).
[46] Seifrid, *Christ, Our Righteousness*, 176.

스도 안에서) 의롭다 하시는 역사가 현재나 장래의 우리 전부를 결정한다.[47]

그런데 이 경우에 있어서 세이프리드는 전가 교리와 "주입된 의"와 같은, 신자 안에 벌어지는 내적 작용을 혼동함으로써, 라이트와 마찬가지로, 종교개혁의 입장을 오해하고 있다. 루터파와 개혁파 신앙고백서는 칭의를 정의할 때 주입된 의를 명백히 거부했다.

그리고 더 심각한 문제는, 세이프리드는 칭의를 그리스도의 수동적인 의(즉, 십자가)와만 연결함으로써, 어떻게 칭의가 우리를 단지 용서받은 데 그치는 자로서 말고, 의로운 자로 세우는지 설명하지 못한다.

마지막 문제는, 세이프리드가 신적 행위와 내적 작용을 대립시킨다는 것이다. 필자는 "신적 행위들의 순서"와 "개인 안의 작용들"이 대조되어야 하는 이유를 모르겠다.

세이프리드의 말은 하나님이 사람 **안에서는** 행하지 않고 사람에 **대해서만** 행한다는 의미인가?

신적 행위로서 새로운 출생(the new birth)이 칭의와 마찬가지로 우리 밖의(*extra nos*) 일인가?

그리고 성화가 "개인 안의 작용들"과 무관한 것으로 생각될 수 있는가?

세이프리드는 적극적인 근거가 상실된 칭의를 내세우면서, 동시에 우리 안에서 그리스도의 내적인 변형 사역에 대해서도 의문을 제기한다. 이것은 의의 전가가 없는 과도한 법정주의(hyperforensicism)다.

세이프리드는 라이트가 다음과 같이 빗나가고 있다고 판단한다.

> 라이트는 칭의를 하나님이 중생에서 도출하시는 분석적(analytical) 판단으로 간주한다. 하나님은 (성령의 역사로 말미암는) "하나님의 참된 백성"이 그

---

[47] Seifrid, *Christ, Our Righteousness*, 177.

야말로 누군지, 마지막 날 옳음이 입증될 자가 누구일지 아시고 선언하신 다는 것이다.

왜 라이트는 이런 사람들에게 죄 사함이 주어져야 한다고 말하는지 궁금하다. 어쨌든 라이트의 견해에서는 "믿음"이 단지 부차적인 역할을 한다. 믿음은 하나님 앞에서 죄인의 순종 행위가 아니라, 언약 공동체 "회원 자격"의 증표일 뿐이다.[48]

그럼에도 세이프리드의 설명에는 용서는 있지만 의는 없다. 세이프리드는 칭의는 은혜의 주입이 아니라 법적 판결이라고 주장한다. "칭의는 죽음과 삶의 문제이고, 진노와 보응의 문제"이고, 신-인이신 그리스도 안에서 진노와 보응이 집행됐다고 한다.[49]

그럼에도 이 판결이 내려지는 근거와 방법인 그리스도의 적극적인 율법의 성취와 그것의 전가 없이는, 의롭다는 판결에는 미치지 못하는 용서만 있게 된다. 이렇게 되면, **용서의** 법적 근거는 있을지라도 **칭의는** 법적 허구가 되고 만다.

로버트 건드리(Robert Gundry)도 전가에 대해 NPP가 제기하는 반대와는 다른 반대를 제기한다. 건드리는 의의 전가를 분명하게 언급하는 본문들을 강조하는 데서 출발한다(롬 4:3, 6, 9, 11, 22-24; 갈 3:6; "~로 여기는" 또는 "~로 여겨지는," '로기조마이 에이스'[*logizomai eis*]는 롬 2:26; 9:8, 그리고 고후 12:6, 게다가 행 19:27과 약 2:23에서도 발견된다). 건드리는 다음과 같이 말한다.

그러나 이 본문들 가운데 그리스도의 의가 돌려진다고 말하는 본문은 하나도 없다.

---

[48] Seifrid, *Christ, Our Righteousness*, 176 n. 13.
[49] Seifrid, *Christ, Our Righteousness*, 184.

따라서 의는 돌려지는 것으로서가 아니라, 하나님이 믿음을 의로 여겨 주시는 것으로서 나타난다.[50]

건드리의 견해는 그리스도가 아니라 믿음을 칭의의 근거로 만드는 것을 피할 수 없다. 게다가 우리가 이미 본 것처럼, 어떤 사람의 의가 다른 사람에게 전가된다는 생각("조상의 공로")은 제2성전 유대교에 이미 있었다. 헤르만 리히텐버거(Hermann Lichtenberger)는 랍비 문헌에, "만약 네가 네 자신과 이스라엘의 구원을 위해서 하나님 앞에 참되고 선한 것을 행한다면, 이것이 너에게 의로 여겨지기에, … 마지막 날에 기쁨을 찾을 수 있게"(CD 25-32), 죄에서 지켜 달라고 하나님께 청원하는 기도가 있다고 지적한다.[51] 쿰란 제4동굴의 희년서(4QPseudo-Jubileesa[=4Q225]) 2 I에서도 발견된다.

그리고 아브라함이 하나님을 믿으매, 아브라함에게 의로 여겨졌다.

칠십인역에서 여러 행위가 "의로 여겨진다." 즉, 비느하스의 열심(시 106:31[105:31, 칠십인역]). 또한, 위서들에서도 발견된다. 즉, 야곱의 두 아들이 세겜 족속을 죽인 것(희년서 30:17), 야곱이 어머니께 순종한 것(35:2), 더 일반적으로는, "하나님 앞에서 옳고 선한 것"(4QMMT 117[=4Q398 frg. 7 II])을 행하는 것이 의로 여겨졌다. 그러나 건드리는 다음과 같이 결론 내린다.

---

50 Robert Gundry, "The Nonimputation of Christ's Righteousness," in *Justification: What's at Stake in the Current Debates*, ed. Mark Husbands and Daniel J. Treier (Downers Grove, IL: InterVarsity Press, 2004), 18.

51 Hermann Lichtenberger, "The Understanding of the Torah in the Judaism of Paul's Day," in *Dunn, Paul and the Mosaic Law*, 16.

이 가운데 어느 것도 수단적인 의미로 해석하는 것은 문맥상 타당하지 않다.[52]

건드리는 이런 경우들에서 "여겨지는" 대상은 앞서 실제로 존재하는 것이라고 지적한다.

> 단, 로마서 2:26에서는 율법을 지키는 이방인의 무할례가 비록 무할례는 할례가 아니지만, 할례로 여겨진다. … 그리고 사무엘하 19:19에서 시므이는 비록 자신이 실제로는 죄인이지만, 다윗에게 자신을 죄인으로 여기지 말아달라고 요청한다.

그럼에도 건드리는, 하나님이 여겨 주시는 것은 그리스도의 의가 아니라 믿음이라고 주장한다.[53] 틀림없이,

> 바울은 아브라함의 믿음이 행위(물론, 선한 행위)였기 때문에, 하나님이 아브라함의 믿음을 의로 여기셨다는 유대교의 전통을 거부한다.[54]

그럼에도 만약 믿음이 칭의의 수단이 아니라 근거라면, 유대교의 해석이 어째서 잘못됐는지 의문이다. 건드리는 분명하게 다음과 같이 말한다.

---

[52] Gundry, "The Nonimputation of Christ's Righteousness," 20-21.
[53] Gundry, "The Nonimputation of Christ's Righteousness," 22.
[54] Gundry, "The Nonimputation of Christ's Righteousness," 22. Gundry는 유대교 문헌에 대한 다음 연구를 주(注)에 언급한다. 즉, J. A. Ziesler, *The Meaning of Righteousness in Paul: A Linguistic and Theological Inquiry* (Cambridge: Cambridge University Press, 1972), 43, 103-4, 109, 123, 125-26, 175, 182-83.

믿음 "에서"(에피, *ek*) 나오는 의(롬 9:30; 10:6), 그리고 믿음을 "통해서"(디아, *dia*) 그리고 믿음에 "기초해서"(에피, *epi*) 하나님께로부터 난 의(빌 3:9)라고 할 때의 믿음이 하나님이 의로 여기시는 믿음이다. 바울의 언어는 유연하다. 즉, 하나님이 믿음을 의로 여기신다는 점에서, 믿음은 의의 **기원**이고 수단이고 **기초**다(강조는 첨가된 것).⁵⁵

그러나 바울의 용법은 건드리의 설명이 제안하는 것보다 사실 더 유연하다고 필자는 주장하는 바다. 먼저, 헬라어 '에피'(*epi*)는 건드리가 허용하는 것보다 훨씬 넓은 의미 범위를 갖는다.⁵⁶

신학 전문 용어에서 어떤 것의 근거(또는 형상인)는 그 수단(또는 도구인)과 구별되지만, '에피'(*epi*)와 '디아'(*dia*)는 성경에서 범위가 훨씬 넓고 유연하게 사용되고, 상응하는 영어의 통상적인 용법도 마찬가지다. 성경 여러 곳에서 '에피'(*epi*)는 근거(~ 때문에/~로 말미암아)를 나타내고, 존재의 상태나 행위나 결과의 기초를 표시한다.⁵⁷

그리고 '에피'(*epi*)는 '디아'(*dia*)와 상호 교환적으로 사용된다. 로마교 진영으로부터만 아니라 개신교 내부로부터도, 칭의에 대한 종교개혁적인 이해에 대한 여러 도전으로 인해 다음과 같이 용어가 보다 정교해졌다. 즉, 은혜로 말미암아, 그리스도 때문에, 믿음을 통한 칭의다.

그러나 스콜라주의의 정교한 구별을 신약성경에 부과하는 것은 시대오판적인 처사가 될 것이다. 반면 루터는 갈라디아서 주석에서, "그리스도를 믿는 우리의 믿음 때문에 또는 그리스도 때문에" 우리가 의롭다 함 받는다고 말할 수 있었다. 마치 "믿음 때문에"와 "그리스도 때문에"가 교환

---

55 Lichtenberger, "The Understanding of the Torah in the Judaism of Paul's Day," 25.
56 Frederick William Danker, rev. and ed., *A Greek-English Lexicon of the New Testament and Other Early Christian Literature*, 3rd ed. (BDAG) (Chicago: University of Chicago Press, 2000), 363-67에 따르면, 가능한 번역이 적어도 18개다.
57 Danker, rev. and ed., *A Greek-English Lexicon*, 특히 366.

적으로 사용할 수 있는 것처럼 말이다.⁵⁸ 따라서 핵심은 실제로 무엇이 대조되고 있느냐다.

행위와 믿음이 대조되느냐?

다시 말해, 본질적으로 가치 있는 근거로서의 믿음과 수동적인 수단으로서 믿음의 대조다. 그러나 건드리의 설명에 따르면, 우리는 믿음으로 말미암아, 믿음을 통해, 믿음에 기초해 의롭다 함 받는다고 말할 수 있을 것이다. 전가의 문제를 떠나서 건드리의 이런 주해는 교리나 주해의 역사에서 놀라운 입장에 해당한다.

건드리는 (율법 이전) 사람들의 범죄는 "아담의 범죄와 같은 죄를 짓지 아니한"(롬 5:14) 것이라면서, 아담의 죄가 전가된다는 것을 거부하고, 칭의에 있어서도 전가를 부정한다.⁵⁹ 그러나 정작 이 구절(롬 5:14)은, 비록 그들이 아담의 범죄와 **같은** 죄는 짓지 않았음에도 불구하고, 아담 안에서 죄인이라는 정반대되는 주장을 하는 것 같다. 게다가 건드리는 다음과 같이 말한다.

> 바울은 그리스도가 "율법 아래에 나"셨다(갈 4:4)는 것에 대해, 그리고 율법에 대해 광범위한 논의를 할지라도, 그리스도가 우리 대신 율법을 완벽하게 지켰다는 주장은 바울에게 없다(고후 5:21에서 그리스도의 무죄함은 율법 준수와 전혀 무관하다).⁶⁰

그러나 "율법 아래 나셨다"는 것이 대체 어떤 다른 취지를 가질 수 있는가?

---

58 Martin Luther의 1535년 갈라디아서 주석, in *Luther's Works*, ed. J. Pelikan, vol. 26 (St. Louis: Concordia, 1963), 233.
59 Gundry, "The Nonimputation of Christ's Righteousness," 28.
60 Gundry, "The Nonimputation of Christ's Righteousness," 32.

그리고 유대인에게 무죄하다는 것이 "율법 준수"와 관계된다고 이해되지 않고 달리 어떻게 이해되겠는가?

그리고 왜 바울은 아담이 행한 하나의 불순종 행위와 그리스도가 행한 하나의 순종 행위를 대조하는가?

이것은 우리의 믿음이 아니라 그리스도의 순종이 전가된다는 것을 암시하는 것 아닌가?

> 로마서 5:18에서 "의로운 행위"로 번역된, 그리고 로마서 8:4에서(롬 1:32에서도) "의로운 요구"로 번역된, '디카이오마'(dikaiōma)는 로마서 8:4에서 율법의 요구들 전부를 뜻하는 집단적인 의미일 수 있다. 그러나 이런 집단적인 의미는 의심스럽고, 가능성이 아주 낮다. 왜냐하면, 바울은 갈라디아서 5:14에서 "온 율법은 '네 이웃 사랑하기를 네 자신 같이 하라' 하신 한 말씀에서 이루어졌나니"라고 진술하기 때문이다.[61]

그러나 갈라디아서 5:14에 대한 이런 해석은 무리한 이해로 보인다. 단지 바울은 율법을 요약하고 있었을 뿐이다. 즉, "온 율법"(즉, 집단적으로 이해된 율법의 요구들 전부)이다. 자기 이웃을 사랑하는 것은 하나의 행위로 되어 있지 않음에 분명하다.

그리고 갈라디아서에서 바울의 논쟁이 전개되는 맥락을 고려할 때, 여기서 바울은, 율법을 한 순간이라도 어기면(즉, 완벽하게 하나님과 이웃을 사랑하는 데 실패하면) 율법의 "저주 아래에" 있다는 갈라디아서 3:10의 주장을 되풀이하고 있는 것이라고 생각하는 것이 타당하지 않겠는가?

건드리는 칭의의 법정적 성격을 전적으로는 거부하지 않는다.

---

61 Gundry, "The Nonimputation of Christ's Righteousness," 34.

그리스도의 부활은 하나님이 그리스도의 죽음을 이 선언의 기초로서 받아들이신다는 것을 증명한다(롬 4:25).[62]

세이프리드의 해석에서와 마찬가지로, 건드리에게 있어서 그리스도의 삶(즉, 능동적 순종)은 희생의 흠 없음을 보장하는 것 말고는 아무 의미도 갖지 못하는 것 같다. 필자가 보기에, 이런 이해는 칭의를 언약적인 관점으로 충분히 다루지 못한 데 적어도 어느 정도 원인이 있는 것 같다.

게다가 세이프리드는 그리스도의 죽음이 칭의(즉, 용서)의 근거라는 것을 분명하게 주장하지만, 건드리의 주장은 다소 모호하다. 그리스도의 죽음이 "이 선언의 근거"라고 건드리가 말함에도 불구하고, 건드리의 주된 논지에 따르면, **믿음**이 칭의의 근거인 것 같다.

건드리는 "성경의 세계에서 언약은 법적으로 의무를 지우는 조약이다"라고 하면서, 언약적인 것과 법적인 것의 대조를 거부한다.[63] 그러나 이 법적 판결이 사람의 노력에 기초하는지 어떤지 대해 아무리 봐도 불분명하다. 비록 건드리가 믿음은 행위가 아니라고 주장했지만 동시에 다음과 같이 말한다.

> 믿음의 의는 **본질적으로는** 도덕적 성취가 아닐지라도, 하나님은 **도덕적 성취**로 여겨 주신다(강조는 첨가된 것).[64]

그리스도의 "순종적인 의로운 화해 행위로 인해 하나님이 믿음을 의로운 것으로 간주하는 것이 정당해진다."[65]

---

62 Gundry, "The Nonimputation of Christ's Righteousness," 35.
63 Gundry, "The Nonimputation of Christ's Righteousness," 35.
64 Gundry, "The Nonimputation of Christ's Righteousness," 36.
65 Gundry, "The Nonimputation of Christ's Righteousness," 39.

이런 견해의 신학적 전력을 간단히 언급하는 것이 도움이 될 것 같다. 휴고 그로티우스(Hugo Grotius)와 항론파(또는 알미니우스)가 유사한 입장을 주장했다. 웨스트민스터 신앙고백서 제11장이 다음과 같이 진술할 때 염두에 둔 것이 이런 입장이었다.

> 믿음 자체, 믿는 행위, 또는 다른 어떤 복음적 순종을 그들의 의로 돌림으로써가 아니라, 그들이 그리스도와 그리스도의 의를 믿음으로 받아들이고 의지할 때, 그리스도의 순종과 속죄를 그들에게 돌림으로써 의롭다고 해 주신다. 이 믿음도 그들 자신에게서 나오는 것이 아니라 하나님의 선물이다.[66]

건드리의 결론과 중세 후기 유명론의 언약(더 나은 표현으로는, 계약[contractual])신학의 유사성을 발견할 수 있다. 중세 후기 유명론의 계약신학에 따르면, 칭의는 사람의 불완전한 순종에 기초해 주어지는 것이다. 엄격한 공로(합당한 공로[de condigno])를 기준으로 하면 아무도 최종적 칭의를 얻지 못하지만, 사람의 불완전한 순종을 마치 공로가 있는 것처럼(재량 공로[de congruo]) 받아 주시는 하나님의 은혜로운 결정에 따라서 사람은 최종적 칭의를 공로로 얻는다.

필자의 의도는 성경신학자들의 작업을 구별 없이 "한데 묶어" 일축하려는 데 있지 않고, 이 문제에 있어서 종교개혁신학에 대한 대안들이 주해적으로 그야말로 새로운 시도들이 아니라는 것을 지적하려는 데 있다. 오늘날 성경신학자들이 인정하든 인정하지 않든 간에 그들의 결론도 전통들에 속해 있다.

---

[66] 웨스트민스터 신앙고백서 제11장, *The Book of Confessions* (PC[USA], 1991)에서 재인용함.

건드리의 입장은 중세 후기 유명론과의 역사적인 유사성을 문제 삼지 않는다고 할 때, 주해적으로는 타당한가?

카슨(D. A. Carson)은 조직신학과 성경(또는 주경)신학이 다른 목적에 이바지하는, 차이가 있는 연구 분야지만, 서로의 분야와 연구를 고려하지 않음으로써 종종 서로의 주장을 뒤늦게 쫓아 말해 왔다는 것을 유익하게 상기시켜 준다.[67]

카슨은 전가를 변호할 때, 건드리를 비판할 뿐만 아니라 NPP도 염두에 두고 변호한다. 사실 에른스트 케제만(Ernst Käsemann)은 "샌더스와 다른 학자들을 통해서, '칭의'가 하나님의 언약적 신실함과 주로 관계된다는 확신을 많은 사람에게 주었다. 한 걸음 더 나아가 라이트에 따르면, 사람들이 '의롭다 함 받는다'는 것은, 하나님의 언약 공동체에 속한다고 선언되는 것이다."

따라서 ① 더 이상 칭의는 "신자가 하나님을 경험하는 입구가 아니라, 언약 공동체에 대한 현재 신자의 지속적인 지위와 관계가 있다. 그리고 ② 칭의는 더 이상 정의/의와 직접적인 관계가 없다"는 것이다.[68]

카슨은 "유대교의 주석에서 창세기 15:6은 아브라함이 행위가 아니라 믿음으로 의롭다 함 받았음을 증명하는 데 인용되지 않고," 공로적인 순종으로서(랍비 스마야[Shemaiah], BC 50년; 출 14:15에 대한 *Mekilta* 35b와 40b) 인용됐다고 지적한다.

> 우리의 목적과 관련해서 중요한 것은, 이런 전통을 분명히 알았던 바울이 창세기 15:6을 바울 자신의 전통에서 발견된 해석과 분명히 아주 다르게 해석하고 있었고, 바울은 이 새로운 해석 방식이 본문을 이해하는 올바른

---

[67] Donald Carson, "The Vindication of Imputation," in Husbands and Treier, *Justification: What's at Stake in the Current Debates*, 49.
[68] Carson, "The Vindication of Imputation," 50.

방식이라고 확신했다는 것이다.[69]

특별히 카슨은 로마서 4:5-6에 있는 평행법에 관심을 갖게 만든다.

> 4:5 하나님은／경건하지 아니한 자를／의롭다 하신다
> 4:6 하나님은／일한 것이 없이[없는 자를]／의로 여기신다

다시 말해, "의롭다 하신다"는 "의로 여기신다"와 일치한다. 또는 명사로 표현한다면, 칭의는 의의 전가와 일치한다.[70]

그리고 이것은 "외래적"(alien, 낯선) 의(義)여야 한다. 그 이유는 다음과 같다.

> 하나님은 **경건하지 아니한 자를** 의롭다 하시고(롬 4:5), **행한 것이 없어도** 하나님은 의롭다고 여겨 주신다(롬 4:6).[71]

카슨은 건드리의 주장에 다음과 같은 논리로 응수한다.

> 만약 하나님이 우리의 믿음을 우리에게 의로 여기[또는 전가하]셨다면, 하나님이 우리의 믿음을 일단 그렇게 여기시면서, 그리고 나서 하나님이 두 번째 전가로서, 의를 우리에게 전가하신다는 것인가?[72]

---

69 Carson, "The Vindication of Imputation," 56.
70 Carson, "The Vindication of Imputation," 61.
71 Carson, "The Vindication of Imputation," 61.
72 Carson, "The Vindication of Imputation," 64.

빌립보서 3장에 따르면, 이것은 내재적인 의가 아님에 명백하다.[73]

고린도후서 5:19-21은 우리로 **그리스도 안에서** 하나님의 **의**가 되게 하시려고 하나님이 죄를 알지도 못하신 그리스도를 우리를 대신해 죄로 삼으셨다고 말씀한다. 우리가 우리를 위해 의(와 지혜와 거룩함과 구원함)가 되신 그리스도 예수 안에 있는 것은 바로 하나님 때문이다(고전 1:30). 바울은 계속해서 같은 노선으로 나간다.[74]

믿음—설령 그리스도를 믿는 믿음조차—은 "내 자신으로 말미암지 않는" 의와 동일한 의를 갖지 못한다. 만약 갖는다면, 그리스도가 아니라 믿음이 불의한 자가 의로운 자로 옮겨지는 근거가 된다.[75]

종교개혁의 칭의 이해에 대한 오늘날의 도전은 NPP뿐만 아니라, 개신교 진영 안에서 광범위하게 제기되고 있다. 여기서 필자는 법적 또는 법정적 범주와 존재론적이고 도덕적인 범주의 그릇된 대립을 염두에 두고 있다. NPP는 하나님의 "언약적 의"의 법적 성격과 맥락을 자주 강조한다. 그러므로 칭의에 대한 법정적 개념은 "샌더스가 영원히 무너뜨린 바울 해석"이라는[76] 밀뱅크의 선언은 샌더스의 업적뿐만 아니라 샌더스 자신의 의도도 과장한 것이다.

샌더스가, 바울의 경우 신비적 참여가 언약 개념을 대체한다는 슈바이처의 견해에 더 호의적이라는 것은 사실이다. 왜냐하면, 샌더스에게 있어서 "언약"은 언약적 신율주의와 일치하기 때문이다. 그러나 우리는 샌더스의 주장과 자료를 개관할 때, 팔레스타인 유대교가 중세의 고해 제도나 종교개

---

[73] Carson, "The Vindication of Imputation," 69.
[74] Carson, "The Vindication of Imputation," 72.
[75] Carson, "The Vindication of Imputation," 72.
[76] John Milbank, *Being Reconciled: Ontology and Pardon* (London and New York: Routledge, 2003), 103.

혁에서 제시된 법정적인 그 어떤 것 못지않게 법정적이었음을 확인했다.

샌더스는, 이 히브리어 "동사 '차다크'(ṣādaq)"의 "칼(qal) 형"이 "'법정에서 혐의가 깨끗하게 벗겨지는 것'을 일반적으로 의미하고, '결백하다'는 의미를 갖는 어근 '자카'(zākāh)의 용법과 사실 구별되지 않는다"고 말한다.[77]

이 동사는, "저울을 공정하게 하다"는 표현에서처럼, 어떤 것을 올바르게 만든다는 것도 의미할 수 있다. 히필(hifʿil) 형, "의롭다 하다"에도 법정적 함의가 있다. 출애굽기 23:7이 "나는 악인을 의롭다 하지 아니하겠노라"고 말할 때, 의롭다 하다는 말은 "결백하다고 판결하다"는 의미임에 분명하다.[78]

언약과 **신율주의** 둘 다 본래 법적인 용어라는 사실을 고려할 때, NPP 안에서 법적 또는 법정적인 담론에 대해 회의(懷疑)를 제기하는 사람들이 있다는 것은 어느 정도 아이러니가 아닐 수 없다. 던은 다음과 같이 말한다.

> 그러나 아브라함은 담대한 소망 가운데 믿었다. 이것이 아브라함 믿음의 성격이었다. 즉, **어떤 법적 규정에도 제한받지도 의존하지도 않고, 오로지 하나님만 의존하는 믿음**. 이 믿음은 아담이 발휘하는 데 실패했던, 창조자 하나님에 대한 신뢰였다. 아브라함은 인류가 하나님께 돌리기 거부한 영광을 하나님께 돌렸다([롬]1:21). ⋯ 바로 이것이, 바울이 말하는 오직 믿음으로 의롭다 함 받는다는 것의 의미다.[79]

그러나 던의 이 주장은 "법적인" 것이 본래 안 좋은 범주이고 어쨌든

---

[77] Sanders, *Paul and Palestinian Judaism*, 198.
[78] Sanders, *Paul and Palestinian Judaism*, 199.
[79] James D. G. Dunn, *The Theology of Paul* (Edinburgh: T&T Clark, 1998), 378-79.

"언약"과 대립된다고 가정한다. 말할 필요도 없이, 이런 대립은 **언약적 신율주의**로 정의되는 입장과 조화되기가 분명 어렵다.

아브라함에게 주어진 약속은 비준 의식으로 체결된 언약이었기 때문에, 사실상 아브라함의 믿음은 법적인 규정에 의존했다. 언약 자체의 법정적 성격 때문에만 아니라, 언약은 "모든 의를 이루"실(마 3:15; 5:18; 눅 24:44; 요 17:4) 자의 개인적인 순종으로만 역사 가운데 실현될 것이기 때문에도 언약은 "법적"이다.

게다가 바울은 **언약**과 **율법** 사이를 구별하는 것이 아니라 **두 언약**을 구별한다. 갈라디아서 3-4장의 주장 전체가 아브라함의 약속을 얻는 법적 근거에 의존한다. 아브라함의 약속은 430년 후에 주어진 시내산 언약과 마찬가지로 하나님이 "정하신" 언약이다(갈 3:17).

유언은 기초에 있어서는 종주권 조약과 마찬가지로 법적이다. 예수는 자신의 대제사장적 기도에서 승리의 부활과 승천을 자신의 순종에 대한 공로적인 보상으로 기대하셨다.

> 아버지께서 내게 하라고 주신 일을 내가 이루어 아버지를 이 세상에서 영화롭게 하였사오니 아버지여 창세 전에 내가 아버지와 함께 가졌던 영화로써 지금도 아버지와 함께 나를 영화롭게 하옵소서 … 또 그들을 위하여 내가 나를 거룩하게 하오니 이는 그들도 진리로 거룩함을 얻게 하려 함이니이다(요 17:4-5, 19).

따라서 칭의는 깊은 차원에서는 율법에 의존하고 한정된다. 즉, 칭의는 그리스도에게 내려진, 그리고 그리스도의 공로에 기초해 그리스도와 함께 상속인 된 자들에게 내려진 언약적 판결이다. 그러므로 우리는 중요한 의미에서 율법의 행위로, 다시 말해, 그리스도의 능동적인 순종과 수동적인 순종의 대표적인 행위로 의롭다 함을 받는다.

또한, 필자는, 율법은 정죄와 칭의 둘 다에 있어서 파기되지 않고 자신의 사법적 역할을 완전히 발휘한다는 데 동의하지만, **성령이 도우시면**, 토라 자체가 생명의 원천이 되고, "하나님의 백성에게 필요한 '디카이오마'(δικαίωμα, 권리)"가 된다는[80] 라이트의 제안은 바울의 주장과 맞지 않는 것 같다. "손으로 하지 아니한 할례"는 예레미야 31장이 말하는 새 언약의 약속에 분명 속한다. 그러나 라이트의 다른 진술들에 따르면, 칭의 자체가 도덕적 변화의 성격을 띤다고 한다.

이제 성령을 소유한 우리는 율법으로 생명을 얻을 수 있다는 것이 정말 바울의 복음인가?

아니면 바울이 갈라디아서 3:2-5에서 거부하고 있는 견해에 더 가까운가?

결국 라이트에게 구원 서정(ordo salutis)의 문제가 제대로 고려될 때는, 칭의가 중생이나 성화로 정의됐을 때뿐이다.

> 하나님이 사람을 살리기 위해 자신의 영으로 역사하실 때(롬 8:9-11), 이로 말미암아 토라의 바람과 목적이 성취된다.[81]

그리고 개인이 어떻게 구원받느냐는 물음에 대한 논의가 결국 허용될 때, 라이트의 대답은 종교개혁가들에 대한 로마교의 답변과 본질적으로 같다. 즉, **도덕법이 요구하는 언약적 신실함을 산출하는 그런 식으로 성령에 협력함으로써** 구원받는다. "율법의 의"는 로마서 8:4에서, "첫째는 그 자체로 올바른 판결, 둘째는 어떤 사람들이 올바르다는 것을 공정하게 선

---

80 N. T. Wright, *Climax of the Covenant: Christ and the Law in Pauline Theology* (Edinburgh: T&T Clark, 1991), 209.
81 Wright, *Climax of the Covenant*, 209.

언하는 판결, 즉 의롭다 하는 판결"을 말한다.[82]

종교개혁의 교리도, 그리스도의 의가 우리에게 돌려지기 때문에, 율법이 우리를 의롭다고 선언한다고 말한다. 그러나 라이트의 견해에서는, 의롭다는 판결이 내려질 수 있는 근거가 되는 **내재적인 의**가 우리에게 있기 때문에 율법이 우리를 의롭다고 선언한다.

물론 우리는 은혜에 대한 아우구스티누스와 종교개혁가들의 가르침이 방종의 온상이라고 비난받아 왔음을 안다.

반면, 과거나 현재의 언약적 신율주의로 재구성된 바울이 반율법주의(antinomianism)를 전한다는 비난을 받는 것이 가능하겠는가?

민족적 포괄주의가 아닌 방종을 전한다고 비난받는 것이 가능하겠는가? 실제로 바울은 방종을 전파한다고 비난받지 않았는가?

> 그러면 선을 이루기 위하여 악을 행하자 하지 않겠느냐 어떤 이들이 이렇게 비방하여 우리가 이런 말을 한다고 하니(롬 3:8).

> 그런즉 우리가 무슨 말을 하리요 은혜를 더하게 하려고 죄에 거하겠느냐 롬 (6:1).

우리가 바울을 제대로 이해했는지 검사하는 시험 가운데 하나는 우리의 이해가 반율법주의로 비난받을 여지가 있느냐다. 물론 바울은 (아우구스티누스와 종교개혁가들도) 반율법주의라는 비난을 반박했지만, 이런 비난은 바울이 민족적 경계 표지를 훨씬 넘어서는 것을 염두에 두었음을 시사하는 것 같다.

우리가 지금까지 분석한 것의 요지는 언약적 신율주의는 과거나 현재

---

[82] Wright, *Climax of the Covenant*, 211.

나, 유대교에서든 기독교에서든, 로마교에서든 개신교에서든, 율법이 실제로는 율법적이지 않게, 그리고 복음이 실제로는 복음적이지 않게 율법과 복음을 합친다는 것이다.

이 문제는 언약이 언약적 신율주의를 가리키는 암호처럼, 더 구체적으로는 민족적 구별을 가리키는 암호처럼 늘 사용되어 순환론을 낳는다는 데서 어느 정도 기인한다. 김세윤이 반복해서 지적하는 것처럼, 던과 라이트는 법정적 차원의 타당성을 다시 집어넣으려고 시도하지만, 이내 바울이 벌인 논쟁이 하나님의 용납이 아니라 민족적 경계에 대한 것이라고 말함으로써 법정적 차원의 타당성을 제거해 버린다.[83]

라이트가 법적 견해와 참여적 견해를 싸움 붙이길 거부하는 것은 바람직하다.[84] 하지만 라이트는 의롭다는 선언이 칭의의 "단지 일면"에 불과하고, 회원 자격에 관한 주제에 종속한다고 주장한다.

> 칭의에 대한 바울의 고전적 진술이 진짜 의미하는 것이라고 내가 생각하는 것은 이것이다. 즉, 하나님은 복음을 믿는 사람들을 하나님의 언약 백성으로 선언하신다는 것이다.[85]

필자는 율법이 어떤 의미로는—즉, 예수의 부활 때 율법적인 무죄를 선고한다는 점에서—생명을 준다는 것에 동의하지만, 우리에게 이것은 그리스도에게 언약적으로 참여하는 것을 통해서만 유효하다. 칭의는 라이트의 제안처럼, "살아온 전 생애"에 기초해 내려진 최종 판결이지만, 신자의 전 생애가 아니라 그리스도가 사신 생애에 기초한 판결이다.

---

[83] Seyoon Kim, *Paul and the New Perspective: Second Thoughts on the Origin of Paul's Gospel* (Grand Rapids: Eerdmans, 2002), 66.
[84] Wright, *Climax of the Covenant*, 213.
[85] Wright, *Climax of the Covenant*, 214.

내가 율법으로 말미암아 율법에 대하여 죽었나니 이는 하나님에 대하여 살려 함이라 내가 그리스도와 함께 십자가에 못 박혔나니 그런즉 이제는 내가 사는 것이 아니요 오직 내 안에 그리스도께서 사시는 것이라 … 내가 하나님의 은혜를 폐하지 아니하노니 만일 의롭게 되는 것이 율법으로 말미암으면 그리스도께서 헛되이 죽으셨느니라(갈 2:19-21).

이와 같이 율법은 결코 파기되지 않고 성취됨으로써, 죄인들의 칭의에서 율법은 복음과 일치한다.

3. 칭의에 대한 신학적 전제와 주해

필자는 첫 장에서 성경신학과 조직신학의 "형제간 경쟁"에 대해 간략히 논의했다. 그리고 칭의에 대한 개신교의 전통적인 설명에 반하는, 지금껏 우리가 살펴본 주장들은 신학적 확신들과 주해적 결론들이 해석의 나선을 피할 수 없다는 것을 보여 준다. 슈바이처는 다음과 같이 결론 내렸다.

> 그러나 이후에 [바울의] 이신칭의 교리를 기독교 신앙의 중심으로 만든 자들은 자신들이 다루어 온 구원 개념에서 윤리가 나오는 것이 논리적으로 불가능하다는 것을 발견하는 비극을 경험했다.[86]

그러나 바울에 대한 전면적인 비판이 되는 이런 결론은 다름 아닌 갈라디아서에 있는 바울이 펼치는 논리의 아주 자연스런 이동을 완전히 놓치고 있

---

[86] Schweitzer, *Mysticism*, 225.

다. 다른 바울서신들의 경우와 마찬가지로, 갈라디아서는 윤리적 명령을 반대하지 않고, 윤리로 가득하다. 값없는 칭의의 복음은 한때 우리를 정죄한 바로 그 율법을 자발적으로 수용하게 만든다. 이 자발적인 삶을 바울은 "성령의 열매"를 맺는 "성령으로 사는" 삶이라고 일컫는다(갈 5:16-26).

우리가 "아담 안에" 있었을 때는 율법이 죽음과 정죄를 낳았지만, 우리가 "그리스도 안에" 있을 때는 율법이 우리를 승인한다. 그래서 칼빈은 그리스도인에게 소위 율법의 세 번째 용법(신자를 감사의 길로 안내하는)을 "주된 용법"으로 보았다.[87]

이후 보겠지만, 하이델베르크 교리문답이 죄책, 은혜, **감사**의 순서로 되어 있는 데서 드러나는 것처럼, 종교개혁신학은 칭의와 "구원 서정"의 다른 부분에서 윤리를 분명히 도출했다. 루터파와 개혁파의 모든 교리문답은 그리스도인의 삶에 십계명을 적용하는 것을 포함한다.

실제로 하이델베르크 교리문답의 첫째 문답은, 그리스도가 우리의 구속을 위해 값을 지불하고 성령을 보내 주심으로써, "살아서나 죽어서나 내 유일한 소망은 나는 내 자신의 것이 아니요, 몸도 영혼도 나의 신실한 구원자 예수 그리스도의 것"임을 강조한다. 칭의는 약속일뿐만 아니라 내 자신의 전체 삶에 대한 요구이기도 하다.

오래전부터 언약적 신율주의 지지자들은 값없는 은혜의 복음—오직 은혜로, 오직 그리스도로, 오직 믿음으로(sola gratia, solo Christo, sola fide)—은 논리상 방종으로 이어질 수밖에 없다고 주장해 왔다.

우리가 본 것처럼, 샌더스는 무조건적 선택을 자의적인 처사로 보고, 선택의 선물을 받은 이유를 설명하는 **뭔가**가 선택받은 자들 안에 있어야 한다고 가정한다. 샌더스에 따르면, "들어감"이 순종에 의존하지만, 이것이 "행위의 의"를 성립시키지 않는다고 한다. 왜냐하면, 우리의 잘못을 만회

---

[87] John Calvin, *Institutes* 2.7.12 (1:360).

할 수 있는 방법들이 존재하기 때문이라는 것이다. 이런 신학적 전제가 제2성전 유대교와 바울에 대한 샌더스의 판단을 좌우한다.

라이트는 다음과 같이 말한다.

> 만약 그리스도인들이 단지 이것[칭의 교리]을 바르게 이해할 수만 있었다면, 자신들이 복음을 믿을 뿐만 아니라 행하려고 했을 것이고, 이것이 복음 선포를 위한 가장 좋은 기초라는 것을 발견했을 것이다.[88]

그래서 복음은 우리를 대신해 단번에 이미 성취된 것에 대한 놀랍고 충격적인 선언이 아니라, 결국 행해야 하는 어떤 것이 된다.[89] 믿음과 거룩이 함께 있다는 라이트의 주장은 옳지만, 라이트는 믿음과 거룩을 연결하는 유일한 길이 믿음과 거룩을 융합하는 것처럼 제안한다.

> 실제로 "믿음"이라는 말 자체가 "신실함"(faithfulness)으로 잘 번역될 수 있는 경우가 아주 흔하고, 이것은 중요한 요점이다.[90]

건드리는 마크 세이프리드의 결코 새롭지 않은 비난에 이렇게 호소한다.

> 개신교 신학자들이 "칭의"를 "그리스도의 전가된 의"의 현재적 소유로 환원했을 때, 그들은 칭의와 순종 사이의 신경(nerve)을 의도치 않게 손상시켰다.

---

[88] Wright, *What Saint Paul Really Said*, 159.
[89] 그러나 바울은 복음에 "순종함"을 말할 때조차 그가 염두에 둔 것은 신앙함(believing)이다. 즉, "그러나 그들이 다 복음을 순종하지 아니하였도다 이사야가 이르되 주여 우리가 전한 것을 누가 **믿었나이까** 하였으니 그러므로 믿음은 들음에서 나며 들음은 그리스도의 말씀으로 말미암았느니라"(롬 10:16-17, 강조는 첨가된 것).
[90] Wright, *What Saint Paul Really Said*, 160.

건드리는 이것이 반율법주의로 이어진다는 웨슬리의 비판에도 호소한다.[91] 이것은, "거기(법정적 칭의)서 윤리로 가는 길이란 존재하지 않는다"라는 알베르트 슈바이처의 비난[92]에서 실례가 발견되는 진부한 비난을 뒤따른다. 건드리는 자신의 논의가 "로마 가톨릭의 정당한 관심사뿐만 아니라, 루터파 전통, 재세례파와 침례파 전통, 케직 운동, 성결 운동, 오순절 운동에서 나타나는 경건주의적인 정당한 관심사도 만족시키는 데" 크게 기여하는 것으로 본다.[93]

또 다시 우리는 어떤 사람의 성경 해석적 결론이 그 사람의 교회적이고 조직신학적인 틀에 전제된 작업가설로부터 결코 전적으로는 자유로울 수 없음을 보게 된다.

동시에 이 사실로 인해 우리는 자신의 신앙고백적인 또는 신학적인 자리에 대한 숙명론에 빠져서는 안 된다. 우리가 본 것처럼, NPP의 주요 지지자들 가운데서도 칭의가 법정적 선언이라는 것을 인정하는 자들이 있다. 라틴어 '유스티피카레'(*iustificare*, 의롭게 하다)에 대한 불가타 성경의 용법에도 불구하고, 로마교의 상당수 신약학자들이 '디카이오오'(*dikaioō*)가 법적인 사면과 관계된다고 말한다.[94]

"칭의"의 어휘적 정의는 "법정에서 무죄함이 밝혀지다"이고,[95] 이것은 위에서 언급한 대로, 샌더스가 구약성경('차다크'[*ṣādaq*] 및 동족어들)과 관련해서도 말한 것처럼, 충분히 증명될 수 있다. 이 점에 있어서 유의미한

---

91 Gundry, "The Nonimputation of Christ's Righteousness," 44, 여기서 Gundry는 Seifrid, *Christ, Our Righteousness*, 175를 인용한다.
92 Schweitzer, *Mysticism*, 225.
93 Gundry, "The Nonimputation of Christ's Righteousness," 44-45.
94 예를 들어, Joseph Fitzmeyer, "The Letter to the Romans," and "The Letter to the Galatians," in *The Jerome Biblical Commentary*, ed. Raymond S. Brown, S.S.; Joseph A. Fitzmyer, S.J.; 그리고 Roland E. Murphy, O.Carm. (Englewood Cliffs, NJ: Prentice-Hall, 1968), 특히 241-44와 303-15를 보라.
95 Danker, BDAG, 246-50을 보라.

합의가 종교개혁에 다소 비판적인 입장을 취하는 학자들 가운데서도 이루어질 수 있다는 사실은, 칭의에 대한 법정적 정의의 파괴를 목도하게 되는 것이 아직 먼 일임을 보여 준다.

이제 필자는 로마서 8:30에서 발견되는, 선택, 부르심, 칭의, 영화의 "황금 사슬"을 따라서, 소위 구원 서정을 지나가면서, 회복된 은혜의 경륜과, 결국 송영의 응답을 일으키는 언약적 존재론을 설명할 것이다.

> 그런즉 이 일에 대하여 우리가 무슨 말 하리요
> 만일 하나님이 우리를 위하시면 누가 우리를 대적하리요
> 자기 아들을 아끼지 아니하시고 우리 모든 사람을 위하여 내주신 이가 어찌 그 아들과 함께 모든 것을 우리에게 주시지 아니하겠느냐
> 누가 능히 하나님께서 택하신 자들을 고발하리요
> 의롭다 하신 이는 하나님이시니 누가 정죄하리요
> 죽으실 뿐 아니라 다시 살아나신 이는 그리스도 예수시니, 그는 하나님 우편에 계신 자요 우리를 위하여 간구하시는 자시니라
> 누가 우리를 그리스도의 사랑에서 끊으리요(롬 8:31-35).

제2부

언약과 참여

제7장 개혁파 구원론의 신비한 연합
제8장 신플라톤주의적 참여(*Metathexis*): "소외 극복하기"
제9장 언약적 참여(*Koinōnia*): "낯선 자 만나기"
제10장 언약적 존재론과 유효한 소명
제11장 "보라 내가 만물을 새롭게 하노라":
　　　　판결이 말하는 바를 이루는 판결
제12장 영광의 무게: 칭의와 신화(*Theōsis*)

제7장

개혁파 구원론의 신비한 연합

알베르트 슈바이처(Albert Schweitzer) 이후로, 칭의는 바울에게 "부수적인 분화구"이고, 바울의 진짜 중심 교리는 신비한 연합이었다는 논지가 제기되고, 논박되고, 다시 제기되는 일이 반복되어 왔다. 레지날드 풀러(Reginald Fuller)는 다음과 같이 말했다.

"그리스도 안에 있음"(슈바이처)이나 구속사(요하네스 뭉크[Johannes Munck]) 같은, 바울신학의 다른 어떤 중심이나 초점을 찾으려는 시도가 있어 왔다.

그러나,

바울의 사상이 가장 체계적으로 제시되어 있는 로마서는 칭의를 중심으로 삼고 있음에 분명하다.

이것은 바울 자신에게서만 아니라, 바울 이전의 신앙고백적 찬송시에서도(딤후 1:9과 딛 3:4-5) 긍정된다.[1] 물론 이것은 칭의가 바울 사상의 체계 전

---

[1] Reginald Fuller, "Here We Stand," in *By Faith Alone: Essays on Justification in Honor of Gerhard O. Forde*, ed. Joseph A. Burgess and Marc Kolden (Grand Rapids: Eerdmans, 2004), 91. 필자는 "중심 교의" 개념에 대한 이전의 필자의 비판과 관련해서, 바울의 명백한 주장들의 기초에 대한 중심적인 강조점을 포착하는 것은 추상적인 명제나 주제에서 출발해, 성경의 자료들을 거기 집어넣거나 거기서 도출하도록 요구하는 것과 다르다는 것을

체가 논리적으로 도출될 수 있는 중심 교의 노릇을 한다는 의미가 아니다. 그럼에도 칭의는 그리스도와의 연합(union with Christ)을 위한 법적 기초이고, 따라서 우리의 부르심, 성화, 영화의 근원이다.

법정적 구원론과 참여주의적(participationist) 구원론 사이의 양자택일을 강요하는 슈바이처의 논지는 칭의보다 그리스도와의 연합에 우선권을 부여해야 한다는 무수한 요청들 가운데 재차 등장한다. 이 논지가 적용되어 온 대상은 바울만이 아니었다. 루터(새로운 핀란드 학파[New Finnish school]에 따르면)와 칼빈(토렌스[T. F. Torrance]와 다른 이들에 따르면)도 법정적 선언으로서의 칭의보다 삼위일체 하나님께 존재론적으로 참여하는 신비한 연합에 주된 관심을 기울였다고 주장되어 왔다.[2]

샌더스는 언약적 신율주의와 바울의 "참여주의적 종말론" 사이의 대조를 올바르게 지적해 왔다.[3] 그러나 샌더스는 **언약**이라는 말의 의미 범위에 대해 제한적 관점을 갖고 있기 때문에, 언약적 주제와 참여적 주제 사이에 상호 보완적인—사실상 불가분한—관계가 있음을 인식하지 못했다. 이 두 주제의 실질적인 조화 여부는, 우리가 어떤 언약신학을, 그리고 참여에 대해 어떤 이해를 채택하느냐에 크게 의존할 것이다.

고전적 언약신학에서 언약적 머리와 몸의 결속은 법적이면서 동시에 관계적이고, 법정적이면서 동시에 가족적(familial)이다. 이런 언약적 연합에서 율법과 사랑의 손쉬운 대립, 법정과 거실(the courtroom and the family room)

지적하는 바다. 필자는 이 점에 있어서 NPP가 계몽주의 이전 신학보다 현대 교의학에 더 가깝다고 주장해 왔다.

2 예를 들어, T. F. Torrance, "Justification: Its Radical Nature and Place in Reformed Doctrine and Life," *Scottish Journal of Theology* 13 (1960): 223-46을 보라. 참조. 더 많은 자료에 대해서는 본서 제1장, 각주 6을 보라.

3 Anthony J. Saldarini는 *Journal of Biblical Literature* 98, no. 2 (June 1979): 299-303에 있는, E. P. Sanders, *Paul and Palestinian Judaism*에 대한 자신의 서평에서 다음과 같이 말한다. "Sanders는, 유대교는 언약적 신율주의를 가르쳤고 바울은 참여주의적 종말론(A. Schweitzer)을 가르쳤다고 결론 내린다(참조. 제4장과 최종 결론)"(299).

의 손쉬운 대립, "우리 밖으로부터"(extra nos)의 의의 판결과 의롭다 함 받은 자들이 그리스도에게로 자라가는 살아 있는 유기적 관계의 손쉬운 대립은 존재하지 않는다.

본 장은 개혁신학이 신비한 연합(unio mystica)에 언약신학적으로 접근해 온 전통적 방법을 요약하는 것으로 시작할 것이다. 그 다음으로, 신비한 연합의 성격에 대한 개혁파의 논의를 오늘날에도 여전히 대표하는, 칼빈의 논의를 직접적으로 살펴볼 것이다. 끝으로, 본 장과 다음 장에서 묘사될 삼위일체적이고, 언약적이고, 법정적-교통적인(forensic-communicative) 존재론의 가치를 포착하기 위한 필자 나름의 분석을 제시할 것이다.

1. 삼위일체와 언약: 구속 언약

로마서 8:30-31에 있는 바울의 "구원 서정"에서 하나님의 영원한 작정은 시간 내적인 그 실행과 분명히 연결된다.

> 미리 정하신 그들을 또한 부르시고 부르신 그들을 또한 의롭다 하시고 의롭다 하신 그들을 또한 영화롭게 하셨느니라(롬 8:30-31).

하나님은 자기가 택자들 안에서 본 어떤 것도, 그리스도의 오심을 받아들이기 위한 어떤 준비도, 하나님의 선택하시는 은혜의 근거가 될 수 없었던 바로 그대로 불경건한 자들을 의롭다고 선언하실 때도 오직 그리스도의 구원적 중보에 기초해서만 선언하신다.

또한, 우리가 중생, 성화, 영화에 대한 이야기로 넘어갈 때 결단코 칭의를 떠나지 않고, 우리는 중생, 성화, 영화의 원천인, 그리스도 안에서의 칭의로 늘 되돌아온다. 우리는 권세들에 대한 그리스도의 승리, 피조물의 완전한 갱신에 대한 소망, 새로운 출생(new birth), 교회, 칭의를 근거로 하지 않고는 우리 것이 될 수 없었을 참여적인 여타 복들을 칭의의 결과로서 발견한다.

그리스도와의 연합이라는 주제는, 우리 구원의 과거, 현재, 미래 시제를 통합할 뿐만 아니라, 구원의 객관적인 측면과 주관적인 측면, 역사적인 측면과 실존적인 측면, 집단적인 측면과 개인적인 측면, 법적 측면과 변형적 측면을 통합한다.

그리고 일방적 선물로서 그리스도와의 연합은 우주적 갱신의 중추인 언약 안에서 신실하게 말하고 응답하는 상호 관계를 수립한다. 비록 윌리엄 퍼킨스(William Perkins)가 "황금 사슬"(롬 8:30)이라고 일컬은 것에서 소위 "구원 서정"의 각 요소 나름의 구별된 역할이 허용되어야 한다고 할지라도, 이 사슬은 그 부분들의 합보다 크다.[4]

지금까지 우리가 관심을 기울여 온 것은, 율법 언약(아담 언약과 시내산 언약)과 은혜 언약(아브라함-아담-새 언약)으로 일반적으로 분류되는, 계시 역사에서 발견되는 언약들이었다.

그러나 이런 언약들 모두의 배후에는, 바울이 거듭 언급하는 "선택 안의 영원한 뜻"이 있다(롬 8:28; 9:11; 엡 1:4-5, 11; 3:11; 딤후 1:9). 이 모든 이야기 배후의 이야기는 택자들의 구원을 위한 삼위일체 위격들 간의 '팍툼 살루티스'(pactum salutis, 구속 언약 또는 평화의 의논)다. 이 구속 언약은 사람들이 지상에서 맹세한("모든 것을 우리가 준행하리이다." 출 24:3) 언약들과 달리, 구속을 "창세 전에"(엡 1:4-11) 보장하는 불변한 맹세(히 6:17-20) 역할을 한다. 바빙크는 다음과 같이 말했다.

---

[4] William Perkins, "The Golden Chain," in Ian Breward, ed., *The Work of William Perkins*, The Courtenay Library of Reformation Classics (Appleford, England: The Sutton Courtenay Press, 1970), 169-260.

하나님의 영원한 경륜에서 발견되는 모든 언약의 기초는 삼위일체 위격들 사이의 언약, 곧 '팍툼 살루티스'(평화의 의논)에 있다.[5]

1) 삼위일체론적 구조

선택, 칭의, 부르심 이 세 가지 모두에 있어서, 우리는 성부, 성자, 성령 사이의 놀라운 사랑의 균형이 있음을 인정한다. 그런데 이 사랑은 배제하는 원(圓)이 아니라, 원수조차 평화의 교제로 포함시키는, 환희에 찬 포옹의 외향적 원심 운동이다.

16세기 이후로, 신앙고백적 개혁신학에서는 신적 위격들 간의 영원한 언약에 기초한, 언약신학에 내포된 삼위일체론적 패턴을 강조하는 것은 흔한 것이었다. 또한, 이로 인해 개혁신학자들은 각 신적 위격들의 구별된 활동에서 드러나는 구속의 내적 일관성과 법적 측면과 변형적 측면의 통합적 관계를 더 잘 인정할 수 있었다.[6] 게할더스 보스는 다음과 같이 말했다.

> 하나님의 복됨이 경배받으실 하나님의 세 위격의 자유로운 관계에 있는 것처럼, 사람도 자신의 복됨을 하나님과의 언약적 관계에서 발견할 것이다.[7]

---

5   Herman Bavinck, *Reformed Dogmatics*, ed. John Bolt, trans., John Vriend, vol. 3 (Grand Rapids: Baker Academic, 2006), 194. 구속 언약(*pactum salutis*)의 구조적 중요성에 대해서는, 예를 들어, Heinrich Heppe, *Reformed Dogmatics*, rev. and ed. E. Bizer, trans. G. T. Thomson (London: G. Allen & Unwin, 1950; repr., London: Wakeman Trust, 2002), 373-83을 보라.

6   R. Scott Clark and David VanDrunen, "The Covenant Before the Covenant," in *Covenant and Justification*, ed. R. Scott Clark (Phillipsburg: P&R Publishing, 2007)를 보라.

7   Richard B. Gaffin Jr., ed., *Redemptive History and Biblical Interpretation: The Shorter Writings of Geerhardus Vos* (Phillipsburg, NJ: P&R Publishing, 1980), 245; 이것은 그랜드래피즈(Grand Rapids)에 있는 Theological School of the Christian Reformed College 학장 연설로서, 본래 "Doctrine of the Covenant in Reformed Theology"(화란어: *De verbondsleer in de Gereformeerde theologie*)(Grand Rapids: "Democrat" Drukpers, 1891), 68 pp.

바빙크는 다음과 같이 말했다.

> 오직 삼위일체론에 대한 고백에 기초해서만 성경적, 기독교적, 개혁파적 의미의 구원 서정이 자리할 여지가 있다.[8]

우리 연구의 범위를 넘어가는 것이지만, 다음 사실에 대한 역사적 근거를 제시할 수 있다. 개혁파 진영 안에서, 구속 언약이 임묵적으로 긍정될 뿐 아니라, 조직적 원리로서도 굳게 자리 잡고 있는 데서는 건전한 삼위일체 신앙이 번성했고, 이 항목(구속 언약)이 상실되거나 무시되거나 부정되는 데서는, 사후 경직이 시작되어, 결국 삼위일체론 자체가 교회의 신앙과 실천에서 무시되거나 거부됐다.[9]

2) 은혜의 주권성

게다가 언약신학은 역사 안에서의 신적 계획들의 기초를 신격(the Godhead)의 위격들 간의 영원한 협약에 둠으로써, 역사 안에서 인간적 신실함의 위태로움과 가변성 위에 있는 하나님의 불변성과 신적 주도의 우선성을 주장할 수 있었다.

필자가 존 레벤슨에 크게 기대어 이미 살펴본 것처럼, 시내산 언약과 대조적으로 시온산의 약속은 파기될 수 없는데, 그 궁극적 이유는 영원한 이

---

8 Bavinck, *Reformed Dogmatics*, 3:569.
9 이것은 16-17세기에 벌어진, 소키누스주의(Socinianism) 및 알미니우스주의(Arminianism)와 개혁파 정통주의 간의 논쟁과 John Owen과 Richard Baxter나 John Goodwin으로 대표되는 "신율법주의"(neonomianism)라고 일컬어지는 자들 간의 논쟁에서 특히 분명히 드러난다. 물론 이런 신학적 탈선들은 구속 언약과 무관하게 비판될 수 있었음에 분명하다(이를테면, 루터파의 경우). 그러나 필자의 생각에는, 적어도 개혁파 안에서는, 구속 언약과 삼위일체 교리는 불가분하게 연결되어 있었다.

구속 언약에서 발견된다.

신격의 각 위격들이 신격의 외적인 모든 사역에서 다른 방식으로 기여한다는 사실은 신적 위격들의 독특성을 강조한다. 동시에 역사적 언약과 관련해, 은혜 언약에서는 홀로 하나님만이 약속의 보증인이 되신다는 바로 그 점 때문에, 은혜 언약이 조건적인 창조 언약과 대조된다는 사실은 신격의 유일성을 강조한다.

시내산 언약은 "천사들을 통하여 한 중보자의 손으로 베푸신 것인데 … 그 중보자는 한편만 위한 자가 아니나 하나님은 한 분이시니라"(갈 3:19-20). 이것은 아브라함 언약이 시내산 언약에 의해 폐기되지 않는다는 바울의 논증에 핵심적이다. 하나님은 아브라함에게 기업을 일방적으로 약속하신 반면, 시내산 언약은 중보자(모세)를 통해서 양편 모두에게 요구했기 때문이다.

바울의 요점은, 시내산 언약은 형식과 내용에 있어서, 여호와와 인간 사이의, 모세를 중보자로 한, 쌍방 협약인 반면, 은혜 언약은 인간 중보자 없는 신적 맹세에 의존한다는 것이다. 하나님만이 홀로 맹세하신다.[10] 우리는 이것을 아브라함 언약에서 보았다(창 15장). 그런데 아브라함 언약 자체가, 하나님과 사람 사이가 아니라, 삼위일체의 위격들 사이에 맺어진 영원한 언약의 역사적 실행이다.

보스는 다음과 같이 말한다.

> 그[그리스도]에 의해서 획득되지 않은 선물은 없다.[11]

보스는 다음과 같이 덧붙인다.

---

[10] 이 점에 대해서는, S. M. Baugh, "Galatians 3:20 and the Covenant of Redemption," *Westminster Theological Journal* 66 (2004): 49-70을 보라.

[11] Vos, in Gaffin, *Redemptive History and Biblical Interpretation*, 248.

구속 언약은 홀로 있지 않고, 구원 경륜의 기초다. 구속 언약은 영원부터 지금까지 울려 퍼지고 있는 성경의 위대한 서곡이고, 순수한 은혜의 음조를 이미 들을 수 있는 위대한 서곡이다.[12]

삼위 상호 간의 언약이 은혜 언약의 은혜로움을 유지하게 한다. 말하자면, **그리스도와의 연합**이 그런 은혜로운 명백한 정체성을 얻는 맥락이 다름 아닌 삼위 상호 간의 언약이다. 성자가 자신이 성취한 의와 다른 모든 유익을 은혜 언약 안에서 베풀어 주기 위해서, 모든 의(또는 창조 언약)를 성취하기로 자발적으로 약속한 것은, 구속 언약에서 드러난 사랑 때문이었다.

이와 같이 두 가지 역사적 언약, 율법과 복음이 그리스도 안에서 만난다. 빌헬름 니젤(Wilhelm Niesel)이 지적한 것처럼, 율법의 세 번째(규범적) 용법도 우리를 그리스도에게 다시 이끌게 되어 있다. 니젤은 다음과 같이 말한다. "개혁신학은 율법과 복음 사이의 대조를 루터파와 유사한 방식으로 인정했"지만, 율법의 세 번째 용법과 관련해 이제 "율법"은 은혜 언약의 성격에 맞춰졌다.

> 만약 우리가 그리스도와의 연합을 누린다면, 우리 자신만이 아니라 우리의 행위도 하나님 보시기에 의롭다. 우리의 행위를 의롭다 칭하시는 (개혁교회에서 발전된) 이 교리는 윤리에 정말 큰 영향을 미친다. 이 교리는, 그리스도에게 속한 사람은 거듭되는 후회의 희생자가 될 필요가 없다는 것을 분명히 한다. 반대로, 그리스도에게 속한 사람은 자신의 하루하루의 행위를 확신을 갖고 기쁘게 해 나갈 수 있다.[13]

12　Vos, in Gaffin, *Redemptive History and Biblical Interpretation*, 252.
13　Wihelm Niesel, *Reformed Symbolics: A Comparison of Catholicism, Orthodoxy and Protestantism*, trans. David Lewis (Edinburgh and London: Oliver & Boyd, 1962), 217, 220-21.

이와 유사하게, 보스도 다음과 같이 말한다. "율법과 복음을 엄격하게 나누고, 전적으로 약속으로만 복음이 이루어지도록 하는," 개혁신학자들 — "사실상 다른 신학자들보다 그들—은 율법이 사람의 삶을 위한 포괄적인 규범으로서, 사람이 복음과 맺는 관계도 결정한다는 사실을 강조한다."[14]

동요하는 우리의 양심에 하나님의 은혜로우심을 확신시키는 일은 칭의 교리를 통해서만 가능한 것이 아니라, 아브라함 은혜 언약이라는 보다 넓은 기초에 근거해서도 가능하다. 보스는 다음과 같이 말한다.

> 언약은 가정적 관계도 아니고, 조건적 상태도 아니다. 언약은 은혜의 능력이 작용하는, 생생하고 살아 있는 교제다.[15]

새 언약은 죄사함만 약속하는 것이 아니라, 진정한 신뢰뿐만 아니라 율법이 돌판이 아니라 살과 같은 마음에 율법이 새겨지는, 율법에 대한 사랑도 가져올 참된 할례(중생)도 약속한다(겔 11:19; 렘 31:32-34, 그리고 이것에 대한, 고후 3장의 신약적 설명). 시내산 언약 자체가 이스라엘에게, 여호와를 전적으로 사랑하고 섬김으로써 모든 율법에 순종하도록 명령한다(신 4:29; 6:5; 10:12-13; 15:10; 30:6, 10). 실제로 이스라엘은 자기 마음에 할례를 행하라는 요구를 받는다.

> 그러므로 너희는 마음에 할례를 행하고 다시는 목을 곧게 하지 말라(신 10:16).

---

14 Vos, in Gaffin, *Redemptive History and Biblical Interpretation*, 254.
15 Vos, in Gaffin, *Redemptive History and Biblical Interpretation*, 256. 루터파 교의학에서는 "모든 것이 상실될 수 있는 칭의에 의존한다. 그래서 말하자면, 신자는 은혜의 영광을 조금 보는 데 이를 따름이고, 그 날을 위해서 살 뿐이다. 언약적 관점은 반대다. 먼저 사람이 신비한 연합으로 말미암아 언약의 중보자인 그리스도와 연합된다. 그리고 믿음으로 신비한 연합이 의식적으로 인식된다. 그리스도와의 이 연합으로 말미암아 그리스도 안에 있는 모든 것이 동시적으로 주어진다"(256).

이스라엘이 시내산 언약을 깨트릴 것이 예언될 때조차, 하나님이 아브라함 언약에 기초해 자비를 베푸실 것이라는 약속이 존재한다(4:30-31). 사실, 이스라엘의 언약 파기가 예언되는 그때, 다음과 같은 말씀이 주어진다. "네 하나님 여호와께서 네 마음과 네 자손의 마음에 할례를 베푸사, 너로 마음을 다하며 뜻을 다하여 네 하나님 여호와를 사랑하게 하사 너로 생명을 얻게 하실 것이며," 저주 대신 복을 받게 하실 것이다(신 30:6-9).

이와 같이, 심지어 시내산 언약이 간직되어 있는 문서에서도, 새 언약에 대한 기대 가운데 아브라함 언약은 기억된다. 시내산 자체가 시온산을 갈망하고, 역사적 상황이 결코 꺼뜨릴 수 없는 이 갈망의 원천은 하나님의 영원한 목적이다. 하나님이 역사 안에서 일방적으로 베푸시는 약속은 임의적이지 않다. 하나님의 역사적 약속은 절대적으로 난데없이 등장하는 것이 아니라, 삼위일체 하나님의 위격들 사이의 영원한 협약에 닻을 내리고 있다.

3) 언약신학의 초점은 사변적이지 않고 역사적이다

신적 선택의 목적은 역사 안에서만 실현될 수 있었기에, 언약신학은 영원한 작정에 대한 사변에서 관심을 돌려, 타락 이후에 인류에게 전달됐고, 은혜 언약에서 늘 반복된, 약속에 주의를 기울인다. 우리는 하나님의 선택하시는 은혜를 발견하려고 하늘로 올로가지도 내면을 파고들지도 않는다. 구속 언약은 선택이 선택의 삼위일체론적 기초와, 특히, 칼빈이 "우리 선택의 거울"이라고 일컬은 그리스도와 분리되지 않게 지킨다.

우리는 불링거(Bullinger)가 제2 스위스 신앙고백서(1561년)에서 같은 표현이 사용된 것을 발견한다.

그러므로 그리스도를, 우리가 우리 자신의 예정을 생각해 볼 수 있는 거울로 삼으라. 만약 우리가 그리스도와 교제하고, 참된 믿음으로 그리스도가 우리의 것이고 우리가 그리스도의 것이라면, 우리 이름이 생명책에 쓰여 있다는 충분히 분명하고 확실한 증언을 우리는 가질 것이다. 더 위험한 시험을 찾기 어려운, 예정에 대한 시험 가운데 우리는 하나님의 약속이 믿는 모든 자에게 적용된다는 사실과 마주한다.

왜냐하면, 하나님은 "구하라 그러면 너희에게 주실 것이요"(눅 11:9f.)라고 말씀하시기 때문이다. 결국 우리는 하나님의 모든 교회와 함께, "하늘에 계신 우리 아버지여"(마 6:9)라고 기도한다. 왜냐하면, 세례로 말미암아 우리는 그리스도의 몸에 접붙여질 뿐만 아니라, 영생에 이르기까지 그리스도의 교회에서 그리스도의 살과 피로 먹여지기 때문이다.[16]

신자들은 은밀한 작정을 탐구해야 하는 것이 아니라, 삼위일체의 외적 **사역들**을 통해, 특히 하나님이 피조물과 맺은, 계시된 역사적 언약들을 통해, 하나님과 하나님의 목적을 알게 된다. 은혜 언약은 말씀의 선포와 성례의 비준을 통해, 신자들이 그리스도 안에서 선택되고 하나님의 선택된 한 백성에 속함을 확신할 수 있는 구체적인 맥락을 제공한다. 영원한 언약은 구속 계획의 닻을 사람이 아니라 삼위일체에 두는데, 우리는 영원한 언약이 은혜의 역사적인 경륜 가운데 펼쳐질 때만 그 특징을 볼 수 있다.

선택을 구속 언약과의 관계에서 이렇게 다루지 않을 때, 합리주의적인 사변에 굴복하는, 선택과 신적 주권에 대한 추상적인 교리가 자주 나타나곤 했다. 종교개혁가들은 선택과 신적 주권의 문제에 그런 식으로 접근하는 것을, 신자들을 미로나 "미궁"으로 이끄는 데 그치는, 숨어 계시는 하

---

[16] 제2 스위스 신앙고백서, 제10장, *The Book of Confessions* (Louisville, KY: General Assembly of the PC[USA], 1991)에서 재인용함.

나님을 찾아내려는 시도라고 현명하게 맹비난했다. 칼빈은 이 이미지를 거듭 활용하면서, 그리스도가 아니라 하나님의 숨겨진 경륜에서 자신의 선택을 발견하려는 시도를 "길을 벗어나려고 힘쓰는" 것으로 일컫는다.[17]

우리는 하나님이 우리를 발견한 곳에서, 즉 복음에서 하나님을 발견한다. 구속 언약은 선택에 대한 우리의 논의가 하나님 자신의 은혜 언약 선포와 전개를 통해 성경에 계시된 대로의 역사적 경륜 및 삼위일체와 분리되지 않게 지켜 준다.

4) 교통적 패러다임

마지막으로 구속 언약은 하나님의 삼위일체적인 외적 사역들에 대해 교통적인 접근을 제안한다. 구속 언약은, 케빈 밴후저(Kevin Vanhoozer)의 주장처럼, (화행 이론이 제안하는) 언어의 발화적 측면, 발화수반적 측면, 발화효과적 측면과 성부, 성자, 성령의 상관성에 호소할 적절한 배경을 제공해 준다.[18]

적절히 적용될 때, 이런 접근이 수많은 성경 구절을 해석하는 데 유익하다는 것이 쉽게 인정될 수 있다. 성부는 성령을 통해 성자 안에서 말씀하신다. 우리는 하나님의 외적 사역들에서 이것을 거듭 발견한다. 창조와 섭

---

[17] John Calvin, *Institutes* 3.24.4: "한낱 사람이 하나님의 심판대에서 그 자신에 대해 어떤 판결이 내려졌는지 알아내기 위해서, 하나님 지혜 속의 깊숙한 곳으로 침입하려고 시도하고 영원의 가장 높은 데까지 뚫고 들어가려고 애쓸 때, 이런 시도를 나는 '길을 벗어나려고 힘쓰는' 것이라고 칭하는 바다 … 자신들의 선택을 더 확실한 것으로 만들려고, 하나님의 영원한 계획을 하나님의 말씀을 떠나서 탐구하는 자들이 치명적인 심연에 삼켜지는 반면, 하나님의 말씀에 담겨 있는 그대로의 선택을 바르고 적절하게 살피는 자들은 측량할 수 없는 위로의 열매를 거두게 된다." 그다음 두 절에서 Calvin은, 신자는 자신의 선택을 복음이 계시하고 제시하는 대로의 그리스도에게서만 발견해야 한다는 것을 강조한다(3.24.5-6).

[18] Kevin Vanhoozer, *First Theology: God, Scriptureand Hermeneutics* (Downers Grove, IL: InterVarsity Press, 2002), 154-57.

리와 구속의 행위들이 성부(또는 하나님)의 발화로서 언급될 때, 성자는 위격적 말씀으로 밝혀지고, 성령은 신적 발화를 그 의도된 목적에 유효하게 하는 위격으로서 여겨진다.

성경에는 신적 위격들의 구별된 행위들로 말미암아 의도된 효과를 낳는 언약적 발화를 언급하는 구절들로 가득하고, 이것은 기독교 해석사에서 암묵적으로 인정되어 온 사실이다. 콜린 건튼(Colin Gunton)은 성부, 성자, 성령을 각각 최초 원인, 창조적 원인, 완성적 원인으로 말하는 카이사리아의 바실리우스와 칼빈의 삼위일체론 진술의 유사성을 지적한다.[19]

칼빈은 자기의 저술 전체에서, 특히 하나님의 발화와 관련해서, 상호내주(perichoresis)에 대한 고전적 개념을 전제한다. 하나님의 말씀은 그 원천(성부)과 내용(성자) 때문에 계속 하나님의 말씀이다. 성령은, 성부가 성자 안에서 말씀한 것과 다른 말씀을 제공하시지 않는다. 그럼에도 칼빈은 다음과 같이 말한다.

> 하나님의 말씀은 성령을 통해 우리 마음에 인 쳐질 때만 우리에게 진정한 영향을 미친다.[20]

> 이미 분명히 설명한 대로, 우리 마음이 성령에 사로잡히게 되기까지는, 말하자면, 우리는 그리스도를 우리 바깥에—아니, 우리와 멀리 떨어져 있는 것처럼 냉담하게 여기기 때문에, 그리스도는 가만히 아무 일도 하지 않으신다.[21]

---

[19] Colin Gunton, *Father, Son and Holy Spirit: Toward a Fully Trinitarian Theology* (Edinburgh: T&T Clark, 2003), 81. 동일한 곳에서 Gunton은 John Owen의 진술도 거의 동일하다고 지적한다(81 n. 9).
[20] Calvin, *Institutes* 1.8.5.
[21] Calvin, *Institutes* 3.1.3.

성령 없이는, "구원이 약속"은 "허공을 치고 우리의 귀만 때릴 것이다."[22] 성부의 약속이 믿음의 기원이고, 성자는 믿음의 대상이시며, 성령은 믿음을 주는 분이시다.[23] 그리스도는 그리스도와 함께 상속자 된 공동 상속자들에게 성부의 혜택을 성령을 통해서 주신다.[24] 프랑스 신앙고백서는 바실리우스의 말과 거의 같은 말을 사용해 다음과 같은 믿음을 고백한다.

> 성부는 제일 원인, 제일 원리, 만물의 기원이시다. 성자는 하나님의 말씀과 영원한 지혜이시다. 성령은 하나님의 덕과 능력과 효과이시다.[25]

이런 진술들이 신학의 역사를 가득 채우고 있음에도 불구하고, 근대신학에서 몇 세기 동안 (적어도 암시적인) 단일신론이나 이위일체론(binitarianism)이 유행했다. 그러고 나서 성령론에 대한 새로운 강조를 포함하는 삼위일체 신학의 부흥이 성부의 "두 손"으로서 성자와 성령에 대한 관심을 일깨웠다.[26] 필자는 본서의 나머지 부분에서 적절한 곳마다 교통적 삼위일체 모델에 호소할 것이다.

---

22 Calvin, *Institutes* 3.1.4.
23 Calvin, *Institutes* 3.1.4-3.2.1.
24 Calvin, *Institutes* 3.2.1.
25 프랑스 신앙고백서, 제6항, Richard Muller, *Post-Reformation Reformed Dogmatics*, vol. 3, *The Divine Essence and Attributes* (Grand Rapids: Baker Academic 2003), 93에서 재인용함.
26 비록 주류 개신교에서 삼위일체 신학의 이런 부흥의 장본인은 Karl Barth일 수 있지만, T. F. Torrance, 그리고 특히 Colin Gunton이, 성부의 "두 손"에 성자와 함께 성령도 포함시키는 충실한 삼위일체 신학을 위한 새로운 자극을 제공하는 데 기여했다. 이레니우스의 이 유비를 Gunton은 아주 효과적으로 활용한다.

5) 구속 언약을 위한 주해적 근거

구속 언약의 조직신학적인 가치를 위해, 구속 언약이 성경주해적으로 지지될 수 있는가?

그리스도의 사역에서, 성부가 백성들을 성자에게 주신 것으로서 묘사되고(특히, 요한복음에서, 요 6:39; 10:29; 17:2, 6-10; 엡 1:4-12; 히 2:13[사 8:18 인용]), 성자에게 주어진 자들을 성령이 새 창조의 완성을 위해서 부르시고 지키신다(롬 8:29-30; 엡 1:11-13; 딛 3:5; 벧전 1:5).

구속 언약을 긍정하는 것은, 성자가 자기 자신을 주는 것과 성령이 중생하게 하는 것이 성부의 영원한 계획의 실행이었음을 긍정하는 것과 사실 매한가지다. (이런 의미에서, 벧전 1:20에 있는 것처럼, 성자가 창세 전부터 그렇게 정해졌다고 말해질 수 있다).

구속 언약은 삼위 간의 합의고 각 위격은 다른 위격의 행위에 상호내주적으로 참여하지만, 모든 것이 "그리스도 안에서" 이루어지고, 따라서 언약신학은 "중보자 그리스도"라는 주제를 강조한다. 택자들은 **역사** 자체에서 말고, 역사를 위한 하나님의 **목적**에 있어서는, 심지어 창조와 타락 이전에도 "그리스도 안에" 있었다.[27]

창조 언약("아담 안에")과 은혜 언약("그리스도 안에")에 대해 역사 가운데 펼쳐지는 모든 것은 하나님이 자신의 교회를 만드시고 속량하시는 선택의 목적에 결국 이바지한다(참조. 엡 3:1-13; 골 1:15-20). 이런 언약적 이해에서는 선택, 구원론, 교회론이 불가분하게 연결된다.

구속 언약을 이해하는 생각의 길잡이가 요한복음에서 발견된다. 요한복음에는 성부가 백성을 "주시고" 성부의 백성을 "받는다"는 용어가 분명히

---

[27] 우리의 목적과 관련해, 소위 전택설과 후택설(정통의 것이든 바르트주의적인 것이든)의 차이는 놔두고 문제 삼지 않을 것이다.

사용된다(6:39; 10:29; 17:2, 6-10). 칼빈은 요한복음 17장을 주석하면서, "그들은 아버지의 것이었는데, 내게 주셨으며"(6절)라는 말씀이 "택자들은 하나님께 늘 속했다"는 의미라고 말한다.

> 그러므로 하나님은 택자들을 유기자들과 구별하시는 데, 믿음으로 말고, 어떤 공로로도 말고, 전적인 은혜로 구별한다. 왜냐하면, 하나님은 택자들과 자신의 사이가 완전히 멀어져 있을 때, 여전히 그들을 자신의 은밀한 목적 가운데 자신의 소유로 간주하시기 때문이다. 값없는 은혜로 말미암는 선택의 확실성은 하나님이 자신이 선택한 모든 사람이 멸망하지 않도록, 자기 아들의 보호에 맡기신다는 데 있다. 우리 자신이 하나님의 자녀라는 것을 넉넉히 확신할 수 있기 위해서 우리의 눈은 바로 여기로 돌려야 한다. 왜냐하면, 하나님의 예정은 그 자체로는 감춰진 것이고, 오직 그리스도 안에서만 우리에게 밝혀지는 것이기 때문이다.[28]

칼빈은 "내가 비옵는 것은 세상을 위함이 아니요 내게 주신 자들을 위함이니이다"(9절)라는 예수의 말씀을 두고, 우리가 모든 사람의 구원을 위해 기도해야 하고, 여기에는 "온 인류가 포함된다"고 말한다.

> 왜냐하면, 아직 우리는 택자들과 유기자들을 구별해낼 수 없기 때문이다. … 우리는 하나님의 형상대로 창조됐고 우리 자신과 동일한 본성을 가진, 우리가 아는 모든 사람의 구원을 위해 기도한다. 우리는 누가 유기된 자인지에 대해 하나님의 판단에 맡긴다.[29]

---

[28] John Calvin, *Commentary on the Gospel according to John*, trans. William Pringle (1847; repr., Grand Rapids: Baker, 1996), 170-71, on John 17:6.
[29] Calvin, *Commentary on the Gospel according to John*, 172-73.

그리스도는 **자신에게 주어진** 자들이 **성부에게** 속한다고 분명히 선언하신다. 그리스도에게 주어진 자들은, 믿게 하기 위해서 그리스도에게 **주어졌고**, 따라서 믿음은 그리스도에게 그들을 **주는** 바로 이 행위에 기인하는 것임에 틀림없다. 만약 믿음의 기원이 그리스도에게 그들을 주는 이 행위라면, 그리고 선택이 순서나 시간상으로 이 행위에 선행한다면, 우리는 하나님이 세상에서 구원받기 원하시는 자들을 값없는 은혜로 선택하셨다고 인정할 수밖에 없지 않는가?[30]

삼위가 서로 주는(giving) 행위가 각 위격이 **외부로**, 피조물에게 주는 행위로 확장된다. 삼위 **간에** 주고받는 선물이 삼위**로부터** 우리에게 주어지는 선물의 기초다.

선택과 유기에 대한 개혁파적 이해의 발전을 여기서 다루는 것은 지면상 불가능하고, 하나만 지적하고자 한다. 만약 예정에 대한 이해에 있어서 칼빈과 개혁파 정통주의의 차이가 있다고 한다면, 그 차이는 개혁파 정통주의가 예정의 이 두 측면을 더 선명히 구별하는 쪽으로 나아갔다는 데 있을 것이다. 예를 들어, 윌리엄 에임즈(William Ames)는 다음과 같이 말했다.

> 선택은 구원만이 아니라, 구원과 인과적으로 연결되어 있는 모든 것의 원인이다. 그러나 유기는 영벌이나 (영벌이 마땅한) 죄의 진정한 원인이 아니라, 영벌이나 죄에 선행하는 것일 뿐이다.[31]

다시 말해, 하나님의 선택하시는 은혜의 대상들은 그렇지 않은 대상들과 마찬가지로, 하나님이 창조와 타락 전에 이미 아담 안에서 상실된 죄인

---

30 Calvin, *Commentary on the Gospel according to John*, 173.
31 William Ames, *The Marrow of Theology*, trans. and ed. John D. Eusden, from the 3rd Latin edition of 1629 (Boston: Pilgrim, 1968; repr. Durham, NC: Labyrinth, 1983), 156.

으로 간주하는 자들이었다. 유기는 하나님에게서 떠나는 사람들의 자유로운 결정에 단지 내버려 두는 "소극적인 작정"인 반면, 선택은 원수와 화해하기로 결정하는 하나님의 "적극적인 작정"이다.[32]

"그리스도 안에" 있도록, 삼위 간의 구속 언약으로 인해 영원 전에 작정된 택자들은 은혜 언약으로 인해 역사 가운데 그리스도로 말미암아 구속되고, 성령으로 말미암아 그리스도와 연합된다. 이제 택자들은 재판장 앞의 범죄자들이 아니라 아버지의 자녀들이다. 17세기 신학자 윌리엄 에임즈는 구원 서정(*ordo salutis*)과 구속사(*historia salutis*)를 결합해 다음과 같이 요약한다.

> 첫째, 하나님의 생각 안에서, 칭의의 작정에서 판결이 정해졌다(갈 3:8).
>
> 둘째, 이 판결은, 우리의 머리이신 그리스도가 죽은 자들 가운데서 부활하셨을 때, 선고됐다(고후 5:19). …
>
> 셋째, 이 판결은, 믿음이 생겨날 때 이루어지는 첫 관계에 실제로 선고된다(롬 8:1). …
>
> 넷째, 이 판결은 우리가 하나님과 화평하게 됐음을 우리의 영에 증언하는 하나님의 영으로 말미암아 분명히 선고된다(롬 5:5). … 성령의 이 증언은 칭의 자체라기보다는 전에 주어진 것을 실제로 인식하는 것인데, 마치 믿음으로 자신을 돌아보는 것과 같다.[33]

---

[32] 비록 Calvin이 특히 Bolsec과의 논쟁에서, 이런 구별을 인정하기를 꺼렸고, 도르트 회의와 웨스트민스터 회의가 전택설과 후택설 모두에 일부 여지를 남겨 두었음에도 불구하고, 후택설이 개혁파 정통주의에서 지배적인 입장이 됐다(필자의 생각에, 이것은 다행이다). 전택설과 후택설 양편 모두 Calvin을 인용하지만, 이 문제에 있어서 (전택설을 주장하는 자들이나 후택설을 주장하는 우리가 호소할 수 있는) Calvin의 정교한 입장을 기대한다는 것은 시대착오적이다.

[33] Ames, *The Marrow of Theology*, 161.

이런 이해에서는 칭의가 다른 여러 교리 가운데 하나에 불과한 것이 아니라, 그리스도와 신자 사이에 살아 있는 연합과 성도의 교통을 창조하는 말씀이다. 칭의는 구원론을 윤리나 교회론에서 분리시키기는커녕, 칭의는 법적이고 개인적인 차원에서만 아니라, 변형적이고 집단적인 차원에서도 새 창조를 개시한다.

또한, 에임즈의 이런 진술에서는 칭의의 법정적 말씀의 삼위일체적이고 교통적인 성격도 발견된다. 이 판결은 성부에 의해서 작정됐고, 부활로 말미암아 그리스도 안에서 우리에게 내려졌고, 우리가 복음을 들을 때 선포됐고, 그리고 성령은 칭의를 보증하는 결과들을 우리 안에 이루신다.

다음 몇 장에서, 필자는 특히 언약적 맥락에서 해석할 것이다. 이때 칭의가 참여에 대한 존재론적 설명과 반대되는 법정적 및 피상적 판결을 허용하지 않음을 주장할 것이다.

오히려 칭의는 소위 말하는 전체 구원 서정(*ordo salutis*)에서 반향이 느껴지고 메아리가 들리는 법정적 존재론을 확립할 것이다. 또한, 이론뿐만이 아닌 집단적 및 개인적 경험과 실천에서 그렇게 할 것이다. 이것은 칭의 그 자체가 효과들을 **내포**하지 않고, **생성**함을 의미한다. 칭의는 배타적으로 법적이지만, 우리의 모든 언약적 복이 흐르는 그리스도와 우리의 연합을 위한 법정적 기초가 된다.

2. 그리스도 안에서 참여에 관한 종교개혁 견해들

그리스도와의 연합에 관한 종교개혁가들의 강조와 관련해서, 많은 글이 쓰였는데, 이는 신비한 연합이라는 주제가 그리스도와 신자 사이의 "놀라운 교환"(the marvelous exchange)에 대한 그들의 이해에 매우 중요하기 때문이다. 우리는 다음과 같이 정리할 수 있다.

- "그리스도 안에 있는 우리": 그의 선택, 육체, 순종의 삶, 죽음을 통한 속죄, 부활, 칭의, 성결, 영화를 공유한다. 우리는 그 가족 안에 있다 (**상속**).
- "우리 안에 있는 그리스도": 중생과 성화, "영화의 소망." 그 가족이 우리 안에 있다(**닮음**).

1) 그리스도의 인격 및 사역과의 연합

루터에 의하면, 우리 안에 있는 어떤 것이 선하게 보일 수 있는 이유는 그리스도가 신자 안에 살고 신자가 그리스도 안에 살기 때문이다. 루터는 단순히 전가된 의(칭의) 때문에 신자가 실제로 의롭게 되는 삶을(성화) 거절해서는 안 되고, 그리스도의 전가된 의가 "우리 자신의 모든 실제 의를 위한 기초, 원인, 근원이 되어야 한다"고 주장한다.[34] 칭의는 하나님의 이러한 뚜렷한 사역들로부터 분리되어서는 안 되고, 성화를 위한 토대이자 살아 있는 원리가 되어야 한다.

> 그러므로 우리는 그리스도인이 자신 안에 살지 않고 그리스도와 그 이웃 안에 산다고 결론 내린다. 그렇지 않으면 그는 그리스도인이 아니다. 그는 믿음을 통해 그리스도 안에 살고 사랑을 통해 그의 이웃 안에 산다. 믿음으로 그는 자신을 넘어서 하나님에게 올라간다. 사랑으로 그는 자신을 넘어 이웃에게 내려온다. 그러나 그는 항상 하나님과 그의 사랑 안에 남는다.[35]

---

[34] Martin Luther, *Two Kinds of Righteousness*, in *LW* 31, ed. Harold J. Grimm (repr., 1971), 298.

[35] Luther, *LW* 31:371; 참조. Cornelius P. Venema, "Heinrich Bullinger's Correspondence on Calvin's Doctrine of Predestination," *Sixteenth Century Journal* 17 (1986): 335-350.

믿음은 칭의만을 위해 충분하지 않다. 믿음이 있다면 신자는 새롭게 되려고 노력해야 하고 다른 사람을 지속해서 섬기려고 해야 한다.

루터가 주장한 것처럼, 이 연합에 대한 광범위한 성경적 유비를 바탕으로, **칭의**에 관한 칼빈의 법적 강조는 그리스도의 거룩함을 포함한다. 그리고 **내적 갱신** 및 그리스도와의 교통과 관련한 연합과 접붙임이라는 유기적 이미지로 보완할 수 있다. 따라서 칼빈은 요한복음 17장에 관한 주석에서 다음과 같이 설명한다.

> 우리는 그리스도의 몸에 접붙임 받음으로써 하나님의 양자가 되고 하늘의 유산을 상속받는다.[36]

칼빈은 다음과 같이 말한다.

> 그리스도가 우리의 것이 되고 우리가 그의 몸에 접붙이게 되는 것은 복음의 목적이다.[37]

특히 그리스도가 성찬식에서 우리에게 전해지는 방식을 진술한 칼빈의 공식에서, 우리에게 친숙한 칼빈의 성령론적 강조는, 신비한 연합을 설명한 그의 입장에서 분명히 나타난다. 신적 본질에 대한 비매개적(immediate) 참여가 아닌, 그리스도 인격과 사역에 관한 성령의 중재는 칼빈의 주장에서 중요한 부분을 차지한다.

---

[36] Calvin, *Commentary on the Gospel according to John*, 166, John 17:3.
[37] Calvin, *Commentary on the Gospel according to John*, 166, John 17:3.

> [우리는] 하나님의 아들과 하나가 되는데, 이는 그가 그의 본질을 우리에게 주기 때문이 아니라 그가 자신의 생명과, 성부로부터 받은 모든 복을 성령의 능력으로 우리에게 주기 때문이다.[38]

이 진술은 특히 새로운 핀란드(헬싱키) 학파와 이에 따른 개혁파적 추론들과의 상호 작용에서 중요한 의미가 있고, 칼빈의 견해에 대한 미묘한 관점을 나타낸다. 한편으로 칼빈은 그리스도의 인격을 벗어나서는 그리스도를 통한 유익의 교통이 있다고 믿지 않는다(밑에서 더욱 분명하게 논할 것이다). 다른 한편으로는 우리에게 전해지는 것은 그의 본질이 아니라 "그의 생명과 그가 성부로부터 받은 모든 복"이다. 차이점과 유사점 사이를 연결해 주는 것은 성령이시다.

칼빈은 요한복음 17:23 주석에서("내가 그들 안에 있고 아버지께서 내 안에 계시어 …") "들판의 모든 곳에 물을 대는" 무수히 많은 지류와 수로를 가진 광대한 바다의 이미지를 그린다.[39] 하나님이 우리를 사랑한다는 확신의 기초는 "성부가 성자를 사랑했기 때문에 또한 우리를 사랑한다는 데에" 있다.[40]

> 그런 사랑으로 성부는 창세 전에 그를 사랑하셨고, 그 안에서 성부는 자신이 선택한 자를 사랑하실 수 있다.[41]

칼빈은 26절의 "내가 그들 안에 있고"라는 표현이 "우리의 주의를 끌 만하다"라고 말한다.

---

[38] Calvin, *Commentary on the Gospel according to John*, 183-84.
[39] Calvin, *Commentary on the Gospel according to John*, 185.
[40] Calvin, *Commentary on the Gospel according to John*, 186.
[41] Calvin, *Commentary on the Gospel according to John*, 187.

왜냐하면, 그가 언급한 사랑에 우리가 포함될 수 있는 유일한 길은 그리스도가 우리 안에 거할 때라고 가르치기 때문이다. 성부는 마찬가지로 그리스도의 전체 몸을 자신의 목전에 두지 않고는 그의 아들을 볼 수 없는 것처럼, 성부가 우리를 그 안에서 보기 원한다면 우리는 실제로 그의 구성원이 되어야 한다.[42]

요한복음 15:1에 있는 "포도나무와 가지"에서, 그는 이 연합이 자연적이거나 보편적이 아니라 선택의 은혜로 인한 선물임을 지적한다. 그것은 "마치 그들 본성에 이식된 것처럼" 존재에 대한 추상적 참여가 아닌, 그 언약 중보자와의 개인적 연합이다.

즉, 모든 생명과 힘에 없어서는 안 될 수액은 오직 그리스도로부터만 나아간다는 원칙뿐이다.[43]

그리스도와(그러므로 그의 육체와) 신자의 신비한 연합은 더욱더 폭넓은 주제인데, 이 주제 안에 종교개혁가들은 믿음을 통해 그와 연합한 자들의 삶에서 칭의와 성화, 의의 전가, 그리고 그리스도가 나눠 준 거룩한 사랑과의 필요불가결한 연결을 인식한다. 믿음은 칭의를 위해 그리스도를 바라보고 새롭게 됨과 삶을 위해 그리스도로 "옷 입는" 것이다. 이런 방식으로 칭의뿐만 아니라 성화와 영화도 오직 믿음을 통해 오직 그리스도 안에서만 보증된다.

칼빈은 선택에서 영화까지 이르는 그리스도의 모든 유익을 포함하는 일반적 범주로서의 구원은 안전한데, 이는 바로 선물이 선물을 주는 자와 떨

---

[42] Calvin, *Commentary on the Gospel according to John*, 189.
[43] Calvin, *Commentary on the Gospel according to John*, 107, John 15:1.

어질 수 없는 것처럼 구원도 단순히 멀리서 발생하지 않기 때문이라는 점을 강조한다. 루터 및 (그가 직접 호소하는) 클레르보의 베르나르두스(Bernard of Clairvaux)도 같은 주장을 했다.

> 마치 우리 안에 거하는 그리스도가 아니라 아주 멀리 서 있는 그리스도를 생각해야만 하는 것처럼![44]

이 신비한 연합 덕분에 우리는 이미 그리스도 안에서 받아들여졌고, 그에게 속한 모든 것이 우리에게 값없이 주어졌다는 사실을 확신할 수 있다.

> 이는 그가 멀리서 우리에게 나타나기 때문이 아니라, 우리를 그의 몸에 접붙여서 그의 모든 유익뿐만이 아닌 그 안에서 참여자가 되게 하므로 우리는 그의 구원을 기다린다. 그러므로 나는 그들의 논쟁을 그들에게 되돌린다. 즉, 당신이 진실로 깊이 생각한다면, 당신이 주장하는 것은 확실한 저주다. 그러나 모든 것이 당신의 것이 되고 당신이 참으로 그와 하나가 되어 그의 지체가 되는 그의 모든 유익과 함께, 그리스도가 당신에게 주어졌기 때문에, 그의 의는 당신의 죄를 압도하고, 그의 구원은 당신의 저주를 지우며, 당신의 비천함이 하나님의 눈에 보이지 않도록 그의 훌륭함으로 중재한다. 분명히 이것은 사실이다. 즉, 우리는 그리스도를 우리 자신으로부터 분리해서는 안 되고 그로부터 우리 자신을 분리해서도 안 된다. 그가 자신을 우리에게 묶은 그 교통을 우리는 두 손으로 담대하게 꽉 붙잡아야 한다. 따라서 그 사도는 우리를 가르친다. 즉,
> "또 그리스도께서 너희 안에 계시면 몸은 죄로 말미암아 죽은 것이나 영은 의로 말미암아 살아 있는 것이니라"(롬 8:10).

---

[44] Calvin, *Institutes* 3.2.24.

사실, 칼빈은 그의 대적자들에게 **대항하기 위해** 신비한 연합에 대한 이 친근한 교부 및 중세 주제에 호소한다.

> 이 사람들의 사소한 일에 따르면, 그는 이렇게 말했어야만 했다. "참으로 그리스도 자신 안에는 생명이 있다. 그러나 죄인인 당신들은 죽음과 저주 아래에 남아 있다."
> 하지만 그는 그리스도 안에 있는 구원이 우리 자신이 받아야 할 저주를 삼켰다고 가르치기 때문에, 전혀 다르게 말하는 것이다. 이 사실을 확인하기 위해 그는 내가 지금까지 제시한 것과 같은 이유를 사용한다. 즉, 그리스도는 우리 밖에 계시지 않고 우리 안에 거한다는 사실이다. 그는 절대 끊을 수 없는 교제의 끈으로 우리를 묶을 뿐만 아니라 훌륭한 교통으로 그가 우리와 완전히 하나가 될 때까지 매일 매일 우리와 함께 한 몸 안에서 점점 자란다. 그러나 나는 위에서 진술한 것을 부인하지 않는다. 즉, 연약한 믿음이 여기저기서 맹렬히 흔들릴 때 믿음을 멈추게 하는 어떤 일이 가끔 일어난다는 것이다. 그래서 유혹의 짙은 어둠 속에서 믿음의 빛은 꺼진다. 그러나 어떤 경우라도 하나님이 우리를 찾는 열심을 멈출 수는 없다.[45]

그다음 칼빈은 베르나르두스의 "믿음의 두 가지 관점"에 관한 논의를 자세히 설명한다.

> 그러므로 당신 **안에서가** 아니라 당신 **앞에서** 그러합니다. 당신의 신실함의 의도에서가 아닌 당신의 진리의 판단에서 그러하십니다. 그래서, 참으로, 당신은 "없는 것을 있는 것으로 부르시는 이"십니다(롬 4:17). 그러므로 그들은 당신이 부르시는 것이 아니기 때문에 그들이 될 수 없고, 동시에

---

[45] Calvin, *Institutes* 3.2.24.

당신이 그들을 부르시기 때문에 그들이 될 수 있습니다. 이는 그들 자신에 관해서는 그들이 될 수 없지만, 당신과 함께 그들이 될 수 있기 때문입니다. 그러나 그 사도가 말하듯이, 그들의 의의 "행위로 말미암지 않고 오직 부르시는 이로 말미암아"(롬 9:11) 그들이 됩니다. 그런 다음 그는 두 가지 사이의 이러한 관련성이 훌륭하다고 말합니다. 분명히 연결된 그것들은 서로를 파괴하지 않습니다![46]

그러므로 우리가 자신을 생각할 때는 절망만이 있을 뿐이다. 우리가 **그리스도 안에서** 우리 자신을 생각할 때, 믿음이 생기고 이 믿음은 소망을 가져오고 뒤를 따라 사랑을 가져온다. 다시 한번, 칼빈은 베르나르두스의 글을 인용한다.

"만약 그가 우리를 구하겠다고 작정했다면 우리는 즉시 자유롭게 될 것이라"고(렘 17:14) 우리가 정말로 생각한다면, 바로 이것 때문에 우리는 용기를 가질 수 있다.

그러므로 우리는 범죄자의 상태에서 나와서 존귀한 상속인의 상태로 들어가는데, "그가 우리를 존귀하게 해서가 아니라 우리 자신의 존엄성으로 그렇게 된다."[47]

이것은 종교개혁가들이 특별한 손님의 도착을 위해 누군가의 집을 얻는다는 빈번한 유비들과 함께, 은혜를 준비하는 학문적 개념에 대해 그렇게 비판적인 이유 중에 하나다.[48]

---

46 Calvin, *Institutes* 3.2.25. Calvin과 베르나르 사이의 흥미로운 관계에 대한 글은 Dennis E. Tamburello, *Union with Christ: John Calvin and the Mysticism of St. Bernard* (Louisville, KY: Westminster John Knox, 1994)를 보라.
47 Calvin, *Institutes* 3.2.25.
48 많은 예 중 하나로 『기독교 강요』(3.3.2)에 있는 Calvin의 설명을 들 수 있다. 여기에서

대조적으로, 종교개혁가들은, 이 신비한 연합을 통해 손님은 집에 도착하자마자 스스로 집을 품위 있게 하고 혁신하기 시작한다고 주장했다. 이는 참으로 이상한 손님이다. 일찍이 칼빈은 다음과 같이 썼다.

> 우리는 그것들(칭의와 성화)을 구별할 수 있지만, 그리스도는 그 둘 모두를 자신 안에서 분리할 수 없는 것으로 삼는다.
> 그러면 당신은 그리스도 안에서 의를 얻고 싶은가?
> 먼저 그리스도를 소유해야 한다. 그러나 그는 조각으로 나눠지지 않기 때문에 당신은 그의 성화의 참여자가 되지 않고는 그를 소유할 수 없다(고전 1:13). 그러므로 주님은 자신을 소모함으로 우리에게 즐거움을 가져다주는 이러한 유익들을 주시고, 항상 같이 있어야 하는 그 둘을 동시에 주신다. 그러므로 우리를 의롭게 하는 그리스도 안에 있는 우리의 나눔 속에, 성화도 의만큼이나 포함되어 있기 때문에, 행위 없이는 의롭게 되지 않는다. 하지만 분명한 것은 행위를 통해 의롭게 되지는 않는다.[49]

칼빈은 여기에서 그 연합의 법적(법정적) 및 유기적(효과적) 관점의 불가분성을 인식하기 위해 연합의 모든 것을 아우르는 존재론 때문에, 칭의가 성화와 **혼동될** 필요가 없다는 점을 인정한다.

칼빈은 칭의에 관해 토론할 때, "문제는 우리가 어떻게 의롭게 되는가가 아니라 불의하고 무가치한 우리가 어떻게 의롭다고 여겨지는가다"라고 강조한다.

그는 그리스도인의 삶을 움직이는 엔진으로서의 "예비 경외"(preparatory fear)에 대한 중세 개념을 비판한다. 대신, Calvin은 자비로운 성부로서의 하나님을 먼저 의지하기 전에는 회개의 열매를 절대로 맺을 수 없다고 주장한다. 그리고 하나님을 의지할 힘은 그리스도가 우리를 완전히 받아들였다는 확신으로부터만 나온다.
[49] Calvin, *Institutes* 3.16.1.

양심이 이 점을 확신하기 위해서는 율법에 어떠한 공로도 주지 말아야 한다.[50]

칼빈은 연합이 잠시 칭의를 앞섰는지 여부와 관계없이, 칭의는 연합의 토대가 된다는 점을 분명히 한다.

> 대부분 사람은 그리스도에 참여하는 것(*Christi esse participem*)과 그리스도를 믿는 것을 같은 것으로 여긴다. 그러나 우리가 그리스도에 참여하는 것은 (*participatio quam habemus cum Christo*) 오히려 믿음의 효과(*fidei effectus*)다.[51]

칭의를 위해 그리스도만을 끊임없이 바라보는 동일한 믿음의 행위는 성화와 영화를 위해서도 오직 그리스도만을 바라본다. 그리스도인의 삶에는 두 가지 원천, 즉 법정적이고 오직 그리스도에게서만 발견되는 원천과 우리 안에서 발견되는 도덕적인 원천이 있지 않다는 말이다. 오직 믿음을 통한 법정적 칭의는 새롭게 하는 모든 면에 있어서 그리스도와의 연합에 있어서 원천이 된다.

2) 혼합 없는 연합

칼빈의 견해로는, 주입된 의와의 협력으로 의롭다 여김을 받았다는 말과 그리스도가 신자 안에 거함으로 인한 "본질적 의"에 의해 의롭다 여김을 받았다는 말 사이에는 차이점이 거의 없는데, 이는 어느 경우든지 간에 칭의의 바탕은 외래적(alien) 의의 전가라기보다는 의롭게 하는 내적 행위이기 때문이다.

---

[50] Calvin, *Institutes* 3.19.2.
[51] John Calvin, *Commentary on Ephesians*, in CO 51 (CR 79): 186-87, Eph. 3:17.

루터파 종교개혁가 안드레아스 오시안더(Andreas Osiander)는 후자의 입장을 취했지만 일치 신조(the Book of Concord)는 이를 명백히 배제했다. 오시안더의 입장은 우리가 앞으로 다룰 최근의 제안들에서 발견할 수 있는 참여에 관한 설명과 매우 비슷하기 때문에, 『기독교 강요』의 최종판에서 8개의 절을 차지하는, 오시안더에 대한 칼빈의 비평을 요약하는 것은 가치가 있다.

우리도 신비한 연합에 대해 많은 이야기를 한다고 칼빈은 말한다. 사실 에라스무스(Erasmus)는 '코이노니아'(*koinōnia*)를 '소키에타스'(*societas*, 연합체)와 '콘소르티움'(*consortium*, 공유)로 이해하는데, 이는 신비한 연합을 제대로 표현하지 못한다고 칼빈은 불평했다. 그래서 그는 '콤무니오'(*communio*, 교제)라는 단어를 선택했다.[52]

> 그러나 오시안더는 "본질적인"(essential) 의를 이상하게 소개해 왔다. 말하자면, 그는 비록 값없이 주는 의를 폐지하려고 의도하지는 않았지만, 여전히 그러한 안개로 그것을 감싸서 경건한 마음을 어둡게 하고 사람들이 그리스도의 은혜를 생생하게 체험하지 못하게 한다.[53]

게다가 오시안더는 "사변"과 "미약한 호기심"에 탐닉하면서, "그리스도가 타락 이전에 이미 인성의 원형이 되도록 운명 지어졌기 때문에 아담이 하나님의 형상으로 창조됐다"는 추가적인 사변과 함께, "하나님의 본

---

52 B. A. Gerrish, *Guilt and Grace: The Eucharistic Theology of John Calvin* (Minneapolis: Augsburg Fortress, 1993), 83. 고전 1:9에 대한 John Calvin, *Commentary on 1 Corinthians* in *CO* 49 (CR 77): 313을 보라.
53 Calvin, *Institutes* 3.11.5은 Andreas Osiander의 *Disputation on Justification* (1550)을 반박한다. Osiander는 루터교 신학자로 그의 관점은 합의 교리서에서 최종적으로 거절됐다. 특히 Luther에 대한 새로운 핀란드 관점에 의해 진전된 칭의 견해와 유사한 관점들은 그동안 다루어졌고 12장에서 다시 토론할 것이다.

질을 사람들에게 주입하고 싶은 마음으로 마니교와 비슷한 주장을 하는" 잘못을 저질렀다.[54] 우리는 오시안더에 대한 칼빈의 비평을 다음과 같이 요약할 수 있다.

첫째, 오시안더의 견해는 그리스도에게 있는 의의 본질을 우리 자신의 것과 혼동한다. 그는 칭의를 "그리스도의 순종과 희생의 죽음으로 우리를 위해 획득한 의의" 전가로 이해하지 않고, "그의 본질과 자질을 우리에게 주입함으로 우리가 하나님 앞에서 대체로 의롭게 된다고 주장한다."

둘째, "그는 하나님이 하나님 자신을 우리에게 주입하면서 우리를 하나님의 부분으로 만든다는 본질의 혼합을 덧붙인다." 이것은 창조자-피조물 혼란을 가져올 뿐만 아니라, 또한 "우리가 그리스도와 함께 자라고 그가 우리의 머리가 되며 우리가 그의 지체가 될 수 있게 하는 것은 성령이라는 사실"을 인식하지 못하게 한다.

결론적으로 칭의가 중생과 혼동되고, 신자가 신적 본질과 혼동된다. 우리는 여전히 법정적 칭의 교리를 포기하지 않은 채, 그리스도 인격과의 교통을 확실히 주장할 수 있다고 칼빈은 반박한다.[55] 오시안더의 논법에 따르면,

> 의롭다 칭함 받는 것은 하나님과 화복되는 것뿐만 아니라 거저 주어진 용서를 통하여 의롭게 되는 것이다. 의는 거저 주어진 전가가 아니라, 우리 안에 거하는 하나님의 본질이 불어넣어 주는 거룩함과 의다.[56]

칭의와 중생은 서로 연결되어 있지만, 절대로 혼동해서는 안 된다고 칼

---

[54] Calvin, *Institutes* 3.11.5.
[55] Calvin, *Institutes* 3.11.5.
[56] Calvin, *Institutes* 3.11.6.

빈은 반박한다.[57] 칼빈은 또한 자기가 믿는 것처럼 믿음을 그리스도를 영접하기 위한 빈 그릇으로 보는 것 대신에 "믿음이 그리스도다"라고 한 오시안서의 견해(나중에 다루겠지만, 요즘 헬싱키 학파가 반복한다)를 비판한다.[58] 믿음은 우리가 그리스도를 영접하는 도구다. (질료인이신) 그리스도 자신과 혼동해서는 안 된다.[59]

루터파인 오시안더는 새로운 출생을 칭의와, 믿음을 그리스도와, 신자를 하나님과 혼합한다. 칼빈은 또한 그가 그리스도의 두 본성을 분리한다는 이유로 비난한다. 이것은 이 두 전통 사이의 계속되는 기독론적 논쟁에 있어 흥미로운 전환점이라고 할 수 있다.

> 오시안더의 견해는 그리스도가 하나님이고 사람이기 때문에 그의 인성이 아닌 신성과 관련해 우리를 위한 의를 이루셨다는 것이다.

그렇다면 바울의 진술, "하나님이 자기 피로 사신 교회"는 무엇인가? 이것은 단지 그리스도의 신성을 의미하기는 힘들다.[60] 그 언약의 중보자이고 따라서 칭의의 중보자가 되는 분은 성부나 성령, 또는 심지어 단지 그의 신성에 따른 성자가 아닌, 성육신하신 말씀인 예수 그리스도이기 때문이다.[61]

---

57 Calvin, *Institutes* 3.11.6.
58 Calvin, *Institutes* 3.11.7. Osiander에 대한 그의 언급은 *Confession of the Only Mediator and of Justification by Faith* (1551)에서 비롯된다. Calvin은 이 절에서 믿음 자체는 본질적 가치가 없다고 덧붙인다. 그것은 단지 받아들이는 도구다. 하지만 "돈으로 가득찬 항아리가 사람을 부유하게 하는 것처럼, 믿음은 그리스도를 데려옴으로 우리가 의롭다 함을 얻게 한다."
59 Calvin, *Institutes* 3.11.6.
60 Calvin, *Institutes* 3.11.8.
61 Calvin, *Institutes* 3.11.9.

결론적으로, 그리스도가 둘째 아담으로서 자신의 인성에 가운데 드리는 언약적 순종과 분리된, 그리스도의 구원하는 신성이란 존재하지 않는다.

> 우리가 어떻게 의롭다 여김을 받는가 하고 물으면, "그리스도의 순종 때문에"라고 바울은 대답한다(롬 5:19).
> 그러나 그가 종의 모습을 취하지 않고 다른 방법으로 순종하셨던가? (빌 2:7)
> 따라서 우리는 그의 육체 안에서 의가 우리에게 나타났다고 결론 내린다.[62]

칼빈은 오시안더의 견해가 네스토리우스적 기독론(Nestorian Christology)과 중보자로서 그리스도의 구원하는 인성을 제거하는 속죄 교리로 이끈다고 지적한다. 그뿐만 아니라 가현설적(docetic) 성례신학으로도 이끈다고 지적한다.

> [비록 사도들은] 우리의 믿음을 반쪽짜리 그리스도가 아닌 전체 그리스도에게 이끌지만, 그들은 의와 구원의 문제는 그의 **육체**에 있다고 가르친다. 이는 그는 단순한 인간으로서 의롭게 하거나 삶을 회복했기 때문이 아니라, 하나님이 그 안에 감춰졌고 이해 불가한 것을 그 중보자에게서 나타내기를 기뻐하셨기 때문이다(강조는 첨가된 것).[63]

그리스도조차도 신적인 본질적 의에 의해서 의롭게 되신 것이 아니라 율법 아래에 있는 종으로서 순종하심에 의해서 의롭게 되셨다.[64] 그래서

---

62 Calvin, *Institutes* 3.11.9.
63 Calvin, *Institutes* 3.11.9.
64 Calvin, *Institutes* 3.11.12.

다시 한번 필자는 [내 견해와 반대에 있는 자들과의] 협상을 회피하고 싶지는 않지만, 언약과 참여는 필수적으로 연관된 주제임을 주장한다.

결론적으로, 칼빈은 다음과 같이 관찰한다.

> 우리의 것이 된 그리스도가 자신이 받은 선물을 우리와 나누시게 하기 위해 우리는 그 신비한 연합을 최고로 중요하게 여긴다.
>
> 우리의 의는 참으로 우리에게 외적인 것, 즉 우리에게 속하기보다는 그리스도에서 속한 외래적 의인 반면, 그리스도 자신은 외래적으로 남지 않고 자신을 우리와, 우리를 그리스도 자신과 연합하신다.
>
> 그러므로 우리가 그리스도로 옷 입고 그의 몸에 접붙여졌기 때문에, 즉 간단히 말해서, 그는 우리가 자기와 하나가 되도록 하기 때문에, 우리는 그의 의가 우리에게 전가될 수 있도록 하기 위해, 우리 밖, 멀리 있는 그를 생각하지 않는다.[65]

칼빈은 오시안더가 법정적인 것과 참여주의적 체계 사이의 거짓된 선택을 강요했다고 한탄한다.

> 오시안더는, 우리가 실제로 의로워야 한다는 이유로, "칭의"를 법적 용어로 가르치는 자들을 비웃는다. 또한, 그는 우리가 값없는 전가로 의롭게 된다는 주장을 멸시한다.
>
> 그렇다면 만약 하나님이 우리에게 무죄를 선고하고 용서함으로 우리를 의롭게 하지 않으신다고 가정하면, "하나님께서 그리스도 안에 계시사 세

---

[65] Calvin, *Institutes* 3.11.10.

상을 자기와 화목하게 하시며 그들의 죄를 그들에게 돌리지 아니하시고" (고후 5:19)라는 바울의 진술은 무엇을 의미하는가?

"하나님이 죄를 알지도 못하신 이를 우리를 대신하여 죄로 삼으신 것은 우리로 하여금 그 안에서 하나님의 의가 되게 하려 하심이라"(고후 5:21).

칼빈은 여러 신약성경 본문을 일반적 법률 용법과 비교해 결론 내린다.

오시안더는 하나님이 실제로 악에 남아 있는 자들을 의롭다고 여겨야 한다면 이는 하나님을 조롱하는 행위이고 그의 본성에 반대된다고 이의를 제기한다.

이에 대해 칼빈은, 그들 자신의 의에 따라, "그들은 항상 재판소에서 죽음의 심판을 받아야 할 책임이 있다"라고 오시안더를 상기시키면서, 친숙한 표현인 "의인인 동시에 죄인"(*simul iustus et peccator*)이라는 말로 대답한다. 칭의와 내적 갱신을 분리하지 않고 구분하는 것이 핵심이라고 그는 말한다. 성화는 이 생에서 언제나 부분적으로 발생한다.

그러나 [하나님은] 부분적으로 의롭다 함을 얻게 하지 않고 후하게 의롭다 함을 얻게 하신다. 그래서 그들이 마치 그리스도의 순결을 부여받은 것처럼 하늘에 나타나게 하신다. 우리는 하나님 앞에서 전적으로 의롭기 때문에, 우리가 하나님을 기쁘게 해드린다고 확정될 때까지는, 부분적 의를 가지고는 우리 양심이 평화로울 수 없다.[66]

---

[66] Calvin, *Institutes* 3.11.11.

칼빈에 따르면, 그것은 위로거리가 되는데, 오시안더는 로마교 못지 않게 신자들에게 그러한 위로가 있음을 인정하지 않는다.[67] 즉, 칭의는 내재하는 의가 아닌 전가된 의로 구성되기 때문에, 신자는 "자신이 받아야 할 심판에 떨 필요가 없다. 그들은 스스로를 합당하게 정죄하는 동안, 그들 밖에서 의롭다고 간주될 것이다."[68]

그러므로 우리는 칼빈의 진술에서 상호 보완하는 강조점들을 발견한다. 비록 신비한 연합 때문에 그리스도의 의를 포함하시는 그리스도 자신은 우리 밖에 머무실 수 없지만, 우리를 의롭게 하는 그리스도의 의는 "우리 밖에" 있다. 칼빈은 한쪽의 엄격한 실재론과 다른 쪽의 독단적 유명론을 피한다.

3) 신비한 연합에서 성령의 역할

흥미롭게도, 칼빈은 『기독교 강요』에서 신비한 연합으로 되돌아가면서 성령의 역할을 다루기 시작한다. 우리를 위한 그리스도의 사역은 우리와 그의 연합과 구별되어야 하지만, 절대로 분리되어서는 안 된다. 이 둘다 성령이 성취한다.

> 먼저, 그리스도가 우리 밖에 계시고 우리가 그와 분리되는 한, 인류의 구원을 위해 그가 받은 고통과 행한 모든 일이 아무런 쓸데없고 우리에게 아무런 가치도 되지 않는다는 점을 우리는 이해해야 한다. 그러므로 그는 성부로부터 받은 것을 우리와 나누기 위해서는 우리의 것이 되셔야 했고 우리 가운데 거하셔야 했다.

---

[67] Calvin, *Institutes* 3.11.11.
[68] Calvin, *Institutes* 3.11.11.

"우리에게 그리스도와 그의 모든 유익을 누릴 수 있게 하는 것은 성령의 비밀스러운 에너지(energy)"다.

> 요약하자면, 그리스도가 우리를 자신에게 효과적으로 묶는 끈이 바로 성령이시다.[69]

따라서 중세 스콜라주의가 (신자 안에서 그러나 멀리 떨어져서 행하는 것으로서의) 초자연적 자질(habits)의 주입에 집중할 때, 그리고 오시안더와 같은 일부 개신교도가 믿음을 (성화로서) 중생에로, 신자를 그리스도로, 그리스도의 인성을 그의 신성에로, 그리고 모든 것을 하나님에로 붕괴시킬 때, 칼빈은 우리를 그리스도와 묶는 끈으로서의 성령의 역할에 초점을 맞춘다. 차이점과 유사성은 항상 동시에 확인되며, 성령론은 중요한 연결 고리를 제공한다. 성자만이 중보자가 되실 수 있는 것처럼, 그리스도의 인격과 사역에 실제로 연합하게 하는 분은 오직 성령이시다.

칼빈은 『기독교 강요』를 비롯한 자신의 주석, 설교, 논문을 통틀어, 구속 경륜에서 계시된 성부, 성자, 성령의 독특한 개별적 특성을 특히 강조한다.

모든 초자연적 은사는 오직 성령에 의해, 방편을 통한 사역에 의해서 오직 그리스도 안에서만 발견된다. 우리가 그리스도 안에 있고 그리스도가 우리 안에 계시는 이유는 성령의 중계 덕분이다.

> 그러나 믿음은 성령의 주요한 사역이다.[70]

결국, 의롭다 여김을 받게 하는 것도 믿음이고, 선한 행위의 열매를 맺

---

[69] Calvin, *Institutes* 3.1.1.
[70] Calvin, *Institutes* 3.1.4.

는 사랑 안에서 활동하는 것도 믿음이다. 우리가 믿음을 통해 그리스도와 하나가 됐기 때문에, 이 믿음은 칭의뿐만 아니라 성화와 영광의 원천이 된다. 루터의 "놀라운 교환"을 상기하면서 칼빈은 말한다.

> 그리스도 안에서 그(성부)는 우리의 불행을 대신해서 모든 복을 공급하시고, 모든 가난을 대신해서 모든 부요함을 공급하신다. 자기 안에서 그는 하늘의 보화를 우리에게 공급하신다. 이 하늘의 보화는 우리의 모든 믿음이 그의 사랑하시는 아들을 깊이 생각한다는 것이고, 우리의 모든 기대가 그에게 달려 있다는 것이며, 우리의 모든 소망이 그에게 부착되고 그 안에서 쉼을 누린다는 것이다. 이것은 사실 삼단 논법이 빼앗아 갈 수 없는 비밀스럽고 숨겨진 철학이다. 그러나 하나님이 눈을 열어 놓은 자는 마음으로 그것을 분명히 배우므로 그의 빛 안에서 빛을 보게 될 것이다(시 36:9).[71]

그러므로 성령은 의롭게 하는 믿음을 창조하는 복음을 통해, 자율권이 있는 체하는 옛 자아를 죽게 하고, 그리스도에게 속하도록 창조된, 그러므로 그리스도의 몸에 속하도록 창조된 새 자아를 태어나게 하신다. 칭의 그 이상의 많은 것이 그리스도 안의 존재가 되는 결과에 포함되어 있다. 하지만 개혁신학은 칭의가 모든 것의 법적 근거라고 강조해 왔다. 루터파 교리도 같은 것을 강조해 왔다.

4) 신비한 연합에 대한 법적 근거로서의 칭의

오시안더 이후부터, 개신교 신학들에서조차 칭의를 결합의 근원이 아닌 결합을 칭의의 근원으로 삼으려는 시도가 있어 왔고 오늘날도 널리 받아

---

[71] Calvin, *Institutes* 3.20.1.

들여진다. 그러나 이러한 시도는 항상 우리를 **위한** 그리스도와, 우리 **안에** 있는 그리스도 사이의 중대한 구분을 생략하는 결과를 초래한다.

이 연결에 대한 고전적인 개혁파 해석에 따르면, 그리스도만이 칭의와 연합의 기초가 된다. 그러나 칭의라는 행동은 논리적으로 연합에 앞선다. 루이스 벌코프(Louis Berkhof)는 고전적인 개혁파 해석을 훌륭하게 요약한다.

> 우리가 지금 말하는 의미에서의 신비한 연합은 그리스도의 부요함에 대한 참여자가 되는 기초가 되는 법적 근거가 되지 않는다. 사람들은 종종 말하기를, 우리가 그리스도와 하나가 되는 조건에서만 그러한 전가가 합리적일 수 있기 때문에 그리스도의 공로는 우리가 그리스도 안에 있지 않는 한 우리에게 전가될 수 없다고 한다.
>
> 그러나 이 견해는 그리스도와 우리의 법적 연합과 그와 영적으로 하나가 되는 것 사이를 구분하지 못하기 때문에 발생한다. 또한, 이 견해는 구속 교리, 즉 칭의 교리에 있는 근본적 요소를 곡해한다. 칭의는 언제나 현존하는 조건의 기초가 아닌, 은혜로운 전가의 기초 위에서 이루어진, 하나님의 선언이다. 즉, 죄인이 현재 가지고 있는 조건과는 조화를 이루지 않은 선언이다. 우리가 받는 모든 특별한 은혜에 대한 법적 근거는 그리스도의 의가 값없이 우리에게 전가된다는 사실에 있다.[72]

그럼에도 일단 칭의가 법적 근거를 제공하면, 하나님 은혜의 모든 선물은 그리스도와의 연합에서 값없이 주어진다.

법적으로 안전한 이 신비한 연합은 유기적이고(요 15:5; 고전 6:15-19; 엡 1:22-23; 4:15-16; 5:29-30) 따라서 활력 있는 연합이다(롬 8:10; 고후 13:5; 갈 4:19). 성령이 중계한 이 연합은(고전 6:17, 19; 12:13; 고후 3:17-18; 갈 3:2-

---

[72] Louis Berkhof, *Systematic Theology*, new ed. (Grand Rapids: Eerdmans, 1996), 452.

3) 언약적 관계에 적절한 상호 작용을 내포한다(요 14:23; 15:4-5; 갈 2:20; 엡 3:17). 그것은 또한 개인적 연합이고(요 14:20; 15:1-7; 고후 5:17; 갈 2:20; 엡 3:17-18) 따라서 변형시키는 연합이다(마 16:24; 롬 6:5; 갈 2:20; 골 1:24; 2:12; 3:1; 벧전 4:13).[73]

구원에 대해 이러한 법정적 차원보다도 다른 어떤 것이 더 있을 것이라는 주장을 위해서 법정적 칭의를 부인할 필요가 없다. 또한, 이것을 참여에 대한 더 넓은 어떤 체제 안으로 흡수할 필요도 없다.

벌코프는 이 연합에 대한 개혁파적 이해를 이성주의적 오류("하나님이 모든 인간의 영혼에 내재한다는 견해"), 신비주의적 오류("본질의 연합"), 소키누스주의적(Socinian)/알미니우스주의적(Arminian) 오류("선생과 학생 또는 학생들 간에 존재하는 것과 같은 사랑과 동정 사이의 도덕적 연합"), 사제 중심적 오류("실체적인 것"으로서의 하나님의 은혜)와 대조한다.[74]

3. 그리스도와의 연합 그리고 연약적 상호 관계

구속 언약처럼 은혜 언약은 그 기초가 조건 없고, 침범할 수 없으며, 변경할 수 없는 것이다. 회개와 믿음조차도 인간이 은혜를 받기 위해 성취해야 하는 조건이 아니다. 오히려 이것들은 하나님이 주신 선물이다.

그러나 이 연합에 관한 선물들은 선택만을 포함하지 않는다. 이것들은 또한 소명, 구속, 칭의, 성화, 영화도 포함한다. 선택에서 소명으로 이동할 때, 우리는 또한 구속 언약에서 은혜 언약으로 이동한다. 그런데도 그 기초가 절대적이고 무조건적인 새 언약은 참다운 순종의 회복을 약속했다.

---

[73] Berkhof, *Systematic Theology*, 450-51.
[74] Berkhof, *Systematic Theology*, 451-52.

우리가 죄와 반항 이외에는 아무것도 기여한 것이 없는 죄 사람에 근거해 새로운 마음이 우리에게 주어진다. 이 마음은 하나님의 약속과 그리스도 안에 있는 명령에 "아멘"이라는 열매를 이미 맺기 시작한다.

영원한 삼위일체 내적 협정(pact)으로서의 구속 언약을 배타적인 신적 맹세(oath)라고 말하는 것과 은혜 언약을 무조건적이라고 말하는 것은 다르다.

어쨌든, 회개와 믿음과 같은 구원을 위한 조건들이 있지 않은가?

사실상 어떤 의미에서 하나님 선택에 대한 최종 영화는 회개와 믿음 안에서 그들이 인내하느냐에 달렸지 않은가?

헤르만 바빙크(Herman Bavinck)는 은혜 언약의 **본질**과 그것의 **운용** 조건들을 바탕으로 은혜 언약에 대한 무조건적 성격과 절대적 성격 간의 개혁파 체계의 일반적 구분을 요약한다.

> 창세기 15:8 이하에서 하나님이 아브라함과 언약을 맺으실 때, 그것은 사실 계약(compact)이 아니다. 그것은 오히려 맹세(pledge)다. 하나님은 약속하고 그것을 성취하시겠다고 스스로에게 의무를 지우며 희생 제사의 동물 조각들 사이를 지나간다. … 이 일방적 성격의 언약은 역사 속에서 점점 더 명확하게 나타나야만 했다. 사실, 하나님의 언약은 성약을 맺은 사람들에게도 의무를 부과했다. 언약에 들어갈 조건으로서의 의무가 아닌(언약은 오직 하나님의 동정심에 기인하기 때문에), 은혜로 그 언약에 포함된 사람들은 이후로 스스로 올바른 행동을 해야만 했던 길로서의 의무를 부과했다.[75]

> 그러므로 하나님은 행위 언약과 구분되고 대조되는 더 좋은 또 다른 언약을 맺으셨다. 즉 율법적 언약이 아닌 복음적 언약을 맺으셨다.[76]

---

[75] Bavinck, *Reformed Dogmatics*, 3:203-4.
[76] Bavinck, *Reformed Dogmatics*, 225.

그 언약은 그 본질에 있어 우리가 아닌 그리스도와 맺었기 때문에, 그것의 기초나 본질과 관련해서는 무조건적이다.

> 은혜 언약에서, 즉 은혜 언약의 선포인 복음에서, 요구와 조건은 사실상 없다. 이는 하나님이 요구하는 것을 자신이 공급하기 때문이다. 그리스도는 모든 것을 성취했다. 비록 그가 우리를 대신해 중생, 믿음, 회개를 성취하지는 못했지만, 우리를 위해 그것들을 얻었다. 그리고 성령은 그것들을 적용한다. 그런데도, 그리스도가 그것을 운용할 때, 은혜 언약은 요구와 조건의 형태를 가정한다.[77]

창조/행위 언약과는 달리, 은혜 언약은 그 기초가 일방적이다.

> 그러나 그것은 인간들이 하나님의 권능 안에서 의식적으로 그리고 자발적으로 받아들이고 유지하기 위해 쌍무적 언약이 됐다.[78]

하나님이 그 언약의 조건이 아니라 결과로서 아브라함에게 의무를 부과한 것처럼, 새 언약의 신자는 단순히 그 복의 수신자들이다. 하지만 그 복은 우리로 하여금 처음으로 언약적 충성을] 진실로 갈망하게 한다.

이 모든 면에서 우리는 십자가, 율법과 복음, 육체와 성령이 추상적인 범주가 아니라, 언약적으로 그리고 종말론적 관점으로 이해되어야 함을 기억해야 한다. 율법, 육체, 죽음의 결합이 지배한 세대의 쇠퇴가 은혜, 성령, 의, 생명의 통치에 굴복한다. 이것은 구속-역사적이지 단순한 실존주의 모습이 아니다.

---

[77] Bavinck, *Reformed Dogmatics*, 230.
[78] Bavinck, *Reformed Dogmatics*, 230.

예를 들어, "율법"은 우리가 이미 보았듯이 다른 언약들에서 다른 기능을 수행한다. 율법은 그것이 생명을 위한 조건으로 작용하는지 아니면 삶의 규칙으로 작용하는지에 따라 우리를 저주하거나 아니면 단순히 이끌 수 있다. 이 언약적 조건 외에도 부활과 오순절의 이러한 측면에서 내려진 명령들이—많은 경우에 내용이 동일하지만—있다. 은혜 언약이 신약과 구약 모두에 형성되어 있지만, 그 실체들은 이 영역에서 좀 더 완전히 실현된다.

역설적으로, 그 언약의 복들은 우리 자신의 순종이 아닌 그리스도 개인의 순종의 결과로 우리에게 오기 때문에, 그리고 새 생명을 일방적으로 주는 성령이 이제는 후하게 쏟아 부어졌다는 사실 때문에 우리의 입장에서는 순종으로 감사를 되돌리는 행위가 가능하다고 선언할 수 있다.

은혜는 필연적으로 순종함으로 감사를 되돌리게 한다. 그래서 그 언약은 항상 그 기초가 전적으로 은혜롭다. 비록 언약을 맺은 상대편이 책임을 지더라도, 그 책임이 생명을 상속받는 조건이 될 수는 없다. 대신 그 삶의 특성들은 성령의 효과적 운용에 의해 성자 안에서 성부로부터 상속받았다. 그 언약의 가시적 구성원은 이 복들을 자기 유산으로 받기를 거부할 때, 은혜 언약 안에서 참여의 실체로부터 멀어질 수 있다.

> 우리가 주와 함께 죽었으면 또한 함께 살 것이요. 참으면 또한 함께 왕 노릇 할 것이요 우리가 주를 부인하면 주도 우리를 부인하실 것이라 우리는 미쁨이 없을지라도 주는 항상 미쁘시니 자기를 부인하실 수 없으시리라 (딤후 2:11-13).

자율적(autonomous)이라는 말은 사실 "아담 안에" 갇혀 있다는 뜻이다. 하지만 "그리스도 안에" 있다는 것은 "진실로 자유롭게 된다"는 말이다(요 8:36). 타락의 이 측면, 즉 율법에 속박되는 것과 죄에 속박되는 것은 같은 것이다.

율법이 없으면 죄가 죽은 것임이라 … 죄가 기회를 타서 계명으로 말미암아 나를 속이고 그것으로 나를 죽였는지라 … 그런즉 선한 것이 내게 사망이 됐느냐 그럴 수 없느니라 오직 죄가 죄로 드러나기 위하여 선한 그것으로 말미암아 나를 죽게 만들었으니 이는 계명으로 말미암아 죄로 심히 죄 되게 하려 함이라(롬 7:8, 11, 13).

아우구스티누스가 관찰했듯이, "율법 아래에서," 그러므로 "죄 아래에서" 자아는 그 자체로 비뚤어졌다. 우리의 도덕성을 정당화하기 위한 노력이나 부도덕성을 정당화하기 위한 노력이든지 간에, 우리는 우리 자신 밖에서 안전을 찾지 않는다.

"율법"은 그 자체로, 굽음, 죄책, 죽음, 고통받는 양심을 더욱 악화할 뿐이다. 그래서 율법은 우리가 자기 기만 및 자만, 자기 의와 자기 저주 사이에서 왔다 갔다 하게 하고, 바울이 갈라디아서 5장에서 열거한 인격 간의 관계에서의 "육체의 열매"를 맺게 인도한다. '성령-은혜-약속-복음-믿음'의 행렬은 우리에게 새 말씀(복음)을 소개하고 그것으로 새로운 세상(새 창조)을 소개한다.

개혁신학자들에 따르면 바로 이 대조가 특히 바울신학에 활력을 준다. 갈라디아서 2:19-20에는 율법에 죽은 것과 하나님에게 산 것 사이에는 밀접한 관련이 있다. 그래서 믿음으로 사는 자아의 정체성은 그리스도와 같은 정체성을 가진다. 그리스도와 같은 정체성은 그의 할례-죽음 그리고 부활로 정의된다. 마찬가지로 로마서에서도 바울은 그리스도와의 연합에 호소한다. 이렇게 함으로 도덕을 배제하는 자세, 법정적 칭의와는 반대되는 개념을 접한다(롬 6장).

그러므로 언약신학에서 삼위일체적이며 그리스도 중심적인 표현 속에는 참여에 관한 주제가 놀랄 정도로 많다. 하나님의 영원한 목적에 기초를 두는 이 "그리스도 안에서"의 정체성은 넓게는 구속사(*historia salutis*)와 신비한 연합(*ordo salutis*, 구원 서정)을 통한 신자들의 개별적 통합에서 실현된다.

그리스도와의 연합은 칭의를 대신하지 않는다. 오히려 그것은 하나님이 신자들에게 주신 모든 것을 강조한다. 즉, 칭의뿐만 아니라 성화와 영화가 "우리 안에서"가 아닌 "그 안에서" 올바로 존속한다. 그리스도 안에 있음으로 인해 얻은 유익은 너무 크다. 그래서 바울은 자기 고난조차도 그의 것이 아니라고 한다. 바울은 그가 받은 고난을 기뻐하든지 아니면 고난 때문에 절망하든지 간에 **그리스도와 함께** 하는 고난의 문제로 받아들인다.

표면상 자율적 바울은 더 이상 존재하지 않았는데, 이는 그가 자아를 사색을 통한 고양(高揚)에서 잃었기 때문이 아니고, 그의 유한한 자아가 무한한 자아 안으로 흡수됐기 때문도 아니며, 그것을 교회론적 정체성에 넘겨주었기 때문도 아니고, 그의 "낮은" 욕구를 지배했기 때문도 아니다. 이러한 것들은 단지 행위로 그 목적을 달성하기 위한 다른 방식(헬라 방식)일 뿐이다.

오히려 율법-논리 자체가 문제의 일부분이었다. 생명 언약으로서의 율법은 죄로 인해 인간을 더욱 자기중심적으로 만든다. 바울의 이해에 있어서, 자기 의 안에서의 "자랑"은 자율적 자아가 통치의 영역을 넓히는 보좌다. 그런데 자기 의안에서의 "자랑"은 악한 자율성의 통치에서 벗어나는 것과는 거리가 멀다.

그러나 그 진정한 의도와 요구가 선언될 때, 율법은 위엄과 안정성에 대한 우리의 망상을 드러낸다. 그렇게 함으로, 이 자율성을 그 중심으로부터 붕괴하기 시작한다. 그 다음 복음이 우리를 우리밖으로 완전히 벗어나게 한다. 그리고 마침내 우리의 존재를 그리스도에게서만 찾게 한다. 이런 의미에서 진노 아래에 있는 율법은 복음을 위한 자비로운 공범자 역할을 한다.

내가 율법으로 말미암아 율법에 대하여 죽었나니 이는 하나님에 대하여 살려 함이라 내가 그리스도와 함께 십자가에 못 박혔나니 그런즉 이제는 내가 사는 것이 아니요 오직 내 안에 그리스도께서 사시는 것이라 이제 내가 육체 가운데 사는 것은 나를 사랑하사 나를 위하여 자기 자신을 버리신 하나님의 아들을 믿는 믿음 안에서 사는 것이라 내가 하나님의 은혜를 폐하지 아니하노니 만일 의롭게 되는 것이 율법으로 말미암으면 그리스도께서 헛되이 죽으셨느니라(갈 2:19-21).

이는 내게 사는 것이 그리스도니 죽는 것도 유익함이라(빌 1:21).

동일한 참여 개념을 통해 바울은 고군분투하는 성도를 위로할 수 있다.

너희에게 은혜를 주신 것은 다만 그를 믿을 뿐 아니라 또한 그를 위하여 고난도 받게 하려 하심이라(빌 1:29).

우리의 고통조차도 단순히 "우리 자신의 것"이 될 수는 없고, 우리가 그리스도와 함께 나누는 것이다. 칼빈은 이 연합에 대해 다음과 같은 함축된 설명을 길게 제시한다.

우리는 우리의 모든 구원과 구원의 모든 부분을 그리스도 안에서 이해할 수 있다는 것을 안다. 그러므로 우리는 구원에 대한 아주 작은 부분도 다른 곳에서 찾지 않도록 주의해야 한다.
우리가 구원을 찾으면, 바로 예수 이름에 의해 "그에게서" 구원이 나온다. 우리가 성령의 다른 선물들을 구하면 그가 기름 부은 곳에서 발견할 것이다. 우리가 힘을 구하면 그것은 그의 통치하에 놓여 있을 것이다. 순결은 그의 잉태에, 온유는 그의 출생에서 발견한다. 이는 그의 탄생으로 인해 그는 모든 면에서 우리와 같이 되어서, 우리의 고통을 느끼는 법을 배울 수 있었다. 우리가 구속을 추구한다면 그것은 그의 수난에 놓여 있다. 우리의 무죄는 그의 저주에, 저주의 사면은 그의 십자가에, 만족은 그의 희생에, 정화는 그의 피에, 회복은 그가 지옥에 내려감에, 육신을 죽임은 그의 무덤에, 새로운 생명은 그의 부활에 놓여 있다. … 하늘 왕국의 상속은 그의 하늘로의 승천에, 보호와 안전과 모든 복의 풍성한 공급은 그의 왕국에, 심판에 대한 두려움 없는 기대는 그에게 주어진 심판의 능력에 있다. 간단히 말해서, 모든 종류의 선함이 있는 창고는 그 안에 풍성히 있기 때문에, 다른 곳이 아닌 이 샘물에서 우리의 갈증을 해소하자.[79]

그러므로 그리스도는 새로운 창조다. 그리스도 안에 있는 것은 이 시대에서 벗어나서 오는 시대에 재배치되는 것이다.

오순절과 재림 사이에서 성령의 역사를 받는 순례자들은 더 이상 과거의 그들이 아니고 과거에 있던 곳에도 있지 않다. 그러나 그들은 그들을 위해 준비된 장소에 그리고 준비된 자들을 위한 장소에 아직 도착하지 않았다. 이 요약으로부터, 우리는 신비한 연합(*unio mysticus*)이라는 주제가 개혁(언약)신학에서 두드러진 자리를 차지함을 볼 수 있다.

그러나 그것은 자체 존재론을 생성할 수 있는 개념적 자원이 있는가?

다음 장에서 필자의 목표는 언약신학을 위해, 대체 대안들과의 대화를 통해 그리스도와의 연합에 대한 과거의 설명으로부터 일부 제안을 개발하는 것이다. 그 다음 그리스도와의 연합이 주는 다른 선물들에로 돌아갈 것이다.

---

[79] Calvin, *Institutes* 2.16.19.

제8장

신플라톤주의적 참여(Metathexis):
"소외 극복하기"

그리스도와의 연합은 법정적 의미의 핵심으로 자리 잡았다. 여기에는 칭의뿐만 아니라 유기적(organic), 변형적(transformative), 도덕적(moral) 측면까지도 있다. 사실, 언약신학은 참여신학(theology of participation, *koinonia*)이라고 할 수 있다.

그러나 어떤 종류의 참여인가?

바울신학에 대한 새 관점(NPP)을 지지하는 자들은 신비한 연합과 참여를 법정적 칭의에 대한 대안으로 제시했다. 또한, 급진적 정통주의, 로버트 젠슨(Robert Jenson), 그리고 루터에 대한 새로운 핀란드(New Finish) 해석을 통해서 알 수 있는 사실이 있다. 그것은 특정 형태의 참여를 중심 교리로 옹호했다는 것이다. 또한, 그동안 신학 부문에서 수많은 도전이 있었다는 사실을 알 수 있다.

본 장은 이러한 관점들과 상호 작용할 것이다. 또한, 본 장은 법정적-언약적 존재론이 더욱더 만족스러운 참여신학을 제시할 수 있다고 주장할 것이다.

1. 참여 존재론들 간의 대조

필자는 폴 틸리히(Paul Tillich)의 **소외 극복하기**(Overcoming estrangement) 대 **낯선 자와의 만남**(meeting a stranger) 모형을 기반으로 본 시리즈의 바로 이전 책인 『언약과 기독론: 주와 종』(*Lord and Servant: A Covenant Christology*)을 쓰기 시작하면서, 언약신학이 후자의 형태를 매우 좋아한다고 주장했다.[1]

다름은 극복해야 할 것이 아니라 받아들이고 환영해야 할 것이라는 전제가 언약신학의 모든 설명 속에 암시되어 있다. 동시에, 다름이라는 개념은 존재와 마찬가지로 단조로운 개념이 아니다.

즉, 하나님은 다른 존재들(others)과 같은 수준에 있는 또 다른 존재(an Other)가 아니다. 하나님을 이해할 때는, "우리가 그를 힘입어 살며 기동하며 존재하느니라"(행 17:28)라는 말씀을 염두에 두어야 한다. 이 말씀은 어느 이방 시인의 시를 바울이 인용한 것으로 사람들은 이 구절을 남용되고 확대해 해석되기도 했다.

그런데도, 언약의 주(the Lord)는 이 펼쳐진 드라마에서 절대적이고 완전히 뚜렷한 의미에서 항상 거룩하게 나타나신다. 이런 의미는 오직 피조물에만 유비적으로 적용할 수 있다. 그리고 이런 사실은 바울신학의 다른 측면인데 이 측면은 잘 인용되지 않는다.

그러나 죄는 언약-위반의 조건과 언약-위반의 특정 행위들이다. 죄는 창조적 무결성이 아니라 **윤리적 적개심**(ethical enmity)에서 발견된다. 즉, 인격 간 교제의 위기에서 발견된다는 말이다. 죄(fault)는 우선적으로 법적(언약 파괴)이기 때문에, 회복은 저주의 존재론적 효과가 마침내 극복되는 기초 위에서 삼위일체의 법정적 언어와 사역으로 시작된다. 그리고 죄와 죽음의 가능성을 넘어서는 완성은 보장된다. 이 **언약**은 어떤 종류의 소외와 화해인

---

[1] Michael Horton, *Lord and Servant: A Covenant Christology* (Louisville, KY: Westminster John Knox, 2005), 제1장.

지 설명한다. 그러나 일반적인 형이상학적 이론은 그렇지 못한다.

결과적으로 언약신학이 성경을 다룰 때 염두에 두고 있는 **화해**(reconciliation)는 유한/무한, 가시적/불가시적, 육체적/영적, 감각적/지적 등의 이진법 사이의 중재가 아니다. 오히려 새로운 왕국이 구축되는 평화 조약에서 원수들과 **교제**(*koinonia*)하게 하는 하나님의 행위다. 이때 원수들은 여전히 하나님을 향한 적대 행위를 적극적으로 한다.

죄와 별개로, 존재론적 거리는 창조 언약에 의해 신적 겸손이 필요하게 했다. 하지만 이제 하나님은 은혜 언약에서의 윤리적 거리를 그리스도를 통해 중재하기까지 더욱 자신을 낮추셨다. 하나님은 우리를 그리스도 안에서 만나시는데, 그리스도는 언약적 주(야훼, Yahweh)이시자 동시에 언약적 종(마지막 아담)이시다. 즉, 하나님과 인간 사이의 관계에 있는 모든 것은 그리스도의 영에 의해 그리스도 안에서 중보된다.

대조적으로, "소외 극복"의 양식으로는 낯선 이론을 대비할 수 없다. 다만 낯선 경험에 동화될 수는 있다. 이 낯선 이론은 우리에게 친구일 수도 있고 아닐 수도 있다. 이러한 존재론적 접근은 계시에서와 마찬가지로 구원에서도 "새로운 인식"(new awareness)을 약속한다.[2]

이러한 존재론적 접근은 에이버리 덜레스(Avery Dulles)의 『계시의 모델들』(*Models of Revelation*)에 있는 유익한 모형을 추가로 사용한다. 이러한 양식에 따르면, 복음(역사에서의 참다운 **새 것** [*novum*])이 놀랍게 도래했다는 점이 중요하지 않다. 오히려 우리가 항상 인식해 왔다는 것을 기억하는 것이 중요하다. 또한, 우리가 항상 참됐던 것을 반복한다(*mimesis*, 모방)는 사실이 중요하다. 구원은 기본적으로 인식론과 윤리에―인식과 권한 부여에―동화된다. 또한, 하나님이 행하신 구원과 개입은 자율성에 대한 폭력적 침입이라는 필연적 혐의를 낳는다.

---

2 Avery Dulles, S.J., *Models of Revelation* (Maryknoll, NY: Orbis Books, 1992), 28, 99-113.

틸리히(Tillich)는 이 두 종류의 종교 철학이 다양한 교리를 단순히 색칠하는 것이 아니라 모든 신학적 궤적에 대해 실질적으로 다른 양식을 제공한다는 것을 날카롭게 인식했다.

간단히 말해, 이 양식은 깨달음과 그 자체 이상의 본성의 상승을 약속한다. 다른 하나는 **우리 밖에서**(extra nos) 오는 구원을 약속한다. 그리고 죄와 죽음의 속박으로부터 본성의 자유도 약속한다.

확실히 이러한 모형들은 지나치게 단순화될 위험이 있다. 그런데도 필자는 이 견해가 기독교 신학 체계 전체에 영향을 미치는 세계관을 빈번히 제시했다고 주장한다. 이 견해는 틸리히가 "존재론적 방법"(ontological way)(소외 극복하기)이라고 불렸고, 현대신학 대부분을 지배하는 것처럼 보인다. 물론, 모든 모형과 마찬가지로 틸리히는 명시된 목표나 위치보다는 **경향들**을 제시한다. 같은 방식으로 필자는 필자 자신의 이론을 총체적으로 일반화하려고 한다.

이렇게 대조되는 존재론들이 특히 급진적 정통주의와 새로운 핀란드 학파(아래)와의 상호 작용 속에서 발견된다. 하지만 조지 헌싱어(George Hunsinger)는 한스 우르스 폰 발타자르(Hans Urs von Balthasar)와 카를 라너(Karl Rahner)의 신학을 그리스도의 인격과 사역에 중점을 두고 유사한 용어로 적절하게 대조한다.

라너의 구원론과 그에 따른 그의 기독론은 구속보다는 "권한 재부여"(reempowerment)를 지향하는데 이는 일관성 있는 접근 방법이다. 또한, 계시를 소외 극복하기의 양식 안에 있는 "새로운 인식"으로 보는 관점도 일관성이 있다. 헌싱어는 라너의 초월적 관점을 비슷한 용어로 묘사한다.

> 우리의 역경은 증오와 저주라기보다는 거의 하나님으로부터 **멀어짐에서** 오기 때문에, 이를 해결할 수 있는 길은 영적으로 힘을 다시 받는 **내적 경험을 통해** 하나님과 다시 연합하는 것이다. 그리스도의 십자가는 대속의

고난 때문에 중요한 것이 아니라, 오히려 예수가 하나님과의 영적 연합을 저버리지 않고 인간 상태의 **비참함**에 완전히 참여하셨음을 보여 주기 때문에 중요하다.

우리는 그리스도와의 어떤 교통에 의해서 구원받지 않는다. 즉, 우리에 의해서는 아니지만, 우리를 위해 발생한 근본적으로 독특하고 **반복되지 않는**, 어떤 것에 의해 구원받지 **않는다**. 그리스도와의 교통은 그의 완성된 영성과 운명이 우리 삶에서 **약간은 반복되거나 다시 제정될 수** 있게 한다. 우리는 **우리 안에** 있는 그 효과에 의해 구원받는데, 이 효과는 우리와는 상관없이 그것의 가능성을 전제로 하는 것에 지나지 않는 기능을 한다 (강조는 본래의 것).

이것을 위해서는 "고등 기독론"(high Christology)이 필요치 않다.[3]

차후 밝히겠지만, 존 밀뱅크(John Milbank)와 비슷한 방식으로, 라너가 혐오하는 적은 "외재주의"(extrinsicism) 또는 "법정주의"(forensicism)라고 헌싱어는 말한다.

> 라너는 "만족 이론"(the satisfaction theory)이나 "외재주의" 그리고 기타 꼬리표 아래에서 그리스도 사역에 대한 모든 높은 관점을 거부한다. 이로 인해, 그는 자기의 주장과 함께 중등(middle) [기독론] 진영 중심부에 있는 것처럼 보일 것이다. … 중등 구원론의 본질은 구원은 영성의 **재현**(repetition)에 의해 이루어진다는 개념이다.[4]

그러나 라너가 외재주의를 거부한다는 것이 참여를 배제하지는 않는다.

---

[3] George Hunsinger, *Disruptive Grace: Studies in the Theology of Karl Barth* (Grand Rapids: Eerdmans, 2000), 264-65.
[4] Hunsinger, *Disruptive Grace*, 265.

이러한 요소들(내재적 및 외부적)이 어떻게 관련되어 있으며, 그들이 처음에 어떻게 정의되는지가 중요한 문제다. 라너의 중등 개념에서 그리스도와의 **교제**(*Koinonia*)는 하나님 의식, 또는 하나님 나라, 또는 새로운 존재, 또는 죽음을 향한 진정한 존재, 또는 경험적 종교, 또는 가난한 자를 위한 해석학적 특권, 또는 여성-영성의 상승, 또는 폭력의 거부, 또는 원래의 복, 또는 단순히 믿음, 또는 심지어 사랑으로 형성된 복으로 불리든 상관없이, 본질적으로 그리스도 영성에 대한 우리의 참여와 전유물이다. 표현은 다양하지만 구조는 항상 동일하다.

우리 밖에서(*extra nos*) 발생했던 것은 **우리 안에서**(*in nobis*) 발생할 가능성을 위한 조건에 불과하다. 구원의 결정적 중심지는 특정 장소와 시간에서 발생한 그리스도의 십자가가 아니라, 현재 이곳에서 우리 안에 또는 우리 가운데 발생한 것에 고정되어 있다. 구원은 본질적으로 영적이고 사회적인 우리의 존재 안에서 어느 정도 실현되기**까지는** 우리에게 실제적이지 않은 **가능성**으로 우리를 만난다. 그리고 실현의 과정은 정도만큼만 진행된다. 비록 구원은 하나님의 선물이지만, **또한** 항상 사람의 일이기도 하다.[5]

사실, 헌싱어는 이것에 대해 다음과 같이 관찰한다.

전체 종교개혁의 중심에 있는 정말로 중요한 질문이다. … 요약하자면, 고등 기독론에서 우리를 영성으로 인도하는 것은 그리스도가 아니다. 오히려 영성이 우리를 그리스도에게 인도한다. 우리와 함께 계신 하나님으로서의 그리스도는 우리의 예배와 믿음에 있어서 **배타적으로 독특한**(exclusively unique) 분이시다.[6]

---

5 Hunsinger, *Disruptive Grace*, 266.
6 Hunsinger, *Disruptive Grace*, 267.

필자는 참여의 "소외 극복하기" 판(版)인 급진적 정통주의 및 새로운 핀란드 또는 헬싱키(Helsinki) 학파와 직접 싸울 것이다. 그다음 필자만의 주장을 내세울 것이다. 간단히 말해서, 필자는 새 창조의 상류에 있는 하나님의 법적 말씀과의 언약적 존재론만이 칭의적이고 변형적인, 개인적이고 우주적인, 역사적이고 종말론적인 구속의 완성을 포괄할 수 있다고 제안할 것이다.

2. 급진적 정통주의

존 밀뱅크, 캐서린 픽스톡(Catherine Pickstock), 그레이엄 워드(Graham Ward)는 자기들의 프로그램을 소개하면서 다음과 같이 설명한다.

> 급진적 정통주의 중심 신학 체계는 플라톤이 개발하고 기독교가 다시 제작한 일종의 "참여"다. 왜냐하면, 어떠한 대치 가능한 이론도 하나님에게서 독립적인 부분이 존재하게 하기 때문이다.[7]

급진적 정통주의는 존재의 일의성(univocity, 신의 속성을 묘사하는 말은 사람이나 사물을 묘사하는 말과 의미가 같다는 개념 -역주)이—말하자면, "존재"란 하나님과 피조물에게 같은 것이라는 관점—초월적 세상을 천천히 없앤다고 확신한다. 스코투스(Scotus)와 그의 유명론적 계승자들로부터 칸트(Kant), 그리고 데리다(Derrida)와 들뢰즈(Deleuze)에 이르기까지, 하나님과 나란히 있다는 자율적 공간으로서 "존재"(being)라는 개념은 허무주의의

---

[7] John Milbank, Catherine Pickstock, and Graham Ward, eds., *Radical Orthodoxy: A New Theology* (New York and London: Routledge, 1999), 3, in the introduction.

허무(*nihil*)가 확장됨에 따라 자연스럽게 무신론을 낳았다.

그러므로 급진적 정통주의는 "기호와 의미된 사물(thing signified) 간의 본질적인 연결 고리"를 회복하기를 원한다. 급진적 정통주의는, 창조된 유체(有體, corporeality)가 창조되지 않는 무체(無體, incorporeality)에 "정지되어"(suspended)있다는 것을 인식한다. 그러므로 무엇인가가 존재하기 위해서는, 그 자체를 반드시 넘어야 한다는 것을 증명한다.[8]

기의(記意, the signified)에 있어서 기호는 **본질적으로** 참여하지 않기 때문에, 남아 있은 모든 것은 급진적 주의주의(radical voluntarism)다. 그런데 여기에서 실체는 독재적이고 임의적 의지(arbitrary will)의 단순한 구성이 된다.

급진적 정통주의가 갱신하고자 하는 전통은 기독교 신플라톤주의(Christian Neoplatonism)—특히, 플로티누스(Plotinus)의 철학보다는 프로클루스(Proclus)와 이암블리쿠스(Iamblichus)의 마법적인 신플라톤주의다. 이들이 사용하는 단어 중에서 핵심 용어는 초자연에 있는, 자연의 존재론적 참여를 뜻하는 '메타텍시스'(*metathexis*, 본래 언어학 용어인데, 한 단어 안에서 철자, 음절, 또는 소리의 자리가 바뀌는 것을 가리킨다. 본서에서는 이 용어는 언어학이 아닌 형이상학적 존재론 차원에서 차용한 것이다 -역주)다.

가시적이고 물질적이며 변화할 수 있는 창조는 하나님의 말씀(성자)과 권능(성령)에만 의존하지 않는다. 그것은 또한 보이지 않고 비물질적이며 불변의 존재에 참여하는 한 존재한다. 밀뱅크에 의하면, 플라톤은 기독교 '메타텍시스'를 예상했지만, "그에게는 참여하지 않은 혼돈의 잔여물(chaotic material residue)이 남아 있었다."

또한, 플로티누스에게는 존재**에게서** 멀리 떨어지는 것만 있다(일자[One]에 전혀 참여하지 않기 때문에). "순수한 원천(source)과 그 원천의 불완전한 복

---

8   Milbank et al. eds., *Radical Orthodoxy*, 4-5.

사본(다음의 낮은 단계를 만들어 내는) 사이의 긴장이" 남아 있고, "이것은 참여를 변증법적으로 해산하는 경향이 있다."

그러나 마법적인 신플라톤주의에서 '메타덱시스'는 "하나님의 능력이 우주로 낮게 내려오는(kenotic descent) 것과 같은 것을" 포함한다.[9] 예를 들어, 아퀴나스에 따르면, 창조 속에 있는 모든 것은 "그 자체보다 더욱 그 자체로서 존재하고, 그리고 바로 더욱 자체인 이것은 어떤 의미에서 신성의 일부분이다. (그러므로 모든 것이 '은혜 안에'[engraced] 있다.)"[10]

이와는 매우 대조적으로 (중세 후기 유명론[nominalism]에 있는 원천들과 함께) 현대철학은 이 참여 존재론의 유비적 끈(analogical cord)을 존재의 일의성(univocity of being)에 대한 교리와 함께 다룬다. 자율적 인간과 생각이 차지하는 공간은 "순수한 본성"이라는 이름이 붙여진다.[11]

1) 언약신학에 대한 급진적 정통주의의 분석

개혁파 전통과 대화하는 글이 출판됨으로써, 밀뱅크(Milbank)는 주된 차이점이라고 생각하는 것을 스스로 밝힐 수 있었다.[12] 밀뱅크는 급진적 정통주의가 "현대 시대의 첫 번째 교회일치주의 신학"(ecumenical theology)일

---

9   John Milbank, *Being Reconciled: Ontology and Pardon* (London and New York: Routledge, 2003), 114-15; 참조. John Milbank, "Can a Gift Be Given? Prolegomena to a Future Trinitarian Metaphysics," *Modern Theology* 2, no. 1 (January 1995): 119-61; John Milbank and Catherine Pickstock, *Truth in Aquinas* (London: Routledge, 2001), 특히 제2장을 보라. 그리고 급진적 정통주의 주장을 보다 광범위하게 연구하려면 Milbank, Pickstock, and Ward, *Radical Orthodoxy*를 보라.
10 Milbank, *Being Reconciled*, 115.
11 Milbank, *Being Reconciled*, 114.
12 John Milbank, "Alternative Protestantism," in *Radical Orthodoxy and the Reformed Tradition: Creation, Covenant, and Participation*, ed. James K. A. Smith (Grand Rapids: Baker Academic, 2005), 25-42. 필자는 또한 이 책의 107-34, "Participation and Covenant"에서 급진적 정통주의와 좀 더 길게 토론한다.

지 모른다고 추측한다.[13]

유대교, 기독교, 이슬람교가 초기 중세 신플라톤 시대에 주목할 만한 혼합이 있었던 것처럼, 밀뱅크는 이 교회일치주의 프로젝트에 더욱 친근한 칼빈주의(에임즈[Ames]에서 에드워즈[Edwards]까지)에서 유사한 흐름을 지적한다.[14]

그러나 밀뱅크가 이 플라톤주의적 유산에 대해 적대적이라고 생각하는 것은 무엇이든지, 협동(concursus)신학에 대한 개혁파의 부착물인 스코투스주의(Scotism) 탓으로 돌린다(일반적으로 토마스와 전유명론적 스콜라주의[prenominalist scholasticism]에 대해 명백히 밝혔음에도 불구하고).[15] 필자는 밀뱅크의 제안에 대한 분석을 칭의와 그리스도와의 연합 사이의 관계에 관한 것으로 제한하겠다.

칭의와 관련해서 밀뱅크는 종교개혁가들이 중세 후기 (유명론적) 신학의 흐름에 대항하기 위해 "그리스도에 대한 참여를 비롯한 교부의 관심사"로

---

13 Milbank, "Alternative Protestantism," 25.
14 Milbank, "Alternative Protestantism," 9, 26. Ames를 플라톤주의자로 간주할 근거는 없다. 사실, 그는 라무스주의자(Ramist)였다. 케임브리지 플라톤주의자들은 개혁파 정통주의를 크게 거부했다. 그리고 비록 Edwards가 플라톤주의/관념론과 개혁신학의 합성에 가장 가깝기는 하지만, 바로 이 부분을 전통적으로 비판받아 왔다. 개신교 학자들은 다양한 영향을 드러내 보였다. 즉 아리스토텔레스-토마스주의자(Aristotelian-Thomist), 플라톤주의자, 라무스주의자, 몇몇 스코투스주의자(Scotists)가 있었다. 그러나 이러한 영향들은 그들 체제에서 중요한 역할을 감당하지 못했고 심각한 논쟁도 불러일으키지 않았다. 어쨌든 (이 모든 신학자가 채택한) 철학의 역할에 무게를 싣지 않는 자세를 통해 그러한 용어를 특별 도용(ad hoc appropriation) 이상으로 여겨서는 안 됨을 깨닫는다. 그러나 에드워즈는 예외로 보이는데, 그는 철학적 사변을 신학에 너무 많이 사용한다. 그리고 그의 결론들은 역사적 기독교가 주장한 것보다 더욱 명백히 플라톤주의적이다. 예를 들어, 그는 "물질은 … 정말로 아무것도 아니고 엄밀하게 그것 자체로 생각해야 한다. 자연에서 존재가 하나님께 가까이 가면 갈수록, 그들은 훨씬 더 올바르고 확고한 존재가 된다. 그리고 그 영들은 훨씬 더 적절한 존재이고, 육체보다 더 실체적이다"라고 주장한다(The Mind, in The Works of Jonathan Edwards, vol. 6, Scientific and Philosophical Writings, ed. Wallace E. Anderson [New Haven: Yale University Press, 1980], 338).
15 Milbank, "Alternative Protestantism," 27.

돌아감으로서 첫 발을 잘못 내디뎠다고 본다. 그러나 일반적으로 칼빈은 철학적으로 매우 순진했었다. 반면, 루터의 더욱 명백하고 철저한 형이상학은 결국 "일의주의적-유명론적"(univocalist-nominalist)이고, "거의 단성론적"(monophysite)인 것으로서, 정체성과 차이점 사이의 참여보다는 그리스도와 신자의 가까운 혼합(fusion)으로 이끈다.[16] 더 나아가 "전가주의"(imputationism)와 "외재주의"로 인해 종교개혁가들은 더 이상 연합에 대해 강조하지 않았다.[17]

그러므로 참여는 주로 기독론적 맥락에서 존재한다고 칼빈은 생각했다.

그런데 밀러도 기독론적 맥락은 "창조신학을 상세히 설명하는 참여에 관한 더욱 일반적인 형이상학 이론으로" 확장될 수 있다고 생각한다.

칼빈의 성찬신학은 비슷한 추론을 생성한다.
즉, 루터의 공재설 교리와는 다르게, 만약 하나님이 한정된 공간에 있는 요소에 계시지 않는다면, 성찬은 하늘에 있는 그리스도 몸 안에서 영적 나눔을 전달하게 되고, 그렇다면 이것은 일종의 무한 안에 있는 유한한 참여가 아닌가?[18]

이런 제안은, 그리스도 안에 있는 우리의 성찬 참여가 좀 더 일반적인 형이상학적 진리의 실례처럼 보이게 한다. 즉, 언약적 맥락에 의해 결정된 사

---

16 Milbank, "Alternative Protestantism," 28: 이는 "일의주의적-유명론적(univocalist-nominalist) 형이상학은 정체성과 차이점 사이에 떨어지는 공유를 허용하지 않고 단지 공유를 통해 모방하지만, 똑같이 모방을 통해 공유하기도 하기 때문이다(우리는 정말로 완전히 단순한 하나님의 존재와 같은 그러한 존재의 부분이 될 수 없기 때문이다)."
17 Milbank, "Alternative Protestantism," 27-28.
18 Milbank, "Alternative Protestantism," 29.

건 그리고 복음을 전파하고 봉인하는 언약적 행동에 대한 특별한 사건이라 기보다는 하나님 안에 있는 존재가 존재론적으로 참여한 것처럼 보인다.

밀뱅크는 언약과 참여가 정반대의 개념이 아니라는 점에서 동의하나, 전자를 후자에 대한 그의 설명에 동화하는 방식으로 재정의 한 후에야 인정한다. 밀뱅크는 다음과 같이 말한다.

> 결과적으로 언약과 참여를 적대적으로 놓아 봤자 아무런 이득이 없다. 이는 마치 신적 원인과 유한한 원인이 같은 존재적 비행기(ontic plane; 한 마차를 끄는 두 마리의 말)에 타는 것처럼, 만약 누군가가 신적 원인과 유한한 원인이 결과에 대해 절반씩 기여한 것으로 여긴다면, 이것은 단순히 개념상의 오류다.[19]

플라톤주의와는 별도로 종교개혁에서 나온 언약신학이 밀뱅크가 언급한 언약에 대한 일치하는 의견에 직접 도전하지만, 사실, 플라톤식의 참여 안에 언약을 통합하는 것만으로도 "삐걱거리는 펠라기우스주의"를 피할 수 있다고 그는 말한다.[20]

오컴(Ockham), 비엘(Biel), 홀코트(Holcot)의 글에서, 유명론은 밀뱅크의 묘사를 분명히 나타낸다. 밀뱅크는 "삐걱거리는 펠라기우스주의"를 "하나님은 그들 안에 있는 것을 행하는 자에게 은혜 베풀기를 거부하지 않으신다"(*facientibus quod in se est deus non denigat gratiam*)라는 표현으로 정확하게 묘사한다. 그러나 필자는 이와 관련해 밀뱅크의 주장이 종교개혁신학보다 중세 후기 언약적 신율주의에 훨씬 더 가깝다고 주장할 것이다.

---

[19] Milbank, "Alternative Protestantism," 30. 이것은 유익한 지적이며, 개혁신학은 실제로 일의성(univocity)보다는 오히려 유비를 강력하게 옹호함으로써 이 장애물을 제대로 제거한다. 필자는 제10장에서 이 중요한 핵심이 하나님과 인간 대표와 관련해 보다 분명하게 표현할 수 있는 방법들을 제안할 것이다.

[20] Milbank, "Alternative Protestantism," 30.

그러나 밀뱅크의 관점에서 보았을 때, 유명론 유산에 속한 것은 개혁파 전통에서 비롯된 종교개혁과 언약신학이다.

첫째, 칼빈의 생각은(그리고 일반적으로 개혁신학도) 히브리식 사고방식과 너무 밀접한 관계가 있다. 밀뱅크는 서방의 퇴보에 대한 절대적 계보와 함께 개혁신학을 악성 스코투스주의로 넘긴다. 또한, 개신교 언약신학의 "외재주의"를 히브리어 성경이 전달한 고대 근동 조약에 있는 "동방적 독재"(oriental despotism)의 덕분으로 본다. 동방적 독재는 유명론의 조상이다.[21]

밀뱅크는 주장한다. 결국 가장 중요한 것은, 칼빈은 옛 언약과 새 언약 사이의 연속성을 너무 지나치게 강조해서, 유대인들도 그리스도인들만큼 그리스도와 그의 언약에 대한 참여도가 높았다는 것이다. 그래서 칼빈은 "일종의 우호적 유대주의(Philo-Semitism)"로 갔다는 것이다.[22]

둘째, 칼빈은 외재적 칭의를 주장했는데, 이것은 밀뱅크의 관점에서 볼 때 불가능한 것이다. 왜냐하면, 실재(reality)는 이미 존재 안에 참여하고 있기 때문이다. 칭의에 관한 칼빈의 교리는 "여전히 받아들일 수 없다. 그것은 신적 영광이라는 개념을 역설적으로 모욕한다." 결국,

> 하나님과 피조 세계 둘 다 각각 개별적 독립체인 것처럼, 피조 세계가 하나님과 명백히 "나란히"(alongside) 있지 않다면, 칭의에 대한 신적 법령이 맴돌 수 있는 불확실한 상태는 존재론적으로 없다. … 우리는, 아퀴나스가 가르쳤듯이, 주입된 **의의 자질**(habitus of justitia)을 진리로 받아들여야 한다.[23]

칼빈은 칭의에 대한 토마스주의의 개념을 주입된 자질로 여겨 거절함으

---

21 Milbank, *Being Reconciled*, 48-49.
22 Milbank, "Alternative Protestantism," 32.
23 Milbank, "Alternative Protestantism," 32-33.

로, 믿음은 사실 사랑이라는 것을 깨닫지 못했다고 밀뱅크는 판단한다.

> 만일 내가 무게 있는 종교개혁을 하기 위한 어떤 고발을 했다면, 그것은 기독교에 관한 가장 중요한 것, 즉 기독교는 사랑의 종교라는 것을 수정할 것이다. 신뢰와 소망이라는 주제를 위해 사랑의 핵심을 대체하는 경향이 있는데, 이 부분에서는 루터가 칼빈보다 훨씬 더 죄가 있다. 그리고 많은 방법 중에서, 이것은 **상상할 수 있는 가장 심각한 이단**(gravest imaginable heresy)이다(강조는 본래의 것).[24]

그러나 다시 한번, 이 비판을 통해 참여에 대한 플라톤식의 설명과 언약적 설명 사이의 격차가 있음을 알 수 있다. 또한, 칼빈은(루터와 마찬가지로) 후자의 중요성을 간과하지 않고, 오직 믿음으로만 사랑을 낳을 수 있다고 주장했기 때문에, 우리는 믿음과 사랑 사이의 그릇된 선택을 해야 한다.[25] 칼빈은 묻는다.

> 어떻게 [인간의] 마음이 하나님의 선하심을 맛보려고 일어나고, 하나님의 사랑에 즉시 대답하는 일에 전적으로 불타지 아니하겠는가?[26]

2) 밀뱅크의 제안에 대한 일반적 분석과 비평

필자는 밀빙크와 그의 동료들이 주장한 것처럼, 급진적 정통주의와 권위 있는 종교개혁 전통들 사이의 가장 큰 분열은 실질적으로 다른 형이상학적-존재론적 패러다임임을 다시 한번 확신한다.

---

24 Milbank, "Alternative Protestantism," 33.
25 Calvin, *Institutes* 3.2.41.
26 Calvin, *Institutes* 3.2.41.

(1) 허무주의 계보

지면의 제한 때문에 전부 다 다룰 수 없지만, 워드나 밀뱅크가 스코투스에서 들뢰즈(Deleuze)까지의 허무주의에 대한 그들의 광범위한 계보에서 가정한 것처럼, 칼빈이나 개혁파 전통 모두 쉽게 해명될 수 없다는 것은 아마도 가치 있는 지적일 것이다.

개혁신학자들이 지지하는 언약신학은 하이델베르그 논쟁(Heidelberg Disputation)에서 루터가 비판한 유명론에 대한 계약적 사고와는 대조적이다. 만약 스코투스에 대한 뤼박주의적(Lubacian)/급진적 정통주의의 입장을 전문가가 다룬다면,[27] 칼빈을 스코투스주의자/유명론자 쪽으로 몰아세우는 시도를 더욱 미심쩍게 여길 것이다.[28]

칼빈은 하나님의 "절대적 능력"에 대한 유명론의 급진적인 주의주의적 개념을 하나님이 공중에서 곡예 하는 공을 우리에게 주는 "사악한 신성모독"으로 불렀다.[29] 워필드(B. B. Warfield), 에밀 두메르그(Émile Doumerge), 게

---

[27] 여러 사람 가운데 Richard Cross, "'Where Angels Fear to Tread': Duns Scotus and Radical Orthodoxy," *Antonianum* 76, no. 1 (2001): 7-42의 이해를 돕는 글을 보라.

[28] Calvin과 관련해 특히 유명론에 관한 역사적 연결 고리는 가톨릭 역사학자 Alexandre Ganoczy, *The Young Calvin*, trans. David Foxgrover and Wade Provo (Philadelphia: Westminster, 1987), 173-78에서 결정적으로 반박했다. 또한, David Steinmetz, "Calvin and the Absolute Power of God," *Journal of Medieval and Renaissance Studies* 18, no. 1 (Spring 1988): 65-79; Susan Schreiner, *Where Shall Wisdom Be Found? Calvin's Exegesis of Job from Medieval and Modern Perspectives* (Chicago: University of Chicago Press, 1994); Jelle Faber, "Nominalisme in Calvijns preken over Job," in *Een sprekend begin*, ed. R. ter Beek et al. (Kampen: Uitgeverij Van den Berg, 1993), 68-85를 보라. 또한, Richard Muller, *The Unaccomodated Calvin: Studies in the Foundation of a Theological Tradition* (New York and Oxford: Oxford University Press, 2000), 40-41, 48, 52-53에 있는 1차 및 2차 문헌의 몇가지 요약을 보라. 참조. Heiko Oberman, *The Harvest of Medieval Theology* (Durham, NC: Labyrinth, 1985), 30-57; idem, "Some Notes on the Theology of Nominalism," *Harvard Theological Review* 53 (1960): 47-76.

[29] Calvin, *Institutes* 1.17.2. 참조. 같은 장에 있는 편집자의 말(각주 7)은 이 유명론 입장에 대해 다음과 같은 Calvin의 폭넓은 비평을 가리킨다. *De aeterna Dei praedestinatione* (in *CO* 8 [CR 36]: 361)와 *Sermons on Job* lxxxviii, in *CO* 34 (CR 62): 339ff. Job 23:1-7.

리시(B. A. Gerrish)가 보여 주듯이, 하나님의 절대 주권보다도 하나님의 "부성애적 은혜와 관대성"은 칼빈의 시야을 지배한다.[30] 게리시는 다음과 같이 덧붙인다.

> 임의적이고 독재적인 의지의 개념이 [칼빈의] 하나님에 관한 교리의 핵심이라고 주장하는 것은 칼빈 자신의 가장 중요하게 여기는 명백한 진술이나 그의 세심한 조직적 질서의 함축에 공정한 판단을 내리지 못한다.[31]

"올바른 신앙의 자리"와 관련해 칼빈은 주의주의자라는 증거가 없고 급진주의자라는 증거는 더욱더 없다.[32] 그는, 믿음은 단지 동의만이 아니라 "마음의 신뢰와 확신"이라는 것을 아는 데 실패한 양쪽 모두를 나무라면서, 토마스-스코투스주의자의 논쟁보다 더 전체론적 접근법(holistic approach)을 주장한다.[33] 그런데도, 반드시 선택하라고 강요한다면, 그는 토마스주의 접근법을 선호한다고 할 수 있다.[34]

칼빈을 유명론자로 인정할 수 있는 모든 관련된 요점에서 평가한다면,

---

30 B. B. Warfield, "Calvin's Doctrine of God," in *Princeton Theological Review* 7 (1909): 381-436; reprinted in idem, *Calvin and Calvinism* (New York: Oxford University Press, 1931); Émile Doumergue, *Jean Calvin: Les homes et les choses de son temps*, vol. 4 of *La pensée religieuse de Calvin* (Lausanne: Georges Bridel, 1910); B. A. Gerrish, *Grace and Gratitude: The Eucharistic Theology of John Calvin* (Minneapolis: Augsburg Fortress, 1993), 23-24.
31 Gerrish, *Grace and Gratitude*, 24.
32 Calvin, *Institutes* 3.2.1; 3.2.7. Calvin은 그리스도 안에서 우리를 향한 하나님 호의를 신실히 확신하는 믿음에 대한 복음주의적 이해를 증진하거나 훼손하는 것을 제외하고는 그러한 논쟁에 아무런 관심이 없었다. 복음에 관한 태도에 따라서 신학에서의 철학적 질문들을 무시할 수도 있고 과거의 유물로 접근할 수 있다.
33 Richard Muller, *The Unaccomodated Calvin: Studies in the Foundation of a Theological Tradition* (New York and Oxford: Oxford University Press, 2000), 49.
34 Muller, *The Unaccomodated Calvin*, 165, Calvin의 1539 *Instititio* (1.15.7)을 인용했는데 1559년 판(1.15.8)과 대략 같다. 162-73쪽에 있는 Muller의 논의를 보라.

그는 전통적 전유명론자(prenominalist)의 가정을 받아들인 것처럼 보인다. 이레니우스(Irenaeus), 카파도키아 교부들(Cappadocians), 아우구스티누스(Augustine), 안셀름(Anselm), 힐라리우스(Hilary), 베르나르두스(Bernard)는 토마스, 스코투스보다—비록 전자가 칼빈의 생각 속에 명확한 우위를 점하기는 하지만—칼빈에게 더 큰 영향을 주었다.[35]

밀뱅크는 또한 유명론을 (시대착오적으로) 고대 근동의 맥락으로 여기면서, 우리가 NPP와 관련해 보아 온 아브라함 언약과 시내산 언약이 합해졌다고 추측한다. 제1부에서의 필자의 주장이 정확하다면, 종주권 조약-유형(suzerainty treaty-type, 시내산 언약)은 일종의 연합 언약적 신율주의(corporate covenantal nomism)였지만, 형식과 내용 모두에서 은혜 언약과 일치하는 왕의 하사(royal grant)와는 구분된다.

앞에서 이미 지적했듯이, 샌더스(Sanders)가 묘사한 언약적 신율주의와 중세 유명론(Ockham, Biel, Holcot)의 언약신학 간에 비슷한 점이 있다. 두 이론 모두 두 언약을 하나의 율법 언약으로 붕괴하게 하지만, 그런데도 은혜로운 요소들은 이 율법 언약을 어느 정도 "느긋하게"(relaxed) 한다. 예를 들어, 시내산 언약과는 반대로 "할 수 있는 것을 하라, 이를 행하면 살 것이다"라는 사상이 이 율법 언약에 있다.

밀뱅크는 언약 형태에서 이러한 차이를 인정하지 않는 것 같다. 그래서 그는 모든 언약신학을 "동방적 독재"라고 부르며 종주권 형태(suzerainty type)로 함께 묶는 경향이 있다. 구약에서 귀중한 것은 무엇이든지 히브리인의 땅에서 구출되어 그리스 사상에 (일반적으로 풍유화의 방법을 통해서) 이식되어야 한다는 인상을 밀뱅크의 업적에서 쉽게 얻을 수 있다.

---

[35] A. N. S. Lane, *John Calvin: Student of the Church Fathers* (Edinburgh: T&T Clark, 1999); Johannes Van Oort, "John Calvin and the Church Fathers," in *The Reception of the Church Fathers in the West: From the Carolingians to the Maurists*, ed. Irena Backus (Leiden: E. J. Brill, 1997), 685-86을 보라.

(2) 존재론: 본성과 은혜

참여에 관한 급진적 정통주의의 양식은 창조 세계에서 존재론적 이원론에 전념한다. 신플라톤주의적 '메타덱시스'와 언약적 교제(*koinonia*)는 다른 세계관을 대표하는 듯하며, "언약"은 그것의 정의와 기독교 신앙과 실천을 위한 해석학적 중요성을 잃어버리는 대가로 앞의 양식 안에서 동화될 수 있다.

밀뱅크는 개혁신학이 본성과 은혜를 대조로 설정한다는 로마 가톨릭의 공통된 비판을 되풀이하지만, 개혁신학은 일반적으로 이 부분에서 가톨릭 신학을 의심스럽게 여겨 왔다.

종교개혁신학에 따르면, 성경에는 그러한 2진법이 없기 때문에, 영적 세계에서 물질을 제거하거나 정신 세계에서 가시적인 것을 제거할 필요가 없다. 가시적인 것과 불가시적인 것 모두에서, 모든 피조물은 똑같이 하나님과 구별되며, 똑같이 가치가 있고, 똑같이 타락하고, 똑같이 구속받는다. 유일한 질적 구분은 하나님과 피조물(존재론적 의미), 죄와 은혜(윤리적-언약적 의미) 사이의 구분이다.

죄, 악, "육체"는 존재 영역 전체에 걸쳐 있다. 즉, 육체뿐만 아니라 마음, 열정뿐만 아니라 생각, 물질뿐만 아니라 영혼에 걸쳐 있다. 물질은 영으로 구원받을(또는 유예될) 필요 없다. 오히려 모든 창조 세계는 깨진 언약의 저주인 죄와 죽음으로부터 구원을 요구한다.

아드리엔 덴거링크 채플린(Adrienne Dengerink Chaplin)은 이원론적 존재론들에 관한 개혁파 특유의 의구심을 반영하면서, 급진적 정통주의는 여전히 "가시성과 불가시성, 유형과 무형, 감성과 지성, 육체와 영혼"이라는 체계 내에 머물러 있다고 지적한다.[36] 그는 다음과 같이 덧붙인다.

---

36 Adrienne Dengerink Chaplin, "The Invisible and the Sublime: From Participation to Reconciliation," in Smith, *Radical Orthodoxy and the Reformed Tradition*, 90.

화해와 변화라는 성경의 개념이 이 문제를 보다 유익하게 다룰 수 있다고 제안할 것이다. 화해란 두 개의 다른 창조 범위 또는 영역(예. 물질적 영역과 비물질적 영역) 사이의 중재를 의미하지 않고, 오히려 하나님과 그의 백성 사이의 깨진 관계 또는 언약의 회복을 의미한다. 마찬가지로 변화는 유한한 물리적 특성을 포기할 필요 없이 변화된 창조를 가리킨다.

그러한 이해를 바탕으로, 유한하고 가시적인 물질 세계는 허무주의의 세계, 즉 쓸데없는 무효한 세계가 아니라, 구속이 필요하고 구원자가 필요한 심히 부서지고 상처 입은 세상이다. 창조는 유한하지만 불완전하지는 않다. 그것은 원래 부족하거나 무엇을 더 요구하지 않는다. 창조는 이미 복을 받았다. 그러므로 세상이 구속이나 중재를 요구하는 이유는 창조의 유한성이나 물질성 때문이 아니라, 창조가 죄에 빠졌기 때문이다.[37]

여기서 공현(公現, epiphany)의 종교들과 선포의 종교들 사이에 관한 부버(Buber)의 대조는 "소외 극복하기"와 "낯선 자와의 만남" 사이의 대조를 보완한다.[38] 한편에는 상징, 풍유, 새로운 인식, 존재의 신성화, 현현, 온전한 임재, 영광이 있다. 다른 한편에는 역사, 극적인 이야기, 새로운 사건, "신성한" 언약적 지정(존재의 규모에 있어서 장소과 관련되지 않고 하나님이 계시와 구속에 있어 창조된 실체를 만드신 것을 사용하는 것과 관련해서), 선포, 종말론적 긴장, 십자가의 길이 있다.

예를 들어, 위에서 보았듯이, 한스 우르스 폰 발타자르와 카를 라너 사이의 논쟁에서 이러한 차이를 발견할 수 있다. 발타자르는 말한다.

---

[37] Chaplin, "The Invisible and the Sublime: From Participation to Reconciliation," 91.
[38] Michael Horton, *Covenant and Eschatology* (Louisville, KY: Westminster John Knox, 2002), 143-44.

라너에 대해서만이 아니라, 이미 그 전에 있었고 그의 주장과 함께 퍼지고 있는 전체 초월 학파를 대항한, 나의 주요 논쟁은 이것이다. 즉, 처음부터 사람은 하나님의 계시를 향해 있도록 창조됐으므로, 죄인일지라도 하나님의 은혜로 모든 계시를 받아들일 수 있다. **은총은 자연을 전제한다**(*Gratia supponit naturam*).

그러나 하나님이 자신의 살아 있는 말씀을 자신의 피조물에 보내실 때, 세상의 신비에 대해 가르치시기 위함이 아니요, 사람이 가장 필요로 하는 것과 열망을 먼저 성취하시기 위함도 아니다. 오히려 하나님은 사람이 만족하지 못한 전대미문의 일, 하지만 사람이 결코 경험하리라 기대하지 않았던 사랑 때문에 경이롭게 느끼는 전대미문의 일을 전달하고 적극적으로 나타내신다.

아들이 십자가를 수용했다는 삼위일체의 계시를 먼저 받지 않고는, 누가 감히 하나님을 사랑으로 묘사할 수 있었겠는가?[39]

하나님이 피조물과의 관계를 수립하시기 위해서 자신을 낮추었다는 것과—심지어 하나님에게 등을 돌린 자들에게조차—창조는 하나님의 '케노시스'(*kenosis*)를, 즉 하나님 안에 있는 것처럼 공간을 만드는 자기 비움을 포함한다는 것은 별개의 문제다. 우리 시대에 부활한 다양한 형태의 만유내재신론(panentheism) 중에서 몰트만(Moltmann)의 주장은 아마도 '짐줌'(*zimzum*)의 신비주의 사상을 가장 명백히 묘사한 것일 것이다.[40]

---

[39] Hans Urs von Balthasar, "Current Trends in Catholic Theology," *Communio* 5, no. 1 (1978): 79.

[40] 여기에 주인공은 Isaak Luria다. Jürgen Moltmann, *The Trinity and the Kingdom: The Doctrine of God*, trans. Margaret Kohl (San Francisco: Harper, 1991), 109-11; idem, *God in Creation: A New Theology of Creation and the Spirit of God*, trans. Margaret Khol (Minneapolis: Fortress, 1992), 86-93을 보라. Hans Urs von Balthasar는 또한 *Theo-Drama: Theolog-*

그러나 대부분의 '케노시스' 이론은 (심지어 모든 부정 이후에도) 형이상학적으로 발산(emanation)을 가정하는 것처럼 보이는데, 플로티누스적이거나 프로클루스적인 신플라톤주의(Neoplatonism)는 무에서의 창조와 날카로운 대조를 이룬다.

적어도 급진적 정통주의의 기독교 플라톤주의에서는, 존재하는 모든 것은 규모에 따라 정확하게 가치가 있음이 확실하다. 왜냐하면, 그것은 존재에 참여하기 때문이다. 특별히 덜한 형태를 풍부함의 끝없는 교환으로 끌어올리기 위해 내려온 존재의 상위 형태의 디오니시우스주의적(Dionysian) 형상에 참여하기 때문이다. 그런데도 창조된 존재의 계층 구조가 얼마나 자비로운지 간에, 그것은 존재론적으로 여전히 구체화되어 있다.

그러나 성경의 언약신학에서는, 신성과 비신성이라는 두 종류의 구분된 실재가 있다. 이것은 기독교 신학에 결정적으로 유일한 존재론적 이원론이다. 그러나 아무리 유비적으로 관련이 있을지라도(창조는 하나님의 속성이 반영된 하나님의 모든 순간에 달려 있다), 창조는 하나님의 존재나 본질이 아닌 하나님 말씀의 자유에 매달려 있다. 그것은 존재론적 사막(ontological desert)에 떠 있는 독립체로서 하나님과 함께 존재하지 않고, 건톤(Gunton)이 주장하는 것처럼 하나님 "밖에" 있다.

> 세상이 정말로 세상이 되려면, 하나님 "밖에" 있어야 하고, 어떤 면에서는 하나님 안에 에워싸인 그런 관계가 되어서는 안 된다. 이런 이유로 만유내재신론은 다른 공간이 그 자체가 될 수 없기 때문에 결국 범신론과 구별될 수 없다. … 그것은 무로부터가 아닌 하나님으로부터의 창조의 개념을 생성하는 경향이 있다. 마찬가지로, 어떤 면에서 시간을 영원하게 하거나 우

---

ical Dramatic Theory, vol. 2, *The Dramatis Personae: Man in God*, trans. Graham Harrison (San Francisco: Ignatius Press, 1990), 260-71에서 '짐줌'(*zimzum*)에 호소한다.

리의 일시성(temporality)과 공간성(spatiality)을 하나님의 영원과 무한으로 읽는 교리는 피조물을 창조자와 혼동하게 한다.[41]

창조는 그 종속성이 하나님 존재에 참여함으로 파생한다고 결론 내리지 않고, 그 기원과 매 순간의 존재에 있어 삼위일체에 의존하는 하나님의 선물이라고 할 수 있다. 그것은 존재의 유비(analogy of being)라는 놀라운 결과 중 하나처럼 보인다. 밀뱅크는 이 교리를 지지하지만, 참여에 대한 그의 설명은 창조자와 피조물의 차이가 질적이라기보다는 양적이라고 하는데, 이는 결국 일의성의 한 형태라는 인상을 피할 수 없다.

비평에서 구조로 방향을 바꾸어서, 필자는 종교개혁신학에는 구속뿐 아니라 창조를 위한 참여의 존재론도 있다는 사실을 지적해야 한다. 창조 언약이 "아담 안에" 모든 사람을 포함했고, 은혜 언약이 "그리스도 안에" 택함 받은 모든 사람을 포함하는 것처럼, 비록 방법이 다르다고 하더라도 모든 것은 그리스도 안에 뭉쳐 있다(참여한다). 삼위일체 **외부**(ad extra)의 모든 행위에 있어서, 성부는 말하고, 성자는 그 말씀을 중보하며, 성령은 창조된 영역 안에서 그 의도된 효과를 가져온다.

급진적 정통주의는 창조 언약과 은혜 언약을 구별하지 않고, 창조와 구속, 선택과 섭리를 혼합하는 위험을 감수한다. 이 견해에서, 존재론적 참여(ontological participation, *metathexis*)와 동의어인 창조에 대한 포괄적 "은혜-주입"(en-gracing)은 구원하는 화해(salvific reconciliation)와 정도에 있어서만 다르다. 은혜는 죄인에게 비추는 하나님의 호의라기보다는 실체로 간주된다.

그러나 창조와 구속은 삼위일체 말씀-행동의 결과와 비슷하다고 우리는 간주한다. 필자는 언약과 참여 자체가 비교할 수 없는 개념이 아니라는 밀뱅크의 주장에 동의한다.[42] 그러나 필자는 참여에 관한 언약적 설명이

---

[41] Colin Gunton, *The Triune Creator* (Grand Rapids: Eerdmans, 1998), 142.
[42] Milbank, "Alternative Protestantism," 25-26.

플라톤주의/신플라톤주의의 형이상학으로 동화될 수 있다는 주장을 확신하지 못한다.

저스틴 홀콤(Justin Holcomb)은 또한 참여와 언약은 상반된 반대 주제가 아니고, 개혁신학이 급진적 정통주의에서 배울 수 있는 영역을 나타냈다고 말한다. 하지만 참여 자체의 형이상학은 보다 구체적인 기독론적 초점이 필요하다는 점을 그는 인정한다.

> 끝없는 탄력성을 피하고자 급진적 정통주의는 그리스도의 지속적인 정체성을 핵심적 역할로 삼아야 하고, 개념적 표현을 주해와 언약신학으로 채워야 한다. … 급진적 정통주의는 그리스도 안에서 신적 구속의 특수성을 확인하고 옹호하는 대신 보편적이고 일반적이며 사변적인 것을 강하게 강조한다. 참여의 범위는 넓지만, 중심은 산만하다.[43]

그러나 필자의 생각에 더욱 심각한 문제는 급진적 정통주의의 중심이 산만하다는 것이 아니라, 단순히 다른 중심을 갖는다는 데에 있다. 사변적 형이상학(특히, 존재론적 참여에 관한 주제)이 지평선을 삼킨 것처럼, 교회론이 기독론을 삼킨다. 그리고 구속적 중재가 도덕적이고 종말론적인 것들(죄/은혜, 죽음/생명, 정죄/칭의, 하나님으로부터 소외/화해와 회복, "현세"와 "내세")보다는 오히려 형이상학적 이진법(유한/무한, 물질적/영적, 가시적/불가시적, 유형/무형, 일시적/영원, 기타 등등)을 극복하는 것과 관련이 있다.

그러므로 적절한 대조는 참여와 언약 사이에 있지 않다. 오히려 양쪽의 서로 다른 설명에 있다. (창조와 은혜 언약 아래 광범위하게 분류된) 서로 다른 언약들이 있는 것처럼, 여러 종류의 다른 참여가 있다(창조에 대한 하나님의 섭리적 보살핌과 하나님의 구속 사역).

---

[43] Justin Holcomb, "Being Bound to God: Participation and Covenant Revisited," in Smith, *Radical Orthodoxy and the Reformed Tradition*, 250.

분명히, 언약의 개념은 본질적으로 참여적이지만, 언약적 참여(koinonia)는 '메타텍시스'와 다르다. 단순한 현상(유한, 물질, 가시적, 일시적)이 실제(무한, 영적, 불가시적, 영원)에 매달려 있음에도, 플라톤식의 '메타텍시스'는 존재의 규모와 함께 오직 단순한 현상만을 주장한다.[44]

플라톤주의에 대한 공식적인 유대교-기독교 개정이 나올지라도, 그 **모델** 자체는 창조가 아닌 발산으로서, 결국 일의성을 산출한다. 그러나 개신교 정통주의가 그러했듯이, 하나님을 **존재의 원리**(principium essendi)라고 말하는 것은 창조된 실재가 하나님에 참여함으로 존재한다고 말하는 것과 같지 않다. 데니스 비엘펠트(Dennis Bielfeldt)는 다른 관점에서 다음과 같이 썼다.

> 창조된 질서가 그 자체 밖에 기반을 두고 있다고 해서 그 영역의 "참여"를 필연적으로 가져오지는 않는다.[45]

언약은 단순히 선재하는 형이상학적 지도에 동화될 수 있는 주제가 아니다. 언약**은 지도다**. 플라톤이 **모습들**(appearances)이라고 부르는 것을 교회는 **창조**라고 부른다.

플라톤의 주요 주제를 확언하려는 급진적 정통주의의 시도에서, 우리는 결국 우리가 알고 있고 따르기를 거절해 왔던 플라톤과 대면한다. 밀뱅크와 픽스톡은 우리가 "육체의 껍질에서 벗어났다"는 결과로 더없이 기쁜

---

[44] Smith, *Radical Orthodoxy and the Reformed Tradition*에 있는 James K. A. Smith의 논문, "Will the Real Plato Please Stand Up?"은 급진적 정통주의와 Nietzsche 그리고 그의 상속자들(특히, Deleuze)의 내재주의 사이에 있는 현대의 논쟁과 관련해 Plato와 플라톤주의의 여러 관점을 유용하게 요약한다.

[45] Dennis Bielfeldt, "Response to Sammeli Juntunen, 'Luther and Metaphysics,'" in *Union with Christ: The New Finnish Interpretation of Luther*, ed. Carl E. Braaten and Robert W. Jenson (Grand Rapids: Eerdmans, 1998), 165.

환상을 이야기하고, 결국 중재는 더 이상 필요하지 않다고 말한다.[46] 제임스 스미스(James K. A. Smith)는 대답한다.

> 그러나 그것은 그들이 우리에게 소개한 새로운 또는 진짜 플라톤처럼 들리지 않는다. 오히려 그것은 개혁파의 비평 대상이었던 전통적 플라톤처럼 들린다.[47]

그들은 『아퀴나스의 진리』(*Truth in Aquinas*)에서 종말에서의 우리 존재가 구체화(embodiment)를 초월할 것이라는 결론에 이를 때 전통적 플라톤을 따르는 것처럼 보이는데, "이는 구체화가 창조된 인간에게는 우발적이라고 주장하는 것과 같다. 반면 개혁파 전통은 (비록 물질성의 조건이 변경되더라도) 종말에서 지속되는 구체화의 필수적인—본질적으로 좋은—성격을 주장하기를 원한다."[48]

급진적 정통주의 작가들은 존재의 언어학을 강조하면서 플라톤을 종종 (상당히 비플라톤주의적인) 해석학적 절차를 통해 사용한다. 그러나 그들의 주된 동기는, **에로스**(*eros*)가 필수적으로 삼위일체의 효과적인 말씀의 산물이라는 사실 덕분에 에로스에 속한 깊이에 있지 않고, 오히려 에로스를 초과하는 것에서만 매달려 있을 수 있는 존재의 깊이에 대한 에로스에 있다.

우리는 언어에 의해(by), 언어 안에서(in), 언어를 위해(for), 언어를 향해(unto) 창조됐다고 설명했다. 영원한 말씀이 창조에 대한 삼위일체의 외적 행위를 중재하고 이 중재가 종말에 끝나지 **않으므로**, 예전적(liturgical) 완성은 끝없이 논리적이고 해석학적인 상호 작용이다.[49]

---

[46] Milbank and Pickstock, *Truth in Aquinas*, 28.
[47] Smith, "Will the Real Plato Please Stand Up?" 70.
[48] Smith, "Will the Real Plato Please Stand Up?" 70.
[49] 17세기 개혁신학자 Francis Turretin은 그리스도의 중보적 왕국이 소키누스주의자들 주장과는 달리 영원하다고 주장했다. 그리스도와의 연합은 결코 끝나지 않을 것이다. 즉,

말씀에 대한 우리의 신학은 우리의 존재론에 대한 함축이 아니라 오히려 그 반대다. 우리는 삼위일체 하나님의 말씀의 결과인 "말로 만들어진"(worded) 피조물이다. 우리의 창조와 구속 모두 말씀 사건이고, 우리가 이야기하고 있는 특정한 종류의 담론은 꾸준히 언약적이다.

급진적 정통주의 학파는 구체적인 기독교 실천, 즉 성찬식부터 시작할 것을 주장한다. 그러나 조지 밴더벨데(George Vandervelde)가 우리에게 상기시키듯, 그것은 와드(Ward)의 표현대로 "성찬식에 대한 **이해**"(강조는 첨가된 것),[50] 특히 "변형의 개념"(notion of transmutation)이다.[51]

> 나는 기독론을 포함한 바로 이러한 이해가 다른 모든 것을 지배한다고 주장한다. … 와드의 체제에서 이 변형(transmutation)은 우리(그리고 모든 피조물)가 삼위일체 하나님 안에서 비유적으로 참여하게 되는 일종의 존재적 변화에 달려 있다. 구원론에 대한 이 핵심을 이해할 때, 성찬식의 몇 마디에 중점을 두는 것이 다른 모든 것을 파악하는 열쇠임을 알 수 있다. 와드의 구원론에서 구속의 축(axis of redemption)은 '소외-유죄-증오'(alienation-guilty-enmity)와 '화해-용서-친목'(reconciliation-forgiveness-friendship)에 달려 있지 않다. 구속을 요구하는 기본 상황은 유한, 분열, 원자론(atomism; 또는 일부는 허무주의에 빠지기도 하는 유한성[finitude]의 특정 구조)에 있다. 따라서 구속은 삼위일체 하나님의 존재에 유비적으로 참여함으로 존재론적 단일성(ontological oneness)의 틀 안에서 이해된다.[52]

그는 항상 그의 교회 언약의 머리로 남을 것이다(Turretin, *Institutes of Elenctic Theology*, ed. J. T. Dennison Jr., trans. G. M. Giger, vol. 2 [Phillipsburg, NJ: P&R Publishing, 1994], 490-99).

50 Graham Ward, *Cities of God* (London: Routledge, 2000), 6.
51 George Vandervelde, "'This Is My Body: The Eucharist as Privileged Theological Site,'" in Smith, *Radical Orthodoxy and the Reformed Tradition*, 273-74.
52 Vandervelde, "'This Is My Body: The Eucharist as Privileged Theological Site,'" 274.

제임스 올수이스(James H. Olthuis)는 다음과 같이 지적한다.

> 물질에 대한 급진적 정통주의의 보류는 "그것들을 초과해 현상"을 구원한다. 하지만 개혁파 전통은 가시적인 것보다 불가시적인 것에 우선권을 두고 물질을 유예하는 것은 창조의 완전성을 훼손하고 창조의 선함을 부인하는 것으로 여긴다.[53]

이러한 거부에 대한 증거로서 그는 급진적 정통주의 작가 필립 블론드(Philip Blond)의 말을 인용한다.

> "가능성으로서의 불가시성은 실재의 더 높은 차원을 대표한다."
> 다시 말해, "모든 가시적인 자연"은 하나님과 "그의 관념성(ideality)" 안에 있는 "참여의 무한(infinitude of participation)에 의존한다."[54]

그러므로 각 이론이 서로 다른 질문과 답을 생성하기 때문에 참여의 언약적 및 존재론적 설명 사이에서 실제로 선택해야만 하는 것 같다.

(3) 존재론과 용서

중세 존재론들과 현대 존재론들 사이의 차이점은 이들 간의 유사점보다 확실히 더 크지만, 특히 현대 존재론들은 급진적 정통주의가 제기한 교부/초기 중세와 근대-유명론 사상 사이의 계보 대립에서 무시될 수 있다. 칼빈과 그의 후계자들은 인본주의자들의 "근원을 향해"(ad fonts) 운동의 일환으

---

53 James H. Olthuis, "A Radical Ontology of Love: Thinking 'with' Radical Orthodoxy," in Smith, *Radical Orthodoxy and the Reformed Tradition*, 280.
54 Olthuis, "A Radical Ontology of Love: Thinking 'with' Radical Orthodoxy," 280 n.4; Milbank, Pickstock, and Ward, *Radical Orthodoxy*, 221, 238을 참조한다.

로서, 교부들의 유산을 가장 잘 회복하고 표현하고 있다고 믿었다.[55]

반면, 에라스무스는 또한 급진적 정통주의 형성에 상당히 기여한 영국의 관용주의자들(Latitudinarians), 가톨릭 튜빙겐 학파(Catholic Tübingen school), 신신학(nouvelle théologie), 세상의 빛(Lux Mundi) 학파를 통해 교부학의 부활을 이끈다고 생각했다. 사실, 급진적 정통주의에 대한 마지막 세 가지 영향은 헤겔철학의 중재에 대한 분명한 흔적과 이 유산에 대한 해석을 보여 준다.

개혁파 전통이나 급진적 정통주의도 단순히 처음 5세기 상태로 돌리려고 하지 않았고, 각각은 각자의 방식으로 때때로 그들 자신의 목적을 위해 고대 자료들을 남용했을 뿐 아니라 그것들을 뒤따라왔다. 마법에 가까운 신플라톤주의에서 출발해서 위-디오니시오스(Pseudo-Dionysius), 에리우게나(Erigena), 에크하르트(Eckhart)를 거쳐 근대 관념론까지 흐르는 줄기는 자연스럽게 교부들의 자료를 개혁파 전통과는 다르게 해석할 것이다.

급진적 정통주의는 틸리히(Tillich)의 대조적 모형학들(contrasting typologies)을 다시 불러들이기 위해 "소외 극복하기"를 내세우는데, 이는 급진적 정통주의 기류의 존재론적 흐름이다. 개혁신학은 그리스도와의 연합이 동시에 칭의적이고 유기적이며 법적이고 관계적임을 계속해서 강조해 왔다. 그러나 오직 언약적 틀 안에서만, 이것들은 화해되는 것에 대한 반대라기보다는 서로 강화하는 것으로 보인다(결국, 각 쌍의 첫 번째 것을 두 번째 것에 동화함으로).

칭의와 영화 사이에는 양자와 성화의 광대한 유익이 있다. 그러나 중요한 질문은 우리가 이러한 요소들을 구원 서정에 있어서 어떻게 연관시키는가 하는 것이다.

---

[55] 특히 *Institutes*에 있는 Calvin의 "Prefatory Address to King Francis"를 보라. 이곳에 그는 이 주장을 펼쳤다. 주요 개혁신학 체계를 대충 살펴보더라도 고대 기독교 작가들의 작품에 관한 깊은 이해로 깊은 인상을 받게 된다.

칭의는 성화와 영화의 전제 조건이며 기초인가, 아니면 성화의 결과인가? 카를 아담(Karl Adam)은 이 질문에 대한 대표적 로마 가톨릭 응답을 다음과 같이 요약했다.

> 그러나 가톨릭 개념에 따르면, 칭의는 그리스도의 공로를 외재적으로 전가하는 것으로 이루어지지 않고 … 우리 안에 있는 그리스도의 창조적 사랑의 은혜로운 운행과 선하심과 거룩함에 대한 새로운 사랑의 초자연적 출현에서 이루어짐으로, 그러한 성질의 칭의는 성화와 완전함을 요구하고 오로지 성화 안에서만 완성되고 끝난다.
>
> 그러므로 엄밀히 말해서 은혜의 상태에 있는 사람은, 그의 삶에서 이 은혜를 자유롭게 허락한다. 그리고 가장 비밀스러운 생각과 가장 미묘한 경향에 이르기까지 자각하는 충동 아래서 악한 경향을 극복한다. 그리고 통제하기 위해 모든 선한 것을 가져옴으로 완전하고 순수한 사람이 되기까지, 아직 "거룩한 인간"(*homo sanctus*)이 아니다. 하나님과 이웃에 대한 사랑으로 모든 면에서 변형된 그러한 존재만이 하나님을 볼 수 있다.
>
> 우리가 사는 이 지구에 그런 사람들이 있는가?
>
> "이 거룩하신 하나님 여호와 앞에 누가 능히 서리요?"(삼상 6:20)[56]

그런 사람은 존재하지 않기 때문에 (마리아와 예수를 제외하고는) 연옥은 "수동적 형벌"과 "죄에 대한 고통"을 위해서만 존재한다.[57] 그리스도와 성인들의 공로에 의해 교회적 실재의 사다리가 흘러내려 평신도에게로 전달되는 은혜의 과잉이 항상 있다.[58]

---

[56] Karl Adam, *The Spirit of Catholicism*, trans. Dom Justin McCann, O.S.B. (1924; repr., New York: Crossroad, 1977), 101.
[57] Adam, *The Spirit of Catholicism*, 104.
[58] Adam, *The Spirit of Catholicism*, 126.

그러나 최종적인 칭의는 이 주입된 은혜에 대한 인간 협력의 결과다. 아담은 종교개혁이 칭의와 성화를 분리했다고 말한다. 사실 그의 주장에 의해 결론 내리자면, 루터와 칼빈이 새로운 출생(the new birth)과 성화를 부인했다고 결론 내릴 수도 있을 것이다.[59]

로마 가톨릭 개념과는 달리, 언약적 연합은 선택, 소명, 칭의, 영화를 통한 그리스도 몸 안에 있는 개인들의 개인적 결합에 대한 강조를 통해 유기적이고 언약적 머리 됨(federal headship)과 치이로써 정체성을 보존한다. 은혜는 교회가 교회 위계질서의 이미지로 관리한 물건이나 본질이 아니라, 그리스도로 인한 하나님의 호의이기 때문에, 다른 **선물들**이 몸의 봉사를 위해 성령에 의해 주어진 것이라고 하더라도 그 **선물**(그리스도와 그의 모든 유익)은 모든 믿는 자에게 동일하게 주어진다.

언약적 연합은 또한 신비한 참여의 복음주의적 특성을 보존한다. 즉, 모든 신자가 함께 나누는 모든 선물은 "그리스도 안에" 있다. 그러나 아담은 우리가 그리스도의 공로를 받을 뿐만 아니라 우리 자신의 공로를 인정해야 한다고 주장한다.

> 우리는 용서의 확실성뿐만 아니라 엄격한 명령, 계명들과 공로의 교리를 가지고 있다.[60]

칭의는 단순한 전가와 용서가 아니다.

> 아니, [은혜는] **사람을 이미 내적으로 거룩하게 한 바로 그 이유 때문에** 용서한다(강조는 첨가된 것).[61]

---

[59] Adam, *The Spirit of Catholicism*, 108.
[60] Adam, *The Spirit of Catholicism*, 149.
[61] Adam, *The Spirit of Catholicism*, 180.

요컨대, 로마 가톨릭과 개신교 신앙고백 입장 사이의 진정한 차이는 중생과 성화의 실체가 확인되는지 여부에 있지 않다. 오히려 그 차이점은 법정적 칭의가 새로운 출생과 함께 확인되는지와 전자가 후자의 후원자로 간주할 수 있는지에 달려 있다. 로마교에 따르면, 중생은 "영혼 안에 있는 영원하고 무한한 삶에 대한 일종의 추가 분량이다."[62] 내재적 의는 외재적 선언을 위한 기초이고, 새로운 자아에 의한 의로운 행위는 "공로로 인정받을 만한" 것이다.

물론 이 모든 것은 하나님의 은혜와 별개로 일어날 수 없는데, 이런 설명은 (NPP가 유대교와 연관 지어 주장하는 것처럼) 율법주의의 공격으로부터 보호할 수 있다고 카를 아담은 주장한다. 그런데도, 그는 로마서 4:4에서 인용한 말들의 분명한 모순에도 불구하고, "영원한 생명은 사도 바울의 표현대로 삯과 보수가 된다"라고 결론짓는다.[63] 신자는 "무조건적 확실성과 함께, 그가 영원한 사랑의 대상인지 미움의 대상인지 모르기 때문이다."[64]

존 밀뱅크는 이러한 기본 접근법을 어느 정도는 새로운 돌파구로 잘 사용하면서, "타락"은 기본적으로 의지의 부패함에 있지 않고, "무엇보다도 "하나님을 봄"의 손실(loss)과 육체의 죽음과 육체의 무능력으로 나타난다"라고 주장한다.[65]

더 나아가, 밀뱅크는 선택에 대한 아우구스티누스의 교리뿐만 아니라 우리의 아담의 죄에 대한 참여와 의지의 구속으로서의 원죄에 대한 교리를 거절한다. 그리고 아우구스티누스의 사상을 최소한 반 정도는 펠라기우스주의적 방식으로 해석한다. 구속은 실제로 불의한 자를 하나님의 심판으로부터 구해 내는 것이 아니라 "하나님을 봄"(*visio Dei*)을 회복하는 것이다.

---

62 Adam, *The Spirit of Catholicism*, 181.
63 Adam, *The Spirit of Catholicism*, 182.
64 Adam, *The Spirit of Catholicism*, 183.
65 Milbank, *Being Reconciled*, 9-10.

구속의 드라마는 놀라운 역설들을 통해 역사 속에서 일어났는데, 이 드라마는 은혜의 도움을 받아 지복직관(至福直觀, the beatific vision)을 위해 분투하는 인간 노력의 신비한 종교 철학과 교환된다. 그래서 역설들은 설득력 있는 신정론들(theodicies)에 굴복한다. 사색(이론)은 드라마(극장)를 대체한다.

좋은 소식으로서의 복음이 구속에 대한 그의 설명으로 어떻게 나타날 것인지 불분명하다. 왜냐하면, "소식들"(news)은 단순히 사물의 본성으로부터 파생되지 않는 새로운 것의 외재적 선언(extrinsic announcement)을 암시하기 때문이다. 밀뱅크는 구속하는 은혜가 소위 타락한 의지로부터의 급진적 해방 또는 외래적 의(alien righteousness)의 "외재적"(extrinsicist) 전가에 있지 않다고 주장한다.

> 대신에, 은혜의 선물은 원래의 봄(vision)과 능력의 상실에도 불구하고 기적적으로 회복된, 하나님에 대한 열망에 있다.[66]

종교개혁신학은 은혜를 하나님의 판결(*favor*, 호의)과 새로운 삶의 선물(*donum*)로 이해하지만, 밀뱅크는 은혜를 후자로만 제한하고 그것을 주입된 본질로 간주한다. 주입된 은혜라는 개념의 중심에는 존재론적 이원론이 있는데, 이는 은혜로 보완되어야만 하는 본질에는 실체적인 결핍이 있다고 가정한다. 그러나 개혁신학에서는 은혜가 본질에 아무것도 실체적으로 추가하지 않고 피조물을 칭의하고, 성화하고, 영화한다.

밀뱅크는 루터와 칼빈이 사사로운 일에(예. 직업이나 집 그리고 배우자 선택 같은 일) 있어서 의지의 자유와, "하늘의 일들"과 관련된 의지의 속박 간의 구분을 놓친 관계로 다시 한번 종교개혁 시대로부터 현대 시대까지 직접

---

66 Milbank, *Being Reconciled*, 9-10.

연결한다.[67]

그 대신에 그는 용서가 "공적인 표시, 몸짓, 과거의 잘못을 그런대로 '메꿀 수 있는' 제사인 보속의 성례(sacrament of penance)를 통해서만 중재된다"는 관점을 회복할 필요가 있다고 주장한다.

> [그것은] 사람이 잘못을 저지른 대상(여기서는 하나님 자신)과 궁극적 회복을 완성할 수 있는 보상(restitution)을 만들고 그와의 관계는 미래에 부드럽게 흘러서, 키르케고르(Kierkegaard)가 말한 것처럼, 마치 과거에 결코 고통의 '충격을' 당하지 않았던 것처럼 된다."

그러므로 그것은 "보응(recompense)의 긍정적 방편"이다.[68]

> 키르케고르가 예시한 것처럼, 용서에 대한 많은 현대 기독교식의 이해에 있어서, 그들은 존재론적 무효(ontological cancellation)의 일방적 행위를 추천한다. 그리고 그들은 절대적이고 무한하며 속박받지 않은 힘과 의지의 자산으로서 하나님에 대한 후기 중세 재개념화(reconception)에서 무한으로 연장된, [고대 근동의] 동방적 독재의 장기 수유자(long-term legatees)처럼 보일 것이다.[69]

분명히 히브리 선지자들은 "하나님의 절대 권력"(*potentia dei absoluta*)으로 이끄는 이 "동방적 독재"에서 자유롭지 못한다. 밀뱅크는 말한다.

---

67 Milbank, *Being Reconciled*, 20.
68 Milbank, *Being Reconciled*, 45-46.
69 Milbank, *Being Reconciled*, 48.

성육신 후에는 **유대인의 기대와는 달리** 실현된 용서의 통치(a reign of realized forgiveness)가 시작되지 않는다. 오히려 하나님의 용서가 인간에 의해 어느 정도 중재될 수 있는 시간, 즉 정의가 용서로 무한이 되는 시간이 시작된다. … 대조적으로, 용서에 대한 부정적인 그리고 일방적인 후기 중세와 종교개혁의 의미는 이 법을 **이제 무질서(anarchy)로 실현될 독재로** 왜곡한다. 용서를 부정적으로 반영할 어떤 법적인 것이 있다면, 그것은 분명히 부정의 부정, 즉 악의 고통을 통해 긍정으로 흡수되는 것으로서, 처음에는 본질상 부정적이다(강조는 첨가된 것).[70]

밀뱅크는 죄를 선이 단순히 부족한 것으로 이해했기 때문에 용서가 실제로 용서할 수 있는지 의아해 하는 것은 당연하다. 죄가 실제로 존재하지 않고 그저 선을 부정하는 것이 죄라면, 하나님은 "사랑스럽지 않은 것과 사랑받을 자격이 없는 것을 사랑하는 체하지 않으면서, 죄가 있음에도 불구하고 죄인에게 남아 있는 어떤 긍정적으로 사랑스러운 것만을 사랑할 수 있다. (반대 견해는 사실 복음에 대한 후기 중세의 왜곡에 더 가깝다.)"[71]

신적 무감각은 밀뱅크의 건축에서 거의 스토아주의로 주어진다.

사실 중세 후기의 신비주의 신학자 중 한 명인 노리치의 줄리언(Julian of Norwich)은 하나님이 용서하지 않는다고 강력하게 선언했는데, 그 이유는 하나님은 상처받으실 수 없고, 우리가 하나님의 선물을 거절하지만, 하나님은 단지 계속해서 주시기 때문이다.[72]

사실, 법을 어긴 것에 대해 하나님이 면역력이 생긴 이유는 용서의 문자

---

70 Milbank, *Being Reconciled*, 49.
71 Milbank, *Being Reconciled*, 52.
72 Milbank, *Being Reconciled*, 60.

적 속성에 의해 위협을 당했기 때문이라고 밀뱅크는 생각한다. 그래서 그는 마침내 용서하시는 분이 정말로 하나님이라는 사실을 부인하기에 이르렀다(심지어 유비적으로).

> 그러한 영원한 신적 선물은 그리스도 안에서 하나님이 우리를 용서하는 것이 **아니라**(하나님은 그럴 필요가 없기 때문에) 인류가 인류를 용서할 때만이 용서가 된다. **그러므로 신적 구속은 하나님이 우리를 용서하는 것이 아니라, 용서를 위한 능력을 우리에게 주시는 것이다**(강조는 첨가된 것).[73]

물론 이 해석은 과격하지만, 죄 사함에 관한 가톨릭의 일관된 주장을 고려할 때, 그 정통성은 더욱 의심스럽다.[74]

밀뱅크는 그러한 칭의적 견해 대신, 하나님이 항상 **더 많이** 주지만 결코 **특출하게**(uniquely) 주지 않는 끝없는 교환 속에서 선물을 주고받는 영원한 과정을 향한 자신의 봄(vision)을 지시하는데, 이것은 그의 설명이 유비적이라기보다는 일관성이 있는지에 대해 의문을 제기한다.

창조에서뿐만 아니라 구속적 선물 수여에 있어서 창조자와 피조물의 구분은 단지 양적인가, 아니면 질적인가?

밀뱅크에 의하면, 죄는 무엇보다도 언약적 종에 제재를 가하는 하나님에 대한 공격이 아니다. 오히려 죄란 단순히 **사람이 받지 못하게**(본질적으로 사람 간의 용서와 화해를 항상 포함한다) 방해하는 것이다. 성육신은 그 선물의 초과 분량이다. 죄가 그 선물을 주지 못하게 한 후에, 성육신은 사람 사

---

73 Milbank, *Being Reconciled*, 62.
74 아이러니하게도, 하나님에 대한 죄의 영향을 피하기 위한 Milbank의 설명은 실제로 매우 주의주의적으로 들린다. 특히 하나님 본성의 본질적인 특성 때문에 (하나님이 구속하기로 결정하셨다고 하더라도) 대속이 절대 필요하지 않다는 주장이 그러하다. 하나님은 (신적 공의에 대한 만족이 필요하지 않으므로) 다른 방법을 선택할 수도 있었지만, 그렇게 하기로 했다(Milbank, *Being Reconciled*, 66, 67).

이에 그 선물을 주는 순환(cycle)을 시작하게 한다.[75]

결론은 전적으로 주관적 속죄론이다. 적어도 하나님과 인간 사이의 개인 및 언약적 관계로서의 죄와 은혜 감각이 전부다. 그러나 그 감각은 거부당한 후에 회복된 형이상학적 조화(metaphysical harmony, 선물을 주는, 인간 사이의 순환)에서 길을 잃었다.

그러나 밀뱅크는 (비록 아퀴나스를 따른다고 주장하면서, 막시무스의 특정한 책을 통해서이기는 하지만), (용서하는) 인류와 (용서할 필요가 없는) 하나님에 대한 네스토리우스식의 분리에 가까운 어떤 것을 제안한 뒤에, 단성론(monophysitism)에 가깝게 간다. 그는 심지어 루터를 다음과 같은 말로 비판한다.

그러므로 용서는 **혼합**함으로 선물 교환을 완성한다.[76]

그것은 "심지어 하나의 관용구 또는 비유(tropos) 안에 이것저것을 적절하게 섞은 것"을 포함한다.[77] 따라서 하나님 앞에서 인간의 곤경과 해결책은 언약적 및 역사적이라기보다는 형이상학적이고 존재론적이다.

밀뱅크는 (명백한 희생 주제들과 같이) 신약을 구약 모형의 성취로 해석하는 것 대신에, 신약을 헬라어 '메타덱시스'(metathexis)로 동화해, 히브리적(언약적) 요소의 흔적을 대부분 없앤다.

그러므로 신약은 죽음을 죄에 대한 속죄로 이해하는 랍비 문학적 의미의 희생으로서 예수의 죽음을 말하지 않고, 또한 우리가 하나님에게서 취한 것을 보상하기 위해 땅에서 상실된 어떤 것으로도 말하지 않는다. **해를 입지 않은 하나님**은 어떤 것도 빼앗기지 않으며, 어떤 것도 그의 합계(sum)

---

[75] Milbank, *Being Reconciled*, 67.
[76] Milbank, *Being Reconciled*, 70.
[77] Milbank, *Being Reconciled*, 71.

에 더해질 수 없다(강조는 첨가된 것).⁷⁸

밀뱅크는 종교개혁신학이 믿음으로 대체됐다고 고발하지만, 어떻게 하나님의 사랑이 하나님을 무감각한 존재로 표현하는 이러한 급진주의자의 설명에서 진지하게 확인될 수 있는지 모를 일이다.

하나님은 피조물과 참다운 언약적 관계로부터 행복하게 보존되어, 인간의 잘못으로 인해 해를 입으실 수 없고, 입는다고 해도 죄는 실제로 "아무것도 아니다." 따라서 밀뱅크에 의하면, 죄와 악은 아무것도 아니기 때문에 희생과 만족은 존재에서 발 디딜 곳이 없다. 은혜와 하나님의 칭의와의 관계뿐만 아니라 죄와 하나님의 심판과의 관계도 마찬가지로 다른 사람들을 용서하기 위해 회복된 **인간** 능력에 완전히 잠기게 된다.

> 그러므로 성 바울은 아버지와 실제로 같은 그리스도가 아버지께 자신을 바쳤다고 말하지 않고, 대신 소극적 적법성(negative legality)을 포함한 죄와 순전히 유한한 강박 관념에 대한 우리의 죽음으로 말해, 우리가 즉시 **그리스도와 함께** 새로운 종류의 삶으로 들어가도록 한다. 그리스도와 우리 자신은 둘 다 존재하지 않은 악으로 죽임을 당해, 결국 아무것도 아닌 악에 죽는다. … 만약 그리스도가 어떤 "몸값"을 제공한다면, 성 바울의 경우에, 아버지가 알려 주는 것처럼, 그것은 정말로 마귀인 지하의 신들과 공중의 중간 세력을 차지하는 마귀들에게 주는 것으로 보인다.⁷⁹

그리스도는 아버지께, 교회는 그리스도에게, 신자는 교회에, 신자의 사역은 그리스도의 사역에 동화된다.

---

78 Milbank, *Being Reconciled*, 99.
79 Milbank, *Being Reconciled*, 99.

다시 한번 우리는 여기에 제시된 잘못된 선택을 인식한다. 대조적으로 바울은 대리적 속죄(vicarious atonement), 말하자면, **용서**(propitiation, 롬 5:6-21)와 그리스도의 죽음 및 부활에 있어서의 그리스도와의 연합(롬 6장) 사이의 불일치가 있다고 여기지 않는다. 바울은 다음과 같이 말한다.

> 그러면 이제 우리가 **그의 피로 말미암아 의롭다 하심을** 받았으니 더욱 그로 말미암아 **진노하심에서** 구원을 받을 것이니 곧 **우리가 원수 되었을 때에** 그의 아들의 죽으심으로 말미암아 하나님과 화목하게 되었은즉 화목하게 된 자로서는 더욱 그의 살아나심으로 말미암아 구원을 받을 것이니라 (롬 5:9-10).

바울은 우주적 갈등의 심오한 차원과 선물 교환의 회복을 인지했지만, "법정" 모델들에 반대해 이것을 설정하지 않았다. 그뿐만 아니라 언약 소송(covenant lawsuit)의 신적 결과를 구속에 대한 넓은 차원들의 모든 것을 다루는 근원으로 취급한다.

그러나 밀뱅크는 선험적 근거들만으로 이러한 결론에 저항할 수 있다. 그는 자기의 형이상학적 노력으로부터 추론함으로, 권력은 실제로 아무것도 아니므로 "그리스도는 희극적 의미 안에, 엄밀히 말해 하나의 희생 안에 있다"라고 말한다.[80] 히브리서에서 그리스도는 희생 제사를 끝낸다.

> 그는 이것을 단번의 충분한 희생을 제공함으로 하지 않고(문자 그대로 그리고 소박한 의미에서), 제사장과 희생자로서 하늘의 성소에 들어가서 그곳에서 "속죄 제사"를 드림으로 한다. 그런데 땅에서 드리는 제사들만이 이 제단으로 올라가기 때문에 이 한 장소는 터무니없이 불필요하다. 요점은 이것이다.

---

[80] Milbank, *Being Reconciled*, 100.

그리스도가 땅에서 스스로 내어 준 죽음은 천국의 장막에서 참으로 영원히 평화로운 과정의 그림자다. 또한, 구속은 그림자에서 실제로 가는 그리스도의 변화로 구성되어 있다. 그런데 이것은 신비하게도 우주의 편재로의 그의 "회귀"(return)이고 그림자를 빛나게 한다는 것이다(히 9장: 여기에서 중세 플라톤주의적 요소가 필수적이다).[81]

밀뱅크는 플라톤 언어를 대대적으로 이용해 상당히 비플라톤주의적인 결론을 내린다. 또한, 그것을 현상에 대한 그림자적 영역으로부터 나온 마음의 상승(ascent)이라는 플라톤주의적 풍유로 되돌린다. 요한복음이 헬라어 범주들을 그들의 내용을 근본적으로 수정하기 위해서 이용하는 것처럼("말씀이 육신이 됨"은 헬라 사고에서 가장 분명한 범주 실수다), 플라톤주의자는 그리스도가 자신의 **피**를 가지고 하늘의 성소에 들어간다는 히브리서의 반복되는 주제에 멈칫할 수밖에 없다.

히브리서에서 그리스도가 참된 성전에 들어오는 지점은 그의 희생의 완성에서인데, 그 이유는 그것은 하나님이 지정하신 다른 모든 제사가 표시하는 참된 희생이기 때문이다. 그것은 예변적(proleptic)이거나 모형적 나눔이 아니라, 모든 모형을 완성으로 가져다주는 실체로서 하나님 보좌로 완전히 도달한다.

단순히 기의(記意)를 공유하는 기호가 아닌 십자가는 실체 그 자체다. 모형들은 희생이 아니기 때문이 아니라 그리스도의 희생이 아니기 때문에 결코 영원한 용서를 확보할 수 없다. 그리스도의 희생을 실체로서, 그래서 모든 구속적 대속의 끝으로 해석하는 히브리서의 강조를 고려할 때, 그리스도의 사역이 단순히 회복에 대한 인류 사이의 순환을 다시 활성화한다는 밀뱅크의 주장을 수용하기란 어렵다.

---

[81] Milbank, *Being Reconciled*, 100.

밀뱅크는 상승에 관한 무시간적 풍유(timeless allegory)를 위해 구속의 역동적이고 역사적이며 종말론적인 존재론을 포기하면서, 대조적으로 다음과 같이 평가한다.

> **히브리서 저자**에게 있어서 정화된 하늘의 제단은 초자연적 영역이다. 즉, "당신의 양심"과 이 영역의 정화는 또 다른 희생 "사역"이 아니라—심지어는 그러한 마지막 사역이 아니라—그러한 사역들을 위해 필요한 환상의 최종 제거 안에서 구성된다.[82]

히브리서 저자는 양심에 관한 표면상 초자연적 영역을 천국의 성채(citadel) 자체에서 피와 고통의 가시적 영역으로 변형하는 반면, 밀뱅크는 이런 아이러니를 놓쳐서 결국 (필자의 생각에는) 히브리서의 주요한 전략, 존재론, 논증도 놓친다. 사실, 그 이유는 칭의적이고 법정적인 것들은 히브리서가 환상과는 거리가 먼 희생의 효과로서 양심의 정화에 관해 말할 수 있다는 논리적 우선순위를 가지고 있기 때문이다.

필자가 생각할 수 있는 소외를 극복하는 어떤 방도와 마찬가지로, 급진적 정통주의는 속죄에 대한 주관적인 이론, 즉 죄와 은혜의 문제는 모든 본질적인 균열을 치료하는 교회의 협력 비전에 빠지게 된다는 이론을 제시한다. 디오니시오스, 에크하르트, 헤겔의 이론처럼 급진적 정통주의의 이론(특히, 밀뱅크)은 십자가의 구체적인 사건을 사변철학에 동화할 위험이 있다

사랑을 넘어 믿음을 우선순위에 두는 것이 "모든 이단 중 가장 큰 이단"을 구성한다는 밀뱅크의 주장을 어떻게 평가해야 할까?

참여에 대한 언약신학에 따르면, 믿음은 분명히 회복에 대한 알맞은 결과와 범죄자의 반응이다. 그리고 소망은 그러한 신적 회복의 열매로서의

---

[82] Milbank, *Being Reconciled*, 100-101.

사랑과 함께 순례자들의 적절한 자세다. 사랑은 삼위일체 각 위격 사이, 삼위일체 하나님과 그의 언약 백성 사이, 전체 장초로 이어지는 언약 백성 사이의 실제 언약 관계의 틀 안에서 그것의 대가를 받는다.

그러나 잘못한 자만이 아니고 피해자에게 적대적인 자들 안에도 일어난 참된 사랑에서는 용서와 칭의가 유일한 근거다. 우리는 사랑에 의해 칭의되지 않는다는 바로 그 이유로 인해, 역절적이게도, 그리스도로 인해 만족된 빚을 넘어, 단순히 하나님에 대한 감사와 이웃에 대한 관심으로 사랑해야 한다는 의무에서 벗어날 수 있다. 언약적 설명은 존재의 추상적 위계질서에 우리의 주의를 집중시키기보다는 본질적으로 인격 간 관계로서의 사랑에 대한 더 풍부한 배경을 제공한다는 것이 필자의 견해다.

3. 새로운 핀란드 학파: 루터 대 루터파

필자는 특히 급진적 정통주의와 밀뱅크의 주장에 집중해 왔다. 신플라톤주의에 참여한 또 다른 이론들은 발전됐는데, 특히 소위 말하는 루터에 대한 새로운 핀란드 해석에서 그러하다. 특히 투오모 만네르마(Tuomo Mannermaa)와 관련된 이 학파는 루터에 대해 급진적인 해석을 추구해 루터파 신앙고백서를 포함한 전통적 해석과 날카로운 대조를 이룬다.

주로 러시아 정교회와의 대화에서 발전해 온 이들은 칼 브라튼(Carl E. Braaten)과 로버트 젠슨(Robert W. Jenson)의 업적을 통해, 특히 그들의 논문집인 『그리스도와의 연합』(*Union with Christ*)을 통해 영어권 사람들에게 소개됐다.[83]

신비한 연합(*unio mysticus*)에 대한 루터의 관심은 잘 알려져 있음에도 불

---

[83] 다음을 보라. n.45.

구하고, 헬싱키 학파는 일치 신조(the Book of Concord)에서 발견할 수 있는 칭의에 대한 엄격한 법정적 의미가 증거하는 것처럼, 루터가 루터파 전통에 의해 급히 사라진 참여에 대한 급진적 존재론적 개념을 갖고 있었다고 주장한다.

만네르마는 루터의 존재론에서 존재와 행위는 같아, 인간을 그리스도의 사역에서 분리할 수 없다고 주장한다.

> 인식론적 측면이 또한 이 존재론의 근거가 된다. 즉, 앎의 행위와 지식의 대상은 같다. … 하나님은 믿음의 대상이자 주제이고, 행위자이자 행위다.[84]

그러므로 칭의와 다른 모든 구원의 은혜는 하나님이 멀리 떨어져서 하신 행위가 아니고 신적 내주의 결과다. 그러나 만네르마에 의하면, 고백적 루터주의는 그리스도의 인격과 사역을 분리함으로 루터의 견해를 포기했다. 즉, 칭의를 내주하기 이전의 순전히 법정적 행위로 채택한다.[85]

우리가 개혁신학에서 열거한 주장은—말하자면, 칭의를 신비한 결합의 법정적 근거로 간주하는 것—루터파 정통주의에서도 마찬가지로 채택했다.[86] 따라서 "하나님의 내주"(inhabitatio Dei)가 확실히 주장되는 한편, 그것은 "이 '믿음의 의'의 결과, 말하자면, 죄의 용서로 간주"했다.[87]

그러나 만네르마는 루터에게 있어 신자의 의(칭의)는 전가에 의해서가

---

[84] Tuomo Mannermaa, "Why Is Luther So Fascinating?" in Braaten and Jenson, *Union with Christ*, 12.
[85] Tuomo Mannermaa, "Justification and *Theōsis* in Lutheran-Orthodox Perspective," in Braaten and Jenson, *Union with Christ*, 28.
[86] Tuomo Mannermaa, *Christ Present in Faith: Luther's View of Justification*, ed. Kirsi Stjerna (Minneapolis: Fortress, 2005), 4; quoting *The Book of Concord: The Confessions of the Evangelical Lutheran Church*, trans. and ed. Theodore Tappert (Philadelphia: Muhlenberg, 1959), 548-49.
[87] Mannermaa, *Christ Present in Faith: Luther's View of Justification*, 4.

아니라 그리스도의 내재하는 의에 대한 실제 존재론적 참여를 통해 구성된다고 확신한다. 헬싱키 학파는 믿음은 **곧 그리스도다**라고 하는데, 이는 오히려 오시안더(Osiander)가 더 적절히 말한 것처럼 보이는 것을 루터에게 전가하면서 한 말이다.

> 종교개혁가에 따르면, 의롭게 되는 믿음은 단지 그리스도의 공로로 인해 사람에게 전가된 용서의 접수만을 의미하지 않는데, 이는 일치 신조가 강조한 관점이다. 그리스도 안에서 진정한 나눔(참여)으로서의 "믿음"은 또한 그리스도 안에서 발생한 "복, 의, 생명"의 제도에 참여하는 것이다.[88]

로버트 젠슨은 교회일치주의의 잠재력 때문에 이 논문에 매력을 느낀다.

> 나는 루터 탐험가(*Lutherforscher*)로서가 아니라 조직신학자이자 교회일치주의자로서 루터에 대해 관심을 갖는다. 조직신학자로서 나는 일반적으로 루터에 관해서 이야기하는 것처럼 그에 관해 연구할 것이 거의 없다는 것을 발견해 왔다. 그런 루터에게 계속해서 호소하는 그런 종류의 루터주의는 교회일치주의 측면에서 볼 때 일종의 재앙이었다.[89]

젠슨은 루터의 **기독교적 자유**(Christian Liberty)에 대한 새로운 핀란드 학파의 해석을 만족스럽게 요약한다. 새로운 핀란드 학파의 해석은 "수용할 수 없는 것이나 다른 '루터주의' 항목들에 대한 전가나 무조건적 수용에 대한 어떤 것도" 언급하지 않는다.

---

[88] Mannermaa, *Christ Present in Faith: Luther's View of Justification*, 32.
[89] Robert W. Jenson, "Response to Tuomo Mannermaa, 'Why Is Luther So Fascinating?'" in Braaten and Jenson, *Union with Christ*, 21.

믿음은 의롭게 한다. 그 이유는 다음과 같다.

① 하나님이 말씀하신 것을 믿는 것은 첫 번째 큰 계명을 이루기 때문이다.

② 말씀에 귀 기울이는 영혼은 그 말씀처럼 거룩하고 의롭게 되기 때문이다.

③ 믿음 안에 있는 영혼은 신부가 신랑과 연합하는 것처럼 그리스도와 연합해 그와 "한 몸"이 되어 그의 의를 소유하기 때문이다.[90]

급진적 정통주의(특히, 밀뱅크)는 루터의 "법정주의"를 이른바 유명론자 헌신(nominalist commitment)의 산물로 보지만, 새로운 핀란드 학파는 루터를 결코 유명론자가 아니라고 주장한다.

오컴과는 대조적으로, 인간은 **자기 자신에 의한 존재**(ens per se)가 아니라 존재의 근거는 존재 밖에 놓여 있다는 의미에서 **참여에 의한 존재**(ens per participatum)다.[91]

그러나 이것은 루터에 관한 밀뱅크의 해석에 대한 비평일 뿐이다. 두 개 모두 유사한 존재론적 패러다임을 목표로 하지만, 헬싱키 학파는 표면상 신플라톤주의적 루터주의자가 루터주의의 "칭의론"에서 제외될 수 있다고 확신한다.[92]

---

90 Jenson, "Response to Tuomo Mannermaa, 'Why Is Luther So Fascinating?'" 23. 그러나 영혼은 거룩과 의에 관한 말씀이 된다는 견해와, 영혼은 본질적으로 말씀이 된다는 견해 사이에는 큰 차이가 있다. 전자에 따르면, 우리는 그리스도의 형상이나 모습에 일치한다. 후자에 따르면, 우리는 그리스도의 본질이다. 신앙고백적 개신교인들은 하나님의 공유적 속성과 비공유적 속성 사이의 차이를 항상 주장해 왔다. 그들은 하나님이 자신의 거룩과 의를 피조물과 공유하지만, 신적 본질(전지, 편재, 전능 등)은 공유하지 않는다고 주장해 왔다.

91 Jenson, "Response to Tuomo Mannermaa, 'Why Is Luther So Fascinating?'" 164.

92 그러나 Mannermaa가 Ockham과 Luther 사이에서 이끌어내는 대조는 하나님을 "존재의

칭의에 대한 이해가 고백적 개신교보다는 로마 가톨릭 이해에 더욱더 가까움에도 불구하고, 만네르마의 도발적인 논문은 오히려 "비잔틴" 루터를 반영한다. 만약 로마교가 믿음을 사랑의 대상에 관한 진리에 동의한 것으로 받아들여서, 주입된 은혜(*gratia infusa*)를 통한 사랑에 의해서만 활성화된다고 여긴다면, 루터는 사랑을 율법과 같은 것으로 이해한다. 하나님을 향해 분투하는 사랑은 행위를 통한 의와 같다고 만네르마는 이 부분을 정확하게 해석한다. 심지어 은혜에 의해 상승한 사랑도 인간이 행한 사랑으로 남는다.[93]

로마교의 입장인 "사랑에 의해 형성된 믿음"(*fides caritate formata*)은 "그리스 존재론에 의존한다. 그리고 사랑을 추구한다는 개념은 단지 부분적이고, 불완전하며, 불충분한 신성화를 의미한다."[94] 대조적으로, 루터는 사랑을 단순한 "사건"이라기보다는 "본질"로서의 그리스도 안에 있는 하나님의 은혜로 대체했다.[95] 그러므로 우리는 항상 우리 자신이 아니라 그리스도의 의로 의롭게 된다.

> 심지어 "우리 안"(*in nobis*)의 그리스도는 "우리 밖"(*extra nos*)의 그리스도이시다.[96]

실로, 루터의 가르침에 관한 만네르마의 구성에서, 신자는 성화에 있어서 실제로 선행의 주체가 아닌 것처럼 보인다. 만네르마는 다음과 같이 주장한다.

원리"(*principium essendi*)로서 삼는 루터주의와 개혁신학 체계에서 또한 명백하다.
93 Mannermaa, *Christ Present in Faith*, 23-24.
94 Mannermaa, *Christ Present in Faith*, 45.
95 Mannermaa, *Christ Present in Faith*, 25.
96 Mannermaa, *Christ Present in Faith*, 25.

그리스도인이 그리스도와 연합하기 때문에, 그의 행위는 그리스도 자신의 행위다.[97]

이러한 이유로 인해,

후기 루터파 신학을 특징짓게 된 칭의와 성화 사이의 엄격한 구분은 루터 신학에서 중심적 또는 구성적 구별(constitutive distinction)**이 전혀 되지 못했다**(강조는 첨가된 것).[98]

비슷한 융합으로 보자면, 성례에 있어서 "다른 상징들과는 대조적으로, 표현의 본질과 표현되는 것의 본질은 같다. 표현의 본질이 표현되는 것의 본질이다."[99]

합성하는 경향(synthesizing tendency)은 오시안더의 해석에서와 마찬가지로 만네르마의 해석에서도 종합적(comprehensive)이다. 즉, 칭의와 성화의 합성, 믿음의 행위자와 믿음의 대상 간의 합성, 신자와 그리스도의 합성이다. 그리스도의 인성은 붕괴되어 자신의 신성이 됐고, 성례의 상징들은 그저 의미된 실재**다**.

마지막으로, 오시안더처럼 만네르마의 해석은 믿음을 하나님의 본질적 의와 동일하게 다룬다. 믿음은 그리스도에게 **달려 있다**고 실제로 말한 루터의 직접 인용문을 제외하고서라도(도구적-내용적 구분을 가정하고),[100] 만

---

[97] Mannermaa, *Christ Present in Faith*, 50.
[98] Mannermaa, *Christ Present in Faith*, 49. 같은 쪽에서 Mannermaa는 그러한 "후기 루터파" 입장들을 자극하는 Osiander의 논쟁을 언급한다.
[99] Mannermaa, *Christ Present in Faith*, 83.
[100] 예를 들어, Mannermaa, *Christ Present in Faith*, 26에서 Luther를 인용한 것을 보라. "그러므로 믿음은 이 보물, 곧 현재의 그리스도를 붙들고 소유하기 때문에 의롭게 한다." 다른 표현으로, "그리스도는 믿음 자체 안에 있다." 문법 구조(*in ipsa fide Christus adest*)는 믿음(주체적 행위)을 단순히 그리스도(목적어)와 동일화하는 것에 대항한다. 믿음

제2부 제8장 신플라톤주의적 참여(Metathexis): "소외 극복하기" 349

네르마는 라이트(N. T. Wrght)가 개신교 교리로 오해하면서도 적절히 반박한 칭의 교리를 제공한다.

하나님의 본질적 의는 신자에게 전가되거나 이동된다고 성경에 기록되어 있지 않다. 오히려 그리스도가 자기의 영(Spirit)에 의해 신자들 속에 인격적으로 거하는 것을 기초로 해서, 전가되는 것은 그리스도의 능동적 및 수동적 순종이다. 그리스도는 참으로 믿음 **안에** 있지, 믿음**으로서** 있지 않으시다.

고백적 루터파(그리고 개혁파) 입장의 비평가들이 새로운 핀란드 관점이 호소력이 있다고 발견하는 동안, 루터파 학자들과 수많은 루터파 신학자는 루터에 관한 이런 해석이 형이상학적 및 교회일치주의적 입장에 너무 집착한 나머지 루터 자신의 글을 너무 함부로 다루지 않았나 종종 의심한다. 예를 들어, 로버트 콜브(Robert T. Kolb)는 이런 견해의 약점을 조사하면서 오시안더 논쟁과 관련 짓는다.

> 오시안더는 카발라(Kabbala, 유대교 신비주의 -역주)에서 훈련한 덕에 퓨어라(Peura)와 만네르마의 입장 뒤에 있는 것처럼 보이는 형이상학적 기초와 유사한 신플라톤주의적 전제를 획득했다.[101]

티모시 웬거트(Timothy Wengert)는 판단한다.

은 보물이 아니라, 보물을 잡는 것이다. 또는 다른 예로 43쪽을 보라. "믿음은 '반지가 보석을 가지듯이' 그리스도를 가진다(소유한다)." Mannermaa는 반지**가** 보석**이라는** 더욱 급진적 주장을 나타내는 어떤 인용문도 제공하지 않는다.

[101] Robert T. Kolb, "Contemporary Lutheran Understandings of the Doctrine of Justification," in *Justification: What's at Stake in the Current Debates*, ed. Daniel Treier and Mark Husbands (Downers Grove, IL: InterVarsity, 2004), 156 n. 9.

현대 교회일치주의적 관점과 구식 경건주의가 역사적 관점을 보는 주요 통로가 될 때 무슨 일이 발생하는지 보게 된다.[102]

데니스 비엘펠트(Dennis Bielfeldt)는 새로운 핀란드 학파가 루터신학이 신화(神化, theōsis)를 옹호한다고 과장해서 말했는지 의아해한다.

새로운 핀란드 학파는 (종종 초기 루터 작품에서) 주요 구절들을 발견하는 데 능숙하고, 신화(deification)를 중심으로 구축된 포괄적 조직신학 비전을 지원하기 위해 그것들을 기발하게 해석한다. 이것은 분명 신학적 이점을 가진다 (특히, 교회일치[ecumenical] 연구를 위해서는). 하지만 신칸트적 루터 학자들이 발견한 것이 그들 자신의 것을 반영한 것처럼, 그들의 연구 결과도 거의 자신들의 전제를 반영할 것이라는 생각 때문에 나는 가끔씩 불안하다.[103]

루터파 전통 밖에서도 도전장이 날아왔다. 신약학자인 마크 세이프리드(Mark Seifrid)는 묻는다.

내가 이 "참여"적 접근법이, 대부분이 절대화하지 말라고 옳게 지적한 "실체적" 개념처럼 보이기 시작한다고 생각하는 것은 잘못된 것인가?
루터는 그리스도가 어떻게 믿는 자 안에 존재하시는지에 대한 존재론적 질문에 참여하는 것을 거부하므로, "관계형"(relational) 사상과 적대적인 "참여형"(participatory) 또는 "실질적"(substantial) 사상에 확실히 반대한다.[104]

---

[102] Timothy Wengert, review of *Union with Christ,* in *Theology Today* 56 (1999): 432-34; 참조. Timothy Wengert, "Melanchthon and Luther/Luther and Melanchthon," *Lutherjarhbuch* 66 (1999): 55-88.

[103] "Response to Sammeli Juntunen, 'Luther and Metaphysics,'" in Braaten and Jenson, *Union with Christ*, 163.

[104] Mark Seifrid, "Paul, Luther, and Justification in Gal 2:15-21," *Westminster Theological Journal* 65, no. 2 (2003): 227.

개혁파 역사신학자 칼 트루먼(Carl R. Trueman)이 지적했듯이, 새로운 핀란드 학파가 호소하는 거의 모든 루터의 저술은 『시편 강의』(Dictata super Psalterium, 1513-16)나 『로마서 주석』(Romans, 1515-16)과 같이 "종교개혁 전의" 작품이기에, 그들은 사상이 성숙하고 발전하는 역사적 인물로서의 루터와 상호 작용하는 데 실패한다.

그러나 로마서 주석을 인용한 만네르마의 글로 돌아가서 그 구절들이 있는 문맥을 읽으면, 루터는 사실 여기에서 만네르마가 주장한 대로 죄와 의의 즐거운 교환이 아닌 오히려 옛사람과 새사람을 입은 신자의 역설적 실재(paradoxical reality)에 대해 논한다. 참으로, 그 구절은 신자와 그리스도 사이의 연합에 관한 명시적(explicit) 언급이나 대화를 포함하지 않아 만네르마가 주장하려는 논조에 적합하지 않다.[105]

루터의 『갈라디아서 주석』(Galatians)이 쓰인 용도는 "서문에 제시된 더 큰 신학적 틀"과 정확하게 상충되는 본문의 주요 흐름에 있는 의에 관한 그의 가르침의 해석(특히, 하늘과 땅의 구별)을 유사하게 추진한다.[106]

트루먼은 하나님 앞에서(coram deo)의 의와 시민적(coram hominibus, 사람들 앞에서) 의, 전가된 외재적 의와 분여된 내재적 의, 그리고 종교개혁가가 복음주의 신학에서 전형적이라고 여겼던 관련된 구분들에 관한 루터의 논의를 언급한다. 그 서문에서 루터는 경건하지 않은 사람을 의롭게 한다고 할 수 있는 유일한 의는, 신자 안에서 형성된다기보다는 신자에게 전가된 외래적 의(iustitia alienum)라고 강조한다.

---

[105] Carl R. Trueman, "Is the Finnish Line a New Beginning? A Critical Assessment of the Reading of Luther Offered by the Helsinki Circle," *Westminster Theological Journal* 65, no. 2 (2003): 236.

[106] Trueman, "Is the Finnish Line a New Beginning? A Critical Assessment of the Reading of Luther Offered by the Helsinki Circle," 238.

> 명백한 질문은 이것이다. 즉, 신화(*theōsis*)와 유사한 방식으로 그리스도 안의 참여가 루터에게 그렇게 중요하다면, 왜 『갈라디아서 주석』 서문에서 이것에 대한 주요 사전 논의가 없으며, 다른 구별들에 대해 그토록 많은 논의가 있는가?"

트루먼의 비평에 대해 로버트 젠슨은 말한다.

> 여기(갈라디아서)에서 "전가하다"는 결코 법적 능력 행위를 나타내지 않는다. 어떤 것을 전가하거나 전가하지 않는 것은 판단한다는 것이고, 법정에서와 마찬가지로 대부분 판단은 사실에 관한 판단이다. … 존재적 사실(ontic fact)에서 죄인과 그리스도는 하나의 윤리적 주체를 만들고, 비록 죄인이 느끼지 못해도, 죄인의 불의를 옛 아담의 과거 시제로 격하하면서, 그리스도의 신적 의는 죄인의 불의를 제압하기 때문에 하나님은 죄인을 의롭다고 판단하신다. … 분명히 루터가 옳고 대부분 개신교주의는 틀리다.[107]

놀랍게도, 젠슨은 루터가 『갈라디아서 주석』 서문과 다른 곳에서 분명히 거부하는 것을 루터가 가르치는 것으로 해석한다. 즉, 칭의는 사건의 새로운 상태를 창출하는 판결이라기보다는 사건의 상태에 관한 "사실의 평가"(분석적)다.

특히 일치 신조(the Book of Concord)에 있는 많은 "루터파" 요소를 루터가 작성하고 그의 감독하에 그와 가까운 사람들이 초안을 작성했다는 사실을 고려할 때, 불연속성(discontinuity)보다는 오히려 더욱 세련되게 개선됐던 흔적이 발견됨은 당연하다. 오시안더가 루터의 초기 저서의 몇 가지 진술

---

[107] Robert W. Jenson, "Response to Mark Seifrid, Paul Metzger, and Carl Trueman on Finnish Luther Research," *Westminster Theological Journal* 65, no. 2 (2003): 249.

에 있어서 실체적 연합(substantial union)에 관해 완전히 발달한 신학을 어느 정도는 개발했을 가능성이 상당히 높다.

하지만 루터의 성숙한 가르침은 하나님의 심판대 앞에 당당히 설 수 있게 하는 **우리 안에서의** 의를 발견하려는 어떤 시도도(심지어 그리스도와의 연합에 의한다고 할지라도) 단호히 반대했음이 꽤 확실해 보인다.

그런데도 헬싱키 학파는 오시안더의 입장을 네스토리우스주의적 성향을 제외하면 루터의 것과 같게 여긴다. 그리고 신헤겔주의적 신학들은 그러한 입장에서 추측에 근거한 존재의 화해(reconciliation of being)를 위한 풍부한 원천을 당연히 발견하는데, 이는 신약의 불경건한 자들과의 화해와는 사뭇 다르다.[108]

젠슨은 트루먼에 대한 자기의 반응에서, 마치 트루먼이 한 비평의 진정한 동기가 루터파와 개혁파 사이의 분열을 나타내기 위한 것이라고 말하며, 주제를 바꾸어 결론 내린다.

> 여기서, 나는 우리가 단순히 옛 고해의 벽(old confessional wall)을 쳤다고 생각한다. 즉,

---

[108] 다음을 보라. Robert Jenson, *Systematic Theology*, vol. 1 (New York: Oxford University Press, 1997), 309, 311, 340-44. 심지어 Osiander의 교리에 관한 "네스토리우스주의적" 함축들조차도 필란드 학파에서 완전히 제거되지 않았다. 예를 들어, Mannermaa는 Luther를 "행복 교환"의 장소에서 그리스도 인격 안에 있는 "가장 심오한 모순"을 붙잡고 있다고 해석한다. "그리스도는 자기의 신적 본성으로 말미암아 '신적 힘, 의, 복, 은혜, 생명'이시다. 신적 속성들은 그의 인성 안에서 종결된 죄, 사망, 저주와 싸우고 그것들을 극복한다"(Mannermaa, *Christ Present in Faith*, 16). 따라서 승리자 그리스도(Christus Victor)라는 주제는 그리스도 자신의 인격 안에 들어간다. 즉, 이는 두 본성 사이의 전투인데, 그중 하나는 본질적으로 마귀, 죄, 법, 저주이고, 다른 하나는 신성, 의, 생명이다. Todd Billings는 Osiander에 대한 Calvin의 반박에서 십자가의 중요성을 필자에게 지적했다. 만약 죄의 용서가 아닌 신자에게 부어진 하나님의 본질적인 의가 그리스도와의 연합의 목표라면, 그리스도의 십자가 위에서의 사역은 불필요하게 된다. 이 논쟁에 관한 최상의 논의는 Todd Billings, *Calvin, Participation, and the Gift: The Activity of Believers in Union with Christ* (Oxford: Oxford University Press, 2007), 제2장을 보라.

초키릴로스주의적(hyper-Cyrillean)이 되는 것은 좋은 일인가, 아니면 나쁜 일인가?

나는 수 세기 동안 칼빈주의자들과 루터주의자들을 나눈—츠빙글리주의자들은 범위에서 벗어난다—기독론적 및 성례론적 차이가 교회를 분열시켰다고 생각한다. 그러나 그러한 차이들은 실제로 존재하고 그 자체로서 중요하다. 즉, 내 판단으로는, 그야말로 실체에 관한 모든 해석 두 가지가 여기에서 충돌하는데, 중재의 가능성이 없어 보인다. 나는 아마도 내 **조직신학**에서 그 방향으로 어떤 진전을 이뤘지만, 내 개혁파 친구들로부터의 비판은 계속 줄어들지 않았다고 생각했다.[109]

루터신학과 개혁신학에서 형이상학적 가정은 분명히 다르지만, 더욱 큰 차이점은 정교회/로마 가톨릭의 존재론적 패러다임과 루터파/개혁신학들의 법정적 의미의 강조에 있을 뿐만 아니라, 근대(젠슨의 신학을 포함해서)와 전근대 신앙고백 전통 사이의 큰 교리적 체계에도 있다. 젠슨과 만네르마는 루터에 관한 자기들의 해석이 고백적 루터파 전통과 반대된다는 점을 깨닫는다.

종교개혁가들과 그들의 계승자들에게서 중세 존재론의 잔재를 확실히 발견할 수 있다. 그런데도 만네르마의 루터가 NPP보다 더 많은 논란을 일으켰는지에 대해 의문을 갖는다. 외부 및 내부 논쟁을 통해, 전통은 패러다임 전환에 의해 야기된 통찰력을 개선한다.

다음 장에서 필자는 종교개혁가들의 비판적 통찰력의 결과로서, 우리 전통이 더욱 깊이 개선되어야 한다고 주장할 것이다. 이 말이 새로운 핀란드 학파(급진적 정통주의와 함께)에서는 루터를 신플라톤주의적으로 해석함을 의미하지만, 필자에게는 신플라톤주의에서 멀어지게 하는 운동을 의미한다.

---

[109] Jenson, "Response on Finnish Luther Research," 250.

바르트는 새로운 출생(the new birth)에 관한 현대 이론의 많은 부분을 "위로부터의 주관주의" 또는 "밑으로부터의 주관주의"로 특징지었다. (바르트가 "그리스도 일원론자"[christomonist]라고 비꼬면서 지시한) 첫 번째 관점에서,

"우리 안에서"(*in nobis*), 즉 인간 자신의 해방은 예수의 역사(History)에서 예수가 성취한 해방 행위의 단순한 반영인 부가물로서, "우리 밖에서"(*extra nos*)다. 따라서 예수 그리스도는 진정으로 사역하는 유일한 주제로서 근본적으로 홀로 있다.[110]

인간 중심적인, "밑으로부터의 주관주의"에서 인간의 결정과 회심은 그 자체로 구원적이다.

이러한 이해는 그에게 권력을 행사하고 약속의 말씀으로 그에게 말하는 구체적 타자(Other)를 위한 자리를 허락하지 않는다. 그러므로 변화는 진정으로 다른 사람의 행동, 그의 말에 대한 응답, 감사의 행동에 대한 반응의 성격을 갖지 못한다.[111]

주관주의에 관한 이 두 적대적 유형은 본질적으로 일원론적(monistic)이다.[112] 대체로, 필자는 이것들을 만네르마와 밀뱅크의 제안들을 각각 대표하는 것으로 여긴다. 참여에 관한 밀뱅크와 만네르마의 신플라톤주의적 개념에 반해, 종교개혁가들과 특별히 그들의 계승자들은 그러한 "참여를 통한 존재"(*ens per participatum*)를 하나님의 말씀과 성령으로 중재되는 것으

---

110 Karl Barth, *CD* IV/4:19. 물론, 이것은 많은 사람이 Barth의 입장을 특징짓는 방식이다. 그의 *Church Dogmatics*의 마지막 부분은 어느 정도 약간의 이동을 반영하는데, 필자는 이것들을 Barth 학자들의 몫으로 남겨 두겠다.
111 Karl Barth, *CD* IV/4:20.
112 Karl Barth, *CD* IV/4:20.

로 이해했다.

필자는 하나님이 의롭다고 선언한 것에 바탕을 둔 법정적 및 언약적 존재론이 플라톤주의적 존재론과는 근본적으로 다른 패러다임을 나타낸다고 주장해 왔다. 그러나 우리는 이후의 장들에서 그리스도와의 연합이라는 선물들을 논하면서 이 주장에 관한 그 진위를 결정할 것이다. 비평에서 출발해서 구성으로 돌아가면서, 다음 장은 법정적 원천으로서의 칭의와 함께 언약적 존재론의 대략적 개요를 제안할 것이다.

제9장

언약적 참여(*Koinōnia*):
"낯선 자 만나기"

낯선 자들이 만나는 장소인 언약은 멀기도 하지만 가깝다.

여호와를 경외하는 것이 지식의 근본이거늘(잠 1:7).

"하나님은 소멸하는 불"(히 12:29)이시기 때문에 우리는 거리를 유지하려는 감각을 가질 필요가 있다.

살아 계신 하나님의 손에 빠져 들어 가는 것이 무서울진저(히 10:31).

그러므로 종교개혁가들과 그들의 계승자들은 하나님이 우리를 찾았던 곳에서 하나님을 찾으라고 경고한다. 그리스도 안에서의 은혜 언약에서 하나님을 찾지, 하나님의 숨겨진 위엄을 통해 하나님을 찾지 말라고 경고한다.

그런데도, 우리는 믿음으로 "가까이 오라"는 위대한 왕의 초대를 감히 거절하지 않는다.

그러므로 형제들아 우리가 예수의 피를 힘입어 성소에 들어갈 담력을 얻었나니 그 길은 우리를 위해 휘장 가운데로(말하자면, 그의 육체를 통해) 열어 놓으신 새로운 살 길이요 휘장은 곧 그의 육체니라 또 하나님의 집 다스리는 큰 제사장이 계시매 우리가 마음에 뿌림을 받아 악한 양심으로부터 벗어나고 몸은 맑은 물로 씻음을 받았으니 참 마음과 온전한 믿음으로 하나님께 나아가자 또 약속하신 이는 미쁘시니 우리가 믿는 도리의 소망을 움직이지 말며 굳게 잡고 (히 10:19-23).

그리스도와의 연합과 은혜 언약은 단순히 관련된 주제가 아니라, 같은 하나의 실체에 관한 서로 다른 방식의 이야기다. 그러므로 법정적 및 변형적(transformative) 차원들만이 이해될 뿐만 아니라, 구원론과 교회론 또한 불가분의 관계로 간주한다. 우리가 그리스도 안에서의 존재를 말하거나 언약 안에서의 존재를 말하든지 간에, 그리스도가 바로 중보자이시다. 그리고 은혜 언약 안에서 그리스도와 내적으로 연합되는 것과 단순히 외적 및 가시적 의미에 속해 있는 것은 다르다.

이스라엘에게서 난 그들이 다 이스라엘이 아니요 (롬 9:6).

외적 실행에서의 언약은 선택보다 폭넓다. 그런데도, 구속에 관한 영원한 언약이 역사에서 실현되는 것은 오직 은혜 언약 안에서뿐이다.

연합에 관한 언약적 서술을 소개하고(제7장) 그것을 신플라톤주의와 대조한 후(제8장), 본 장에서는 구원 서정(ordo salutis)과 관련된 언약적 존재론의 가능성을 탐구할 것이다.

1. 언약적 존재론: 가능한가?

선택, 칭의, 성화에 관한―아마도 교리에 관한 다른 주제들도 마찬가지로―언약적 관점을 토론할 수는 있다.

그러나 우리는, 성경적-신학적 주제가 그 자체의 존재론적 틀을 만들어 낸다는 것을 제안함으로, 너무 많은 성경적-신학적 주제를 기대하지는 않는가?

확실히, 이에 대한 여러 반론이 있다.

첫째, 단순함의 위협은 항상 있다. 칸트 이후 신학은 형이상학을 초월할 수 있다고 가정하면서, 부정하는 태도를 보여 왔다. 그러나 이 문제는 형이상학적 질문에 관한 것이 아니다. 이 문제는 신학이 철학적 분석의 한 종류인지 여부에 관한 것이다.

17세기 개혁신학자인 프란시스 튜레틴(Francis Turretin)은 같은 주제들을 다룰 때조차도 신학은 형이상학과는 다른 방식으로 그것들에 접근해야 한다고 지적했다. 거룩한 영역에서 자연의 빛을 따르는 것은 안전하지 않다. 그리스도가 언약의 중보자로서 우리에게 주어진 것처럼, 우리는 그리스도 안에 있는 구속자인 하나님의 계시에 의해 인도되어야 한다.

> 이런 방식을 고려할 때, 우리는 다른 과학적 방법에 대해 모를 뿐만 아니라 가정하지도 않는다.[1]

둘째, 이스라엘에 관한 그리고 이스라엘을 통한 하나님 계시의 역사에

---

[1] Francis Turretin, *Institutes of Elenctic Theology*, ed. J. T. Dennison Jr., trans. G. M. Giger, vol. 1(Phillipsburg, NJ: P&R Publishing, 1992), 17. Turretin은 덧붙인다. "철학적 교리와 신학적 교리를 섞어서 이방인들을 기독교로 개종하기 위한 노력의 일환으로, Justin Martyr, Origen, Clement of Alexandria, 스콜라 철학자들"의 체계를 사용했지만, "이는 선지자들과 사도들의 증거보다는 Aristotle와 기타 철학자들의 사상에 더 의존하기 때문에 신학적이라기보다는 철학적이다. 오늘날 소키누스주의자(Socinians)도 철학을 믿음의 기초와 성경 해석자의 성채로 삼아 같은 방법론을 따른다." 그래서 Turretin은 개혁신학이 "철학은 신학과 서로 대립되므로" 절대로 사용해서는 안 된다고 주장하는 입장과 신학 체계와 철학 체계를 혼합하자는 입장의 "중간"을 채택한다고 말한다(44).

의해 지원받은 언약적 존재론은 많은 경쟁자보다 덜 정교하고 덜 사변적이라는 데에는 의심의 여지가 없다. 그것은 모든 세대의 학자들을 괴롭혀 왔던 여러 가지 문제에 관한 만족스러운 철학적 결론을 제공하지 않을 것이다. 그것은 추상적 사고의 현기증 나는 수준에서 일상적 역사의 잡다한 것에 이르기까지 우리를 끌어들일 것이다.

언약적 존재론은 그것과 경쟁 관계에 있는 이론들과 비교할 때 약간은 스파르타식처럼 보일 것이다. 그러나 언약적 존재론은 신학이 영적 및 지적으로 재능 있는 자의 사색이라기보다는 과학이라고 불릴 수 있게 하는 제한된 종류, 범위, 기준 안에서 움직인다.

이러한 자격들로, 필자는 기독교 교리의 자료에서(특히, 여기에서는 복음 그 자체) 우리의 존재론을 개발하는 것은 가능할 뿐만 아니라 오늘날 중요하다고 생각한다.

개혁파 전통은 언약신학과 관련해 존재론과 형이상학의 재고와 함께 충분히 진척했는가?

2. 언약적 존재론의 개요

현시대는 참여를 강조하는데, 이를 통해 우리는 그리스도의 인격과 연합되어 있음을 상기한다. 루터와 마찬가지로 칼빈도 이 점을 강조했다. 즉, 그리스도의 인격을 제외하고는 그리스도 사역에 참여할 수 없다.[2]

우리는 단지 그리스도가 주는 선물의 상속자일 뿐만 아니라, 바로 그의 생명의 상속자인데, 우리는 성령의 내주하심을 통해 그의 생명을 지금 누리

---

2 예를 들어, John Calvin's *Institutes* 1.13.14; 1.15.6; 3.2.24뿐만 아니라 본서 제7장의 인용문들을 보라.

고 있다. 종말에는 찬란한 위엄 속에서 "얼굴과 얼굴을 대하여" 그를 볼 것이다(고전 13:12). 그리스도의 죽음과 부활에서 연합할 뿐만 아니라(롬 6:1-23; 참조. 1:3-4; 4:25; 고전 15:35ff.), 하나님의 영원한 선택 안에서 그리스도와 연합하고(엡 1:4, 11; 딤후 1:9 등), 그의 성육신에는 갑절로 연합한다(히 2:14-18; 4:14-5:10). 신부는 언젠가 혼인 잔치의 아내가 될 것이라고 우리는 확신하는데, 혼인 잔치의 실재는 이미 말씀과 성례에서 명백히 나타났다.

그런데도, 우리가 누리는 이 결합은 비인격적 과정으로서의 유출이나, 참여의 사다리, 또는 주입된 자질(infused habits)에 의해서가 아니라, 성령에 의해서 적용된다.

그런데 성령은 불경건한 자에게 믿음을 주셔서 그리스도에게 매달려 칭의되게 하시고 그의 종말론적 생명으로의 교제로 그리스도와 연합되게 하신다. 중보는 원리나 과정이 아니라 한 위격에 있다. 예수 자신이 천사들이 오르락내리락하는 야곱의 사다리이시다(참조. 창 28:10-22; 요 1:43-51).

> 하나님은 한 분이시요 또 하나님과 사람 사이에 중보자도 한 분이시니 곧 사람이신 그리스도 예수라 그가 모든 사람을 위하여 자기를 대속물로 주셨으니 기약이 이르러 주신 증거니라(딤전 2:5-6).

창조와 구속은 이 하나의 위격적 말씀(hypostatic Word)에 의해 중보되는데, 이 말씀의 유일하고 반복 불가능한 하강과 상승은 그의 부활에 이미 나타난 새 창조로의 우리의 참여를 보장한다.

1) 언약 연합(*Koinōnia*)과 신플라톤주의적 참여(*Metathexis*)

친교(fellowship), 교제(communion), 나눔(sharing), 참여는 성경의 언약 영역에 속한다. 신약에서 '에코'(*echō*, 가지다)는 사람이나 사물을 소유한다는 의미로 종종 사용된다. '메테코'(*Metechō*)는 '나누다' 또는 '참여하다'를 의미한다.³ 플라톤에게 있어 개체들(particulars[appearances, 나타남])은 참여의 방식에 의한(*metochē*) 영원한 생각이나 형태와 관련이 있다. 반면 플로티누스(Plotinus)에게 있어서 "이것은 범신론적이고 신비한 신적 존재를 갖는 개념으로 넓어졌다"라고 아이클러(J. Eichler)는 지적한다.

> 후기 철학에서 '누스'(*nous*, 정신)은 더 이상 인격적 특성을 갖지 않는 세속-영혼(world-soul)이 됐다. 인간은 더 이상 '누스'나 '로고스'(*logos*, 이성)를 갖지 않는다고 일컬어진다. 대신에 사람은 그것들에 참여한다(*metechō*)고 했다.⁴

특히 기독교 신학은 (필로[Philo]에 뿌리를 두는) 오리겐과 알렉산드리아 학교를 통해, 절대에서 궁극적으로 파생되어 높은 형태에 참여하는 낮은 형태의 존재와 함께, 존재에 관한 우주적 사다리(cosmic ladder)의 개념에 영향을 받았다. 이 구도에서 창조는 존재의 극단까지 도달하는 신적 방출(emanation of divinity)로서 한 분인 하나님에게서 나온다. 특정한 성경의 교훈들은 형이상학적 유산의 관점에 도전하거나 이를 제한했다. 그러나 그런 세계관은 본질적으로 중세 플라톤주의, 스토아주의, 신플라톤주의의 것이었다.

비록 이런 표현들(*echō* 또는 *metechō*)은 헬라화된 팔레스타인 지역에 나타나긴 하지만, 히브리 성경의 헬라어 역본(LXX)에는 빠져 있다. 아이클러는 다음과 같이 말한다.

---

3   J. Eichler, "Fellowship, Share, Have, Participate," in *The New International Dictionary of New Testament Theology: A-F*, ed. Colin Brown, a translation and revision of Lothar Coenen, Erich Beyreuther, and Hans Bietenhard, *Theologisches Begriffslexikon zum Neuen Testament* (Grand Rapids: Zondervan, 1975), 636.
4   Eichler, "Fellowship, Share, Have, Participate," 636.

'에코'(echō)라는 말은 실제로 후기 에스더서의 구절을 제외하고는 구약의 어떤 구절에도 나타나지 않는다. 한편, 하나님이 언약을 통해 자기 백성에게 보증하신 그 관계는 신약이 소유의 개념에 관한 신학적 사용을 진술하도록 근거를 제공한다.[5]

"소유"의 관념은—특히, 하나님이 우리를 소유하고 우리는 그리스도 안에서 그를 소유한다는 관념—신약에서 특히 바울서신에 나타난다.[6] 예를 들어, 우리는 영생을 소유한다는 표현을 접하게 된다(요 5:24; 요일 5:12; 요이 9, 바울서신, 히브리서).

이런 식으로 요한은 약속된 구원의 시간이 그리스도와 함께 나타남을 보았던 세례 요한의 선지자적 종말론적 메시지를 채택한다. 이것이 바로 요한서신을 공관복음 및 바울서신과 연결하는 주제다. 구원은 현재 이루어지지 않았다는 후기 유대 묵시 문학의 사상이 바로 이 뒤에 있다. 이는 구원은 소수의 재능 있는 선지자들에게만 나타나기 때문이다. 구원은 오직 미래에만 온전히 나타날 예정이다. 그러나 요한과 다른 신약성경 기자들은 이 생각을 거부한다. 현시점에서 현재 신자들은 하나님과의 화평(롬 5:1), 그의 피를 통한 구속(엡 1:7; 골 1:14), 구원을 위한 하나님의 은혜로운 목적으로의 접근(엡 3:11)을 이루기 때문이다. 지금이 구원의 시간이다(고후 6:2). 그리스도 안에서 완전한 구원으로서의 생명은(요 3:16, 36) 지금 시작된다.[7]

---

[5] Eichler, "Fellowship, Share, Have, Participate," 637.
[6] Eichler, "Fellowship, Share, Have, Participate," 637. 또한, 복음서는 '에코'(echō)를 귀신 들림과 관련해서는 '귀신에게 사로잡히다'(daimonion echein)라는 의미로, 다른 몇 개의 문맥에서는 '자녀를 가진다'는 의미와 하나님을 그들 '신앙의 대상으로 가진다'는 종교 지도자들의 주장을 가리킬 때 사용한다.
[7] Eichler, "Fellowship, Share, Have, Participate," 638.

특히 바울에게, 이 종말론적 "가짐"(having)은 그리스도의 영을 '아라본'(arrabon, 보증)이나 완성의 첫 열매로서 소유하는 것의 결과다.[8] 따라서 성령은 지금 그리스도 안에서 나누는 열쇠일 뿐만 아니라 내세의 실체들 안에 있다.

'메테코'(Metechô)와 '코이노네오'(koinōneō)는 동의어이고, 바울은 이 용어들을 같은 의미로 사용한다.[9] 공유하거나 참여하는 것(koinōneō)은 공유자들(koinōnia)의 교제나 친교를 형성하고 각 참여자를 동반자, 동지, 공유자(koinōnos/synkoinōnos)로 만들면서, 누구 또는 무엇을 공통(koinos)으로 소유하는 것이다.

이 단어가 언약신학에서 두드러지게 나타난다는 점은 놀랍지 않다. 이 단어는 인간과 신들 사이의 관계를 언급하기 위해 헬라 문헌에서 사용됐지만, 70인역에서는 이런 관계를 나타내는 데에 절대로 사용되지 않았다.[10] 이 단어는 헬라 문헌에서 교우 관계와 시민의 긴밀한 유대를 나타내는 데에 가장 일반적으로 사용된다.[11]

이 단어는 그리스도 안에서 종말론적 왕국의 출현과 더불어, 하나님 아버지가 주시는 모든 복을 그리스도와 함께 공동으로 상속하는 성도의 교통을 설명하는 중요한 방법이 됐다. 바울은 이 단어를 13회 사용한다. 이 단어는 사도행전 4:32 이하에서 재화(material goods)의 공동체적 소유를 나타낼 때 사용되고, 사도행전 2:42에서는 축제 모임에서 언약 '카할'(qahal, 회중)의 공동 예배를 가리킬 때 사용된다.

새텐만(J. Schattenmann)에 따르면, '코이노니아'(koinōnia)에 관한 바울의 개념은 헬레니즘 및 유대교와 달랐다. 이전과는 달리, 바울이 생각한 교제

---

8 Eichler, "Fellowship, Share, Have, Participate," 638.
9 J. Schattenmann, "Fellowship," in *The New International Dictionary of New Testament Theology: A-F*, 639.
10 Schattenmann, "Fellowship," 640.
11 Schattenmann, "Fellowship," 640.

는 어떤 세속적 사회와도 일치하지 않지만, 항상 "성도의 교제"(고전 1:9), "성령의 교제"(고후 13:13), "복음 안에서의 교제"(빌 1:5), "믿음의 교제"(몬 6절), 그리고 고린도전서 10:16에 있는 그리스도의 몸과 피 "에 참여함"이다. 새텐만은 다음과 같이 지적한다.

> 이 새로운 존재는 신비주의(mysticism)와 신비 종교들(mystery religions)이라는 의미에서가 아니라, 예수의 죽음, 장사, 부활, 영광으로의 연합이라는 의미에서 신성화(divinization)다.
>
> 그것은 인격의 제거나 혼합이 아니라 죄 사함을 바탕으로 한 새로운 관계다. 바울은 이것을 역설 속에서 표현했는데, 이것은 바울이 은유들을 만들고 혼합했던 새로운 표현들이다. 바울은 이 은유들을 '코이노니아'를 제시하고 신비주의적 이해를 막는 데 사용했다. 여기에는 다음과 같은 것들이 포함된다. 즉, '시젠'(syzen, 함께 산다, 롬 6:8; 고후 7:3), '심파스체인'(sympaschein, 함께 고난받는다, 롬 8:17), '시스타우루스타이'(systaurousthai, 함께 십자가에 못 박히다, 롬 6:6), '시네게이레스타이'(synegeiresthai, 함께 부활하다, 골 2:12; 3:1; 엡 2:6), '시주포이에인'(syzōopoiein, 함께 살아난다, 골 2:13; 엡 2:5), '신도카제인'(syndoxazein, 함께 영화롭게 하다, 롬 8:17), '신클레로노메인'(synkleronomein, 함께 상속받는다, 롬 8:17), '심바실레우에인'(symbasileuein, 함께 다스린다, 딤후 2:12).[12]

신약성경의 문맥에서(벧후 1:4을 포함해), '코이노니아'(또는 같은 어원의 단어들)는 "그리스도와 하나님의 신비한 혼합"을 결코 가리키지 않는다. 이것은 "믿음 안에서 교제"를 가리킨다.[13]

---

[12] Schattenmann, "Fellowship," 643.
[13] Schattenmann, "Fellowship," 644.

신약에서는 믿음, 세례, 성령, 그리스도와의 연합 사이에 긴밀한 관계가 있다(롬 6:1 이하; 고전 10:1 이하; 12:13; 골 2:11-13). 그러므로 그리스도의 순종은 법적 및 연합적 연대로서 우리의 것이다(롬 5:12-21). 그러나 그것은 또한 우리 안에 있는 역동적 효과다. 즉, 그리스도께서 죽은 자 가운데서 살아나신 것과 같은 능력은 **우리 안에 역사하고 있다**(롬 6:1-9; 엡 1:18-22).

그러므로 '코이노니아'는 그리스도의 몸이라고 불리는 곳에서 믿는 신자들이 서로 내주하는 깃으로 삼위일체 위격들이 상호 내주하는 유비적 참여(analogical participation)를 포함한다(요 14:20-23; 17:20-23). 그리스도는 우리의 본성이 여하튼 이동되거나 혼합된 것처럼 직접적으로 또는 본질적으로 우리 안에 거하지 않으시고, 그의 영에 의해 거하신다(골 1:27). 이것은 우리가 하나님의 "소중하고 위대한 약속"을 통해 지금 "하나님의 본성에 참여한다"는 의미다(벧후 1:4).

주의 만찬은 그의 성육신된 육체와 피 안에서, 그리고 그의 언약적 몸으로서 서로 안에서 교제하고 참여하는(*koinōnia*) 것이다(고전 10:16-17).

결과적으로, 신약 저자들은 존재에 있어서 일반적 참여가 아닌, 우리 구속의 장소로서 그리스도와의 연합을 말한다. 칼빈은 대표성을 통해 그리스도 동정녀 잉태에서의 우리의 순수함, 그의 세례 안에서 성령으로 기름 부음 받은 우리, 그의 무덤 속의 우리의 수치, 그의 부활 안의 우리의 생명, 그리고 공동 기도서의 대연도(大連禱, the Great Litany)에 또한 반영된 것으로 그리스도가 오순절 날 보낸 성령의 선물을 발견하도록 격려한다.[14]

라이트(N. T. Wright)는 바울이 '크리스토스'(*Christos*)와 관련해 전치사 '에이스'(*eis*)를 거의 항상 사용함을 발견한다. 가장 좋은 설명은 "크리스토스(Χριστός)의 용법은" 그리스도 백성의 대표자로서 "포합적"(incorporative) 그리스도로 사용된다는 것이다. 이 특별한 사람, 예수는 이스라엘의 메시

---

[14] Calvin, *Institutes* 2.16.19.

야(*Messiah*)라는 것이 핵심이다.

그러나 왜 "메시야"는 그러한 포괄적 의미를 가져야 하는가?
분명히, 많은 사회와 고대 이스라엘이 왕권을 이해할 때 그들만의 고유한 방식으로 하므로, 그 왕과 그 백성은 한쪽에게 진리인 것은 원론적으로 다른 쪽에서도 진리가 된다는 방식으로 서로 묶여 있다.[15]

이것이 바로 그리스도 안에서 세례받는다는 의미다.[16] 로마서 6:3에서 "크리스토스(Χριστός)는 '메시야 백성'의 속칭이다."[17] 그러므로 사람들의 혼합이나 심지어 정체성과 차이점 사이의 어떤 참여에 관해서도 의문의 여지가 없다.

언약적 이해에서, 논쟁이 존재와 존재(beings-and-beings)로부터 종주(suzerain)와 봉신-대표자(vassal-representative) 사이의 윤리적 관계들로 옮김에 따라 개인주의와 집단주의는 저항을 받는데, 봉신-대표자는 봉신-백성(vassal-people)을 대표하고(또한, 통합하고) 종주와 그들의 관계를 중재한다.

라이트가 말하듯이, 다니엘 7장, 시편 8편, 창세기 1장, 이사야 45장(특히, 23절)은 모두 우리가 그동안 고찰한 생각들(이스라엘의 순종, 아담의 순종, 인간 및/또는 그 순종에 의한 이스라엘의 현저한 위치로의 승귀[exaltation])을 지지한다.[18] 바울은 기본적으로 이사야서에 있는 종의 노래에 관한 주제를 다룬다.[19]

모나 후커(Morna D. Hooker)는 다음과 같이 결론 내린다.

15　N. T. Wright, *The Climax of the Covenant: Christ and the Law in Pauline Theology* (Edinburgh: T&T Clark, 1991), 46.
16　Wright, *The Climax of the Covenant*, 47ff.
17　Wright, *The Climax of the Covenant*, 48.
18　Wright, *The Climax of the Covenant*, 58.
19　Wright, *The Climax of the Covenant*, 60.

이스라엘은 하나님께 순종했어야만 했다. 이 순종은 이제 예수 그리스도라는 사람 안에서 성취됐다고 바울은 주장한다.

이는 지금까지 논술한 요점과 일치한다.[20] 그러므로 믿음을 통한 그리스도와의 연합은, 바울의 말대로, 이스라엘이 율법을 통해 여전히 찾고 있었던 자격 요건을 획득하는 유일한 길이다. 그리스도와의 연합에 관한 이 언약적 이해는 유대 문학의 유월절 해석과도 일치한다. 미쉬나 평론(Mishnah tractate) 페사힘(Pesaḥim) 10:5에는 유월절 기념에 관한 유명한 지침이 있다.

> 모든 세대의 사람은 출애굽이 자기 자신의 개인적인 일인 것처럼 여겨야 할 의무가 있다.[21]

우리에게 있는 현대 민주주의 의식은 아간의 절도를 이스라엘의 집단적 죄로 여기는 일이나 인류의 죄를 집단적으로 여기는, 강력한 대표적 연대를 거부한다. (펠라기우스와 같은 전근대 사상가들도 또한 그러한 연합적 개념에 발끈했다.) 그런데도 둘째 아담의 순종과 승리에서 악인들이 집단으로 참여한다는 사실은 환영받는 상관관계를 보여 주는데, 이는 복음의 핵심을 이룬다.

특히 바울의 해석에서, 그리스도와의 연합은, 죄와 불신앙, 율법, 정죄와 죽음의 옛 세계와 달리 은혜, 신앙, 약속, 칭의, 생명이라는 새로운 세계에 해당한다. 우리가 보았듯이, 구약의 신자들은 모형과 그림자에서 바라보았던 그 실체 속에서 우리와 함께한다. 사실, 구약 성도와 새 언약 성도 사이의 이 '코이노니아'는 너무 강해 히브리서 기자는 구약의 영웅들

---

20 Cited in ibid., 61, from Morna D. Hooker, *Pauline Pieces* (London: Epworth Press, 1979), 66.
21 Cited in Mark Seifrid, *Christ Our Righteousness: Paul's Theology of Justification* (Downers Grove, IL: InterVarsity Press, 2000), 24, from Jacob Neusner's translation (1988).

에 대해 말할 수 있다.

> 이 사람들은 다 믿음으로 말미암아 증거를 받았으나 약속된 것을 받지 못하였으니 이는 하나님이 우리를 위하여 더 좋은 것을 예비하셨은즉 우리가 아니면 그들로 온전함을 이루지 못하게 하려 하심이라(히 11:39-40).

동방 정교회 신학자인 존 지지울라스(John Zizioulas)는 플라톤주의적 참여(*metathexis*)와 신약의 교제(*koinōnia*) 사이의 차이점들을 묘사한다. 먼저, 지지울라스는 교부의 신학이 참여(*metochē*)와 교제(*koinōnia*)을 단순히 호환할 수 있는 말로 사용하지 않았다고 지적한다.

> 참여는 오직 하나님과 관련한 피조물에만 사용하고 창조와 관련한 하나님에게는 절대 사용하지 않는다. … 만약 우리가 이 구별이 진리에 대한 생각을 수반한다는 것을 고려하면, 하나님 존재의 진리는 그 자체로서 **교통**이지만, 창조의 진리는 **의존된** 진리라고 결론 내려야 한다(강조는 본래의 것).[22]

> 진리는 사물의 "본성"(칸트 이후로 "물자체"[*Ding-an-sich*]라고 해야 할 것이다)에서가 아니라, 존재의 교통에서—참여를 통해 하나님과 교통하는 피조물(반대로는 되지 않는다)—발견된다.[23]

지지울라스는 이레니우스(Irenaeus)와 언약신학 사이의 가까운 유사점을 밝히면서, 고전적 그리스 유산과 달리 역사와 진리에 관한 성경적 이해는 원래 상태로의 회귀가 아니라 우리 앞에 있는 "완성"으로서 종말론적이다

---

[22] John Zizioulas, *Being as Communion* (Crestwood, NY: St. Vladimir's Seminary Press, 1985), 94.
[23] Zizioulas, *Being as Communion*, 94.

고 언급한다.[24] 따라서,

> 역사는 변화와 부패에도 불구하고 진실하다. 왜냐하면, 역사는 끝을 향한 움직임이 아니라, 의미를 주는 것은 종말이므로 역사는 끝에서부터 온 움직임이기 때문이다.[25]

막시무스(Maximus)는 다음과 같이 말한다.

> 구약의 것들은 그림자(σκιά)다. 신약의 것들은 형상(εἰκών)이다. 그리고 미래 상태의 것들은 진리(ἀλήθεια)다.[26]

성상(聖像, the icon)은 오직 플라톤주의(그리고 오리겐주의[Origenism])에서만 "덜 실재적"(less real)이다. 플라톤주의는 항상 기억된 과거(anamnesis), 즉 이데아들의 세계와의 연결에 관심을 두지만(오리겐과 아우구스티누스도 마찬가지다), 성상은 더 넓은 교부들의 공감대를 형성한다.

> 이 전통은 마음의 산물이 아니라 교통-사건(communion-event)에서 그것을 열기 위해 역사 속에 들어가는 종말론적 실체의 "방문"(visit)과 "내재"(참조. 요 1:14)로서 진리를 나타낸다. 이것은 플라톤주의적 묵상 또는 신비주의적 묵상이 그것을 이해하는 방식이 아닌 새로운 관계들을, 그 공동체가 마지막 운명으로서 채택한 새로운 "세상"을 그림으로 진리의 봄(vision)을 창조한다.[27]

---

24 Zizioulas, *Being as Communion*, 95-96.
25 Zizioulas, *Being as Communion*, 96.
26 Zizioulas, *Being as Communion*, 99에서 인용함.
27 Zizioulas, *Being as Communion*, 100.

그러므로 존재로서의 진리는 교제로서 **구성되고**, 우리 타락한 상태의 본질로 인해 존재와 진리를 교통 **앞에** 두어야 한다.[28]

우상 숭배, 즉 창조된 존재를 궁극적 기준으로 삼는 것은 타락이 취하는 형태지만, 그 뒤에 있는 사실은 사람이 창조된 존재를 하나님과의 교통에 연관 짓는 것을 거부한다는 것이다.

그런데 이는 "진리와 교통 사이의 파열(rupture)"을 의미해, "**교제의 진리**보다 우선권을 획득하는 **존재의 진리** 안에 자동적인 결과를 낳는다"(강조는 본래의 것).[29]

밀뱅크가 플라톤주의적 전통과 기독교 가르침 사이의 비교에 관심이 있는 곳에서 지지울라스는 대조를 강조한다. 그러나 지니울라스 분석의 문제점은 그도 이 문제를 자연 그 자체, 본질적으로 어느 정도 이미 타락한 창조에서(특히, "개인"과 "사람"을 나타내는 그의 계보에서, 전자는 본질적으로 심지어 타락 자체 이전에도 타락의 성격을 유지) 찾는다는 것이다. 그러므로 기독교가 다루는 "문제"는 언약적이기보다는 또 다시 존재론적이다.

지지울라스는 무엇보다도 존재―이어서 교제에 들어가지만 이런 논리는 죽음으로 이끄는 허무주의를 탈출할 수 없는 개인―의 날정보(brute datum)가 있다고 생각한다.[30]

그러나 필자는 이 "존재의 날정보"가 존재론적 문제가 아니라 인식론적(궁극적으로 윤리적) 문제라고 주장한다. 지지울라스의 정의에 따르면 아무도 "개인으로서"(스스로 울타리를 치고, 관련을 맺지 않으며, 단순히 생물학적인) 존재하지 않는다. 우리가 그런 식으로 **살아가는** 경향은 우리의 죄 된 상태

---

[28] Zizioulas, *Being as Communion*, 101.
[29] Zizioulas, *Being as Communion*, 102.
[30] Zizioulas, *Being as Communion*, 103.

의 증거다. 죄 된 상태의 증거란 우리의 생물학적 상태로 돌아가지 않고 하나님과 동료 피조물과 관련된 우리의 창조된 존재에 관한 언약적 성격을 부인하는 것이다.

그러므로 그리스도를 통한 세례는 창조된 존재(본질적으로 타락한)에서 구속받은 개인성(redeemed personhood)으로의 존재론적 전환이 아니고, 그들의 창조된 목적을 "교제-안에서의-사람들"(persons-in-communion)로 성취하는 은혜 언약에 의한 피조물의 해방을 수반한다.

결과적으로, 언약적 반립(covenantal antithesis)은 윤리적 및 구원론적으로 맞춰진다. 즉, 개인과 인격보다는 죄와 은혜. 구속(그리스도와의 연합과 그의 몸과의 교통)의 목적은 창조된 본성을 초월하기보다는 회복하는 것이다. 그러므로 지지울라스가 "개인"으로 지칭한 존재는 상상의 자아다. 이 상상의 자아는 존재론적 실체가 없고, 언약을 인간의 의지로 어긴 것이라고 규명된, 의 안에서 진리를 억압하는 것의 일부다.

변형적 효과가 있는 법정적 은혜

타락 이후 창조된 존재는 더이상 '코이노니아' 가운데 존재론적으로 구성된 것으로 **간주되지** 않고, 비록 그것이 그러할지라도, 사망, 저주, 전쟁, 즉 모든 것과 대립하는 모든 것의 전쟁에서의 교제로 간주된다. 이 존재는 발견할 수 있는 존재론이 아니라 말할 수 있는 이야기다. 그러나 우리의 이야기는 그리스도 안에서 절정을 이룬 이야기에 나타나면서 하나님 이야기 안으로 들어간다. 바르트는 새로운 출생(the new birth)에 관해 다음과 같이 썼다.

많은 인간 사건과 발달은 다른 기원과 시작을 가지고 있을지도 모른다.

그리스도인의 삶, 사람의 자유로운 행동과 태도로서의 하나님께 대한 신실함은 아우구스티누스와 티베리우스의 시대에 베들레헴의 구유로부터

골고다의 십자가까지 하나님과 함께(파라 데우, παρὰ Θεῷ) 가능한 것으로서 실현된 것과 함께 시작한다.

그리스도인이 되는 "변화는 예수 그리스도의 역사에 기초와 시작을 두는데, 이런 사실은 그들 자신의 길에서 충분히 현저한 다른 모든 자연 및 초자연적 변화들로부터의 구분 안에서 신적 행위로 특징짓는다."[31]

2) 존재론 훼방: 주입된 자질이라는 관념에서 도피

신선한 언약을 세우는 사건들이 구속사에서 새롭고 때로는 근본적으로 다른 방향을 표시하는 것처럼, 종말론은 하나님의 은혜로운 사역에 관한 놀랍고 혼란스러운 새로움을 지적한다.

한 세기 전 게르할더스 보스(Gerhardus Vos)는 종말론이 다른 것 중에서도 "하나님 나라의 역사에 대한 진화론 원리의 광범위한 적용, 매우 현실적으로 구부러진 현대 기독교, 기독교에 관한 일방적 도덕 개념의 확산, 그리고 아마도 무엇보다도 현대 사고를 지배하는 일반적 반초자연주의(anti-supernaturalism)"에 의해 열외로 취급되어 왔다고 관찰했다.

> 진화론은 끊임없는 변화를 의미한다. 현시대의 경우 위기나 재앙이 없는 끊임없는 영적 성장을 의미한다. 반면, 종말론은 발달 과정의 단절, 연속성의 중단, 하나님 간섭에 의한 역사 과정의 주권적 종결을 의미한다.[32]

---

[31] Karl Barth, *CD* IV/4:17.
[32] Geerhardus Vos, "Our Lord's Doctrine of the Resurrection," in *Redemptive History and Biblical Interpretation: The Shorter Writings of Geerhardus Vos*, ed. Richard B. Gaffin Jr. (Phillipsburg, NJ: P&R Publishing, 1980), 317.

확실히 언약의 개념은 또한 신구약을 가로 지르는 은혜의 한 경륜 사이의 일치를 강조한다. 그러나 종말론은 계속해서 앞으로 나아가서, 이 전진하는 운동이 내재적이라기보다는 초월적 근원을 가진다고 우리를 일깨워주어, 우리를 구속 드라마에서 다음 "새로운 것"을 위한 가장 자리에 올려 놓는다. 심지어 특정한 언약들(예. 그리스도 안의 새 언약에서 실현된 창 3장과 아브라함 언약과 다윗 언약에 있는 약속 언약들과는 다른 창조 언약과 시내산의 율법 언약)은 새로운 종말론적 사건들에 의해 침몰한다.

그러므로 개혁신학은 실행의 과정에서만 발생할 수 있는 이야기(narrative) 신학 또는 극적(dramatic) 신학의 형태일 수밖에 없다. 즉 교리는 수행의 과정 가운데서만 발생할 수 있다. 그것은 들린 이야기, 역사의 한 가운데에 상연된 드라마다.

대조적으로, 소외 극복 양식은 실제로 "새로움"(*novum*)을 예상하지 않는다. 중세 양식에서 은혜는 상승보다 덜 파괴적이다. 이 접근법은 처음에는 자연을 더 확언하는 것처럼 보일지 모르나(은혜는 폐지한다기보다는 치료하므로), 창조가 "상승"(elevation)을 요구한다는 생각은 그 문제가 창조된 실체 자체에 있는 약간의 결핍으로서 실체적이라고 제안한다.

그러나 개혁파 관점에서 볼 때, 자연은 하나님의 말씀이 말해 왔고 되어야 한다고 계속해서 말하는 것이 되기 위해, 초자연적 세계에 상승이나 참여를 필요로 하지 않는다. 창조는 역사에서 어떤 새로운 것, 땅에서의 진정한 전환점, 초자연적인 것들 또는 새로운 자질의 주입들 안에 있는 더 깊거나 더 강하지 않은 자연의 것들에 대한 보류를 필요로 한다.

우리에게 필요한 전환은 유한에서 무한으로, 물질에서 영으로, 자연에서 초자연으로, 또는 생물학적 개인에서 교회의 성도로가 아닌, "이 세대"에서 "오는 세대"로의 결정적 전환이다.

영원하고 변하지 않는 형태의 영원한 명상을 향한 플라톤의 분투이든, 또는 역사 속에서 절대자의 자기실현을 향한 헤겔의 분투이든 간에, 참으로 새로운 것은 아무것도 없다. 사건들은 영원한 관념의 일시적 모습이거나 도토리에서 참나무에 이르는 내재적 결정론에 따라 펼쳐지는 무한한 과정의 유한한 경우들이다. 그리스 존재론들은 우리를 은혜의 경륜과 하나님 왕국의 종말론적 침입으로부터 멀어지게 함으로 우리의 마음을 사로잡는다.

우리는 단순히 이런 이질적 존재론들의 기초 위에 종말론적 기반을 세울 수 없다는 것이 필자의 견해다. 언약과 마찬가지로, 종말론—선지자들과 사도들의 특정한 종말론—은 은혜 그 자체처럼 우리의 신학을 붕괴하고 방향을 재조명하도록 허용해야 한다.

최근 브루스 맥코맥(Bruce McCormack)은 종교개혁가들이 값없이 주는 칭의에 관한 복음을 주목할 만큼 재발견했음에도 불구하고, 신학적 존재론을 무시했기 때문에 중세 시대의 주장, "**즉 논리적으로 단지 중생과 칭의에 관한 가톨릭 순서를 지원할 수밖에 없었던**(칭의에 관한 그들만의 정의에 손실을 초래하면서)"(강조는 본래의 것) 주장에 도전장을 던지지 못했다고 말해 왔다.[33]

반영(reflection)에 관한 가장 일반적 수준을 고려할 때, 토마스에게 있어서 은혜는 두 가지다. 하나는 영혼에 관한 하나님의 행동이고 또 하나는 그 행동에 관한 효과다.

말하자면 "치유"다.[34] 이 치유는 영혼 안의 은혜 주입으로부터 생긴

---

[33] Bruce McCormack, "What's at Stake in Current Debates over Justification?" in *Justification: What's at Stake in the Current Debates*, ed. Mark Husbands and Daniel J. Treier (Downers Grove, IL: InterVarsity Press, 2004), 84.

[34] McCormack, "What's at Stake in Current Debates over Justification?" 85; 참조. Thomas Aquinas, *ST* 1a2ae, Q. III, art. 2; 1a2ae, Q. III, art. 3. Joseph P. Wawrykow offers a careful analysis and defense of Aquinas on this point in *God's Grace and Human Action: "Merit" in the Theology of Thomas Aquinas* (Notre Dame, IN: University of Notre Dame Press, 1995)에서 Wawrykow는 이 부분에서 Aquinas의 주장을 면밀히 분석하고 방어한다.

다.³⁵ 신학이 주입된 자질의 범주를 유지한다면, 어떤 논리적 우선 순위는 존재론적 치유 과정의 시작으로서 중생에 의존하는 것처럼 보일 것이다. 맥코맥의 흥미로운 논문을 요약하고 평가하기 전에, 주입된 자질에 관한 이 중세 존재론의 전통적 개혁과 비평을 간단히 설명하는 것이 가치 있을 것이다.

은혜, 자질, 주입

주입된 은혜(infused grace) 개념은 원래 창조된 상태에 적용하는 더 넓은 존재론 일부다. 아우구스티누스는 아담이 존재론적으로 불안정한 본질에 덧붙여진, 능력 있는 은혜에 의해 의롭게 됐다고 주장했다. 타락은 이 "덧붙여진 은사"(donum superadditum)의 철회와 함께 그리고 불가시적이고 지적인 것에서 가시적이고 물질적인 것으로의 결과적 이동과 함께 발생했다.

아우구스티누스에 이어 초기 중세 학자들은 인간의 노력에 항상 선행하는 작용하는 은혜(operative grace, 의지를 그것의 속박으로부터 자유롭게 하는 것)와 인간의 노력을 돕는 협력적 은혜(cooperative grace)를 구별했다.³⁶

아퀴나스(Aquinas)에 이어 트렌트 공의회는 "활기를 주고 도움을 주는 하나님의 은혜를 통해서 [개인들이] 그들 자신을 그들 자신의 칭의로 전환하는 경향이 있는" 반면, 하나님은 선행 은총(prevenient grace)을 통해 영혼을 준비한다고 공포했다.³⁷

로마서 5:5("성령으로 말미암아 하나님의 사랑이 우리 마음에 **부은 바 됨이니**")에 나오는 '에케추타이'(ekkechutai)라는 동사는 불가타 성경에서 '디퓨사 에

---

35 McCormack, "What's at Stake in Current Debates over Justification?" 87.
36 Peter Lombard, *Sent.* II., dist. 26, 1; Herman Bavinck, *Reformed Dogmatics*, ed. John Bolt, trans. John Vriend, vol. 3 (Grand Rapids: Baker Academic, 2006), 512에서 인용.
37 Council of Trent, session VI, canon 5, in Heinrich Denzinger, *The Sources of Catholic Dogma*, trans. Roy J. Deferrari (London: Herder, 1955), 250. 이 관점은 Thomas Aquinas, *ST* 1a2ae 1121에서 발전한다.

스트 인'(*diffusa est in*, 널리 확산됐다)으로 사용됐고, 이것이 주입된 자질 교리의 핵심적 토대가 됐다는 빌헬름 포크(Wilhelm Pauck)의 관찰은 주목할 만한 가치가 있다.[38]

동시에, 이 선행 은총(작용하는 은혜)은 그 자체로 주입된 자질이나 실제 내주하는 것이 아니라 오히려 "영혼이" 하나님을 "향해 나아가는 하나님의 일"이다.[39] 그것은 주입된 은혜가 아니라(즉, 내주 은총이나 우리 안에 내주하는 성령이 아니라), "외재적으로 발생하고 돕는 은혜"다.[40]

그러나 아우구스티누스와는 달리 벨라민(Bellarmine)과 다른 후기 트리엔트(post-Tridentine) 신학자들은 이 선행 은총이 능력을 제공하지만 믿음 그 자체의 선물을 실제로 주지는 않는다고 주장했다.[41]

바빙크(Bavinck)는 여기의 차이가 존재론의 핵심, 특히 은혜에 관한 이해에 있다고 지적한다.

> 이 은혜에 관해서는 로마교와 종교개혁 간에, 특히 그것의 개혁파적 발달에 있어서 중요한 차이가 있다. 가톨릭 신학에서 여기에 언급된 은혜는 "은혜롭게 만드는 은혜"(*gratia gratum faciens*)라고 부르는데, 이는 인간이 하나님을 기쁘시게 하는 은혜이며, 또한 실제적 및 자질적 은혜로 더욱 차별화된다. 전자는 인간이 구원 활동에 참여할 수 있도록 주어진다. 이는 본성의 인간, 즉 부가된 선물(superadded gift)이 없는 인간은 비록 자연적이고 도덕적인 선행을 많이 행할 수 있지만, 더 높은 질서에 속하고 초자연적

---

[38] Wilhelm Pauck, introduction to Karl Barth, *Christ and Adam: Man and Humanity in Romans 5*, trans. T. A. Smail (New York: Harper & Bros., 1956); a translation of *Christus und Adam nach Römer 5* (Zollikon-Zurich: Evangelischer Verlag, 1952), 5.

[39] Thomas Aquinas, *ST.* I, Q. 62, art. 2, ad 3; 참조. Thomas Aquinas, *ST.* II, 1, Q. 109, art. 6; II, 1, Q. 112, art. 2; III, Q. 89, art. 1, ad 2.

[40] Robert Bellarmine, *De justificatione,* in *Controversiis,* I, c. 2, cited by Bavinck, *Reformed Dogmatics,* 3:513.

[41] Bavinck, *Reformed Dogmatics,* 3:514.

하늘의 복과 연관된 일을 행할 수 없다.[42]

그 범주는 분명히 죄와 은혜보다 자연과 은혜에 관한 것이다.

> 실제적 은혜로써 가톨릭 신학은 단순히 인간의 지성과 의지에 관한 도덕적 영향력을 가진 복음의 외적 부름을 의미하지 않고 도덕적일 뿐 아니라 시성의 조명과 자연적(육체적) 힘을 사람에게 전달하는 의지의 영감(inspiration of the will)과 관련해 생각한다. 이 시점에서 이미 우리는 로마교가 자질적 은혜의 절대 필요성의 기초를 인류의 죄 많은 상태에 두기보다는, 인간은 부가된 선물을 잃어서 성격상 초자연적 선행이나 구원의 행위를 실행할 수 없는 순수한 자연적 존재라는 가정에 둔다는 점을 주목할 필요가 있다. 이는 "끝으로 이끄는 행위는 그 끝에 비례해야 함이 당연하기" 때문이다(아퀴나스).[43]

따라서 실제적 은혜는 "단지 도덕적일 뿐만 아니라 '육체적으로' 우리의 능력들을 초자연적으로 행동할 수 있도록 높여 준다."

> 따라서 그것은 "전체 자연 질서를 초월하고," 단순한 자연 은혜와 함께 자연과 초자연 사이의 질서보다 덜 예리한 대조를 형성하면서, 본질적으로(근본적으로) 초자연적이다.

> 그것은 자질적(주입된) 은혜 중 인간이 "초자연적 질서로 높임을 받고 어떤 면에서 하나님 성품의 참여자가 되게 한" 하나님의 선물이라고 훨씬 더 예

---

[42] Bavinck, *Reformed Dogmatics*, 3:574.
[43] Bavinck, *Reformed Dogmatics*, 3:575, quoting Aquinas, ST II, 1, Q. 109, art. 5.

리하게 표현될 수 있다. 그것은 "영혼 안에 내재한 하나님의 본질이다. 그것은 광휘(brightness)와 빛처럼 우리 영혼의 모든 얼룩을 제거하고 이 영혼을 더욱 아름답고 더욱 밝게 만든다."[44]

그러므로 은혜는 개개인을 "신성화하고 그들을 '신성한 질서로' 승화시킨다." 여기에는 한 가정(assumption)이 들어 있다. 이 가정은 우리가 완전한 인성으로 창조됐는데, 은혜는 이런 완전한 인성을 위해 우리를 자유롭게 하는 대신에 우리로 하여금 인간 그 이상이 되게 한다는 것이다.

그것은 "우리를 단순히 인성 위가 아닌 모든 것 위, 천상의 가장 높은 성가대 위까지, … 현존하는 모든 피조물뿐만 아니라 존재할 수 있는 모든 것 위, 하나도 빠뜨리지 않고 생각할 수 있는 가장 완전한 존재들 위까지 높인다." 그리고 오직 하나님만이 모든 가능한 존재 위에 서기 때문에 "이 은혜로 가득 찬 승격은 우리를 하나님의 영역으로 이동시켜야 한다."[45]

이 은혜는 "높이고 잘 되게 하는 것을 추구한다."[46] 바빙크는 다음과 같이 주장한다.

죄 사함은 여기에서 이차적이다. 믿음은 오직 예비적 가치만 갖는다. 가장 중요한 것은 인간 존재를 본성 위로 높이는 것이다. 즉, 신성화, "하나님처럼 되고 그와 연합하는 것이다"(Pesch).[47]

---

[44] Bavinck, *Reformed Dogmatics*, 3:576, quoting C. Pesch, *Praelectiones dogmaticae*, 3rd ed., 9 vols. (Freiburg: Herder, 1906), 5:19, 21; and Roman Catechism, II, 2, Q. 38.
[45] Bavinck, *Reformed Dogmatics*, 3:576, quoting J. Heinrich and C. Gutberlet, *Dogmatische Theologie*, 2nd ed., 10 vols. (Mainz: Kirchheim, 1881-1900), 8:588ff.
[46] Bavinck, *Reformed Dogmatics*, 3:576.
[47] Bavinck, *Reformed Dogmatics*, 3:577.

대조적으로, 바빙크는 다음과 같이 말한다.

> 종교개혁은 이 신플라톤주의적 신비주의를 거부했고, 성경의 단순함으로 되돌아왔으며, 결과적으로 매우 다른 은혜 개념을 얻었다.

> 은혜는 인간을 초자연적 질서에 끌어들이지 않고 죄에서 자유롭게 한다. 은혜는 본성이 아닌 죄에만 반대한다. 진정한 의미에서 그것은 타락 전의 아담의 경우에는 필요하지 않고 오직 죄의 결과 때문에 필요하게 됐다. … 자연과 초자연 사이의 "물리적" 대립은 죄와 은혜 사이의 윤리적 대립으로 대체된다.[48]

바빙크는 종교개혁가들과 개신교 정통주의가 이 용어를 구원의 선물을 묘사하기 위해 중세신학에서 빌렸음을 인정한다.

> 종교개혁은 그것이 외적인 것뿐 아니라 내적임을, 도덕적인 능력뿐 아니라 "초영적인"(hyperspiritual) 능력을 수여함을 고백하고, 또한 질적인 것, 자질(disposition)임을 고백했다. 그러나 그것은 때로 로마 가톨릭에서 사용한 것과 같은 용어로 표현하기는 했지만, 그것 안에 다른 의미를 담는다. … 종교개혁의 관점에서 볼 때 작용하는 은혜는 윤리적이고 그렇게 남는다.[49]

즉, 은혜는 본성을 승화하지 않지만, 죄와 죽음에 대한 속박으로부터 자유롭게 한다.

로마 가톨릭의 경우, 은혜는 "신화(deification)를 추구하는 사람을 돕는다."

---

[48] Bavinck, *Reformed Dogmatics*, 3:577.
[49] Bavinck, *Reformed Dogmatics*, 3:579.

그러나 종교개혁에서 은혜는 전체 구원 사역의 시작과 중간과 끝이다. 그것은 인간의 공로를 철저히 배제한다. 창조 및 구속과 마찬가지로, 성화도 하나님의 사역이다.[50]

치유는 그리스도 안의 참여에 관한 언약적 설명에서 중요한 위치를 차지하지만, 구원 서정(*ordo salutis*)을 이 주제로 축소함에 있어 로마 가톨릭 패러다임은 칭의적 요소를 수용하지 않는다. 더욱이, 언약적 존재론에서 "치유"는 자애로운 본질의 주입의 영향이 아닌 복음을 통한 성령의 영향을 받는다.

"덧붙여진 은사"(*donum superadditum*)에 관한 아우구스티누스의 개념을 도입하더라도, 이 상황에 관한 언약적 이해와 대조를 보인다. 언약신학자들(federal theologians)은 아담과 하와가 타락 전에는 결코 은혜의 상태에 있지 않았다고 주장한다.[51] 하나님의 종말론적 목적을 완성하는 데 필요한 모든 선물을 창조된 세상에서 받았기에 더 이상의 은혜는 절대로 필요치 않았다.

이것은 아담 안에(행위의 언약 아래) 있는 사람의 본래 상태뿐만 아니라 은혜 그 자체에 관해 근본적으로 다른 이해를 나타낸다. 결국, 바빙크가 관찰한 대로, "하나님의 형상은 부가된 선물이 아니라 인간 본질에 필수적이다."

---

50 Bavinck, *Reformed Dogmatics*, 3:579.
51 예를 들어, Peter van Mastricht는 하나님의 은혜는 "비참한 죄인을 향한 은혜"라고 말한다(cited by Heinrich Heppe, *Reformed Dogmatics*, rev. and ed. E. Bizer, trans. G. T. Thomson [London: G. Allen & Unwin, 1950; repr., London: Wakeman Trust, 2002], 96); 자비와 같은 의미를 지닌 은혜에 관한 견해가(말하자면, 단순히 가치가 없는 것이 아닌 범죄한 자들에게 보여 준 하나님의 호의) Rollock, Ussher, Perkins, Ursinus, Olevianus, Zanchi, Owen, 그 밖의 사람들에게서 발견된다. 웨스트민스터 신앙고백서는 하나님이 인류와 맺은 원래 관계를 묘사하기 위해 의도적으로 "은혜"보다는 "자발적 겸손"이라는 용어를 사용한다. 은혜는 호의를 받을 자격이 없는 사람에게뿐만 아니라 "다른 방식으로 자격이 있었던" 자에게도 항상 베풀어진다(Amandus Polanus, cited by Heppe, *Reformed Dogmatics*, 96).

은혜 언약은 궁극적 목적이 아닌 방법에서 행위 언약과 다르다. 그것은 행위 언약에서 약속되고 은혜 언약 안에서 주어진 같은 보물이다. 은혜는 본성을 회복하고 그것을 최고봉으로 끌어 올리지만, 새롭고 이질적인 구성 요소를 추가하지는 않는다. 이로 인해 종교개혁신학에서 은혜는 어떤 면에서도 본질의 성격을 지닐 수 없다.[52]

만일 은혜가 결함 있는 사람들에게 비춰는 하나님의 은총이라기보다 본성을 완전하게 하기 위해 사람 속에 주입된 영적 본질이라면, 우리는 그 문제의 존재론적-형이상학적 해석과 윤리적-언약적 해석 사이의 대조에 관한 완전한 예를 가지고 있다.[53]

개혁신학가들은 이 시점에서 아우구스티누스주의적 해석에 대한 또 다른 문제점들을 지적했다.

① 그것은 타락을 인성의 구조 같은 것 안에 있는 내재적 연약함에 두었다는 것이다(즉 더 낮은 욕구를 가지면서).

② "덧붙여진 은사"(donum superadditum)를 하나님이 철회하셨다고 주장

---

[52] Bavinck, *Reformed Dogmatics*, 3:579.
[53] 하이델베르크 교리문답은 원창조의 선함, 특히 하나님 형상대로 창조된 피조물의 선함을 인정한 후에, 하나님이 사람에게 하나님의 율법을 완벽히 수행하라고 요구하는 행위는 정당하다고 가르치는데, 그 이유는 "하나님은 사람이 그것을 수행할 수 있는 능력을 주었기 때문이다. 그러나 인간은 마귀의 유혹과 자발적인 불순종으로 자신과 그의 모든 후손이 이 능력을 잃게 만들다"(제6, 9문답, in *Ecumenical Creeds and Reformed Confessions* [Grand Rapids: CRC Publications, 1987]). 비슷하게, 벨직 신앙고백서(제14조)는 "우리는 하나님이 사람을 땅의 흙으로 창조해 자신의 형상과 모습을 따라 만들고, 선하고 의로우며 거룩해 하나님의 뜻에 합당한 모든 일을 사모할 수 있게 했음을 믿는다"라고 가르친다. **그러나 인간은 이렇게 명예로운 자리에 있음을 이해하지 못했고**(시 49:20) 자신이 얼마나 탁월한지 알지 못했다. 오히려 마귀의 말에 귀 기울여 자신을 자기 의지로 죄 아래에 두어 결과적으로 죽음과 저주를 맞이했다. 그는 자기가 받은 생명의 계명을 어겼다(위에 인용된 *Ecumenical Creeds and Reformed Confessions*).

하는 것은 하나님에게 타락의 책임을 지우는 것이다.⁵⁴

여기까지 적어도 아우구스티누스는 은혜의 신학자로서의 자기의 모든 위대한 업적 중에서 신플라톤주의적 감수성들이 크게 결정한 존재론의 유산, 즉 토마스 아퀴나스(Thomas Aquinas)가 개선한 유산을 소개했다. 앤서니 케니(Anthony Kenny)는 토마스의 입장을 설명한다. 동물들과는 달리 인간은 특정한 능력이 있다. 예를 들어, 언어를 배우거나 관용을 베푸는 능력 같은 것을 들 수 있다.

> 이러한 능력은 특정 인간이 특정 언어를 말하거나 관대한 행동을 수행할 때 행동으로 실현된다. 그러나 능력과 행동 사이에는 중간 상태가 가능하다. 우리가 어떤 사람이 불어를 말할 수 있다고 말할 때, 그가 실제로 불어를 말하는 것을 의미하지도 않고 불어로 말하는 것에 관한 단순한 논리적 가능성도 의미하지 않는다. ⋯ 불어를 아는 것과 같은 상태는 ⋯ 타고난 자질(disposition)이다. 자질은 ⋯ 능력과 행동 사이, 순수한 잠재력과 완전한 실제 사이의 중간이다.⁵⁵

따라서 아퀴나스에게 있어, 중생은 단순한 논리적 가능성과 실현된 행동 사이 어딘가에 있는 주입된 자질 또는 기질이다. 그것은 실제 은총이 아닌 선행적(prevenient) 은총이다.

맥코맥은 토마스주의의 인간론을 칭의와 관련해서 해석한다.

---

54 이 부분에서, 예를 들어, William Ames, *The Marrow of Theology*, trans. John D. Eusden (Boston: Pilgrim, 1968; repr., Durham, NC: Labyrinth, 1983), I, XI, 8을 보라.
55 Anthony Kenny, ed., introduction, in Thomas Aquinas, *Summa theologica*, "Dispositions for Human Acts," Blackfriars edition (New York: McGraw-Hill, 1964), 22:xxi.

사람에게 있는 본성은 하나님의 형상을 따라 올바르게 정돈됐다. (토마스가 인성의 가장 높은 부분으로 여겼던) 마음은 하나님께 복종하고 영혼의 더 낮은 (욕구를 자극하는) 능력들은 마음에 복종한다. 그것은 토마스가 "정의"라고 규정한 인성의 올바른 정돈이다. … 그것은 신적 칭의에서 다루는 본성의 본질적 혼란이다.[56]

따라서 하나님은 또한 죄 사함을 위해 "은혜의 선물을 받아들이는 자유로운 선택을 운용하는 방식으로 의롭게 하는 은혜의 선물을 주입한다"라고 아퀴나스는 주장한다.[57]

거기에는 ① 의롭게 하는 은혜의 주입, ② 믿음으로 하나님을 향한 자유로운 선택의 움직임, ③ 죄에 대한 자유 선택의 움직임, ④ 죄 사함이 있다.[58]

세례받는 유아의 경우는 주입된 칭의에서 죄 사함까지의 과정에 있어 전형적(paradigmatic)이다.[59] 중생은 전가를 대신한다. 우리 안에서 역사하는 하나님의 사역이 용서의 기초다.[60] 대조적으로 칼빈은 다음과 같이 말한다.

우리는 칭의가 죄 사함과 그리스도 의의 전가로 구성된다.[61]

---

56 Anthony Kenny, ed., Thomas Aquinas, *Summa theologica*, Blackfriars edition, 88; 참조. Thomas Aquinas, *ST* 1a2ae, Q. 113, art. 1.
57 Anthony Kenny, ed., Thomas Aquinas, *Summa theologica*, Blackfriars edition, 88; 다음을 보라. Thomas Aquinas, *ST* 1a2ae, Q. 113, art. 3.
58 Anthony Kenny, ed., Thomas Aquinas, *Summa theologica*, Blackfriars edition, 88-89.
59 McCormack, *What's at Stake*, 89.
60 McCormack, *What's at Stake*, 90.
61 Calvin, *Institutes* 3.2.2.

맥코맥은 다음과 같이 추측한다.

> 예를 들어, 우리가 중생을 토마스가 그랬듯이 죄의 비전가의 근거로 삼는다면, 이 둘을 구분할 아무런 이유가 없다. 결국 중생은 더 큰 과정 일부가 아닌 개시된 순간의 각도에서 본 성화다. 그러므로 칼빈은 그리스도 의의 전가를 주장한다. … 이 전개 과정에서 안드레아스 오시안더(Andreas Osiander)라는 이름의 어떤 루터주의자의 도전에 대한 칼빈의 반응은 종교개혁가와 루터주의자 모두를 위해 결정적 역할을 했다.[62]

가끔 루터는 믿음이 전가보다 우선하는 것처럼 말하는데, 이는 사람이 어떻게 믿게 되는지에 관한 질문을 일으킨다고 맥코맥은 지적한다. 적어도 어떤 의미에서든 은혜가 우선된다고 주장하면, 중생이 믿음보다 먼저 나와야 한다. 따라서 중세 존재론에서 "오직 은혜로"(*sola gratia*)를 방어하는 과정에서는 "오직 믿음으로"(*sola fide*)가 쉽게 절충될 수 있다.

> 루터의 분석에 의해(그리고 그가 후세 개신교 신학자들에게 남겨 두었던 것에 의해) 생겨난 잔존하는 문제는 신적 전가 행위보다 믿음 부여를 우선시하는 것은 칭의보다 중생(우리 안에서 역사하는 하나님의 사역)을 논리적 우선순위에 놓아야 함을 분명히 요구하는 것처럼 보인다는 것이다. 그리고 그 정도까지 고려한다면, 토마스의 주장과 같은 칭의에 관한 가톨릭적 이해와의 단절은 완벽하지 못할 것이다.[63]

---

62 McCormack, *What's at Stake*, 92. 필자는 신자에게 전가하는 그리스도의 "본질적" 의로서의 칭의에 관한 Osiander의 견해를 Calvin이 비평한 것을 이미 정리했다. Osiander에 관한 평가는 다양하다. 그러나 그의 입장은 특히 Luther에 관한 새로운 핀란드 해석에 의해 다소 회복됐다.

63 McCormack, *What's at Stake*, 94.

구원을 "윤리적이고 법적인 것보다 더 존재론적이고 신비한 것"으로 보는 핀란드 학파가 한 걸음 더 나아간다는 것은 이상한 일이 아니다. 이 새로운 해석은 "기껏해야 빈약한" 루터의 글들과 아주 가깝다.[64] 맥코맥은 루터교세계연맹(the Lutheran World Federation)과 바티칸 사이의 칭의에 관한 공동 선언문(the Joint Declaration on Justification)에서도 같은 문제가 관련되어 있다고 말한다.[65]

이러한 최근의 해석은 루터신학을 정당히 해석함에 실패하고 더구나 칭의에 관한 고백적 입장에 관한 이해는 훨씬 더 실패했다. 하지만 맥코맥은 종교개혁가들과 그들 후손이 칭의를 거부하는 존재론적 전제를 비평함에 실패했다는 것 자체가 문제 일부라고 판단한다.

> 이미 아우크스부르크(Augsburg)에서, … 오시안더는 칭의에 관한 법정적 이해를 방어한 멜란히톤(Melanchthon)에 불만을 나타냈다.[66]

칼빈은 1559년 판 『기독교 강요』에서 오시안더의 입장에 대항하는 새로운 글을 추가할 의무가 있다고 느꼈다.

맥코맥은 칼빈의 경우 그리스도의 의는 본질이 아니라 율법의 완성에 관한 적극적 순종과 십자가에서의 수동적 순종이라고 올바로 지적한다.

> "본질적 의"(essential righteousness)와 "획득된 의"(acquired righteousness)를 구분할 때, 칼빈은 칭의에 관한 개혁파적 이해뿐만 아니라 개신교주의 일반에 중대한 공헌을 했다. … 칼빈은 "그러므로 하나님은 하나님의 은혜 안

---

[64] McCormack, *What's at Stake*, 95는 Carl Braaten and Robert Jenson, eds., *Union with Christ: The New Finnish Interpretation of Luther* (Grand Rapids: Eerdmans, 1998)를 언급한다. 이 관점에 관한 토론은 아래를 보라.

[65] McCormack, *What's at Stake*, 95-96.

[66] McCormack, *What's at Stake*, 96.

에 들어오는 자는 누구든지 **동시에** 양자의 영을 주시고(롬 8:15) 양자의 영의 능력으로 그들을 하나님 자신의 형상으로 만든다"라고 말한다. 그렇게 함으로 신자가 거듭남으로 인해 양자의 영을 부여하는 것보다 칭의가 논리적으로 우선하고 칭의가 양자의 영 부여의 기초가 된다고 주장한다.

이 관점에서 중생은 칭의에 등록된 신적 판결의 논리적 귀결로 여겨져야 한다. 요컨대, 칭의에 관한 칼빈의 이해는 그 성격상 엄격하게 법정적(forensic) 또는 사법적(judicial)이다. 그것은 신적 판결, 무죄 선고의 문제다. 그리고 그것이 성취되는 방법은 전가를 통해서다.[67]

필자는 맥코맥의 주장에 동의한다. 그러나 우리는 권위 있는(magisterial) 종교개혁가들에게 있어 "중생"은 회심과 성화를 포함한다는 것을 명심해야 한다. 따라서 종교개혁가들에게 있어 중생은 칭의의 결과 이외의 다른 어떤 용어로도 묘사될 수 없다.

그러나 후기 개혁신학은, 특히 알미니우스주의(Arminianism)와의 대결에서, 중생을 회심 및 성화로부터 구별하게 됐다. 결과적으로, 우리는 중생에 관해 칼빈과 그의 추종자들을 좁은 정의에서는 단순히 비교할 수도 없고 대조할 수도 없다.

루터신학 및 개혁신학은 **성화**가 칭의 다음에 오지 그 반대로는 되지 않는다는 점에서 같은 주장을 한다—심지어 좁은 의미에서 **중생**이 앞의 두 개를 앞선다고 하더라도 말이다.

그렇게 말함으로, 맥코맥의 논문은 좁은 의미에서조차 중생의 논리적 우선순위가 자질의 주입과 함께 칭의의 비(非)법적 기초에 대한 문을 여는지 여부를 묻는다. 확실히 종교개혁가들과 그들의 추종자들은 주입된 새로운 특성(new qualities infused)이라는 용어를 계속 사용했다. 그러나 바빙크

---

[67] McCormack, *What's at Stake*, 100-101.

(Bavinck)가 위에서 지적한 바와 같이, 그들은 그러한 용어에 새로운 의미를 부여했다. 필자는 맥코맥과 마찬가지로 주입된 자질 용어를 포기해야 한다고 제안한다.

루이스 벌코프(Louis Berkhof)는 칭의의 원천이라기보다는 결과로서의 신비한 연합에 관한 개혁파 입장을 요약했는데, 본서 제7장에서 필자는 이를 언급했다. 동시에, 벌코프는 선택에 관한 상당한 분석을 거친 후, 중생은 유효한 소명과 칭의를 선행한다는 후기 개혁파 의견을 채택한다. 이것은 개혁파(그리고 필자는 루터신학을 추가할 것이다) 구원론의 내적인 긴장을 드러낸다. 칭의의 법정적 특성을 내적 변화로 동화하려는 모든 시도에 대해, 그것은 칭의를 중생과 성화로부터 날카롭게 구분한다.

그러나 (알미니우스주의와 같은) 신인협력주의 신학에 대해, 그것은 배열에 있어 결정적 차이점으로 중생의 우선순위를 주장한다. 그렇게 함으로, 개혁신학은 자질이 아직은 행동이 아니기 때문에(회심과 성화가 행동인 것처럼), 주입된 자질에 대한 중생의 정의를 조심스럽게 개선했다. 그러므로 그들은 칭의를 성화와 혼동한 로마 가톨릭으로 돌아가지 않고, 인간 결정(알미니우스주의에 대항해) 이전에 하나님의 중생 사역이 필요하다는 것을 주장할 수 있었다.

그러나 주입된 자질을 주장하는 중세 존재론에 호소함으로, 회개, 믿음, 다른 모든 은혜를 생산하는 씨앗의 "이식"은 그것이 중세 존재론에 있는 것처럼 칭의의 법적 말씀(즉, 복음)으로부터 분리된다는 위험이 있다. 이 위험을 인식하고, 개신교 정통주의는 칭의를 내적 변화에서 **분리했지만,** (다양한 정도의 성공과 함께) 중생과 성화에 관한 전통적 중세 범주에 계속 호소했다.

필자는 이렇게 공식화된 이론의 모든 것을 동의하지만, 칭의가 단지 존재론적으로 내적 갱신과 **다를** 뿐만 아니라 그 변화의 존재론적 **원천**으로서(더 좁고 더 넓은 의미에서의 중생으로서) 더욱 명확하게 이해되어야 한다고 주장한다.

그럴 경우, 우리는 중생 교리를 비매개적이고 직접적 또는 심지어 잠재의식적(subconscious)이고 비변형적(nontransformative)으로 공식화할 필요는 없고, 대신, 성령의 발화 매개적 행위(perlocutionary act)인 유효한 소명과 동일시될 때 회개와 믿음 안에서 발산한 칭의를, 발화 행위(*verbum externum*, 외적 말씀)로 다루어야 할 필요가 있다. 이 특정한 논의의 발전이 다음 장의 핵심 목표가 될 것이다.

칼빈은 단지 칭의만을 전적으로 법정적으로 여기지 않는다. 그는 또한 그리스도와의 연합을 무엇보다 법정적이고 오직 결과적인 면에서 변형적인 것으로 간주한다. 맥코맥은 다음과 같이 지적한다

> 칼빈은 『기독교 강요』의 여러 곳에서 "그리스도와의 연합"이 시간적이 아니라면, 논리적으로 칭의와 중생에 앞선 것으로 여긴 것처럼 보인다.[68]

그러나 만약 그렇다면, 우리는 어떻게 중생과 칭의를 구별할 것인가? 우리는 결국 내적 사역(그리스도께서 우리 마음에 거하시는 것)에 의해 의롭게 되는가?

> 전가를 엄격히 강조함으로써 중세 가톨릭 견해를 최종적으로 종식할 수 있다.[69]

맥코맥의 우려는 오시안더의 주장과 함께 시험 사례로서 타당해 보인다. 그러나 신비한 연합(*unio mystica*)에 관한 실재적 언어(realistic language)가 고양됐을 때, 종교개혁가들과 개신교 정통주의는 전가가 필수적 연합으로

---

[68] McCormack, *What's at Stake*, 101; Calvin, *Institutes* 3.2.1 and 3.2.10을 보라.
[69] Braaten and Jenson, *Union with Christ*, 102.

붕괴하는 것을 거부했다. 그들은 여전히 전가를 전체 구원 서정(ordo salutis)의 법적 기초로 간주했다. 루터와 칼빈이 그리스도와의 연합을 통한 칭의를 언급했다는 것은 사실이다. 이는 단지 하나님 앞에서 우리의 모든 의는 그리스도 안에 있지 우리 안에 있지 않다는 것을 확인하는 것이었다.

그러나 믿음(칭의)과 그 연합을 갱신하는 선물(성화)과의 관계를 고려할 때, 우리는 그들이 전자를 후자의 근거로 다룬다는 것을 경험해 왔다. 그들이 순시를 어떻게 이야기했는지에 상관없이, 전가를 그들의 객관적 의의 유일한 근거로 이해했다는 점만큼은 반론의 여지가 없다.

그렇긴 해도 맥코맥의 주장이 더욱 설득력 있어 보인다. 칭의에 관한 종교개혁가들의 교리가 중세 존재론의 일부와 맞서기는 했지만, 법정적 칭의에 의해 다시 그려지는 완전히 다른 존재론적 지도에 전체 구원 서정을 배치하는 것은 종교개혁과 후기 종교개혁 시대의 훌륭한 업적을 넘어서는 미완성 과제로 남아 있다. 문제는 주입된 자질에 호소하지 않고서도 구원 서정을 명료화할 수 있느냐는 것이다.

법정적 존재론은 칭의뿐만 아니라 소명, 성화, 영화에 관한 자체 묘사를 생성할 수 있는가?

즉, 성령에 의해 효력을 발휘하는 하나님의 말씀은 그것이 말하는 세계를 가져올 수 있는 발화적(illocutionary)이고 발화 매개적인 힘을 가지고 있는가?

칭의에 관한 종교개혁가들의 가르침이 동방 정교회/로마 가톨릭과 고백적 개신교 사이의 구분을 강조하는 곳에서, 현대 교회일치주의는 법정적 범주에 의해 덜 결정적으로 남아 있은, 종교개혁가들의 글들 안에 있는 다른 주제로 종종 바뀐다.

맥코맥이 정교회-개혁파(Orthodox-Reformed) 학회에서 비슷한 논문을 발표했을 때, 토머스 토렌스(Thomas Torrance)는, 『기독교 강요』(4.17)에 있는 성찬식의 거행에 관한 칼빈의 가르침에 주목하면서, 이를 반박했다.

그는 우리가 속죄와 칭의가 직접 다루어진 "『기독교 강요』 2.15-17로 시선을 옮겨야" 한다고 재촉하면서, 동방적(특히, 키릴로스주의적[the Cyrillian]) 주제가 더욱 두드러진다.[70] 맥코맥은 이것을 "해석학적으로 이상하다"고 생각한다.

칼빈이 그것을 직접 다루는 곳에서 시작하면 안 되는가?[71]

형벌적 대속론에 대한 존재론적 치유는 토렌스 주장의 핵심이었기 때문에, 그는 칼빈의 직접적 순서를 따르기보다는 전자에 관한 그의 성찬적 반영과 관련한 칼빈의 후자를 다루는 것을 해석하기로 결정했다.[72] 우리는 이미 루터에 관한 새로운 핀란드 해석에서 비슷한 접근에 직면했었다. 새로운 핀란드 해석은 칭의 그 자체에 관한 그의 글을 직접 고려한다기보다는 성례전에 관한 그의 태도에서 칭의 교리를 개발한다.

맥코맥에 따르면, 한편으로 전가에 관한 칼빈의 가르침에 긴장이 있고, "칼빈이 성찬에 관해 말할 때 사용하는 훌륭한 수사법에 의해 제시되는 주제들에 관한 교부들의 이해"에도 긴장이 흐른다.[73] 속성(attributes)의 전달을 거부한 후자는 이상하게 보이지만, 칼빈은 키릴로스의 수사학이 가진 존재론적 위험을 인식하지 못한다.[74]

> 그가 그렇게 했다면, 그는 그 구원론을 처음으로 가능하게 한 "참여"에 관한 (큰 범위에서) 플라톤 존재론을 인정하지 못할 뿐만 아니라, 키릴로스의 신성화 구원론(soteriology of divinization)을 받아들이지 않고는 생명을 주는 그리스도 몸의 성질에 관한 키릴로스의 수사학을 타당하게 인정할 수 없

---

[70] Braaten and Jenson, *Union with Christ*, 103.
[71] Braaten and Jenson, *Union with Christ*, 103.
[72] Braaten and Jenson, *Union with Christ*, 104.
[73] Braaten and Jenson, *Union with Christ*, 104; Calvin, *Institutes* 4.17.9을 보라.
[74] Braaten and Jenson, *Union with Christ*, 104.

다는 것을 깨달았을지도 모른다. 그는 또한 자신이 자기의 칭의 교리를 위해 심각한 문제를 만들고 있음을 보았을 것이다.[75]

물론 맥코맥이 칼빈의 성찬 가르침에서 키릴로스의 기독론적 언급을 도용한 것에 당황한 첫 번째 사람은 아니다. 성찬에서 그리스도의 생명을 주는 몸의 교통에 관한 칼빈의 거듭된 언급들은, 특히 핫지(Hodge), 워필드(Warfield), 쏜웰(Thornwell), 데브니(Dabney)와 같은 미국 장로교도의 츠빙글리적 성례신학에서, 칼빈신학에 낯선 신비주의 신학들의 유물로서 비평을 끌어냈다.[76]

이후에 나올 책에서 필자는 성찬과 관련해 이 질문을 보다 직접적으로 다룰 것이다. 여기에서는 필자의 결론을 진술하는 것으로 우리의 목적은 충분히 달성할 것이다.

이 신비로운 개념은 칼빈신학에 있어 낯선 요소, 즉 그가 이어받은 존재론의 유물이 아니고, 그의 성찬 가르침에 필수적인 요소로 명백히 옹호됐는데, 그것은 그리스도와의 연합에 있어 더 큰 강조점의 일부였다.

이 연합은 칭의가 아니라 오히려 칭의의 결과지만, 성령은 신자를 그리스도와 진실로 연합한다. 이 연합은 단순히 그의 혜택이 아니라 그의 인격

---

[75] Braaten and Jenson, *Union with Christ*, 104-5.
[76] Charles Hodge, "Doctrine of the Reformed Church on the Lord's Supper," in Charles Hodge, *Essays and Reviews*, selected from *The Princeton Review* (New York: Robert Carter & Bros., 1857). John Williamson Nevin과 마찬가지로, Hodge는 Calvin도 심지어 성찬식을 통한 그리스도의 생생한 전체 인격을(일부 개혁과 신앙고백에서 가르치는), 요 6장을 너무 문자적으로 해석한 교부들에 기원을 두고 루터주의자들을 달래기 위한 노력에서 비롯된 "적합하지 않은 이방 요소"로 이해한다고 주장한다(363-66). 심지어 제임스 헨리 쏜웰(James Henley Thornwell), R. L. 다브니(Dabney), 윌리엄 G. T. 쉐드(Shedd)은 더욱 날카로운 견해를 제시했는데, 특히 쉐드는 Calvin의 관점을 그 자신의 츠빙글리 개념으로 동화하려고 시도했다(*Dogmatic Theology*, ed. Alan W. Gomes, 3rd ed. [Phillipsburg, NJ: Presbyterian & Reformed, 2003], 814-15). 필자는 이런 관점들을 제4권에서 직접 다루겠다.

과의 연합이다. 이 신비한 연합(*unio mysticus*)은 본질주의적(essentialist)이라기보다는 언약적 용어들로 상당히 재해석됐는데 특히 오시안더(Osiander)와의 논쟁 이후 그러하다.

비록 더욱 개선된 것이 필요했고(그리고 여전히 필요하고), 칭의에 관한 칼빈의 이해를 그가 가르치는 성찬이 아닌 칭의에 관한 그의 명백한 가르침에서부터 해석해야 함에도 불구하고, 필자는 후자가 언약 모델에 전혀 해롭지 않다고 믿는다.

성찬에서 그리스도 생명을 주는 본질의 교통이 의미하는 바를 해부하는 다양한 방법이 있을지라도, 칼빈과 개혁파 전통은, 더 폭넓은 의견 일치와 함께, 생명을 주는 그리스도 **인격**에 연합하지 않고는 그가 주시는 **혜택**과의 교통은 있을 수 ㅋ없다는 결론을 내린다. 그리고 이런 주장은 매우 타당해 보인다.

그러므로 개혁신학에서 문제 되는 용어는 참여(participation) 또는 신비적 결합(mystical union) 그 자체가 아니다. 중요한 것은 이러한 주제들이 좀 더 플라톤주의적 또는 좀 더 언약적 존재론 내에서 표현되는지 여부다. 맥코맥은, 특히 주류 개신교주의에서의 상황을 고려할 때, 이러한 대체 존재론들의 매력을 인정한다.

> 우리는 종교개혁의 교회가 교리적 혼돈 속에 있는 시대에 살고 있다. 많은 사람이, 영지주의와 심지어 그들 교회의 좌익에서 발견되는 상당한 이교도 신학에 섬뜩함을 느낌으로써, 로마와 콘스탄티노플(Constantinople)을 향해 열망의 눈빛을 보내 왔다.[77]

결과적으로, 필자는 이 대담한 제안을 맥코맥과 함께 옹호하고자 한다.

---

[77] McCormack, *What's at Stake*, 105.

나는, 신화(神化, theōsis), 그리스도와의 연합, "성찬이 교회를 만든다"는 드 뤼박주의적(de Lubacian) 격언과 같은 주제보다 현대 개신교 신학에 더 뜨거운 주제는 없다고 말하는 것이 정확하다고 생각한다. … 그 과정에서 교회는 순수 존재(pure being)라는 고대 그리스 존재론들에 큰 빚을 지는, 그리스도 안에서의 "참여"라는 개념의 영향 아래에 서서히 오고 있다. …
사실, 법정주의는 (올바르게 이해한다면!) 로마 및 동방 구원론에서 전제된 것을 대체할 만한 신학적 존재론의 기초를 제공한다. 이것을 이해하지 못할 때의 결과는 거의 언제나 "법적 허구"(legal fiction)를 중요시한다는—사실은 그렇지 않지만—잘못된 가정으로 인해 개혁파 칭의 교리를 포기해 왔다(강조는 첨가된 것).⁷⁸

칼빈은 일찍이 로마서 8:15 주석에서 칭의를 중생을 포함한(다시 말하면 내적 갱신의 전 과정을 포함한) 그 밖의 모든 것을 가져오는 것으로 설명한다. 겉으로 보이는 것으로 판단하는 인간 재판관과는 달리 하나님의 선언은 "그것이 선언하는 실체를 창조한다"라고 맥코맥은 결론짓는다.

> 하나님의 선언은 다른 말로 표현하자면 그 자체가 선언된 것의 구성 요소다.⁷⁹

다시 한번 우리는 단순한 인과적이고 형이상학적 문법들(grammars)보다 교통적 및 언약적 문법이 우월하다고 본다. 인과적이고 형이상학적 문법들의 경우, 칭의는 내적 삶의 역학에 대한 논쟁이 된다. 교통적 및 언약적 문법의 경우는 언약적 주(Covenant Lord)와 관계된다.

---

78 McCormack, *What's at Stake*, 106.
79 McCormack, *What's at Stake*, 107.

언약적 주는 완전히 새로운 존재론적, 윤리적, (휩쓸고 있는 내적 삶을 포함해) 종말론적 방향에서 문제가 되는 종에게 법정 판결을 내린다. 하나님은 아무것도 없을 때 "빛이 있어라!"라고 선언하시고, 아브라함에게 후사가 없을 때 "열국의 아버지"라고 선언하시며, 경수가 끊긴 사라에게 임신할 것이라고 선언하시고, 남자를 알지 못하는 처녀에게 잉태하리라고 선언하신 것과 마찬가지로, 하나님은 신자가 불의할 때 의롭다고 선언하신다.

그러므로 새 창조의 전체 실체는—칭의뿐만 아니라 갱신도, 개인뿐만 아니라 우주의 갱신도—삼위일체의 언약적 담화에 의해 구성된다.

맥코맥은 존 머레이(John Murray)의 주석에 호소했는데, 머레이는 다음과 같이 말했다.

> 경건하지 않은 사람의 칭의에서 하나님의 선언적 행위는 구성적이다. 여기에는 비교할 수 없는 성격이 있다.

그러나 맥코맥은 머레이가 중생과 그 밖의 모든 것보다 우리의 의로운 상태만을 구성하는 것으로 이것을 제한했다는 이유로 그를 나무란다.[80] 그 이유는 머레이가 웨스트민스터 신앙고백서와는 **다르게**, 중생을 유효한 소명과 구별하고 유효한 소명 전으로 취급하기 때문이라고, 맥코맥은 주장한다. 이 점에 대해 다음 장에서 설명하겠다. 여기에서 강조해야 할 점은 유효한 소명(복음의 법정적 선언을 통해) 전의 중생 개념(주입되거나 이식된 새로운 자질)이 바로 정확하게 칭의가 전체 구원 서정(*ordo salutis*)을 가로질러 구성되지 못하게 한다.

맥코맥은 그러한 움직임에 더욱 강력하게 비판했지만, 필자는 법정적이고 선언적이며 언약적 말씀으로서의 칭의에 관한 그의 관심을 공유한다.

---

80 McCormack, *What's at Stake*, 107. John Murray, *Redemption Accomplished and Applied* (Grand Rapids: Eerdmans, 1955), 123을 참조한다.

이러한 말씀은 그리스도 안에 있는 자들의 새로운 상태**와** 새로운 존재를 동시에 창조한다. 칭의 자체는 중생과 성화와 혼동되어서는 안 되며, 이들의 말씀을 구성하는 근원으로 간주해야 한다. 맥코맥은 "신적 전가는," 선택 안에서 "은혜에 관한 목적 지향적 언약의(teleologically-oriented covenant of grace) 틀에서 보일 때, 오직 최종적 의미만이 파악될 수 있는 판결이다"고 주장한다.

> 종말론적 차원은 여기서 나의 목적을 위해 더욱 중요하다. 칭의의 결과로서 나오는 중생은 오직 성도의 영화에 있어서, 종말에서만 완성되는 사역의 시작이다. … 제시간에 "그리스도 의를 옷 입는 것은" 그의 죽음(죄의 문제를 다루는)으로 인한 구원의 효능(saving efficacy)과 그의 순종의 삶(새로운 인성이 시작됨)으로 인한 구원의 효능으로 옷 입는 것을 의미한다.[81]

그는 다음과 같이 결론짓는다.

> 이제 내가 이 지점을 반영했다면, 그 기초는 그리스도와의 연합에 관한 곤란한 문제에 의지하지 않고, "법적 허구"의 혐의에서 벗어났다. 변형적 결과를 내는 법정적 행위로 이해되는 전가는 문제를 처리하기에 충분하다. … 나는 그리스도의 역사적 인성에 참여하지 않는다(만약 그것이 실제로 의지들의 연합[unity of wills]이라는 생각을 넘는다면 "실체"의 수준에서의 연합을 요구하는 생각이다). 오히려 나는 예수가 그의 순종의 삶을 통해 예시하고(instantiated) 구체화한 인성의 **종류**에 참여한다.[82]

---

81 McCormack, *What's at Stake*, 109.
82 McCormack, *What's at Stake*, 110.

서로 다른 존재론이 어떻게 개인의 구속 경험(*ordo salutis*, 구원 서정)에 관한 다양한 견해뿐만 아니라 다른 교회론들이 나오게 하는지 우리는 알기 시작했다. 말씀이 이미 존재하는 인간 인격보다 인성을 취하셨던 것처럼, 우리는 그의 독특한 개인 정체성보다는 이 새로운 인성의 머리로서의 그리스도에 참여한다.

신자와 그리스도와의 신비한 결합에 관한 개념은 신비로운 몸인 그의 교회에 관한 견해와 불가분의 관계가 있다. 육체를 입으신 그리스도의 승천이 시대들 사이에서 이 시대에 존재론적으로 구성된다면 신자의 "인성" 조차도 그 인성과 혼합하지 않았기 때문에 교회는 성육신한 그리스도와 동등할 수 없다.

오히려, 신자는 그가 머리인 그 언약의 몸에 참여한다. 우리는 그리스도의 유익뿐만 아니라 그 인성에 존재론적으로 참여한다고 여전히 확신할 수 있다. 하지만 이것은 본질들, 인격들, 심지어 의지들의 혼합이라기보다는 국가와 군주 또는 가족 속에서의 남편과 아내 또는 부모와 자녀의 관계와 같다고 언약적 존재론은 제안한다.

확실히 이 연합은 단순히 법정적이거나 심지어 관계적일 뿐 아니라 영적, 신비적, 실제적이다. 왜냐하면, 성령은 어떤 자연적 공동체보다 더 중요한 '코이노니아'(*koinōnia*)를 달성하시기 때문이다. 그런데도 언약에서의 결속은(심지어 은혜 언약마저도) 본질에서의 결속과 다르다. 그리고 포괄적(generic) 인성의 본질은 특정한 역사적 인격(person)의 본질과 다르다.

이 공식에서, 전가된 의는 그리스도의 실제(획득된) 순종이고, 단지 동료 인간에 의해서가 아니라 언약 백성의 대표자에 의해 실행되며, 공식적으로 자신을 위해서가 아니라 공인으로 행동하는 것이기 때문에, 칭의를 "율법적 허구"로 보는 것은 불가능하다.

그런데 또 다른 이점이 있다. 복음주의 신학에서는 칭의를, "균형 잡힌" 구원론을 갖기 위해 효과적이고 변형적인 면이 추가되어야만 하는 많은 교리 중에 하나의 교리로 다루는 경향이 있다. 암시적으로, 칭의는 한 가지 문제, 즉 우리가 하나님 앞에서 새로운 지위를 받는 방법을 해결하기 위해 필요하다. 반면, 중생과 성화는 다른 문제(그리고 종종 더욱 중요해 보이는 문제), 즉 우리가 도덕적으로 변형되는 문제에 관한 해결책으로서 다루어진다.

필자는 법정적 칭의를 새 창조 **전체에** 관한 교통의 원천으로 보려는 맥코맥의 입장에 동의한다. 웨스트민스터 신앙고백서(13장)의 신중한 표현은 신자가 "그들 안에서 이루어진 것이나 그들에 의해 행해진 것이 아니라 오직 그리스도의 공로 때문에" 의롭게 여김을 받음을 우리에게 상기시켜 준다.

심지어 신자에게 있는 그리스도의 내주라고 하더라도 칭의의 기초가 될 수 없고, 우리를 위한 그의 행하신 순종과 당하신 순종일 뿐이다. 칭의를 신비한 결합의 율법적 근거로 취급하는 것은 요점을 보전하는 데 도움이 되며, 주입된 자질의 개념을 제거하면 중세 존재론의 마지막 잔존물을 뽑아 내게 된다.

이전 장에서 자세히 설명했듯이, 바울은 신자의 도덕적 갱신을 칭의에서 선포된 법정적 용서의 불가피한 결과로 간주할 뿐만 아니라(롬 5장과 6장의 연결), 그는 또한 칭의를 로마서 4장(17절)에 기록된 "무로부터의 창조"(*ex nihilo*) 자체와 유사한 발화 행위(speech-act)로서 특별히 다룬다.

하나님은 칭의뿐만 아니라 우리 개인과 공동생활의 모든 면에서, 그리고 한 번뿐만 아니라 우리 인생 여정 전체를 통해서, 복음을 불신자에게 말하므로 새로운 세상을 창조하신다.

유효한 소명 속에서 전해지는 그 말씀은 칭의에 **관한** 담론(discourse)일 뿐만 아니라 믿음으로 받는 죄인의 칭의에 관한 하나님의 **선언이다**. 그러나 창조와 마찬가지로, "~이 있어라!"는 개시된 "무로부터의 창조" 명령과 창조 내의 성령의 작용이 있는데, 이는 "땅은 ~을 내어라!"라는 선언의 발화 매개적 효과를 가져온다.

물론 이 관점은 맥코맥만의 독특한 것은 아니다. 일반적으로 루터파와 개혁신학도 이 관점을 강조한다.[83] 그런데도 맥코맥이 제안한 것처럼 "주입된 자질"(infused habits) 존재론에 대한 더욱더 철저한 비판이 요구된다.

단순한 모방이나, 신자나 교회를 성육신의 연장이 될 수 있게 하는 존재론적 참여에 의해서가 아니라, 본질적으로 그리스도에게 속하고 은혜로 우리에게 속한 유산을 공유함으로써, 우리는 정확하게 이 은혜 언약 안에서 그리스도가 중재하는 이런 종류의 인성에 참여하게 된다. 그것은 직접적으로(모방이나 혼합에 의해서) 전달된 것이 아니라, 은혜의 수단을 통한 성령으로 전달된 유산이다.

그러므로 우리는 맥코맥의 주장대로 "신약에서" 그리스도와의 연합과 참여를 위해 "사용된 원예적 / 유기적(horticultural/organic) 이미지"는 그 관계의 친밀함을 성공적으로 목격하는 은유로 이해해야지 문자적으로 받아들이면 곡해하게 된다고 생각한다.[84]

물론, 성경이 칭의와 연합과 관련해 사용하는 용어는 모두 은유다. 유기적, 가족적, 정치적, 육체적 은유뿐만 아니라 법률, 회계, 의복 은유도 유비(analogies)다. 유비의 역할을 오해할 때, 우리는 그것 중 어느 것도 진리에 못 미친다고 결론짓겠지만, 그러나 그것들은 한 조(組)를 다른 조로 줄이지 않고 똑같이 확정되어야 한다.

참으로 새로운 삶의 시작 순간이 있다. 그러나 그것은 성령의 유효한 부름에 의해 믿음으로 받는 칭의 판결의 결과다. 바울에게는 존재론이 있다.

---

83 도르트 신조는(in *Ecumenical Creeds and Reformed Confessions*) 중생에 관한 이런 견해를 나타내는데, 특별히 셋째와 넷째 교리의 제11-12조는 중생을 창조와 죽은 자의 부활로 비교한다. 비록 제11조는 성령은 "새로운 것을 인간의 의지에 주입한다"라고 말하지만, 이것은 중세 시대의 주입된 자질에 관한 개념이 아니라 단순히 "죄 가운데서 죽은" 사람 밖에 있는 근원으로부터 새로운 생명을 주는 것을 표현하는 방식이다. 이 근원은 성령으로 확인된다. 그리고 중생은 "**단지** 복음에 관한 외적 설교나, 도덕적 설득, 또는 하나님이 자기 부분을 수행하신 후에 중생은 인간의 능력에 달려 있다는 주장과 같은 방식에 따라 효과를 나타내지 않는다." 여기에서 중생은 복음에 관한 외적 설교로부터 벗어나거나 그 전에 실행되는 것으로 묘사되어 있지 않다.

84 McCormack, *What's at Stake*, 110.

그에게는 도덕론이 존재론 그 자체로, "언약 존재론"을 요구한다.[85] 맥코맥은 존재론적인 것과 법정적인 것을 서로 대립시키는 대신 법정주의 그 자체가 "매우 존재론적"이라고 주장한다.

> 법정적 사고의 뿌리에는 인간이 결정된(willed) 관계를 낳는 결정의 기능이라는 인식이 자리 잡고 있다. 인간 존재는 하나님이 그의 선택의 은혜 가운데 과거의 영원 속에서 **내렸던** 결정의 기능이다. 그리고 그것은 하나님이 경건하지 않은 사람을 의롭게 함에 있어 시간 속에서 **내리는** 결정의 기능이다. 전자는 후자의 근거가 된다. 후자는 시간 속에서 전자의 내용을 실현한다.[86]

의심할 여지 없이 그러한 언약 존재론은 단지 급진적 정통주의 관점에서 볼 때 스코투스주의적 주의주의(voluntarism)이라고 하는 것에 대한 잘못된 반박을 나타낼 수 있다.

그러나 무로부터의 창조, 선택, 언약, 거저 주시는 은혜에 대한 성경적 강조에 주의를 기울이려는 신학은 필연적으로 하나님의 주권적 자유라는 용어로 창조자-피조물 관계를 해석하는데, 이는 필연이지도 않고 당연하지도 않지만, 결정된 관계로 들어가기 위해서다―절대적 자유 안에서는 아니고, 하나님 본성에 의해 움직여지지 않는 것으로 이해되지만, 어떤 외부 조건과도 분리된다.[87]

---

[85] McCormack, *What's at Stake*, 113.
[86] McCormack, *What's at Stake*, 115. 이것은 의심할 여지 없이 스코투스주의적 주의주의(voluntarism) 안에 절망적으로 곤경에 빠진 종교개혁신학에 대한 Milbank의 비평을 도울 것이다. 하지만 하나님 존재 안에서 창조에 필요한 존재론적 참여에 관한 (최소한 지적 및 영적 관점에서) 오리겐주의자(Origenist)와 에리우게나주의자(Erigenist)의 이론과는 달리(즉, 유출설), Lombard와 Aquinas는 이 요점을 그 자체로 옹호한다.
[87] 그러나 이것이 급진적(유명론적-일의론적[univocalist]) 주의주의일 경우, 하나님 존재와 하나님 의지 간의 아무런 연결 고리가 없다. 이와는 대조적으로, 필자는 하나님이 자기의 신적 본성과 일치하는 것만을 자발적으로 할 수 있지만, 그렇다고 해서 반드시 그

3. 최종 비교 및 대조

필자는 참여에 관한 더욱 신플라톤주의적 판(版)들에 대한 필자의 주요 비평을 종합하면서, 유비, 유기체, 본성과 은혜의 관계, 본질과 에너지들, 칭의와 연합에 관한 간략한 논의를 통해 본 장을 결론짓겠다.

1) 유비와 참여

유비 교리는 창조자-피조물 구별의 모호함에 대한 도전으로서 필자의 제안 전반에 줄기처럼 퍼져 있다. 급진적 정통주의는 또한 일의성(univocity)보다 유비를 옹호한다. 그러나 신학자 에리히 프쉬바라(Erich Przywara)와 발타자르(Balthasar)는 신플라톤주의의 존재에 관한 등급에 반대해 무로부터의 창조의 수호자로서 유비를 해석하지만, 급진적 정통주의는 유비를 유사성(affinity)과 신플라톤주의의 방향에서 더욱 해석한다.[88]

예를 들어, 프쉬바라는 밀뱅크가 하나님-세상 관계의 유명론적 개념과

래야만 하는 것은 아닌, 하나님의 완전한 자유로운 의사 결정이라는 사실을 의미한다고 주장할 것이다.

[88] E. L. Mascall은 자기의 유비 교리에 관한 확고한 연구를 통해, 한편으로는 유비가 "더 궁극적이고 무조건적일 수 있는 것은 아무것도 없다고 주장하기보다는 하나님과 세상 사이에 구분을 가정하고, 또 다른 의미에서는 그동안 다른 어떤 교리도 가정하지 않았던 더욱 친밀한 관계로 인도한다"라고 언급했다. "하나님은 자존하고 모든 다른 존재는 그에게 전적으로 의존한다는 확고한 주장 안에서, 하나님과 세상 사이를 중재할 어떤 반신적(semi-divine) 중재자들도 필요하지 않다. 위계 질서적으로 나뉜 수많은 체제가 꾸준히 감소하는 신성의 연속에서 추풍낙엽처럼 떨어지지 않는다. 어떤 "정신"(nous)이나 세상-영혼(World-Soul)도 완전히 신적이지 않고 그렇다고 유한하지만도 않다. 하나님에게 충분히 가까이 있는 어떤 아리우스주의적 로고스(Arian Logos)도 세상을 만들 수 없고, 하나님에게 너무 멀리 떨어진 것이라고 하더라도 아무 일도 할 수 없을 만큼 비참하지 않다. 하나님 자신의 순전히 전능한 명령을 제외하고는 어떤 것도 자존하는 존재와 의존적 존재 사이의 간격을 연결할 수 없다"(*Existence and Analogy* [London: Longmans, Green, 1949], 124). 필자는 Edward T. Oakes, S.J.가 *Pattern of Redemption* (New York: Continuum, 1994), 25-26 n. 17에서 이 부분을 지적한 것에 감사한다.

(필자의 생각엔 잘못되게) 연관 지을 수 있는 유비 교리를 암시한다.

> 창조는 하나님에 관한 가장 깊은 의존에도 불구하고, 그 자체의 독립된 본질 및 존재가 부여된다. 하나님은 온전히 실재이시고 창조도 그 자체의 방식으로 실재다.[89]

결국 급진적 정통주의는 유명론과는 다른 종류의 일의성을 대표하는 것처럼 보이지만, 창조된 존재는 존재론적으로 창조되지 않는 존재에 참여하기 때문에 똑같은 일의성을 나타낸다. 급진적 정통주의가 일의성을 창조자로부터의 창조 **분리**로 취급하는 곳에서, 이 움직임은 일반적으로 신학사(history of theology)에서 창조되지 않은 실재와 창조된 실재의 **혼합**으로 취급되어 왔다.

급진적 정통주의 학파(특히, 밀뱅크)는 기독교 신플라톤주의의 우물로 돌아 가라고 강하게 권면한다. 대조적으로, 로스키(Lossky)와 웨어(Ware)는 신플라톤주의적 오명으로부터 동방을 해방하려고 시도한다. 교부 연구에 관한 그의 모든 호의적이고 학문적 공헌에도 불구하고 발타자르는 플라톤주의적 유산이 종종 은혜의 경륜에 맞지 않는 계획을 제공한다고 주장했다. 발타자르는 다음과 같이 설명했다.

> 인간의 가장 깊은 갈망은 하나님에게 올라가고, 하나님과 같이 되며, 참으로 하나님과 동등하게 되는 것이다. … 모든 민족에서 재산, 계층, 계급이 이 일반적 열망에 관한 가시적이고 대표적이며 신성한 표현을 형성했다. 그러나 우리는 그 뱀이 인간의 이 가장 깊은 곳에 있는 하나님이 되고 싶

---

[89] Erich Przywara, *Polarity*, trans. A. C. Bouquet (Oxford: Oxford University Press, 1935), 54; quoted by Oakes, *Pattern of Redemption*, 37.

은 충동을 사로잡아서 그것을 독살했다는 사실을 안다. 원죄는 인성 주변의 어딘가에 앉아 있지 않다. 오히려, "에리티스 시쿠트 디이"(*eritis sicut dii*, 너희가 하나님과 같이 될 것이다[창 3:5, 불가타])라는 바로 그 약속은 이 본성 자체에 관한 본래 핵심의 변형이다.[90]

이 거짓 약속은 플라톤의 분할 선(Plato's Divided Line)의 핵심에 놓여 있다.[91] 이 접근법에서 영혼은 신성의 장소(the site of divinity)가 된다. 발타자르는 계속 주장한다.

> 따라서 인간의 본성에서 한 장소를―아마도 오직 한 점, 그러나 충분한 점일 것이다―발견할 수 있다. 이 장소는 말하자면 하나님과 "종교적으로" 교통할 수 있는 장소다. 같은 토대에서 신비한 **정체성**은 창조자와 피조물 사이 이 장소에 팽배하다. 이 신비한 정체성 지점에 도달하려면 온갖 종류의 힘든 노력이 필요하다.
>
> 세상 속에 있는 일시적인 현재는 단지 내부 알맹이를 감싸고 감추는 외부 껍질이 되기 위한 도해(schema) 안에 있는 것처럼 보이는데 이 껍질은 금욕적으로 산산이 조각나야 하고 "부인되어야 하며" 투명하게 되어야 한다. 완전하고 다 아는 종교 운동가는 단순한 모습으로 이 모든 것(바깥 껍질)을 통해 보는데, 이는 하나님과의 모든 비동일성(non-identity)은 근본적으로 비존재(non-being)이기 때문이고 따라서 이것은 엄격한 자아(constricted ego)와 개성(individuality)에 적용된다.[92]

---

[90] Oakes, *Pattern of Redemption*, 110, quoting Hans Urs von Balthasar, "Patristik, Scholastik und wir," *Theologie der Zeit* 3 (1939): 65-104, 특히 69 ("The Fathers, the Scholastics, and Ourselves," trans. Edward T. Oakes, in *Communio* 24 [Summer 1997] and online).

[91] Oakes, *Pattern of Redemption*, 112.

[92] Oakes, *Pattern of Redemption*, 112.

유비 교리만이 플라톤주의의 치명적 오류에서 우리를 보호할 수 있다.[93] 발타자르에 따르면, 교회 교부들도 이 바이러스에 감염됐으며, 복음을 위한 준비 단계로서 그리스 철학의 잠재력에 너무 열정적이었다.[94]

삼위일체를 공식적으로 지지했음에도 불구하고 디오니시우스(Dionysius)와 막시무스(Maximus)에게 있어서 "삼위일체는 그리스도인의 삶의 현장에서 거의 아무런 역할도 하지 못한다. 실제로 막시무스가 한 일은 카파도키아 교부들과 니케아 신경의 곁을 지나서 로고스 신학에 관한 오리겐주의자들의 개요를 의식적으로 연결하는 것이다."[95]

> 이것에 밀접하게 관련되는 것은 안디옥 학파(Antiochenes)와 네스토리우스(Netorius)의 입장에도 불구하고 그리스도의 가현설 견해와 유티케스주의적(Eutychian) 견해를 끊임없이 옹호하는 그들의 성육신의 해석이다. 성육신은 결과적으로 하나님이 그 자신으로부터 "물러나는" 가장 극단적 지점으로 생각된다. 자기 비움(kenōsis)는 세상을 고향인 하나님에게 가져오기 위한 하나님의 자기 소외(self-alienation)로 나타난다. …
> 이 윤곽에서 성육신은 일시적이고 과도기적인 것으로 나타나야 한다. 공식적으로 고백되고 유지된 육체의 부활은 체계적 계통(systematic lines)을 교란하는 것처럼 보이고 보통 하나 또는 다른 형식으로 분류된다.[96]

그러므로 "상승하는 움직임이고, 세상 힘이 하나님 안으로 단계적으로 돌아가며, 물질에서 벗어나서 영적으로 분명히 향하는, … 금욕주의와 신비주의"가 나타난다. "수천 가지 다른 색으로 표현된 영성화(spiritualization)

---

93 Oakes, *Pattern of Redemption*, 113.
94 Oakes, *Pattern of Redemption*, 115.
95 Oakes, *Pattern of Redemption*, 116.
96 Oakes, *Pattern of Redemption*, 119.

는 이 운동의 위험"을 이미 제공하는 초기 수도원주의와 함께 "교부 시대의 기본 경향이다."[97]

이러한 위험에 직면해, 유비는 신학을 범신론(pantheism)의 함정에서 지켰다.[98] 그러나 "러시아 소피아(Sophia) 사변"에서처럼 플라톤주의적 참여 개념이 지배하는 정도까지 창조자와 피조물의 구별은 모호하다. (존 밀뱅크는 발타자르가 언급한 이 무리의 주요 사상가 중 한 명인 세르게이 불가코프[Sergius Bulgakov]에게 광범위하게 의존한다는 점을 주목할 필요가 있다.)[99] 발타자르는 이러서 다음과 같이 주장한다.

> 이 방법으로 전체 플라톤주의적 개요도(Platonic schematic)의 근본적인 결핍이 드러났다. 즉, 은혜의 하나님과 은혜를 받은 피조물(기독교 용어로 표현) 사이의 초자연적 관계를 훌륭하게 표현할 수 있다. 물론 은혜는 본질적으로 신성 안에서의 "참여"이지만, [플라톤주의적 개요는] 모든 은혜 행위에 기초한 두 **본성**(신성과 인성)의 관계를 충분히 밝힐 수 없다.[100]

그래서 모든 형태의 플라톤주의적 기독교 사상에서 창조(자연)와 죄의 타락 사이에는 종종 대부분 무언의 비밀스러운 유사성이 있다.

---

[97] Oakes, *Pattern of Redemption*, 120.
[98] Oakes, *Pattern of Redemption*, 122.
[99] John Milbank, *Being Reconciled: Ontology and Pardon* (London and New York: Routledge, 2003), 113, 128, 그리고 특히 xii, 131-35, 208에 있는 그의 지혜학(sophiology)을 보라. Sergius (Sergeĭ Nikolaevich) Bulgakov의 주된 작품들은 3부작 교리서로 영어로 나왔다. *On Divine Humanity: The Lamb of God* (2007); *The Bride of the Lamb* (2002); and *The Comforter*, trans. Boris Jakim (Grand Rapids: Eerdmans, 2004). 이 글들은 여기에 언급된 주제를 다룸에 있어 아마도 가장 중요할 것이다.
[100] Oakes, *Pattern of Redemption,* 125, quoting von Balthasar, "Patristik, Scholastik und wir," 90.

자연과 은혜는 물질과 영이라는 이원론으로 확인되고, 이 위험은 교부의 신학에 나타나 있다.[101]

2) 유기체론

파종과 성장, 포도나무와 가지, 머리와 몸의 유기적 유비는 이 연합에 관한 개혁파 논의에서 충분히 나타나지만, 언약적으로 구성된 연합의 **유비**로 인정된다. 대조적으로, 법정적 의미에 반한 유기적 의미를 설정하거나 단순히 후자를 전자에 흡수하는 참여신학들은 종종 문자적 및 실체주의적(substantialist) 용어들로 "유기체"를 해석하게 된다.

찰스 핫지(Charles Hodge)가 제공한, 슐라이어마허(Schleiermacher)의 "기독교 범신론"에 대한 설명은 법정적 및 외적인 것에 대해 유기적이고 내재적(intrinsic)인 현대신학(그러나 명목상 급진적으로 정통적인)과 관련해 매우 적절하게 보인다. 핫지는 다음과 같이 요약한다.

> 하나님의 성육신은 교회에서 계속된다. 그리고 이 "신-인 삶"의 새로운 원리는 아담으로부터 파생한 인류가 그의 후손들에게 펼쳐지듯, 자연스럽게 그리고 유기적 발전의 과정에 의해 그리스도로부터 그의 교회 회원들에게 내려온다. 그러므로 그리스도는 그분의 행위보다는 그분의 존재로 우리를 구원하신다. 그는 신적 정의에 만족하지 않으셨다. 죄를 위한 속죄(expiation)가 없고 율법의 완성도 없다. 따라서 이 단어의 일상적인 의미에서조차 실제로는 칭의도 없고 용서도 없다. 영혼을 치유하고 그 치유로 질병에 따르는 악한 영들을 제거한다. 참으로 인간이며 참으로 하나님인 이

---

[101] Oakes, *Pattern of Redemption*, 125, quoting von Balthasar, "Patristik, Scholastik und wir," 91.

새로운 삶의 원리에 동참하는 사람들은 그리스도와 하나가 된다. …
성경과 교회가 개인적 대리인의 자유와 함께 일하는 성령님의 덕분으로
돌리는 것과, 언제 그리고 어디서 보는 것은 딱 들어맞는다. 이 체제는 발
전에 관한 자연 법에 따른 새로운 힘으로서의 구실을 하면서 그리스도의
"신인 양성 생명"(theanthropic-life)의 덕분으로 돌린다. … 이 체제는 견해의
문제(matter of opinion)로 채택될 수 있지만 믿음의 대상이 될 수는 없다. 그
러므로 그것은 죄의식이 있는 영혼에 희망을 줄 수 없다.[102]

토렌스(Torrance)의 접근에 관한 맥코맥의 묘사와 매우 비슷하게(칭의에
관한 그의 법정적 교리를 해석할 때 칼빈의 보다 키릴로스주의적[Cyrillian] 성만찬 교
리에 호소하면서), 핫지는 에를랑겐(Erlangen) 신학자인 에브라르드(J. H. A.
Ebrard)가 "그의 중생 교리를 칼빈과 몇몇 개혁신학자들이 그 주제에 관해
가르친 것에서 발견하지 않고, 그들이 가르친 성찬 교리와 신비한 연합 교
리에서 발견한다"는 점을 지적한다.[103] 핫지는 다음과 같이 판단한다.

그러나 그들은 성령 대신에 "그리스도의 신인 양성"(the theanthropic nature
of Christ), "그의 신-인적 생명"(his divine-human life), "신적 생명의 능력으로
치유되고 높아진(신화[神化]된) 포괄적 인류(generic humanity)"로 대체하면서,
성경과 보편적 교회의 신앙으로부터 벗어난다. … 이 체제에 의할 때 내재
하는 그리스도(일부 친구들이 또한 가르치는)는 우리에게 있는 모든 그리스도
다. 그러므로 에브라르드는 중생과 칭의를 한 관점에서 나타낸다.

---

[102] Charles Hodge, *Systematic Theology*, 3 vols. (New York: Charles Scribner's Sons, 1872), 3:21-25.
[103] Hodge, *Systematic Theology*, 3:23.

우리는 그저 주입된 이 새로운 삶에 기초해 선언된다.[104]

가톨릭 튀빙겐 학파와 세상의 빛(Lux Mundi) 운동에 대한 밀뱅크의 호의와 새로운 핀란드 관점에 있어 오시안더(Osiandrian) 경향의 부활은 일부 공통 영향을, 특별히 보수적 신헤겔주의(neo-Hegelianism)의 영향을 반영한다. 중재신학자들에 관한 핫지의 특징화(characterization)와 유사하게 벌코프(Berkhof)는 다음과 같이 요약했다.

> 중재신학자들(mediating theologians)의 견해는 … 범신론 영역에 속한다. 성육신 이후 그리스도 안에는 두 가지 본성이 없지만, 신적 생명과 인적 생명이 혼합된 오로지 신-인적 본성이 있다. 중생에서 그 신-인 생명의 일부가 죄인에게 넘어간다. 죄인이 중생할 때마다 별도의 성령 역사가 필요하지 않다. 새 생명은 오직 한 번 교회에 전달되고, 이제는 교회의 영구적 소유물(permanent possession)이 되며, 교회에서 개인에게로 옮겨 간다. 이 견해는 그리스도 사역의 법적 측면을 완전히 무시한다. 또한, 그리스도의 신-인 생명이 존재하기 전에는 누구도 중생할 수 없다고 주장하게 만든다. 구약 성도들은 거듭날 수 없다. 슐라이어마허가 이 관점의 아버지다.[105]

슐라이어마허에 있어 성령은 "공동체의 정신"이지만, 그의 양태론(modalism)을 고려한다면 성령이 단순히 그리스도 안으로 붕괴하는(collapsed) 현상은 놀랄 만한 일이 아니다.[106] 슐라이어마허에게 회심과 칭의는 같은 동전의 양면이고, 인간 및 하나님의 관점에서 보는 것이며, 중생하에서 이

---

[104] Hodge, *Systematic Theology*, 3:24. 칭의와 중생에 관한 이런 개념이 N. T. Wright in *What Saint Paul Really Said: Was Paul of Tarsus the Real Founder of Christianity?* (Grand Rapids: Eerdmans, 1997), 113-29에서 주장된다는 점은 주목할 가치가 있다.
[105] Louis Berkhof, *Systematic Theology*, 4th ed. (1939; Grand Rapids: Eerdmans, 1941), 478.
[106] Berkhof, *Systematic Theology*, 467.

해된다고 헤르만 바빙크(Herman Bavinck)는 지적한다.[107]

네안더(A. Neander), 니츠(C. E. Nitzsch), 마르텐센(H. Martensen), 랑게(J. Lange), 에브라르드(J. Ebrard), 벡(J. Beck), 그 밖의 학자들은 칭의가 "그리스도 의의 전가가 아닌 주입된 그리스도 의의 기초에" 서 있어서 "사법적일 뿐만 아니라 하나님의 교통적이고 거룩하게 하는(sanctifying) 행위이자 미래에 관한 미리 보기(프로렙시스, πρόληψις)"라고 주장한다.[108]

신개신교주의(neo-Protestanitism)와 중재신학의 독단적인 결론은 법정적 체계 대신에 참여를 옹호하는 오늘날의 많은 관점과는 중요한 점들에서 다르다는 것을 필자는 깨닫는다. 그러나 그들은 동일한 존재론적 가정들(assumptions)을 공유한다. "낯선 자 대면하기" 대 "소외 극복"은 체험적(heuristic) 장치들 이상으로 작용할 수는 없지만, 모형론(typology)은 적어도 현재(실제로 반복하는) 논쟁에서 서로 대립하는 다른 생각의 자질을 가리킨다.

투오모 만네르마(Tuomo Mannermaa)와 그의 학파는 칼 홀(Karl Holl)이 이끄는 소위 말하는 루터 르네상스에 관한 칸트주의적이고 신칸트주의적인 가정들을 탁월하게 탐구해 왔다. 그러나 고백적 루터주의가 칸트를 동조한 결과로 루터에게서 떠났음을 시사하는 것은 시대 착오적이다.[109]

존 밀뱅크는 당연히 그것을 유명론의 "외재주의"로 되돌리는데, 여기서 하나님은 존재의 근거(ground)라기보다는 피조적 실재(creaturely reality)와 함께 있는 실재다.[110]

그러나 언약적 존재론에서, 신-인 관계는 "플라톤주의적" 존재보다는 "칸트주의적" 윤리로 쉽게 축소될 수 없다. 우리가 하나님께 속하고 하나님이 우리에게 속하기 위해서는, 의롭게 하는 자와 의롭게 되는 자의 외재

---

[107] Bavinck, *Reformed Dogmatics*, 3:552.
[108] Bavinck, *Reformed Dogmatics*, 3:553.
[109] Tuomo Mannermaa, *Christ Present in Faith: Luther's Doctrine of Justification*, ed. Kirsi Stjerna (Minneapolis: Fortress, 2005), 1.
[110] Milbank, *Being Reconciled*, 223 n. 4.

적(extrinsic) 관계뿐만 아니라 법정적이고 사법적이면서 개인적이고 유기적인 하나님의 내주가 실제로 존재해야 한다.

처음부터 끝까지, 창조와 구속, 칭의와 성화, 새로운 출생(the new birth)과 영화 안에서의 은혜는 아들 안에서 선언하고 성령 안에서 그들의 의도된 효과를 가져오는 일에 활동 중인 하나님의 활력적인(energetic) 말씀이다.

3) 본성과 은혜

마지막으로, 밀뱅크와 급진적 정통주의의 관점은 은혜의 정의에 관한 더 광범위한 중세 존재론에 일반적인 빚을 지고 있을 뿐만 아니라, 모리스 블롱델(Maurice Blondel)과 앙리 드 뤼박(Henri de Lubac)의 연구에 의해 특별히 형성됐다는 점을 지적해야 한다. 후기 중세 (유명론) 신학의 암묵적 반(半)펠라기우스주의에 대항해, 이 프랑스 가톨릭 신학자들은 제2차 바티칸 공의회까지 이끄는 생각을 형성하는 역할을 수행했다.

매우 짧게 요약하자면, 그들의 주장은 초자연적 측면과 함께 순전히 인간의 노력을 통해 달성한 전적 인간 목적의 "순수한 본성"(pure nature)을 받아들임으로써 그들 안에 있는 것을 실행함에 실패하는 사람들을 어떻게든 신비한 방법으로 구원할 수 있다는 것이다.

비록 순수한 본성과 초자연적 은혜 사이의 후기 트리엔트 공의회 신학들의 구별은 그 종교개혁 비평을 논박하도록 고안됐지만, 이들 신학은 반(半)펠라기우스주의의 혐의에 여전히 취약했다. 대신에, 드 뤼박은 인성 자체가 초자연을 지향한다고(oriented) 주장했다. 본성은 이미 "새겨져 있다."[111] 로버트 젠슨(Robert Jenson)은 다음과 같이 지적한다.

---

[111] 특히 Henri de Lubac의 탁월한 작품인 *The Mystery of the Supernatural*, trans. R. Sheed (New York: Herder & Herder, 1967)을 보라.

그러나 서방교회의 은혜신학이 너무 자주 슬픔으로 가는 것과 같은 종류의 모호성이 남아 있다. 드 뤼박은 "가능한 선물에 관한 생각은 그 선물을 받기 위한 어떤 근본적이고 내적인 소질에 관한 생각을 … 전제한다"라고 할 수 없이 말한다.[112]

"은혜의 두 가지 시작(initiatives)," 즉 "[인간을] 존재로 이동시키는" 것과 인간을 "부르는"(calls) 것을 받아들임으로, 근본적으로 문제가 되는 은혜의 존재론을 깊게 한다고 젠슨은 관찰한다.

드 뤼박은 대부분 개신교 또는 가톨릭 신학과 마찬가지로, 창조 자체는 신적 소명에 의해서가 아니라 선행하는 다른 신적 행위에 의해 영향받는다고 추정한다. … 이 추정(presumption)이 유지되는 한, 본성과 은혜에 관한 문제는 풀 수 없다. 드 뤼박처럼 부름을 받지 않는 인성 자체가 은혜에 관한 호출에 선행적으로(antecedently) 적합하다고 가정한다면, 우리는 결국 하나의 또는 다른 "반(半)펠라기우스주의"로 이끌리게 될 것이다. 우리가, 드 뤼박이 논박한 사람들과 함께 부름을 받지 않는 본성 자체가 은혜의 부름에 선행적으로 중립적이라고 가정한다면, 드 뤼박이 보여 주었듯이 좀 더 우회적인 경로를 통해서 여전히 일종의 "반(半)펠라기우스주의"로 인도될 것이다.[113]

그러나 드 뤼박 자신은 우리가 단지 본질적으로 은혜에 "열려" 있을 뿐만 아니라 또한 그것에 관한 "능력"도 가지고 있음을 제안함으로써 "반(半)펠라기우스주의"를 옹호하기 시작했다.

---

[112] Robert Jenson, *Systematic Theology*, vol. 2 (New York: Oxford University Press, 1999), 67.
[113] Jenson, *Systematic Theology*, 2:68.

대조적으로 젠슨은 다음과 같이 올바로 주장한다.

> 하나님의 경륜에 의해 성취되는 것은 우리의 구원뿐만이 아니라, 말하자면, 우리의 존재도 있다.

창조와 구속 모두에서 자연은 하나님에게 열려 있다. 그러나 이것은 경향(aptitude)을 의미하지는 않는다. 젠슨은 더욱 근본적인 존재론적 문제, 즉 "본성과 은혜는 하나님이 우리에게 수행한 한 가지 대화의 관점들임"을 인식하지 못한 문제에 손을 댔다.[114]

필자는 개혁신학이 본성은 이런 의미에서 하나님에게 "열려 있다"는 것을 항상 확인해 왔음을 더 추가할 뿐이다. 자체적으로 내재하는 목적인(telos)을 가진 자율적인 "본성"은 없다. "당신은 당신 자신을 위해 우리를 만들었고, 우리 마음은 당신 안에서 안식을 찾을 때까지 쉬지 못합니다"는 아우구스티누스의 격언은[115] 칼빈의 제네바 교리문답과 웨스트민스터 소요리문답 모두의 첫째 문답에서 명확한 표현을 발견한다.

> 사람의 제일되는 목적은 하나님을 영화롭게 하고 그를 영원토록 즐거워하는 것이다.

그러나 개혁신학자들은 자연적 능력과 도덕적 능력을 구분한다. 그래서 보통 말하는 인성은 초월적으로 지향됐지만(oriented), 그 목적을 실현하기에는 도덕적으로 불가능하다. 그러므로 우상 숭배, 의미의 부재, 지루함(boredom), 성공하지 못한 자연적 목적인(natural telos)의 다른 효과로 나타난다.

---

[114] Jenson, *Systematic Theology*, 2:68.
[115] Augustine, *Confessions*, 1.1.

복음은 인간에게 초자연적인 목적을 부여하지 않고, 죄, 두려움, 소외, 저주의 상태에서 해방해 그들이 만든 목적인(telos)을 실현하지 못하게 한다. 이것은 (밀뱅크에 의해 발전된 중세 존재론에서와 같이) 본성의 초자연적 고양(elevation)이 아닌 본성의 해방에 의해—모든 것을 새롭게 하는 동안 새로운 것을 추가하지 않음으로—성취된다. 말씀이 이것을 하신다. 말하자면, 아버지는 아들 안에서 그리고 성령에 의해 이 일을 하신다. 젠슨은 다음과 같이 덧붙인다.

> "~이 있어라"와 "그리스도가 살아나셨다"는 극적으로 일관된 담론(dramatically coherent discourse) 속에 있는 하나님의 두 발언이다. 첫 번째 발언을 듣고 존재하는 피조물은 "경향"[자질]에 관한 망설임을 요구하지 않는 직접적인 방법에 의해서 두 번째 발언에 열려 있다.[116]

교통적 능력으로서의 말씀에 관한 젠슨 특유의 루터파 강조는, 신헤겔주의적 전망에서 소외 극복의 예에 가깝게 보이는, 그의 시스템의 다른 측면들을 유용하게 제한한다(아마도 어떤 부분에서는 심지어 모순되기도 한다).

급진적 정통주의와 마찬가지로 로마 가톨릭의 존재론은 결국 윤리적인 문제로 축소되는데, 그 이유는 비록 이 경우에 있어 "윤리적인 것"은 우리 자신의 행위를 의미한다 해도, 최종 칭의는 은혜와의 협력의 결과로 이해되기 때문이다. 그러나 사랑이 율법과 동등하다면—예수, 바울, 요한이 우리에게 말한 것을 적절히 요약하자면—사랑에 의한 칭의는 우리가 율법-언약(law-covenant)을 개별적으로 성취함으로 얻은 칭의와 같다.

그러나 언약 관점에서 볼 때, 신적 이방인은 참여할 본질이 아니라 성부, 성자, 성령으로 우리에게 온다. 성부, 성자, 성령은 그들 각각의 독특

---

[116] Jenson, *Systematic Theology*, 2:68.

하고도 반복할 수 없는 방식으로 "모든 것을 창조하신 하나님 안에서 오랜 세월 동안 숨겨진 신비를 우리에게 가르쳐, 교회를 통해 하나님의 풍성한 지혜가 하늘에 있는 통치자들과 권세자들에게 알려지게 한다. 이것은 우리 주 예수 그리스도 안에서 그가 수행한 영원한 목적에 따른 것이었다. 예수 그리스도 안에서 우리는 그분을 믿는 신앙을 통해 담대하고 자신감 있게 하나님께 나아갈 수 있다"(엡 3:9-12).

존재론적 경계가 절대 파괴되지는 않지만, 그것은 바로 윤리적 적대감(ethical enmity)을 극복함으로 이루어진다. 윤리적 적대감은 친밀하고 유기적 연합(organic union)의 새로운 관계가 나올 수 있는 율법 위반자들(law-breakers)에 의해 이루어진다. 바꾸어 말하면, **우리와 하나님과의 관계가 법의 저주 아래에 있는 것처럼 오직 윤리적으로 남고 단지 법적으로 정의되지 않은 채 법적 근거를 확립한다.**

4) 본질과 에너지들

적어도 동방 정교회 신학에는 하나님의 본질과 에너지들 사이에 구별이 있는데, 이는 고전적인 개혁신학 체계에서 전형적으로 찾아볼 수 있는 공식과 유사하다. 즉, 하나님은 본질적으로 알 수 없지만, 그의 사역을 통해 발견할 수 있다는 주장이다. 접근할 수 없는 영광 속에 숨겨져 있는 하나님께 가는 유일한 안전 통로를 제공하는 것은 하나님의 존재가 아니라 하나님의 경륜(the economy of God), 특히 은혜 언약에 따라 그리스도 안에서 발견되는 하나님이다.

그러나 동방 교리는 우리에게 하나님의 "사역들"은 신적 능력의 창조적 효과에 국한되지 않고 하나님의 "사역들"을, 예를 들면, 신적 본질의 발산(emanation)이나 창조된 존재의 발화 행위가 아닌 신적 행동들을, 포함한다고 유용하게 상기시킨다.

제2부 제9장 언약적 참여(Koinōnia): "낯선 자 만나기"   415

블라디미르 로스키(Vladimir Lossky)는 서방의 삼위일체주의가 신적 위격들보다는 신적 본질에 우선순위를 두는데, 이는 연합에 관한 다소 다른 신비주의 신학을 불러일으킨다고 주장한다.

> 하나님에 관해 말하자면 동방교회는 "아브라함과 이삭과 야곱의 하나님, 예수 그리스도의 하나님"이라고 항상 구체적으로 말한다. 항상 삼위일체, 즉 성부, 성자, 성령이다. 반대로, 공통 본성(common nature)이 삼위일체 교의에 대한 우리의 개념에서 먼저 고려될 때, 삼위일체 안에서의 하나님에 관한 종교적 실재는 필연적으로 다소 모호하고 본질에 관한 어떤 철학에 자리를 제공한다.
> 마찬가지로, 서방교회에서 팔복에 관한 관념은 어느 정도 지적으로 강조되어, 하나님 본질에 관한 환상(vision)의 겉모습에서 표현된다. … 참으로, 서방교회 특유의 교리적 조건들에서 잘 표현된 모든 신 중심적(theocentric) 사변은 위격들 이전에 본성을 고려하고, 마이스터 에크하르트(Meister Eckhart)의 "신격"(Gottheit)에서와 같이 "신적 심연"(divine abyss)의 신비주의가 되며, 삼위일체에 앞서 신적-공허(the divine-nothingness)의 비인격적 부정신학(apophaticism)이 되는 위험을 감수한다. 따라서 우리는 역설적 노선(paradoxical circuit)에 의해 기독교를 통해 신플라톤주의자들의 신비주의로 되돌아간다.[117]

로스키는 이와는 반대로 말한다.

> 동방교회 전통에서, 신적 본질에 관한 신학은 없고 이에 관한 신비주의는 더욱더 없다. 정교회 영성의 목표, 즉 천국의 복은 본질을 봄(vision)이 아

---

[117] Vladimir Lossky, *The Mystical Theology of the Eastern Church* (Crestwood, NY: St. Vladimir's Seminary Press, 1976), 65.

니라, 무엇보다도 거룩한 삼위일체의 신적 삶에 참여하는 것인데, 이는 신적 본성의 공동상속인들의 신화된(deified) 상태, 창조되지 않으신 하나님을 따라 창조된 신들(gods created after the uncreated God), 거룩한 삼위일체가 원래 소유한 모든 것을 은혜로 소유하는 것이다.[118]

물론 개혁신학은 로스키 인용문의 마지막 문장을 의심스러운 눈초리로 본다. 그러나 본질과 에너지들 사이의 구별은 혼합의 한 지점을 반영할 수 있다. 광선이 태양 그 자체가 아니고, 태양의 단순한 효과도 아닌 것처럼, 하나님의 에너지들은 하나님 본질도 아니고 단순히 창조된 실재들도 아니다.

따라서 성 그레고리 팔라마스(St. Gregory Palamas)에 따르면 "신적 본성이 그 자체에서가 아니라 그것의 에너지를 통해서 공유한다고 말하는 것은 올바른 주장의 범위 안에 머문다."[119]

같은 방법으로, 성 바실(St. Basil)은 에너지들의 역할은 알 수 없는 본질에 자신들을 나타내고 반대한다(opposing)고 주장한다. 그는 다음과 같이 말한다.
"우리가 우리의 하나님을 안다고 말할 수 있는 것은 그의 에너지들에 의해서다. 그의 에너지들은 우리에게 내려오지만, 그의 본질은 접근할 수 없기 때문에, 우리는 그 본질 그 자체에 가까이 갈 수 있다고 주장하지 않는다."[120]

고백자 성 막시무스는(St. Maximus the Confessor)도 같은 주장을 펼친다.

---

[118] Lossky, *The Mystical Theology of the Eastern Church*, 70.
[119] Lossky, *The Mystical Theology of the Eastern Church*, 70.
[120] Lossky, *The Mystical Theology of the Eastern Church*, 71-72.

"하나님은 우리에게 주시는 것에 있어서는 교통하실 수 있으시다. 그러나 그는 자기의 본질의 비교통성에 있어서는 교통하실 수 없으시다."[121]

그러나 신적 본질에 관한 서방의 관심은 오직 무엇이 이 본질에 속한 것인지 또는 무엇이 그가 단지 원인이 되는 단순한 창조적 효과인지를 아는 것이다.

순수한 행위로서의 하나님에 관한 철학은 하나님의 본질이 아닌 것은 그 어떤 것도 하나님으로 인정할 수 없다는 입장이다. 이러한 관점에서 하나님은, 말하자면, 그의 본질에 의해 제한된다. 본질이 아닌 것은 신적 존재에 속하지 않으며 하나님이 아니다.

그러므로 신화(deification)는 불가능하게 된다.[122] 에너지들 차원에서 연합을 고려하는 것 대신, 서방교회는 주입된 자질의 인과적 도식(causal scheme)에 의한 신적 본질과의 연합이라는 관점에서(종종 범신론적 개념으로 이어지면서) 생각하게 됐다.

로스키는 서방이 본질에 초점을 둔 본질-에너지들 구별(the essence-energies distinction)을 회피하는 반면, 자연과 초자연 사이의 고유한 차이, 즉 "주입된 덕들(infused virtues)과 자질적이고 실제적(actual) 은총"을 소개한다. 서방은 마치 창조자와 피조물 사이의 어떤 곳에 어떤 초자연적 영역이 있는 것처럼, "창조된 은혜"에 관해 말한다.

동방 전통은 하나님과 창조된 세계 사이에 있는 그러한 초자연적 질서를 알지 못한다. 말하자면 동방 전통은 새 창조를 창조된 세계에 덧붙인다.

---

[121] Lossky, *The Mystical Theology of the Eastern Church*, 72-73.
[122] Lossky, *The Mystical Theology of the Eastern Church*, 77.

그것은 창조된 것과 창조되지 않는 것 사이 외에는 구별이나 구분을 인정하지 않는다. 동방 전통에서는 창조된 초자연적 존재란 없다. 서방신학이 초자연의 이름으로 부르는 것은 동방신학에서는 **창조되지 않는 것을**—하나님 본질과는 형언할 수 없을 만큼 다른—의미한다.[123]

로스키에 따르면, 이러한 움직임에 기초해, 서방은 은혜 교리에 인과적 패러다임(causal paradigm)을 채택했다.

> 서방의 은혜 개념은 창조 행위에 있는 것과 정확하게 마찬가지로, 인과적 개념을, 즉 신적 원인의 효과로 표현되는 은혜를 내포한다는 점이 다르다. 반면 동방신학에는 신적 본질로부터 영원히 빛나는 자연적 행렬(natural procession), 즉 에너지들이 있다. 신적 충만에 참여하도록 부름을 받은 새로운 주제를 생산하는 데 하나님이 원인으로 행동하시는 것은 오로지 창조에서만이다. 하나님은 그것을 보존하고, 저장하고, 그것에 은혜를 부여하고, 최종 목표를 향해 인도하신다. 그 에너지들 속에 **그는 계시고, 존재하시며**, 영원히 자신을 나타내신다.
>
> 여기서 우리는 은혜 수여에 동의하는 신적 존재 방식에 직면하는데, 더욱이 신적 존재 방식은 창조되고 소멸할 세상에서 창조되지 않는 것의 현존이며 영원한 빛의 현존이다. 또한, 그의 인과적 임재(His causal presence)보다 더 중요한 것은 모든 것에 계신 하나님의 실제적 편재(real omnipresence)다. "빛이 어둠에 비치되 어둠이 깨닫지 못하더라"(요 1:5).[124]

이 방법론에 따르면, 하나님과 인간의 관계는 원인과 결과가 아닌 "내부의 빛"(interior light)이라는 좀 더 성령론적인 선물로 다룬다. 비록 인과

---

[123] Lossky, *The Mystical Theology of the Eastern Church*, 88.
[124] Lossky, *The Mystical Theology of the Eastern Church*, 88-89.

적 유비들(casual analogies)은 동방과 서방 모두에서 충분히 반영하지만(그리고 그러한 용어들을 완전히 배제할 수 없지만), 필자는 로스키의 보다 관계적인 (삼위일체적) 접근 방법을 공유하고자 한다.

하나님만이 세상에서 홀로 행동한다고 여기는 대신에, 우리는 아버지가 아들 안에서 하시는 말씀의 발화 매개적 효과를 가져오기 위해 창조 안에서 역사하는 분으로서의 성령을 인식해야 한다. 마찬가지로 로스키는 다음과 같이 주장한다.

> 성령이 그리스도인들에게 주신 에너지들은 더는 외적 원인으로서 나타나지 않고, 내적 빛인 은혜로 나타나 그것을 신화(deifying)하도록 본성을 변화한다. 성 그레고리 팔라마스(St. Gregory Palamas)는 "하나님은 그의 본질에 관해서가 아닌 그의 에너지에 관해서 빛이라고 불린다"고 말한다. 창조되지 않은 그 빛에서 지각할 수 있는 신을 완전히 봄(vision)은 "제8일의 신비"다. 그것은 다가올 세대에 속한다. 그러나 합당한(worthy) 자들은 심지어 이 생애에서 "하나님의 나라가 권능과 함께 온다"는 광경(vision), 세 명의 사도가 타보르 산(Mount Tabor)에서 보았던 광경을 본다.[125]

필자는 제12장에서 동방 교리의 핵심적 구성 요소인 신인협력주의(synergism)로 돌아갈 것이다. 그러나 로스키가 제시하는 견해가 더욱 풍성히 성령론적이고 종말론적이라는 점을 여기에서 다루어야 할 것이다. 그리고 그것을 강조하기 위해서는 본질과 에너지들 사이의 구별이 꼭 필요하다.

내 견해로 볼 때, 그것은 본질-에너지들 구별(자연적-초자연적 대신), 삼위일체 각 구성원의 개인적 성질에 관한 강조(본질적인 일치를 분리하려는 경향보다는), 그리고 개혁신학과의 집합점을 나타내고 정교회의 "신화"(theōsis)

---

[125] Lossky, *The Mystical Theology of the Eastern Church*, 220.

를 언제나 내재하는 범신론의 위협으로부터 보호하는, 결과적으로 중요한 성령론적 묵상이다. 범신론의 위협은 필자가 그동안 급진적 정통주의와 젠슨의 주장을 포함한 새로운 핀란드 관점과 동일시해 왔던 서방 신비주의 역사에서 다룰 것이다.

젠슨은 다음과 같이 결론 내린다.

> 에너지들과 본질 사이에 있는 팔라마스의 가장 큰 관심사인 팔라마스의 벽에 문제가 있지만, 이것은 현재 논점과는 거리가 멀다.[126]

무한한 존재는 유한한 실체(substance of the finite)가 예상할 수 없지만, "유한한 실체를 비우유적(nonaccidental) 방법으로 통과하면서 존재한다"고 만네르마는 주장했다.[127] "비우유적인 방법"이 무엇인지는 명확하지 않으나, 만약 이것이 무한한 존재가 본질적이고 필수적인 방식으로 유한한 실체를 통과하는 것을 의미한다면, "존재의 유비"(analogia entis)는 범신론이라는 오점을 남기는 것처럼 보인다.

만네르마는 다른 글에서 다음과 같이 썼다.

> 인간이 하나님과 연합하면, 인간뿐만 아니라 그리스도의 신적 본성에 참여하게 된다. 동시에, 일종의 "속성 교통"(communication of attributes)이 발생한다. 의, 생명, 능력과 같은 하나님 본질의 속성이 신자에게 전달된다.[128]

---

[126] Robert W. Jenson, "Response to Mark Seifrid, Paul Metzger, and Carl Trueman on Finnish Luther Research," *Westminster Theological Journal* 65, no. 2 (2003): 246.
[127] Dennis Bielfeldt, "Response to Sammeli Juntunen, 'Luther and Metaphysics'," in Carl E. Braaten and Robert W. Jenson, eds., *Union with Christ: The New Finnish Interpretation of Luther* (Grand Rapids: Eerdmans, 1998), 165-66.
[128] Mannermaa, *Christ Present in Faith*, 8.

이러한 전형적인 서방 방법론의 약점은, 모든 것(편재, 전지, 전능 등과 같은)이 아닌 일부 가시적 신적 속성(의, 생명, 능력 등)을 아무렇게나 전달한다는 것 외에도, 본질에서의 참여나 불참을 반드시 선택해야 한다는 것이다.

본질과 에너지들 사이를 구별하자면—후자는 하나님의 일들, 하지만 **일하시는 하나님**(God-at-work)으로서(단지 신적 인과적 행동의 창조적 효과만이 아니라) 이해된다—참여에 관한 언약적 언급과 혼합할 가능성이 더 많이 있다. 다음 장에서는 유효한 소명과 관련해 이 주장을 보다 구체적으로 살펴볼 것이다.

결론적으로, 필자는 모든 철학적 정교함을 고려할 때, 가장 중요한 사실은 급진적 정통주의가 제안한 존재론은 너무 약하다는 것을 반복해서 주장할 것이다. 중세 학자들처럼, 급진적 정통주의는 오직 "은혜롭게 만드는 은혜"(*gratia gratum faciens*, 우리를 의롭게 만드는 은혜)만을 안다.

반면 종교개혁신학은 순수한 법정적 칭의**와** 신비한 연합을 인정하는데, 이 신비한 연합은 죽임(mortification)과 살림(vivification), 즉 그리스도와 함께 죽고 부활한다는 결정적인 회복과 평생의 과정을 낳는다.

주입설(infusionism)은 존재론에서 법정적 의미를 낳은 적이 없지만, 삼위일체적 발화 행위의 법정적 범주 아래에서, 그 변형은 하나님의 모든 좋은 선물을 가져오는 칭의에 필요한 상관관계로 간주해 왔다.

제10장

언약적 존재론과 유효한 소명

우리는 법정적 의미에서 출발해서 변형적 의미까지의 구원 서정을 다루면서, 의롭게 하는 말씀이 유효한 소명 또는 새로운 출생(the new birth)과 함께, 처음으로 영향을 미침을 직면한다. 이미 암시했듯이 존재론 대결의 승패는 바로 이곳에 있다. 칭의가 배타적으로 법정적 선언이라고 하더라도, 구원 서정에 있어 나머지는 완전히 다른 사건의 결과로, 말하자면 유효한 소명에 앞선 새로운 "자질"(*habitus*)로 취급해 왔는데, 심지어 개혁신학에서조차 그러했다.

필자는 본 장에서, 이 후기 교리 공식은 구원 서정 가운데 있는 이 시점에서 주입된 자질(infused habits)에 관한 중세 존재론을 재도입했지만, 칭의와는 상당히 구별됐다고 주장한다. 결론적으로, 정신 분열증적 존재론(schizophrenic ontology)의 잠재성은 그 자체로 나타났다. 칭의는 여전히 엄격히 법정적인 것으로 여겨졌지만, 바로 이러한 이유로 중생에 기인한 나머지 구원 서정으로부터 단호하게 분리됐어야 했다.

이전 장에서 맥코맥(McCormack)이 제안한 것을 토대로, 필자는 유효한 소명과 함께 새로운 출생에 관한 과거의 가르침을 회복하고, 칭의를 그리스도와의 연합에서 흘러나오는 모든 유익을 위한 법정적 원천으로서 다루어야 한다고 주장한다. 중생과 유효한 소명 사이의 구별을 없앤다는 것은 주입된 자질 범주에 관한 어떤 호소도 제거한다는 것을 의미한다. 유효한 소명은 중생(새로운 출생)이다.

그리고 비록 성령이 이런 반응을 자신이 정한 때와 장소에 따라서 일으키지만, 로마서 10:17, 야고보서 1:18, 베드로전서 1:23이 명백히 밝히듯 그것은 복음 사역을 통해서 일어난다. 말씀의 외적 선포를 통해, 성령은 죄 사함을 선언하고, 우리에게 믿음을 주어 그 순간부터 **믿음**의 열매를 바탕으로 우리 안에 차례로 시작하는 역사를 받아들이게 한다. 믿음의 열매는 복음적 회개, 죽임, 살림, 성화, 사랑 행위다. 믿음 없이는 칭의도 없다.

그러나 믿음 그 자체는 성령이 내적으로 효과 있게 하는 외적 복음 사역을 통해 하나님이 주신다. 복음은 복음이 말하는 것을 한다. 왜냐하면, 복음은 그리스도에 관한 단순한 구원의 메시지(발화 행위[illocutionary act])가 아니라 생기를 주는 성령의 작용에 의해 수반되기 때문이다(발화 매개적 효과[perlocutionary effect]).

첫째, 필자는 유효한 소명을 이해하기 위해 케빈 밴후저(Kevin Vanhoozer)가 적절히 제안한 발화 행위 이론(speech act theory)을 바탕으로, **순전한 인과적 도식(purely causal scheme)보다 교통적 패러다임(communicative paradigm)이 전통적 개혁신학의 독력주의적(monergistic) 및 삼위일체적 결론을 확실히 뒷받침하는 더욱 풍부한 가능성을 제공한다고** 제안한다.

둘째, 필자는 중생(직접적이고 비매개적인[unmediated])과 유효한 소명(말씀을 매개로 함) 사이의 후기 개혁파의 구별을 지원하는 주입된 자질 존재론에 도전하면서, **칭의 교리가 주입된 자질 이론과 줄곧 경쟁 관계에 있는 교통적 및 언약적 존재론을 되살린다고** 주장할 것이다.[1]

---

1 필자는 창조와 섭리에서 하나님-세상과 관련해 이 경우를 이미 다뤘다(Michael Horton, *Lord and Servant: A Covenant Christology* (Louisville, KY: Westminster John Knox, 2005), 제3장을 보라.

1. "미리 정하신 그들을 또한 부르시고": 절대 주권적 교통

"오직 은혜로"(*sola gratia*)를 변호하고, 로마교, 소키누스주의(Socinianism), 알미니우스주의와 대립하면서, 개혁신학은 뚜렷하게 독력주의적(monergistic)이었다. 말하자면, 구원은 전적으로 하나님과 그의 은혜에 달려 있다는 것이다. 모든 신학이 받아들이는 유전적 존재론(inherited ontology), 본질적으로 인과적인 존재론하에서, 개혁신학자들은 중생 또는 유효한 소명이 다른 대상에 대한 한 대상의 비인격적 작용(operation)이나, 강압적 작용이 아니라고 주장하기 위해 애썼다.

1) 유효한 그러나 비강압적

선택과 소명 사이의 관계는 바울서신(롬 9:6-24; 엡 1:4-13; 살후 2:13-15; 딤후 1:9)과 다른 곳(요 6:29, 37, 44, 63-64; 15:16, 19; 행 13:48; 벧전 1:2; 벧후 1:10)에서 잘 증언하고, 역사적 은혜 언약의 맥락에서 영원한 구속 언약의 실행으로 진행된다. 케빈 밴후저(Kevin Vanhoozer)는 다음과 같이 말한다.

> 17세기에 이르기까지 유효한 소명은 그리스도와의 연합에 영향을 끼치고 다른 모든 복이 흐르는 시작점이기 때문에 구원 서정에서 특별한 위치에 있었다.[2]

처음부터 개혁신학은 하나님의 소명을 외적 소명으로 이해했는데, 하나님은 복음 전파를 통해 온 세상을 그리스도께로 오게 하고, 성령의 조명을

---

2   Kevin J. Vanhoozer, "Effectual Call or Causal Effect? Summons, Sovereignty and Supervenient Grace," in *First Theology: God, Scripture and Hermeneutics* (Downers Grove, IL: InterVarsity Press, 2002), 99.

통해 선택된 자가 소명을 받아들이게 이끈다. 그러나 이 견해에 따르면 내적 소명은 내용이나 형식 면에서 외적 소명과 구별되지 않는데, 이것을 아는 것은 매우 중요하다.[3] 전파된 말씀과 성령을 뗄 수 없는데, 이는 살아 있는 말씀과 성령이 존재론적으로 연합되어 있기 때문이다. 성부는 전파하시고, 성자는 전파되시며, 성령은 "내적 설교자"(inner preacher)로서, 이해할 수 있게 빛을 비추시고 그를 받아들이게 의지를 주신다.

그리스도와의 연합과 은혜의 방편(설교와 성례) 간의 관계를 다음 책에서 다루겠지만, 성령이 설교와 성례라는 외적 방편을 통해 믿음이라는 선물을 주시고 이를 강하게 하신다는 사실을 여기에서 밝히고자 한다.[4]

그러나 어떤 사람들은 빛에 이끌려 가고, 다른 사람들은 접근하지 못한다. 그리스도를 믿게 된 사람은 "죄 안에서 죽은"(엡 2:1-5) 자로서, 하나님이 그들에게 믿음의 선물을 은혜로 주어서 그들이 받아들이기 전까지는 반응하지 못하고 거절한다(사 65:1; 요일 1:13; 3:7; 6:44; 행 13:48; 16:14; 18:10; 롬 9:15-16; 고전 2:14; 엡 2:1-5; 딤후 1:9-10; 2:10, 19).

신인협력주의(synergism)를 조심하면서, 개혁신학자들은 인간을 하나의 돌덩어리로 다루고 창조와 구속을 이원적 대립으로 구성하는 정반대의 위험을 피하고자 원했다. 모든 종류의 마니교(Manicheism)에 대항해, 그들은 은혜가 본성을 파괴하기보다는 해방한다고 강조했다. 물론 그러한 논쟁들

---

3 예를 들어, 개혁신학자인 Johann Heinrich Heidegger는 다음과 같이 말한다. "그 말씀은 사람이 전파하고 성령이 마음에 기록한 말씀과 같다. 엄밀히 말해서 소명은 하나이지만, 그것의 원인과 매체는 두 가지다. 즉 사람이 외적으로 전파하는 수단과 성령이 마음에 내적으로 기록한 원리다." Heinrich Heppe, *Reformed Dogmatics*, rev. and ed. E. Bizer, trans. G. T. Thomson (London: G. Allen & Unwin, 1950; repr., London: Wakeman Trust, 2002), 518에서 인용함. Heidegger는 덧붙인다. "소명의 첫 번째 효과는 중생이다" (518).

4 예를 들어, 하이델베르크 교리문답 제65문답을 보라. "그리스도 안에서 그의 모든 복을 공유하는 것은 오직 믿음으로 가능하다. 그렇다면 그 믿음은 어디에서 오는가? 답: 성령은 거룩한 복음의 설교를 통해 우리 마음에 믿음을 창조하시며 거룩한 성례를 사용하시어 그 믿음을 확증하신다"(*Ecumenical Creeds and Reformed Confessions* [Grand Rapids: CRC Publications, 1987], 41).

은 자유의지를 해방한다는 관점에서 심하게 일어났는데, 이는 하나님은 인간이 할 수 없는 일을 하라고 명령하는 분이 아니라고 주장하는 언약적 신율주의와 밀접한 관련이 있다. 이러한 맥락에서, 종교개혁가들과 그 후계자들은 몇 가지 유용한 구별을 제시했는데, 그중 일부는 루터의 『갈라디아서 주석』 서문에서 발표됐다.

첫째, "하늘의 것"과 "땅의 것"을 구별해야 했다. 전자에 따르면, 새 생명이 없어 우상 숭배와 혼란에 빠진 사람들조차도 예술과 과학에서 탁월한 성취를 이룰 수 있다. 실제로, 칼빈은 『기독교 강요』에서 이 점을 "광신자들"(fanatics)과 비교해 언급한다. 그는 창조와 성령의 보편적 은총 안에 있는 하나님의 선물들을 모욕한 혐의로 그들을 비난한다.[5]

둘째, 인간들 앞에서(*coram hominibus*)의 의와 하나님 앞에서(*coram deo*)의 의가 구분됐다. 여기에 더불어 종교개혁가들은 본성과 도덕적 능력 사이에 구분을 첨가했다. 자유의지와 관련해, 죄는 인간의 마음과 정신을 어둡게 해서, 최소한 하나님의 말씀과 그가 준 조건들 속에 계시된 하나님을 갈망하지 않게 한다. 그러나 인간이 하나님의 언약을 그들의 자유의지로 거부한 바로 그 이유로, 그들에게 책임이 있다.

인간은 달리 행동할 수 있는가?

한편으로 그들은 할 수 있다. 그들에게는 **본성의** 능력이 있다. 즉, 타락으로 인해 인간의 능력이나 본성의 능력이 없어지지는 않았다. 문제는 의지와 하고자 하는 능력이 아니라, 그 의지를 결정하는 **도덕**과 죄의 자율에 관한 노예적 행동이다. 의지는 홀로 존재하지 않고 전 인격의 행동인데, 이는 신념, 욕망, 궁극적 성향을 말해 주는 애호(preferences)에 의해 형성된

---

5   Calvin, *Institutes* 2.2.15.

다. 하나님이 반발보다는 이끌림을 자아내시기 전에, 의지는 반드시 자유로워야 하고, 마음은 조명되어야 하며, 돌 같은 마음은 살처럼 부드럽게 되어야 한다.
예를 들어, 제2 스위스 신앙고백서는 다음과 같이 가르친다.

> 그러므로 악 및 죄와 관련해, 하나님이나 사단은 사람을 강요하지 않고, 사람의 자유의지로 악을 행한다. 바로 이 점에서 인간은 완전한 자유의지를 갖는다.

> 인간은 "하늘의 일"을 함에 있어 죄에 묶여 있다.

> 그러나 땅의 일과 관련해서는, 타락한 인간은 완전히 이해하지 못한 것은 아니다.

> 인간은 중생의 시작이라는 측면에서 수동적이지만, 선한 일을 함에서는 수동적이 아닌 능동적이다. "하나님이 그들을 움직이기 때문에 그들이 하고 싶은 일을 스스로 할 수 있다. … 마니교도들은 사람에게서 모든 활동을 빼앗아 사람을 마치 돌이나 나무토막처럼 만들었다. … 더욱이, 중생한 자와 중생하지 않는 자 모두는 외부 요소들에서" 집을 떠나거나 남거나를 결정하는 것과 같은 "자유의지를 즐긴다는 사실은 그 누구도 부정하지 않는다."[6]

보다 정확하게, 웨스트민스터 신앙고백서는 다음과 같이 진술한다.

---

[6] *The Book of Confessions* (Louisville, KY: General Assembly of the PC[USA], 1991)에 있는 제2 스위스 신앙고백서, 제9장(자유의지).

하나님은 강요되거나, 본성의 절대적 필요에 의해 선과 악을 행함에 결정되지 않은 자연적 자유를 인간의 의지에 부여해 왔다.

타락 전에는 선과 악을 선택함에 있어 인간의 의지는 완전히 자유로웠지만, 타락 이후에 인류는 "구원을 동반한 어떤 영적 선을 행할 수 있는 의지의 모든 능력을 완전히 잃어버려서" 각 개인은 "죄로 죽어, 자신의 힘으로는 자신을 변화시키거나 준비시킬 수 없다."

> 하나님이 죄인을 회심시키고 은혜의 상태로 옮기면, 그는 죄 아래 있는 본래의 속박에서 벗어나고, 오직 은혜로 말미암아 영적으로 선한 것을 자유롭게 추구하고 또 할 수 있다. 그러나 남아 있는 부패함으로 인해 그는 선한 것을 완전히 또는 유일하게 추구하지 않고 악한 것을 또한 행한다. 사람의 의지가 자율적으로 그리고 불변하게 선만을 행할 수 있을 때는 영광의 상태에 이를 때뿐이다.[7]

그러한 진술은 종교개혁을 통해 걸러진 아우구스티누스주의의 기본적인 공통신학을 반영한다. 웨스트민스터 신학자들은 하나님은 "정하시고 인정하신 시간에 자기의 말씀과 성령으로," 선택된 모든 자를 "본래 있었던 죄와 사망의 상태에서 효과적으로 불러서 예수 그리스도를 통한 은혜와 구원으로 이끌기를" 즐거워하신다는 말을 첨가했다.

하나님은 "그들의 마음을 깨우치게 함으로, … 그들 마음에 있는 돌을 제거함으로, … 그들의 의지를 새롭게 함으로, … 그리고 그들을 예수 그리스도께로 효과적으로 이끎으로…. **그러나 그들이 그의 은혜로 인해 자기들의**

---

[7] *The Book of Confessions* (PC[USA], 1991)에 있는 웨스트민스터 신앙고백서 제11장.

의지로 가장 자유롭게 올 때" 이것을 성취한다(강조는 첨가된 것).⁸

도르트 총회는 하나님의 내적 부름은 항상 성공한다고 확언했다. 그러나 타락이 "인류의 본성을 없애는 대신에 왜곡하고" 영적 죽음으로 이끈 것처럼, "중생이라는 하나님의 이 은혜도 사람들을 나무토막이나 돌처럼 취급하지 않고, 의지와 의지의 행동을 없애지 않으며, 마지못해서 하는 의지를 힘으로 강제하지도 않는다. 대신, 영적으로 갱신하고, 고치며, 개혁하고, 즉시 기뻐하시는 강력한 방법으로 회복한다."⁹ 의지는 해방되지 훼손되지 않는다. 존 오웬(John Owen)은 다음과 같이 말한다.

> 만약 의지를 강제적으로 만든다면, 파괴된다.¹⁰

(보다 최근의 용어인 "불가항력적 은혜[irresistible grace]"보다) 고전적 용어인 유효한 소명(effectual calling)은 인과적 문법들이 허용하는 것보다 신적 행동의 교통적 모델을 훨씬 잘 나타낸다.

2) 발화 행위 이론 및 유효한 소명

철학에서 비롯된 대부분의 개념적 이론과는 달리, 교통 이론(communicative theory)의 특징은 다음과 같다.

---

8   *The Book of Confessions* (PC[USA], 1991)에 있는 웨스트민스터 신앙고백서 제12장(유효한 소명).
9   *Ecumenical Creeds and Reformed Confessions*, 135-36에 있는 "도르트 회의의 신조들" (Canons of the Synod of Dort, 1618-19).
10 John Owen, *The Works of John Owen*, ed. William H. Gould, 16 vols. (Edinburgh: Banner of Truth Trust, 1965-68), 3:319.

첫째, 형이상학적 주장에서 겸손한 경향이 있는데, 이는 형이상학적 결론에 대한 신학적 결정을 폭넓게 수용할 수 있다.

둘째, 그것은 성경에서 묘사한 세계, 즉 말씀으로 창조한 세상의 처음부터 끝까지의 실체와 잘 들어맞는다. 필자가 이미 지적했듯이, 이 사고 방식은 전혀 새로운 것은 아니다. 예를 들어, 칼빈은 다음과 같이 표현했다.

> 실행된 것의 효과적 원리와 모든 것의 기본 원천은 성부께, 지혜, 조력, 실행된 것의 정돈된 배열은 성자께, 행위의 힘과 효과는 성령께 돌린다.[11]

그러나 케빈 밴후저가 질문한 것처럼, 최근의 교통 이론 탐구가 그러한 삼위일체 및 말씀 중심적 충동에 관한 잠재력을 더욱 깨닫게 함에 있어서, 전통적인 인과적 이론을 뛰어 넘는 이점을 보여 주는지 필자는 의아해한다.[12]

(1) 인과적이냐, 교통적이냐?

피해야 하는 두 가지 위험은 두 개가 있다.

첫째, 철학적 언어와 개념이, 내용에 영향을 미치지 않는 언어적 용기(vessels)일 뿐이라는 가정이다.

둘째, 어떤 용어가 사용될 때마다 원래 철학적 문맥에서 사용했던 것과 같은 의미를 지닌다고 가정하는 것이다.

---

[11] Calvin, *Institutes* 1.13.18.
[12] Vanhoozer, "Effectual Call or Causal Effect? Summons, Sovereignty and Supervenient Grace."

신학은 아리스토텔레스의 인과성(causality) 범주가 여러 가지 이유로 유용함을 발견했지만, 각 전통은 그것들을 통해 상당히 다른 결론을 지었다.

그러나 중세(특히, 후기 토마스 아퀴나스)신학은 아리스토텔레스 **범주들**뿐만 아니라 그의 **물리학**에 있는 철학자의 원인 **개념**에 직접적으로 의존함을 보여 준다. 밴후저는 아퀴나스에 관해 이렇게 관찰한다.

"그러므로 은혜는 신적 본성을 공유할 수 있는 지점까지 인성 위로 인간을 높이는 하나님의 사역이다."

… 이 경우에 [신적 도움으로서] 은혜는 "효율적 원인의 방식이 아니라 형식적 원인의 방식으로" 영혼에 영향을 끼친다.

"그래서 백색은 무엇인가를 희게 하고, 정의는 누군가를 정의롭게 한다."[13]

분명히, 종교개혁은 아리스토텔레스주의적 인과성에 관한 중세 해석에 크게 도전한다. 그러나 주입된 자질 개념을 낳은 인과적 존재론은 절대로 심각하게 도전받지 못했다.

다시 말하지만, 이렇게 된 데에는 그럴 만한 이유가 있었다. 효과인(因, cause), 도구인, 형상인, 질료인, 궁극(final)인 사이를 구별함으로, 종교개혁 신학자들은 (하나님의) 은혜의 효과인, 질료인 또는 공로인(그리스도 인격과 사역), 은혜의 방편들(말씀과 성례), 도구인(믿음), 은혜의 목적인 또는 궁극인(인간을 구속하는 하나님의 영광) 사이의 관계를 보여 줄 수 있었다. 동시에 모든 개념은 그 자체로 놀랍다. 이 경우 묻게 되는 질문은 다른 어휘로도 동일한 작업을 더 잘 수행할 수 있는지에 있다.

지금까지 살펴보았듯이, 종교개혁가들은 은혜가 본성을 파괴한다기보다는 새롭게 하고 하나님은 우리를 마치 돌을 다루듯이 그렇게 다루지 않

---

[13] Vanhoozer, *First Theology*, 101; Thomas Aquinas, *ST* Ia2ae.110.2 and 112.1을 인용함.

으시며 힘이 아닌 해방을 통해서 의지의 속박을 극복하신다는 점을 강조했다.

그러나 원인과 결과라는 표현으로 과연 이 요점을 잘 나타낼 수 있을까? 아니면 그들이 원리적으로는 주장하는 것을 실천적으로는 부인한다는 혐의에 대항하는 영원한 방어 전략들이 필요할까?

한편으로 신인협력주의에 대한 타당한 의심의 여지가 있지만, 다른 한편으로는 하나님과 세상, 은혜와 본성 사이의 마니교식 이원론을 피해야 한다는 우려도 있다. 하나님-세상 관계에 관한 고전적 유신론적 개념에 대한 비평은 (유효한 부르심 교리에 직접 영향을 미치는데) "열린 유신론"(open theism)으로 알려진 동시대 복음주의 작품 안에서 급진적인 알미니우스주의 전통을 지지하는 자들에게만 제한되지 않는다. 몰트만(Moltmann)은 또한 다음과 같이 말한다.

> 우리는 "원인이라는 용어로 생각하는 사고 방식을 완전히 멈춰야 한다."[14]

근대신학(특히, 슐라이어마허[Schleiermacher]와 틸리히[Tillich])에 대해 밴후저는 우리는 항상 하나님과 관련이 있다고 말한다. 슐라이어마허가 말했듯이 "모든 신적 은총은 항상 선행한다."[15] 이것은 "소외 극복"—또는 복수심을 동반한 "존재론적 길"로의 여행이다. 모든 것을 신으로 만드는 범신론은 실제로 어떤 신도 인정하지 않는다(따라서 무신론으로 환원된다). 그것의 결과로서, 항상 동일한 방식으로 어디에나 있는 은혜는 모든 것의 "신성함"(sacredness)에 대한 인간의 주관적 인식에 지나지 않게 된다. 밴후

---

14 Vanhoozer, *First Theology*, 105에서 Jürgen Moltmann, *God in Creation: A New Theology of Creation and the Spirit of God*, trans. Margaret Kohl (Minneapolis: Fortress, 1993), 14을 언급함.
15 Vanhoozer, *First Theology*, 105에서 인용함.

저는 계속 주장한다.

그래서 많은 근대신학에서 선행적 은총은 존재론의 문제가 됐다.

은혜는 잘못한 자에게 비추는 의지를 가진 관계로 간주되지 않고, 단순히 모든 것의 길이 된다.

> 많은 비개혁신학자가 하나님-세상 관계를 해석하는 방식의 논리적 결론이 과정신학(process theology)이다. 하나님은 세상 역사의 과정에 있는 창조적 참가자(creative participant), 선(善)을 선택하도록 존재들을 설득하고자 하는 우주 공동체의 지도자, 즉 더 큰 자기실현으로 인도하는 지도자다. … 하나님은 우주의 통치자가 아니다. 하나님은 인과적 힘이 아닌 사랑과 설득의 힘으로 일하는 구애자다.[16]

밴후저는 정신철학의 최근 개념을 바탕으로, **수반**(隨伴, supervenience)을 보다 유익한 범주로 제시한다. "한 가지 종류의 실체가 다른 실체로 들어가서 다른 목적을 달성할 수 없는 효과를 창출하는" 단순한 **개입**(intervening)이라기보다는 "① 유효한 소명은 외적 소명(external call)을 수반하고, ② 유효한 소명은 독특한 교통의 힘을 가진 발화 행위(speech act)다"라고 밴후저는 주장한다. 따라서 하나님은 "단순한 물리적 원인"도 아니고 "효과 없는 영향력"도 아니다.[17]

고전적 모델에는 존재론적인 구분뿐만이 아닌 "창조자와 피조물, 은혜와 본성 사이의 근본적 이원론"이 있는 것처럼 보인다.[18]

---

[16] Vanhoozer, *First Theology*, 104.
[17] Vanhoozer, *First Theology*, 106, 109.
[18] Vanhoozer, *First Theology*, 109.

필자는 이것이 최소한 마니교적 이원론을 계속해서 추려내고 하나님-세상 관계에 관한 유사 이신론적(quasi-deistic) 그림들에 저항했던 개혁신학의 옛 교리들을 충분히 공정하게 판단한 것인지 모르겠다.

위의 인용문에서 알 수 있듯이 아리스토텔레스의 범주는 강압적인 분위기를 피하기 위해 널리 사용됐다. 그 격차는 윤리적이지 존재론적이지는 않았다. "세상의 것들"에 대한 자유의지는 확실히 증명됐지만, 죄와 불신앙에 대한 자발적 속박(voluntary bondage)으로 인해 "하늘의 것"에 대한 자유의지란 증명되지 않았다.

이 고전적 신학자들은 유효한 소명을 개인적 용어 이외의 다른 용어로서는 생각하지 않았고, 억지로 하나님의 법을 따르게 하는 것이 아니라 신자가 하나님의 법에 동의하도록 하는, 단순히 신자 **위에서**가 아닌 신자 **안에서** 역사하는 성령의 사역으로 간주했다. 아리스토텔레스의 부동의 동자(Unmoved Mover)와는 달리 삼위일체 하나님은 거듭나게 하는 살아 있고 능동적인 동인으로 인정받았다. 그러나 이러한 조건을 제시하더라도 인과적 모델 자체가 혼돈의 책임을 피할 수 있을지 의심스럽다.

밴후저는 유효한 소명(신학 및 과학 토론에서 "하향"[downward]/"위에서 아래로"[top-down]/"전체-부분"[whole-part] 또는 "수반적"[supervienient] 인과 관계)과 클라크 피녹(Clark Pinnock)의 선행적 은총에 대한 강조를 가능한 현대적 유비들(analogies)를 통해 조사하면서, 다른 결함 중에서도, 이것들은 우리에게 유효한 것이 아닌, "'일반적(general) 소명'에 지나치지 않는다"고 결론 내린다.[19] 예를 들어,

> [아서] 피콕([Arthur] Peacocke)에게 있어, 성육신은 하나님이 낯선 자로서 밖에서부터 폐쇄된 결합(closed nexus) 안으로 들어가는 문제가 아닌 창조의 자

---

[19] Vanhoozer, *First Theology*, 115-16.

연적 과정들 안에서부터 인간 예수 안에 부각된 특정한 신적 특성들(properties)에 관한 문제다.[20]

그래서 밴후저는 무엇을 제안하는가?

간단히 말해, 나는 하나님과 세상의 관계를 원인적 측면보다는 교통적 측면에서 고려하기를 제안한다. 소명은 강압이 아닌 교통적 힘을 행사한다.[21]

밴후저는 존 설(John Searle)과 니컬러스 월터스토프(Nicholas Wolterstorff)의 『신적 담화』(Divine Discourse)에 있는 발화 행위 이론(speech-act theory)의 신학적 적용들을 토대로 말한다.

발화 행위는 두 가지 측면, 즉 명제 내용(propositional content)과 발화 힘(illocutionary force), 교통적 행동의 "질료"(matter)와 "에너지"가 있다. … 우리는 위르겐 하버마스(Jürgen Habermas)의 주장처럼, 발화 행위를 전략 행위와 구분할 수 있다. 전자는 교통하는 데에 중점을 두지만, 후자는 단지 조작하는 데에 목적이 있다. 세상에 결과를 가져다주는 것과 이해하도록 하는 것은 별개의 문제다.
나는 하나님의 유효한 소명은 인과적 행위가 아닌 교통적 행위라고 주장한다. … 예수가 명령하신다.
"나사로야 나오라!"(요 11:43).
이것은 죽은 자를 문자적으로 깨우는 발화 행위다. … 물론 오직 하나님만

---

20 Vanhoozer, *First Theology*, 116-17, Arthur Peacocke, "The Incarnation of the Informing Self-Expressive Word of God," in *Religion and Science: History, Method, Dialogue*, ed. W. M. Richardson and W. J. Wildman (New York: Routledge, 1996), 331을 인용함.
21 Vanhoozer, *First Theology*, 117.

이, "나는 네가 의롭다고 선언한다"와 같은 특정한 말씀을 하실 수 있는 권리를 갖으신다. …

사람의 마음을 바꾸는 은혜는 에너지의 문제인가, 정보의 문제인가? 나는 둘 다라고 믿고, 발화 행위 이론을 통해 그 과정과 방법을 본다. 하나님의 소명은 말씀 안에 그리고 말씀을 통해 특정 종류의 이해를 정확하게 가져온다는 점에서 효과적이다. 소명의 말씀은 명제 내용과 발화 힘(에너지)을 갖는다.[22]

이 이론에서는 성경이 자주 암시하는 창조와 구속 사이의 유사점이 더욱 명백해진다.

하나님-세상 관계에서 발화의 중요성을 고려할 때, 밴후저의 결론은 전적으로 타당해 보인다.

인간은 실제로 언어에 의해 "존재론적으로 구성되어" 있다. 그리고 이러한 통찰력은 유효한 소명이 사람의 마음에 어떻게 변화를 일으키는지에 관한 질문에 전적으로 다른 방향을 제시한다. … 유효한 소명 교리는 우리가 그림을 바꾸게 하고 인과 관계가 아닌 교통 접합점으로서 생각하게 하며 교통이 해석으로서 일어나는 지점을 확인하도록 한다. 따라서 유효한 소명은 하나님이 인간 세계와 어떻게 상호 작용하는지에 대한 중요한 단서를 제공한다. 나는 종교개혁가들이 하나님 말씀과 하나님 은혜 사역 사이의 연관성을 강조한 것은 옳은 일이었다고 생각한다. … 아마도 하나님-세상 관계를 바라보는 가장 적절한 방법은 **강림**(advent)이라는 표현을 통해서일 것이다.[23]

---

22 Vanhoozer, *First Theology*, 118; Nicholas Wolterstorff, *Divine Discourse: Philosophical Reflections on the Claim That God Speaks* (Cambridge and New York: Cambridge University Press, 1995)을 인용함.
23 Vanhoozer, *First Theology*, 119.

따라서 유효한 소명과 같은 교리를 선재적(preexistent) 존재론 안에 놓으려고 시도하기보다는 그러한 교리들이 어떤 종류의 존재론을 낳고 요구하는지 질문해야 한다. "강림"은 "낯선 자 만나기"의 언약적 체계에 더 잘 들어맞는다.

유효한 소명은 특히 화해의 주관적 사건(subjective event of reconciliation)이 단순히 새로운 인식의 결과나 세상 속 존재의 새로운 길에 대한 투영(projection)이 아니라 "밖에서"부터 오는 개인적 대면의 결과라는 점을 분명히 보여 준다. "부른다"는 말은 그 자체로 우리를 그의 곁으로 효과적으로 부른 이 낯선 자의 강림을 생각나게 한다.

밴후저는, 예를 들어, 사도행전 16:14("주께서 그 마음을 열어 바울의 말을 청종하게 하신지라")에 나온 루디아의 회심 사건을 언급하며, 교통 행위가 그녀의 마음을 변화시켰다고 주장한다.[24]

> 그렇다. 하나님은 의지를 "구부리고(bends) 결정"하지만, 17세기 신학자들조차도 하나님은 "선포된 말씀의 증거, 진리, 선함에 참여하도록 의지를 움직인다"는 것을 알았다(도르트 신조). 그러므로 신적 교통 행위는 나무나 돌을 다듬는 일 같은 것을 할 때 알맞은 도구적 행위(instrumental action)와는 전적으로 다른 행위다. 하나님의 은혜 사역은 인성과 조화를 이룬다. 예수는 즉시 이사야 54:13("네 모든 자녀는 여호와의 교훈을 받을 것이니")을 인용하며 선언하신다.
> "아버지께서 이끌지 아니하면 아무도 내게 올 수 없으니 …."
> 이를 바탕으로 그는 말한다. 즉,
> "아버지께 듣고 배운 사람마다 내게로 오느니라"(요 6:45).
> 다른 말로 하면, 아버지의 이끎은 인과적이 아닌 교통적이다. 말씀 자체

---

[24] Vanhoozer, *First Theology*, 119.

에는 일종의 힘이 있다. 그렇다면 은혜와 관련해 생각할 때 **메시지** 자체가 매개체(medium)라고 할 수 있다.[25]

밴후저는 자신의 교통 이론을 뒷받침하기 위해 전통적인 신앙고백적 교리 진술들(confessional formulations)에 호소할 수 있지만, 이러한 타고난 성질들을 이해하면서 과연 인과적 패러다임을 완전히 피하는 것이 더 나은지에 대한 질문을 해야 한다.

밴후저와 필자는 신적 드라마로서 구속사에 대한 개혁파의 강조를 주목하면서, 계시는 시간을 초월한 원리나 단순한 정보로 축소될 수 없다고 주장했다.[26]

유효한 소명에서, 성령은 우리를 단지 **서술하는** 말씀이 아닌 또한 **존재하게 하는** 말씀으로 이끈다. 관중은 펼쳐지는 드라마에 참여하게 된다. 성령이 청중들에게 신적 드라마의 실행하는 표현으로서의 발화 매개적 효과를 가져다주실 때, 유효한 소명은 단순한 영향이나 달램이 아닌 철저하게 효과적인 발화 행위를 의미한다.

특히 **하나님**이 각본(대속)과 배역 선정(유효한 소명)을 지휘하는 드라마 작가이실 때, 우리는 적어도 "새 창조"가 효과적이고 동시에 비강압적이

---

25 Vanhoozer, *First Theology*, 120, Heppe, *Reformed Dogmatics*, 520을 인용함.
26 필자의 프로그래밍 방식의 드라마 사용에 관해서는 Michael S. Horton, *Covenant and Eschatology* (Louisville, KY: Westminster John Knox, 2002), 9-12을 보라. 물론 이런 은유법을 사용한 사람은 필자가 처음이 아니다. Calvin은 세상과 교회를 "영화로운 극장"으로 자주 나타냈고, 여러 학자 중에 Herman Bavinck, Geerhardus Vos, Herman Ridderbos, M. G. Kline, Edmund Clowney가 "구속 드라마"에 대해 언급했는데, 필자가 사용한 모델은 아마도 신학생 시절에 이들의 글을 읽으면서 얻은 것이다. 최근에 드라마는 Hans Urs von Balthasar's *Theo-Drama*, 5 vols. (San Francisco: Ignatius Press, 1988-98); and Kevin J. Vanhoozer's *The Drama of Doctrine* (Louisville, KY: Westminster John Knox, 2005)에도 있듯이 신학적 모델의 필수 요소가 됐다. 후자(Vanhoozer)는 또한 드라마를 풍성하게 확장했지만, 그의 드라마는 네덜란드 개혁파 전통에 빚을 졌음을 밝힌다.

라고 결론 내릴 수 있다.²⁷ 에스겔의 마른 뼈 골짜기의 환상(겔 37장)은 이 접근법의 놀라운 예를 제공한다. 그러므로 성경과 개혁파 신앙고백 모두가 유효한 소명을 표현하면서 하나님의 원래 창조 명령과 그리스도의 부활에 확실히 호소한다.

"설득"(Persuasion)이라는 단어는 이 유비적(analogical) 관계를 표현함에 있어서 너무 약하다. 하나님은 피조물을 **설득해** 존재하게 하거나 그리스도를 죽은 자 가운데서 유인해 내지 않으셨고, 모든 가망 없는 상황 가운데서도 부르시니 그렇게 됐다. 동시에 누구도 창조와 부활의 이러한 행위가 **강제로** 됐다고 생각할 수 없다.

클리포드 기어츠(Clifford Geertz)는 또한 극적 모델(dramatic model)이 특정 능력을 뽑아낸다기보다는 본질적으로 전체론적(holistic)이라고 지적한다.

> 모건(Morgan)은 다음과 같이 말한다.
> "[극장의] 큰 영향은 지성의 설득도 아니고 감각에 대한 속임수도 아니다. … 그것은 사람의 영혼을 감싸는 전체 드라마 운동이다. 우리는 포기하고 변화된다."
> 아니면 적어도 마법(magic)이 작용할 때 우리는 우리가 된다.²⁸

그러나 유효한 소명의 경우 "마법"은 극작가(성부)의 지혜, 드라마 자체의 내용(성자), 그리고 어떤 연극 회사도 피조물을 위해 모방할 수 없는 배

---

27 이런 이유로, 신인동형설적 신학들(말하자면 Moltmann의 신학)은 사실, 마치 하나님을 다른 것과 관련되거나 다른 것을 위해 행동하는 인간처럼 취급하면서, 결국 인과 관계에 더욱 매달린다. 삼위일체뿐만 아닌 하나님의 전지, 편재, 지혜, 영원, 불변, 자존을 통해서, 우리는 하나님의 전능하심이란 한 힘센 인간이 다른 인간을 힘으로 제압하는 것과 같지 **않음을** 확실히 알 수 있다.
28 Clifford Geertz, *Local Knowledge: Further Essays in Interpretive Anthropology* (New York: Basic Books, 1983), 27-28.

역 담당 책임자(성령)가 가진 카리스마의 결과인데, 성령은 보내신 말씀이 성취되지 않은 채 공허하게 돌아오지 않도록 하신다.

교통 이론은 유효한 소명에 관한 우리의 개념을 풍요롭게 할 만큼 유용하다. 더 일반적으로는 하나님-세상 관계에 대한 언약적 설명을 묘사할 때 유용하다. 우리가 필요로 하는 것은 유비 자체를 제공하는 것이 아닌 인과 관계에 대한 풍부한 설명이다.

결국, 모든 발화 행위는 **원인**을 포함하고, 우리는 심지어 모든 신적 사역의 발화 매개적 **효과**를 성령께 돌려 왔다. 밴후저는 발화 행위를 "질료"와 "에너지"를 낳는 것으로, 이해뿐만 아니라 적절한 반응을 이끌어 내는 것으로 말해 왔다. 그러므로 "하나님의 유효한 소명이 인과적이 아니라 교통적 행위"라고 말하는 것은 너무 과장한 주장이지 않나 싶다. 심지어 인간이 "언어에 의해 '존재론적으로 구성된다'는 주장에도 어느 정도의 인과적 개념이 있다. 따라서 창조와 부활의 유비와 마찬가지로, 발화 행위 이론도 인과 관계를 없애지 못하고, 좀 더 인격 간 및 언약적 용어로 그것을 재정의 한다.

필자의 생각에는, 초월적인 것은 물리학과 지나치게 관련된 특정한 인과적 구성이다. 즉, 말씀을 통해 미움에서 화해로 이동한다기보다는 힘을 통해 한 장소에서 다른 장소로 이동하는 몸들(bodies)라고 볼 수 있다. 이런 종류의 설명이 하나님 및 인간의 자유에 대한 논쟁을 갑작스럽게 끝내지는 않지만, 최소한 더욱 긴 생산적인 패러다임 안에서 긴 토론을 하게 할 수 있다. 교통을 통해 새로운 관계를 맺는 것은 단순히 대상 간에 움직임을 유발하는 것과는 다르다.

(2) 성령론 및 발화 효과 행위들

그러나 개혁파 전통이 특별히 강조한 바와 같이, 성령만이 말씀을 효과적이게 하신다. 이 시점에서 밴후저는 "성령론과 발화 효과 행위들 사이의" 관계를 설명한다.

나는 이제 성령의 주된 역할은, 명제 내용과 복음에 대한 발화 힘을 적용해 발화 매개적 효과를 내면서, …말씀을 **보살피는** 것이라고 믿는다. 이 경우에 있어 발화 매개적 효과란 중생, 이해, 그리스도와의 연합을 포함한다. 따라서 바울이 하나님의 말씀을 "성령의 검"(엡 6:17)으로 설명한 데는 충분한 이유가 있다. 그것은 단순히 정보 전달이나 기계적 에너지 전달이 아닌 말씀이 효과를 내기에 필요한 전체 발화 행위(교통 능력과 함께 하는 메시지)에 미치는 영향력이다.[29]

밴후저는 성령이 전파된 복음에 **수반하신다**(supervenes)기보다는(복음을 통해 중생이 항상 일어나지 않으므로), "하나님이 원하는 때와 장소에서" 복음이 효과를 발휘하도록 할 때, 성령은 **임하신다**(advenes)는 표현을 선호한다.[30] 우리는 이제, 단순히 피조물의 순전성(integrity)을 무자비하게 파괴한다는 비평을 불러일으키는 무언의 사건인, 주입된 자질에 대한 인과적 존재론으로부터 어느 정도 벗어났다.

주권자로서의 하나님은 일이 일어나게 하는 가장 큰 의지력을 가진 존재에 대해 우리가 진퇴 양란에 빠지게 하는 범신론적이고 단순히 인과적인 접근을 피하게 한다.

하나님의 말씀은 차이를 내나, 이 차이를 비인격적인 인과 관계로 설명한다면 올바르지 못하다. … 하나님은 말씀 안에, 그리로 말씀으로서 세상에 오신다. 정확히 말해, 하나님은 두 "손," 즉 말씀과 성령으로 세상과 관련

---

[29] Vanhoozer, *First Theology*, 121.
[30] Vanhoozer, *First Theology*, 122.

을 맺는다. … 발화 효과 행위(perlocutions)가 발화 행위(illocutionary acts)로부터 "나오"지만, 꼭 그런 것은 아니다.[31]

이것은 성령이 말씀을 통해 역사하시는 동시에, 일반적 소명은 유효한 소명보다 더 넓다는 중요한 교리를 보호한다. 고전적 교의학은 "비인격적 인과 관계"를 인정하지 않았지만, 인과적 **문법** 자체는 실제로 이를 실행했던 **존재론**(즉, 아리스토텔레스의 부동의 동자[Unmoved Mover])에서 성장했다.[32]

이것은 결론이나 심지어 공식적 교리 진술(formulations)을 해치지 않지만, 물리적 원인에 대한 관측적(observational) 유비들보다 교통적 유비들이, 신학자들이 주해(exegesis)로부터 올바로 뽑아내고자 하는 요점들을 보다 적절히 만들 수 있는지에 관한 질문을 야기한다.

밴후저는 다음과 같이 제안한다.

> 하나님의 자기 교통은 "외래적"(advenient)이다. 예수는 세상이 그를 알지 못해도 자기 스스로 오셨다. 하나님 말씀의 도래는 낯선 개입이 아니라는 결론을 낸다. 오히려, 만약 하나님이 낯선 자가 됐다면, 그것은 인류가 하나님에게 등을 돌려서 하나님이 그렇게 되신 것이다.[33]

이것은 은혜가 존재론적 이진법(ontological binaries)이 아닌, 윤리론적 분리(ethical separation)를 극복한다는 점에서 다시 한번 빛을 발한다.

---

31 Vanhoozer, *First Theology*, 123.
32 다음을 보라. R. S. Clark, "The Authority of Reason in the Later Reformation: Scholasticism in Caspar Olevian and Antoine de la Faye," in *Protestant Scholasticism: Essays in Reassessment*, ed. Carl Trueman and R. S. Clark (Carlisle: Paternoster, 1999), 111-26. 또한, 같은 책에 있는 D. V. N. Bagchi, "Sic et Non: Luther and Scholasticism," and David C. Steinmetz, "The Scholastic Calvin"을 보라. 이 책에 있는 많은 다른 글은 Aristotle의 용어에 대한 개혁파적 사용을 평가하는 데 매우 유용하다.
33 Clark, "The Authority of Reason," 124.

교통은 순수 원인(brute causes)으로 작용하지 않지만, 그렇다고 단순한 정보 또는 권고도 아니다. 성경은 이미 교통적 방식을 취한다.

하나님의 말씀은 살아 있고 활력이 있어(히 4:12).

이사야 55:10-11을 주목하자.

이는 비와 눈이 하늘로부터 내려서 그리로 되돌아가지 아니하고 땅을 적셔서 소출이 나게 하며 싹이 나게 하여 파종하는 자에게는 종자를 주며 먹는 자에게는 양식을 줌과 같이 내 입에서 나가는 말도 이와 같이 헛되이 내게로 되돌아오지 아니하고 나의 기뻐하는 뜻을 이루며 내가 보낸 일에 형통함이니라(사 55:10-11).

하나님의 말씀은 말씀을 받는 자에게 다가간다. 그러나 성령은 이미 항상 창조 세계에 있어 말씀이 열매를 맺게 하기 때문에, 항상 언약적 맥락(명령, 약속, 저주, 복 등)으로 전개되는 발화 행위는 또한 그것이 말하는 실체를 실제로 가져온다.

필자는 개혁파 신앙고백이 인과적 범주에 호소해(그러나 임시방편으로) 방어한 바로 그 해석들이 교통적 측면에서 보다 잘 표현됐다고 생각한다. 하나님의 말씀은 성자 안에서 성부로부터 와서 성령을 통해 지정된 목표에 도달하기 때문에, 말씀보다 앞선 주입된 자질은 필요치 않다.

발화 행위 이론, 삼위일체적 관점, 언약적 존재론, 유비 교리를 함께 고려할 때 흥미로운 일이 발생한다. 신학과 철학을 괴롭히는 무한한 **양적** 이원론을, 하나님과 창조 사이의 무한한 **질적** 구분을 통해 해결할 수 있다. 하나님은 "위에 계셔" 멀리 떨어진 분도 아니고 위격들의 공동체에서 필요한 분도 아니다. 바울은 철학자에게 한 그의 설교에서 이런 관점 모두를 반박한다(행 17장). 오히려 하나님은 성자 안에 그리고 성령에 의해 성부로서 근본적으로 현존하시지만, 바로 그 이유로 창조와 완전히 구분되신다. 그러므로 세상과 관련된 하나님은 삼위일체 하나님이시다. 그러한 관계의 방식은 말씀이고, 그 관계의 맥락은 언약이다.

바르트는 삼위일체를 강조했지만, 계시를 구속과 동일시함으로 신적 교통의 성령론적 요건을 훼손한다. 외적 및 내적 소명을 융합은 성령의 발화 매개적(perlocutionary) 역할을 붕괴시켜 발화 행위(illocutionary act)로서의 성자의 존재에 이르게 하는 경향이 있다.

대조적으로 고전적 개혁신학에서는, 계시는 계시가 받아들여지는지 아닌지에 상관없이 여전히 계시로 남아 있고, 성령이 주시는 믿음으로 받아들일 때 구원하는 계시가 된다.

이것을 잘 이해하면, 결과적으로 자유는 하나님이, 매도될, 또는 부분적으로 피조물에게 양도될 전매품(monopoly)으로서 소유하시는 규모(magnitude)가 아니다. 창조자와 피조물의 관계가 더 크고 더 작은 존재의 관계가 아니듯이, 자유도 마치 하나님과 피조물이 동일한 존재론적 선상에 있는 것처럼 더 크고 더 작은 관계로 이해해서는 안 된다. 심하게 말하자면, 하나님과 피조물이 나눠 먹을 수 있는 "자유의 떡"은 없다.

하나님은 신적 자유를 전적으로 소유하고, 피조물은 그들 본성에 적합한 자유 행위를 온전히 소유한다. 하나님은 단순히 우리보다 **더 많은** 자유를 갖지 않으시고, 오직 하나님, 특히 성경이 나타낸 삼위일체 하나님만이 가질 수 있는 그러한 **종류**의 자유를 소유한다.

존재의 일의성(univocity)이 모든 극단적 칼빈주의 및 알미니우스주의의 자유와 의지에 관한 가정에 나타나는데, 이는 자유와 의지를 마땅히 있어야 할 대리자들의 본성으로부터 분리한다. 자유가 하나님과 피조물 모두에게 있다고 한다면, 이 자유는 유비적으로 이해해야 하고, 이렇게 이해할 때 이는 불가피하게 독립적이고 불확실하게 의존적인 대리자들에게 적합한, 즉 하나님과 인간 각자에게 적합한, 진정한 자유를 위한 공간을 창출한다.

(3) 신적 '포에시스'(Poēsis)

그러면 삼위일체 하나님은 근본적인 의미에서 말씀을 하심으로 시를 짓는 탁월한 시인이시다. 유효한 소명은 신적 '포에시스'(poēsis, 시)로서, 어떤 것에 **관할**뿐만 아니라 그 **자체가** 실체를 나타내는 드라마다. 말씀은 더 이상 기의(記意, the signified)를 기다리거나 기의와 동일한 표징들로 간주되지 않고, 강림(advent)을 중재하는 것으로 간주된다.

아브라함(Abraham)은 약속과 관련해서 **언급되지만은** 않는다. 또한, 언약의 하나님은 그를 우르에서 달을 경배하는 가족으로부터 **불러서** 이미 있는 것에 바탕을 두지 않은 새로운 약속을 주신다. 그 약속은 새로운 역사를 창조한다. 사실, 그 약속은 그가 노년이라는 점, 사라의 불임, 상속의 법칙과 같은 존재론적 현실과는 정반대의 성격을 띤다.

그러나 무로부터의 창조를 회상하고, 경건치 않은 자들의 칭의를 생각하면, 아브람(Abram)과 사라가 그들 자신의 솜씨 좋은 공모로서는 확보할 수 없는 과거, 현재, 미래가 아브람에게 주어짐을 이해할 수 있다. 영원한 구속 언약은 새로운 창조에 대한 약속으로 역사에 침투한다. 아브람은 "그가 믿은 바 하나님은 죽은 자를 살리시며 없는 것을 있는 것으로 부르시는 이시니라"(롬 4:17b)라는 약속을 받아들였다.

그 부름 자체는 언약적 동반자들이 살 새로운 세상을 창조한다. 바울은 이 복음적 말씀 출현을 또 다른 무로부터의 창조 외에 달리 비교할 수 없었는데, 이는 이해할 만하다.

이 신적 '포에시스'는 니체의 허무주의적인 자기 창조와 반대 개념이다. 심리학자인 로버트 제이 리프톤(Robert Jay Lifton)이 마케팅 광고 및 소비자 제품에서 자신을 재발견하기 위해 항상 노력하는 "변화무쌍한 스타일"로 규정한 정신 질환을 반영하기라도 하듯, 포스트모던 인간은 의미 없는 선택에 끌린다. 그는 이전에는 병적으로 진단됐던 일들이 이제는 정상적으로 취급되는 상황에 이르렀다고 말한다.[34]

이것은 우리가 의도한 자유가 아니다. 이 자유는 선택(choosing)에 대한 추상적 힘으로서 항상 그 존재를 확신할 수 없고 새로운 선택으로 그 자체를 인증하려고 노력하는 허무주의적 자기 창조(nihilistic self-creation)로 정의된다.

이와는 대조적으로, 유효한 소명은 자율적 현대 자아의 자기-포에시스의 죽음과 목적 없는 포스트모던 방랑자의 죽음을 의미한다. 그것은 **순례자**로서의 자아를 자비롭게 재구성하는 것 이상이 아니다. 신약의 제자들도 죽음, 추방, 억압, 허영, 폭력의 서사들(narratives)이 그들의 존재를 어떻게 정의하든지 간에, 그리스도 안에 있는 새로운 피조물의 펼쳐지는 이야기 속에서 자발적 인물들로 만들어졌다.

그것은 새로운 사람이 된다는 새로운 인식 때문이 아니라, 하나님의 주권적 발화 행위와 그리스도 안에서 시작된 천국의 구체적 실체를 언급함으로써만 설명할 수 있는 완전한 탈바꿈 때문인데, 그리스도는 더 이상 단순히 역사 속의 예수가 아니고 동시에 믿음의 그리스도다.

> 그러므로 우리가 이제부터는 어떤 사람도 육신을 따라 알지 아니하노라 비록 우리가 그리스도도 육신을 따라 알았으나 이제부터는 그같이 알지 아니하노라 그런즉 누구든지 그리스도 안에 있으면 새로운 피조물이라 이전 것은 지나갔으니 보라 새 것이 되었도다 모든 것이 하나님께로서 났으며 그가 그리스도로 말미암아 우리를 자기와 화목하게 하시고 또 우리에게 화목하게 하는 직분을 주셨으니(고후 5:16-18).

---

[34] Robert Jay Lifton, "The Protean Style," in *The Truth about Truth: De-confusing and Reconstructing the Postmodern World*, ed. Walter Truett Anderson (New York: G. P. Putnam's Sons, 1995), 130-35.

단순히 다른 대리자(인간)에게 행동하는 유일한 대리자(하나님)로 생각하기보다는, 사람들에게, 사람들을 위해, 사람들 안에서 비강압적이지만 효과적으로 사역하는 신적 인격들의 폭넓은 개념을 생각해야 한다.

성경 자체가 하나님의 유효한 사역을 교통(주로 말하기)으로 다루고 종교개혁신학이 이 점을 강조해 왔기 때문에, 발화 행위 이론들의 장래가 밝다. 하나님이 창조한 질서에서 의도한 결과를 가져오는 것은 항상 그의 말씀과 성령을 통해서라고 전제할 수 있는데, 이는 교통으로 중재된 유효한 소명 전에 성령이 잠재의식적이고 비중재적인 사역을 한다는 개념에 도전장을 보내는 중요한 전제다.

그래서 문제는 하나님이 원인이 **되느냐**가 아니라, **어떻게** 원인이 되느냐다. 하나님은 기적을 일으킬 때조차도 방편의 사용자(employer of means)이시다. 성자와 성령은 아버지의 말씀을 그들의 독특한 방식으로 중보하신다. 그들은 또한 창조된 수단을 쓰신다. 성자는 역사 속에서 성육신되고, 성령은 그의 말씀에 대한 적절한 응답을 우리 안에 가져온다. 그리스도는 약속되실 뿐만 아니라, 약속 그 자체**이시기**도 하다.

> 하나님의 약속은 얼마든지 그리스도 안에서 예가 되니 그런즉 그로 말미암아 우리가 아멘 하여 하나님께 영광을 돌리게 되느니라(고후 1:20).

성부의 발화 행위인 그리스도는 타락이 혼란과 불화의 무질서한 바벨탑으로 바꾼 예전적 교환(liturgical exchange)을 회복한다. 창조된 자연은 저주 아래서도 여전히 예전적 표현을 발할 수 있다.

> 하늘이 하나님의 영광을 선포하고 궁창이 그의 손으로 하신 일을 나타내는도다 날은 날에게 말하고 밤은 밤에게 지식을 전하니(시 19:1-2).

그러는 동안 하나님의 형상대로 창조된 사람들은 개인과 집단적 나르시시즘(narcissism)에 속박된, 월트 휘트먼(Walt Whitman)의 "나 자신의 노래"(song of Myself)를 부른다. 그러나 "불의로 진리를 막는"(롬 1:19) 자들이 하나님이 세상에 말한 이야기 안으로 휩쓸리게 되면, 그들은 그들 자신이, "썩어질 씨로 된 것이 아니요 썩지 아니할 씨로 된 것이니 살아 있고 항상 있는 하나님의 말씀으로 되었느니라 … 너희에게 전한 복음이 곧 이 말씀이니라"(벧전 1:23, 25b)라는 말씀 안에 있음을 발견한다.

> 그의 많으신 긍휼대로 예수 그리스도를 죽은 자 가운데서 부활하게 하심으로 말미암아 우리를 거듭나게 하사 산 소망이 있게 하시며 썩지 않고 더럽지 않고 쇠하지 아니하는 유업을 잇게 하시나니 곧 너희를 위하여 하늘에 간직하신 것이라 너희는 말세에 나타내기로 예비하신 구원을 얻기 위하여 믿음으로 말미암아 하나님의 능력으로 보호하심을 받았느니라(벧전 1:3-5).

무력보다는 아름다움에 압도당한 소명은 그 **내용** 때문에 효과적이지, 소명과는 무관한 절대적 힘의 행사 때문에 효과적인 것은 아니다. 그런데도 수신자가 의식적으로 진리를 억압하는 과정에서 성자와 성령의 효과적 역할을 통한 성부의 교통이기 때문에, 소명은 수신자에게는 영광을 돌릴 수는 없다.

새로운 출생을 포함한 이 새 창조는 스스로 생겨난 것이 아닌 신적 '포에시스'라는 사실을 강조함으로, 유효한 소명 교리는 절대 주권적 자아를 거짓 왕좌로부터 내려오게 돕는다.

그러나 유효한 소명은 단순한 도덕적 설득을 통하지 않듯이 강압을 통해서도 왕좌에서 내려오게 할 수 없다. 우리는, 그리스도가 첫 열매가 되신 새 창조로 세례를 받을 때, 새로운 자아를 받아서, 우리에게 원래 없었던 힘과 권력을 가지고, "혈통으로나 육정으로나 사람의 뜻으로 나지 아니하고 오직 하나님께로부터 난 자들"로서(요 1:13) 그리스도와 함께 공동 상속자가 된다.

이 말씀이 "말함"으로, 또는 필자가 다른 곳에서 묘사한 것처럼 하나님의 구속 드라마에 "고쳐 쓰임으로," 우리는, 비록 우리가 자유롭게 선택했기 **때문은** 아니지만, 우리가 자유롭게 선택한 새로운 세계에서 새로운 피조물로서의 우리 자신을 발견한다. 그리고 은혜만이 가능하게 한 우리 자신의 "아멘"은 그것이 응답하는 말씀이 되는 것처럼, 언약적 예전(covenantal liturgy)의 일부가 된다.

2. 중생과 유효한 소명 사이의 차이에 대한 도전

이제 논쟁의 두 번째 부분으로 넘어가자. 즉, 만약 우리가 창조/새 창조 명령("~가 있으라 하시니")과 언약적 대화("땅은 ~을 내라")를 산출하는, 인격 간의 발화(interpersonal speech)에 따라 생각한다면, 우리는 더 이상 주입된 자질에 호소할 필요가 없다.

지금까지의 논증은 중생이 영혼에 대한 하나님의 직접적이고 비매개적인 행동이 아니라, 성령을 통해 성자 안에 계신 성부가 선포한 발화(illocutionary) 행위의 발화 매개적 효과라는 것이다. 말씀의 본질로서의 그리스도 자신은 이 복음 말씀이 전파될 때 그 내용으로서 현존하신다.

따라서, 유효한 말씀은 창조된 사람에게 실행하는 단순한 피조물이 아니다. 그것은 또한 창조 세계에 "아멘"을 가져오는, 성령에 의한 성자 안에 계신 성부의 활력 넘치는 사역이다.

여기서 다시 말씀에 특별한 중점을 두면서 동방적 방법인 본질과 에너지들의 구분을 고려해야 한다. 성육신하신 말씀(성부 및 성령과 동질)과 구어(spoken)와 문어(written)는 항상 구분해야 한다. 그러나 구어와 문어로

된 말씀은 어떤 특정한 순간에 하나님의 말씀에 일치하거나 그렇지 않을 수도 있는 창조된 증거일 뿐만 아니라 하나님의 **사역**이다. 이런 구분을 발화 행위 이론과 결합할 때, 하나님의 **사역**은 하나님의 **말씀**이라고 할 수 있다.

중생은 또한 멀리 떨어져서 일어나지 않는다. 대신, 그것은 이미 성령의 권능으로 성부의 음성을 중재하는 그리스도의 현존으로, 우리에게만이 아니라 또한 우리 안에 역사한다. 칼빈은 다음과 같이 말한다.

> 우리는 또한 믿음은 들음에서 난다는 의미인, **말씀을 통해 믿는다**는 표현을 관찰해야 하는데, 이는 설교자의 외적 설교가 하나님이 우리에게 믿음을 주는 도구이기 때문이다. 그래서 엄밀하게 말해, 바울이 가르치는 대로 (고전 3:5), 하나님은 믿음의 조성자이고 목사는 **우리를 믿음으로 이끄는 사역자다**.[35]

칼빈은 로마서 10:17("믿음은 들음에서 나며 들음은 그리스도의 말씀으로 말미암았느니라")을 설명하면서 다음과 같이 주장한다.

> 바울은 설교를 통해 믿음이 생겨난다고 증명하기 때문에, 이 구절은 설교의 효력과 관련해 탁월한 말씀이다. 바울은 실제로 전에 설교 자체로서는 아무런 효과가 없지만, 주님이 역사하도록 주님을 기쁘게 할 때, 설교는 주님의 권능을 펼치는 도구가 된다고 선언했다. 그리고 실제로 인간의 목소리는 결코 영혼에 침투할 수 없다. 또한, 사람이 우리를 중생시키는 힘을 가지고 있다고 말한다면 죽을 수밖에 없는 인간을 너무 높이는 결과를

---

[35] John Calvin, *Commentary on the Gospel according to John*, trans. William Pringle (1847; repr., Grand Rapids: Baker, 1996), 181, on John 17:20.

초래한다. 믿음의 빛도 인간이 전할 수 있는 것보다 더욱 숭고한 것이다. 그러나 이 모든 것은 하나님이 우리 안에 믿음을 창조하는 사역을 하기 위해 인간의 목소리를 효과적으로 사용해서는 안 된다는 뜻은 아니다.[36]

종교개혁가들은 주입된 자질에 따른 중세 칭의에 관한 교리와 성령의 직접적이고 비매개적인 사역을 강조한 재세례파에 대항하면서, 말씀, 특히 복음의 중재를 강조했다. 빌헬름 콜프하우스(Wilhelm Kolfhaus)는 칼빈의 견해와 관련해 "믿음과 말씀은 함께 간다"라고 주장한다.

> 두 표현의 기초는 언제나 성령이 복음을 통해 생산한 믿음이다.[37]

데니스 탐부렐로(Dennis Tamburello)는 칼빈의 "구원 서정"을 잘 정리한다.

> 성령은 택한 자를 복음을 듣도록 해서 믿음으로 인도한다. 그렇게 함으로 성령은 그들을 그리스도에게 접붙인다.[38]

말씀이 청중에게 (외적 부름으로) 온전히 전달되지만, 믿음의 반응을 가져오기 위해서는 성령의 추가 사역(내적 부름 또는 유효한 소명)이 필요하다. 혼잡한 극장에서 화염에 휩싸인 사람은 "불났다"라는 말을 듣고, 이를 경고를 의미하는 발화 행위로 인식할 수 있음에도 불구하고 방을 빠져나갈 만큼 설득되지 않을 수 있다.

---

[36] John Calvin, *Commentary on the Epistle of Paul the Apostle to the Romans*, ed. and trans. John Owen, *Calvin's Commentaries*, vol. 19 (Edinburgh: Calvin Translation Society, 1844; repr., Grand Rapids: Baker Books, 1993), 401, on Rom. 10:17.

[37] Dennis Tamburello, *Union with Christ: John Calvin and the Mysticism of St. Bernard* (Louisville, KY: Westminster John Knox, 1994), 86에서 인용하고 번역함.

[38] Tamburello, *Union with Christ*, 86.

그러나 방을 빠져나간 사람은 누구든지 그 경고하는 음성에 목숨의 빚을 진다. 유효한 소명의 경우에, 말뿐만 아니라 그것을 말하는 사람이 이 특정한 말에 발화 매개적 힘을 준다. 올바른 상황을 주면, "불났다"라고 누가 말하든지 간에 사람들은 빠져나갈 것이다. 그러나 영적으로 죽은 사람을 생명으로 인도하는 경우, 예수는 다음과 같이 말씀하신다.

> 보내신 아버지께서 이끌지 아니하시면 아무도 내게 올 수 없으니 오는 그를 내가 마지막 날에 다시 살리리라(요 6:44).

그것은 항상 효과적이다.

> 아버지께 듣고 배운 사람마다 내게로 오느니라(요 6:45).

그러나 이 경우에도 유비와 마찬가지로, 믿음을 창조하는 것은 직접적이고 비매개적인, 신적 능력의 작용이 아니라, 성령을 통해 성자 안에서 말씀하신 성부의 말씀이다. 그의 창조된 말씀을 통해서 성령은 우리 안에서 우리의 능력에 맞춰진 매개를 통해 행동하시지, 단지 우리 위에서 힘의 비매개적 나타남 가운데 행동하시지는 않는다.

개혁파 신앙고백과 체계는 **유효한 소명**이 직접적이고 비매개적이라고 절대로 주장하지 않았음을 다시 한번 강조한다.

그러나 후기 신앙고백 시대에는 **중생을** 유효한 소명에 앞서 마음에서 역사하는 성령의 사역으로 인식하는 것이 일반적이었다. 즉, 새로운 성품이나 자질을 불어 넣고, 새로운 삶의 원리를 수립해 그 외적 사역에 호의적으로 응답하도록 하는 성령의 직접적이고 비매개적인 역사로 인식했다. 따라서 유효한 소명은 실제로 전파된 복음에 의해 주선되지만, 중생은 절대 주권적 은혜의 무의식적인 운용으로 이해했다.

앞 장에서 이 질문을 예상했으므로, 여기에서 필자는 중생과 유효한 소명 사이의 구분에 보다 직접적인 도전을 하고자 한다.

3. 문제 설정: 중생 "그리고" 유효한 소명

유효한 소명 이전에 비매개적으로 주입된 자질로서의 중생 개념은 거주자가 떠난 후에 남겨진 집에 거주하는 것과 같다. 즉, 세례에 의한 중생(baptismal regeneration)에 불과하다. 튜레틴(Turretin)은 다음과 같이 설명한다.

> [종교개혁가들은] 루터파의 가르침과는 반대로 유아에게 믿음이 실제로 있음을 부정하고, 재세례파와는 달리 배아적(seminal)이고 근본적[뿌리]이며 자질적 믿음은 유아에게 주어진다는 주장을 유지한다.[39]

> 예레미야와 세례 요한처럼 유아는 그들이 실제로 믿기 전에 성령을 받을 수 있다.[40]

> 유아는 실제적 믿음이 없지만, 믿음의 씨앗이나 뿌리마저도 부정해서는 안 된다. 믿음의 씨앗이나 뿌리는 어린 시절부터 발생하고 적절한 시간이 됐을 때 행동으로(인간의 가르침이 성령의 역사가 없는 상태에서 적용되고 그 안에서 역사하는 성령의 더 큰 효과로) 나타난다.[41]

---

[39] Francis Turretin, *Institutes of Elenctic Theology*, vol. 2, ed. J. T. Dennison Jr., trans. G. M. Giger (Phillipsburg, NJ: P&R Publishing, 1994), 583.
[40] Turretin, *Institutes of Elenctic Theology*, 585-86.
[41] Turretin, *Institutes of Elenctic Theology*, 586.

따라서 루터파 견해와는 반대로, 개혁신학은 중생을 세례의 순간과 반드시 연결하지 않는다. 동시에 아직 믿음의 행동을 할 수 없는 어린아이는 믿음의 씨앗마저도 받을 수 없다는 재세례파의 주장도 거절한다. 칼빈도 매우 같은 주장을 했다.[42]

한편, 칼빈은, 특히 재세례파와는 달리, 언약에 의한 유아 세례를 주장한다. 즉, 믿는 자의 자녀는 이미 주님의 기업이기 때문에 세례받아야 한다. 그러므로 세례는 언약의 표징 및 인(印)이고 하나님의 약속이며, 신자의 어머니로서 유아 때부터 가시적 몸을 양육하는 교회의 역할을 강조한다.[43]

그러나 다른 한편으로 칼빈은 여전히 성령이 믿음의 씨앗과 회개를 심는 도구로 사용하시는 세례를 어느 정도 인정한다.[44]

최소한 유아 세례에 대해 두 가지 상반된 입장 사이의 긴장감이 있다.

첫째 주장은 구약과 신약 성도 사이의 언약적 연속(할례와 세례)을 강조하면서, 성례를 언약의 표시와 보증으로 보고, 하나님의 약속을 어린아이에게 비준한다.

둘째 주장은 주입된 자질과 같은 것에 호소한다.[45]

그러므로 언약적 존재론과 중세로부터 계승된 존재론 사이에는 암묵적으로 작용하는 긴장감이 이미 있었다.

심지어 튜레틴의 시대라 할지라도, 개혁신학자들은 중생이 유효한 소명

---

[42] Calvin, *Institutes* 4.16.17.
[43] Calvin, *Institutes* 4.15.14-15.
[44] Calvin, *Institutes* 4.16.20.
[45] *Grace and Gratitude: The Eucharistic Theology of John Calvin* (Minneapolis: Augsburg Fortress, 1993)의 제4장에서 B. A. Gerrish는 또한 Calvin의 주장에서 이러한 다른 방향을 표시한다.

을 앞서는지 아닌지(또는 중생이 유효한 소명과 구분되는지)에 대해 한목소리를 내지 못했다. 시간이 흐를수록 세례를 통한 중생의 개념에서 꾸준히 멀어짐에 따라(비록 세례를 여전히 은혜의 방편으로 유지하지만), 때가 되어 선택된 자가 복음을 듣고 반응하는 직접적이고 비매개적인 중생(믿음과 회개의 **씨앗**을 심음으로 발생하는 중생)의 개념이 이 자리를 가끔 메꿨다.

나중에 다루겠지만, 모든 종교개혁가가 이런 주장을 일관되게 받아들이지는 않는다. 하지만 이 주장은 후기 개혁신학에서 특별한 위치를 차지하게 됐다. 칭의와 관련해 은혜에 관한 이러한 존재론을 거부했지만, 일부 개혁신학자는 새로운 출생을 논할 때 그것을 다시 "구원 서정" 안으로 점점 더 끌어들였다.[46]

구원 서정에 관한 공식은 넓게 볼 때 로마교뿐만 아니라 특히 다른 개신교들조차도 다른 목소리를 내었다. 주된 관심사(오직 은혜로, 오직 믿음으로, 독력주의)는 충분히 일치됐지만, 구원 서정에 관한 나머지 주제는 다수 유동적으로 남았다.[47]

알미니우스주의(Arminianism)와 아미라우트주의(Amyraldianism)와의 직접적인 만남은 더 큰 발전을 유발했지만, 중생과 칭의에 관한 논리적 우선순위(그리고 중생과 유효한 소명 사이의 구분)는 여전히 유동적으로 남아 있었다.

---

46 예를 들어, *Reformed Dogmatics*, ed. John Bolt, trans. John Vriend, vol. 3 (Grand Rapids: Baker Academic, 2006), 582-83의 여러 입장에 관한 Hermann Bavinck의 토론을 보라. 16세기와 17세기의 개혁파 입장들은 여전히 이 질문에 유동적이었다. Luther와 Calvin은 심지어 중생과 회개를 같은 의미로 다뤘다.

47 예를 들어, 16세기 마지막 분기에서 William Perkins는 중생(주어가 수동적인)과 회심(주어가 능동적인)에 대략 상응하는 "첫 번째와 두 번째 중생"을 말했다. William Perkins, *The Workes of That Famous and Worthy Minister of Christ*, 3 vols. (London: John Legatt, 1612-18), 1:717. 의미심장하게도, van Mastricht는 "우리는 중생을 첫째 행동이나 영적 생명의 원리를 주는, 더욱 엄격한 의미로 받아들이지만" 그의 시대까지 대부분 개혁신학자는 중생에 관한 주제를 "소명, 영적 살림, 회심, 성화를 포함한 보다 넓은 개념으로" 다뤘음을 인정한다(Peter van Mastricht, "Regeneration," in *Theologia theoretica-practica*, new ed., 2 vols. [Utrecht: Thomae Appels, 1699], 1:58).

사실, 지금으로부터 한 세기 전에 바빙크(Bavinck)는 중생을 전가와 성령의 선물 **이후**로 배열함으로 개혁파 견해를 요약할 수 있었다.[48] 우리가 앞으로 보는 바와 같이 이 부분은 서로의 주장이 전혀 일치되지 않는다.

찰스 핫지(Charles Hodge)는 초기 중생(파종[insemination])과 새로운 출생 사이의 진화하는 구별을 위한 이론적 근거를 잘 요약해, 심지어 루터파 일치 신조(Lutheran Formula of Concord, xv. Quaes. iv. 13)에 대한 루터파 공식 안에서조차 칭의와 중생을 혼동할 수 있는 가능성을 제기했다.

특히, 초기 루터주의(오시안더와 플라키우스 일리리쿠스[Flacius Illyricus]와 관련 있는) 내의 논쟁의 증가와 함께, 이 관계는 더욱 명확한 설명이 필요했다. 개혁신학자들이 제기한 경고에 따라, 핫지는 우리에게 이 새로운 출생의 역학에 관한 상상을 피하도록 권면한다.

> 이 형이상학적인 본성은 수수께끼로 남는다. 그 수수께끼를 푸는 것은 철학이나 신학의 영역이 아니다.[49]

여전히 문제는 있었다. 한편으로는, 핫지는 계속해서 "중생은 영혼의 본질을 변화시키지 않는다"(플라키우스와 반대)라고 하며 본성과 은혜 사이의 마니교적 이원론을 반박하는 입장을 취한다.[50] 동시에, 중생이 하나님과 사람의 협력 작품이라는 신인협력주의를 피해야 한다는 입장도 계속해서 있었다.

그러므로 이 중생은 본성에 있어 단순히 **도덕적**이라기보다는 **물리적**(physical)이며, 의지와 지성에 제공되거나 존재하는 것이 아니라 새로운 기

---

48 Bavinck는 말한다. "그러므로 그리스도의 전가는 성령의 선물을 앞선다. 그리고 중생, 믿음 그리고 회심이 우리를 그리스도에게 먼저 이끌지 않고, 이것들은 성령에 의해 그리스도로부터 와서 우리에게 주어진다"(*Reformed Dogmatics*, 3:525).
49 Charles Hodge, *Systematic Theology*, 3 vols. (New York: Charles Scribner's Sons, 1872), 2:6.
50 Hodge, *Systematic Theology*, 2:6.

질이나 **자질**을—비록 여기에 언급한 **자질**은 로마 가톨릭 신학에서 주장하는 것과 완전히 같지는 않지만—비매개적으로 의지와 이해에 분여하는 유효한 작용이라고 핫지는 반복해서 주장했다.[51]

또한, 핫지가 말하는 "물리적 원인"은 아리스토텔레스의 것과 같지 않다. 중생에서 성령은 사람의 기질을 실제로 바꿔서 복음이 전파될 때 거절하지 않고 받아들인다는 것이 핵심이다.

핫지 시대에 신인협력주의의 도전은 상당했는데, 특히 나다나엘 테일러(Nathaniel Taylor)와 찰스 피니(Charles Finney)의 뉴헤이븐신학(the New Haven theology)에서 더욱 그러했다. 이들은 중생이 회개와 근본적으로 같다고 주장했다. (피니의 가장 유명한 설교 중 하나는 "그들 자신의 마음을 바꿀 수밖에 없는 죄인들"인데, 이는 이상하게도 새 언약의 약속과는 반대인 시내산 언약 명령처럼 들린다.) 그들은 중생을 "이기적인 사람에게서 자비로운 사람으로의 변화"로 규정하는데, 이는 행복주의 이론(사람들은 항상 자기들에게 최대의 행복을 가져다주는 목적을 추구한다는 이론)과도 일치한다.[52]

이와는 대조적으로, 핫지는 "개신교의 일반적 교리, 즉 루터파와 개혁파 교리에 의하면, 중생은 하나님의 행위라는" 핵심을 지적한다. 더욱이, 그것은 무의식적으로 일어난다.

> [그것은] 하나님이 창조하신 새로운 목적이 아니다. … 또한, 그것은 어떤 종류의 의식 운동도 아니다.

---

51 밑에서 언급한 것처럼, 개혁파는 주입된 자질을 전적으로 잠재의식 속에서 역사하는 성령의 사역으로 이해했다. 주입된 자질은 아직 믿음과 회개를 일으킬 만큼 활동적이지 않고, 단순히 믿음과 회개에 호의적인 것이다.

52 Hodge, *Systematic Theology*, 2:12.

그러므로 칭의는 어떠한 도덕적 개혁을 실제로 따르는 것이라고 절대 말할 수 없다. 더 나아가 창조가 윤리적으로 타락한 것이 아니라 **본질적** 결함이 있는 것처럼 주장하는 마니교와는 달리, 중생은 본질의 변화가 아니다.[53] 긍정적인 면에서 "그것은 새로운 생명," 새로운 출생, 새로운 마음이다.[54] 그러므로 믿음의 행위조차도 새로운 출생에 영향을 준다고 말할 수 없다.

잠재의식적 중생(직접적이고 비매개적인)에 대한 이런 개념은 영국-미국 전통 특유의 유효한 소명과 구분되지 않고, 루이스 벌코프(Louis Berhof)가 설명하듯이, 대륙에서 일어난 후기 개혁파 스콜라주의의 일치된 최근 주장을 또한 나타낸다.

그러나 벌코프는, 심지어 웨스트민스터 총회 때까지도 개혁신학은 일반적으로 유효한 소명과 중생을 동의어로 취급했다는 점을 인정한다.[55] 사실, 굳이 구분한다면, 후자보다는 전자가 논리적 우선순위를 갖는다.[56] 벌코프는 다음과 같이 인정한다.

> 이 견해는 "중생"이라는 용어를 딱 한 번 사용하는 바울이 로마서 8:30의 소명을 다루면서 중생을 포함하는데, 이때 그는 중생을 분명히 의식했다는 점에서 어느 정도 일리가 있다.

벌코프는 다음과 같이 덧붙인다.

---

53 Hodge, *Systematic Theology*, 2:52.
54 Hodge, *Systematic Theology*, 2:33-35.
55 Louis Berkhof, *Systematic Theology*, 4th ed. (1939; Grand Rapids: Eerdmans, 1941), 466-69.
56 Berkhof, *Systematic Theology*, 470-71: "17세기 신학에서 유효한 소명과 중생은 종종 구분되거나, 완전히 구분되지는 않더라도 최소한 중생은 소명에 포함된 것으로 간주할 만큼은 구분된다. 더 옛날 신학자 몇은 소명을 다른 주제로 구분했지만, 중생은 그렇게 하지 않았다. 웨스트민스터 신앙고백서, 제10장 2항에 따르면, 유효한 소명은 중생을 포함한다."

후기 종교개혁 시대에는 죄인의 삶에서 은혜 사역의 시작을 나타낼 때, "중생"보다는 "소명"이라는 용어를 광범위하게 사용했는데, 이는 하나님의 사역과 그의 은혜 역사 사이의 밀접한 관계를 강조하기 위한 열망 때문이었다.

그러나 벌코프는 중생과 소명을 구분하는 일부 사람의 새로운 경향은 유익한 개선이라고 결론지었다.

> 그러나 진리를 체계적으로 표현할 때는 소명과 중생을 신중하게 구별해야 한다.[57]

벌코프는 19세기 후기 장로교 신학자 윌리엄 쉐드(William G. T. Shedd)가 제안한 이론적 근거를 제시한다.

> 그것은 영혼에 미치는 영혼의 영향이고, 삼위일체의 위격들 중 한 위격이 인간에게 미치는 영향이다. 따라서 진리도, 동료 인간도, 영혼 그 자체의 본질에 직접 관여할 수 없다.[58]

형이상학적 이원론을 제외하고, 쉐드의 주장은 또한 성령 역사의 "질료"(matter)로서 항상 포함된 말씀과 함께, 삼위일체의 인격들이 모든 외적 사역에서 그 인격들의 독특한 방식으로 협력한다고 인정하기보다는, 새로운 출생에서 성령을 고립시킨다. 더욱이, 중세 존재론은, 중생을 "영혼 자체의 본질"에 대한 사역으로서 취급할 때 명확하게 드러난다.

벌코프는 이 결론에 반대하는 잠재된 관점을 인정한다. 즉, 씨 뿌리는 자 비유(마 13:1-9), 야고보서 1:18("진리의 말씀으로 우리를 낳으셨느니라"), 베

---

57 Berkhof, *Systematic Theology*, 470-71.
58 Berkhof, *Systematic Theology*, 474에서 인용함.

드로전서 1:23("거듭난 것은 … 살아 있고 항상 있는 하나님의 말씀으로 되었느니라"). 그러나 그는 결국 쉐드 주장의 논리를 받아들인다.[59]

그러므로 핵심 질문이 칭의였을 때, 종교개혁신학들은 로마교와는 반대로 주입된 자질 용어를 의심했다. 한편 다양한 형태의 신인협력주의를 대면하는 자들은 은혜에 대한 논리적 우선순위를 입증하기 위해 개신교 스콜라주의자들을 전통적인 주입된 자질 범주로 되돌려 보냈다. 그래서 우리는 두 가지 움직임을 여기에서 확인할 수 있다.

첫째, 심겨진 새로운 자질(new habit implanted)이라는 용어를 통해 영향을 받은 새로운 출생이다.

둘째, 말씀을 통해 이 새로운 출생을 유효한 소명으로부터 구분하는 것이다.

첫째 움직임은 베드로전서 1:23에 나타난 친숙한 유비를 사용함으로 간단히 설명할 수 있다.

그러나 둘째 움직임의 위험은 칭의와 중생/성화가 적절하게 구별될 뿐만 아니라, 이들에게 지질구조판(tectonic plates)처럼 표류하도록 만든 다른 존재론적 담론 영역을 주었다는 것이다.

많은 후기 개혁파 스콜라주의의 전형인 피터 판 마스트리히트(Peter van Mastricht)는 여전히 종종 중생에 대한 말씀의 중재를 인정하면서도, 이 구별을 받아들이는 듯하다. 중생은 믿음과 회개를 실제로 창조하지 않고, 이 중 하나를 유효한 소명과 합함으로, 새로운 자질을 주입한다. 사실, 믿음, 소망, 사랑, 또는 회개의 **실제 행위**와는 동떨어진 주입된 **자질**로서의 중생에 대한 그의 묘사는 아퀴나스의 것과 동일하다.[60]

---

[59] Berkhof, *Systematic Theology*, 474.

[60] Van Mastricht, "Regeneration," in *Theologia theoretica-practica* (1699), anonymous English

확실히, 기질(자질)은 그것을 행동으로 실현하기 위해서 여전히 중재(말씀)를 필요로 하기 때문에, 말씀을 통한 유효한 소명의 역할이 매우 크다. 더욱이, 이렇게 정의한 중생은 아직 회심이 아니고, 성화는 더욱더 아니기에, 칭의를 앞선 도덕의 성장은 실제로 나타나지 않는다.

그런데도, 문제는 여전히 남아 있다.

중생과 유효한 소명을 구별할 수 있는 주해적 및 신학적 근거가 충분히 있는가?

전자를 주입된 자질과 동일시할 근거는 더욱더 없지 않은가?

그리고 그러한 방법은 칭의를 홀로 떼어 놓기 쉽지 않은가?

그러나 선언한 말씀과는 별도로 발생한 내부적 작용의 바다(sea)에 휩싸인 법정적 섬(island)의 중앙에 칭의를 두지 않는가?

웨스트민스터 신앙고백서와 마찬가지로, 다른 주요 개혁파 신앙고백과 교리문답도 하이델베르크 교리문답 제65문답에서 묘사한 견해를 공유했다.

> 성령은 거룩한 복음을 설교함으로 우리의 마음속에 [구원하는 믿음을] 창조하고 거룩한 성례의 사용을 통해 그것을 확증한다.

후기 신학자들은 **유효한 소명**이 이렇게 발생한다는 것을 부정하지 않았지만, 그 이전에 뚜렷한 중생 사건을 삽입했다. 전통 속에서 일부 학자는 새로운 출생이 말씀에 의해서 온다고 직접 가르치는 베드로전서 1:23과 야고보서 1:18 같은 구절을, 새로운 출생 자체보다는 믿음의 행위를 언급하는 것으로 받아들였다.

---

translation revised by Brandon Withrow, in Peter van Mastricht, *A Treatise on Regeneration* (Morgan, PA: Soli Deo Gloria Publications, 2002), 26. 세례는 중생에게 영향을 줄 수 없다는 점이 유일한 차이점이다.

다시 말하지만, 이 작가들이 말씀을 "도덕적 설득"에 연결했다는 점이 문제 일부다. 한편 알미니우스주의자들은(소시니우스주의자들과 펠라기우스주의자들은 말할 필요도 없고) 중생을 도덕적 설득으로 축소했다. 다시 말해서, **말씀 사역은 복음의 내용을 전달하는 발화적 기능으로 단순히 이해됐다.**

그 시점에서, 우리는 이 말씀의 도덕적 영향 이론에 도전하거나, 말씀의 효과에 대한 종교개혁의 강한 개념을 뒷받침하거나, 비매개적이고 무의식적인 중생을, 듣고 믿기 전의 사건으로 삽입할 수 있다. 그런데 지금까지 필자의 논증을 통해 볼 때, 필자는 확실히 맨 처음 것이 옳다고 생각한다.

만약 말씀의 방편을 발화 행위와 발화 매개 행위로 다룬다면, 이들 작가가 확실하다고 주장하는 독력주의(monergism)는 복음 때문에 논리적으로 유효한 소명 이전이고 동시에 구분되는 중생에 호소할 필요 없이, 방어할 수 있다. 위에서 언급한 밴후저의 표현을 빌리자면, 유효한 소명은 외적 복음 전파로 **올 수** 있다. 이전의 개혁신학자들처럼 우리도 듣는 자를 내적으로 중생하는 성령의 절대 주권적 사역의 필요성을 여전히 주장한다. 그런데도 이런 일(성령의 사역)은 말씀을 외적으로 듣지 **않아도** 말씀과 **함께** 그리고 말씀을 **통해** 발생한다.

복음에 응답하는 능력은 성령이 진실로 우리에게 준다. 그러나 이 능력은 잠재의식에서 나온 사역이나 주입된 자질이 아닌 오히려 말씀을 통한 성령의 역사 때문임이 더욱 분명하고 확실하다. 성경은 발화된 말씀에 기인한 하나님의 "창조적 능력"을 거듭 확인한다. 처음 창조처럼, 새로운 출생은 발화 행위의 중재 결과다.

심지어 이후에도 모든 사람이 이 질문에 같은 답을 주지는 않았다. 17세기 후반 헤르만 위트시우스(Herman Witsius)는 주장했다.

> 중생이란 새로운 신적 생명을, 선택받고 영적으로 죽은 자에게 주입하는 하나님의 초자연적 행위이고 **성령의 무한한 힘이 썩지 않을 하나님 말씀**

의 **씨앗을 통해 열매 맺게** 하는 것이다(강조는 첨가된 것).[61]

여기에서 위트시우스는 단순히 도르트 신조(셋째와 넷째 교리)를 따른다. 도르트 신조는 중생과 유효한 소명은 하나이고 같은 사건이라는 웨스트민스터 신앙고백서의 가정과 일치한다.[62] 필자는 복음을 통한 믿음이라는 일방적 선물과 새로운 출생을 비유적으로 표현하기 위해, "새로운 특성이 주입됐다"라고 표현하는 것은 가능하다고 본다. 피터 판 마스트리히트는 다음과 같이 결론 내린다.

> 이 경우에서 있어 성부는 하나님이다. 따라서 우리는 하나님에게서 태어난다고 할 수 있다(요 1:13). 그리고 중생한 자들은 "하나님 아들들"(요일 5:1-2)이라고 불린다. 우리를 잉태하고 양육한 어머니는, 말하자면, 교회다(갈 4:16). **"영원히 살아서 거하는"**(벧전 1:23) **씨앗, 즉 하나님의 말씀은 복음의 외적 소명으로 받는다**(강조는 첨가된 것).[63]

존 오웬은 중생을 단순히 "윤리적 설득"으로 정의하는 것은 아이가 스스로 태어나는 것과 마찬가지라는 유명론적(반[半]펠라기우스) 견해와 알미니우스주의적 견해를 격렬히 비판한 후에, 다음과 같이 주장한다.

> 우리는 성령이, 말씀, 율법 및 복음을 수단으로 사용해서, 그리고 교회 시대에는 교회의 사역을 일반적 수단으로 사용해서 성인을 중생하게 한다는

---

61 Herman Witsius, *The Economy of the Covenants*, trans. William Crookshank, 2 vols. (London: Edwards Dilly, 1763; lithographed in 1990 from an 1822 edition by the den Dulk Christian Foundation and distributed from Phillipsburg, NJ: P&R Publishing, 1990), 357.
62 이것은 또한 van Mastricht와 다른 여러 사람이 비매개적으로 주입된 잠재력을 표현할 때 선호하는 용어다.
63 Van Mastricht, *A Treatise on Regeneration*, 12-13.

점을 인정한다. 물론 이것들은 일반적으로 중생을 위한 전체적인(whole) 외적 방편이다. 동시에 중생을 위한 적절한 효력도 동반한다.[64]

그러나 이것들은 우리 자신의 것이 아니라 하나님의 손 안에 있는 방편이다. 이것들은 우리의 의지에 따라 우리 자신을 중생하게 하지 못하고, 성령의 "물리적"(physical) 대리자가 사역할 때 이것들이 효력을 얻는다.[65]

그러므로 특히 신약이 새로운 출생을 그 말씀과 일반적으로 연관하는 점을 고려할 때, 과연 은혜 사역을 외적 말씀 전에 놓아야 할 필요가 있을까?

필자는 방편을 제외한 중생과 말씀을 통한 유효한 소명과의 구분은 해석학적으로 문제가 있고 신학적으로 불필요하다고 생각한다. 비록 일반적 소명과 유효한 소명(중생) 사이의 구분이 해석학적으로 쉽게 유지될 수 있지만, (중재되지 않은) 중생과 (중재된) 유효한 소명 사이의 추가적 구분은, 위에서 인용한 중생이 말씀에 의해 일어난다는 명백한 언급들과 모순되는 것처럼 보인다.

벌코프는 옛 관점이 해석학적으로 옳다고 완전히 인정한다. 즉, 예를 들어, 씨 뿌리는 자의 비유뿐만 아니라 누가복음 1:13, 57, 23:29, 요한복음 1:14, 16:21, 갈라디아서 4:24, 야고보서 1:18, 베드로전서 1:23에 대한 고전적 관점들이다.[66] 또한, 개혁파 신앙고백(벨직 신앙고백서, 제24-25조; 하이델베르크 교리문답, 제54문답; 도르트 신조, 셋째와 넷째 교리, 제11, 12, 17조)은 "중생을 새로운 삶의 기원과 회심에서의 새로운 삶의 나타남을 포함한 넓은 의미로 말한다."

우리는 심지어 믿음이 죄인을 중생시킨다고 들었다(벨직 신앙고백서, 제24조).

64　Owen, *The Works of John Owen*, 3:316.
65　Owen, *The Works of John Owen*, 3:316.
66　Van Mastricht, *A Treatise on Regeneration*, 475.

하나님의 말씀은 중생 역사의 방편이라고 말하는 것처럼 보이는 구절들이 있다(벨직 신앙고백서, 제24, 26조; 도르트 신조, 셋째와 넷째 교리, 제12, 17조). 그러나 이 구절들이 새로운 생명의 원리가 말씀이라는 방편에 의해 영혼 속에 심어진다고 정말로 가르치는 표현인지 여전히 의심스럽다. 그들은 우리가 중생에서 구별하는 여러 요소 사이의 차이를 신중히 식별하지 못한다.[67]

그러나 이러한 고백 진술은 중생과 유효한 소명 사이의 구분을 전제로 한 경우에 이 점에 있어 의심스럽거나 부정확하다.

그런데도 벌코프는 신약이 사용하는 특정 방법보다는 유기적 유비 그 자체로서 마침내 결론을 끌어낸다.

두 요소는 중생을 논할 때 반드시 구분해야 한다. 즉, 새로운 생명의 생성 또는 낳음과 보이지 않는 깊은 골짜기로부터 나오는 새로운 생명의 출산 또는 낳음은 구분해야 한다. 생성은 영혼에 새로운 생명의 원리를 심고, 새로운 출생은 행동으로 이 원리가 증명되기 시작하게 한다.[68]

벌코프는 "원리"를 (그리고 "새로운 영적 생명의 원리를 심는다"는 표현을) 옛 신학자들의 표현인 심어진 자질(*habitus*)이란 의미로 사용한다.[69] 그러나 유효한 소명은 "외적 소명과 같은 말이고, 외적 소명은 내적 소명을 통해 마

---

67 Van Mastricht, *A Treatise on Regeneration*, 476.
68 Van Mastricht, *A Treatise on Regeneration*, 465. 우리의 일상적 경험에서 수정-출생의 유비를 너무 문자적으로 해석한 지에 대해선 여전히 질문으로 남아있다. 그러나 이 새로운 생명에 영향을 미치는 신적 대리자의 우선순위를 주장하면서도, 주입된 원칙이나 기질(새로운 자질[*habitus*])에 관한 중세 및 개신교 스콜라식 언어를 유지하려고 한다. 물론 Aquinas와 전통적 로마 가톨릭의 견해는 침례 받을 때의 "첫 번째 칭의"라는 말로 이것의 우선순위를 옹호했지만, 그 과정을 완료하기 위해서는 인간의 협력이 필요했다.
69 Van Mastricht, *A Treatise on Regeneration*, 468.

음속에 유효하게 된다."[70]

만약 이런 주장이 옳다면, 왜 이러한 중재된 사건들 사이에 개입할 비매개적으로 주입된 자질이 필요한가?

비록 성령이 때와 장소를 택하기는 해도, 개혁파 신앙고백과 교리문답이 주장하는 것처럼, 왜 간단히 성령이 선포된 복음을 통해 중생시킨다고 말하지 않는가?

신인협력주의를 반박하기 위해, 비록 그 내용에 있어 수정하기는 했지만, 꼭 중세의 주입된 자질 범주에 호소할 필요가 정말로 있는가?

신인협력주의로부터 우리를 구원하기 위한 그러한 공식은 결국 하나님의 인격(God's person)과 말씀 사이를 구분하는 이원론이 들어오도록 다시 한번 문을 열어주지 않는가?

결정적으로, 우리가 인용한 구절들에 따르면, 새로운 생명의 원리와 살아 있고 활동하는 생명을 주는 말씀 중 **무엇**이 심겨 있는가?

성령은 그의 말씀 이외의 다른 씨앗을 심은 적이 있는가?

그리고 그 말씀은 살아 있고, 활동적인 음성의 소리라기보다는 단순한 원리나 침묵 행위인가?

모든 효과를 성령의 능력에 돌림에 있어, 성경은 보통 이것이 수신자에게 역사하는 하나님 말씀을 통해 발생한다고 하지 않는가?(살전 2:13; 참조. 롬 8:14-16; 고전 2:4-5; 4:12-13; 고후 4:13; 갈 3:2; 엡 1:17; 살전 1:5; 딛 3:5)

특히 "구원을 위한 하나님의 능력"을 표현하는 구절들(롬 1:16; 10:17; 살전 1:5)은 더욱더 그러하지 않은가?

---

[70] Van Mastricht, *A Treatise on Regeneration*, 469.

1) 유효한 소명"으로서의" 중생

이 논쟁에서 누구도 칭의와 성화를 혼동하지 않았고 유효한 소명이 말씀을 통해 중재된다는 점을 부정하지 않았다. 그런데도, 필자는 발화 행위 이론이 독력주의적(monergistic) **오직 은혜** 원리와 외적 말씀이 중재하는 내적 중생에 대한 법정적 원리를 강화하기 위해서는, 중재와는 상관없이 주입된 자질을 요구하는 인과적 틀보다는 훨씬 낫다고 제안한다.

필자는 구원 서정 중 어떤 부분은 그것의 원천에 있어 근본적으로 법정적이고 다른 부분은 전자가 극복하기 위해 고심하는 중세 존재론에 갇혀 있는 관계로, 중생과 유효한 소명의 분리는 조현증적 구원론(schizophrenic soteriology)의 가능성을 설정한다고 생각한다. 전체 일련의 사건을 새로운 세상을 말하는 하나님의 유효한 말씀의 결과로 보지 않고 칭의와 성화가 그들 자신의 독립적 존재론의 토대 위에 있다고 생각할 수 있다.

그러므로 필자는 외적 소명이 **성부 말씀의 발화 행위와 발화 내용으로서 성자를 포함한다고 제안한다. 중생과 동의어인 내적 소명(유효한 소명)은 성령의 발화 매개적 효과다.** 모든 하나님의 역사가 그렇지만, 성령은 신적 교통의 목적을 성취한다. 성부는 성자를 객관적으로 들어내고, 성령은 그리스도 앞에서 하나님의 영광을 보도록 내적으로 조명하며(고후 4:6; 참조. 요 1:5; 3:5; 17:3; 고전 2:14) 진리에 동의할 뿐만 아니라 그리스도를 의지할 수 있게 의지를 해방한다(렘 32:39-40; 겔 36:26; 엡 2:1-9; 히 8:10).

중생 또는 유효한 소명은 그들 자신을 회심시킬 도덕적 능력이 없는 자들에게 발생하는 어떤 것이다. 그러나 이것은 그들**에게**만 일어나지 않는다. 이것은 또한 그들이 동의하게 그들 **안에서** 발생한다. 이 내적 재생의 원천은 주입된 원리가 아닌 말씀을 통해 역사하는 성령이다. 선포된 말씀을 통해 중재되는 중생의 개념은, 만약 그 말씀이 "살아 있고 활동적인" 하나님의 에너지가 아닌 단순한 정보나 권면이라면, 필연적으로 단순한

"윤리적 설득"(즉, 의지로 받아들이거나 거부할 수 있는 외적 유혹을 제공하는)으로 이끌게 된다.

발타자르(Balthasar)의 주장과 필자의 주장 간의 차이점은 일반적인 로마 가톨릭/개혁파의 차이점과 동일 선상에 있지만, 초월성들, 특히 **아름다움**에 관한 발타자르의 철저한 통합은 공통적인 신념의 영역을 제안한다. 그동안 살펴보았듯이, 개혁파 상징은 유효한 은혜가 "주저하는 의지를 힘으로 강압하지 않고, 대신 영적으로 회복하고, 치료하며, 개혁하고, 즐거움을 주는 강력한 방식으로 역사한다는 점을" 강조한다.[71]

『두 가지 이유』(*Two Say Why*)에서 발타자르는 "사랑에 빠진" 경험을 자세히 설명한다.[72] 여기에서, 열망은 바깥으로, 다른 곳으로 향한다. 그것은 이 반응을 끌어내는 다른 것이지, 자신 안에서 역사하는 그 무엇이 아니다. 마찬가지로, 하나님과 함께, 진리, 선, 그리고 그리스도의 삶, 죽음, 부활, 중보의 아름다움과 그의 백성을 위해 통치하는 아름다움은 그들의 증거 속에서 본질적으로 넘친다.

복음이 전한 그리스도를 인식하고 받아들이지 못하는 이유는 절대로 그리스도가 약하기 때문이 아니고, 인간의 부패함 때문이다. 그러므로 숨겨진 것이 드러나고 "죄와 허물로 죽은"자들이 "살아나게" 되면(엡 2:5), 소명은 항상 유효하게 된다.

그러나 유효한 것은 단순히 강압적 힘이 아니고, 특히 성령의 설득하는 증거에 의해 성부의 영원한 의지로 역사하는 그리스도 자신의 개인적인 계시다. 발타자르가 다른 곳에서 언급한 것처럼, 하나님은 "마음을 유혹하는 자"다.[73]

---

71 *Ecumenical Creeds and Reformed Confessions*, 135-36에 있는 "도르트 회의의 신조들"(1618-19).
72 Hans Urs von Balthasar and Joseph Ratzinger, *Two Say Why* (London: Search Press, 1971; Chicago: Franciscan Herald Press, 1973).
73 Hans Urs von Balthasar, *Heart of the World* (San Francisco: Ignatius Press, 1980), 117-18.

중생을 신인협력주의로부터 보호할 수 있는 것은 **비매개성**(immediacy)이 아닌 신적 **근원**(source)이다. 성부는 성자와 별도로 말하지 않고, 성령은 다른 것이 아닌 바로 그 말씀이 열매를 맺게 한다. 이 모든 것을 항상 중재의 방식으로 성취하는 분은 삼위일체 하나님이다. 확실히, 복음서의 여러 곳에서(예. 마 13:1-30, 36-43; 요 3:3, 5-12) 증거하는 것처럼, 모든 사람이 구원하는 말씀을 받아들이지는 않는다. 외적 말씀을 받아들이기 위해서는 성령이 내적으로 그를 이끌어야 한다.

> 살리는 것은 영이니 육은 무익하니라 내가 너희에게 이른 말은 영이요 생명이라 그러나 너희 중에 믿지 아니하는 자들이 있느니라 하시니 이는 예수께서 믿지 아니하는 자들이 누구며 자기를 팔 자가 누구인지 처음부터 아심이러라 또 이르시되 그러므로 전에 너희에게 말하기를 내 아버지께서 오게 하여 주지 아니하시면 누구든지 내게 올 수 없다 하였노라 하시니라 (요 6:63-65).

예수는 다음과 같이 약속하셨다.

> 내 양은 내 음성을 들으며 나는 그들을 알며 그들은 나를 따르느니라 내가 그들에게 영생을 주노니 영원히 멸망하지 아니할 것이요 또 그들을 내 손에서 빼앗을 자가 없느니라 그들을 주신 내 아버지는 만물보다 크시매 아무도 아버지 손에서 빼앗을 수 없느니라 나와 아버지는 하나이니라 하신대(요 10:27-30).

바울은 로마서 9-11장의 선택과 부르심에 관한 그의 주장에서, 복음과 관련한 유대인들의 현재 상태는 말씀이 실패했기 때문이 아니라고 관찰한다. 사실, 하나님의 택하심, 구속, 중생하는 은혜 없이는 누구도 믿지 못할 것이다. 성령은 때와 장소를 결정하고 내적으로 복음을 믿게 설득한다.

> 또 미리 정하신 그들을 또한 부르시고 (롬 8:30).

> [우리는] 허물과 죄로 죽었던 … 긍휼이 풍성하신 하나님이 우리를 사랑하신 그 큰 사랑을 인하여 허물로 죽은 우리를 그리스도와 함께 살리셨고 (너희는 은혜로 구원을 받은 것이라)(엡 2:1, 4-5).

이 진술이 정확하다면, 선택에서 구속의 언약까지, 그리고 창조에서 지금의 은혜 언약까지 우리는 은혜를 입는다. 이런 종류의 언약적 존재론에서 주입된 자질이 설 자리는 아예 없다.

필자는 법정적 사건(칭의)과 주입된 자질(중생)의 구분보다는 언약적 양식이, 칭의를 성화와 혼동하거나 그리스도와의 연합이 법정적 관점뿐만 아니라 유기적이고 변형적임을 포함한다는 점을 부정하지 않고, 전체 구원 서정을 법정적으로 합당하게 만든다고 제안한다.

더 나아가, 심지어 중생과 성화도, 무로부터의 창조 시에 "~이 있으라!"고 말한 하나님의 수행하는 발언의 효과다. 그리스도와의 연합과 그 연합에서 나온 성화는 법정적인 것 **이상**이면서, 하나님이 법정적으로 선언한 **결과물들**이다. 칭의("~이 있으라!")와 내적 갱신("땅은 ~을 내라!")은 말씀하는 성부, 성자, 성령 하나님에게서 온 결과물들이다. 교통보다는 관계적인 면이 더 많지만, 그것은 항상 담화의 행위(말뿐만 아닌 성례까지도 포함해서)를 통해 그 자체의 특별한 방식 안에서 생성되고 유지된다.

무로부터의 창조처럼, 칭의는 이미 존재한 것의 상태를 변형하는 과정이 아니다. 다시 말해, 그것은 분석적이라기보다는 종합적인 선언이고, 유기적이라기보다는 종말론적이다. 그런데도, 성령이 그 선언에 적절한 응답을 창조 안에 가져오시면, 분석적인 판단이 따른다("하나님이 지으신 그 모든 것을 보시니 보시기에 심히 좋았더라"[창 1:31]).

　하나님이 그리스도의 공로만을 통해서 악한 자를 의롭다고 **외적으로** 선언할 때, 그는 또한 죄로 죽은 자가 성령으로 그리스도 안에서 살아난다고 **내적으로** 선언한다. 불신앙과 반역에서 믿음과 회개로 인간이 실제로 변화됐다고 발표하는 것은 바로 그 이중 선언이다. 말과 행위 사이를 가를 수 있는 정당한 벽은 없다. 하나님이 하신 말씀은 활동적이다. 말씀 그 자체는, 성령 안에서, 창조된 무결성을 침해하지 않으면서 창조된 실체 안에 의도된 효과를 가져올 능력이 있다.

제11장

"보라 내가 만물을 새롭게 하노라":
판결이 말하는 바를 이루는 판결

종교개혁이 일어난 이래, 사람을 변화시키지 않고 구원하는 은혜, 부패한 본성을 회복하지 않고 구속하는 정의, 죄인을 치료하지 않으면서 자신이 스스로 당한 상처로 죄인을 용서하는 그리스도에 대한 개념이 맨 처음 나타났다.[1]

에티엔 질송(Etienne Gilson)이 말한 이러한 표현은 권위 있는 종교개혁 교회들이 새로운 출생(the new birth)과 성화를 믿지 않았다는 의구심을 깊이 반영한다. 비슷하게도, 밀뱅크(Milbank)는 "은혜를 단순한 전가로 여기는 모든 개신교의 주장(비록 이런 주장을 하지 않는 많은 개신교가 있지만)"을 거절하지만, 실제로, 필자가 아는 한 이런 주장을 하는 개신교는 **없다**. 그러므로 밀뱅크는 다음과 같이 선언한다.

> 나를 위해 은혜가 와야 한다는 진술은 또한 성화와 윤리에 관한 진술을 의미한다.[2]

---

1 Etienne Gilson, *The Spirit of Medieval Philosophy* (London: Sheed & Ward, 1936), 421.
2 John Milbank, *Being Reconciled: Ontology and Pardon* (London and New York: Routledge, 2003), 138.

칭의가 오직 믿음에 의해 전가되는 그리스도의 의를 토대로 한 배타적인 법정 선언이라고 주장한다면, (우리의 그리스도와의 연합으로 인한 모든 이익을 아우르는) 본질적 행동과 영향은 **구원**에서 완전히 배제해야 한다. 이 두 번째 전제는 첫 번째 전제를 마땅히 따라야 함에도 그러지 못할 뿐만 아니라, 의롭게 하는 믿음으로 발생한 필연적 열매로서의 성화와 도덕에 광범위한 관심을 보여 준 고백적 개신교주의에서도 설 자리를 잃는다.

베르까우어(G. C. Berkouwer)는 1950년대에 쓴 글에서 신자를 향한 하나님의 은혜로운 개혁에 대한 루터의 관심을 부정하는 자들에게 대답하는데, 이 대답은 오늘날에도 상당히 일리가 있다.

> 이런 개념은 루터의 글을 삐딱하게 보는 사람에게는 믿기 힘든 일이다. 루터에게 있어서 칭의는 내적 자아와 함께 외적 사건 이상을 의미한다는 사실은 그의 글을 조금만 들여다봐도 설득될 것이다.[3]

오직 종교개혁 견해에서만이 순전히 법정적 칭의와 윤리적 변화가 인간이 그리스도 안에서 얻은 구원과 관련해 뗄 수 없는 두 가지 관점임을 확인한다.[4] 그러므로 진짜 문제는, 칭의가 새로운 순종의 **원천**인가, 아니면 그것의 **결과**인가다. 본 장에서 우리는 성부가 은혜로 우리에게 선포한 복음 말씀의 발화 매개적 효과(perlocutionary effect)로서의 성화에 관심을 돌리자.

---

[3] G. C. Berkouwer, *Studies in Dogmatics: Faith and Sanctification* (Grand Rapids: Eerdmans, 1952), 29.
[4] Milbank가 채택한 로마 가톨릭의 관점에서, 법정적 범주는 여전히 남아 있지만, 이 관점을 지배하는 것은 우리 자신뿐만 아니라 성인들의 공덕 행위다.

1. 양자: 법정적 및 관계적, 사법적 및 변형적

필리스 버드(Phyllis Bird)의 연구를 근거로, 필자는 『언약과 기독론: 주와 종』(*Lord and Servant: A Covenant Christology*) 제4장에서 창세기 1-2장은 이집트 신화를 논쟁의 목적을 위해 이용한다고 밝혔다. 바로는 신들의 아들로 여겨졌지만, 창세기에서 이 왕자 신분 개념은 왕을 넘어서, 모든 아들뿐 아니라 모든 인류에게까지 확장된다. 하나님의 **형상**으로 "남자와 여자"가 창조됐다는 것은 자식의 신분을 나타내는 언어다.

위대한 왕이 선택하면, 가신은 참 영광을 포함한 종주국의 신분을 "입는다." 잃어버린 영광을 회복한다. 그리고 그것은 자그마치 신-인의 영광이기 때문에 "땅에서 나온 흙으로 만든 … 첫째 인간"의 원래 영광보다 위대하다(고전 15:47).

> 우리가 흙에 속한 자의 형상을 입은 것 같이 또한 하늘에 속한 이의 형상을 입으리라(49절).

그 장에서 논한 것처럼, **하나님의 형상**(*Imago Dei*)은 특정한 요소(예. 영혼)가 아닌, 영광을 위임받은 전체 인간 존재 속에 존속한다. 필자는 또한 형상 또는 모양에 관한 세 가지 주요 요소(성전 이미지[지배권, 왕위], 윤리적 임무[성전의 기초는 정의, 공평, 진리, 의, 선], 영광[물리적 아름다움])가 구속사를 통해 명백히 드러났다고 주장한 클라인(M. G. Kline)의 관찰을 지적했다.

> 하나님의 형상이 된다는 것은 하나님의 아들이 된다는 것이다.[5]

---

5   Michael S. Horton, *Lord and Servant: A Covenant Christology* (Louisville, KY: Westminster John Knox, 2005), 제4장에서 M. G. Kline, *Images of the Spirit* (Eugene, OR: Wipf & Stock, 1999), 35을 인용함.

"그리스도를 입는다"는 것은 칭의와 성화를 위해 그에게서 모든 의를 얻는 것이다. 이럴 수 있는 이유는 그가 영원한 아들이시기 때문만이 아니라 또한 그의 백성을 위한 칭의된 언약의 머리이시기 때문이고 "성결의 영으로는 죽은 자들 가운데서 부활하사 능력으로 하나님의 아들로 선포"되셨기 때문이다(롬 1:4). 그리스도 안에서, 우리의 누더기는 왕의 화려한 옷으로 교환되고, 우리는 아브라함, 이삭, 야곱과 함께 같은 식탁에 앉는다.

그러나 주위 민족들의 관행과 마찬가지로 이스라엘 법도 맏아들을 유산의 상속인으로 삼았는데, 이것은 또한 그리스와 로마 세계의 상속법이기도 했다. 아브라함의 고민에서도 알 수 있듯이, 상속받을 아들이 없을 때만 종들이 상속받을 수 있어서, 딸과 종은 불안정한 상태에 있었다. 이들의 상속은 아버지, 남편, 주인이 얼마나 관대하냐에 완전히 좌우됐다. 자유 민주주의 시대에 사는 우리는 옛사람들이 들었던 소식이 얼마나 충격적인지 상상하기 힘들 것이다.

> 너희는 유대인이나 헬라인이나 종이나 자유인이나 남자나 여자나 다 그리스도 예수 안에서 하나이니라 너희가 그리스도의 것이면 곧 아브라함의 자손이요 약속대로 유업을 이을 자니라(갈 3:28-29).

따라서 바울의 글에서 주목해야 할 점은 하나님의 백성을 "아들과 딸"이 아닌 "아들"로 나타내는 표면상의 남성 우월주의가 아니라, **딸과 종을 아들로** 부름으로—말하자면, 재산의 상속자로 여기며—유대교와 헬레니즘 모두와 근본적으로 단절한다는 것이다. 이 과정에서, 누가 "재산"에 대한 권리를 갖느냐는 논쟁은 최소한 성도의 교통에 있어서 완전히 무의미하다. 이것은 율법이 인간의 임무에 속한 일들의 상태를 어찌할 수 없는 또 다른 영역이다.

아브라함의 상속인들을 결정하는 것은 율법(시내산 율법이든지 헬라 율법이든지)이 아닌 믿음이다. 베드로전서 3:7도 이 사상을 적용해 전달한다. 교회에서뿐만 아니라 가정에서도, 남편은 "너희 아내와 동거하고 … 생명의 은혜를 함께 이어받을 자로 알아 귀히 여기라"라고 했다.

칭의의 지침서인 갈라디아서 3장과 4장은 양자에 대한 우리의 이해를 돕는 데 매우 중요하다. 결국, 율법의 속박으로부터 자유를 얻어 의를 얻는다는 동일한 논리가 또한 "자식의 신분"을 나타내는 상속의 권리와 관련이 있다. 바울은 구속의 논증을 역사적으로 펼친다. 율법(여기에서 율법은 전체 구약의 집행을 의미한다)은 "우리를 그리스도께로 인도하는 초등교사가 되어 우리로 하여금 믿음으로 말미암아 의롭다 함을 얻게 하려 함이라"(갈 3:24).

> 내가 또 말하노니 유업을 이을 자가 모든 것의 주인이나 어렸을 동안에는 종과 다름이 없어서 그 아버지가 정한 때까지 후견인과 청지기 아래에 있나니 이와 같이 우리도 어렸을 때에 이 세상의 초등학문 아래에 있어서 종 노릇 하였더니 때가 차매 하나님이 그 아들을 보내사 여자에게서 나게 하시고 율법 아래에 나게 하신 것은 율법 아래에 있는 자들을 속량하시고 우리로 아들의 명분을 얻게 하려 하심이라 너희가 아들이므로 하나님이 그 아들의 영을 우리 마음 가운데 보내사 아빠 아버지라 부르게 하셨느니라 그러므로 네가 이 후로는 종이 아니요 아들이니 아들이면 하나님으로 말미암아 유업을 받을 자니라(갈 4:1-7).

더 나아가, 이 형제자매들은 단지 장자가 상속받고 남은 것만 무엇이든지 유산으로 받는 것이 아니다. 사실, 우리가 이 장들의 구조에서 사용하는 바로 그 구절은 다음의 진술로 시작한다.

하나님이 미리 아신 자들을 또한 그 아들의 형상을 본받게 하기 위하여 미리 정하셨으니 이는 그로 많은 형제 중에서 맏아들이 되게 하려 하심이니라(롬 8:30).

유대인이나 이방인이나 매한가지로, "복음으로 말미암아 그리스도 예수 안에서 함께 상속자가 되고 함께 지체가 되고 함께 약속에 참여하는 자가 됨이라"(엡 3:6). "만유의 상속자"가 그리스도라는 표현이 적절하겠지만(히 1:2; 참조. 눅 20:14) 정확히 말해, 그는 개인적이 아닌 공인으로서 만유를 소유하시기 때문에, 그와의 연합은 서로 교통하는 것을 의미한다.

이런 논리에서, 모세는 하나님 집의 종이고, 예수 그리스도는 장자다(히 3:1-6).

> 거룩하게 하시는 이와 거룩하게 함을 입은 자들이 다 한 근원에서 난지라 그러므로 형제라 부르시기를 부끄러워하지 아니하시고 이르시되 내가 주의 이름을 내 형제들에게 선포하고 내가 주를 교회 중에서 찬송하리라 하셨으며 또 다시 내가 그를 의지하리라 하시고 또 다시 볼지어다 나와 및 하나님께서 내게 주신 자녀라 하셨으니 자녀들은 혈과 육에 속하였으매 그도 또한 같은 모양으로 혈과 육을 함께 지니심은 죽음을 통하여 죽음의 세력을 잡은 자 곧 마귀를 멸하시며 또 죽기를 무서워하므로 한평생 매여 종 노릇 하는 모든 자들을 놓아 주려 하심이니 그러므로 그가 범사에 형제들과 같이 되심이 마땅하도다 이는 하나님의 일(히 8:6, 참조. *leitourgia*)에 자비하고 신실한 대제사장이 되어 백성의 죄를 속량하려 하심이라(히 2:11-15, 17).

칭의와 마찬가지로, 이 양자는 이미 율법이 성취됐기 때문에, 법적 허구가 아니다. 맏아들은 희생적 승리로 왕권에 관한 모든 것을 획득했지만, 입양된 모든 아들도 동등한 몫을 갖는다. 이 시점에서 왕권 부여의 기초 위에 있는 은혜 언약의 성격은 특히 분명해진다. 위대한 왕에게 충성함으로 그러한 지위를 얻은 그는 자기의 마지막 유언과 증거 안에 있는 모든 공동상속인에게 유산을 영원히 전달한다.

요한복음 17장에 있는 예수의 대제사장 기도는 이제 삼위일체 자체의 '코이노니아'(*koinōnia*) 안에 포함될 "내게 주신 자들"(9절)을 언급하면서, 그의 지상 사역에 대한 그 자신의 성취를 삼위일체 내적(intratrinitarian) 구속 언약과 연결하기까지 이 언약적 부여를 잉태하고 있다.

그러므로 창조에서와 마찬가지로 은혜 언약은 결핍보다는 초과라는 사상을 바탕으로 한다. 죄와 사망의 법을 용인하는 결핍의 원리와는 달리, 또는 사다리 아래로 확산한 존재는 줄어든다는 신플라톤주의적 유출과는 달리, 이 가족에게 있어 부는 줄어들지 않은 채 모든 자에게 공평하게 분배된다.

결국, 이 상속은 단순히 하나의 신적 본질뿐만이 아닌, 구속 언약에 따른 삼위일체의 공유된 부를 그 기반으로 한다. 자녀는 그들의 미래나 아버지의 편애(야곱과 에서의 경우처럼) 때문에 걱정할 필요 없다. 결국,

> 자기 아들을 아끼지 아니하시고 우리 모든 사람을 위하여 내주신 이가 어찌 그 아들과 함께 모든 것을 우리에게 주시지 아니하겠느냐?(롬 8:32)

칼빈의 에베소서 1:23 주석을 보라.

> 그가 우리와 연합하기까지, 하나님의 아들은 자신을 어느 정도 불완전하게 여긴다는 사실이 교회의 가장 큰 영예다.
> 우리가 그와 함께할 때야 비로소, 그의 모든 것이나, 완전하게 되려는 소망조차도 그가 소유하고 있다는 사실을 배울 때 얼마나 위안이 되는가?
> 그러므로 고린도전서에서, 바울이 주로 인체를 사용한 은유법을 말할 때,

그는 전체 교회를 그리스도라는 한 이름에 포함한다.[6]

은혜 언약에서 그리스도와의 연합이 바울의 구원의 순서에 대한 모체가 된다면, 칭의는 그것의 원천으로 남고, 심지어 양자도 마찬가지다. 우리는 칭의라는 주제에서 다른 주제들(표면상의 더욱더 흥미로운)로 옮겨 가지 않을 것이다. 그러나 우리 유산의 풍성함을 이 결정적 선물과 항상 연결할 것이다. 윌리엄 에임즈(William Ames)는 말한다.

> 그 자신의 본성을 입양하는 행위는 칭의에서 발견된 화해를 필요로 하고 전제한다. … 양자 됨의 첫 열매는 모든 신자가 율법, 죄, 세상의 속박으로부터 해방되는 그리스도인의 자유다.[7]

다시 한번 우리는 법정적(forensic) 및 효과적(effective), 또는 법적(legal) 및 변형적(transformative) 사이의 대조가 부당하다는 점을 발견할 수 있다. 칭의와 마찬가지로 양자도, 그 반대인 소외(alienation)와 저주(condemnation)처럼, 동시에 법적이고 관계적이다. 법적 교환(legal exchange)을 실체(substance), 특성(properties) 또는 칭의에 있는 자질들로 이동하려는 일부 개념과 바꾸려는 자세는 양자를 더 이상 입양이 아닌 DNA를 양도받는다는 개념으로 당연히 귀결될 것이다.

확실히, 더 넓은 구원 서정을 보완하는 관점을 위한 법적 이미지뿐만 아닌 유기적(organic) 이미지가 있다. 그러나 특히 인과적 패러다임을 교통적 패러다임으로 교환할 때, 잘못된 선택이 제거된다. 종교개혁신학은 우리

---

[6] John Calvin, *Commentaries on the Epistles of Paul to the Galatians and Ephesians*, trans. William Pringle (Grand Rapids: Eerdmans, 1957), 218.

[7] William Ames, *The Marrow of Theology*, trans. John D. Eusden (Boston: Pilgrim, 1968; repr. Durham, NC: Labyrinth, 1983), 165.

를 재판을 받는 법정에 남겨 두지 않고, 가족이 사는 방으로 옮기는 기초가 된다. 오스왈드 베이어(Oswald Bayer)는 말한다.

> 루터에게 있어, "법정적"(forensic) 또는 "효과적"(effective)이란 표현에 대한 통상적 대체어에는 전혀 대안이 아니다. 법정적인 것은 효과적이고, 효과적인 것은 법정적이다. 이것이 논란 많은 질문에 대한 그의 대답이다. 하나님은 말씀하신 것을 실행하신다. 그 반대의 경우도 사실이다. … 하나님의 일은 하나님의 말씀이다. 하나님의 말씀은 금방 사라지는 호흡이 아니다. 그것은 생명을 창조하고 생명을 호출하는 가장 효과적인 호흡이다.[8]

바울에 따르면(롬 4:17; 시 33:6), 칭의는 기력 없는 말씀이 아닌 살아 있는 말씀으로서 무로부터의 창조와 동등하다. 그것은 하나님에 **관한** 말씀뿐만 아닌 하나님**의** 말씀으로서, 선언한 실재를 창조한다. 우리를 합당한 상속인이라고 선언한 말씀은 원형(archetype)으로서의 맏아들이 가지는 가족 유사성(family resemblance)을 우리 안에 비매개적으로 실행하기 시작한다. 칭의는 효력을 발휘하기 위해 성화와 혼합할 필요는 없다. 의롭게 하는 말씀은 또한 같은 믿음을 통해 거룩하게 한다. 이제부터 이 점을 논하겠다.[9]

---

[8] Oswald Bayer, *Living by Grace: Justification and Sanctification*, trans. Geoffrey W. Bromiley (Grand Rapids: Eerdmans, 2003), 43.

[9] *Growth in Agreement II: Reports and Agreed Statements of Ecumenical Conversations on a World Level 1982-1988*, ed. Jeffrey Gros, Harding Meyer, and William G. Rusch (Geneva: World Council of Churches; Grand Rapids: Eerdmans, 2000), in par. 15에 출판된 제2차 성공회-로마 가톨릭 국제위원회(ARCIC II)의 결과는 고전 6:11에 호소하면서 진술했다. "칭의와 성화는 같은 신적 행위의 두 측면이다. 하나님의 은혜는 그가 선언한 것에 영향을 미친다. 즉, 그의 창조하는 말씀은 그것이 전가하는 것을 전한다. 하나님은 우리를 의롭다고 선언하실 때에, 또한 우리를 의롭게 만드신다. 그는 자기 것이고 또한 우리의 것이 되는 의를 전한다." 필자의 생각에, ARCIC II는 여전히 칭의에 대한 순수한 법정적 특성에 대해 충분한 주의를 기울이지 않지만, 스위스 루터교세계연맹(Lutheran

2. 연합의 유기적 관점들

전쟁하는 국가들이 평화로운 관계를 맺는 시대로 들어가기 전에, 그들은 반드시 공식적이고 법적인 평화를 선언해야 한다. 고아가 새로운 가족의 사랑과 보살핌을 누리기 전에, 반드시 법적으로 입양되어야 한다.

만약 약한 자가 그의 지위를 철회할 수 있는 법적 장애물이 마침내 그리고 영원히 해결됐음을 몰랐다면, 어떤 안전장치를 더 약한 자가 더 강한 자와 관련해서 가질 수 있단 말인가?

단번에 그리고 영원히 해결된 지위로 인해, 하나님과 우리의 새로운 관계와 약속된 유산은 신적 성취의 원점(출발점)이 되지 우리 노력의 종착역(목적지)은 아니다. 법정적 칭의가 논리적으로 우선한다고 고집하는 행위는 하나님의 사랑이 하나님의 정의, 의, 거룩, 아름다움과 일치한다는 점을 아는 것이다.

언약적 맥락에서 양자에 관한 은유법이 법적 및 관계적 측면을 함께 강조하는 것처럼, 중생 및 성화와 관련한 유기적 은유법(organic metaphors)은 말씀이 선언하는 세상으로 믿는 자를 실제로 보내는 의롭게 하는 말씀의 능력을 강조한다. 여기서 우리는, 포도나무와 가지, 나무와 열매, 머리와 몸, 처음 열매와 꽉 찬 수확, 성전을 짓는 생명의 돌들이라는 친숙한 표현과 대면한다.

따라서 성화를 가리키는 언급은, 성령이 말씀과 성례를 통해 중재하고 오직 믿음을 통해서 받는—그러나 홀로인 믿음이 아닌—그리스도의 인격과 사역의 몫으로 남는다. 또한, 성화는, 필자의 생각에 최소한 확정적인 것과 점진적인 것 사이의 구분을 정당화하며, "이미-그러나 아직 아니"라

World Federation)과 바티칸 사이의 칭의에 대한 공동 선언(Joint Declaraion)보다도 종교개혁 관점과 더욱 일치하다.

는 표현으로 신약이 다룬다.[10] 성전의 그릇이, 거룩한 목적을 위해 구분되기 전에는 본질적으로 거룩하지 않은 것처럼, 우리의 입장에서 우리를 거룩하게 만들기 위해 준비할 것은 아무것도 없다.[11]

그러나 우리는 구별(distinction)을 분리(separation)로 바꾸어서는 안 된다. 그리스도 안에서 우리의 거룩한 상태(확정적 성화)와 우리 자신의 거룩함(점진적 성화)은 별개의 문제다. 엄밀히 말해, 우리는 순례 여행에서 **우리의 거룩함**으로 성장하지는 않지만 그리스도와 그의 거룩함과의 연합으로 열매를 맺는다. 삶 속에서 육체(sarx)는 향상되고, 높아지고, 갱신되는 새로운 국면을 맞이하지 않는다.

오히려, 아담의 자아가 죽고, 살아나는 사람은 성령 안에서 참여자가 되어, 오는 세대의 능력을 그리스도와 함께 공유한다. 따라서, 그리스도와 맺은 우리의 칭의와 연합은 단순히 개인적 변화를 맺는 삶의 시작점으로 볼 수 없고, 그리스도인 삶 전반에 걸친 모든 생산력의 유일한 원천으로 보아야 한다. 성화에 있어서 우리의 죽임(mortification)과 살림(vivification)은 그리스도와의 칭의 및 연합과 마찬가지로 우리의 작품이 아니라, 그 새로운 관계로 인한 효과이다.

칼빈은 요한복음 17장에 있는 예수의 대제사장 기도에 대한 그의 주석에서 좋은 통찰력을 제공한다. "여기에서 말씀은 복음 교리를 나타내기 때문에" 믿는 자는 하나님 말씀의 "진리로 성화된다"(17절). 여기에서 칼빈은 성화를 외적 말씀과는 별개로 "내적 말씀"으로 온다고 상상하는 "광신자들"(fanatics)을 신랄히 비판한다.[12] "또 그들을 위하여 내가 나를 거룩

---

[10] 특히 John Murray, *Collected Writings of John Murray* (Edinburgh: Banner of Truth Trust, 1977), 2:277-93을 보라.
[11] 이 주제에 대한 훌륭한 논쟁은 John Webster, *Holiness* (Grand Rapids: Eerdmans, 2003), 특히, 제4장을 보라.
[12] John Calvin, *Commentary on the Gospel according to John*, trans. William Pringle (1847; repr., Grand Rapids: Baker, 1996), 179-80.

하게 하오니"라고 예수는 기도한다(19절).

그는 이 말씀을 통해 복음 교리에 의해 우리 안에 성취되는 성화가 나오는 근원을 더 분명히 설명하신다. 그의 거룩함이 우리에게 올 수 있는 이유는 그가 아버지께 자신을 성별하셨기 때문이다. 이는 첫 열매를 위한 축복이 전체 수확에 퍼지는 것처럼, 하나님의 영은 그리스도의 거룩함으로 우리를 정결하게 하고 우리를 복의 참여자가 되게 한다.

이 관점에서 그리스도는 우리에게 의가 되셨기 때문에 성화는 또한 전가에 의해서만 이루어지지 않는다. 말하자면 그는 그 자신의 인격 안에서 우리를 성부께 드려서 그의 성령으로 인해 참된 성화로 우리를 갱신하실 수 있기 때문에, 그는 우리에게 성화가 되셨다(고전 1:30). 게다가, 이 성화는 그리스도의 전 생애에 속하지만, 최고의 성화는 그의 죽음으로 드린 희생제물이다. 그리고 그는 자기 영의 권능으로 성전, 제단, 모든 그릇, 백성을 정화함으로 참된 대제사장임을 스스로 증명하셨다.[13]

"그들도 다 하나가" 되는 것이 목적이다(요 17:21).[14] 칼빈은 유기적 원예학 은유법(organic-horticultural metaphors)의 풍성함을 토론함에 있어 법적인 것만큼이나 탁월하다. 이 둘은 구분되지만, 유기적인 것과 법적인 것은 같은 언약 동전의 양면이다.

같은 조화(harmony)를 고백적 문서들에서 발견할 수 있다. 예를 들어 제2 스위스 신앙고백서, 제15장은 다음과 같이 가르친다.

---

13 Calvin, *Commentary on the Gospel according to John*, 180-81.
14 Calvin, *Commentary on the Gospel according to John*, 183.

그런 까닭에, 이 문제에 있어서 우리는 허구적이고, 공허하며, 게으르고, 죽은 믿음이 아니라, 살아 있고, 되살아나는 믿음을 말한다. **그것은 살아 있는 믿음이고 살아 있는 믿음으로 불리는데, 그 이유는 그것이 생명이자 살게 만드는 그리스도를 붙잡기 때문이고 살아 있는 행위로 말미암아 살아 있음을 증명하기 때문이다**(강조는 첨가된 것).

칭의와 성화를 받도록 충분한 방편이 되는 것은 믿음 자체의 질(quality)이 아니라 그것을 붙잡는 사람의 질이다. 믿음이란 무엇인가가 아니라 그리스도란 누구인가 때문에, 그리스도를 믿는 믿음은 선한 열매를 맺는 데에 실패하지 않는다. 사실, 믿는 자는 자기 자신의 경건을 절대로 의지하지 않기 때문에, 믿음으로부터 나오는 열매는 진실로 경건하게 된다.[15]

죄와 사망에 매여 있던 의지는 의를 추구할 수 있게 해방되지만, 아직 죄의 존재에서 완전히 자유롭지는 않기 때문에, 신자가 들어간 새 창조는 투쟁의 끝과는 거리가 멀고 오히려 내적 갈등의 시작으로 여겨야 한다. 신자는 율법, 죄, 사망에 저주 아래에 있는 "이 세대"에서, 칭의, 의, 생명 아래에 있는 "오는 세대"로 법적으로 그리고 종말론적으로 옮겨졌기 때문에, 그리고 그 이동 때문에, 성화는 단순한 도덕적 향상이 아니라 새로운 종류의 질적 삶으로 인해 발생한 실제적 효과를 나타낸다.

역설적으로, 끊임없는 내적 투쟁을 일어나는 이유는 바로 이 해방 때문이다. 대조적으로 중생하지 못한 사람의 투쟁은, 에임즈(Ames)가 말한 대

---

[15] *The Book of Confessions* (Louisville, KY: General Assembly of the PC[USA], 1991)에 있는 제2 스위스 신앙고백서(Second Helvetic Confession), 제15장: "모든 경건한 자는 이를 행하지만, 그들은 오직 그리스도만 신뢰하지 자신의 행위를 신뢰하지 않는다. 따라서 그 사도는 다시 한번 말했다. 즉, '이제는 내가 사는 것이 아니요 오직 내 안에 그리스도께서 사시는 것이라 이제 내가 육체 가운데 사는 것은 나를 사랑하사 나를 위하여 자기 자신을 버리신 하나님의 아들을 믿는 믿음 안에서 사는 것이라. 내가 하나님의 은혜를 폐하지 아니하노니 만일 의롭게 되는 것이 율법으로 말미암으면 그리스도께서 헛되이 죽으셨느니라'(갈 2:20-21)."

로, "육체를 거스르는 성령의 분투가 아니라 욕망을 과도하게 추구하는 육체를 두려워하는 육체의 분투다."[16]

에임즈의 진술은 "도덕," "미덕," "의무"에 대한 아리스토텔레스나 칸트의 개념이 얼마나 유용하든지 상관없이, 신학을 위한 결정적 범주(definitive categories)는, 죄(육체)의 압제 대(對) 의(성령) 안에서 생명의 통치라는, 언약적이고 종말론적이라는 사실을 강조한다. 자연 도덕은 지나친 자질(immoderate habits)을 지적할 수는 있지만 새로운 세계를 창출할 수는 없다.

다시 한번 말하지만, 교통 방식(communicative approach)은 하나님의 효과적 말씀에 관해 말하는 성경 고유의 방식과 더욱 일치할 뿐만 아니라, 종교개혁가들이 다뤘던 방식에서도 상당히 명확하다. 그러나 바울의 칭의에 대한 언급이 논리적으로 "은혜를 더하게 하려고 죄에 거하겠느냐?"(롬 6:1)라는 질문으로 유도했던 것처럼, 종교개혁은 종교개혁가들의 견해를 훨씬 뛰어넘는 급진적 요소들을 방출했다.

> 루터는 그리스도인의 자유라는 용어를 남용하는 자들과 싸운 후에야 이를 선포할 수 있었다. 그는 믿음에 덧붙여져야 할 선행에 관해 말함으로 이를 실행하지 않았다. 대신 그는 "성령이 사람들에게 그리스도 안에서 믿음을 주고 따라서 그들을 성화시키는 곳"에서 생긴 그 믿음으로 돌아가라고 말함으로 그렇게 했다.[17]

이 시점에서 루터의 응답은 정확하게 바울의 것과 일치한다. 즉, 칭의를 가지고 우리가 죄에 남을 수 있는 자유가 있다고 추론하는 것은 칭의가 실제로 성취하는 광대한 범위를 무시하는 것과 마찬가지다.

---

16 Ames, *The Marrow of Theology*, 171.
17 Gerhard Forde, *On Being a Theologian of the Cross: Reflections on Luther's Heidelberg Disputation, 1518* (Grand Rapids: Eerdmans, 1997), 56-57.

칭의 자체는 혁신이 아니지만, 효과적 말씀으로서의 칭의는 완전히 새로운 실체 안에서 나타난다. 악한 자를 의롭다고 선언한 하나님은 동시에 (비록 뚜렷하기는 하지만) 죽은 자를 살리신다. 무죄 선고와 받아들임은 필연적으로 새로운 삶과 새로운 순종으로 이끈다. 하지만 그 반대로는 되지 않는다.

반율법주의(antinomianism)의 물결을 막기 위해 율법과 자기 노력으로 돌아가자는 충동을 느끼는 것이 우리의 본성이지만, 바울과 종교개혁가들은, 죄를 계속 범함에도 불구하고 우리가 아직 충분히 인식하지 못한 능력의 복음으로 다시 돌아가라고 권면한다. 의의 전가와는 달리, 성화는 오는 세대(성령)보다는 이 세대의 능력(육체)이 결정하는 또 다른 종교적 자기 개선 프로그램이다.

이 복음은 우리의 칭의뿐만 아니라, 그리스도의 십자가와 부활의 능력에 대한 우리의 참여를 선언한다. 포르데(Forde)는 다시 한번 다음과 같은 깊은 통찰력을 보여 준다.

> 근대에, 경건주의와 계몽주의의 영향을 받은 우리의 생각은 주관적인 것, 믿음의 삶, 내적 기질과 동기부여, 우리의 내적 충동들과 그것들이 형성되는 방식에 의해 만들어진다. 우리가 이런 것들을 기준으로 생각하고 살아갈 때, 성화는 개인적 및 개별적 발전과 방향의 문제가 된다. 루터도 이런 접근법을 사용했다. 루터만큼 우리의 개인적 책임과 비대치 가능성(irreplaceability)을 날카롭게 강조한 사람은 아무도 없다. 그러나 이런 접근법은 부차적이다.
> "하나님의 말씀이 항상 우선시되어야 한다. 그 뒤에 믿음이, 그리고 믿음 뒤에 사랑이 온다. 그다음, 사랑은 모든 선한 일을 행한다. 이는 … 사랑이 율법의 완성이기 때문이다."[18]

---

[18] Forde, *On Being a Theologian of the Cross*, 58; *LW* 36:39.

심지어 성화에서조차,

> 초점은 성도에게 맞춰져 있지 않다. 초점은 성화를 비롯한 모든 성례 형태 안에 있는 하나님의 말씀에 맞춰져 있다. 그리고 또한 율법의 두 번째 부분에 해당하는 세속 기관들에도 맞춰져 있다. … 오직 하나님만이 거룩하시고, 그가 말씀하시고 표현하시고 행하신 모든 것은 거룩하다. 이것은 하나님의 거룩하심이 어떻게 나타나는지 보여 준다. 하나님은 그의 거룩하심을 감추지 않고, 나눔으로 전달한다.[19]

문제 많은 주관성과 개인주의를 창조하는 것과는 거리가 멀게―가끔은 이렇게 기소되기도 하지만―이 견해는 우리 자신의 영혼을 괴롭히면서, 우리 자신에게로 되돌아오는 상태에서 우리를 해방한다. 칼빈은 사돌레토(Sadoleto) 추기경에게 보내는 감동적이고 친절한 편지에서 같은 견해를 밝혔다. 칼빈은 우리 자신의 구원을 위해 우리 이웃을 사랑해야 한다는 강박 관념에서 벗어날 때만이, 그들의 유익을 위해 그들을 정말로 사랑할 수 있게 된다고 주장했다.[20]

성화는 획득하는 삶이 아니라, 우리 이웃을 향해 계속해서 넘쳐흐르는 신적 기쁨이 초과함으로 말미암아 받는 삶이다. 따라서 우리는 하나님께 감사해야 할 의무만을 지니고, 우리 이웃에게는 빚을 진다. 우리는 하나님께 빚을 지지는 않지만, 우리 이웃에게 우리의 소명 의식을 통해 사랑과 봉사의 빚을 진다.

---

[19] Forde, *On Being a Theologican of the Cross*, 59.
[20] John Calvin, *A Reformation Debate: Sadoleto's Letter to the Genevans and Calvin's Reply*, ed. John C. Olin (Grand Rapids: Baker, 1966), 56.

3. 종말론: 의인인 동시에 죄인

종교개혁가들은 루터의 '시뮬'(*simul*, 동시에)을 완전히 채택하면서도, "이미"라는 급진적 선언은 우리가 하나님과 맺은 법적 관계뿐만 아니라 도덕적 관계에도 있다고 주장해 왔다. 발전 단계를 포함하지 않는 도덕적 변화가 결정적으로 발생했다. 우리는 사망에서 생명으로, 죄의 통치에서 의의 통치로 단호하게 옮겨 간다. 그 결정적 변화의 **실현**과 성취에 대한 진보는 이생에서 불완전하지만, 옛 시대의 지배로부터 새 시대의 지배로의 **이동**은 그 자체로 완성된 사건이다.

확실히, 우리가 하나님 앞에 나타낼 수 있는 유일한 의는 오직 그리스도 안에서 갖는 완전한 거룩이다. 그런데도 바울은 우리가 단지 의롭다 여김을 받은 다음 죄의 폭정에 남겨질 뿐만 아니라, 그리스도의 새로운 생명으로 세례를 받아 승리한다고 반율법주의자들에게 대답한다. 바울은 비난을 끌어내는 법정적 칭의에 대한 강조를 조금도 철회하지 않으면서, 바로 전가의 **기초 위에서**, 전가된 의보다도 **더한** 어떤 것이 우리와 그리스도의 연합에 포함된다고 지적한다. 칭의와 성화는 우리 안에서가 아닌 그리스도 안에서 발견된다.

루터는 반율법주의에 대항하는 것과 같은 과정을 따르지만, 어떤 곳에서는 그리스도 안에서 신자의 정체성이 절대적으로 새롭다는 점이 때때로 미실현된 종말론(underrealized eschatology)에 가깝다는 이유로 무시된다. 루터는 진술한다.

> 나는 그것을 들어 봤지만, 그것에 대해 **아무것도** 보지 못했다. 나는 **본질이 아닌** 약속으로 영생을 얻는다. 나는 그것을 모호한 상태로 얻는다. 나는 **그것을 보지 못한다**. 그러나 나는 그것을 믿고 앞으로는 **분명히 느낄**

것이다(강조는 첨가된 것).²¹

우리는 우리가 보지 못함에도 듣는 것을 믿으면서 실제로 보는 것이 아닌 믿음으로 살지만, 그것은 정말로 우리가 오는 시대를 보지 못했고 새 창조에 아무런 영향도 느끼지 못했다는 말인가?

아니면 오는 시대가 이미 현시대에 침투했고, 이미 모든 것을 안에서 밖으로 변화시키기 시작한 것인가?

우리는 실패할 때 율법보다는 그리스도에게 돌아가야 안전하지만, 개혁 신학은 신자들이 실제로 경험하는 새로움으로 가라고 격려하는 것처럼 보인다. 미실현된 종말론은 틀림없이, 과하게 실현된 완벽주의와 마찬가지로 고통을 주는 '시물'(simul)의 역설을 잃는다.²²

정확하게 바울은 로마서 6장에 묘사된 인물—의롭게 될 뿐만 아니라 참으로 "그리스도 안에서 살아나고" 죄의 폭정에서 결정적으로 해방된—이기 때문에 이 사실과, 로마서 7장에서 그 자신 안에서 발견한 내재하는 죄 간의 불일치로 인해 마음이 편치 않았다.²³

---

21 Forde, *On Being a Theologian of the Cross*, 35; citing Luther, WA 16:52, 19-21.
22 Tuomo Mannermaa가 지적했듯이, Luther는 '시물'(simul, 동시에)을 두 가지 의미로 말한다. 즉, 신자는 자기 안에서 완전히 죄인이고 그리스도 안에서(*totus-totus*, 전부-전부) 완전히 의롭지만, 또한 성화(*partim-partim*, 부분-부분)와 관련해서는 부분적으로 죄가 있고 부분적으로 의롭다(*Christ Present in Faith: Luther's Doctrine of Justification by Faith*, ed. Kirsi Stjerna [Minneapolis: Fortress, 2005], 58-60). 첫 번째 의미를 항상 중요하게 여겨야 하지만, 여기서 필자가 강조하는 것은 두 번째 의미다.
23 롬 7장의 "나"에 대한 전통 개혁파 및 루터교의 해석에 대해 알미니우스주의 신학의 반대를 제외하고도 그 외에 심한 주해적 반론이 있었다. Werner G. Kümmel, *Romer 7 und die Bekehrung des Paulus* (Leipzig: Hinrichs, 1929)은 롬 7장의 "나"를 자전적 나로 읽지 말아야 할 문체 장치로 여겼다. Herman Ridderbos (*Paul: An Outline of His Theology*, trans. John Richard de Witt [1975; repr., Grand Rapids: Eerdmans, 1997])은 또한 흥미로운 주해들을 전개한다. 그런데도 필자는 자전적 "나"로 유지해야 할 합당한 주해적 이유가 있다고 주장한다. 동시에 필자는 그것이 또한 더 넓은 구속사의 실체에 대한 예를 가리킨다고 본다. 즉, "이 세대"(율법, 죄, 저주, 죽음)와 "오는 세대"의 시대로부터의 전환을 말한다.

제인 스톨(Jane E. Stohl)에 따르면 루터는 "종말론적 보류를"(eschatological reserve)를 주장한다.

> 칼빈은 신자의 변화가 상당히 발전적으로 나타난다고 했지만, 루터는 구속의 실체가 마지막 날이 올 때까지 깊이 숨어 있다고 주장했다.[24]

> 마침내 루터에게 있어 가장 중요한 것은 신자가 세상에서 그리고 세상을 위해 무엇을 하느냐가 아니라, 세상에서 어떻게 살아남느냐다.[25]

종교개혁가들은 이것을 별로 대수롭지 않게 여기지만, 교회는 양쪽이 강조하는 관점에서 성숙한 지혜를 얻어야 한다. 종말론적 긴장감에 비춰, 개인, 교회, 사회 활동주의는 종종 절망이나 자기 의(또는 둘 다)을 초래한다. 세상에서 "살아남는다는 것"은 우리를 받는 자의 위치로 되돌려 놓을 뿐 아니라(바로 그 이유로 실제로는 다른 사람들에게 더 많은 것을 줄 수 있다) 우리는 천국을 건설하지 않고 받는다는 간과하기 쉬운 사실을 교회가 인식하게 도와주는 것을 의미한다(히 12:28).

게다가, 이것은 그저 우리가 세상에서 해야 할 일을 하고 경건한 생활을 하라는 신약의 호된 가르침과 더 잘 맞는데(살전 4:11-12), 이는 세상의 변화를 승리로 이끄는 정치적 및 사회적 모든 문제에 관한 일반적인 기독교식의 거들먹거림과 날카로운 대조를 이룬다. 동시에, "새 창조"가 우리의 칭의뿐만 아니라 우리의 성화를 위한 그 어떤 것을 의미해야 하는 것처럼, 현시대의 하늘 식민지의 존재는 단순한 생존 그 이상을 의미한다.

---

[24] Jane E. Strohl, "God's Self-Revelation in the Sacrament of the Altar," in *By Faith Alone: Essays on Justification in Honor of Gerhard O. Forde*, ed. Joseph A. Burgess and Marc Kolden (Grand Rapids: Eerdmans, 2004), 107.

[25] Strohl, "God's Self-Revelation in the Sacrament of the Altar," 109.

우리는 성화에 대한 신적 은혜가 움직이지 않거나 수동적이지 않고, 은혜를 받는 자의 성품을 결정적으로 그리고 점진적으로 변화시킨다는 사실을 깨달을 때 신인협력주의(synergism)와 수동성(passivity)을 최소한 부분적으로나마 피할 수 있다. 하나님의 역사는 우리가 불의한 상태에 있었던 것보다 더욱 기동력 있고 적극적인 의의 상태에 있게 만든다. 존 웹스터(John Webster)는 이 점에 우리의 주의를 끈다.

> 성결하게 하시는 성령은 **주님**이시다. 즉, 성화는 엄밀한 의미에서, 하나님과 피조물 사이의 협력이나 조정의 과정이 아니다. 따라서 어떤 경우에도 피조물 고유의 거룩함을 끌어내거나 그것을 기반으로 할 수 없다. 성화는 거룩하게 **만드는** 것이다. 성화는 하나님의 비공유적 속성에 속한다고 해야 적절한 표현이다. 만약 창조된 실체가 거룩하게 되면, 그것은 선택에 의해서다. 즉, 주님이신 성령이 절대 주권으로 행하신 분리 또는 구분에 의해서다. ⋯ "주님 되심"이라는 수직으로부터, 옳게 **주어진** 삶이 수평적으로 흐른다. 분리, 즉 선택되어 거룩하게 된다는 뜻은 피조성의 폐지가 아니라 그것의 창조와 보존을 가리킨다.[26]

의롭다고 여김을 받고 동시에 죄인인 우리는 동시에 새롭게 되고 죄인이다. 비록 새롭게 됨이 덜 완전하지만, 그렇다고 이것이 칭의보다 덜 결정적이라는 말은 아니다.

다른 말로 표현하자면, 만약 우리가 신자를 한 번 그리고 동시에 있는 "옛 자아"와 "새 자아"로 역설적으로 여긴다면, 필자는 신약 전반을 또는 특히 바울신학을 올바로 이해한다고 생각하지 않는다. 오히려 그것은 믿음으로 우리를 그리스도와 연합시키는 성령의 사역으로 이미 우리에게 나

---

[26] John Webster, *Holy Scripture: A Dogmatic Sketch* (Cambridge: Cambridge University Press, 2003), 27.

타나기 때문에, 우리는 오는 세대에 의해 **정의된다**. 그래서 계속해서 내주하는 죄(indwelling sin)는 고뇌(anguish)를 불러일으킨다. 유혹에 넘어질 때마다, 우리는 우리에게 "다시 말하는"(rewirds) 직설법 공표(indicative announcement)라는 사실이 아닌 것처럼 행동한다.

따라서 바울은 우리 자신을 "죄에 대하여는 죽은 자요 그리스도 예수 안에서 하나님께 대하여는 살아 있는 자로" 여기라고 요구한다(롬 6:11). 우리에게 무엇이 되라는 명령이 기록된 로마서 6장의 승리의 직설법이 없다면, 로마서 7장에 있는 바울의 투쟁은 이상하게도 덜 역설적으로 보일 것이다. 우리는 죄와 사망의 통치하에 있지 않지만, 계속해서 죄를 짓고 죽는다. 비록 신자는 더 이상 객관적으로 "아담 안에" 있지 않지만, 그 사실에 대한 확신 있는 증거를 제시할 수 있는 경험적 증거는 너무 부족하다.

그런데도 우리는, 예수의 부활에 기초한 (외부 세상과 불가분의 관계에 있는) 성령의 증거에 의해, 우리에 대한 죄의 지배는 실각했다고 계속해서 믿는다. 십자가신학뿐만 아니라 부활신학도 신약 구원론에 도움이 된다. 우리가 그리스도와 함께 십자가에 못 박히고 장사됐다면, 역시 새 생명 안에서 그와 함께 다시 살아났다.

참으로 역설적 논리(paradoxical logic)는 끝없는 현재(timeless present)에 얼어붙지 않기 위해 참된 담화와 (전후의) 역사적 운동을 요구한다. 성화는 자연적인 것을 초자연적인 것으로 변화시키는 존재적 과정이 아니라, 자연과 관계된 하나님의 정체성, 말하자면 그가 특별히 선택한 사랑의 영역 아래로 그것을 인도하는 그의 행위다. 웹스터는 다음과 같이 상기시킨다.

> "오직 믿음으로"(*sola fide*)가 얼마나 필수적인지 간에, 수동성(passivity)이 기독교 존재의 유일한 방식이라는 의미로 해석해서는 안 된다.
>
> 오직 믿음은, 그것의 모든 행위에서, 성화된 죄인의 존재가 하나님의 위풍

당당한 창조 행위를 가리킨다는 사실을 의미한다. 즉, 그것은 모든 시간 전에 행한 성부의 자비로운 선택, 성자가 완성한 사역, 성령의 임재와 약속을 가리킨다.[27]

그래도 우리는 바르트가 가진 목회적 지혜에 동의할 수 있다.

만약 우리가 칭의를 우리 안에서 경험하여, 그것 안에서 우리 자신을 발견할 수 있어서 아무런 난제도 없다면, 그런데 그것을 쉽게 생각한다면, 우리는 분명 실수하고 있다.[28]

만약 우리 자신의 도덕적 진보에 대한 자신감에 비춰볼 때, (루터와 마찬가지로) 바르트가 의롭게 하는 말씀이 낳은 "**이미**"를 때때로 대단치 않게 생각한다면, 그는 "**아직 아니**"가 낳은 퍼즐을 우리에게 확실히 올바로 상기시킨다. 조지 헌싱어(George Hunsinger)는 바르트와 발타사르(Balthasar)가 "고 기독론"(high christology)을 공유하지만, "과정"으로서의 구원에 대한 로마 가톨릭의 강조를 발타사르가 인정했을 때, 그들은 서로 갈라섰다는 점을 우리에게 알려 준다.

구원론에 대한 "외적" 관점과 "본질적" 관점 사이의 관계에서, "우리 밖에서"(*extra nos*) 발생한 것과 "우리 안에서"(*in nobis*) 발생한 것과 그것들이 어떻게 관련 맺는지에 대해, 가톨릭 신학은 기껏해야 애매모호하게 보일 때가 있다.[29]

---

27 John Webster, *Holiness* (Grand Rapids: Eerdmans, 2003), 88.
28 Karl Barth, *CD* IV/1:546.
29 George Hunsinger, *Disruptive Grace: Studies in the Theology of Karl Barth* (Grand Rapids: Eerdmans, 2000), 267-68.

이것은 단지 강조에 대한 차이가 아니라고 헌싱어는 말한다.

> 종교개혁으로 이해한 복음은 그리스도의 의와 삶이 행위가 아닌 오직 믿음으로 받는 선물로서 우리의 것이 된다는 확신에 달려 있다.[30]

이 점에서 루터파와 개혁파의 관점은 일치한다. 칭의뿐만 아니라 성화도 오직 그리스도 안에서 믿음으로 받은 하나님의 선물일 뿐이다.

만일 구원이 과정으로 축소될 수 없다고 하더라도(그런 과정은 칭의를 포기한다), 성화가 그리스도의 형상에 점진적으로 순응하는 과정을 포함한다는 사실은 부정하기 힘들다. 헌싱어는 성화에 대한 바르트 주장의 바로 이 약점을 깨닫는다. 로마 가톨릭 구원론에 대한 바르트의 비평이 얼마나 올바른지 간에, "나는 발타사르가 그리스도인의 삶에서 성장이나 진보에 대한 모든 가능성을 배제하는 바르트에게 올바로 도전한다고 생각한다."[31] 사실 헌싱어는 다음과 같이 결론 내린다.

> 나는 그것이 가치 있는 것이기 때문에 세례가 다시 열쇠를 제공할 수 있다고 직감한다. 세례가 선물이자 소명이라면, 그것은 단번에 영원히 구원하는 사건에 대한 두 가지 개념을 결합하는데, 이는 그리스도와 함께 죽고 사는 것은 또한 우리 매일의 소명이라는 생각과 함께, 세례가 각 신자(또는 유아의 경우는 "예상되는" 신자)에게 단 한 번 실행함으로 증명하는 개념이다. 바르트는 그리스도와 함께 죽고 다시 사는 것에 대한 "단번에 영원한"(once-and-for-all) 그리고 "반복적으로"(again and again)의 관점들을 어

---

[30] Hunsinger, *Disruptive Grace*, 273.
[31] Hunsinger, *Disruptive Grace*, 273, Hans Urs von Balthasar, *The Theology of Karl Barth: Exposition and Interpretation,* trans. Edward T. Oakes (San Francisco: Communio Books, Ignatius Press, 1992), 371을 언급함.

떻게 강조해야 하는지 알았지만, 그러나 또한 불행히도 "점점 더"(more and more) 관점을 공평히 다루지 못했다.[32]

삼위일체론을 우리의 구원론으로서 더욱 철저히 하면 할수록, 성부가 우리**에게** 주시고 성자가 우리를 **위해** 하신 사역의 기초에서, 우리는 성령 사역의 중요성을 더 많이 볼 수 있다.[33]

언약적 관점에는 언제나 두 당사자가 있으며, 언약의 주님은 언제나 칭의와 성화를 주시지만, 이 선물은 언약의 종이 참된 응답을 시작하게 한다. 이 믿음은 항상 인간의 결정이긴 하지만, 동시에 항상 선물이다.[34]

말씀과 성령으로 말미암아 말씀을 향해 돌이킨 결과로, 회심(믿음과 회개)은 하나님의 부르심에 대한 신자의 인식을 나타내는 단호하고 단번에 영원한 인간의 갈림길이다. 그리고 칼빈을 따라 루터와 바르트가 또한 강

---

[32] Hunsinger, *Disruptive Grace*, 274.
[33] 필자는 Barth가 CD IV/4에서 "성령과 세례"에 대한 그의 논쟁에 많은 양을 할당한다고 생각한다. 그러나 Hunsinger가 제안하듯이, 그의 현실성과 성령 세례와 물 세례 사이의 그의 날카로운 대조는 (그 책 전체에서, 특히 41-213쪽의 두 번째 부분에서), 유기적 성장에 대한 그의 의심을 반영한다. 하나님의 사역이 인간의 사역과 (심지어 감사의 응답이라 할지라도) 달리, 직접적인, 비매개적인, 항상 새로운 것이 될 때, 구원의 과정에 관한 어떠한 개념도 "오직 은혜로"(*sola gratia*)에 대한 위협으로 간주한다. 필자는 네 번째 책에서 이를 더 깊이 다룰 것이다. 이 시점에서의 문제는 독력주의 대(對) 신인협력주의가 아니라 중재의 개념에 관한 것이다.
[34] 물론 Barth는 『교회 교의학』(*Church Dogmatics*<CD IV/4>)의 마지막 부분에서처럼 이 부분을 강조할 수 있었다. 한편, 베르까우어는, 믿음을 "인간 믿음의 행위가 아닌 하나님에게 있는 원 믿음의 행위"로 이해한 Barth의 문제를 적절하게 지적한다(예. Karl Barth, *Erklärung des Philipperbriefes*, 6th ed. [Zollikon, Zurich: Evangelische Verlag, 1947], 42; G. C. Berkouwer, *Studies in Dogmatics: Faith and Sanctification* [Grand Rapids: Eerdmans, 1952], 122에서 인용). 또 다른 한편으로, 그는 "자유롭고 절대 주권적 은혜는 인간의 주관성을 폐지하지 않는다"고 확언한다(Berkouwer, 122에서 인용). 더욱이 점차적인 성장과 과정은 모든 단계에 매우 중요한 현실주의(actualism)에 해로워 보인다. Hunsinger와 함께, 필자는 세례에 대한 Barth의 이해가 그의 성화에 대한 견해를 이해하는 데에 중요한 연결 고리 역할을 하지만, 하나님 사역에 대한 이러한 현실주의적("반복적인") 이해에 대한 공헌은 더욱 일반적으로 더 깊은 동기를 나타낸다고 주장한다.

조했듯이, 이 회심은 죽임(mortification)과 살림(vivification)을 평생 "반복적으로" 하게 한다. 루터가 그의 95개조 논문의 첫 번째 글에서 촉구했던 것처럼, 전체 인생이 회개다. 그러나 이 평생의 회심은 참으로 그리스도 안에서 우리가 하는 "말"과 일치하도록 성장하는 과정이다.

그러나 회심의 정도는 우리가 알 수 없지만, 이것은, 헌싱어가 세례와 연관해서 적절히 강조한 대로 "점점 더"(more and more) 하게 된다. 심지어 점차적이고 실제적인 거룩함으로의 성장도 현재 모습과는 관계없이 우리가 붙잡는 약속으로서의 믿음에서 비롯되어야 한다.

4. 왜 성화는 항상 칭의를 필요하는가?

사법적이고(judicial) 신비롭고(mystical), 법정적이고(forensic) 유기적이며(organic), 법적이고(legal) 변형적인(transformative) 것들은 칭의와, 그리스도와의 연합에 대한 관점에서 분리되거나 혼동되지 않는다. 그러나 보스는 다음과 같이 진술한다.

> 우리의 견해로 볼 때, 바울은 의식적으로 일관되게 그리스도와의 관계에 관한 신비로운 면을 법정적인 것에 일관되게 종속시켰다. 바울은 신자에게 일어나는 주관적인 영적 변화와 신자가 칭의에서 적용된 그리스도의 법정적 사역의 직접적 결과로 누리는 주관적인 영적 복의 전체 복합체를 법정적으로 고려했다. 신비로운 것들은 법정적인 것에 기초를 두지 반대로 법정적인 것이 신비로운 것에 기초를 두지는 않는다.[35]

---

[35] Geerhardus Vos, "'Legalism' in Paul's Doctrine of Justification," in *Redemptive History and Biblical Interpretation: The Shorter Writings of Geerhardus Vos*, ed. Richard B. Gaffin Jr. (Phillipsburg, NJ: P&R Publishing, 1980), 384.

칭의가 성화로 붕괴하든지 그것에서 분리되든지 그 결과는 항상 똑같다. 약속을 포용할 수 없고 가장 깊은 수준에서 진정한 변형을 가져올 수 없는 도덕주의를 가져온다. 즉, 두 세대 간의 갈등이라는 결과를, 가져온다. 베르까우어(G. C. Berkouwer)의 관찰은 우리 시대에도 여전히 적절하다.

> 삶을 새롭게 하는 문제는 도덕주의자들의 시선을 끈다.
>
> 수없이 많은 부도덕한 혼란의 세력은, 마치 마지막 시대인 것처럼, 도움과 치유의 외침, 혼란에 빠진 세상을 재조직하라는 외침으로 들린다. 처방된 치료법은 아마도 다양할 것이고, 도덕적 영적 재무장에 대한 요구는 일관되게 계속된다. … 이런 것들이 바로 우리가 대답해야 할 질문이다. 그들의 암시된 의도는 믿음과 성화 사이의 유대를 비롯한 칭의와 성화 사이의 관계조차 파괴하려는 것이다.[36]

바울은 성화, 도덕 문제, 교회의 조화를 포함한 모든 것을 그리스도의 십자가와 부활에 연결한다.

그러므로 우리가 토론의 주제를 칭의에서 성화로 옮길 때, "믿음의 영역에서 후퇴하지 않는다."

> 우리는 이론에서 실천으로의 전환에 관심이 없다. 우리는 칭의의 실체와 성화 안에서의 우리의 믿음을 진실로 파악할 수 있는 가능성이 있기 때문에, 칭의 안에서의 믿음으로부터 성화의 현실로 나아가야 하는 것은 아니다.

---

[36] Berkouwer, *Faith and Sanctification*, 11-12.

칭의와 성화를 **분리**하는 것은 그것들을 **혼동**하는 것만큼이나 심각한데, 그 이유는 후자가 "칭의로부터 떨어져 나오거나 추상적으로 되기" 때문이다.[37] 베르까우어는 다음과 같이 말한다. 그것이 발생했을 때,

> 칭의와 성화의 차이는 각각 행동의 주제로, 즉 하나님이냐 아니면 사람이냐로 거슬러 올라간다. 그러한 분명한 분열이 일어났을 것이다. 우리의 결론은 이것일 것이다. 인간은 의롭게 하라고 부름을 받지 않고 정결하게 하라고 부름을 받는다. 성경이 이런 분열을 용인하지 않는다는 사실을 아는 것은 어렵지 않다.[38]

바울은 신자가 "그리스도 예수 안에서 거룩하게 된다는 사실"을 가르친다(고전 1:2, 30; 6:11; 살전 5:23; 참조. 행 20:32; 26:18). 바빙크(Bavinck)는 다음과 같이 말한다.

> 많은 사람이, 그리스도의 의로 의롭다 여김을 받는다고 진실로 인정하지만, 그들이 획득한 거룩함으로 성화되어야 한다고 생각하는 것처럼 보인다. 비록 그렇게 생각하지는 않더라도, 최소한 그렇게 행동하는 것처럼 보인다.[39]

특히 본서 마지막 장의 논쟁을 주목해 보면, 베르까우어는 이 문제가 "칭의는 초자연적 주입으로 이해해야 한다는 로마 가톨릭 교리"까지 거슬러 올라간다고 제안한다.

---

[37] Berkouwer, *Faith and Sanctification*, 20.
[38] Berkouwer, *Faith and Sanctification*, 21.
[39] Berkouwer, *Faith and Sanctification*, 22에서 인용함.

이 기초 위에서, 성화는 자유의지와 이식된 은혜의 협력과 함께 계속 발전할 때만 의미를 가질 수 있다. … 이런 조건들하에서 성화는 힘과 저항력의 환경에서 발생하고, 믿음은 칭의를 준비하기 위한 현재의 가장 겸손한 기능을 수행할 수 있다. 그리고 칭의 자체는 성화와 거의 구분되지 않는다. 성결하게 하는 은혜가 뿌리를 내리면, 많은 힘이 그것들의 무게를 덤으로 준다.[40]

그 대신에 우리는 믿음이 항상 "죄의 용서"를 먹고 산다는 점을 알아야 한다. 그것은 단지 거기에서 시작하지 않는다. 그것은 항상 믿음을 통해 받는 끊임없는 약속에 기초한 생명이다.[41]

이 점에서 20세기 고백적 개혁신학의 특징으로 볼 수 있는 베르까우어의 통찰력은 바르트의 것과 비슷하다. 훈징거(Hunsinger)는 다음과 같이 말한다.

> 그의 작품에 대한 바르트의 신중한 승인에도 불구하고 [한스] 큉([Hans] Küng)은 "전가"와, 고린도전서 1:30 및 골로새서 3:3 같은 구절이 말하는 구심점(centrality)에 의해 종교개혁이 의도한 바를 제대로 알지 못했다.[42]

베르까우어는 다음과 같이 말한다.

> 오직 믿음(sola-fide)은 칭의의 중심에 있고 성화에서도 마찬가지다.[43]

---

40 Berkouwer, *Faith and Sanctification*, 27.
41 Berkouwer, *Faith and Sanctification*, 28.
42 Hunsinger, *Disrputive Grace*, 13.
43 Berkouwer, *Faith and Sanctification*, 33.

루터는 멜란히톤(Melanchthon)에 대한 자기의 충고에서 반율법주의를 격려하는 것과는 거리가 멀게 "용감히 죄를 지어라!"라고 말한다. 루터는 이러한 자극적인 언어를 사용해 중심을 그리스도에게 되돌려 놓는다. 베르까우어는 다음과 같이 지적한다.

> 그는 "네가 지칠 때까지 죄를 지어라," 또는 "네가 가치 있다고 여기는 모든 것을 위해 죄를 지어라"고 말하지 않고, "용감히 죄를 지어라!"라고 말한다.
>
> 이 표현을 방탕한 자가 어떤 식으로 쓰든지 상관없이, 그는 이 표현으로 자신 안에 어떤 죄를 발견하고 하나님의 은혜를 잊어버린 신자의 공포를 쫓아내려고 한다. 풍성한 은혜가 죄의 권능을 정복할 수 있다.[44]

베르까우어는 칭의가 확정될지라도 성화가 칭의와 분리될 수 있으므로, 우리가 "그리스도인의 삶"이라고 부르는 것이 독자적인 지위를 차지하게 된다고 경고한다. 칭의는 과거의 사건으로서 확정될 수 있지만, 성결을 위한 끊임없는 원천으로서의 의미는 상실된다. 웨슬리 교리에서,

> "오직 믿음으로"(*Sola-fide*)는 출발점이 되고 성화와의 관계를 단절한다. 바로 여기에 웨슬리가 오직 믿음을 고수하면서도 신인협력주의를 향하는 이유가 있다.[45]

교회는 다음과 같은 부름을 받았다.

---

[44] Berkouwer, *Faith and Sanctification*, 35.
[45] Berkouwer, *Faith and Sanctification*, 52.

두 번째 복을 위해 일하지 말고 죄 사함의 복인 첫 번째 복을 먹고 살라.[46]

바울은 자신의 목표가 단순히 "오직 내가 그리스도 예수께 잡힌 바 된 그것을" 잡는 것임을 강조한다(빌 3:12). 교회의 과격한 투쟁은 그리스도를 우리의 신실함으로 감싸는 것이 아니라 그리스도의 신실함으로 우리를 감싸는 것이다. 사실 베르까우어는 다음과 같이 말한다.

> 완벽주의는 오게 될 영광에 대한 이른 장악이다. 즉, 그것은 율법주의로 돌이킬 수 없이 이끄는 예상이다. "두 번째 복은" 연결 고리를 구성한다. … 베드로는 물고기가 많이 잡히는 것을 보았을 때, 주님의 복음을 대면하고 외친다. 즉, "주여 나를 떠나소서 나는 죄인이로소이다"(눅 5:8). 주님의 광채로 둘러싸인 베드로는 머리를 숙일 수밖에 없다. 나중에 다른 말이 한밤중을 지나간다. 즉, "모두 주를 버릴지라도 나는 결코 버리지 않겠나이다"(마 26:33). 이 말로 베드로는 자기가 그리스도를 **자기의** 충절과 사랑으로 둘러쌀 것을 의미했다. 여기서 그리스도가 베드로로부터 영광을 받으셔야 하지, 베드로가 그리스도로부터 영광을 받아야 하는 것이 아니다. 우리는 그 결과를 안다. 이 말들이 아니라, 오히려 무수히 잡힌 물고기가 말하는 바는 기독교 징병(Militia Christiana)에 속한다.[47]

따라서 베르까우어는 성화를 칭의(특히, 이식된 자질)을 제외한 신적 사역에 연결하지 않고, 칭의 자체에 연결한다.

바르트는 특히 **자질** 개념을 반대하고 그것을 "신자의 초자연적 자격을 나타내는 비성경적 개념"이라고 비난한다.

---

[46] Berkouwer, *Faith and Sanctification*, 64.
[47] Berkouwer, *Faith and Sanctification*, 67.

그리고 베르까우어는 칼빈과 같은 판단을 내린다.[48]

베르까우어는 칭의가 신비한 연합에서 전달된 **모든** 복의 근거가 될 만큼 충분한지 여부가 진짜 문제라고 지적한다. "심지어 우리 자신의 부분적 의조차도 부정하는 동일한 교리문답(하이델베르크 교리문답, 24번째 주일)"은 모든 명령에 따라서 "신자들이 가지고 살기 시작한 진지한 목적을 언급한다."

> 오직 믿음으로 의롭다 여김을 받는다는 것이 이 논쟁의 시작이다. … 성화는 단순히 칭의를 계승하지 않는다. 왕국의 열쇠들에 관해 말하는 31번째 주일은 "신자가 참된 믿음으로 복음의 약속을 받을 때마다, 그의 모든 죄는 용서받는다고 모든 사람에게" 선포할 때에 왕국은 열리고 닫힌다고 가르친다. 여기에 "[약속을 받을] 때마다"는 믿음과 칭의 사이의 상관관계가 계속 관련됨을 나타낸다. … 십계명을 전파하는 목적도 신자가 "그리스도 안에서 죄 사함과 의를 찾는 데 더 열심을 내기 위함"이다(하이델베르크 교리문답 제115문답). … 그러므로 칭의가 빠진 구원의 길은 존재하지 않는다.[49]

다시 말해, 참된 성화의 성공과 실패는 칭의와 죄 사함을 향한 지속적 추구에 달려 있다.

그러므로 신적 칭의 역사에 뒤를 이은 인간 사역으로서의 성화에 관한 "견해의 희생자는 기껏해야 인과적 과정으로서의 성화에 도달하고, 결국 로마 가톨릭이 말한 주입된 은혜와 수량적 성화에 묶여 있게 된다."[50]

---

48 Berkouwer, *Faith and Sanctification*, 76, citing KD 2/1:177; 그리고 Calvin, *Institutes* 3.14.13.
49 Berkouwer, *Faith and Sanctification*, 77.
50 Berkouwer, *Faith and Sanctification*, 78.

분명히, 우리는 존재론들 및 개념적 어휘들과 관계된 더욱 큰 질문을 대면한다. 베르까우어는 도르트 신조에 있는 "의지에 '주입된' 새로운 성질들"이라는 표현을 언급하면서 바르트의 평가에 동의한다.

> 비록 그 표현은 너무 불행하지만, 의도한 내용은 옳다.[51]

우리는 은유법을 너무 많이 사용하지 않도록 주의해야 한다. 그러나 동시에 성경은 오순절에 "부어진" 성령, "우리 마음에 부은 바 된"(롬 5:5) 성령, 그리고 신자 속에 거하는 하나님의 씨(요일 3:9)를 말한다고 베르까우어는 덧붙인다. 베르까우어는 다음과 같이 말한다.

> 모든 것은 성령의 역사가 우리에게는 이해하기 힘든 신비임을 이해해야 하는지 여부에 달려 있다.[52]

이 판단은 옳게 보인다. 원예 이미지(horticultural imagery)를 소외시키지 말고, 그리스도가 자기의 영을 통해 우리에게 자신의 삶을 진실로 전하신다는 사실을 인식하면서, 그것을 액면 그대로 받아 들여야 한다. 문제는 우리가 이러한 유비를 내적 역학(inner mechanics)의 유사 과학적(quasi-scientific) 묘사로 변형할 때 생긴다고 필자는 제안한다.

베르까우어는 "주입"에 대한 로마 가톨릭 개념과 개혁파 개념의 주요한 차이점들을 유용하게 지적한다. 예를 들어, 바빙크는 중생을 위해 쓰인 "주입"이라는 용어를 방어했지만, 그는 로마 가톨릭 해석을 거절한다.

---

[51] Berkouwer, *Faith and Sanctification*, 78-79, the Canons of Dort and Barth, *KD* 1/2:440을 인용함.
[52] Berkouwer, *Faith and Sanctification*, 81.

은혜는 본성과 대립하는 도덕 대신에 육체에 임하기 때문에, 이 교리는 은혜의 본성을 완전히 바꾼다고 그는 말한다. 죄와 은혜의 도덕적 대조는 자연과 초자연의 도덕적 대조를 낳는다. 로마서에 의할 때 은혜는 무엇보다 하나님이 우리 죄를 용서해 주는 하나님의 자유로운 호의가 아니고, 인간이 어느 정도는 신적 본성과 공유함으로 사람에게 주입되는 성질의 것이다. 받는 자를 초자연적 질서로 승화하는 것은, 제사장과 성례의 중재를 통해 사람에게 주입되는 초자연적이고 창조된 비물질적인 힘이다. 이 견해와는 반대로, 개혁파는 은혜를 그리스도로 인해 믿는 자의 죄를 완화하는 하나님의 호의라고 가르친다. 그러나 이 고백은 인간의 삶이 용서로 인해 풍성해지지 않을 수 있다는 의미에서, 용서가 멀리 떨어진 종류의 의라는 것을 암시하지는 않는다.[53]

[개혁신학은] 이 죄악 된 세상에서 새로운 차원으로서 가톨릭이 주장한 "덧붙여진 은사"(*donum superadditum*)에 항상 격렬한 항의를 해 왔다.[54]

그러므로 그러한 용어를 사용한다는 것은—어떤 부분에 있어 그것이 부적절하더라도—새 포도주를 낡은 가죽 부대에 담는 것과 같다.

---

[53] Berkouwer, *Faith and Sanctification*, 83.
[54] Berkouwer, *Faith and Sanctification*, 85. 이 견해에 대한 요약과 방어는 Johann Adam Möhler, *Symbolism: Exposition of the Doctrinal Differences between Catholics and Protestants as Evidenced by Their Symbolical Writings*, trans. James Burton Robertson (New York: Crossroad, 1997)을 보라. "그러므로 아담을 인성 위로 높였고, 하나님의 그것에 참여하게 했던, 하나님에 대한 아담의 이 관계는 자연적 재능에 첨가된 신적 은혜로 인한 초자연적 선물이라고 … 칭한다." 그러므로 타락은 본성의 "고차원"(지적)과 "저차원"(감각적) 사이의 분쟁을 일으킨다(27). Luther는 아담이 원래 하나님께 받아들여질 수 있었던 상태는 초자연적이 아니라 자연적인 것으로 간주했다(30). Calvin은 타락 전 상태에서의 자유의지와 타락 후 상태에서의 자유의지를 구분했음에도 불구하고, 전례를 따랐다(33-36). 칭의에 관해서는 Möhler 작품의 제3장을 보라.

그리고 신조들(Canons)과 바빙크가 "새로운 성질들"과 "내적 은혜"(*gratia interna*)에 관해 말할 때, 새로운 생명은 혈육의 산물이 아니라는 진리를 단지 나타내기를 원한다. 너그럽게 평가하자면, 그들이 말하는 바는 **"영광의 신학"**(*theologia gloriae*)보다는 **"십자가의 신학"**(*theologia crucis*)처럼 보인다.[55]

그러므로 중생한 사람을 다른 사람보다 높일 수 있는 것은 아무것도 없다.[56]

개혁신학은 심지어 중세 시대의 용어를 통해서도 다음의 것을 주장한다.

> 새롭게 됨은 칭의에서 주어진 구원에 대한 단순한 보완물, 부속물이 아니다. 성화의 핵심은 이 칭의를 먹고사는 삶이다. 하나님 행위로서의 칭의와 사람 행위로서의 성화 사이의 대조는 없다. 그리스도가 우리의 성화라는 사실은 모든 삶에 있어 오직 그분만을 의지하는 믿음을 제외하지 않고 포함한다. 믿음은 모든 것이 돌아가는 구심점(pivot)이다. 비록 믿음 그 자체는 창조적이지 않지만, 자주적 자기 성화(autonomous self-sanctification)와 도덕주의로부터 우리를 보호한다.[57]

바빙크의 주장에 덧붙여서, 베르까우어는 주입과 자질 개념을 직접적으로 거부한다. 그러한 언어를 사용함으로써 종교개혁가도 같은 것을 말하고 있다고 생각하지 않으려는 그의 경계에 필자는 귀를 기울이면서, 바로 그 개념이 성화를 포함한 "구원 서정"으로부터 완전히 제거되어야 한다고 여전히 생각한다.

---

55 Berkouwer, *Faith and Sanctification*, 87.
56 Berkouwer, *Faith and Sanctification*, 93.
57 Berkouwer, *Faith and Sanctification*, 93.

우리의 고백적 진술이 주장하는 것처럼(마 13:1-9; 요 6:63; 롬 10:8-17; 창 1:18; 벧전 1:23), 믿음을 창조하는 것은 복음이다. 그리고 유효한 소명에 의해 발생한 이 믿음은 칭의, 성화, 그리스도 안에 있는 다른 모든 복들에 대한 소유권을 주장한다. 복음을 통해 역사하는 성령은 모든 것, 즉 믿음, 순종하는 회개, 사랑, 성령의 열매를 준다.

이 경우에 "칭의를 위한 준비"는 죄인이나 하나님의 비매개적 수행에 의해 이루어지지 않고 복음을 통해 하나님이 수행하신다. 그리고 믿음의 시작에서와 같이 믿음의 지속도 마찬가지다. 바르트는 우리에게 다음과 같이 상기시킨다.

> 죄책을 위한 간구(litanies)는 회심의 첫 단계에서뿐만 아니라, 그리스도가 우리에게 더욱더 크고 멋진 분이 되어갈 때도, 구원으로 가는 길에서도 해야 한다.[58]

처음에 우리를 살아 있는 소망으로 거듭나게 한 복음에 대한 설교는 우리의 순례를 계속 지탱한다. 우리는 칭의, 믿음, 죄 사함 위로 절대로 넘어갈 수 없다. 이와는 반대로 우리가 거룩함으로 성장할 때, 우리는 우리 죄를 더욱 정확히 깨닫고 그것에 대한 투쟁도 점점 더 치열해진다.

따라서 "외재주의"(extrinsicism)에 대한 주장은 종교개혁 구원론에 대한 일반적 설명으로서 근거가 없다. 그리고 그 주장을 막기 위한 노력의 일환으로 주입된 자질에 호소할 필요도 전혀 없다.

우리는 "연합"(unio)이라는 주제에 대한 칼빈의 발전에 있어서, 만약 성령이 우리를 그리스도에게 주관적으로 연합시키지 않으신다면, 그리스도의 객관적 인격과 사역은 우리에게 아무런 의미가 없음을 보아 왔다.

---

[58] Berkouwer, *Faith and Sanctification*, 112, Karl Barth를 인용함.

우리를 위한(*extra nos*, 우리 밖에) 그리스도의 사역은 성령에 의해 우리 안에(*in nobis*) 행하신 그의 사역을 위한 유일한 합법적 근거가 된다고 말하는 것과, 법적 기초(법정적 칭의)나 그것의 변형적 효과(새로운 출생과 성화)를 부정하는 것은 서로 완전히 다르다.

종교개혁신학을 비난한 많은 사람에 의하면 "외재주의"에 대한 대안은 "그리스도를 본받음"(*imitatio Christi*)과 유사한 것에서 찾을 수 있다고 한다. 베르까우어는 다음과 같이 관찰한다.

> 이런 장황한 연설에서 주목할 가치가 있는 것은 우리가 세상에 대한 정복과 구속을 공유한다는 결론이다. 이러한 행동주의적 관용구에서 그리스도에 대한 "모방"(copying)을 부정하는 행동이 얼마나 부적절한지 분명하다. 이러한 제한에도 불구하고, 복음은 "본받음"(*imitatio*)이라는 바로 그 단어가 큰 책임을 지는 위험인, 도덕주의적 안개로 사라질 수 있다.[59]

그리스도를 따르는 사람이 된다는 것은 본받음(imitation)과 모범(example)으로 축소됐다.

> "'본받지' 않는다면 도대체 무엇을 가리켜 '따른다'고 할 것인가?"(*Quid est enim sequi nisi imitari?*)라고 한 아우구스티누스의 말도 영향력이 있었다.[60]

키르케고르(Kierkegaard)의 "학습자"와 대조적으로, 아우구스티누스의 좀 더 플라톤주의적인 정의는 그리스도인의 삶을 외적 모습의 영역에서 그리스도의 원형적 삶을 반영하는 문제로 쉽게 축소한다.

---

[59] Berkouwer, *Faith and Sanctification*, 138.
[60] Berkouwer, *Faith and Sanctification*, 138 n. 2.

그러나 신약의 "제자"는 본받음을 포함하지만, 본받음으로 축소되지는 않는다. 심지어 신약에서 우리가 본받음이라고 부를 수 있는 것도 그리스도의 고난과 관련이 있는데, 이 고난은 속죄는 아니지만 그런데도 세상에서 복음의 진보에 기여한다(벧전 2:21, 24). 베르까우어는 다음과 같이 인정한다.

> 그러므로 따르는 자는 아무것도 반복할 필요가 없다. 즉, 그들은 치료받는다.

이 체계에서 본받음이란,

> 속죄에 합당하게 그리고 속죄에 기초해 사는 것이다. … 그리고 그들[양들]은 그리스도와의 교통으로 인도하는 길로 걷지 않고, 그들이 오직 믿음으로 말미암아 즐기는 그리스도와의 교통 때문에 열려 있는 길로 걷는다.[61]

동시에, 만약 제자도(하물며 구원론은 더욱 아니다)가 본받음으로 축소될 수 없더라도 본받음을 확실히 포함하고, 그리스도가 우리를 대신해서 듣고 순종한 가장 중요한 인물이심을 일단 인식하면, 우리도 또한 그와의 법적 연합뿐만 아니라 유기적이고 신비한 연합 안에서, 더 이상 "떡으로만 살 것이 아니요 하나님의 입으로부터 나오는 모든 말씀으로"(마 4:4) 산다는 사실을 알아야 한다.

조지 린드백(George Lindbeck)은 우리에게 제자 훈련과 "그리스도를 본받음"(*imitatio Christi*)을 위한 적절한 범주는 속죄나 칭의가 아닌, 율법의 세 번째를 사용하는 것임을 상기시킨다.[62] 그렇지 않으면 우리는 예수의 본

---

[61] Berkouwer, *Faith and Sanctification*, 142-43.
[62] George Lindbeck, "Justification and Atonement: An Ecumenical Trajectory," in *By Faith Alone: Essays on Justification in Honor of Gerhard O. Forde*, ed. Joseph A. Burgess and Marc Kolden (Grand Rapids: Eerdmans, 2004), 208.

을 따름으로 얻는 구원의 도덕주의에 남겨진다. 그런 신학들에서, "종교개혁가들은 계시가 구원론을 포함할 뿐만 아니라 율법이 복음을 흡수한다고 말하게 될 것"이라고 린드백은 관찰한다.

> 이것은 십자가에 못 박히신 하나님이 인간 존재에 대한 참된 원형이 되어 예수 그리스도가 구원자의 원형이 될 때 발생한 것이다. 전통적인 관점에서 볼 때, 여기에 있는 오류는 질서를 뒤바꾸기 때문에 발생한다. 즉, 그리스도가 먼저 모범이 되고 그다음 구세주가 되시는 것이 아니라, 그 반대가 되기 때문이다. … "그리스도를 본받음"(*imitatio Christi*)을 강조하는 십자가의 신학들은 자기 자리를 차지하고 있지만, 그 자리는 속죄와 함께 있지 않고, 칼빈이 말하는 소위 율법의 세 번째 용법과, 만약 내가 말을 만든다면, 루터가 율법의 첫 번째 용법에 대한 그리스도인의 용법이라고 부를 법한 것과 함께 있다.

본받음에 초점을 둔 십자가의 신학들은 영광의 신학이다.[63]

말하자면, 일단 우리가 본받음이라는 주제를 그 자리에 두면, 율법은 바로 **그리스도 안에서** 그것의 요구사항들을 이미 완전히 충족한 자들로서의 우리에게 율법의 판결을 선포하고 난 후에 다시 돌아오기 때문에, 우리는 율법을 다시 한번 말할 수 있다. 베르까우어는 다음과 같이 언급한다.

> 그러므로 바울은 그가 "그리스도의 율법 아래" 있다(고전 9:21)고 자신 있게 말할 수 있다. 이는 그가 "율법"이라는 말에서 어떤 공포도 느끼지 않고, 율법 아래에 있는 것과 그리스도에게 속한 것 사이에 어떤 긴장도 없기 때문이다.[64]

---

[63] Berkouwer, *Faith and Santification*, 209.
[64] Berkouwer, *Faith and Sanctification*, 175.

여러 면에서 교회사를 통해 복음과 율법 사이의 진정한 관계는 모호해졌다. 두 가지 반대되는 경향이 분명히 있다. 즉, 복음을 새로운 율법으로 만들려는 경향과 복음을 율법으로부터 잘라 내려는 경향이다.[65]

그러나 이것은 율법주의와 반율법주의의 혼란스러운 혼합물의 결과를 가져올 수 있는데, 이들은 모두 하나님 은혜와 반대 관계에 있다.[66]

바르트를 포함한 일부 학자는 율법을, 내용이 은혜인 복음의 형태로 말해 왔다.

그러나 베르까우어는 다음과 같이 말한다.

우리는 율법을 이런 상태로 축소하는 것에 대항하는데, 그렇게 함으로 율법은 실제로 복음 안에 용해되기 때문이다.[67]

참된 믿음에서 삶의 내적 및 외적 측면은 조화롭게 발전한다. 율법은 신자를 세상으로 내몬다. 즉, 그의 이웃에게, 그의 가난한 형제와 자매에게 (약 2:15), 원수에게, 감옥에 있는 그의 형제에게, 배고프고 목마른 자들에게 내몬다. 그래서 율법은 좋든지 나쁘든지 간에 그가 세속적 재화, 결혼 생활, 정부 기관과 접촉하게 한다.[68]

베르까우어는 다음과 같이 말한다.

---

[65] Berkouwer, *Faith and Sanctification*, 188.
[66] Berkouwer, *Faith and Sanctification*, 188.
[67] Berkouwer, *Faith and Sanctification*, 190.
[68] Berkouwer, *Faith and Sanctification*, 192.

사도 바울은 지속적인 열정으로 거룩함을 전파하지만, 그는 자기의 명백한 선언을 절대로 타협하지 않는다.
"내가 너희 중에서 예수 그리스도와 그가 십자가에 못 박히신 것 외에는 아무것도 알지 아니하기로 작정하였음이라"(고전 2:2).

한순간도 그는 그 고백의 의미를 파괴하지 않을 것이다. 그러므로 모든 권고에서 그는 자기 가르침을 그리스도의 십자가에 연결할 것이다. 이 중심으로부터 모든 선이 밖으로 뻗어 나간다. 즉, 도시와 시골 마을의 삶, 남녀의 삶, 유대인과 이방인의 삶, 가족, 청소년, 노인, 갈등과 불만, 부도덕과 술 취함으로 뻗어 나간다. 우리가 이 중심과 그것으로부터 흘러나오는 더 튼튼하고 탄탄한 선을 유지한다면, 진정한 관점에서 우리는 칭의에서 성화로 옮겨감에 있어, 믿음의 영역에서 벗어나지 않는다는 것을 철저히 인식해야 한다. 우리는 이론에서 실천으로의 전환에 관심이 없다. 우리는 칭의 안에 있는 믿음에서 성화의 실체들로 나아가는 것은 아닌데, 이는 우리가 칭의의 실체와 성화 안에서의 우리의 믿음을 진실로 말할 수 있을 것이기 때문이다.[69]

5. 왜 칭의는 반드시 성화를 수반하나?

로마 가톨릭의 관점에서 볼 때, 칭의와 성화는 실제로 하나이고 같은 것이기 때문에 이 둘을 **관련 맺을** 이유가 전혀 없다.[70] 베르까우어는 다음과 같이 지적한다.

---

[69] Berkouwer, *Faith and Sanctification*, 20.
[70] Berkouwer, *Faith and Sanctification*, 27.

이러한 조건에서 성화는 힘과 반대 힘의 환경에서 발생하는데, 이러한 가운데 믿음은 칭의를 준비하기 위한 현재의 가장 겸손한 기능을 수행하고, 칭의 자체는 성화와 거의 구별할 수 없게 된다.[71]

로마교의 "힘들의 영역"과 복음에 대한 종교개혁의 강조와 퍼트리는 중심으로서의 믿음에 대한 베르까우어의 대조에서, 우리는 다시 한번 좀 더 명백한 언약적 존재론의 이점들을 발견한다.

> 칭의의 "오직 믿음으로"(sola-fide)는 칭의와 성화를 반지름이 증가하는 동심원들 안에서 그리고 개별적 인간 생애의 차원에서 가동되는, 하나님의 행위와 거의 동일한 것으로 단번에 간주하게 한다. … 힘에 관한 [로마교의] 가상의 영역과는 반대로, 종교개혁은 성화를 믿음과 참다운 관계 안에서 다시 회복했다. … 그리고 우리는 힘의 새로운 방출을 위한 출발 지점으로서, 또는 다른 효과를 일으키는 인간의 기능이나 역량으로서의 믿음에 대해 말하지 않고, 하나님의 은혜에 대한 참다운 지향으로서 그리고 죄 사함과 신적 은혜의 기초 위에서 번성하는 삶으로서의 믿음을 말한다.[72]

따라서 베르까우어는 종교개혁 관점이 성화나 거룩한 삶에 아무런 열매도 맺지 못한다고 비판받았다면 "이해할 수 없는 일"이라고 생각한다. 그것은 모든 것을 그리스도 안의 믿음으로 되돌리기 때문에 모든 것과 관련을 맺는다.[73] 신앙은 주관적인 영향이 없는 "외적" 일이 전혀 아니다.

오히려 믿음은 그리스도의 모든 이익과 함께 우리를 그에게 연결해 준다. 일방적으로 주어지며 기본적으로 순수한 선물로서 무조건 항상 남아

---

71 Berkouwer, *Faith and Sanctification*, 27.
72 Berkouwer, *Faith and Sanctification*, 28.
73 Berkouwer, *Faith and Sanctification*, 28.

있은 언약은 듣는 것, 대답하는 것, 수동적 수납과 하나님께 대한 감사의 능동적 보답과 함께 이웃 섬김에 대한 참다운 쌍방적 관계를 일으킨다.
루터는 행위의 가치를 반대했다.

> 그러나 그의 모든 반대에서도, 그는 그리스도가 신자 안에서 반드시 형태를 취해야 한다고 완전히 의식했다.[74]

> 믿음은 사랑과 선한 행위의 경쟁자가 아니라 후원자이고, 하나님의 은혜를 인정하기 때문에 그들에게 기초를 제공한다. 이런 이유로 루터는 첫 번째 계명의 깊은 의미를 지적하고 그 영역 밖에서 행한 모든 일은 아무것도 아니라고 계속해서 설명했다.[75]

> 루터는 믿음으로부터 각자의 이웃을 사랑하는 일까지 강하게 논증한다. 즉, 사람은 필요로 하는 모든 소유물을 각자 믿음 안에 갖고 있고, 따라서 전체 삶을 자유롭게 사랑으로 자기 이웃을 위해 헌신할 수 있기 때문에, 모든 일은 이웃의 안녕을 증진해야 한다.

그러므로 칭의는 윤리 없는 믿음과 실천을 남긴다고 말하기 어렵다.[76]
본서 제1부에서 다뤘던 율법과 복을 상기하면서, 필자는 성경에 있는 권면들이 비록 명령이나 법률들이라도, 율법-언약에 있는 조건들은 아니라고 제안한다. "이를 행하면 살리라"라고 말하는 대신, 복음은 다음과 같이 말한다.

---

[74] Berkouwer, *Faith and Sanctification*, 28. citing *LW* 1:203, on Gal. 4:19.
[75] Berkouwer, *Faith and Sanctification*, 32-33.
[76] Berkouwer, *Faith and Sanctification*, 32-33.

당신은 죽었고 당신의 생명은 그리스도 안에서 하나님과 함께 숨겨져 있다.

이 기초 위에서, 명령법(율법의 세 번째 용법)이 나타난다.

그러므로 그렇게 살아라(참조. 골 3:3-17).

복음은 하나님이 우리를 용서하기 위해 너무 열심히 싸우셨고, 너무 많은 것을 주셨으며, 너무 깊이 고난받으셨지만, 여전히 전투에서 피를 흘리신다고 말한다. 복음 안에서, 하나님은 우리의 상처를 싸매 주고, 우리를 고치며, 회복시킬 것을 약속하시므로, 우리가 하나님을 영화롭게 하고 그를 즐거워하며 우리의 이웃을 사랑하고 섬기게 하신다.

지금까지의 설명에 따르면 칭의는 그리스도인 삶의 첫 번째 단계가 아니라 성화와 선행의 끊임없는 원천이 된다. 루터는 다음과 같이 요약한다.

"네가 나를 믿고, 너의 믿음은 의롭게 하는 자와 구원자로서 값없이 네게 준 그리스도를 붙잡기 때문에, 그러므로 의로워라"라고 하나님은 말씀하신다. 따라서 하나님은 오직 당신이 믿는 그리스도 때문에 당신을 받아 주거나 당신을 의롭다고 여기신다.[77]

복음의 다른 조각이 무엇이든지 간에(새로운 출생, 죄의 압제에 대한 그리스도의 정복과 우리 전생을 통해 우리를 새롭게 하겠다는 약속, 우리 육체의 부활, 죄의 존재로부터의 자유에 관한), 우리가 제공할 수 있는 유용한 권면은 훨씬 적다. 루터가 여기에서 요약한 발표만으로도 의롭게 할 뿐만 아니라 또한 성화시킬 믿음을 창조하고 유지한다.

---

[77] *LW* 26:132의 갈 2:16에 관한 Martin Luther.

각 행위의 혼합된 동기에 대한 처벌이나 고통에 대한 두려움 없이 하나님과 이웃을 위해 자유롭게 선을 행할 수 있다. 그리스도 안에서의 칭의로 인해, 심지어 선행마저도 하나님의 일이나 우리 자신의 일을 향상하기 위함이 아니라 우리 이웃의 유익을 위해 "구원받을 수" 있다. 칼빈은 다음과 같이 설명한다.

> 그러나 만약 그들이 율법의 엄격한 요구 사항에서 벗어나서, 아니면 오히려 율법의 전체 준엄함에서 벗어나서, 하나님의 온유한 음성으로 부름을 받는다면, 그들은 기꺼이 큰 열정으로 하나님의 부르심에 응답하고 그의 인도를 따른다.
> 요약하면, 율법의 멍에를 매는 자는 주인이 매일 특정 업무를 할당한 종과 같다. 이 종은 자신이 해야 할 일의 정확한 양을 끝내지 못하면 아무것도 성취하지 못한 것이 되어 감히 그의 주인 앞에 나타나지 못한다.
> 그러나 그의 아버지가 더욱 관대하게, 그리고 있는 모습 그대로 대하시는 아들은 비록 그의 아버지가 의도한 것을 완벽히 성취하지 못했다고 하더라도, 그의 아버지가 그의 순종과 기꺼이 하려는 마음을 받아 줄 것이라고 믿으면서, 완성하지 못하거나 반밖에 하지 못하거나, 심지어 결함 있는 성과를 그대로 가져오는 것을 주저하지 않는다. 그러한 자녀는 자기의 섬김이 작고, 저속하며, 불완전하더라도, 가장 자비로운 자기 아버지는 자기의 노력을 인정해 주실 것을 확실히 믿는데, 우리는 이런 자녀가 되어야 한다. … 그리고 이런 확신 없이는 우리의 모든 시도가 헛되기 때문에 우리에게 이 확신은 절대적으로 필요하다.[78]

에임즈(Ames)는 덧붙인다.

---

[78] Calvin, *Institutes* 3.19.5.

선행에 흠이 있다고 해도, 칭의 때문에, 하나님이 받아 주지 않거나 상을 안 주시지 않는다.[79]

그러한 견해는 행위를 믿음 안에 근거를 두기 때문에 옳을 뿐 아니라, 하나님의 호의를 얻으려는 동기나 아니면 그것을 잃을지도 모른다는 두려움에서 벗어나서 그들의 이웃을 자유롭게 사랑하고 섬기게 한다.

비록 우리의 사랑과 섬김이, 하나님에게와 우리에 대한 하나님의 평가에 아무런 공헌을 못 하지만, 그것들이 아무리 약하고, 냉담하며, 불완전하게 성취됐다고 해도 창조를 보살피는 하나님을 통해 의미가 있다고 우리가 깊이 인식할 때, 우리는 세상을 포옹하는 행동주의(world-embracing-activism)로부터 해방된다.

복음주의 칭의 교리는 율법을 약화하거나, 뒤엎거나, 피해 가기보다 지지하기 때문에 하나님의 율법을 존중한다. **칭의의 판결은 모순되지 않고 율법이 찾는 판단과 일치한다. 즉, 요구된 의는 사실 복음 안에 주어진다는 것이다.** 다른 모든 기록은 자연스럽게 칭의를 어떤 의미에서는 율법의 절대적 요구를 완화하는 것, 즉 사랑과 공의, 은혜와 성결, 자비와 의 간의 일종의 균형을 잡는 행위로 보아야 한다.

복음주의 교리는 하나님을 불경건한 자들에게 공정하고 또한 그들을 의롭게 만드는 분으로 인식한다. 율법은 지지된다. 단지 우리를 두려움의 속박에 붙잡고 있는 그 저주만이 폐지된다.

구원을 성화와 윤리가 없는 전가로 설명하지 않는 스코틀랜드 신앙고백서(1560)는 다음과 같이 선언한다.

> 그리스도가 성화의 영이 없는 사람들의 마음에 거하신다고 주장하는 것은 신성 모독이다.

---

[79] Ames, *The Marrow of Theology*, 171.

하나님이 선택하신 자녀들이 참된 믿음으로 받는 주 예수의 영이 누군가의 마음을 붙잡자마자, 그는 거듭나고 새롭게 된다. 그래서 그는 그가 전에 사랑하던 것을 미워하기 시작하고 전에 미워하던 것을 사랑하기 시작하신다. 그 이후 육체와 성령 간의 전투가 하나님의 자녀 안에서 끊임없이 벌어진다.[80]

제2 스위스 신앙고백서(The Second Helvetic Confession)는 의롭게 하는 믿음의 본질에 관한 종교개혁의 일치된 의견을 반복한다.

> 바로 그 동일한 사도는 믿음이 사랑으로 역사할 때 효과적이고 적극적인 믿음이 된다고 가르친다(갈 5:6). 그것은 또한 양심에 평화를 가져오고 하나님께 자유롭게 접근할 수 있게 함으로써, 우리는 확신을 가지고 그분에게 가까이 나아갈 수 있고 유용하고 필요한 것을 그로부터 얻을 수 있다. 그 동일한 것(믿음)은 우리가 하나님과 우리의 이웃에게 빚진 봉사를 하게 하고, 역경을 이겨낼 수 있게 힘을 북돋아 주며, 참된 신앙고백을 형성하고 만들며, 한마디로 모든 종류의 선한 열매와 선한 행위를 낳는다.

그러한 선행은 개인적인 이익이나 가치에 대한 열망 때문이 아니라, 단순히 "하나님께 대한 감사와 이웃의 유익을 위해" 행한다.[81]

그러므로 성화는 하나님의 칭의 계획을 보완하는 사람의 계획이 아니고, 자유의지와 주입된 은혜 사이의 인과 관계를 협상하는 과정도 아니며, 인간 삶의 모든 영역에 영향을 주는 하나님의 의롭게 하는 말씀이다. 웨스트민스터 신앙고백서는 진술한다.

---

[80] *The Book of Confessions* (PC[USA], 1991)에 있는 스코틀랜드 신앙고백서, 제13장.
[81] *The Book of Confessions* (PC[USA], 1991)에 있는 제2 스위스 신앙고백서, 제16장.

효과적으로 부르심을 받고 중생해, 그들 안에 새 마음과 새 영을 창조받은 자들은 그리스도의 죽음과 부활의 공로를 통해, 그의 말씀과 그들 안에 내주하는 성령으로 말미암아 실제로 그리고 인격적으로 더욱더 거룩해진다.[82]

이 모든 것은 우리 안에 있지 않고, "그리스도 안에" 있다.[83] 구속은 두 가지 근원(신인협력주의) 대신에, 두 가지 은혜, 즉 칭의와 내적 갱신과 관계가 있다. 레슬리 뉴비긴(Lesslie Newbigin)은 다음과 같이 말한다.

> 자신의 의에 관한 생각은 죄의 전형이다. 그러므로 이에 대항해, 죄인을 향한 하나님의 자비만을 단순히 의지하지 않는 거룩이나 의의 모든 흔적에 대항해, 우리는 바울처럼 단호해야 한다. 그러나 바울처럼, 우리도 누구든지 그리스도 안에 있으면 새 창조, 허구가 아닌 진정한 초자연적 새로운 출생, 부활하신 그리스도의 생명이 영혼 속에 있음을 인식해야 한다.[84]

"영혼 속에 역사하는 부활하신 그리스도의 생명"에 만족하지 않으신, 삼위일체 하나님은 우리에게 드라마의 또 다른 장면을 기다리라고 하신다. 즉, 부활한 그리스도의 삶이 완성된 은혜를 바탕으로 안에서부터 밖으로 우리와 모든 창조를 변형시키는 드라마다. 이제 우리의 시선을 돌려, 의롭다 판결을 내리시는 말씀이 더 멀리 가닿는 주제를 탐구하자.

---

82 *The Book of Confessions* (PC[USA], 1991)에 있는 웨스트민스터 신앙고백서 제16[13]장.
83 이 점에 대한 자세한 설명은 Webster, *Holiness*, 81을 다시 한번 보라.
84 Lesslie Newbigin, *The Household of Faith* (London: SCM Press, 1953), 128-29.

제12장

영광의 무게:
칭의와 신화(*Theōsis*)

"의롭다 하신 그들을 또한 영화롭게 하셨느니라"(롬 8:30).

종교개혁 입장에 대한 다양한 도전 가운데, 그리스도와의 신비한 연합이 칭의를 변두리로 내몰았을 뿐 아니라, 또한 참여에 관한 **어떤 설명**(신성화[divinization]나 신화[神化, *theōsis*])이 그 연합에 대한 이해를 점점 더 지배하게 됐다.

왜 이 주제, 즉 칭의 및 신성화를 다루는가?

첫째, 그것은 바울이 로마서 8:30에서 "구원 서정"**에 관한** 마지막 직설법이기 때문인데, 나도 여기에 나온 구원 서정을 본서 2부에 있는 장들의 일반적 순서로 따른다.

둘째, 그것은 법정적 존재론이 전체 구원 서정, 심지어 법정적인 것 이상의 그러한 측면들을 지탱할 수 있다는 주장의 검증 사례를 대표한다. 심지어 구원 서정 마지막 단계인 영화조차도 법정적인(forensic) 것을 핵심으로 삼는다. 만약 언약적 존재론이 중세 존재론에 호소하지 않고도 충분한 것으로 입증된다면, 이 부분은 검증 사례가 될 것이다. 특히, 동방 정교회와 개혁파 구원론 사이의 혼합 가능성이 있는 영역을 찾으려고 시도할 때 그러하다.

셋째, 본 장은 한때 개혁파 믿음과 실천에서는 중요하게 다루어졌지만 이제 더 이상 중요하게 생각되지 않는 주제를 강조한다.

1. 신화(*Theōsis*)란 무엇인가?

칼리스토스 웨어(Kallistos Ware) 주교는 다음과 같이 말한다.

> 정교회의 경우 구원과 구속(redemption)은 신화(神化, deification)를 의미한다.[1]

고백자 막시무스(Maximus the Confessor) 사상에 관한 최고의 권위자인 에피파노빅(S. L. Epifanovic)은 다음과 같이 관찰했다.

> 모든 동방신학(Eastern theology)에서와 같이, 성 막시무스의 주요 사상은 신화다.[2]

비록 신성화/신화는 교부 자료에서 잘 입증됐지만, 신화(*Theōsis*) 교리는 그 자체로 보통 그레고리 팔라마스(Gregory Palamas)의 특정한 비잔틴 공식을 가리킨다. 본 장에서 정교회의 신화 교리를 깊이 다루는 것은 주제넘을 뿐 아니라 불가능하기 때문에, 필자는 그 생각의 주된 노선만을 지적할 것이다.

1) 본질과 에너지들

이전 장에서 이미 다룬, 본질-에너지들(essence-energies) 구별은 창조자-피조물(Creator-creature) 구별을 강조한다. 서방신학은 일반적으로 신적 본

---

[1] Timothy (Kallistos) Ware, *The Orthodox Church*, rev. new ed. (New York: Penguin Books, 1997), 231.
[2] Jaroslav Pelikan, *The Christian Tradition: A History of the Development of Doctrine*, vol 2, *The Spirit of Eastern Christendom (600-1700)* (Chicago: University of Chicago Press, 1974), 125에서 인용함.

질(divine essence)과 신적 원인(divine cause)의 창조된 효과 간의 구별만을 인식하지만, 동방신학은 하나님의 에너지들을 둘 중 어느 것으로도 보지 않는다. 하나님의 에너지들은 신적 영광의 발산이지만, 광선이 태양 자체가 아닌 것처럼 하나님의 에너지들도 또한 신적 본질은 아니다. 창조되지 않은 하나님의 영광은 발산하지만, 본질은 그렇지 않다. 이런 구별 없이, 태양과 광선에 관한 빈번한 유비는 범신론(pantheism)으로 쉽게 흐르는데, 이런 경향은 사실 서방 신비주의에 대한 지속적인 위협이 됐다.

동시에, 창조 자체가 하나님 에너지들의 결과이지만, 후자는 행동하시는 하나님(God-in-Action)이라고 칭할 수 있다. 사실, 그것들은 종종 하나님의 일, 권능, 삶, 영광, 은혜라고도 불린다. 그것들은 하나님의 본질이 아니라 하나님의 자기 계시와 구원하는 사랑에 대한 어떤 특성을 나타낸다.

그래서 동방 사상에 따르면, 하나님과의 연합은 서방 신비주의에서 자주 나타나는 것처럼, 하나님의 숨겨진 본질에 대한 단순한 지적 사색이 아니다.

> 이 빛(포스, φῶς) 또는 광채(엘람프쉬스, ἔλλαμψις)는 하나님이 자신을 알게 하는 신성, 에너지들 또는 은혜의 가시적 성질로 정의될 수 있다. 그것은, 풍유적(allegorical)이고 추상적인 의미로 받아들여지는 지성의 조명(illumination of the intellect)과는 달리, 지적 질서(intellectual order)의 실재도 아니고, 분별 있는 질서의 실재도 아니다. 그 빛은 지성과 감각(senses)을 동시에 채우는 빛이다. 그 빛은 자신을 사람의 능력 중 일부에만 계시하지 않고 전 인격체에게 계시한다.[3]

---

[3] Vladimir Lossky, *The Mystical Theology of the Eastern Church* (Crestwood, NY: St. Vladimir's Seminary Press, 1976), 221.

그래서 한편으로 동방의 관점은 하나님의 감춰진 본질에 접근할 수 없기 때문에 지배적인 서방의 관점보다 더욱 제한적이다. 그러나 또 다른 한편으로, 동방 관점은 전체 인간을 "하나님의 형상"(imago Dei)로 봄으로써 전체 인간이 신성화하는 에너지들의 주체가 되기 때문에 더욱더 포괄적(comprehensive)이다.

부상하는 이 구별을 반영해, 아타나시우스(Athanasius)는 다음과 같이 주장했다.

> [하나님은] 그의 본질에 따라 모든 것의 바깥에 계신다. 그러나 그는 자기 능력 행위를 통해 모든 것 안에 계신다.[4]

마찬가지로, 바질(Basil)은 다음과 같이 말한다.

> 우리는 에너지를 통해 본질을 안다. 아무도 여태까지 하나님의 본질을 보지 못했다. 그러나 우리는 그 에너지를 경험하기 때문에 그 본질을 믿는다.[5]

웨어(Ware)는 다음과 같이 설명한다.

> 우리가 신적 본질을 안다면, 우리는 하나님이 자기를 아는 것과 같은 방식으로 하나님을 알게 된다. 그런데 하나님은 창조자시고 우리는 피조물이기 때문에 이것은 절대 불가능하다. 그러나 하나님의 내적 본질은 우리가 영원

---

4 Athanasius, *On the Incarnation* 17, trans. R. W. Thomson, *Athanasius: Contra gentes and De incarnatione* (Oxford: Clarendon Press, 1971), 174; Timothy (Kallistos) Ware, *The Orthodox Way* (Crestwood, NY: St. Vladimir's Seminary Press, 1979), 22에서 인용함.

5 Basil, in *Doctrina Patrum de incarnatione verbi*, ed. Franz Kiekamp, 2nd ed. (Münster: Aschendorff, 1981), 88-89.

히 이해할 수 없는 반면, 그의 에너지들, 은혜, 생명, 능력은 우주 전체를 채우고 우리에게 직접 접근한다. … 따라서 본질-에너지들 구별은 **전체** 하나님이 접근 불가능한 대상이시라는 것과 사랑을 발산하는 **전체** 하나님이 인간이 자기에게 접근할 수 있게 하셨다는 것을 동시에 진술하는 방식이다.

따라서 범신론 없는 신화, 혼합 없는 연합이 존재한다.[6] 그것은 특히, 본질-에너지들 구별이 완전히 발달해 주요 해석학적 범주가 됐던 그레고리 팔라마스의 성장하는 비잔틴 교리에 있다. 고백자 막시무스는 다음과 같이 말했다.

> 우리는 하나님의 본질을 모른다. 우리는 오히려 그의 창조의 웅장함과 모든 피조물에 대한 그의 섭리적 돌보심을 통해서 그를 안다. 이는 거울을 사용하는 것처럼, 이런 수단을 통해서, 우리는 그의 무한한 선과 지혜와 권능에 대한 통찰력을 얻는다.[7]

로버트 젠슨(Robert Jenson)이 설명하듯이, 동방신학자들은 자격의 필요성을 깨달았다.

> 동방신학에서 흔히 인용되는 시나이의 아나스타시우스(Anastasius of Sinai)의 정의는 이것이다. 즉, "신화는 더 높은 차원으로의 승격이지 본성의 확대(enlargement)나 변형(transformation)이 아니다."[8]

---

6 Basil, in *Doctrina Patrum de incarnatione verbi*, 23.
7 Maximus, *On Love* 1.96, in *The Philokalia*, trans. G. E. H. Palmer, Philip Sherrard, and Kallistos Ware, vol. 2 (London: Faber & Faber, 1981), 64; Ware, *The Orthodox Way*, 25에서 인용함.
8 Robert Jenson, *Systematic Theology*, 2 vols. (New York: Oxford University Press, 1997-99), 2:341, Anastasius of Sinai, *The Guide* 2 (PG 89:36)을 인용함.

다른 한편으로는,

> 우리가 하나님이 되기 때문에 피조물로서의 우리도 중단되지 않는다. 우리는 피조물로서의 성자 하나님과 불가분의 관계에 있는 그런 피조물들이 된다. 이것은 우리를 두 번째 자격으로 인도한다.
>
> 아타나시우스의 경구(aphorism)인 "하나님은 사람이 하나님이 될 수 있게 하시려고 사람이 되셨다"라는 말은 그 표현 자체로 보면 문제없지만, 그 문맥을 벗어나서는 곡해될 수 있다. 이레니우스(Irenaeus)는 필요한 말을 정확히 한다. 즉, 우리가 되신 하나님은 신인(神人)이시다. 그는 실제 우리와 같은 인간, 즉 "타락해 벌 받아야 하는 인간, 사망의 저주 아래 있는 인간"이 되신다. 그리고 우리는 그가 된다. 즉, 우리는 "하나님을 받아들이고 담지하기" 위해 하나님과 연합한 인간이 된다.
>
> 이레니우스의 교리에서 관찰할 수 있는 비대칭성(asymmetry)은 세 번째로 필요한 자격을 가리킨다. 즉, 신-인(the God-man)은 우리 중 하나가 되지만, 구속받은 사람은 부가적인 신-인들(Godhumans)이 되지 않는다. 오히려 그들은 한 신-인의 참여자들, 즉 "전체 그리스도"(*totus Christus*, 신성과 인성을 모두 지니신 그리스도 -역주)가 된다. 그들은 공동으로(communally) 하나님의 담지자(God-bearers)가 되지 다른 식으로는 그렇게 되지 않는다.[9]

2) 변형과 부활

신화된다는 것은 변형된다는 것이다. 그래서 하나님의 에너지들(하나님의 본질이 아님을 다시 한번 강조한다)의 광선(rays)이 피조물에 스며든다(없앤

---

[9] Jenson, *Systematic Theology*, 2:341.

다기보다는). 구약에 나타난 신의 현현, 그리스도의 변화, 다메섹 도상에서 일어난 바울의 경험은 그런 사건을 나타낸다.¹⁰

나지안조스의 성 그레고리우스(St Gregory Nazianzen)는 특히 모세가 사용했던 것과 같은 이미지를 사용한다. 그는 다음과 같이 말한다.
"나는 하나님을 붙잡으려고 달렸다. 그래서 나는 산 위로 올라가서 구름 장막을 걷고 사물과 물질적인 것들에게서 멀리 떨어져서 그리로 들어갔다. 나는 할 수 있는 한 나 자신을 철회했다. 그다음 위를 보았을 때, 비록 우리를 위해 육체가 되신 말씀인 반석이 나를 숨기셨지만, 나는 하나님의 뒷부분마저도 거의 보지 못했다. 그리고 내가 좀 더 가까이 갔을 때, 나는 그 자체에 알려진, 즉 삼위일체에 알려진, 최초의 섞이지 않은 본성이 아니라, 첫 번째 장막 안에 머물러 있고 그룹들이 숨기는 본성이 아니라, 결국 우리에게 도달하는 그 본성을 보았다. 그리고 나는 이를 통해 장엄함을 배웠다. 또는 다윗의 거룩한 말처럼, 피조물들에 나타나는 영광을 배웠다."¹¹

그리스도 자신은 변화 사건에서 바뀌지 않으셨지만, 그때 사도들은 전에는 그들의 시야에서 감춰져 있던 영광, 그러나 항상 같이 있었던 영광(에너지들)을 볼 수 있었다. 이 빛 속에서 그들은 빛을 보았다.

사도들은 역사에서 벗어나 영원한 실체를 조금이나마 엿볼 수 있었다.¹²

그레고리의 자전적 설명이 나타낸 불행한 풍유적 상승(unfortunate allegorical ascent)과 함께(물질에서의 상승도 포함), 종말론적이고 물질을 추구하는

---

10 Jenson, *Systematic Theology*, 2:223.
11 Jenson, *Systematic Theology*, 2:36.
12 Jenson, *Systematic Theology*, 2:36.

차원이 있다. 로스키(Lossky)는 다음과 같이 말한다.

> 우리의 궁극적 운명은 단순히 하나님에 관한 지적 묵상이 아니다. 만약 그렇다면, 죽은 자의 부활은 불필요할 것이다. 복을 받은 자는 창조된 그들 존재의 완성 안에서 하나님을 직접 볼 것이다.[13]

성 시므온(St. Symeon)은 두 가지 심판이 있다고 말했다. 하나는 죄의 깊이가 오직 우리에게만 알려지는 구원에 이르는 이생에서의 심판(회개와 용서로 이르는 절망감)과 또 하나는 죄가 만천하에 드러나는, 저주로 이끄는 미래의 심판이다.[14] 로스키는 다음과 같이 설명한다.

> 이생에서 그러한 (구원으로 인도하는) 심판을 당하는 사람은 또 다른 법정에 대한 두려움을 가질 필요가 없다. 그러나 이생에서 빛 안으로 들어가지 않은 사람은 기소되고 심판받게 될 것이다. 그리스도의 재림은 빛을 미워하는 사람들에게 현재 감춰진 빛을 나타낼 것이다.[15]

재림은 막시무스가 말하듯이 "은혜 밖에서" 죄를 나타낼 것이다.[16]

> 사람이 자신을 하나님에게까지 드높여서 이룩해 왔어야 했던 것을, 하나님은 사람이 되기까지 낮아지심으로 성취하셨다. … 14세기 비잔틴 신학자인 니콜라스 카바실라스(Nicholas Cabasilas)는 이 주제에 대해 다음과 같이 말했다.

---

[13] Jenson, *Systematic Theology*, 2:224.
[14] Jenson, *Systematic Theology*, 2:233-34.
[15] Jenson, *Systematic Theology*, 2:234.
[16] Jenson, *Systematic Theology*, 2:234.

"주님은 자연, 죄, 죽음의 세 가지 장벽에 의해 하나님으로부터 분리된 사람들이, 그분을 완전히 소유하고 그분과 직접적으로 연합할 수 있게 하셨는데, 본성은 그의 성육신으로, 죄는 그의 죽음으로, 죽음은 그의 부활로 각 장벽을 차례로 제거하셨다."[17]

3) 신화에 대한 최근의 호소

젠슨은 그의 더욱 아우구스티누스주의적-토마스주의적(Augustinian-Thomistic) 틀에 비춰 동방 전통을 해석하면서, 신성화하는(divinizing) 연합을 다음과 같이 설명한다.

> 종말론적으로 완성된 "전체 그리스도"(totus Christus) 내에서, "나는 하나님이다"라고 일인칭 단수로 말하면, 연합에서 내가 빠지게 되어 그 문장은 거짓이 된다. 그것은 결국 그리스도와 아직 하나가 되지 못해서 여전히 통치(domination)의 공동체들에 연루된 "노인" 이야기("old man" talking)가 될 것이다. 그러나 그리스도에게는 노인이 없다. 그리고 우리가 만약 삼위일체적 인간(triune-human) 공동체 안에서 "나는 하나님이다"라고 말하며 그를 상상한다면, 그것은 사실에 대한 간단하고도 겸손한 관찰이 될 것이다.[18]

비록 그들이 신화(Theōsis)와 동방에 호소하지만, 많은 사람이(젠슨과 같이), 주요한 본질-에너지들에 관한 핵심적 구별을 실행할 때는, 서방의 편을 든다. 사실 젠슨은 토마스의 말을 인용한다.

---

[17] Jenson, *Systematic Theology*, 2:136.
[18] Jenson, *Systematic Theology*, 2:136.

우리가 본질적으로 하나님을 볼 수 있는 봄(vision)은, 하나님이 자신을 보는 봄(vision)과 같다.[19]

"하나님이 나를 보는 눈은 내가 하나님을 보는 눈이다"라는 마이스터 에크하르트(Meister Eckhart)의 표현과 비슷한 이 표현은 흥미로운 질문을 유발한다. 그리고 필자의 생각에 그것은, 창조자-피조물 구별에 대한 저명한 옹호자들의 손에서조차도 서방신학이 쉽게 범신론으로 빠질 수 있다는 정통 의심을 정당화한다. 젠슨은 그레고리 팔라마스가 서방의 움직임을 "단호히 그리고 직접적으로 부인했다"라고 지적한다.

> 심지어 구속받은 자라고 할지라도 "그의-초본질적-본질(his-hyperessential-essense, *hyperousian ousia*)에 따른 하나님은 볼 수 없다. 오직 신화하는 에너지(deifying energy)에 따른 하나님만 볼 수 있다." 이는 보이는 것은 관계(relation)인데, "하나님의 '우시아'(*ousia*, 실체, 존재)는 관계가 없고 하나님 안에서 공유할 수 있는 모든 것을 초월하기 때문이다."

젠슨은 그것이 "위(僞)-디오니시우스(Pseudo-Dionysius)의 거의 기독교화되지 않은 신플라톤주의에 너무 비판 없이 연루됐다"고 판단하면서, "우리는 이미 이 시점에서 팔라마스의 교리를 후회했다"라고 덧붙인다.[20]

> 토마스의 형이상학에서, 신적 본질은 단순히 "[하나님은] 무엇인가," '쿠이드 시트'(*quid sit*, 그것은 무엇인가)이고, 그는 이것 이상의 '하이페르우시아'(*hyperousia*: 초[超]실체)를 알지 못한다.[21]

---

[19] Thomas Aquinas, *ST* 1.2.1; Suppl. 92.1; Jenson, *Systematic Theology*, 1:227-28에서 인용함.
[20] Jenson, *Systematic Theology*, 2:342.
[21] Jenson, *Systematic Theology*, 2:345.

젠슨이 이런 구분을 "거의 기독교화되지 않은 신플라톤주의"라고 비평했는데, 우리가 여기에 몰두한다면 정상 궤도를 벗어날 것이다. 그러나 적어도 디오니시우스 신학에 대한 진술이 얼마나 정확하든지, 이 시점에서 동방의 움직임은 최소한 **더욱** 기독교화된 신플라톤주의를 반영한다고 말할 수 있을 것이다. 표면적으로 그것은 존재를 넘어서 플로티누스주의적 "일자"(One)처럼 보일 것이지만, 본질-에너지들 구별 자체는 단순히 창조자-피조물의 차이를 지킨다.

유비 교리(doctrine of analogy)에 대해 진지하게 생각해 보면, 신적 존재는 단순히 피조물의 존재와 양적으로 다를 뿐만 아니라 질적으로도 다르다는 점에서 하나님**은** 존재를 넘어서(beyond being, *hyperousia*) **계시기** 때문에, 이런 신학은 유일하게 적절해 보일 것이다. 신성화에 대한 친밀성에 중점을 둠에도 불구하고, 이 시점에서의 동방적 관점은 피조물이 창조자에게 흡수됨을 허락하고 복수의 것이 하나의 통합으로 흡수되는 것을 허락하는 서방의 관점만큼 쉽게 받아들일 수 없다. 동방신학에서 무로부터의 창조 교리와 삼위일체는 더욱더 또렷하다고 필자는 제안한다.

더 나아가, 피조물이 하나님의 본질보다는 하나님의 에너지들에 참여하기 때문에, 비움 이론들(kenotic theories)에 관해 말할 필요가 없다. 비움 이론들은 존재론적 사다리(ontological ladder)를 내려가는 것같이 "존재"를 줄이는 더욱 유출주의적 도식(emanationist scheme)을 함축한다.

2. 개혁신학과 신화

신화(*Theōsis*) 또는 신성화는 개혁신학에서 자리를 차지하지 않으며, 구원론에 대한 중심 교리의 역할은 더더욱 아니다. 사실, 최소한 일부 그 대표적인 표현에서, 그 교리는 종교개혁가의 귀에 영광의 신학처럼 보이기 쉽다.

기독교 플라톤주의와 신플라톤주의에 대한 지금까지의 비평에서, 필자는 창조**로부터**라기보다는 창조**의** 구속에 대한 개혁파적 강조를 반복해 왔다.

창조자-피조물 구별에서 무한한 차이점이 있지만, 오직 윤리적 결함(ethical fault), 즉 그 언약 위반(transgression of the covenant)에 의해서만 반대가 생겨난다. 그리고 인류는 우리 언약의 머리로서 성공적으로 시험을 마친 새 아담인 그리스도와 연합함으로써 완성을 이룰 수 있다.

그러므로 개혁파적 영광 개념과 신화 개념 사이에서 발견할 수 있는 집합점이 무엇이든지, 그와 같이 우리 인간을 초월하는 어떠한 제안도 배제할 것이다. 전체 인격이 영광의 주제다. 창조된 고유의 본성 위로 더 고귀한 부분(즉, 영혼)은 없다. 그러므로 비록 다른 고대 그리스 신학자들이, 특히 요한네스 크리소스토무스(John Chrysostom)와 알렉산드리아의 키릴로스(Cyril of Alexandria)가 칼빈의 작품에서 특별한 위치에 있지만, 이레니우스(Ireneaus)가 교부로서 최고의 역할을 한다는 사실은 놀라운 일이 아니다.[22]

더 나아가 토드 빌링스(J. Todd Billings)가 지적한 것처럼, 신성화에 대한 특정 설명(팔라마스[Palamas]는 신화에 대한 비잔틴식 해석을 또렷이 설명한다)은 결정적 동방 입장의 초기 전통으로서 종종 다시 읽힌다. 이 입장과 개혁신학 사이에 어떤 집합이 존재하든지, 빌링스는 그것들이 뚜렷한 팔라마스파적(Palamite) 개선을 비롯한 신화 교리보다는 **신성화** 개념에 더욱 포괄적으로 관련되어야 한다고 지혜롭게 제안한다.[23] 이러한 연결을 탐구하는 것

---

[22] 다음을 보라. Irena Backus, "Calvin and the Greek Fathers," in *Continuity and Change: The Harvest of Later Medieval and Reformation History*, ed. Robert J. Bast and Andrew C. Gow (Leiden: Brill, 2000), 253-76; 참조. Johannes Van Oort, "John Calvin and the Church Fathers," in *The Reception of the Church Fathers in the West: From the Carolingians to the Maurists*, ed. Irena Backus (Leiden: Brill, 1997).

[23] J. Todd Billings, "United to God through Christ: Assessing Calvin on the Question of Deification," *Harvard Theological Journal* 98, no. 3 (2005): 315-34. Billings는 잠재한 병행을 지적하면서 (기본적으로 희박한) Calvin의 "신화"(deification)에 대한 언급을 "신화"(*theōsis*)에 대한 팔라미스파의 독특한 개념으로부터 주의 깊게 구별한다.

은 두 전통에 대한 상호 간의 더 큰 강화를 위해 매우 중요하다.[24]

잠재적 집합점들을 평가할 때, 필자는 필자의 요약을 신화 교리의 가장 중요한 구성 요소로 분류할 것이다.

① 포함하는 "신성화"로서의 그리스도와의 연합.
② 본질-에너지들 구별.
③ 신격의 숨은 본질보다는 신적 인격들 체제에 대한 매우 관련된 강조.
④ 부활과 완성에 종말론적으로 초점을 맞춘 지복직관(至福直觀, the beatific vision).
⑤ 예수의 변화 사건.

물론, 비록 우리가 이러한 점들에 대한 집합을 분별할 수 있다고 해도, 칭의와 신인협력주의에 대한 중요한 차이가 남을 것이다. 그러나 여기에서 필자는 이런 점들에 집중하겠다.

1) 연합과 신성화

필자가 이미 말했듯이, 비록 그리스도와의 연합이 칼빈과 개혁신학을 위한 소중하고 통합하는 주제이었지만, 칼빈을 칭의와 **비교해서** 그리스도와의 연합의 후원자로 보는 자들은 그 반대를 보여 주는 칼빈의 명백한 진술을 단순히 무시함이 틀림없다.

---

[24] Thomas F. Torrance는 정교회-개혁파 토론에서 이 관계성을 풍부하게 탐구했는데, 특히 (개혁파 입장에서) 그렇게 했다. 그러나 필자는 Todd Billings의 작품이 신성화 주제에 대한 Calvin의 관련성을 해석하기에 더욱 신뢰할 수 있는 안내서라고 생각한다. 특히 그의 *Calvin, Participation, and the Gift: The Activity of Believers in Union with Christ* (New York and Oxford: Oxford University Press, 2007)을 보라.

동시에, 칼빈은 칭의 외에 그리스도 안에서 우리가 값없이 갖는 선물들에 대해 말할 수 있다. 심지어 그는 다음과 같이 말할 수 있었다.

> 복음의 끝은 결국 우리를 하나님께 순응하게(conformable) 하는 것이며, 이런 표현이 가능하다면, 우리를 신화하는 것임을 알아야 한다.

그런데도 그는 즉시 다음과 같이 제한한다.

> 그러나 여기서 본성(nature)이라는 단어는 **본질**(essence)이 아니라 **질**(quality)을 의미한다. 마니교도들은 예전에 우리가 하나님의 일부이고 인생의 경주를 마친 후에 드디어 우리의 원형(original)으로 되돌아가게 될 것이라고 꿈꿨다. 또한, 우리가 하나님의 본성으로 넘어가서, 하나님 본성이 우리 본성을 삼킨다고 상상한 광신자들도 오늘날에 있다. 따라서 그들은 바울이 말한 하나님이 만유 안에 계신다(고전 15:28)는 구절을 문자적으로 채택한다고 설명한다.
>
> 그러나 이런 헛소리는 거룩한 사도들의 마음에 애초부터 없었다. 사도들은 단지, 육체의 모든 악을 버렸을 때 **우리의 능력이 허용하는 범위 내에서 하나님과 하나가 되는** 것처럼, 우리가 **하나님의 복된 불멸과 영광의 참여자**가 될 것이라고 말하려고 했다.
>
> 플라톤도 이 가르침을 전적으로 알았는데, 그는 인간 최고의 선은 하나님께 대한 완전한 순응이라고 모든 곳에서 정의한다. 그러나 그는 오류의 안개에 연루되어 있었을 때, 나중에 자기 자신이 발견한 사상으로 미끄러져 갔다.
>
> 그러나 공허한 사변을 무시한 우리는 이것 한 가지로 만족해야 한다. 즉, **거룩과 의에 있어서 하나님의 형상**이 이 목적을 위해 우리에게 **회복된다**는 것과 우리는 **우리의 완전한 최고의 행복을 위해 필요한 만큼**, 마침내

영광과 영생의 참여자가 될 수 있다는 것이다(강조는 첨가된 것).[25]

이것은 우리가 신적 본성을 나누어 가짐을 직접적으로 말한 유일한 성경 구절인 베드로후서 1:4에 대한 해설이다. 칼빈은 "공허한 사변"을 하지 말도록 우리에게 주의를 주지만, 그런데도 여기에서 칼빈은 하나님 본질이 아닌 하나님 에너지에서의 나눔을 지지한 것처럼 보이고, 심지어 동방에서 인식한 많은 속성(거룩과 의에 있어서의 하나님 형상 회복을 통한 신적 불멸과 영광)을 이것 아래에 포함한다.

2) 본질과 에너지들

다마스쿠스의 요한(John of Damascus)은 구원의 목적을 설명한다.

> [구원의 목적은] 신적 **존재**로 변하는 길이 아니라, 신적 **영광**에 참여하는 길에서 신화되는 것이다(강조는 첨가된 것).[26]

본질과 에너지들 사이의 팔라마스파(Palamite)의 구별은 루터와 칼빈을 더욱 신화에 우호적인 자로 만들기 위한 최근의 일부 시도를 포함해, 정교회(Orthodoxy)의 고전적 입장을 서방 스콜라주의와 신비주의로부터 더 멀리 떼어 놓았다. 필자가 지적했듯이, 칼빈과 개혁파 전통은 이런 유산을 주장하는 최근의 일부 제안보다 신성화에 대한 동방의 서술에 실제로 더욱 어울렸다.

---

[25] John Calvin, *Commentaries on the Catholic Epistles*, trans. and ed. John Owen (repr., Grand Rapids: Baker, 1996), 371, on 2 Pet. 1:4.

[26] John of Damascus, *An Exact Exposition of the Orthodox Faith*, in *A Select Library of Nicene and Post-Nicene Fathers of the Christian Church*, 2nd series, vol. 9, trans. S. D. F. Salmond (Grand Rapids: Eerdmans, 1973), 31.

칼빈은 상상의 대상으로서의 본질보다는 성경에 계시된 은혜의 경륜에 집중하면서, "하나님의 본질을 탐구하기보다는 오히려 경배해야 한다"라고 규정했다.[27] 실제로 칼빈은 "그들은 하나님이 누구인지 발견하려고 미쳐 있다"라고 덧붙인다.[28]

이것은 성경의 장면들을 통해서 해석된 창조, 섭리, 구속 사역에 계시된 하나님의 속성들을 진술하지 말아야 한다는 의미가 아니다. 그러나 하나님은 "무엇"보다는 "누구"를 말하는 유비적 담화(analogical discourse)를 통해 수용된 형태 안에 이 계시를 제공하신다.[29] 정교회의 해석과 개혁파의 해석 둘 다에 있어서 다음의 바울의 진술은 핵심이다.

> 창세로부터 그의 보이지 아니하는 것들 곧 그의 영원하신 능력과 신성이 그가 만드신 만물에 분명히 보여 알려졌나니(롬 1:20).

그러나 성경에서 발견된 하나님에 관한 지식도 (칼빈은 이것을 분명히 하나님 자신의 신성과 동일시한다) 하나님의 본질을 그 자체로 전달하지는 않는다.

> 그 직접적인 결과로, **그 자체로서의 그가 아닌 우리에게 향하는 그로서** 우리에게 보이는 그의 능력들이 언급된다. 그래서 그에 대한 인식은 헛되고 거창한 사변보다는 살아 있는 경험으로 구성된다(강조는 첨가된 것).[30]

개혁파 스콜라주의는 칼빈을 합리주의의 방향으로 왜곡하지 않는다. 그

---

27 Calvin, *Institutes* 1.2.2.
28 John Calvin, *Commentary on Paul's Epistle to the Romans* (Edinburgh: Calvin Translation Society, 1844; repr., Grand Rapids: Baker Books, 1993), on Rom. 1:19.
29 Michael S. Horton, *Lord and Servant: A Covenant Christology* (Louisville, KY: Westminster John Knox, 2005), 특히. 9-11에서 필자의 논의를 보라.
30 Calvin, *Institutes* 1.10.2.

래서 튜레틴(Turretin)은 다음의 같이 주장했다.

> 신학은 하나님을 형이상학 존재로, 또는 본성의 빛을 통해 알 수 있는 존재로 접근하지 않고, 계시를 통해 창조자와 구속자를 알 수 있는 것처럼 접근한다.[31]

개혁파 스콜라주의자들은 유명론에 의해 동기 부여를 받기보다는, 여러 인물 중 프란시스코 수아레스(Franciscus Suárez)가 소개한 존재의 일의성(univocity)에 반응하고 있었다.[32] 특히 그들은 수아레스의 일의어적(univocal) 이해에 대항해 토마스주의가 말하는 존재의 유비를 강조했다.[33]

그러나 그들은 우리가 그의 본질(우리를 파괴할지도 모르는 감춰진 위엄)을 조사함으로가 아닌 오직 그의 사역(우리를 구속하는 계시된 은혜의 경륜)을 통해서만 하나님을 알 수 있음을 강조하면서, 토마스보다 더 멀리 나아갔다. 바로 이런 이유로 언약은 하나님의 존재가 우리의 유익을 위해 계시된 중요한 지점이 된다.

3) 삼위일체 신격들의 "개별적 특성들"에 대한 강조

비록 여기에서의 차이가 종종 과장되어 있지만, 서방의 삼위일체 신학의 경향은 하나의 신적 본질에 초점을 맞춰 왔고 일반적으로 위격들(persons)을 관계로 다루지만, 동방신학은 위격들로부터 시작한다. 동방신학에 따르면, 위격들이 생기게 하는 것은 신적 본질이 아니라 영원히 나신 성자

---

[31] Francis Turretin, *Institutes of Elenctic Theology*, ed. J. T. Dennison Jr., trans. G. M. Giger, 3 vols. (Phillipsburg, NJ: P&R Publishing, 1992-97), 1:16-17.

[32] Richard Muller, *Post-Reformation Reformed Dogmatics*, vol. 3, *The Divine Essence and Attributes* (Grand Rapids: Baker Academic 2003), 3:109.

[33] Muller, *Post-Reformation Reformed Dogmatics*, 3:113.

와 영원히 나오시는 성령을 산출하는 성부의 위격이다.

칼빈이 신적 본질보다도 삼위일체의 각 구성원의 "위격적 특성들"(personal properties)에 집중하는 것은 직접적 방법과 간접적 방법 모두에서 더욱 동방적(Eastern, 카파도키아적[Cappadocian]) 사고의 틀을 반영한다. 결과적으로, 위격들은 단순한 관계가 아니다. 사실, 칼빈은 카파도키아인들, 특히 나지안주스의 그레고리우스(Gregory of Nazianzus)에게 직접 호소한다.

> 나지안주스의 그레고리우스의 구절은 나를 상당히 즐겁게 한다. 즉, "나는 삼위의 영광에 의해 곧바로 둘러싸이지 않고는 한 분을 생각할 수 없을 뿐만 아니라, 한 분에게 즉시 가지 않은 채 삼위를 분별할 수 없다." 따라서 분리의 개념을 포함하고, 즉시 일체로 우리를 이끌지 않는 위격들의 삼위일체를 상상하지 말아야 한다.[34]

동방신학과 서방신학 모두에서 구원론은 (다른 주제처럼) 삼위일체 교리에 묶여 있고, 그 반대도 마찬가지다.[35] 이런 경향은 특히, 내적 본질보다는 세 위격의 경륜적 사역에 있어서의 세 위격의 정체성에 중점을 둔, 동방신학과 개혁신학에서 특별히 그렇다고 필자는 주장한다.

따라서, 신학은 항상 성자 종속설(subordinationism)과 그리스도 양태론(modalism)을 경계해야 한다고 칼빈은 주장했다.[36] 각 위격은 모든 신적 **외향적** 활동(operation *ad extra*)에 있어, 그 위격에게 알맞은 독특한 방법으로

---

[34] Calvin, *Institutes* 1.13.17. Hilary of Poitiers의 영향은 서방신학에 관한 카파도키아(Cappadocian) 생각에 대한 중세 전달자로서 중요하게 여겨졌던 것으로 보이고, Calvin도 그를 자주 인용한다.

[35] 주류 개혁파 체계와 정교회 체계 사이의 삼위일체과 기독론에 대한 최근의 합의점에 관해서는 *Growth in Agreement II: Reports and Agreed Statements of Ecumenical Conversations on a World Level, 1982-1998*, ed. Jeffrey Gros, Harding Meyer, and William G. Rusch (Geneva: World Council of Churches; Grand Rapids: Eerdmans, 2000), 275-90을 보라.

[36] Calvin, *Institutes* 1.13.5-16.

능동적이다. "거창한 사변"(high-flown speculations)에 의해 인도받기보다는 성경에 의해 인도받는다면, 우리는 다음의 형태를 발견할 것이다.

> 성부에게는 행해지는 것의 효과적 원리와 모든 것의 근원과 원천이 부여되고, 성자에게는 지혜, 계획, 행해지는 것의 질서 있는 배열이 부여되며, 성령에게는 행동의 능력과 작용이 부여된다.[37]

위격적 속성들에 대한 이러한 강조는 삼신론(tritheism)으로 이어지지 않는다고 칼빈은 다음과 같이 말한다.

> 이는 각 위격에서 전체 신적 본성은 이 조건—자신의 특별한 성질이 속한—과 함께 이해되기 때문이다. 아버지는 온전히 아들 안에 계시고 아들도 온전히 아버지 안에 계신다. 그는 다음과 같이 선언하신다. 즉, "내가 아버지 안에 거하고 아버지는 내 안에 계신 것을"(요 14:10).[38]

칼빈은 이 교통을 단순히 신적 위격들의 독특한 페리코레시스(perichoresis, 상호내주)와 동일시하지 않은 채(현대신학이 종종 그렇게 하는 것과는 대조적으로), 실제적인 언어를 사용해서 삼위일체의 바로 그 생명에 신자가 포함되는 것을 말할 수 있다. 피터 판 마스트리히트(Peter van Mastricht)는 개혁신학자를 대표해 그리스도와의 연합에서 "삼위일체 안에는 신적 위격들의 일체에 대한 어떤 조짐(shadowing forth)이 있다"라고 덧붙인다.[39]

---

[37] Calvin, *Institutes* 1.13.18.
[38] Calvin, *Institutes* 1.13.19.
[39] Heinrich Heppe, *Reformed Dogmatics*, rev. and ed. E. Bizer, trans. G. T. Thomson (London: G. Allen & Unwin, 1950; repr., London: Wakeman Trust, 2002), 512에서 인용함.

"어떤 조짐으로서의" 그 자격 조건은 일의적 관련성(univocal connection)이 아닌 유비적(analogical) 관련성을 유지하면서 창조자-피조물 간의 구분을 보존한다. 위에서 인용한 칼빈의 노선을 반복하면,

> 우리는 하나님과 복된 불멸과 영광의 참여자가 되어 **우리의 역량이 허락하는 한** 하나님과 하나가 되는 것처럼 될 것이다.

이 종교개혁가는 어떤 면에서도 신적 본질의 교통을 지지하지 않는다.
다른 측면들에서 그는 자기 삼위일체 신학에서 오히려 전통적으로 서방 쪽(즉, '필리오케'[*Filioque*, 아들로부터])이었지만, 그가 영예롭게 생각하는 아우구스티누스 자료에 대한 일부 날카로운 비평은 히포의 주교 아우구스티누스의 더욱 사색적인 시도에 관한 것이다. 아우구스티누스는 위격들을 단순한 관계성으로 줄이려는 경향의 심리학적 유비 노선들을 따라 하나님의 본질에 관해 생각했다.

우리가 보았듯이 언약신학은 특히 역사 속에서 하나님의 언약 목적들의 모든 영원한 근거로서의 삼위일체 내적(intratrinitarian) 구속 언약(*pactum salutis*)과 함께 칼빈의 강조를 깊이 지지한다. 우리는 하나님을 성부, 성자, 성령으로 부르는데, 이는 성경이 이 호칭들을 계시해 우리가 역사적 경륜에서 만나는 신적 위격들이기 때문이다. 우리는 오직 계시 속에서 만나는 구별된 위격에 의해서 하나님의 본질을 대면한다.

4) 부활/완성으로서의 지복직관

칼빈은 구속을 하나님이신 그리스도와의 연합으로 폭넓게 이해했다. 칼빈은 웨스트민스터의 소요리문답의 첫째 문답처럼(칼빈의 제네바 교리문답의 메아리다) 인간이 존재하는 제일의 목적은 하나님을 영화롭게 하고 그를 즐

거위하는 것임을 강력히 주장한다.

아우구스티누스, 카파도키아 교부들(the Cappadocians), 힐라리우스(Hilary), 베르나르두스(Bernard)의 신비주의 경건은 몇 가지 중요한 방법으로 개정됨에도 불구하고, 즉석에서 자유롭게 사용된다. 칼빈은 다음과 같이 말한다.

> 고대 철학자들은 절대 주권적 선에 대해 열정적으로 토론했고 심지어 이 문제로 다투기도 했다. 그러나 플라톤을 제외한 그 누구도 인간 최고의 선은 하나님과의 연합이라고 인식하지 못했고, 그도 심지어 그 본성은 어렴풋하게도 느끼지 못했다. 그리고 그가 그 연합의 신성한 유대에 관해 아무 것도 배우지 못했다는 것은 놀랄 일도 아니다. 심지어 이 땅의 순례 여행에서도 우리는 유일하고도 완전한 행복을 안다.
>
> 그러나 이 행복은, 그것의 완전한 결실이 우리를 만족하게 할 때까지, 매일 우리의 마음이 그것을 더욱더 갈망하게 불을 지핀다. **따라서 나는 오직 그들만이 그들의 마음을 부활로 일으켜 세운 그리스도의 유익의 열매를 받는다고 말했다**(강조는 첨가된 것).[40]

그 마지막 문장에서 우리는 물질적인 것(동방과 서방의 신비주의에서 강조한 것)을 넘어서는 플라톤의 사색적 상승(contemplative ascent)에서가 아니라, 우리가 나누는 예수의 육체적 부활을 생각함으로 정신의 고양(raising)을 주목한다. 고대 철학자들이 극찬한 "지복직관"(至福直觀, beatific vision)은 그리스도 및 부활과 분리되서는 아주 조금도 감지되지 않는다.

왜 특히 부활인가?

그 이유는 우리가 그의 사상을 정교하게 따라갈 때 더욱 분명해질 것이다.

---

[40] Calvin, *Institutes* 3.25.2.

그러나 봄(vision, 신성화-영광)과 부활 간의 관계에 접근하기 전에, 우리는 또한 "형상"(imago)의 회복이 우리로 그리스도와 그의 모든 유익에 참여하도록 하는 성령의 사역에 대한 칼빈의 이해에 있어서 얼마나 중요한지 인식해야 한다. 부틴(Budin)은 다음과 같이 상기시킨다.

> 『기독교 강요』에서 "하나님의 형상"(imago Dei)에 대한 칼빈의 가장 완전한 정의는, '하나님 형상의 참된 성질은 성경이 말하는 그리스도를 통한 갱신으로부터 유래되어야 한다' 는 가정에 있다.[41]

그러나 칼빈뿐만 아니라 전체 전통도 마찬가지다. 개혁신학자들은 일반적 인간론에서 "하나님의 형상"를 기준으로 하기보다는, 역으로 그리스도 안에서 갱신된 형상에 관한 신약 구절들을 바탕으로 연구했다.[42]

성자는 단지 그의 신성뿐만 아니라 또한 아담의 대표자로서 인성에 따라서도 하나님의 형상이라고 칼빈은 말한다.[43] 사실 전체 복음의 목적은 이 형상을 회복하는 것이다.[44] 신성화와 "형상" 회복 간의 상관관계는 교부의 가르침과 함께 중요한 집합(convergence)을 반영한다.

그러나 이 형상에서의 인류의 참여는 성령 안에서 성자가 중보한다. 그것은 하나님 신성에 대한 직접적 참여가 아니다. 그리고 그것은 서방보다는 오히려 동방이 강조하는 것을 반영하는 중요한 핵심이다.

---

[41] Philip Walker Butin, *Revelation, Redemption, and Response: Calvin's Trinitarian Understanding of the Divine-Human Relationship* (New York: Oxford University Press, 1995), 68.
[42] 필자는 이것에 대한 이후의 인용문과 발전은 *Lord and Servant*, 제4장에서 제공한다.
[43] John Calvin, *Commentary on the Gospel according to John*, trans. William Pringle (1847; repr., Grand Rapids: Baker, 1996), on 17:21.
[44] John Calvin, *The Second Epistle of Paul the Apostle to the Corinthians* ... , ed. D. W. Torrance and T. F. Torrance (Grand Rapids: Eerdmans; Carlisle: Paternoster, 1996), on 2 Cor. 3:18.

칼빈은 "측량할 수 없는 신성의 일부가 사람 안으로 흘러 들어왔다"는 세르베투스(Servetus)의 견해를 반박하면서, 성령이 하나님의 형상을 회복하는 데 있어 고유한 작인(作因)임을 강조했다. … 그는 인류는 "본질이 흘러 들어와서가 아닌 성령의 은혜와 능력에 의해 하나님께 순응한다"는 고린도후서 3:18의 말씀으로부터 이것을 추론했다. … 종말론적 범주는 궁극적으로 칼빈이 이 삼위일체적 회복에 대한 진보적이고 점진적 성격을 이해하는 방법을 형성한다. …

"우리 자신과 온 세상의 완전한 갱신이 정해진 시간에서 발생되기 위하여 이제 우리는 하나님의 영으로 인해 하나님의 형상대로 개혁되기 시작한다."[45]

오시안더(Osiander)와의 분쟁은 또한 성령론적 중재에 대한 그 종교개혁가의 강조를 형성하는 데 중요한 역할을 했음을 또한 알아야 한다. 칼빈은 신자의 본질을 그리스도의 본질(따라서 하나님의 본질)로 혼합하는 것 대신에, 성령을 연합의 결속으로 인식했다.

확실히, 칭의와 내적 갱신은 완전히 구별된다. 칼빈은 다음과 같이 주장했다.

> 그러나 당신은 이것(전가된 의)이 있다면 동시에 반드시 성화도 있어야 한다. 이는 그가 "의, 지혜, 성화, 구속을 위해서 우리에게 주어지셨기" 때문이다(고전 1:30).[46]

부틴은 다음과 같이 지적한다.

---

[45] Calvin, *The Second Epistle of Paul the Apostle to the Corinithians*, 69, Calvin's *Harmonia ex tribus evangelistis composita*, on Luke 17:20.
[46] Calvin, *Institutes* 3.16.1을 인용함.

제3권(III)을 지배하는 질문은 "성부가 그리스도의 개인적인 목적을 위해서가 아닌 가난하고 궁핍한 자를 풍요롭게 하기 위해서 독생자에게 주신 유익을 우리가 어떻게 받는지다." III.1.1에 있는 칼빈의 대답은, "그는 성부로부터 받은 것을 우리에게 주기 위해서 우리의 것이 되셔야 하고 우리 가운데 거하셔야 한다"는 것에 대한 인식에 있다. … 여기에는 칼빈이 1559년 『기독교 강요』 I.13.18에서 확증한 "특성들의 구별"하에 있는 성령을 향한 "작용"에 관한 칼빈의 배정과 명백한 연속성이 있다.[47]

지금까지의 논조에서, 우리는 칼빈에게 있어 (그리고 일반적으로 개혁파 전통에 있어) "하나님을 봄"(*visio Dei*) 및 신성화의 개념과 함께 하나님에 참여한다는 개념은 구속사로부터 완성을 향해 나아가는 성자와 성령의 수직적 강하들(vertical descents)과 함께 종말론을 지향함을 볼 수 있다. 완전히 삼위일체론적이고(일부 동방신학이 강조하는 부분과 함께) "하나님의 형상"(*imago Dei*)에 대한 그리스도 중심적 개념에 기초를 둔 이 견해는 신자가 하나님의 영광에 참여한다는 점을 확증하는 데에 전혀 주저하지 않는다.

그러나 칼빈은 이 체제에서 눈을 뗄 수 없다. 이런 강조들은 그를 디오니시우스주의적 신비주의보다는 이레니우스(Irenaeus)와 베르나르두스에게 더 많이 공감하게 만들면서, 중세 영성에 대한 그의 적절한 반응을 조심스럽게 가져온다.

이 은혜의 경륜(economy of grace)에 대한 강조 때문에 칼빈과 더 넓은 전통은 완성이 이루어질 죽은 자의 미래의 부활을 강조했다. 영혼 혼자만의 풍유적(allegorical), 사색적, 분투적 상승(striving ascent)이 아닌, 파루시아(Parousia)의 우주적, 종말론적, 구속사적 사건이 지복직관(beatific vision)에 관한 개혁파적 기대를 특징짓는다.

---

[47] Butin, *Revelation, Redemption, and Response*, 80.

개혁신학은 형상에 대한 마지막 변호(vindication)와 회복으로서의 **영화**에 관한 주제를 채택할 때, 신성화에 대한 전통적 범주에 가장 가깝다. 그러나 여기에서도 개혁신학은 칭의를 되돌아봄으로써 앞을 내다보아야 한다고 주장한다. 현 시대에 이미 내려진 판결 이외의 다른 최종 변호나 칭의는 없다.

따라서 윌리엄 에임즈는 일반적 구속과 특별한 영화가 "악한 징벌로부터의 진정한 구원"을 의미한다고 말할 수 있는데, **"이것은 현실적으로 칭의의 선고를 수행하는 것일 뿐이다.** 이는 칭의 안에서 우리가 의롭다고 선언됐고 생명을 상으로 받기 때문이다. 영화 안에서 우리는 그 선언과 상으로부터 오는 생명을 받는다. 우리는 그것을 실제로 소유한다"(강조는 첨가된 것).[48]

성도가 영화롭게 될 때, 불경건한 자들에게 선포된 효과적 말씀은 마침내 죄와 사망의 마지막 잔재에 도달한다. **새롭게 하고 영화롭게 하는 것은 다른 말씀이 아니라 다른 운용과 다른 효과 가운데 있는 같은 말씀이다.** 드디어, 구원은 새로운 시대가 창조의 모든 부분을 완전히 변형할 때까지 (롬 8:18-25에서와 같이) 우리를 위해 우리 가운데, 안에서부터 밖으로, 이루어질 것이다.

이 개혁신학자들이 하나님의 본질에 참여함에 가장 가깝게 나아가는 방법은 하늘에 있는 영화된 성도로 항상 제한된 지복직관(*theologia beatorum*, 지복자들의 신학 또는 *theologia visio*, 봄의 신학)에 대한 그들의 직접적 토론을 통해서다. 그러나 여기에서도 그들은 어떤 본질적인 연합으로부터도 후퇴한다. "하나님의 형상"(*Imago Dei*)의 회복에 있어 신자와 교통하는 것은 하나님의 생명, 영광, 의(동방교회의 어법으로는 에너지들)다.

튜레틴은 이 봄(vision)의 주제로서의 전 인격체에 대한 동방의 강조를 상기하면서, 봄(vision)과 사랑 사이의 필연적 선택과 함께 지성과 인간적

---

[48] William Ames, *The Marrow of Theology*, trans. John D. Eusden (Boston: Pilgrim, 1968; repr., Durham, NC: Labyrinth, 1983), 172.

작인으로서의 의지 사이에서 선택하라고 강조한 토마스주의자와 수코투스주의자들을 비판한다.[49]

"시각(sight), 기쁨, 사랑"은 영원한 상태의 본질적 특징이지만, 광선이 태양 자체가 되지 않은 것처럼 자존하는 본질과 창조된 본질은 절대로 하나로 혼합되지 않는다. 그런데도 복된 자로 하여금 영원히 비추도록 원인을 제공하는 것은 창조된 영광이 아니라 하나님으로부터 "피어 나오는" 영광이라고 튜레틴은 말한다.

> 복된 자들이 최고의 선에 대한 자기들의 결실 때문에 영원히 비출 형언할 수 없는 영광이 이것으로부터 꽃피기 때문이다. … 시각(sight)은 하나님을 최고의 선으로 판단한다. 사랑은 그를 향해 실행되고 그와 가장 밀접하게 연합하게 한다. 그리고 기쁨은 그를 즐겁게 하고 그에게 순종하게 한다. 시각은 지성을 완성하고, 사랑은 의지를, 기쁨은 양심을 완성한다. 시각은 바라는 것들의 실상이요 보이지 않는 것들의 증거인 믿음에 대답한다. … 우리가 하나님과 연합함으로 완성된 사랑은 시작된 사랑에 응답하고 마음을 성화한다. 기쁨은 희망에 응답하고 바라는 것들의 결실을 수반한다. 봄(vision)은 사랑을 낳는다. 사랑받지 않고는 하나님을 볼 수 없다. 기쁨으로 채워지지 않으면 그를 가질 수 없기에 사랑은 기쁨을 끌어당긴다.[50]

튜레틴은 고린도전서 13:12을 해석하면서 지복직관이 하나님에 대한 좀 더 명확하고 직관적인 이해를 포함하는 반면 "창조자와 피조물의 구별

---

[49] Turretin, *Institutes of Elenctic Theology*, 3:209: "이 부분에 있어 두 가지 모두 결점이 있다. 이들은 합해야 하는 것을 나누고, 행복은 봄(vision)과 하나님의 사랑에 결합해 존재하기 때문에 봄(vision)이나 사랑에 분리되어 놓여 있다고 주장한다. … 성경은 그것이 이제 '보는 것'(고전 13:12; 고후 5:7; 요일 3:2)에 의하고 '사랑'과 완전한 거룩함(요일 4:16; 고전 13:13)에 의한다고 가르친다."
[50] Turretin, *Institutes of Elenctic Theology*, 3:609.

은 보존되므로 평등이 아닌 유사성이 나타난다"라고 추측한다.[51]

물론 이 시점에서 토마스는 그의 유비 교리와 함께 많은 것을 말했을 것이다. 그런데도 종교개혁가들은 유비를 인정하면서도 존재나 인식론적 차원에서 신적 본질로의 접근을 부정하면서 아퀴나스보다 더 멀리 나갔다. 튜레틴은 지복직관에 관해 다음과 같이 말한다.

> 그러므로 드디어 전체 본질은 보일 수 없고(능력과 목적, 유한과 무한 사이에는 상관관계가 없기에), 본질의 부분도 보일 수 없다(나눌 수 있고 죽을 수밖에 없기 때문에).[52]

그러나 여전히 우리 눈과 나머지 신체도 육체로 남을 것이다. 하나님은 창조된 감각으로부터 무한하신 것처럼 창조된 지성으로부터도 무한하시다. 그것은 하나님의 본질로의 직접적 접근을 불가능하게 만든 지성과 육체 간의 구별이 아니라 창조자와 피조물 간의 구별이다.[53] 튜레틴은 동방 신학에 고개를 끄덕이면서 다음과 같이 덧붙인다.

> 유한한 존재는 무한한 존재를 수용할 수 없기 때문에 피조물은 적절하고(adequate) 포괄적(comprehensive)인 시각으로 하나님을 볼 수 없고, 오직 부적절하고(inadequate) 감지하는(apprehensive) 것(시각)으로만 볼 수 있다. 이런 의미에서 다마스쿠스의 요한(John of Damascus)은 옳게 지적했다.
> "신은 이해될 수 없다"(아카타렙톤 토 데이온, *akatalēpton to theion*).
> 성도가 감지하는 자가 되었다고 일컬어진다면, 이는 그들이 마치 하나님을 파악한 것처럼, 봄(vision)과 관련해서 이해될 것이 아니라, 과정 및 목

---

[51] Turretin, *Institutes of Elenctic Theology*, 3:610.
[52] Turretin, *Institutes of Elenctic Theology*, 3:610.
[53] Turretin, *Institutes of Elenctic Theology*, 3:611.

적과 관련해서 이해되어야 한다. 왜냐하면, 경주가 끝났을 때, 그들은 파악했다(즉, 목적에 도달했다[빌 3:13, 14])고 할 수 있기 때문이다.[54]

종말론적 방향에 다시 주목하라.

상향적 및 명상적 상승(ascent)보다는 오히려 방향이 미래로 향한다. 즉, 경주를 마치고 약속된 목표에 도달한다. 그러나 그 목표 도달은 지금 우리에게 소망의 문제로 남아 있다. 우리는 이생에서 하나님을 "은혜의 빛에 의해서 그리고 믿음의 사색적 지식에 의해서" 영적으로 볼 수 있다.

그러나 다른 삶에서는 직관적이고 훨씬 더 완전한 지복직관과 영광의 빛으로 본다.

성경은 우리가 하나님의 본질을 볼 것인지에 대해 말하지 않기 때문에, 우리는 이 문제에 대해 사변해서는 안 된다.

그런데도 무한한 불균형과, 유한한 존재와 무한한 존재 사이에 있는 거리 때문에, 성도는 하나님의 본질을 있는 그대로 즉각 획득할 수 없다는 주장이 더욱 개연성 있는 견해처럼 보인다. 그것은 또한 (우리가 앞에서 이미 살펴본 것처럼) 믿음의 지식과 비교해 신적 지식의 더욱 명확한 방식을 나타내기 때문에 서로 얼굴을 맞대고 물체를 보는 것처럼 하나님의 본질을 볼 수 없다.[55]

개혁신학자들은 일반적으로 하나님의 본질에 참여하는 것과는 다른 하

---

54 Turretin, *Institutes of Elenctic Theology*, 3:611, John of Damascus, *The Orthodox Faith*, 3 (1.1)을 인용함.
55 Turretin, *Institutes of Elenctic Theology*, 3:611.

나님 안에서의 참된 참여를 확증하는데, 튜레틴은 이런 개혁신학자들의 균형 잡힌 주장을 반영한다. 아퀴나스는 "창조된 지성이 자기의 본질 안에서 하나님을 볼 때, 신적 본질은 그 지성에게 이해될 수 있는 형태가 된다"라고 했는데, 튜레틴의 견해는 이와는 날카로운 대조를 이룬다.[56]

아퀴나스의 이런 표현은 원형(archetypal) 지식과 모형(ectypal) 지식 사이의 인식론적 구별뿐만 아니라, 창조된(created) 존재와 피조적(creaturely) 존재 사이의 존재론적 구별에 의문을 제기한다.

그러나 심지어 현재에도 미래에 대한 맛보기로서, 하나님은 성령으로 신자에게 개인적으로 내주하시는데, 성령은 또한 우리를 성부와 성자에게 연결하신다. 모든 성도는 선물뿐만 아니라 선물을 주는 존재를 소유한다. 이것은 오직 하나님에게는 본질과 존재가 동일하다는 공리를 위반하지 않는데, 그 이유는 이는 "그 자체에 있는" 하나님의 본질에 관한 것이 아니고, 피조물을 향한 하나님의 생명, 구원, 영광(즉, 그의 에너지들)의 교통에 관한 것이기 때문이다. 튜레틴은 시편 17편에서 흥미로운 구절을 인용한다.

> 나는 의로운 중에 주의 얼굴을 뵈오리니 깰 때에 주의 형상으로 만족하리이다(15절).

성도들의 완전한 모습은 사랑으로부터 하나님에게로, 완성된 그들의 열망과 완전한 복의 성취에로 흘러가는데, 하나님의 언약은 그 복을 향하고 그 가운데서 완성된다. 성도들의 영혼에 대한 하나님의 특정한 유출(effusion)과 발산(emanation) 이외에 다른 것은 없는데, 하나님은 자기의 모든 완전함에 대한 **형상을 피조물이 가져갈 수 있을 만큼** 그들에게 주신다(강조는 첨가된 것).[57]

---

[56] Thomas Aquinas, *ST* i.12.5.
[57] Turretin, *Institutes of Elenctic Theology*, 3:612.

본질-에너지들 구별에 대한 가정을 다시 한번 주목하라.

피조물과 공유하는 것은 "그의 모든 완전함에 대한 형상"이지 그의 본질 자체는 아니다. 따라서, 구속은 인간을 인간 이상의 그 무엇으로 만들지 않고 또한 단순히 그들을 무죄했던 형상 담지자(image-bearers)의 원래 상태로 회복하지도 않는다. 오히려 구속은 인간을 첫 번째 언약 머리(아담)가 획득하지 못했던 영화로운 형상 담지자로 변형한다. 이레니우스의 종말론적 강조는 원래 상태로의 단순한 귀환을 넘어서 완성하는 그 무엇과 함께 언약신학의 결정적으로 작용하는 가정이 된다.

이 세대와 오는 세대와의 차이점은 하나님이 자신을 오는 세대에만 교통하신다는 데에 있지 않고 오직 그때는 하나님이 "만유 안에 계신다"(be all in all)는 데에 있다.

> 우리는 하나님을 영원토록 볼 것이고, 싫증 없이 사랑할 것이며, 지칠 정도로 찬양할 것이다. 그리고 그는 성도 위에 그의 빛, 사랑, 거룩, 기쁨, 영광, 생명, 모든 복의 충만함을 즉시 쏟아붓고 그들 가운데 영원토록 거하시므로(계 21:3) "만유 안에 계실 것이다"(고전 15:28).
>
> 여기에서 은혜 안에 계신 하나님은 말씀과 성례를 통해 자신을 자기의 백성에게 매개적으로 전달하시고, 자기의 선물들을 완전히 분여하시지 않고, 부분적으로 분여하신다. 그러나 그때 그는 자신을 단지 부분적이 아닌 온전히 그리고 전적으로(holos) 성도에게 비매개적으로 교통하실 것이다.
>
> 그는 이 모든 복을 복 받은 모든 이에게 완전히 부여할 것이기 때문에, 절대적 행복을 위해 요구된 모든 선한 것의 보편성과 관련해 "모든 것"(all things)이 되실 것이고, 사람들의 보편성과 관련해서는 "모든 사람 안에"(in all) 계실 것이다. 요한계시록 21:22, 23이 전하는 말씀이 바로 여기에 속한다.
>
> "성 안에서 내가 성전을 보지 못하였으니 이는 주 하나님 곧 전능하신 이와 및 어린 양이 그 성전이심이라 그 성은 해나 달의 비침이 쓸 데 없으니 이

는 하나님의 영광이 비치고 어린 양이 그 등불이 되심이라"(계 21:22, 23).**58**

확실히, 토마스는 본질-에너지들 구별을 거부했음에도 불구하고, 일의 성(univocity)에 대한 유비는 강하게 동의했다. 그러나 그의 생각이 창조자-피조물 구별을 지킬 만한지는 아직 의문의 여지로 남는다.

우리가 살펴보았듯이, 튜레틴은 개혁파의 합의를 요약하면서, 하나님을 단지 "신성"(deity)으로만(*in abstracto*, 추상적 견지에서[본성에 있어서 -역주]) 생각한 관점을—토마스의 견해에 공헌한—거부하고, "그리스도 안에서 언약을 맺은"(covenanted in Christ)(*in concreto*, 구체적으로[위격에 있어서 -역주]) 삼위일체 하나님을 채택했다.

신학은 형이상학에 속할 수 없다. 그렇지 않으면 하나님에 관한 지식은 하나님의 자비(복음)보다는 단지 하나님의 위엄(율법)만을 드러내기 때문에 "죽은 지식"이 된다. 그리스도를 제외한 "하나님"이라는 단어는 창조자-피조물 구별뿐 아니라 무한히 거룩한 하나님 앞에 언약 파괴자로서 대면한 인류를 고려할 때, 오직 두려움만을 심어 줄 수 있다.

우리는 루터의 영향력이 확실히 분명한 가운데, 종교개혁가들 사이에서 하나님의 숨겨진 본질에 대한 접근을 거부하는 다소 다른 이유를 보기 시작한다. 그것은 단순히 하나님의 불가해성(incomprehensibility)과 초월성 때문이 아니라 하나님은 그리스도와 분리되실 때 죄인들에게는 "소멸하는 불"이기(히 12:29) 때문이다.

그래서 우리는 현실에 단단히 발을 딛고 하나님이 우리를 찾을 때 우리도 하나님을 찾아야 한다. 사변, 신비로운 경험, 또는 가치의 사다리를 오르려는 사람들은 "마귀가 빛의 천사로 자신을 위장하기" 때문에, 하나님보다는 단지 마귀를 발견하게 될 것이다.**59**

---

58 Turretin, *Institutes of Elenctic Theology*, 3:612.

59 Walther von Loewenich, *Luther's Theology of the Cross*, trans. Herbert J. A. Bouman (Min-

볼프강 무스쿨루스(Wolfgand Musculus)는 다음과 같이 말했다.

> 한편에는 가장 위대하고 신비한 하나님의 위엄과 다른 한편에는 우리 구원의 필요성과 함께 우리는 깊은 곤경에 처해 있다.[60]

그런데도 적어도 여기에서 토마스와 동방의 관점 사이에서 선택해야만 한다면, 보편적으로 일치된 생각은 후자 쪽이다. 즉, 그의 본질에 따른 하나님은 이생이나 다음 생애에서도 절대로 알 수 없다는 것이다. 이는 하나님은 "가까이 가지 못할 빛에"(딤전 6:16) 거하시기 때문에, "그리스도가 반드시 우리의 중보자가 되셔야 한다"고 칼빈은 주장한다.[61] 심지어 영광의 왕국에서도, 그리스도는 중보자이시자 언약 교회의 머리로 남으셔야 한다고 튜레틴은 주장한다.[62]

정리하자면, 루터신학과 개혁신학은 지복직관이 완성의 때에 가능하다고 제한하고, 심지어 이것을 어떤 형태의 "눈의 봄"(visio oculi)으로부터 "즉, 영화롭게 된 그리스도에 대한 인식을 제외한 가시적 봄"으로부터 구별했다.[63] 자기 고양(the self's ascending)과 대조적으로, 지복직관에 대한 이런 강조는 삼위일체의 영원한 목표인 사랑의 교통 안에서 목자가 흩어진 양 떼를 모으는 것에 있다. 그것은 회복될 뿐만 아니라 완성된 전체 창조를 그린다.

십자가에서 영광에 이르기까지, 귀로 들은 약속으로부터 눈으로 봄에 이르기까지, 칭의에서 성화, 영광에서의 완전함과 전체 창조의 재생에 이

---

neapolis: Augsburg, 1976), 42-49.
[60] RichardMuller, *Post-Reformation Reformed Dogmatics*, vol. 1, *Prolegomena to Theology* (Grand Rapids: Baker, 1987), 179에서 인용함.
[61] Calvin, *Institutes* 3.2.1.
[62] Turretin, *Institutes of Elenctic Theology*, 2:490-94.
[63] Richard Muller, *Dictionary of Latin and Greek Theological Terms Drawn Principally from Protestant Scholastic Theology* (Grand Rapids: Baker, 1985), 325.

르기까지 움직임이 있다. 칼빈은 에베소서 1:10의 주석에서 다음과 같이 썼다.

> "통일되게 하다"(gather)라는 단어를 통해서, 사도 바울은 주 예수 그리스도께서 우리를 회복하실 때까지, 우리가 얼마나 끔찍한 소멸 상태에 처해 있는지를 보여 주려 했다. 그리고 이것은 우리뿐만 아니라 다른 모든 피조물에도 해당한다. 간단히 말해서, 그것은 마치 자연의 모든 질서가 훼손된 것이나 마찬가지고, 우리가 주 예수 그리스도 인격 안에서 회복될 때까지 아담의 죄로 인해 모든 것이 부패하고 질서 없이 됐다고 말한 것과 같다.[64]

창조된 무결성으로부터 타락할 수 있는 모든 가능성은 회복이 이루어진 후에야 없어지기 때문에, 심지어 천사들도 여기에 포함된다.

> 그리고 여기서 야곱에게 보인 사다리에서 왜 하나님이 그것의 꼭대기에 서서 하늘과 땅을 만졌고 천사들이 오르락내리락했다고 말하는지 그 이유를 알게 된다(창 28:12). 우리 주 예수 그리스도의 인격 안에 그의 신적 본질과 인성이 같이 연합했기 때문에, 그는 하늘과 땅을 만진 참으로 살아 있는 영원한 하나님이시다. 그러므로 히브리서(1:14)에 기록된 대로, 천사들은 우리 영혼을 보살펴야 하고(시 3편과 4편에서 말한 것처럼) 우리를 둘러싸며 지키고 우리의 수호자가(7절) 되기 때문에, 하늘이 열려서 천사들이 심지어 우리의 종이 되기까지 그들은 우리와 친숙해진다.[65]

---

[64] John Calvin, *Sermons on the Epistle to the Ephesians*, trans. Arthur Golding, rev. ed. (Edinburgh: Banner of Truth Trust, 1973), 63.
[65] Calvin, *Sermons on the Epistle to the Ephesians*, 64.

믿는 자와 그들의 승천이 아니라, 예수와 그의 재림이 하늘에서 땅에 닿은 "야곱의 사다리"다.

5) 변형과 부활

우리는 칼빈과 개혁신학이 그리스도의 부활을 고대 철학자들이 놓친 하나님 안에서의 연합이나 참여를 이해하는 가장 명백한 범주로 여겼음을 보아 왔다. 위의 로스키(Lossky)의 서술에서 알 수 있듯이, "하나님을 봄"(*visio dei* 또는 신화)은 서방 사상에서 일반적으로 발견되는 것보다 동방 사상에서 좀 더 종말론적 개념으로 쓰인다.

그러나 개혁파 전통을 신화(*Theōsis*)에 대한 정교회 교리와의 대화로 가져오면, 참여에 대한 칼빈의 더 넓은 진술에서 부활의 역할을 조사하기 전에, 변형에 대한 그의 해석을 언급하는 데 유용할 것이다.

칼빈은 엄격한 "문자적 의미"(*sensus literalis*) 해석학을 바탕으로, 이 사건에 대한 어떠한 풍유화도 삼간다. 세 명의 제자(베드로, 야고보, 요한)는 그곳에 법적 증인으로서("두 사람이나 세 사람의 증인으로," 신 17:6) 있다.[66] 그것은 법적인 설정이다. 즉, 예수의 재판에, 판사(성부의 목소리), 하늘로부터의 성령의 증거(구름), 땅의 증인들(제자들뿐만 아닌 모세와 엘리야)이 있는 법정 드라마다.

그러나 그것은 또한 신비롭다. 칼빈은 이 변형을 신적 본질보다는 하나님의 광선들(에너지들)을 발산하는 구약의 신적 현현으로 연결한다.

> 그러므로 아주 먼 옛날 하나님은 거룩한 족장들에게 나타나셨다. 하나님 자체로서가 아닌 사람들이 하나님의 무한한 영광의 광선을 견뎌낼 수 있

---

[66] John Calvin, *Commentary on a Harmony of the Evangelists*, trans. William Pringle, vol. 1 (1845; repr., Grand Rapids: Baker, 1996), 309.

을 만큼 나타나셨다. 따라서 요한은 **그들이 그와 같아서 그의 참모습을 그대로 보기**까지라고 선언한다(요일 3:2).[67]

모세와 엘리야는 "오직 그리스도만이 율법과 선지자의 완성임을 보여주기 위해서" 선택됐다.[68] 그들은, 비록 그들이 부활의 맛보기인 빛나는 영광에 잠겨 있을지라도 이 장면의 중심인, 그리스도의 임박한 죽음에 관해 이야기했다.[69]

그 에피소드가 끝난 후, 베드로는 천국 자체에 대한 맛보기를 경험했을 때 여전히 초막에 관해 생각하고 있었고, 단지 일시적이고 이미 희미해진 것을 갈망했다. 그러나 칼빈은 이것이 언약의 절정이라면 우리 구원이 어떨지 놀라워한다.[70]

또한, 풍유적 상승(allegorical ascent)보다는 구속사 체제(redemptive-historical economy)를 강조해야 한다. 우리는 눈이 아닌 믿음으로 구름에 들어가기 때문에 압도적인 영광을 보는 가운데서도 하늘로부터 내려오는 신적 **목소리**와 예수, 모세, 엘리야 사이의 대화는 그 말씀의 중요성을 강조한다.[71] 성부는 성자를 종들 위로 높이는 말씀을 하셨다.

> 이는 내 사랑하는 아들이니 너희는 저의 말을 들으라.[72]

> 그는 의의 태양으로서 도착할 때에 온전한 빛을 비췄다.[73]

---

[67] Calvin, *Commentary on a Harmony of the Evangelists*, 310.
[68] Calvin, *Commentary on a Harmony of the Evangelists*, 311.
[69] Calvin, *Commentary on a Harmony of the Evangelists*, 311.
[70] Calvin, *Commentary on a Harmony of the Evangelists*, 312.
[71] Calvin, *Commentary on a Harmony of the Evangelists*, 313-14.
[72] Calvin, *Commentary on a Harmony of the Evangelists*, 314.
[73] Calvin, *Commentary on a Harmony of the Evangelists*, 315.

법적으로 인정받은 성자는 겁먹은 제자들을 부드럽게 만지신다. 그래서,

> 그들은 더 이상 공포에 떨지 않는다. 그렇지 않았다면 그의 모든 위엄은 모든 육체를 삼켜 버렸을 것이다. 또한, 그는 단지 말씀으로만 그들을 위로하지 않았다. 그는 그들을 **만짐**으로 그들에게 용기를 준다(마 17:7).[74]

우리는 모세, 엘리야, 다른 성도들이 그랬듯이 모든 영광을 그리스도에게 돌리며 그들을 존중한다.

> 우리는 실수의 기원을 제자들에게서 찾을 수 있다. 즉, 그들이 하나님의 위엄 때문에 공포에 떨었을 때, 그들의 마음은 사람을 찾아 헤맸다. 그러나 그리스도가 그들을 부드럽게 들어 올리셨을 때, 그들은 오직 그만 바라보았다. 우리가 만약 그리스도가 우리의 두려움을 덜어 주신 그 위안을 경험하게 되면, 우리를 혼란에 빠뜨릴 수 있는 모든 어리석은 감정은 사라질 것이다.[75]

정신의 고양(ascent)이 예수의 역사를 변형시켜 영혼이 하나님을 보도록 변형시키는 곳에서, 일반적 부활과 영화 사이의 관계는 분명하지 않다.[76]

개혁신학 체계는 "연합의 신학"(*theologia unionis*)에 관한 주제를 유지한다. 즉, 하나님을 대면하는 지식은 길을 가는 소수의 특별한 순례자들뿐만 아니라 영화롭게 된 모든 성도에게도 속한다는 것이다. 칼빈은 법정적이고 동시에 존재론적인 이레니우스주의적 강조가 강했다. 그 종교개혁가는

---

[74] Calvin, *Commentary on a Harmony of the Evangelists*, 316.
[75] Calvin, *Commentary on a Harmony of the Evangelists*, 316.
[76] 이 주제에 대한 완전한 전개에 대해서는 Douglas Farrow, *Ascension and Ecclesia* (Edinburgh: T&T Clark, 1998)을 보라. 이로부터 필자는 필자의 다음 책의 첫 장을 장식할 많은 영감을 얻을 것이다.

다음과 같이 말한다.

> 그리스도는 잃어버린 세상과 역사 자체인 생명의 소망으로부터 멀어진 그의 육체로 모였다.[77]

우리에게 전달된 것은 역사적 인물로서의 그리스도에 관한 본질이나 그의 신성 또는 인성이 아니라 그의 에너지들이다. 즉, 생명, 영광, 의, 권능, 빛 그리고 그가 성부 및 성자와 공유한 교통이다. 비슷하게, 튜레틴은 이 영광이 "영혼과 육체 모두에게" 주어져서 "전 인격이 하나님과 영원토록 교통하며 즐거워할 것"이라고 말한다.

> 이것 때문에 바울은 "지극히 크고 영원한 영광의 중한 것"이라고 말한다. 이것은 마음을 너무 압도해서 말보다는 침묵과 경이로 표현하는 것이 더 낫다.[78]

성경은 그것을 신적 겸손이라는 은유법으로 표현한다.

> 그러므로 우리의 연약함과 사물 자체에 있는 장엄함 때문에, 하나님은 우리의 말을 빌린다.[79]

그것은 빛, 혼인 잔치, 고귀한 보석과 보물들, 재산, 과실을 맺는 나무로 가득한 정원, 젖과 꿀이 흐르는 땅, 왕 같은 제사장과 왕국, 억압이 없는

---

[77] John Calvin, *CO* 27 (CR 55): 219.
[78] Turretin, *Institutes of Elenctic Theology*, 3:612.
[79] Turretin, *Institutes of Elenctic Theology*, 3:614.

영원한 안식으로 표현한다.[80]

우리는 육체로부터 해방되지 않고, "'썩어짐의 종 노릇 한 데서 해방' 된다(롬 8:21)."[81] 그리스도의 변화는 "이 영광의 무게"에 대한 맛보기이고, 그의 부활은 그것의 시작이다.[82] 비록 하나님 홀로 불멸을 소유하시지만 (딤전 6:16), "성도는 하나님의 지복직관으로부터 오는 은혜로 불멸하게 된다."[83] 표면상 불멸의 영혼과 멸절할 육체 사이의 대조는 없다. 둘 다 죽을 수밖에 없고 은혜로 인해 불멸하게 일어난다.

> 이제 여러 가지 결점을 저지르기 쉬운 인성에 대한 천박함이 치욕스러운 반면, 이 영광은 썩을 눈으로는 거의 볼 수 없고, 별들과 태양처럼 반짝반짝 빛나게 될 육체의 화려함과 아름다움으로 구성된다.

모세의 얼굴(출 34:29)과 심지어 더욱이 그리스도의 변화(마 17:2)가 미리 보여 주듯이,

> 그 장엄함은 우리가 대면할 하나님의 지복직관과 그리스도 왕국에서 높여질 그리스도에 대한 영광스러운 모습으로부터 흐를 것이다. 그리고 **그것은 육체를 빛나게 할 하나님 영광의 광선일 것이다.**[84]

그들은 살아 있는 육체, 즉 "활력이 넘치고 강하며 견고하고 일을 올바로 수행 할 수 있는 육체일" 것이다.[85] 영성에 관해서는,

---

80 Turretin, *Institutes of Elenctic Theology*, 3:614-15.
81 Turretin, *Institutes of Elenctic Theology*, 3:618.
82 Turretin, *Institutes of Elenctic Theology*, 3:618.
83 Turretin, *Institutes of Elenctic Theology*, 3:618.
84 Turretin, *Institutes of Elenctic Theology*, 3:619.
85 Turretin, *Institutes of Elenctic Theology*, 3:620(강조는 첨가된 것).

마치 그것[영적 육체]이 영혼으로 변화되는 것처럼, 그래서 더 이상 육체라고 불러서는 안 되고 영혼이라고 불러야 하는 것처럼, 이 영성은 영혼의 바로 그 본질을 뜻하지는 않는다.

그들 육체는 "영적"이게 될 것이다. 이 말은 육체가 "영혼"이 된다는 의미가 아니라, "모든 불순물과 더러움에서 제거될 것"이라는 뜻이다.[86] 여기에서 이레니우스주의적 강조가 아타나시우스주의적 강조를 이긴다. 예수의 신성이 그의 인성을 삼키지 않았던 것처럼, 완성은 우리를 인간 이상의 그 무엇으로 만들지 않고 오직 완전한 인간으로 만들뿐이다.

오는 시대의 사회를 특징짓는 표현은 계속된다. 그 이유는 다음과 같다.

> 영혼뿐만 아니라 육체가 있는 전 인격체가 하나님이 명령하신 대로 하나님을 경배할 것이다. …
>
> 영혼 못지않게 육체도 하나님이 창조하시고 구속하셨기에 동일하게 영화롭게 된다면, 영화롭게 된 이 육체가 행위와 언어를 통해 하나님을 영화롭게 하는 것보다 더 올바른 일은 무엇이 있단 말인가?

튜레틴은 또한 묵시록에 있는 영광송과, 그리스도의 변화에 나타난 대화의 "음성 언어"(vocal language)를 인용한다.[87] 공통의 언어로, "육체와 영혼"이 영화롭게 되고 동시에 영광을 돌리는 "우리는 영원한 할렐루야를 그에게 한목소리로 부를 것이다."[88]

새로운 시대에 육체의 참여에 대한 강조는 이 개혁신학자들의 특징이다. 비슷하게, 17세기의 훌륭한 작가 토마스 왓슨(Thomas Watson)은 웨스트

---

[86] Turretin, *Institutes of Elenctic Theology*, 3:620.
[87] Turretin, *Institutes of Elenctic Theology*, 3:635.
[88] Turretin, *Institutes of Elenctic Theology*, 3:637.

민스터 소요리문답 제38문에 대한 답을 인용한다.

> 신자들이 부활할 때에 영광 중에 다시 살아나고 심판 날에 공적으로 인정을 받으며 죄 없다 함을 받고 영원토록 하나님을 흡족하고 충만하게 즐거워하는 완전한 복을 누리는 것이다.

그다음 그는 다음과 같이 해석한다.

> 어떤 사람들은 우리가 새 몸으로 옷을 입을 것으로 생각한다. 그렇다면 그것을 부활이라고 부른다면 부적절하다. 그것은 오히려 창조라고 불러야 한다.
> "비록 벌레가 이 육체를 파먹어도 나는 육체 안에서 하나님을 볼 것이다"(욥 19:26).
> 또 다른 육체에서가 아니라 내 육체라고 했다.
> "이 썩을 것이 반드시 썩지 아니할 것을 입겠고"(고전 15:53).[89]

신자들이 부활한 그리스도의 몸에 신비하게 연합한다는 사실은 육체의 부활을 요구한다. 왓슨은 계속 주장한다.

> 육체가 다시 살아나지 않으면, 신자는 완전히 행복하지 않을 것이다. 왜냐하면, 영혼은 몸 없이 살아갈 수 있지만, 아직 육체와 "연합할 열망"(*appetitus unionis*)을 가지고 있기 때문이다. 그래서 영혼은 육체로 옷 입기까지 완전히 행복하지 않을 것이다. 그러므로 의심할 여지없이 몸은 다시 일어날

---

[89] Thomas Watson, *A Body of Divinity Contained in Sermons upon the Westminster Assembly's Catechism* (repr., Edinburgh: Banner of Truth Trust, 1986), 305-6.

것이다. 만약 육체를 제외한 영혼만 하늘에 가야 한다면, 신자는 반만 구원받은 것이다.[90]

따라서 왓슨은 부활을 예상하면서 자기의 의견을 밝힌다.

영혼은 육체를 얼마나 환영할까?
오, 복 받은 몸!
내가 기도할 때, 너는 손을 들어 올리고 무릎을 꿇고 내 기도에 주의를 기울였다. 너는 기꺼이 나와 고통을 함께 했고, 이제 나와 함께 다스릴 것이다. 너는 불명예에 심어졌지만, 이제 영광으로 일어난다.
오, 나의 사랑스러운 육체!
나는 그대에게 다시 들어가서, 그대와 영원히 결혼할 것이다.[91]

사실, 그는 이렇게까지 결론 내린다.

신자의 티끌은 그리스도의 신비한 몸의 일부다.[92]

결론적으로 개혁파가 영화와 지복직관을 언급할 때는, 일반적으로 육체의 부활과 관련이 있었다. 비록 죽을 때에 영혼이 육체를 떠나지만, 세상 끝 날에 육체와 다시 연합하지 않는 영혼은 영화롭다고 할 수 없다.[93] 이 주제

---

[90] Watson, *A Body of Divinity Contained in Sermons upon the Westminster Assembly's Catechism*, 306.
[91] Watson, *A Body of Divinity Contained in Sermons upon the Westminster Assembly's Catechism*, 308.
[92] Watson, *A Body of Divinity Contained in Sermons upon the Westminster Assembly's Catechism*, 309.
[93] Heppe, *Reformed Dogmatics*, 695-712에 있는 인용문을 보라.

를 다룰 때, 개혁신학이 강조하는 것은 하나님에 대한 단순한 지적 봄(vision)이 아닌 (어떤 면에서는 적어도 일부 성도들이 지금 일정 부분 달성한 것일 수도 있는), 특히 마지막 날에 삼위일체 하나님의 영원한 면전에서 영광스럽게 된 머리를 가진 전체 교회의 육체다.

마침내, **영화**가 개혁파 구원 서정에서 고귀한 자리를 부여받았다면, 본질-에너지들 구별에 의해 자격을 부여받고 칭의와는 구별되는(비록 칭의에 바탕을 두지만) 신성화 범주는 그다지 이질적이지 않게 보인다.

사실, 어떤 지지자들이 제안한 것처럼[94] 신성화를 변신(transfiguration)과 변형(transformation)으로 이해한다면, 이 주제는 유사하게 제한적 의미에서의 지복직관에 대한 전통적 주장과 마찬가지로 개혁신학에 해롭지 않다. 물론 칭의가, 영화/신성화의 절정에 도달한 연합의 기초가 될 것이지 아니면 그 반대가 될 것인지, 그리고 이 완성하게 하는 은혜가 본성을 높인다거나 초월한다기보다 본성을 완벽하게 할 것인지에 대한 의문의 여지는 여전히 남아 있다.

개혁신학자들은 언약 체제 안에서 좀 더 종말론적인 방향으로 그것을 밀어내면서, 지복직관을 수정했다. 그렇지만, 좀 더 최근의 개혁파 입장에서는 이 주제 자체가 가려져 있는 것처럼 보인다. 형식적 교리와 설교에 관해서(또한, 그러므로 그리스도인들의 삶에서), 지금까지 요약한 의견은 개혁파 전통에 어느 정도 이질적으로 보여서 많은 이를 충격에 빠뜨릴 수 있다.

바르트의 신학에서 보듯이, 그가 과거의 완성된 사건으로서 십자가와 그리스도 부활에 새로운 주의를 기울였던 곳에서도, 그리스도 재림의 "그러나 아직"과의 연관과 그리스도 안에서 죽은 자의 부활-영화는 덜 분명하

---

[94] Mannermaa는 관찰한다. Pelikan은 "신화(*theōsis*)를 '변형'(transformation)으로 이해한다." 그리고 Dietrich Ritschl은 그 주제에 관한 Athanasius의 관점을 빛의 은유로 탐구하기 때문에, Mannermaa는 "Pelikan이 신성화를 나타내는 단어로 '변형'이라는 단어를 사용했다면 더욱 일관성이 있을 뻔했다"라고 판단한다. Tuomo Mannermaa, *Christ Present in Faith: Luther's View of Justification*, ed. Kirsi Stjerna (Minneapolis: Fortress, 2005), 3.

다. 결과적으로, 머리와 교인들, 포도나무와 가지, 처음 열매와 완전한 수확 간의 종말론적 관계는 신자와 교회의 경험 속에서 뚜렷하지 않다.[95]

펠리칸(Pelikan)과 젠슨은 조나단 에드워즈(Jonathan Edwards)를 신성화의 지지자로 지목해 왔고, 또한 밀뱅크(Milbank)는 급진적 정통주의 연구와 마음이 잘 맞는 "아메리카 신학자"(America's Theologian)에게서 기독교식 플라톤주의를 발견한다는 점은 그리 놀랄 일도 아니다.

그러나 개혁파 전통에서 에드워즈는 항상 논란의 대상이 되어 왔다. 찰스 핫지(Charles Hodge)는 에드워즈가 칭의 이론을 어설프게 손본 것에 대해 비판했을 뿐만 아니라 "그 결과가 본질적으로 범신론적인" 존재론적 양식을 개발한 것에 대해서도 비판했다.[96]

마이클 맥클리몬드(Michael J. McClymond)가 지적했듯이, 팔라마스(Palamas)와 에드워즈 사이에는 두드러진 유사점이 있다. 둘 다 신성화를 강조했고(비록 에드워즈는 그 용어 자체를 사용하지는 않았지만, 동의어는 풍성히 사용했다) 그것을 신적 에너지들의 발산으로 이해한다. 즉, 하나님의 본성과 은혜를 전달하는 신적 빛으로 이해한다.[97] 에드워즈는 사실상 다음과 같이 주장하기까지 했다.

---

[95] 그러나 이것이 Barth만의 독특한 입장이 아니다. 좀 더 일반적으로, 주목할 만한 예외를 제외하는, 구원론이 과거의 성취와 현재 구속의 적용에 제한될 때 구원론은 때때로 종말론으로 인해 충분히 해석되지 못한다.

[96] Michael J. McClymond, "Salvation as Divinization: Jonathan Edwards, Gregory Palamas, and the Theological Uses of Neoplatonism," in *Jonathan Edwards: Philosophical Theologian*, ed. Paul Helm and Oliver D. Crisp (Aldershot, UK: Ashgate, 2003), 139, Charles Hodge, *Systematic Theology*, 3 vols (New York: Charles Scribner's Sons, 1872-73), 2:219를 인용함.

[97] Palamas와 Edwards 사이의 겹치는 부분은 McClymond의 흥미로운 논문인 "Salvation as Divinization"이라는 논제다. 비록 Edwards는 Gregory of Nyssa나 신성화를 옹호하는 다른 초기 작가들의 글을 읽지 않은 것처럼 보이지만, McClymond는 그의 입장이 캠브리지 플라톤주의자들의 것과 비슷하다고 지적한다. 그러나 이들과 달리, Palamas처럼 Edwards의 생각은 Plotinus의 "일자"(One)를 진리로 인정한다기보다(신성화에 대한 육체의 참여를 포함한) 물질과 하나님의 진정한 접근을 더욱 지지한다.

하나님은 마치 그것 없이는 그의 가장 완전하고 영광스러운 상태에 있지 않으신 것처럼, 그 자신의 충만함과 완전함에 속한 자기의 교통과 무한한 영광과 선의 발산을 보신다. 그러므로 마치 그가 그리스도의 충만함 없이는 가장 완벽한 상태에 있지 않으신 것처럼, 마치 아담이 하와 없이는 결함 있는 상태에 있었던 것처럼, 그리스도의 교회(그의 영광의 발산과 그의 충만한 교통의 대상이며 동시에 이것들이 있는)는 그리스도의 충만함이라고 불린다.[98]

필자는 핫지의 에드워즈 사상에 대한 일반적인 평가에 공감하면서, 또한 보다 현대 개혁신학자들과 장로교 신학자들(특히, 미국인들)이 그리스도와의 연합에 대한 신비한 측면에서 너무 미심쩍게 여긴다고 생각한다.

에드워즈는 확실히 개혁파 전통에서 그 누구보다도 플라톤 및 관념론적 형이상학에 가장 근접했다. 그는 심지어 모든 실체를 성향이나 자질로 줄이기까지 했다. 그러나 필자가 방금 인용한 문장은 그의 광범위한 존재론적 가정을 필요로 하지 않는 것처럼 보인다. 우리는 이미 동방의 본질-에너지들 구별을 지향하는 신성화의 더 오래된 개혁파적 개념에 관한 일부 증거를 보아 왔다.

종교개혁가들과 그들 학문의 상속인들은 상호 보완적 체계에서 구원 서

---

[98] McClymond, "Salvation as Divinization: Jonathan Edwards, Gregory Palamas, and the Theological Uses of Neoplatonism," 152, Jonathan Edwards, *The End of Creation*, in *Ethical Writings*, ed. Paul Ramsey, vol 8 of *The Works of Jonathan Edwards* (New Haven: Yale University Press, 1989), 439-40을 인용함. 필자의 입장은 Hodge와 Edwards 사이 어딘가에 있다. Edwards 자신의 체계는 본질적으로 관념론으로 보이며, 자신의 칭의를 수정함으로, 그의 초기 신비적 참여가 주입된 자질의 구원론에서 법정적 전가를 얼마나 쉽게 삼킬 수 있는지 보여 준다. 그리스도에 대한 믿음이 아니라 영혼에 있는 "자질"(*Habitus*)이나 기질(사랑)이 의롭게 한다(*Miscellanies*, in *The Works of Jonathan Edwards*, vol. 13, ed. Thomas A. Schafer (New Haven: Yale University Press, 1994로부터 Miscellany 27b를 인용). 동시에 Palamas와 마찬가지로 Edwards는 또한 신플라톤주의를 더욱 물질-긍정(matter-affirming)과 관계적 방향으로 수정한다. Robert Jenson과 John Milbank가 Edwards를 높이 평가하는 것은 놀라운 일이 아니다.

정에 대한 법정적-사법적 및 신비적-유기적 관점을 유지할 수 있지만, 에드워즈와 핫지는 다른 것을 희생해 다른 하나를 강조하는 경향을 반영한다. 칭의와 신비한 결합이 분리할 수 없는 일체(inseparable unity)에 있어서 동시에 분리하고 연합할 수 있다면, 이것은 또 다른 거짓 딜레마가 된다.

필자는 신성화와 영화에 대한 전통적 개혁파 주장이 혼합할 수 있는 가능성들을 제공하면서 앞으로의 발전을 위해 필자만의 관점을 제안할 것이다.

3. 부활과 안식으로서의 신성화와 지복직관

필자의 견해로는, 최종 지점으로서뿐만 아니라 우리가 전체 체제를 보는 렌즈로서의 종말론에 대한 새로운 관심은 이런 차원들의 일치를 가리킨다. 구원에 대한 법정적인 것을 신비적, 유기적, 변형적 관점들로 동화하거나 아니면 그 반대이거나 상관없이, 칭의는―법정적 판결로서 조심스럽게 지켜지는 주제에서조차―성화 및 영화와의 관련성을 잃고 그 대신 도덕주의가 "그리스도인의 생활"과 미래의 희망과 관련해 지배력을 갖게 된다.

그러나 종말론적 강조는 구원에 관한 법정적 및 변형적 관점 사이의 관계를 인식할 수 있게 할 뿐만 아니라, 개인적 차원과 우주적 차원 사이의 관계도 인식할 수 있게 한다. 필자는 이런 종류의 발전이 가져올 수 있는 것을 나타내기 위해, 신성화와 영화 사이의 연결에 대한 필자 자신의 연구를 제안할 것이다.

1) "땅의 인간"/"하늘의 인간"

첫 열매들인 예수의 부활-칭의와 하늘의 성소로 향한 그의 승리의 입성(영광)은 현재 우리 칭의의 토대가 되고 또한 칭의를 예상하는데, 이는 우리가 영원한 생명의 부활에서 경험함으로 증명될 것이다. 따라서 "하늘의 사람"(예수)은 죽은 자 가운데서 살아나 하늘로 승천하셔서 아버지의 오른편에서 다스리시는 종말론적 존재(eschatological person)시다.

고린도전서 15장의 "흙에 속한 자"(안트로포스 에크 게스 코이코스, *anthropos ek choikos*)와 "하늘에 속한 자"(안트로포스 에크 우라누, *anthropos ek ouranou*) 사이의 대조는 영지주의 구원자 신화(gnostic redeemer myth)와 아무 상관이 없고 대신 철저히 종말론적이다. 단순한 인간으로서의 아담과 신적 존재로서의 그리스도 사이의 대조도 없다.

로마서 1:3-4에 있는 그리스도의 "아들 됨"과 영광은 단순히 그의 영원한 신성에 대한 표현이 아니라 문맥상 아담으로서의 그의 역할에 대한 언급이다. 아담이 창조자를 본받으면서 "6일"간의 노동을 우리의 언약 머리로서 성공적으로 성취했다면, 그 그리고 아담 안에 있는 우리 모두는 영원한 안식의 "일곱째" 날로 성공적으로 들어갔을 것이다. 다시 말해, (동시에 개인적 및 우주적, 영적 및 육체적) 영화는 마지막 날의 사법적 판결(judicial verdict)로서 즉시 나타날 것이다.

그러나 타락은 이 원래 목적을 방해했으므로 아담과 우리는 모두 함께 "땅의 사람"이 되어서 단지 죽게 될 뿐만 아니라 실제로 쇠퇴와 사망을 선고받았다. 이 언약 머리에서는 생명이 없고 오직 독이 든 물줄기만이 있을 뿐이다.

그러나 두 번째 아담은 죽음에서 생명으로 건너와서, 이 세대에서 오는 세대까지, "6일"의 수습 기간을 성공적으로 마치고, 해방된 무리와 같이 "일곱째 날의" 휴식에 들어갔다.[99] 그러므로 여기에 "하늘의 사람"은 부활해 무죄를 입증한, 그래서 영화롭게 된 언약 백성의 대표자다. 그가 영원한 권리에 의한 하나님의 아들이기 때문만이 아니라 그의 사명을 완성함

---

[99] 필자는 이 주제를 *Lord and Servant*의 제4장과 제5장에서 더욱 완전히 다룬다.

으로써 종말론적 아들-형상이기 때문에 그의 부활은 단순히 개인적 차원보다는 공공의 대표자로서 성취한 것이다.

예수의 부활은 십자가의 법적 역할에 대한 신적 허가뿐만 아니라, 또한 그 자체로서 법정적 행위였다. 그는 "성결의 영으로는 죽은 자들 가운데서 부활하사 능력으로 하나님의 아들로 선포"되셨다(롬 1:4). 보스(Vos)는 다음과 같이 지적한다.

> 이것은 구원자의 구성에서 두 가지 공존하는 측면에 관한 것이 아니라, 그의 삶에 대한 두 가지 연속 단계에 관한 언급이다. … 이중적 '카타'(κατά, ~을 따라서)는 존재에 대한 각 상태를 대조하고, 이중적 '에크'(ἐκ, ~로부터)는 각각의 기원을 대조한다. 따라서 '카타 사르카'(κατὰ σάρκα, 육체를 따라서)의 존재는 "다윗의 씨로부터"에서 기원했고, '카타 프뉴마'(κατα πνεῦμα, 영을 따라서)의 존재는 "죽은 자의 부활로부터"에서 기원했다.[100]

예수는 영원토록 아들이신 반면, 그의 부활은 그의 신적 본질과는 구분되는 "아들 됨의 새로운 지위"를 생기게 한다.[101] 존 머레이(John Murray)는 다음과 같이 주장한다.

> "아들"은 독생자로서(참조. 롬 8:3, 32) 그리스도에 대해 언급하는 호칭이고 따라서 독특하고 영원한 아들 됨에 관한 것이다. 물론 그 관계에서나 능력에서 그와 일치할 수 있는 것은 없다. 이는 그리스도의 영광스러운 몸의 형상에 대한 우리의 비천한 몸의 변형을 수용하고(빌 3:21) 따라서 그의 높

---

[100] Geerhardus Vos, "Paul's Eschatological Concept of the Spirit," in *Redemptive History and Biblical Interpretation: The Shorter Writings of Geerhardus Vos*, ed. Richard B. Gaffin Jr. (Phillipsburg, NJ: P&R Publishing, 1980), 104.

[101] Vos, "Paul's Eschatological Concept of the Spirit," 104.

아짐에 의해 영화롭게 된 성육신하신 성자의 형상에 대한 순응으로서 인식해야 한다.[102]

종말론적 실체로서의 이것은 그것의 머리로서 법정적 성취에 의해서만 성도에게 줄 수 있는 "아들 됨"의 형태다. 바울은 그리스도의 부활을 예수를 위한 단순한 개인적 사건으로 생각하지 않고, 우주적 중요성을 지닌 새로운 시대의 출현으로 생각한다.

두 시대, 육체가 지배하는 시대와 성령이 지배하는 시대 간의 대조는 이 종말론적 관점을 지배한다. 그러므로 보스가 지적한 것처럼, 우리는 로마서 1:3-4에서 성육신 전의 그의 존재에 대한 언급을 예상하지만, 바울은 여기에서 그리스도의 영원한 신성을 맨 처음 언급하지 않고, 육신에 따라 다윗으로부터 내려온 그의 존재를 언급한다.[103]

그러므로 이것은 성자가 자신의 사명을 완수하실 때 성령은 대기하시기에 성자가 각 신자 안에서 독점적으로 역사할 수 있다는 경우가 아니다. 바울은 물론 성령의 역사에 관한 이 관점에 대해 종종 말한다. 즉, 신자를 부르고, 믿음을 주며, 그리스도와 연합하게 하며, 성화시키며, 확신을 주며, 그들을 위해 중보하는 것 등의 역사를 말한다.

그러나 이것은 여기에서 중요하지 않다. 성령의 역사는 아들의 역사와 마찬가지로 우주적 및 종말론적 범위 안에서 포괄적으로 볼 수 있고 각 신자에게 생기는 다른 모든 것은 더 넓은 범위에서 조사할 수 있다.

이 시점에서 우리는 부활에 관한 주님의 교리가 개인적 구원론보다 더 광범위한 기초 위에 놓여 있음을 다시 한번 확인한다. 죽은 자의 부활은 전

---

[102] John Murray, *The Epistle to the Romans* (Grand Rapids: Eerdmans, 1965), 319.
[103] Vos, "Paul's Eschatological Concept of the Spirit," 106.

체 물리적 우주를 그 범위 안으로 끌어들이고 그러므로 의인뿐만 아니라 악인에게까지 확장하는 우주적 규모의 과정 일부를 형성한다. 사악한 자의 경우에도, 육체의 부활과 육체에서의 보상은 왕국의 마지막 도래에 대한 본질을 형성하는 신정론(theodicy)의 완성에 필요하다.[104]

보스는 또한 다메섹 도상에서, 영화롭게 된 그리스도와의 대면으로 인해 "영적 몸"에 대한 바울의 개념이 의심할 여지 없이 그에게 감동을 주었다고 지적했다.

그리고 변형에 대한 설명의 기초 위에서뿐만 아니라 일반적 토대 위에서도 우리는 우리의 주님이 그분을 기다리고 있는 영광을 충분히 인식한다는 사실을 믿어야 한다.[105]

성령은 성자 안에서 성부로 새 시대를 낳는다. 그가 육체적 영광으로 옷입힌 자들은 단순히 땅의 존재(창조되고 타락한 존재)라기보다는 하늘의 존재(영화롭게 된 존재)라고 전체 우주에 선포한 분은 영광의 성령이다. 성령은 원형적 형상-성자에 대한 형상(an image of the archetypal image-Son)으로서 인류를 창조하신다. **다시 말해서, 심판의 날은 부활의 날이다. 그것들은 같은 것이고 같은 사건이다.**[106] 재판이 성공적으로 끝난 후에 아담 안에서 인류에게 선언됐을 심판은 그리스도 및 그리스도와 연합한 모든 자에게 선언된다.

---

[104] Geerhardus Vos, "Our Lord's Doctrine of the Resurrection," in *Redemptive History and Biblical Interpretation*, 322.
[105] Vos, "Our Lord's Doctrine of the Resurrection," 323.
[106] 최근 John Fesko는 최후의 심판을 죽은 자의 부활로 보는 설득력 있는 주해를 제시했다. *The Doctrine of Justification: A Contemporary Restatement of the Classic Reformed Doctrine* (Phillipsburg, NJ: P&R Publishing, 2008). 필자는 이 문제에 대해 생각을 예리하게 전개할 수 있음에 대해 그에게 감사한다.

이것은 단지 바울서신에서만 발견되지 않는다. 비록 바리새인들 가운데서도 부활의 본질과 그로 인한 마지막 심판과의 관계에 대한 여러 가지 기대가 있었지만, 예수는 부활 이후 어떤 사건이 아니라 "의인의 부활에서" 받게 될 보상에 대한 기대를 승인했다(눅 14:14; 참조. 20:35).

> 무덤 속에 있는 자가 다 그의 음성을 들을 때가 오나니 선한 일을 행한 자는 생명의 부활로, 악한 일을 행한 자는 심판의 부활로 나오리라(요 5:28-29).[107]

개혁파 주해와 비슷하게, 라이트(N. T. Wright)와 다른 사람들은 마지막 심판으로서의 부활에 대한 법적 측면을 지적해 왔다. 그러나 그는 부활을 그것의 최종 결과보다는, 말하자면, 영화보다는 칭의 자체로 본다. 즉,

> 그러므로 부활은 많은 현대 유대인의 생각처럼 궁극적 "칭의"다. 그것 때문에 하나님은 죽음에서 일으킨 자들(롬 8:11)을 그의 언약 백성으로 선포한다.[108]

그는 부활을 마지막 심판의 법적 분위기로 정확하게 인식하지만, 칭의를 영화의 "아직 아니"(not-yet) 판결에 해당하는 "이미"(already) 판결로 인식하는 데 실패한다. 칭의 자체에는 미래의 관점이 없다. 칭의에서 신자는 마지막 심판의 판결문을 이미 들었다. 영화는 우리가 얻은 칭의 자체의 최종 실현이 아니라 그 효과에 대한 최종 실현이다.

더욱이 이 미래 사건은 의롭게 된 하나님 자녀에 대한 우주적 계시 행위

---

[107] 이것이 칭의를 언급하는 경우에만 행위의 기초에서 부활로 해석할 수 있다. 그러나 (Olivet의 담화뿐만 아니라) 그러한 구절들은 단순히 의롭게 된 자를 새롭게 된 자로 그래서 심지어 이 세대에서 성령의 열매를 생산하기 시작한 자로 본다.

[108] N. T. Wright, *Climax of the Covenant: Christ and the Law in Pauline Theology* (Edinburgh: T&T Clark, 1991), 203.

로서 언약 백성의 참된 정체성을 **나타내고**(교회론) 의롭게 된 전체 인격체를 불멸과 완전한 거룩함의 상태로 **실제로 변형시킨다**(구원론).

그러므로 말세에 세상을 기다리고 있는 최후의 심판은 칭의가 아닌 영화에 관한 것이다. 내적으로 새롭게 될 뿐만 아니라 의롭다 여김을 받은 모든 사람은 그리스도의 형상으로 닮아가지만, 의롭게 된 하나님 백성**으로서의** 그들의 우주적 지지는 죽은 자들의 부활 때에야 드디어 이루어질 것이다.

> 한번 죽는 것은 사람에게 정해진 것이요 그 후에는 심판이 있으리니 이와 같이 그리스도도 많은 사람의 죄를 담당하시려고 단번에 드리신 바 되셨고 구원에 이르게 하기 위하여 죄와 상관없이 자기를 바라는 자들에게 두 번째 나타나시리라(히 9:27-28).

그리스도에 대한 믿음을 통해 마지막 심판 **판결문** 자체는 이미 우리에게 유리하게 됐지만, 거룩함에 있어서 우리의 빈약한 성장과 우리 몸의 수그러들지 않은 부패함이 증거가 됨에 따라, 이 판결문의 완전한 **결과**는 결정적 미래의 완성을 기다린다. 우리는 우리가 들은 것을 믿음으로 의롭게 된다. 우리는 우리가 직접 들었던 것을 봄으로 영화를 얻는다.

그러므로 최후의 순간까지, 칭의에 대한 법적 말씀은 전체 구원 서정을 통해 울려 퍼진다. "그러므로 죽은 자의 일반적 부활은 기본적으로 하나님의 법적 행위임"을 바빙크는 지적한다.[109]

칭의와 그리스도와의 유기적 연합을 통한 "내적 본성"은 "외적 본성"이 눈에 띄게 쇠약해지는 동안에도, 높아진 성자의 영광스러운 형상에 따라 날마다 믿음을 통해 눈에 띄지 않게 새롭게 된다(고후 4:16-5:5).

---

[109] Herman Bavinck, *The Last Things*, ed. John Bolt, trans. John Vriend (Grand Rapids: Baker, 1996), 133. 필자는 John Fesko가 아직 출판하지 않은 자신의 논문에서 이 인용문을 지적해 준 데 대해 감사한다.

그러나 마지막 날에 모든 사람과 온 교회는 세상 전체를 하나님 영광으로 채울 빛으로 빛날 것이다. 그리고 이렇게 새롭게 된 인류는 언약의 종-주님이 전체 창조를 해가 지지 않는 날로 이끌 때 전체 창조와 연합할 것이다.

이런 견해에서, 칭의와 영화는 변화하는 효과의 결과를 가져온 법정 판결이다. 육체의 부활은 사법적 수여식이고 만물의 내적 외적 갱신을 완성하는 영광의 성자-왕과 함께 하나님 자녀로서의 즉위식이지만, 칭의는 내적 갱신을 근거로 내린 현재의 판결이다.

> 기록된 바 첫 사람 아담은 생령이 되었다 함과 같이 마지막 아담은 살려 주는 영이 되었나니(고전 15:45).

그렇다면 믿는 자들이 하나님과 함께 얻게 될 최고의 연합은 불멸로 일어날 마지막 날에 임할 부활의 선물이다. 이것은 마지막 심판, 즉 마지막 분리다. 즉, 불신자는 사망으로 부활하고 그리스도 안에 있는 자들은 그의 아름다움으로 안팎으로 옷 입어 생명으로 부활한다. 믿음에 사로잡힌 것은 완전한 칭의와 불완전하게 실현된 성화 또는 내적 갱신과 외적 부패 사이의 불일치 부재와 함께 마침내 공적 봄(public vision)에 이른다.

특히 고린도후서 4:16-18에서 발견할 수 있는 이 주장은 의복의 은유와 동시에 그리스도 의의 전가와 그리스도의 부활-불멸을 나눠 줌을 상징하는 법적 및 왕권적 그림의 은유(고후 5:1-5)를 통해 정교하게 묘사된다.

> 참으로 우리가 여기 있어 탄식하며 하늘로부터 오는 우리 처소로 덧입기를 간절히 사모하노라 이렇게 입음은 우리가 벗은 자들로 발견되지 않으려 함이라(고후 5:2-3).

인간론적 일원론(즉, 물리주의[physicalism]) 지지자들은 내부와 외부 사이의 바로 이 구분을 플라톤주의화 되는 이원론으로 간주하지만, 플라톤주의와의 차이는 명백하다.

자존감 있는 플라톤주의자는 육체의 감옥으로부터 영혼이 탈출하는 것을 구원으로 여기기 때문에, 부패한 몸을 떠나서 "벗은 자들로 발견되는" 문제에 별로 놀라지 않을 것이다. 그러나 바울의 생각에는, 벗은 자들로 발견되는 영혼은 저주와 마찬가지다. 육체에서 벗어난 존재에 대한 법적 측면이 있는데, 그것은 칭의와 불멸이 아닌 죄와 죽음의 표징이다. 외적 갱신이 발생하지 않으면 법적 판결은 실패한다. 그러므로 하늘 보좌에서 소리치는 순교자들의 영혼을 발견하는 것은 놀랄 만한 일이 아니다.

> 거룩하고 참되신 대주재여 … 어느 때까지 하시려 하나이까?(계 6:10)

믿음으로, 이미 내적으로 새롭게 된 자는 불멸과 함께 "땅의 장막"을 입을 것을 확신으로 기다린다.

> 참으로 이 장막에 있는 우리가 짐진 것 같이 탄식하는 것은 **벗고자 함이 아니요** 오히려 **덧입고자 함이니 죽을 것이 생명에** 삼킨 바 되게 하려 함이라 곧 이것을 우리에게 이루게 하시고 보증으로 성령을 우리에게 주신 이는 하나님이시니라(고후 5:4-5, 강조는 첨가된 것).

우리는 여기서 육체 이탈과 육체 점유 사이의 대조가 아니라 멸절할 육체와 불멸할 육체 사이의 대조를 발견한다.

지금은 "옛 사람을 벗어버리고 그리스도를 입을" 시간이다(참조. 골 3:9-10; 참조. 롬 13:14; 갈 3:27). 이미 선지서(사 59:6, 17; 렘 4:30; 겔 16:10; 특히, 슥 3장)와 복음서(마 22:1-14; 눅 24:4)에서 용서와 칭의의 의미로 해석한 제사장의 옷처럼(출 40:14), 그리스도는 신자가 하나님 면전에 나타날 수 있게 허락한 의복이다(엡 6:13-17).

하나님이 그리스도 안에서, 그리스도와 함께, 그리스도를 위해 행하신 모든 일은 우리 안에서, 우리와 함께, 우리를 위해서 하실 것이다. 법정적인 것과 변형적인 것 모두를 언급하기에 알맞은 더 넓은 틀은 우주적-종말론적 틀이지만, 법정적인 것은 변형적 결과물을 낳지 그 반대로는 되지 않는다.

> 너희가 서로 거짓말을 하지 말라 옛 사람과 그 행위를 벗어 버리고 새 사람을 입었으니 이는 자기를 창조하신 이의 형상을 따라 지식에까지 새롭게 하심을 입은 자니라 거기에는 헬라인이나 유대인이나 할례파나 무할례파나 야만인이나 스구디아인이나 종이나 자유인이 차별이 있을 수 없나니 오직 그리스도는 만유시요 만유 안에 계시니라 그러므로 너희는 하나님이 택하사 거룩하고 사랑 받는 자처럼 긍휼과 자비와 겸손과 온유와 오래 참음을 옷 입고(골 3:9-12).

그리스도로 옷 입으라는 부름은 단순히 본받으라는 권고가 아니라 결합하라는 권고임을 다시 한번 기억하라.

은혜의 선물인 믿음을 통해 오직 은혜로 구원받은 자는 그리스도의 형상을 따르기 시작했고 이제 진행 중에 있다.

> 우리는 그가 만드신 바라 그리스도 예수 안에서 선한 일을 위하여 지으심을 받은 자니 이 일은 하나님이 전에 예비하사(엡 2:10).

구속 드라마의 마지막 행위에서, 진리, 선하심, 완성된 "형상"(imago)을 정의하는 아름다움은 제왕 옷을 입은 육체의 영화로운 머리인 그리스도와 함께 마침내 모든 권세와 통치자들 앞에 드러날 것이다. 교회는 사랑, 존귀, 영광, 그리고 성부가 성령 안에서 성자에게 풍성히 주기를 원하셨던 위엄 때문에 존재한다. 그리스도 대관식 과정에서, 그와 연합한 모든 사람은 같은 존엄성의 은혜를 받는다.

법적 측면(마지막 심판)과 변형적 측면(마지막 부활) 사이의 이러한 관계는 위의 구절에서 명백히 드러난다(고후 5장).

> 이는 우리가 다 반드시 그리스도의 심판대 앞에 나타나게 되어 각각 선악간에 그 몸으로 행한 것을 따라 받으려 함이라(10절).

법적 강조는 다음에 계속되는 절들(11-21절)의 양심, 칭의, "회복에 대한 사역"을 통한 죄 사함과 함께 한 번 더 등장한다. 물론 현재의 칭의와 장래의 영화-부활 사이의 연결은 마지막 실체에 대한 맹세나 착수금의 역할을 한 성령이 한다. 현재 신자들은 성령을 소유하므로 마지막 옷이 이미 그들의 칭의와 중생에서 나타났기 때문에 영화와 부활에서도 그들의 마지막 옷(임관식)에 대해 확신할 수 있다.

2) 양자: 위대한 왕의 형상 전달로서의 임관식

양자(adoption)는 칭의의 "이미"와 부활-심판의 "아직" 사이의 이런 관계를 강조한다. 이 양자는 한 편으로 칭의와 내주하는 성령에 의한 그리스도와의 연합을 통한 현재의 소유를 뜻한다. 필자가 앞 장에서 다뤘던 양자가 바로 이런 관점이다. 그러나 양자는 또한 전 인격이 영광과 권능과 거룩함과 불멸의 옷을 입을 때 완성된다. 그러므로 양자는 이미 내린 법적 판결에 대한 우주적 및 법정적 결과로서 마지막 부활 때에 완성된다(롬 8:23). 보스는 다음과 같이 말한다.

"양자"는 혈통에 의한 법정적 개념이다. 그러나 그것은 육체가 변형하는 부활에서 완성된다. 선언하고 변호하며 의롭게 하는 행위로서의 부활에 대한 법정적 측면은 이 주제에 관한 바울의 교리에서 가장 오래된 것이 아니라면 상당히 오래된 요소를 형성한다는 주장은 믿기 어렵게도 받아들여지지 않았다.[110]

이것은 특히 바울이 고린도전서 15:54-57에서 율법의 언약적 저주에서 죽음의 권세를 지적한다는 사실을 고려할 때 특히 타당성이 있다.

바울이 "생각하건대 현재의 고난은 장차 우리에게 나타날 영광과 비교할 수 없도다"(롬 8:18)라고 했을 때, 그는 그림의 떡을 제공하지 않았다. 비록 그가 중간 상태(고후 5:8)를 확실히 주장한다 해도, 죽음 이후 영혼의 생존에 대한 지극히 평범한 위안을 제공하는 것은 더더욱 아니다.

바울의 구원론은, 로마서 8장의 "그 바라는 것은 피조물도 썩어짐의 종노릇 한 데서 해방되어 하나님의 자녀들의 영광의 자유에 이르는 것이니라"(21절)의 다음 구절들에서 더욱 명백해지면서 보다 풍성해진다. 현재 노동의 고통은 실제로 "우리 몸의 속량"(23절)에서 완성될 새롭게 됨의 일부다. 그래야만 법정적으로 쓰인 단어가 모든 존재론적 부분의 구석구석에 침투할 것이다.

우리 양자에 대한 법적 측면이 완성되고, 가족의 삶으로 통합됐지만, 상속의 유익은 아직 보관되어 있다. 이것은 양자의 목적이 다름 아닌 바로 바울이 로마서 8:29에서 표현한 것이기 때문이다.

---

[110] Geerhardus Vos, *The Pauline Eschatology* (Princeton, NJ: Princeton University Press, 1930; repr., Phillipsburg, NJ: P&R Publishing, 1994), 152.

하나님이 미리 아신 자들을 또한 그 아들의 형상을 본받게 하기 위하여 미리 정하셨으니 이는 그로 많은 형제 중에서 맏아들이 되게 하려 하심이니라(롬 8:29; 참조. 엡 1:5).

"신성화"라는 고귀한 칭호로 이것을 표기하는 것은 과장되지 않다. 입양된 상속자들은 신적 사랑의 수혜자일 뿐만 아니다. 그들의 양자됨 자체가 성부의 사랑과 성자를 위한 성령 안에 사로 잡혀 있다. 로마서 8:29과 관련해 이것은 14절에서 시작한 사상을 완성한다. 그리스도의 형상에 대한 순응은 현재 법적이고 도덕적이며 영적이다. 부활 때에, 이 내적 혁신은 즉시 완성될 뿐만 아니라, 마침내 전 인격체가 아름다운 그리스도의 형상으로 완전히 회복됨을 포함한다.

피조물이 고대하는 바는 하나님의 아들들이 나타나는 것이니(롬 8:19).

그리스도가 우리 육체 안에서 우리와 함께 나누었을 때, 우리의 육체는 그의 승귀에서 그와 나눌 것이다(히 2:10-18). 이것은 특성상 이레니우스주의적 주제가 됐고 신성화에 대한 동방 교리와 영화에 대한 개혁파 교리를 알려 준다.

신자의 영화보다 훨씬 더 위대한 것은 가족의 머리로서 그리스도에게 생긴 영광이다. 역설적이게도 성부는 그의 아들의 탁월성을 나타내는 우주적 계시를 만들었다. 그의 아들의 탁월성은 "독생자"의 형상을 반영하는 공동상속인인 우리의 양자 됨에 의존한다.

그리스도와 그의 형상 담지자와의 관계는 영원한 아들로서 그의 지위와 관련해 이해할 수 있고(심지어 창조에서조차 그는 전형적인 '에이콘 투 데우'[eikon tou theou, 하나님의 형상]) 두 번째 아담으로서 그의 직무 안에서 이해할 수 있다. 첫 번째 것과 관련해서, 리더보스(Ridderbos)는 관찰한다. 두 번째 아담은 사람이자 하나님인 하나님의 아들이기 때문에 "첫 번째 아담에서 잃어버린 것은 두 번째 아담에서 **훨씬 더 영광스러운 방식으로 회복된다.**"[111]

"장자"는 이 가정(family)에서 그리스도의 탁월한 지위뿐만 아니라 그의 높아진 상태(영화)와 우리 자신 상태 사이의 종말론적 관계를 가리킨다. 그는 우리가 미래에 확실히 될 상태로 이미 됐다. 인격들의 본질적 혼합을 뜻하지 않은 이것은 최소한 "전체 그리스도"(totus Christus)의 언약적 의미가 확증한 것을 가리킨다.

그러므로 선택, 칭의, 성화, 영화는 그리스도에게 영광을 가져오는 더 위대한 목적을 위한 수단이다.

> 그는 몸인 교회의 머리시라 그가 근본이시요 죽은 자들 가운데서 먼저 나신 이시니 이는 친히 만물의 으뜸이 되려 하심이요 아버지께서는 모든 충만으로 예수 안에 거하게 하시고 그의 십자가의 피로 화평을 이루사 만물 곧 땅에 있는 것들이나 하늘에 있는 것들이 그로 말미암아 자기와 화목하게 되기를 기뻐하심이라(골 1:18-20).

그러면 "생각하건대 현재의 고난은 장차 우리에게 나타날 영광과 비교할 수 없도다"라고 여기는 일은 전혀 이상하지 않다(롬 8:18). 지금은 "하나님의 진노"가 그리스도를 믿지 않은 자들에게 "머물러" 있지만(요 3:18-21, 36), "예수 안에 있는 자에게는 결코 정죄함이"(롬 8:1) 없기 때문에 마지막 심판은 그리스도 안에 있는 자에게 이미 끝난 사건이다.

그러므로 이 전체 완벽한 회복에 관해서는 "이미-그러나 아직 아니"라는 관점이 있지만, 칭의와 거듭남에 관해서는 이런 관점이 없다. 후자의

---

[111] Herman Ridderbos, *Paul: An Outline of His Theology*, trans. John R. De Witt (Grand Rapids: Eerdmans, 1975), 85.

"이미"는 육체의 부활과 영화의 "그러나 아직 아니"에 해당한다.

이렇게 하여, 신자의 소망은 영혼이 위로 올라간다는 영원한 풍유가 아니라, 다시 한번 은혜의 경륜(이 경우는 재림)에 있다. 그러나 장래에 그리스도와 함께 다스리기 위해서는 현재 그리스도와 함께 고난을 겪어야 한다. 그리스도와의 연합은 십자가를 **통해** 아직 희미하게 보이는 영광으로 탈출하는 출애굽이다.

3) 변형 그리고 부활-영광

그리스도 사역에서 그를 기다리고 여전히 우리를 기다리고 있는 영광의 예변법(prolepsis)을 발견할 수 있기 때문에, 변화 사건은 정교회(Orthodoxy)에서 그렇게 두드러지게 다룬다. 마태복음 17:1-21의 이야기는 출애굽기 24장에서 모세가 한 중보의 상세한 내용을 개략적으로 설명한다.

출애굽기 24장 전반부에서, 모세, 아론과 그의 아들들, 70명의 장로는 산으로 오르라는 부름을 받았지만, 오직 모세만 "가까이 갈 수" 있었고, 이후에 모세는 율법의 말씀을 가지고 그 백성에게로 돌아간다. 그들이 "여호와의 모든 말씀을 우리가 준행하리이다"라고 맹세하고 난 후에, 모세는 피를 백성에게 뿌려 그들의 맹세를 비준했다(1-8절). 후반부에서(9-18절), 모세와 그의 참모들은 구름 덮인 산으로 다시 올라간다.

> 여호와의 영광이 시내 산 위에 머무르고 구름이 엿새 동안 산을 가리더니 일곱째 날에 여호와께서 구름 가운데서 모세를 부르시니라(출 24:16).

모세는 빛나는 구름에 들어가서 사십 일 주야를 산 위에 있었다. "육일"은 항상 일주일 중 일하는 날들을 연상시키고, 일곱 번째 날은 안식일의 휴식으로 하나님의 창조 사역과 그 영광에 들어가심에 대한 그의 패턴을 본받는다.

마태복음에서 예수와 세 제자는 "여섯째 날 후에" 변화산에 오른다. 산에 내린 구름(출 34:29-35; 참조. 고후 3:7-18), 성막을 가득 채웠던 구름, 이스라엘을 이끌었던 구름(출 40:36-38)은 다름 아닌 영광의 성령이 인격체로 나타난 하나님의 출현으로 하늘로부터 내려온 탁월한 법적 증인이다.

산의 정상에 도달했을 때에, 예수는 "그들 앞에서 변형되사(메다몰포, metamorphoo) 그 얼굴이 해 같이 빛나며 옷이 빛과 같이 희어졌더라"(마 17:2). 모세의 얼굴은 빛을 **반사하지만, 예수는** 바로 그 **빛이시다**. 갑자기 모세와 엘리야가 나타나 예수와 대화한다. 이때 항상 종말론적인 면에서 조급한 베드로는 취임식을 준비하기 위해 예수와 그의 특별한 손님들을 위한 장막을 짓겠다고 제안한다. 그러나,

> 말할 때에 홀연히 빛난 구름이 그들을 덮으며 구름 속에서 소리가 나서 이르시되 이는 내 사랑하는 아들이요 내 기뻐하는 자니 너희는 그의 말을 들으라 하시는지라(마 17:5).

베드로는 무엇인가 하기 원했지만, 하늘에서 내려온 목소리의 요점은 단순히 하나님이 가져오는 것에 대한 기쁨을 나누라는 것이었다. 그러나 성부의 목소리가 베드로와 다른 두 증인을 차단하고 성령이 감추자, 그들은 마치 시내산을 흔들었던 목소리를 들은 이스라엘 백성이 두려워했던 것처럼 그렇게 두려워했다(마 17:6).

예수가 세례받으실 때 선언한 엄숙한 승인이 이 말을 통해 이제 반복된다. 예수는 이제 율법과 선지자가 증거하는 분으로 모세보다 더 위대한 중보자시고 엘리야보다 더 위대한 선지자시다. 따라서 예수가 겁먹은 제자들을 온화하게 위로하신 후에, 우리는 "제자들이 눈을 들고 보매 오직 예수 외에는 아무도 보이지 아니하더라"라는 구절을 읽는다(마 17:8).

우리는, 이 사건의 여파로 일어난 예수와 그의 제자들 간의 이야기를 통해, 모세의 변형이나 예수의 변형이 모두 시대를 초월한 마음의 상승에 대한 상징이나 풍유가 아니라는 사실을 배운다. 오히려 이것은 종말론적 징후-사건(eschatological sign-events)이다. 어느 누구도 모세가 시내산을 올랐던 일이나 예수의 변형된 사건을 되풀이하거나 모방할 수 없고, 육체로 승천한 사건은 더욱이 할 수 없다. 이런 일들은 반복할 수 없는 독특한 구속사 사건으로서 우리 자신의 부활에 대해 확신할 수 있는 근거가 된다. 심지어 베드로가 아무리 노력해도 이 사건을 연장할 수 없다.

오히려, 그들이 그 특별한 사건 때문에 혼란스러워할 때 예수가 이에 대한 대답으로 설명하듯이, "서기관들"은 여전히 엘리야를 기다리지만, 메시아는 이미 왔다(마 17:10-12). 예수는 세례 요한을 말라기 3:1과 4:5의 엘리야로 확인하고 요한처럼 그도[예수도] 역시 참되고 충성스러운 증인이라는 이유로 그들의 손에 고통당할 것을 예측한다(12-13절).

이 두 가지 변형 사이에는 마지막 병행이 있다. 즉, 모세가 이스라엘이 율법을 어기는 것을 찾은 것처럼 예수도 그의 제자들이 자신의 이름으로 병자를 치료하고 귀신을 내쫓으라고 주신 사역을 수행할 때에 충실하지 못함을 발견한다(마 17:14-20).

모세는 언약에 대한 전형적 선지자였지만, "모세와 같은 선지자"가 올 것이라고 약속됐고(신 18:15-22), 오순절 이후에, 베드로는 이분이 바로 예수임을 확인했다(행 3:22-26). 클라인(M. G. Kline)은 다음과 같이 지적한다.

그 사도는 예수의 변화 사건을 시내산에서의 영광스러운 구름 아래서 모세가 경험한 사건의 대응 관계로 인식하면서 그 중요성을 파악했다. 베드로는 하늘에서 들려오는 "그의 말을 들으라"라는 음성 명령을 통해서 신명기가 요구하는 내용, 즉 이스라엘은 하나님의 선지자에게 순종해야 한다는 내용에 대한 적용을 인식했다(신 18:18). 그것은 모세와 같은 **그** 선지

자가 바로 예수임을 하나님 자신이 직접 가리키는 것이다.[112]

더 나아가 그는 이사야서의 주의 종과 연결된다.

> [그는] 하나님이 선택해 불러서 세움받았고(사 42:1, 6; 49:1), 그의 영을 받았다(42:1; 61:1). 그는 신적 상담자로 인식되어(50:4f.) 주님을 대변하는 효과적 "입"이 됐나(49:2; 50:4; 61:1f.). 그리고 그는 의로운 심판을 통해 구원과 왕국의 유산에 관한 언약적 약속을 성취함에 있어 구속 언약의 중보자가 된다(42:1ff., 6ff.; 49:5ff.; 53:4ff.; 61:1ff.).[113]

신적 현현의 "주의 사자"로서 "예수는 인간 선지자 범주 뒤에 있는 선지자의 전형이었다."[114]

고린도후서 3장과 4장은 모세가 하나님의 영광으로 변화됐듯이 우리도 또한 그리스도 면전에서 하나님을 바라봄으로 영광에서 영광으로 변화되고 있다는 그림을 전달한다. 그러나 모세의 변형된 얼굴과는 달리, 이 영광은 영원하고 줄어들지 않는다. 모세의 얼굴이 변형됐던 반면, 부활의 '독사'(*doxa*, 영광)는 썩을 우리 육체를 썩지 않을 몸으로 완전히 바꿀 것이다. 보스는 다음과 같이 말한다.

> 문자 그대로 말하면, 그것은 이 불가사의한 과정이 중재되는 복음이고, 그 사도는 [고린도후서] 4:4에서 "그리스도 영광의 복음"이라고 부른다.[115]

---

112 Meredith G. Kline, *Images of the Spirit* (Grand Rapids: Baker, 1980; repr., South Hamilton, MA: M. G. Kline, 1986), 81-82.
113 Kline, *Images of the Spirit*, 82.
114 Kline, *Images of the Spirit*, 83.
115 Vos, *The Pauline Eschatology*, 202.

비록 현재 사도의 치명적인 위험은 "항상 예수의 죽음(네크로시스, *nekrosis*)을 몸에 짊어짐"이라는 표현으로 설명된다 해도(고후 4:10), 실제로, 이 영광은 마지막 날의 부활과 분명히 연결된다(고후 4:14).[116] 그러므로 현재 이 영광은 희미하게 "거울처럼" 보이지만, 마지막 날에는 "얼굴과 얼굴을 대하여" 볼 것이다(고전 13:12). 예수의 변형이 예변법(prolepsis)으로 사용된, 반복할 수 없는 이 사건은 부활 이외의 다른 것이 될 수 없다.

베드로, 야고보, 요한처럼 우리는 증인이고(그러므로 구약에서 영광-이미지, 성령, 선지자적 직무 사이가 연결된다) 이 미래의 영광이 지금 우리에게 오는 형태는 눈에 띄는 단순성, 나약함, 복음의 미련함 안에 숨겨져 있다. 우리가 주님의 언덕으로 오를 수 없기에, 그가 우리에게 내려와서 "또 함께 일으키사 그리스도 예수 안에서 함께 하늘에 앉히시니 이는 그리스도 예수 안에서 우리에게 자비하심으로써 그 은혜의 지극히 풍성함을 오는 여러 세대에 나타내려 하심이라"(엡 2:6-7).

그리고 그는 또한 우리의 육체를 일으킬 것이다. 우리가 영광의 성령을 모실 성막을 지을 수 없지만, 훨씬 더 위대한 것이 이제 나타났다. 즉, 개별적으로나 조직적인 면에서 성전인 신자 자신들이 나타난 것이다. 모세 사역의 영광이 사라지면서, 영광스러운 그리스도 사역의 아침이 밝았다.

정죄의 직분도 영광이 있은즉 의의 직분은 영광이 더욱 넘치리라(고후 3:9).

사실, 칭의 이상의 것이 앞에 놓여 있게 하고 우리 확신의 바탕이 되는 것은 바로 이 칭의 사역이다. 심지어 우리는 지금 "그와 같은 형상으로 변화하여 영광에서 영광에 이르니 곧 주의 영으로 말미암음이니라"(18절).

---

[116] Vos, *The Pauline Eschatology*, 203.

은혜의 경륜에 초점을 맞춤으로, 그리스도와 함께 우리를 일으키는 성령의 강림뿐만 아니라 육신 안에서 그리스도의 강림-승천-재림에 대한 구속-역사적 사건 모두는, "벗은 하나님"에 대한 끝없는 개인적 지적 대면이라기보다는 공동체적이고 육체의 부활이 있을 미래를 향한 지복직관에 초점이 맞춰져 있다. 유대인과 이방인 모두에게, 모세의 수건은 오직 그리스도 안에서만 벗겨진다(고후 3:7-4:6).

그러한 구절로부터, 종교개혁신학은 신성화나 하나님 영광에 대한 인간의 참여가 사람이 올라감으로 달성할 수 있는 것이 절대 아니고, 우리 마음에 말씀하고 우리 육체에 결정적으로 선언할 신적 말씀(에너지)에 의해 달성할 수 있다는 점을 주장해 왔다. 그것은 우리가 가서 잡아야만 하는 것이 아니라 그리스도의 말씀을 통해 우리에게 오는 것이다(롬 10:6-17).

그것은 성육신하신 성자를 통해 중재된 빛으로 이미 왔고 만물이 완성될 때 그 광채를 반사할 것이다. 우리는 **의롭게 됐고**, **거듭났으며**, 그리스도와 함께 **앉았고**, 심지어 이제 "그와 같은 형상으로 **변화해** 영광에서 영광에" 이른다(고후 3:18, 강조는 첨가된 것). 그것들은 인간의 행동을 유발하지만, 여전히 모두 수동태 동사다.

4) 황금 사슬

우리는 바울서신의 구원 서정의 각 항목을, 양자, 중생, 성화, 영화를 견인하는 엔진으로서의 칭의와 함께 같은 트랙에서 달리는 한 기차를 구성하는 것으로 본다고 필자는 제안한다. "엔진"인 그리스도의 인격 속에서 기차는 목적지에 도착했다.

의롭다 하신 그들을 또한 영화롭게 하셨느니라(롬 8:30).

이것은 우리가 구원 서정에서 칭의 이외의 다른 주제들을 다룰 때조차도 법정적 영역을 절대 떠나지 않는다는 것을 의미한다. 비록 새로운 출생, 성화, 영화에서 법정적 의미 이상의 것이 있지만, 그것 모두는 법정적으로 관계를 맺는다.

은혜는 절대로 영혼에 주입된 초자연적 실체가 아니라, 의롭게 하는 하나님의 호의이고 새롭게 하는 하나님의 선물이다(루터가 표현했듯이 "호의"[favor]와 "은사"[donum]). 모든 신자가 동등하게 나누는 이 은혜 외에, 하나님은 교회를 설립하기 위한 다양한 은혜(카리스마)를 주신다(엡 4장). 그러나 이런 것들조차도 신적 본질을 전달하는 것이라기보다는 하나님의 에너지들이나 행위다(가장 뚜렷하게 발화 행위).

우리의 성화는 은혜의 주입된 자질(habitus)에 기반을 두지만, 우리의 법적 받아들여짐은 칭의에 기반을 둔다고 말하기보다는, 신약은 새로운 출생과 성화를 다룰 때조차도 계속해서 법정적 영역으로 돌아간다고 말해야 한다.

그런데 이를 넘어서, 죽은 자의 부활조차도 법적 판결의 결과로 해석된다. **사망이 더 이상 그를 법적으로 주장하지 못하기 때문에** 그리스도는 살아났다(롬 6:9). 그러므로,

> 그가 살아 계심은 하나님께 대하여 살아 계심이니(롬 6:10).

이것은 그리스도 안에 있는 모든 사람에게 똑같이 적용된다고 바울은 말한다. 다른 말로 하면, 그는 그리스도 부활의 삶을 두 가지 근원으로 보지 않는다. 즉, 하나는 법적 옹호에서 비롯되고 또 하나는 죽은 자의 부활에서 비롯된다고 생각하지 않는다. 오히려 후자는 단순히 전자에 대한 최종적, 외적, 그리고 완전히 가시적인 결과다. "하나님에 대하여 … 사는 삶은" 그의 칭의의 결과다.

그의 부활은 법적 심판을 하기 위한 우주 법정 안에서 공적으로 드러났다. 즉, 마지막 심판은 우리 언약의 머리와 관련해서 시작됐고, 이제 우리 자신의 부활과 영광 측면과 관련해 우리에게 선언됐다.

> [의는] 우리도 위함이니 [우리에게 전가됐다] 곧 예수 우리 주를 죽은 자 가운데서 살리신 이를 믿는 자니라 예수는 우리가 범죄한 것 때문에 내줌이 되고 또한 우리를 의롭다 하시기 위하여 살아나셨느니라(롬 4:24-25).

이런 이유로 심지어 바울은 자기의 구원 서정에서(8:30) 영화를 부정과거(aorist) 시제로 언급할 수 있다. 즉, 그것은 이미-확실한 사건이다. 왜냐하면, 그것은 그것의 머리에 사실로 드러났기 때문에 따라서 원리상 그의 육체의 나머지 부분에도 이미 확실한 것이나 마찬가지이기 때문이다.

현재 작용하는 효과적 능력으로서의 죽음에 대한 더 넓은 언약적 가정들과 일치해, 바울은 "사망이 쏘는 것은 죄요 죄의 권능은 율법이라"라고 말했는데(고전 15:56), 이는 그것이 언약 파괴에 대한 법적 처벌이기 때문이다. 바울은 창조된 실체의 모든 구석구석에 법적 영역을 훨씬 뛰어넘는 불가사의한 힘을 발휘한 죽음을 근본적으로 "죄의 삯"이라고 칭했다(롬 6:23). 죽음은 죄로 인해 아담 안에서 모든 사람에게 왔다(롬 5장).

반면, 두 번째 아담은 율법에 따라 죽어야 한다는 법적 요구가 없기 때문에 죽은 자로부터 살아났다. 권세에 대한 그리스도의 승리는 법적 채무의 청산에 입각한다(골 2:12-15). 우리를 **위한** 그리스도는 우리 **안에** 있는 그리스도의 기초이며, 이것은 "불가사의, 즉 당신 안에 있는 그리스도, 즉 영광의 소망"이다(골 1:27).

창조 시 말씀을 풍성하게 하고 그의 승인을 선언하신 동일한 성령은, 그의 백성이 홍해를 안전하게 건너게 하셨고, 기둥과 구름 가운데 있는 그의 현존으로 그들 상태에 대한 명확한 법적 증거를 제공하셨으며, 예수를 죽은 자 가운데서 일으켜서 우리의 대표로 오는 세대에 완전히 참여하게 하셨다. 이제 유산의 마지막 부분을 기다리는 신자들을 소유하신다. 구속의 다른 모든 면에서와 마찬가지로, 새 창조의 상속인들 안에서 성령의 사역은 법적이고 변형적이다. "성령 안에" 있다는 것은 하나님이 선택하고 그가 입양한 자녀의 자격이 입증된다는 의미다. 영광에 대한 "착수금"이자(고후 1:22; 5:5; 엡 1:14) 결정적이고 현재 진행 중인 성화의 증거로 성령을 소유한다는 것은 그리스도의 순종 안에서 우리를 위하고 복음의 선포 안에서 우리에게 하신 말씀의 법적 근거가 된다.

우리 밖에서 단번에 성취된 일은 성령이 우리 안에서 이룬 모든 탁월한 업적의 기초가 된다(그리고 항상 남아 있다).

따라서 영화는 우리와 그리스도의 연합의 절정이다. 엘리자베스 시대 신학자인 윌리엄 퍼킨스(William Perkins)는 말한다.

> 이 연합에서 우리의 영혼만이 그리스도의 영혼과 연합하거나 우리의 육체만이 그의 육체와 연합하지 않고, 모든 신실한 사람의 전 인격체가 하나님이자 사람인 우리 구주 그리스도의 전 인격체에 참으로 연합한다. 이 연합의 방식은 이렇다. 먼저 [신자는] 즉시 그리스도의 육체나 인성에 연합하고 그 후에 인성으로 인해 그의 말씀 자체나 신적 본성에 연합한다. 이는 구원과 생명이 그리스도 안에 있는 삼위일체 하나님의 충만함에 달려 있지만, 그것은 우리에게 직접 전달되지 않고 그리스도의 육체 안과 그의 육체에 의해서 전달되기 때문이다.

그것은 효과 있게 하는 성령 때문에 "영적 연합"이다. 그러나 그것은 그리스도 전 인격체와 신자 전 인격체와의 연합이다.[117] "충실한 자의 머

---

117 William Perkins, *The Golden Chaine*, in *The Work of William Perkins*, ed. Ian Breward,

리"로서 그리스도는 선택받은 모든 자를 지탱하는 공인으로 간주해야 한다.[118] 그러므로,

> 영화는 성도를 하나님 아들의 형상으로 완전히 변형하는 것이다.[119]

그리스도 안에서 하나님께로 연합하는 것은 그리스도가 있는 곳에 있고(영원한 안식일) 그리스도처럼 되는 것이다(죄와 죽음의 손이 닿지 않은 영화로움). 머리가 움직이면 몸의 다른 부분도 움직이는 것처럼 왕이 움직이면 백성도 움직인다. 이것이 바로 개혁신학이 이해하는 영광의 모습이다. 그리고 그것이 왜 과거의 칭의, 현재의 성화, 미래의 부활과 밀접하게 연관되어 있는지에 대한 이유다.

로마 가톨릭과 정교회 신학의 추세가 칭의와 성화를 혼동한다면, 개신교 신학들의 추세는 때때로 이 두 가지 사건을 평행선을 따라 달리는 두 대의 기차처럼 다룬다. 후자의 경우, 칭의는 구원론적 문제 하나(즉, 죄책)에 대한 해답으로 여겨지며, 내적 갱신(중생과 성화)은 다른 것(부패함)에 대한 해답으로 간주한다.

필자는 이 문제가 칭의와 관련해 왜 지나칠 정도로 철저한 법정주의를 허락한 정신 분열적 경향에 의해 동기 부여된 반면, 구원 서정에 있는 다른 요소들의 기초로는 다른 존재론을 전제하는지에 대한 이유를 이미 지적했다.

Courtenay Library of Reformation Classics 3 (Appleford, Abingdon, UK: Sutton Courtenay, 1970), 226-27.
[118] Perkins, *The Golden Chaine*, 227.
[119] Perkins, *The Golden Chaine*, 246.

4. 마지막 비교와 대조

더글라스 패로우(Douglas Farrow)가 우리에게 상기시키듯이, 이레니우스는 소위 신자의 신화를 그들의 참된 **인간화**(humanization), 즉 그리스도 안에서 살아 있는 새로운 창조를 만들기 위한 성령의 또 다른 생령을 주는 사역으로 보았다. 아타나시우스와 같은 후기 작가들은 다음과 같이 말하곤 했다.

> 하나님은 사람이 하나님이 될 수 있게 하시려고 사람이 되셨다.[120]

하나님은 사람이 하나님이 될 수 있도록 하기 위해서나 초자연적 존재가 되게 하려고 사람이 되지 않았고, 대신 죄와 사망에 빠졌던 인간을 구속하고, 회복시키며, 의롭게 하고, 새롭게 하며, 원래 창조됐던 인간으로서 영화롭게 되게 하려고 사람이 되셨다.

필자의 견해에 따르면, 신성화 에너지들의 범주는 이레니우스주의적 방향으로 이해하는 한, 자질적 및 주입된 은혜보다 우월하다. 우리가 하나님 에너지들(하나님의 본질이나 창조된 효과가 아닌)을 그리스도와 그의 유익과의 진정한 교제의 원천으로 삼을 때에, 원래 청사진으로서의 성자를 따라 마침내 우리를 인간화하는 신화의 개념에 대한 문이 열리게 된다.

우리가 동방의 "에너지" 개념을 더욱 교통적 영역으로 끌어들이면, 우리는 신적 "사역들"을 하나님 말씀과 동일시할 수 있다. 여기에 하나님의 말씀이란 말씀의 원형을 형성한 영원히 나신 위격적 말씀(eternally generated hypostatic Word)과는 다른, 하나님의 창조적 말씀(creative speech)이다. 교통적 "사역"은 신적 본질의 유출(emanation)이나 단순한 피조적 효과(creaturely

---

[120] Farrow, *Ascension and Ecclesia*, 61.

effect)가 아니다. 본질과 원인의 범주들은 이 신적 대리자를 진술하기 위한 충분히 풍성한 존재론을 제공하지 않는다.

예를 들어, 하나님의 말씀은 하나님의 입으로부터 "나가지만" 그것은 단순히 신적 능력의 창조적 산물이 아니라 **하나님의** 말씀이다. 비슷하게, 그리스도는 성례를 통해 그의 사역뿐만 아니라 그의 인격을 전달하지만, 토마스의 화체설 교리와는 달리, 창조된 요소에 있어 어떤 본질적인 변화 없이 그렇게 한다.

화체설이라는 성찬만 교리를 낳은 동일한 존재론은 본질의 혼합과 은혜로운 실체의 주입을 위해, 중재하는(mediating) "사역들"(에너지들)을 제거하는 신성화 이론을 뒷받침한다. 우리는 명사(산물[products]이나 효과[effects]) **와** 동명사(하나님의 "행동들")로서 하나님의 사역에 관해 이야기할 수 있는 충분히 풍부한 어휘집이 필요하다.

하나님을 그의 본질이 아닌 그의 사역으로만 안다는 것은 우리가 하나님을 **그가 만드셨던 것으로** 인식할 뿐만 아니라(비록 이것이 확실히 맞는다고 해도) 그가 **지금 만드시는 것으로도**, 즉 우리에게 계시된 그의 실제 행동 과정으로도 그를 인식함을 의미한다.

하나님은 외딴 작인(作因)으로서 세상에 **따라** 행동하실 뿐만 아니라, 성부는 성자 안에서 창조가 존재하게 말씀하시고 성령을 통해 의도한 효과를 가져온다. 하나님의 말씀(God's speech)은 **일한다**. 단순히 창조하는 신적 행위 결과 이상으로, 그러한 말씀은 신적 행동**이다**. 말씀은 단지 언급하는 것으로 끝나지 않는다. 우리는 말씀으로 일을 하는데, 하나님도 마찬가지다.

에너지들에 관한 동방적 개념은 우리에게 분명한 것과 모호한 것—말하자면, 유비—사이의 무언가로서 하나님의 효과적 말씀을 진술할 수 있는 유용한 범주를 준다. 표징들(말씀과 성례)은 신적 본질이 아니지만, 그렇다고 해서 단순히 창조된 상징(creaturely symbols)이나 증인이 아니며, 창조된 조건들 속에서 변화를 가져오기 위해 태양으로부터 출발한 광선처럼

"앞으로 나간다."

비록 태양-광선 유비가 동방신학과 서방신학 모두에서 주목할 만한 유산을 누리지만, 하나님 에너지에 관한 더욱더 적극적이고 강경한 개념은 하나님의 일하시는 방법을 묘사하는 성경 자체의 방식이 더 잘 들어맞는다. 오스틴(J. L. Austin)보다 훨씬 이전에, 성경은 창조를 신적 언어의 결과로 이해했다.

> 여호와의 말씀으로 하늘이 지음이 되었으며 그 만상을 그의 입 기운으로 이루었도다(시 33:6).

물론, 우리 중 그 누구도 이 사실을 부인하지 않는다.

그러나 성경에 나타난 것처럼 우리는 우리의 신학에서 그것을 해석학적으로 중요하게 여기는가?

창조, 섭리, 성육신, 구속에 대한 하나님의 행위는 조용히 발산하지 않고 "성취하도록 보낸 그 사명을 이룩하지 않고는 (하나님에게) 돌아오지" 않는(사 55:11; 참조. 9:8; 40:8; 45:23; 51:16; 렘 20:9; 겔 12:28; 미 2:7; 마 24:35; 눅 24:19; 요 1:14; 6:63; 14:24; 17:7; 골 3:16; 살전 1:5; 히 1:3; 4:12; 약 1:21; 벧전 1:23; 벧후 3:5; 계 19:13) "살아 있고 활력이 있는"(히 4:12) 말씀으로 "소리를 낸다."

사명을 위해 보냄을 받은 광선이 성공하고 돌아온다는 것은 상상하기 힘들다. 물론 빛은 또한 하나님의 사역을 위한 성경적 유비다. 그리고 정교회(Orthodoxy)는 종종 이 조명하는 원천을 성령과 동일시하므로 신플라톤주의적 관념을 (발산에 대한 그것의 이론과 함께) 피한다.[121] 그런데도, 성경의 "빛"은 일반적으로 빛을 창조한 자의 사역을 말하는 창조의 **증인**을 가리킨다. 이런 방식으로 빛을 표현한 시각적 은유는 말씀의 신학을 섬기지

---

[121] 물론, 정교회는 또한 무로부터의 창조를 지지하기 때문에, 절대로 유출주의(emanationism)를 허락하지 않는 다른 견해들이 있다.

그 반대로는 하지 않는다.

필자가 이후의 책에서 논하는 것처럼, 빛을 표현한 은유는 신학을 지배해 왔고, 말씀을 듣는다는 히브리적 성향보다는 시각을 애호하는 헬라적 편견을 더욱 반영한다. 교부들로부터 출발해서, 하나님 말씀으로서의 성자에 대한 진술은 점차 시각적 은유로 옮겨 갔다(빛, 형상 등). 이것들은 상호 보완적 은유이지만, "말씀"에 대한 음성적 특성이 무시되어 왔다.

월터 옹(Walter Ong, S. J.)은 이 점을 잘 지적한다.

> 하나님의 말씀을 통해 계시를 설명한 구두적-청각적 신학은 삼위일체의 구두적-청각적 신학을 수반하는데, 이는 공간과 빛의 세상보다는 소리의 세상에 (유사하게) 중점을 둔 교통에 관한 삼위의 "공통주관성"(intersubjectivity)을 설명할 수 있다. 그러한 신학은 실제로 존재하지 않을 정도로 여전히 개발되어 있지 않다.
>
> 대신 우리는 "관계(시각에 기초한 개념: '레퍼레'[*referre*, 되돌리다], '레라투스'[*relatus*, 되돌려진])"를 표현하는 삼위일체 신학을 가지고 있다.[122]
>
> 삼위 간의 교통은 일반적으로 '상호내주'(*circumincessio*), 즉 (서로서로) '돌아다닌다'라는 말로 표현한다.[123]

그러나 다시 한번, 우리는 그 언약신학이 삼위일체 내부의 "구속 언약"(*pactum salutis*)의 형성과 함께 더욱 풍성한 구두적, 교통적 삼위일체 교

---

[122] Walter J. Ong, *The Presence of the Word: Some Prolegomena for Cultural and Religious History* (New Haven: Yale University Press, 1967; repr., Minneapolis: University of Minnesota Press, 1981), 180.

[123] Ong, *The Presence of the Word*, 181.

리를 이미 제안했음을 본다. 더욱 구두적/청각적 방식에서의 본질-에너지들 구별을 개발하는 것은 지복직관에 관한 근본적으로 사적인 탐구보다는 약속-성취 형태와 함께 은혜의 경륜의 중심부를 강조한다.

신성화와 육체적 부활 사이의 연결은 또 다른 가치 있는 집합점을 제공한다. 막시무스(Maximu)은 다음과 같이 놀랍게 표현한다.

> 부활의 날에 성령의 영광은, 성도의 몸을 장식하고 덮으며 그들이 전에 가졌던 영광 그러나 그들 영혼 가운데 숨겨진 영광 안에서부터 온다. 사람이 지금 가지고 있는 동일한 것이 몸 안에서 외부로 나간다.[124]

동방신학과 마찬가지로 (막시무스보다는 이레니우스와 카파도키아 교부 신학과 더욱 유사하지만) 개혁파 구원론은 성령론을 결정적 연결고리로 본다. 그런데 신적 본질에 대한 참여에 사로잡힌 서방신학에서는 이 성령론을 종종 잃어버린다.

루터의 새로운 핀란드 해석에서, 그리스도는 단지 진실로 현존하고 상징을 통해 제공되는 것 이상이다. 그리스도는 "대표성의 본질은 대표되는 것(what is being represented)의 본질이다"라는 말로 표현된다.[125]

이것은 신화(Theōsis)에 대한 동방 교리의 필연적 결과가 아니라, 이 존재론의 가장 분명한 예로서의 화체설과 함께 본질-에너지들 구별에 대한 서방의 거부로 인한 필연적 결과로 보인다. 따라서 은혜는 창조된 목적을 이루기 위해 하나님이 본성으로부터 해방해 주는 것이 아닌, 본성을 본성 그 자체보다 본질적으로 높여 주는 것이다.

비교(comparisons)와 더불어 명백한 대조(contrasts)가 남아 있다. 우선 로

---

[124] Maximus the Confessor, *Homilies of Macarius* 5.9; quoted by Ware in *The Orthodox Church*, 233.
[125] Mannermaa, *Christ Present in Faith*, 83.

스키를 비롯한 티모시 칼리스토스 웨어(Timothy [Kalistos] Ware) 그리고 다른 정교회 신학자들은 정교회와 플라톤주의/신플라톤주의 사이의 중대한 차이점을 보여 주지만, 전통 그 자체는 이에 대해 애매모호한 입장을 취하는 것처럼 보인다.

물질을 확증하고 구속하는(affirming and redeeming matter) 성육신에 관한 구절들이 확실히 있다. 그러나 물질에서 마음으로의 상승을 다른 관점에서 강조한 수 많은 예 또한 있는데, 이는 금욕주의와 수도원주의를 뒷받침했다. 예를 들어, 막시무스에 따르면, "신화"는 "비물질"과 동일하고, 성적 번식(sexual propagation) 자체는 타락의 결과였다.

> 이런 이유로, 하나님의 로고스는 인간이 되어 이런 열정으로부터 사람을 해방하고 사람이 원래 창조됐던 상태로 회복한다.[126]

펠리칸(Pelikan)은 다음과 같이 설명한다.

> "실천철학"(practical philosophy)이나 그리스도인의 능동적 삶을 통해 일부 신자는 그리스도의 육체로부터 나와서 그의 영혼으로 올라갔다. 다른 사람들은 사색을 통해 그리스도의 영혼(soul)에서 그리스도의 "정신"(mind)으로 갈 수 있었다. 그리고 여전히 일부는 신비한 연합을 통해 더 멀리, 그러니까 그리스도의 마음에서부터 바로 삼위일체 하나님에게까지 갈 수 있었다.[127]

로스키는 동방과 서방의 플라톤주의화 되는 현상을 오리겐(Origen)의 탓으로 돌린다.

---

[126] Pelikan, *The Spirit of Eastern Christendom (600-1700)*, 11에서 Maximus the Confessor, *Ambigua* 42 (PG 91:1348-49)을 인용함.
[127] Pelikan, *The Spirit of Eastern Christendom (600-1700)*, 12.

오리겐으로 인해 헬레니즘이 교회에 기어 들어온다.[128]

비록 로스키는 본질-에너지들 구별이 정교회를 그러한 왜곡으로부터 보호해 준다고 주장하지만, 그도 영광에서 영광에 이르는 분투를 포함하는 지식(gnosis)에 관해 말한다.[129] 그러나 그리스도인 삶에서 분투를 지지하기 위해서는 무엇이든지 말할 수 있지만, 고린도후서 3:18은 우리의 분투를 언급하지 않고, "그와 같은 형상으로 변화하여 영광에서 영광에 **이르니 곧 주의 영으로 말미암음**"을 말한다(강조는 첨가된 것).

하나님을 봄은 그리스도를 봄을 의미하고 그리스도를 봄은 그의 복음을 듣고 신적 명령들에 능력을 주는 승리의 표시인 세례와 성찬을 통해 그것을 받음을 뜻한다. 성령이 이 세대에 내적으로 그리스도로 우리를 옷 입히고 오는 세대에는 외적으로 의, 아름다움, 영광, 불멸로 우리를 꾸밀 수 있는 것은 말씀과 성례를 통한 하나님의 사역을 통해서다.

더욱이, 말씀과 성령은 각 신자에게 자신의 독특한 카리스마를 부여하는 한편 그리스도와 그분의 유익을 무차별적으로 분배하는, 모든 그리스도인의 공동 재산이다. 그러나 동방과 서방 모두의 신비주의 전통에서 적어도 이생에서의 지복직관은 특별한 종류의 상이다. 하나님의 빛을 인식하는 이런 지식(gnosis)에서, "그 빛은 하나님과의 연합을 획득한 인간을 채운다."[130]

위대한 성도조차도 이 세상의 인생에서는 이런 상태에 도달하지 못한다.[131]

---

[128] Lossky, *The Mystical Theology of the Eastern Church*, 32.
[129] Lossky, *The Mystical Theology of the Eastern Church*, 228-29.
[130] Lossky, *The Mystical Theology of the Eastern Church*, 229.
[131] Lossky, *The Mystical Theology of the Eastern Church*, 230.

그것은 거룩한 영혼 안에서 재림의 시작이다. 그것은 하나님이 그의 접근할 수 없는 빛에서 모든 이에게 나타날 때 나오는 마지막 계시의 첫 열매들이다.[132]

본질-에너지의 구별에 의해 종말론적 및 경륜적 강조가 배경(background)으로 남아 있는 동시에, 가장 중요한 전경(foreground)은 믿음만을 통한, 경건하지 않은 자들의 칭의만으로 성취되지 않고, 너무 적은 성도에게 너무 많은 영광을 주는 신인협력의 노력으로 성취되는 현재의 연합에 있다.

웨어(Ware)는 다음과 같이 말한다.

> 누군가 "어떻게 하면 신이 될 수 있는가?"라고 물으면, 그 대답은 단순히 교회에 가서 성례를 정기적으로 받고, "영과 진리로" 하나님께 기도하며, 복음을 읽고, 계명에 순종하는 것이다. 이 항목 중에 마지막, 즉 "계명에 순종하라"는 명령은 절대 간과해서는 안 된다. 서방 기독교와 마찬가지로 정교회도 도덕 규칙을 없애려는 신비주의를 단호하게 거부한다.[133]

비록 필자는 마지막 진술을 확실히 옹호하지만, "어떻게 하면 구원받을 수 있는가?"와 맞먹는 질문에 대한 웨어의 대답은 얼마나 많은 은혜가 확인되고 격찬되든지 상관없이, 복음이라기보다는 본질적으로 율법적으로 보인다.

서방 존재론들을 개선하기 위한 모든 노력에 있어서, 동방과 서방은 피조물을 그들의 본질적 능력 이상으로 높이는 은혜를 강조한다. 우리는 이미 시나이의 아나스타시우스(Anastasius of Sinai)가 자주 인용하는 정의와 대면했다.

---

[132] Lossky, *The Mystical Theology of the Eastern Church*, 233.
[133] Ware, *The Orthodox Church*, 236.

신화는 더 높은 차원으로 올라가는 것이다.[134]

이렇게 정의한 동기에도 불구하고, 본서 제9장과 제10장에서 언급한 모든 이유에 근거해서 살펴보면, 이것은 결국 구원을 본성**으로부터** 구해내는 문제로 만드는 경향이 있다.

비록 급진적 정통주의(Radical Orthodoxy)와 헬싱키(Helsinki) 학파는 존재론적 참여를 강조하면서 동방에 호소하지만, 가장 큰 취약점은 현실적으로 그들의 성향이 더욱더 서방식이라는 것이다. 밀뱅크(Milbank)는 말할 것도 없고 만네르마(Mannermaa)나 젠슨(Jenson)도 신자는 하나님 본질에 참여해야 한다는 주장을 외면하지 않는다. 실제로 젠슨은 "하나님 본질 안에서의 하나님을 봄(vision)"과 관련해 토마스의 이론을 분명하고 신중하게 주장한다.[135] 전에 그는 이렇게 썼다.

이 시점에서 우리는 편견 없이 선택해서 서방이 움직이게 했다.[136]

필자가 에너지들에 관해 좀 더 단어에 기반을 둔 해석을 제안했듯이, 젠슨은 토마스가 심혈을 기울인 "들음"과 더불어 봄으로써 앎(knowing-as-seeing)에 대한 내용을 조정함으로써, 완성에서 "구속된 자들의 들음은 그 자체로 보는 것이 될 것이다."[137] 그런데도, 이 시점에서 서방의 존재론 내에서 새로운 핀란드 학파의 상황은 참여에 대한 이론을 동방 교리 자체보다 더욱 문제로 만들고 있음을 필자는 주장한다.

---

134 Jenson, *Systematic Theology*, 2:341, quoting Anastasius of Sinai, *The Guide* 2 (PG 89.36).
135 *De articulis fidei et ecclesiae sacramentis*, 257a-b; cited by Jenson, *Systematic Theology*, 2:341.
136 Jenson, *Systematic Theology*, 1:224.
137 Jenson, *Systematic Theology*, 2:345.

그러나 칭의를 신화(*Theōsis*)로 여긴 핀란드 학파에 대한 필자의 가장 근본적인 비판은 칭의를 변형되고(transformed) 변형하는(transforming) 새로운 실체를 여는 순전한 법적 단어로 다루는 것 대신에, 오시안더(Osiander)의 치명적 실수를 반복한다는 것이다. 이것은 특히, (만네르마를 따른) 젠슨의 주장에서 분명히 나타난다. 그는 다음과 같이 주장한다.

> 성부가 신자를 심판한 후에 의롭다고 말할 때, 그는 단순히 그 경우에 있어 실제로 존재하는 오로지 도덕 주제에 관한, 즉 신자 안의 그리스도와 그리스도 안의 신자에 관한 사실을 발견한, 공정한 판사처럼 행동하신다. 그러므로 칭의는 "신화의 방식"이다.[138]

젠슨과 만네르마는 본질과 에너지들 사이의 구별을 피하면서, 칭의를 붕괴시켜 연합에, 특히 신성화(divinization)에 이르게 한다.

> 성령의 행동으로서의 칭의는 의를 **성취하는** 것이다(강조는 첨가된 것).[139]

젠슨은 "전체 그리스도"(*totus Christus*)에 대한 호소를 추가하면서, "하나님 자신은 나의 살아 있는 자아(my living Ego), 나의 의로운 인격의 전능한 대리자다(the omnipotent agent of my righteous personhood)"라고 말한다.[140] 이것은 서방 신비주의에 대한 근대의 독특한(특히, 관념론적) 해석을 나타낸다.

우리가 덤으로 효과적 및 우주적 갱신(renewal)을 인지할 수 있는 것은 그 결과에 있어 개별적이고 동시에 우주적인 우리의 구원론을 성령에 의해 성자 안에서 성부가 말한 말씀에 대한 법정적 존재론 안으로 고정함으로 말미

---

[138] Jenson, *Systematic Theology*, 2:296.
[139] Jenson, *Systematic Theology*, 2:301.
[140] Jenson, *Systematic Theology*, 2:299.

제2부 제12장 영광의 무게: 칭의와 신화(Theōsis) 597

암는다. 이 관계를 뒤집으면 변형적 갱신(transformative renewal)조차도 공중에 매달려 있게 된다.

더욱더 간결하게 말하자면, 우리를 **위해** 일어나는 일은 우리**에게** 그리고 우리 **안에** 일어나는 일의 기초가 된다. 그리고 이 순서를 거꾸로 하면 결국 구원론을 몽땅 교회론이나 아니면 도덕론으로 넘겨주어야 한다. "복음을 실천하는" 공동체는 복음이 아니다. 특히 우리가 우리 자신을 알 때 그리고 우리가 한 부분을 구성하는 공동체를 너무 잘 알 때, 좋은 소식이 될 수 없다. 교회도 문제의 일부이기에 예수는 교회를 구원하기 위해 오셨다. 오직 예수만이 문제의 해결책이다. 오직 예수만을 변화산에서 제자들과 함께 볼 수 있다.

악, 죽음, 우주적 힘은 더 이상 궁극적으로 우리를 주장할 수 없는데, 이는 실제로 그렇게 하지 않았기 때문이 아니라 그리스도가 이것들이 우리를 관할하는 모든 법적 근거를 없애심으로써 자기의 육체 안에서 이것들을 정복했기 때문이다. 그러므로 우리는 그 사도처럼 말할 수 있다.

> 내가 그리스도와 함께 십자가에 못 박혔나니 그런즉 이제는 내가 사는 것이 아니요 오직 내 안에 그리스도께서 사시는 것이라 이제 내가 육체 가운데 사는 것은 나를 사랑하사 나를 위하여 자기 자신을 버리신 하나님의 아들을 믿는 믿음 안에서 사는 것이라(갈 2:20-21).

결론

본서의 목표는 이 네 권짜리 프로젝트의 해석 틀에 비춰 칭의와 참여를 정의하고 이 주제들(칭의와 참여)을 구원 서정(*ordo salutis*) 아래서 일반적으로 다루는 내용에 구체적으로 연결하는 것이다. 언약과 종말론은 유비적 방식(analogical mode) 안에서 그리고 드라마의 은유와 함께 일반적으로 이 연구의 전반적인 주제였지만, 이 주제는 선택, 칭의, 성화, 영화를 고려할 때 특별히 이해될 수 있다. 결국, 이것들은 사실 은혜 언약에서 받는 유익이다.

어떤 언약신학인가?

제1부에서, 필자는 은혜 언약과 그것이 율법 언약으로부터 어떻게 구분되는지에 대한 정의에 집중했는데, 특히 바울에 관한 새 관점이 제시한 최근의 주해적(exegetical) 도전들과 관련해서 그렇게 했다. 성경 학문이 잘 증명한 두 가지 유형의 언약 사이에 대한 이 차이점을 명백히 할 때, 환원주의(reductionism)와 NPP 및 칭의에 대한 전통 종교개혁 가르침에 대해 더욱 조직신학적 도전들이 요구한 거짓 선택들로부터 우리를 지킬 수 있다.

더욱이, 다른 모든 것을 추론하는 중심 교리로서의 칭의를 다루기보다는 칭의를 위한 더 넓은 망(matrix)으로서의 은혜 언약을 다룸으로써, 우리는 법정적 및 효과적, 구원 서정 및 구속사(*historia salutis*), 율법적 및 관계적, 구원론 및 교회론 사이의 거짓 선택을 피할 수 있다.

어떤 종류의 참여인가?

제2부는 언약신학에 대한 이 해석을 그릇된 선택을 해체하려는 목적을 위해 그리스도와의 연합에 참여한다는 주제에 다시 한번 연결했다. 참여에 대한 대체 패러다임, 특히 존 밀뱅크의 것과 상호 작용하면서, 필자는 관련성과 차이점을 모두 강하게 주장하는 언약적(그러므로 삼위일체적인) 참여를 분명하게 서술했다. 즉, 예를 들어, "소외 극복하기"보다는 "낯선 자 만나기"다.

필자는 구원 서정을 통해 진행하면서 개혁신학이 주입주의(infusionist)와 인과적 패러다임을 넘어 언약적 존재론으로 더욱더 깊게 형성될 수 있는 몇 가지 방법을 제안했다. 다시 한번, 필자는 언약과 그리스도와의 연합을 칭의와 성화를 다루는 넓은 망으로 보면서, 효과적 변형의 원천으로서의 신적 발화 행위의 법정적 특성과 함께, 이 두 가지 측면의 구원에 대해 적대적인 입장보다는 보완적인 태도를 보였다.

마지막으로, 필자는 이 결론들을 신화(Theōsis) 또는 신성화(divinization)에 대한 고전적이고 더 최근의 표현들에 적용했다.

마지막 권에서, 필자는 연합과 교통, 즉 구원론과 교회론 사이의 불가분 관계를 탐구할 것이다. 종말론적 좌표들로서의 승천, 오순절 사건, 재림과 함께 필자는 말씀과 성례를 통하고 교회의 사역이 세대들 사이에서 이 세대에 만드는 새로운 경륜을 통한 교회 일에 특별히 주목할 것이다. 그러면서 하나님 왕국의 언약적 내용, 교회의 본질, 교회의 선교를 고려해 이 주제의 일부로 돌아올 것이다.

하이델베르크 교리문답처럼 죄책에서 은혜로, 은혜에서 감사로 옮기면서, 본서는 결국 언약의 종, 새로운 아담에 참여하는 새로운 인류가 언약의 주님에게 완전히 받아들여지고 회복된다는 메시지를 남길 뿐만 아니라, 끝없이 번갈아 노래 부르는 예식과 성찬적 주고 받기(eucharistic receiving-and-giving)를 위한 안식의 완성 속으로 창조의 행진을 이끄는 데 합당한 위치를 차지할 수 있다는 메시지를 우리에게 남긴다.

우리는 언약의 종이 마침내 하나님의 약속과 명령에 충실한 "아멘"을 보내는 장면으로 본서를 마친다. 드디어, 도망치는 발소리 가운데, 하나님은 자기 말씀의 효과를 들으셨고 이제 심지어 점점 커지고 점점 퍼지는 강렬한 대답과 함께 자기의 말씀의 효과를 들으신다.

"내가 여기 있나이다. 당신의 말씀에 따라 내게 행하소서."